Ichbewusstsein – Gruppenbewusstsein

Sander Wilkens

Ichbewusstsein – Gruppenbewusstsein

Die Energiebasis und ihre logischen Folgen

PETER LANG

Bibliografische Information der Deutschen Nationalbibliothek
Die Deutsche Nationalbibliothek verzeichnet diese Publikation in der Deutschen Nationalbibliografie; detaillierte bibliografische Daten sind im Internet über http://dnb.d-nb.de abrufbar.

PONTIFICIA UNIVERSIDAD CATÓLICA DEL PERÚ

ISBN 978-3-631-79269-8 (Print)
E-ISBN 978-3-631-79272-8 (E-PDF)
E-ISBN 978-3-631-79273-5 (EPUB)
E-ISBN 978-3-631-79274-2 (MOBI)
DOI 10.3726/b15744

Peter Lang – Berlin · Bern · Bruxelles · New York · Oxford · Warszawa · Wien

Diese Publikation wurde begutachtet.

www.peterlang.com

Danksagung

Der Autor dankt Frau Prof. Myriam Gerhard für die Durchsicht und Begutachtung des Manuskripts. Der Dank schließt die Übernahme des Manuskripts durch den Verlag Peter Lang ein, insbesondere für den Leitenden Lektor Dr. Benjamin Kloss sowie Frau Dr. Laura Diegel für die sorgfältige Druckvorbereitung.

Inhalt

Vorwort

›Daten regieren die Welt‹. Sätze dieser Art – man könnte sie Aphorismen, wenigstens aphoristisch nennen – wecken den Einwand. Sodann wechseln, mit Bedacht, die Reihen in den beiden Stellen, die einen verschärfen den Chronismus, und setzen statt der Daten und -sätze die Zahlen, die Algorithmen – offenbar eine Steigerung –, die andern weichen in die Historie und setzen das Geld (Kapital, die Währungen), die Präsidenten, Zensoren, Umfrager und Statthalter. Schließlich, da die (menschliche) Weisheit nicht ausbleiben darf, die Mehrzahl, die Katastrophen, die Schwächen und Fehler oder – *endgültigen* Defizite. Selten ist zu erwarten – das Bewusstsein. Es sei, gleichwohl, an dieser Stelle, und das Bewusstsein regiert die Welt.

Wenn sich die Philosophie hierfür entscheidet, muss sie Grund haben, noch dazu einen guten. Wenn sie überhaupt einen Grund hat, fühlen sich vermutlich nicht wenige berechtigt, dies möge reichen, und so ziehen sie den Pfad über den stets selbigen Plan, jedenfalls als selbig angenommenen. Die Lebenszeit gibt ihnen öfters recht, bedenkt man, wieviel (oder eher wenig) sie tatsächlich während ihres Ablaufs ändern mussten, i.e. ihr Grund wurde geduldet. Sollte er aber ein guter sein müssen, kehrt der Absatz zurück, und der Plan unterliegt, eventuell, gewaltigen Veränderungen. Nun aber selbige als Evolution oder Umbruch erneut in der Chronik anzumelden, dürfte obsolet sein. Fraglos sind die letzten hundert Jahre, ja nur zwei Dezennien Einbrüche in Wissenslagen und Bewerkstelligung des human-gesellschaftlichen Lebens, wie sie den Apex der Evolution kennzeichnen (und nichts anderes). Das Bewusstsein gilt seitdem als exorbitanter Gegenstand neu entstandener und sich entwickelnder Wissenschaften (Neurologie, Neurophysiologie bis zur Genetik, ggf. sogar der Physik, wenn die Materie als Stofflichkeit ihre Grenze erreicht oder soll, und, nicht zuletzt, Einstein musste seit der Relativität stets den ›Beobachter‹ und sein Bewusstsein als echten Faktor bemühen), während die akademische Philosophie nach wie vor der Sprachphilosophie und ihren analytischen Grundlagen anhängt (in der Hauptsache) oder die historischen Verzweigungen auf der Bild- respektive Projektionsfläche aufrecht zu erhalten sucht, die sich an die klassischen Namen knüpfen.

Gewiss hat sie angestammte und unveräußerliche Themen, dies seien Wahrheit, Moralität, Erkenntnis, die echte Logik, die Vorstellung von Raum und Zeit, die Realität versus Irrealität oder ± Realität, eine Schreibweise, die häufiger an dieser Stelle gesucht wird. Das Bewusstsein aber muss hinzuzählen – und somit nicht im Rahmen der historischen Zeitenwende als für abgemeldet gelten –, da ihm, und nicht der Sprache, selbst nicht der Logik, wiederum auch nicht irgend gestelltem Anlehnungsproblem (an Fremd- oder Beziehungswissenschaften) die Aufgabe des Schritthaltens zuwächst. Womöglich, dies wäre noch besser, kommt ihm sogar zu, den Apex des Schrittes zu formulieren oder wenigstens zu wissen. Das Bewusstsein ist somit stets maßgeblich gefordert und beteiligt, wenn irgend Satz oder Ersetzung des einleitenden Aphorismus auf den Plan tritt und seine Erklärungs- oder Interpretationsdominanz der chronischen Lage verlangt. Dies braucht, womöglich, nicht im Einzelnen erläutert zu werden. Ein Datum existiert nicht nur nicht ohne sein zugehöriges Format, es existiert (nach wie vor, möchte man im durchaus klassischen Sinne formulieren, obgleich er an dieser Stelle nicht, fast zur Gänze nicht bekräftigt wird) vor allem nicht ohne seine Interpretation oder Lesung, ja Simulation, die instantane Mitlese. Und selbige verlangt nun einmal das Bewusstsein, mithin die Lehre seiner Verfassung, seiner Möglichkeiten und Potenz(en), eine exakte Kenntnis seiner wirklichen Vermögen und Kapazitäten; noch dazu wenn es um schwierigere Vorstellungen geht, die ursächlich und von Natur her – ausdrücklich nicht aufgrund von Setzung oder Konstruktion – mit Projektion, Zeitverkürzung und Überlagerung, dem Bruch (oder direkten Gegenteil des herkömmlichen) Kontinuums und einer entsprechenden Klassifikation zu tun haben, schließlich den gemeinschaftlichen Vorstellungen, ihrer effektiven Basis, Notwendigkeit und ggf. tatsächlichem Zwang, der sie impulsiert und orientiert. Letztere verschwinden also nicht, sollten sie nicht geäußert, gar ›ausgesagt‹, nicht beachtet oder generell verdrängt und unterschlagen werden. Sogar werden sie inzwischen auch von der Maschine (dem Roboter oder seinem genetischen Urheber, der sog. künstlichen Intelligenz) simuliert (und gelesen), aber hiermit beginnt nur eine erneute Verzweigung oder *Diremption*, wie es einmal hieß; denn die Simulation gehört keineswegs nur in das Gebiet von Technologie und Zeitenwende, nunmehr Elektrifizität, sondern in die Basis der Energie, und selbige ist gleichermaßen jene des Bewusstseins – und verlangt ihre Erschließung. Dies möge aus den Eigenmitteln geschehen (in der Hauptsache), nicht durch die Übertragung der Naturwissenschaften und ihrer Begriffe.

Wie man nun sieht oder ahnt (letzteres der sog. Nichtfachmann), es handelt sich nicht um eine Neuauflage der *Phänomenologie des Geistes* oder gar der hergebrachten Vermögens- als Fakultätenlehre, deren Wert immerhin nichts Geringeres bedeutet, als das Fundament der Philosophie der Neuzeit zu verkörpern, (das sich insgesamt auch für die Neurowissenschaften als unverzichtbar erweist). Die kritische Schwelle, welche besagt, es ist bei irgend Satz, als Urteil, Erkenntnis oder Lehrmeinung, wenigstens die Eigenleistung des Bewusstseins zu berücksichtigen, die dafür notwendig oder zumindest erforderlich ist, möge (als das wohlbekannte Verdienst Kansts) gleichwohl gelten (auch wenn schon die unmittelbar Nachgeborenen, etwa Schopenhauer, ihn sofort wieder missverstanden). Wenn nun die Philosophie mit folgendem Satz in die Prosa übergeht, ihr angestammtes Gebiet bzw. Äußerungsform jenseits des Aphoristischen und der Symbolik (als Symbolgebrauch), möge zugleich das Thema angezeigt sein und warum es dieser Wissenschaft, die sich noch immer Philosophie nennt, bedarf. „Anders besehen, die Freiheit des Bewusstseins beginnt nicht gegen die Materie oder einen Anspruch der Natur als Physis, sondern freilich auch und mindestens ebenso stark gegen die Bewusstseinsansprüche der Gesellschaft, Gemeinschaft, spezifischen Gruppe, der der Einzelne angehört" (138). Somit trifft es, obgleich die Hauptströmung der vergangenen Jahrhunderte bis zur letzten Wende und scheinbar in Einklang mit dem Grundmuster des Gemeinverstands, noch immer – von einem ebenso verdienst- wie verständnisvollen Neurologen (für pathologische neuronale Erscheinungen) geäußert – nicht zu, dass „Bewusstsein ist ein rein privates Phänomen, das ganz auf die Perspektive der ersten Person beschränkt bleibt, auf jenen privaten Prozess in der ersten Person, den wir Geist nennen".[1] Zum einen fällt der Gegensatz damit in die Sphäre des öffentlichen Bewusstseins, das sich einer Komplementarität im Begriff erfreut, die sich längst als obsolet dürfte herausgestellt haben. Der Einzelne in seiner Privatheit ist kein, gesetzt, Solotänzer auf der anderwärts unbeobachteten, ja von der ± passiven Eindrücklichkeit anderen Bewusstseins ausgeschlossenen Bühne. Vielmehr gibt es die Grenze gar nicht, welche die klassische, gemeinsinnige und wissenschaftstheoretische Konvention gleichwohl so gerne bemüht und, über Grundgesetze und hochlöbliche Chartas, dem Bürger zu sichern sucht. Wie sollte irgend Vorstellung, die auch die Neurologie und anhängige Wissenschaften mit einer mehr oder weniger immensen Leichtigkeit bemühen (als ob mitunter keine 2000-jährige Philosophie ihrer Ergründung und Streuung gegolten), Gehalt, Geltung und Verkehr erlangen, wenn nicht von vornherein, geradewegs *a priori*, jenseits und über die Wurzel des Einzelbewusstseins hinaus? Somit stehen exakt dieser Verkehr und Verbindung, damit der resp. die Gegensätze auf dem bedingungslosen Prüfstand, da sie allzuleicht eine Gemengelage – oder vermeintliche Disjunktion – präsumieren, wo viel eher, und ganz besonders, distinkte Abgrenzung gefordert, die Möglichkeit eingeschlossen, dass die Negation in die Beweglichkeit der Vorstellung, wenn nicht schon jeglicher Energie, einkehrt und jene Beziehung

1 Antonio Damasio. *Ich fühle also bin ich. Die Entschlüsselung des Bewusstseins*. Deutsch München 2002, 24.

schöpft, die man Polarität nennt. Zum anderen, und schon im Zitat sichtbar, muss der Stammhalter der Norm, das Ich, in den Plural weichen und sieht sich stillschweigend bekräftigt im ›Wir‹ aufgehoben. Selbiger Zug oder Bemühung ist aber alles andere als bloße Rhetorik oder, gesetzt, der Selbstverstand. Sollte es diesen geben, bislang fraglos nicht, müsste er sich instantan über die indefinite Anzahl von Subjekten ausbreiten, mehr, diese geradewegs implizieren, und wenigstens die Norm bürgen, auf die sich der Neurowissenschaftler geflissentlich, und noch einmal geradehin, beruft. Wenn aber der Geist den Plural benötigt, da ihn der einzelne nicht aus sich zu gewähren imstande, wiederum es selbigen, Geist, nicht gibt, wenn nicht kraft seines Mediums oder Trägers, des Bewusstseins, dann wird auch dieses den (mit größter Wahrscheinlichkeit eingeborenen) Syllogismus nicht beleidigen und sich geradehin, mit Leichtigkeit, in den Plural bewegen. Weiterhin sei die tatsächliche Viel- und nicht etwa Mannigfaltigkeit, mithin die Brüchigkeit des Wir, die geradezu normhaft und gesellschaftlich-politisch, schichtbedingt-charakterlich, kurzum *milieu*gemäß vorausnehmbar, an dieser Stelle nicht mehr belangt, das zugehörige Kapitel sucht ihnen, zumindest im Ansatz, gerecht zu werden.

Hiermit dürfte bereits klar, vielleicht sogar deutlich geworden sein, und geradezu ein gesuchtes Datum, das Bewusstsein des Einzelnen besteht nur in Konkurrenz – im buchstäblichen, nicht literarischen oder gesuchten Sinne – und sofortiger, dies meine *instantaner* Gegenwart des umschließenden und einfallend anderen Bewusstseins, es sei das Gruppenbewusstsein. Es sei auch zugestanden, die Sprache ist ein Mittel, und selbige bedarf gelegentlich einer erheblichen Zuspitzung, ja beiläufigen Erfindungskraft, um das Vermeinte bzw. tatsächlich Bestehende angemessen auszudrücken. Dies wäre aber nur ein Beweis, dass in der Sprache selbst dieser Zwist des Bewusstseins abgestanden ist und wenigstens die Wissenschaft sich dagegen richtet, ihre abgeschliffenen Münzen oder aber den Sinn des Abschleifens überhaupt zu bekräftigen, geschweige endgültig zu verleugnen.[2]

Im Hunsrück, Trier, März 2019 Sander Wilkens

---

2 Für den, den es eventuell interessiert, der Text war Gegenstand einer Vorlesung im kleineren Kreis an der Universität Trier. Wesentliche Passagen zur Logik (Polarität), zu Erläuterungen der Beispiele und ihrer symbolischen Bezeichnung sind später hinzugetreten.

Vorbemerkung I

Vor der Einführung in die Vorlesung stellt sich die Frage nach dem Thema. Warum hat die Philosophie Grund, das Gruppenbewusstsein zu reflektieren, sodann insbesondere im Gegensatz zum Individual- oder Einzelbewusstsein, und wie vermag sie selbiges aus eigenen Mitteln zu analysieren? Wie stets bieten sich zwei Hauptzugänge. Der eine wendet sich der Empirie zu, der andere sucht die Grundbedingungen des menschlichen Bewusstseins, gleichgültig ob sie idealistisch, transzendental oder analytisch heißen, um das Problem, den Gegensatz, seine Implikationen und Folgerungen aus den vorausgesetzten Theoremen abzuleiten oder zu lösen. In der Vorbemerkung sei der erste Weg gewählt, da es sich, wie gleichfalls oft, anbietet, der Empirie zu öffnen, um die tatsächliche Komplexion und eventuellen Untiefen zu erfahren, die mit dem Thema verknüpft sind. Also vier Beispiele mitsamt erster Erläuterung, sie sei die Implementierung des Themas:

(1) Aus einem Nachrichtenartikel:

> Von der Verhaftungswelle die seit dem Putschversuch im Gange ist, wird auch die Justiz erfasst. Mehr als 2700 Richter sind suspendiert worden; unter den mehreren Dutzend Verhafteten ist auch ein Verfassungsrichter. Viele dürften bezichtigt werden, mit den XXX [gemeint sind die Anstifter, sie seien hier nicht genannt] unter einer Decke zu stecken. Der türkische Justizminister YY sagte am Sonntag, im Zusammenhang mit dem Putsch seien über 6000 Personen festgenommen worden. Diese Zahl werde noch weiter ansteigen.

Meint dieses *Unter-einer-Decke-Stecken* ein Gruppenbewusstsein? Wenn ja, welche Bedingungen setzt es? Wäre es richtig, diese Bedingung nur der besonderen Situation, einem versuchten Staatsumbruch beziehungsweise dem Sturz einer Regierung mit militärischen Mitteln zuzuschreiben, oder eröffnet das Bewusstsein Bedingungen, die auch unter friedlichen Umständen angewendet werden können, so dass kein Grund besteht, die Metapher, die wie so oft Wesentliches bezeichnen muss, an das die Alltags- oder sogar wissenschaftliche Prosa nur schwer heranreicht, zu entkräften bzw. auf eine völliges Spezifikum einzuschränken. Gewiss, für den Begriff *Unter-einer-Decke-Stecken* benötigt man den Begriff der Verschwörung, auch des Schwurs, insoweit es sich aus dem politischen Handeln und Umständen erklärt. Die Verschwörung wiederum benötigt eine stille, nicht kommunizierte Wach- und Aufmerksamkeit, um die Verabredung und das gemeinsame Ziel festzuhalten. Nun stellt sich aber insbesondere die Frage, liegt dieses kollektive Vermögen nur an den negativen Umständen, der politischen Gewalt, die umgangen und eventuell gestürzt werden soll, oder gehört die Bedingung zum Bewusstsein schlechthin, und auch das gewöhnliche, ‚sagen wir' das positive Leben, das jedenfalls nicht an eine negative Bedingung geknüpft ist, eröffnet selbige Form des Austausches und der Unterhaltung gemeinsamer Ziele und Abmachungen unter verschiedenen/mehreren/abzählbaren oder nicht Subjekten. Bedenkt man, dass die Verschwörung und insbesondere der Schwur ein positives Pendant besitzt, nämlich den Eid und die Vereidigung, dann beginnt man zu erkennen, dass tatsächlich das Vermögen, ein Bewusstsein unmittelbar unter mehreren zu teilen und aufrechtzuerhalten, in diesem Sinne allgemein ist (vgl. Leibniz und die Charakterisierung des Eids).[3] Dies dürfte auch, um in Kürze eine andere sprichwortartige, allerdings vernakulare Formel aufzugreifen, nämlich »die Köpfe zusammenstecken«, deutlich darauf hinweisen, dass im unvermittelten oder Alltagsbewusstsein hinreichend Indiz und Praxis vorhanden ist, um das Bewusstsein keineswegs auf die methodische Enge des Individualbewusstseins einzuschränken. Um aber nicht sofort alle Schlüsse zu ziehen oder die wesentlichen Behauptungen aufzustellen, helfen vermutlich Zwischenbeispiele, die das *Phänomen*, gesetzt, man darf es so wissenschaftlich-generalisierend bezeichnen, umreißen oder annähern.

(2) In der Stellenbeschreibung eines Analytikers heißt es:

> Sie führen alle Recherchen, Analysen und Auswertungen gemäß den Richtlinien durch, die von der entsprechenden wissenschaftlichen Gemeinschaft festgelegt wurden.

Ist wiederum diese Gemeinschaft bzw. ‚scientific community', wie es im Original heißt und wie sich der Ausdruck eingebürgert hat, Beleg für ein Gruppenbewusstsein? Wäre sie es nicht, dann wäre es zunächst unmöglich, dass sich ein Analytiker nach den Richtlinien einer bestimmten Wissenschaft richtet, um Recherchen und Analysen durchzuführen, und deren insbesondere Auswertung nach den Richtlinien nun nicht nur dieser Wissenschaft, sondern der wissenschaftlichen Gemeinschaft auszurichten. Offensichtlich ergibt sich hier ein Gegensatz oder sogar eine Kluft, da die Gemeinschaft freilich eine Gewohnheit, einen Ritus oder auch einen Regelkanon festlegen kann, nach dem sich der Umgang mit den Phänomenen und Daten, die unter diese betroffene Wissenschaft

3 Unter: *Neue Abhandlungen über den menschlichen Verstand*, II, Buch IV, Kap.XVI: Von den Graden der Zustimmung, §§5–9, = NE, Philosophische Schriften Band 3.2, Fft/Main 1996, insb. 508–511.

fallen, richtet. Die Wissenschaft mag mithin einen beständigen Unterschied zur Praxis und zum Selbstverständnis dieser Gemeinschaft unterhalten. Oder wenn es einen Gemeinverstand oder Alltagsverstand gibt, dann ist diese ‚scientific community' nach ihrem wohlgemerkt kollektiven Selbstverständnis dafür verantwortlich, den Gegensatz des Gemeinverstands zum wissenschaftlichen Verstand aufrecht zu erhalten. Diese Gemeinschaft ist aber ausdrücklich nicht versatzt, was bedeutet, wenn sie eine Gemeinschaft unterhält, dann nicht aufgrund festgelegter, nachprüfbarer und eventuell berufungsfähiger Klauseln, sondern wiederum nur aufgrund eines verbleibenden Bewusstseins, das sie zusammenhält und zusammenführt, und in diesem Sinne konstitutiv heiße. Es sind jedenfalls nicht Kongresse, Rundschreiben oder Workshops, nicht Aufforderungen zu Gutachten oder ähnlichem, das sie zusammenführt, nicht Gespräche, Korrespondenzen oder einzelne Repliken auf Veröffentlichung oder Ähnlichem, allesamt Handlungen, die diese wissenschaftliche Gemeinschaft vielmehr schon voraussetzen. Sie geht damit einher und ist jedenfalls nur in einem sehr simplifizierenden Sinne deren Produkt. Diese Gemeinschaft ist daher, charakteristisch, nicht einfach – natürlich und unvermittelt würde man sie ohnehin nicht bezeichnen wollen – und keineswegs nur oder insbesondere die Summe aller Einzelhandlungen oder Einzelvollzüge (die notorische Frage oder Problem, wenn irgend kollektiver Belang, Größe oder Funktion geprüft werden soll, u.a. auch in Zusammenhang mit der sog. ›kollektiven Intentionalität‹ und dem ›collective belief‹). Nun ist das Bewusstsein, das diese Handlungen voraussetzen, zunächst vage – dieserart zumindest die allgemeine Einschätzung –, und so erfolgt leichthin ein Geringschätzen oder Abtun. Ist aber das Bewusstsein dieser sog. wissenschaftlichen Gemeinschaft zunächst vage, so ist es vor allem unklar. Bei näheren Hinsehen neigt sie zu zerfallen, sich als Illusion kundzugeben, oder sogar als ein bestimmtes Ideal, wie es der amerikanische Philosoph und Semiotiker Charles S. Peirce formuliert hat, der behauptete, die wissenschaftliche Gemeinschaft vertrete einen bestimmten Wahrheitsbegriff, eben denjenigen, den nur sie, nicht der einzelne vertreten könnte, in dem sich die Abfolge der wissenschaftlichen Theorien zunehmend diesem als Differenzial aufgefassten Ideal zu nähern sucht. Auf diese Weise landet die Untersuchung bzw. Überlegung in der Wissenschaftstheorie oder einem Zweig der Wahrheitstheorie, übrigens dem pragmatischen zuzurechnen, und so ist oder war die ‚scientific community' nicht gemeint. Sie besitzt durchaus eine bestimmte instantane Auffassung und Geltung, ein Bewusstsein, der sich eine Vielzahl von Personen, sei es von innen oder von außen, zuschreiben, um sich zu orientieren. Orientierungen sind aber nicht vage bzw. eine Orientierung, um echt zu sein und ihre Funktion zu erfüllen, muss gerade die Möglichkeit eröffnen, sich der Vagheit zu entledigen. Das geforderte Bewusstsein mag somit, fürs Erste, einen Dreh- oder Angelpunkt enthalten (der weiterer Definition bedarf), distinkt gefühlte Wendepunkte (und „gefühlt" meint unter Einsatz aller Bewusstseinskräfte wahrgenommen und erkannt), er sollte aber nicht in die Abstraktion eingerückt werden, noch weniger, und insb., nur dem Einzelbewusstsein als Träger überlassen bleiben. Darum mag eine Zwischenüberlegung eintreten, bevor das letzte Beispiel auf den Plan tritt und eine erste Konklusion folgen wird. – Wenn man sich diese wissenschaftliche Gemeinschaft vor Augen hält, sodann an die Forderung des Beispiels gebunden, der Analytiker müsse sich bei seinen Forschungen und Auswertungen an irgend Stelle, sei es in einem Unternehmen, einem Institut oder einer staatlichen Behörde, an deren Richtlinien halten, dann entsteht eine durchaus komplexe Vorstellung, die um keine, bzw. nicht nur die namhaften Personen und Institutionen zentriert und, im Bilde, einer Energie- oder Wasserfläche gleicht, zumindest sei dies an dieser Stelle die Vorgabe, welche an und für sich das eigentümliche Energiefeld des Bewusstseins meint (das in dieser Vorlesung bzw. Abhandlung an mehreren Stellen wiederkehrt, eingesetzt, begründet und veranlagt wird). Sie besitzt sodann eine bestimmte signifikante Spannung, die sofort zu platzen resp. zu implodieren droht, sobald man sich ihr nähert und sie berührt: sie *zer*fällt – wie es das Urteil will, dass sie nur vage ist –, oder sie fällt, um die Implosion aufzuhalten, auf die Seite der insbesondere soziologischen Erklärung. Bestimmte Riten und Gebräuche, die Inhabe und Verteilung der Stellen und Lehrstühle, die Gepflogenheiten der Versammlung und Kommunikation, das wie schon erwähnt gegenseitige Lesen und Zitieren von Veröffentlichungen, Aufsätzen und Vorträgen, die Versuche der internen Rangfolge oder Schuldbildung etc., überhaupt die stillschweigenden Abmachungen untereinander sind dann die Kriterien, nach denen sich die soziologisch, als eine soziologische Gruppe verstandene Gemeinschaft bildet. Offenbar ist dies aber nicht nötig und nicht sofort gemeint, wenn man davon spricht, dass in der Öffentlichkeit stets auch eine bestimmte ‚scientific community' wirksam ist bzw. das jeder, der sich mit bestimmten Themen auseinandersetzt, damit rechnen muss, sei es aus beruflichen Gründen oder nicht, dass sie von einer ‚scientific community' vertreten werden. Wenn man diese Vorstellung nun nicht einfach als einen allgemeinen Begriff bezeichnen will, der von einem Einzelwissenschaftler auf deren (indefinite, keineswegs grenzwertige) Summe als Allgemeinheit abstrahiert – was freilich jederzeit möglich, aber nur ein Missverständnis begründet –, dann existiert diese scientific community oder wissenschaftliche Gemeinschaft tatsächlich zunächst und insbesondere dadurch, dass man ihr ein mehr oder weniger originäres und damit eigenschaftliches Bewusstsein zuschreibt. Sie implodiert nicht und zerfällt nicht, wenn man jedem Einzelnen zurechnet, sei es auf aktiver, sei es auf passiver Seite, daran teilzuhaben (was davon zu unterscheiden, selbiges zu verinnerlichen oder zu reflektieren). Diese Gemeinschaft ist existent dann, und nur dann, infolge der Tatsache, dass beständige Impulse von innen sie er- und die Spannung unterhalten. Sie mag zerklüftet und in einem bestimmten Sinne unstet sein, i.e. sie oszilliert, und es braucht durchaus nicht jeder Impuls zwischen zweien oder mehreren, wodurch sich die Vorstellung dieser Gemeinschaft unterhält, auch an jeder anderen Stelle, an jedem anderen Ort ihrer Ausbreitung wahrgenommen – und positiv oder negativ beschieden – werden (so jedenfalls arbeitet die Bewusstseinsmembran, sobald sie von ihrer realen Basis der Gehirnströme her erschlossen wird). Gerade diese Möglichkeit, dass (i) ein gegenseitiges Gewärtigen des inneren Verkehrs erfolgt; (ii) sich die Teilnehmer gegenseitig über örtliche und zeitliche Distanzen hinweg wahrnehmen und wahrgenommen haben; und (iii) dieser zeitliche Absatz oder das Übergehen in die instantane Erinnerung (zu einem späteren Zeitpunkt das überzeitliche Geschehen und Gedächtnis) dann ein Bewusstsein benötigt, macht den Begriff der wissenschaftlichen Gemeinschaft aus, der sodann nicht einfach unter den, wie erläutert, abstrakten Begriff fällt. Der abstrakte und allgemeine Begriff der wissenschaftlichen Gemeinschaft und der Begriff des Gruppenbewusstseins, der mit der ‚scientific community' verbunden ist, treten somit auseinander und sind auf keinen Fall miteinander zu verwechseln.

Hiermit sei die erste, etwas eingehendere Analyse für einen Fall von Gruppenbewusstsein abgeschlossen, in diesem Falls der sogenannten ‚scientific community', der dieses nicht abgesprochen wird. Es bleibt anzufügen, das nicht die gebildete oder insbesondere gemeinverständliche Form des Bewusstseins dafur verantwortlich ist, dieses Gruppenbewusstsein zu respektieren und als existent anzusehen, abgesehen davon, dass mit diesem Merkmal, wenn es als konstitutiv behauptet wird, selbstredend der Zirkel begangen würde. Wenn das Bewusstsein der ‚scientific community' nur dadurch entsteht und zu erklären ist, dass es nicht der Gemeinverstand ist, der sich in ihm niederschlägt, dann muss, sobald es sich als selbstständig behaupten will, die Erklärung auf den Gemeinverstand zurückfallen, in dem es ihm unterstellt, nicht über die Konvention und Standards der Ausbildung und ihrer Folgen zu verfügen, und Bewusstsein versus Bewusstsein, gesetzt es gilt auch für den Gemeinverstand, schlägt um von der einen Seite auf die andere. Das Bewusstsein der wissenschaftlichen Gemeinschaft als ein Gruppenbewusstsein ist damit nicht allein und vollständig bedingt durch den Gegensatz oder das Gegenteil zum Gemeinverstand oder das nichtwissenschaftliche

Bewusstsein, und es ergibt sich eine Parteiung, die eine bestimmte autochthone oder originäre Geltung hat, in der Form, dass jeder Seite ein ursprünglicher Zugang und Zugriff zu widmen ist, und nicht etwa eine stete Ableitung der einen aus der anderen, so dass der Ursprung nur einfach wäre. Gruppenbewusstsein, um es wenigstens als Postulat oder als quasi allgemeinen Lehrsatz, den ersten, zu fordern,

- muss demnach über einen eigenständigen Ursprung verfügen, der es, als insbesondere Bewusstsein und nicht etwa nur Begriff oder synthetisierte Vorstellung, vom wiederum Individual- oder Einzelbewusstsein unterscheidet.

Darum in dieser ersten Voreinführung und Vorbemerkung ein drittes Beispiel:

(3) Aus einem Vertrag:

> Unabhängigkeit der Parteien.
> Die Vertragsparteien sind unabhängige Vertragspartner, die für ihr eigenes Handeln verantwortlich sind. Sofern keine Klausel dies ausdrücklich verlangt, wird keine Bestimmung dieses Vertrags eine der Parteien zum Vertreter oder Partner der anderen Partei machen oder einer Partei erlauben, im Namen oder auf Rechnung der anderen Partei Verpflichtungen gegenüber Dritten einzugehen oder zu handeln.

Wie darf, muss, sollte man dieses Bewusstsein der Parteien charakterisieren? Offensichtlich muss es zunächst, an erster Stelle, hierarchisieren: die Disjunktion geht vor und bestimmt die Alternative, derzufolge (i) keine Partei für eine andere eintreten oder gar in einer möglichen Geschäftsbeziehung fusionieren darf (als eine Partei auftreten, welche die andere Partei des Vertrags einverleibt). Gleichwohl ist (ii) keine Partei nur für sich, als ob sie nur ihren eigenen Belang und Interesse(n) vertritt. Dies wäre glatter Widerspruch, da in diesem Fall die geforderte Negation, eben nicht als Vertreter der anderen Partei aufzutreten, gar nicht einlösbar wäre. Ganz im Gegenteil, (iii) jede Partei weiß nicht nur das Gegeninteresse, als solches könnte es stehen bleiben, sondern sie hat es in der Beweglichkeit der Vertragsverhältnisse beständig zu berücksichtigen, im Kern der eigenen Beweglichkeit mitzubedenken. Also bezeichnet (iv) die überschriftliche Unabhängigkeit der Parteien zugleich eine bestimmte Abhängigkeit. Wenn nun aber die Abhängigkeit und die Unabhängigkeit, wie erläutert, zugleich gelten, aber keinen Widerspruch, sondern ganz im Gegenteil eine einsichtige (gleichermaßen konsistente wie plausible) und logisch einwandfreie Beziehung bedingen, welcher Art ist diese?[4] Analytisch darf man aus (i) bis (iv) folgern, im Begriff ›Partei‹ liegt das direkte Umkehrmoment, nämlich Nicht-Partei zu sein, und zwar exakt in dem Sinne, in dem der einen Partei die andere (möglicherweise mehrere) entgegensteht. Würde man diese Komplementarität nur als Ausschluss interpretieren, verliert der Begriff das zugleich inkludierende Moment am Gegenteil, auf das es ankommt. Hier liegen demnach Ursprünge oder die Wurzeln von Gruppenbewusstsein (und es wundert nicht, dass der Begriff ›Partei‹, dem eine wesentliche Beziehung zur Topik nachgesagt werden kann, dennoch kein antiker, sondern neuzeitlicher Begriff ist. Der Begriff ›Partei‹ ist auf keinen Fall bloße Folge einer reflexiven Bezugnahme, eines obliquen *locus inventionis*, sondern er besitzt seine logische – und juristische, oder gemeinrechtliche – Geltung geradehin, aus dem Stand, auf Anhieb oder d'emblée, wie man im Französischen sagt). Nun ist klar, dass in der Beziehung kein Kontrast vorliegt, denn dieser würde gleichfalls die Entscheidung, dabei aber ein mittleres Ausweichen ermöglichen. Beides liegt nicht vor, denn jede Partei soll sich in der Komplementarität gerade nicht exklusiv *nur für sich* ausführen, noch im Sinne einer Partei, die durchgehend sich als die andere *schlechthin* inkludierend begreift, noch freilich derart, dass sie sich etwa einer Drittpartei anschließt und dieser die Vertragsauslegung auferlegt oder überlässt; oder einen Zweit- oder Andervertrag abschließt, in dem sie sich diese Vertretung offenhält. Ergo bezeichnet die logische Beziehung, die zugleich die Unabhängigkeit und Abhängigkeit verlangt oder einschließt, eine Polarität, und sie gilt im alten aristotelischen Sinne unter der Bedingung des zugleich Zusprechens und Absprechens (sogar, und darum wiederum neuzeitlich, ohne die Klauseln der Situation oder des Zugleich, i.e. das Zu- und Absprechen braucht hierauf keine Rücksicht zu nehmen). Freilich schließt diese Beziehung sodann nicht aus, dass die eine Seite stärker ist als die andere oder dass es Hinsichten gibt, in der das eine Moment, die Unabhängigkeit, vor dem anderen, der Abhängigkeit, überwiegt, zunimmt oder abnimmt (und deutliche Anzeichen der Kompatibilität mit letzterer Beziehung, wie sich noch mehrfach

---

4 Hier sei in aller Kürze angemerkt – das Zugleichauftreten oder Gelten zweier gegensätzlicher Terme darf nicht *ad hoc* in die Unerfüllbarkeit (neben dem Normalschema) münden oder als solche gewertet werden (gemäß W.V.O. Quine, *Grundzüge der Logik*, deutsch Frankfurt/Main [3]1981, Kap.II.18). Es möge dem Gesamttext der Nachweis vorbehalten bleiben: selbige bedingte, die Negation auf die einfache Wurzel zu reduzieren, die wiederum auch die Übersetzbarkeit der Schemata (Inklusion in Alternation und Konjunktion, Sheffer-Strich) ermöglicht. Die anhängigen Verschiebungen der Logik sind ein Teilbestand dieser Schrift.

zeigen wird). Worauf es jedenfalls ankommt, ist, dass die Parteien unabhängig sind gegeneinander in der Form, dass sie jeweils für sich ihren wirtschaftlichen oder anderen Interessen nachgehen dürfen, dabei aber abhängig, dass sie die andere dabei nicht vertreten, hintergehen oder in einer Weise inkludieren dürfen, die deren Interesse zuwiderläuft oder einfach deren prinzipielle Unabhängigkeit missachtet; abgesehen davon, dass jede Partei freilich überall die sonstigen Klauseln des Vertrags einhalten und ausführen muss, womit die Stetigkeit der gegenseitigen Reflexion angesetzt und gefordert ist. Das Vertragsverhältnis begleitet damit alle differenten Handlungen der Parteien, und es umschließt sie als ihr – vertragsgemäß konstituiertes – Ganzes, das, wie erläutert, in logisch polare und nicht schlechthin disjunkte Teile zerfällt. (Probleme der Vagheit,[5] der Häufung[6] und/oder der Nullbewertung[7] fallen demnach, ohne sie hier zu erläutern, nicht im Sinne der außerpolaren, neutralen oder widerspruchsgebundenen Erörterung an, die bislang noch weitgehend das Feld beherrscht, als ob es die Antonyme nicht gäbe. Außerdem müsste man sich öfters fragen, ob Argumentationen, die sich auf ein ›unabhängig von‹ (›independent of‹) berufen, tatsächlich nicht das Antonym meinen resp. rundheraus oder endgültig ausgeschlossen haben, in welchem Fall selbstredend die Situation oben eintritt). Wenn dies die logische Basis darstellt, müssen die geläufigen Auffassungen der Partei, die sie der Neutralisierung, der Indifferenzierung oder Immunisierung überweisen – als ob keine wesentliche Negation beteiligt –, als sekundär charakterisiert werden (freilich der Gefahr ausgesetzt, wegen der mangelnden Fundierung oder Absicherung zu implodieren und/oder zu dilutieren, die sog. ›Mitte‹ zu überreizen, etwa im Politischen).

Wenn nun das Einhalten dieser vertraglichen Forderung auch ein stetes Bewusstsein verlangt – und Bewusstsein ist rechtens besehen kein Werkzeug,[8] sondern, *in summa*, die quasi natürliche Linse, die nicht etwa nur das Empfinden, Wahrnehmen und Erkennen reguliert, sondern selbstredend auch das ebenso

---

5 Abgesehen von W.V.O.Quine, *Word and Object*, New York 1960, etwa Michael Dummett, „Wang's Paradox." In: Synthese 30 (1975), 301–324.

6 Margaret Cuonzo. *Paradoxien*. Wiesbaden 2015 (die Abhandlung ist überwiegend populär gehalten, aber dies sollte dem Ansporn, die Problematik im guten Sinne gemein zu machen, nicht widersprechen).

7 Gottlob Frege. „Kritische Beleuchtung einiger Punkte in E.Schröders Vorlesungen über die Algebra der Logik". In: Archiv für Systematische Philosophie 1, Bd.1 (1895), 433–456.

8 Es wird weiter unten in Verbindung mit der Evolution in diesem Sinne aufgegriffen und diskutiert (Kap. IV, Historisches Subjekt, Anmerkung 1, [A] zu 1.1).

instantane, öfters überwiegende Ausblenden oder Blindstellen –, und wie anders sollte die Forderung durchzuhalten sein, dann muss auch diese Form des rechtlichen Vertragsverhältnisses ein bestimmtes Gruppenbewusstsein verkörpern. Es mag (aus pragmatischer Sicht) lässlich sein oder überflüssig erscheinen, aus Sicht der Philosophie ist es existent und zu fordern, sobald die logische Beziehung der Parteien ihre Einhaltung verlangt und diese nur durch zunächst ein Bewusstsein zu konstituieren und weiterhin zu erklären ist. Umso mehr, als ja mit der Partei, hier der gewöhnlichen rechtlichen Partei, ein bestimmtes Bewusstsein für sich konstituiert ist. Jede Partei bedingt gerade, dass sie ab dem Schritt der Verhandlungsvorbereitung bis zur Unterzeichnung, sodann innerhalb der gesamten Spanne der Ausführung und Einhaltung bis zum Auslaufen, Kündigung oder Verlängerung ein spezifisches (manchmal überaus elitäres) Bewusstsein einbringt. Da nun jede Partei so verfährt – es können gewiss, insbesondere bei sog. multilateralen Staatsverträgen mehr als zwei Parteien auftreten –, gerät das Bewusstsein in eine bestimmte Schleife, eben genau jene, die jeder Partei auferlegt, zugleich unabhängig und abhängig zu sein (dies meint, um der Schleife definitorisch gerecht zu werden, die Bindung und Trennung zugleich, sie sei, gekürzt, die Funktion ›≅‹,[9] von Plus- und Minuspol um eine gemeinsame Achse). Oder, um sich nicht an die Klausel des Beispiels zu halten beziehungsweise selbige nicht direkt zu verallgemeinern, jeder Partei auferlegt, ein Bewusstsein für sich und nicht für sich zu manifestieren, beides jedoch innerhalb der Verpflichtung des Vertrags. Wenn nun diese Komplementarität der Parteien im strengen Sinne ein Gruppenbewusstsein fordert und ausdrückt (*instantiiert*), und wenn wiederum die Komplementarität eine Form ist, in der sich Polarität äußern kann, dann muss dem Gruppenbewusstsein auch die Möglichkeit zukommen, die Polarität oder polares Bewusstsein auszudrücken. Es sei (wie in Zusammenhang mit der Erwähnung der Topik bereits angedeutet) ausdrücklich von jeder dialektischen Interpretation abgehalten und unterschieden, die hier aufkommt oder sich anbietet. Der Grund besteht im Umgang mit der Negation, der ohne Anschluss an die klassischen Begriffe und logischen Beziehungen der sog. neuen Logik (im Sinne Carnaps) verlangt, die Negativität der Parteien ausschließlich dialektisch – anstatt und vor allem polar – zu interpretieren. Womöglich, dies sei an dieser Stelle nur erst eine Hypothese oder Ausblick zum *Fazit* dieser Vorlesung, ist das Gruppenbewusstsein selbst nur ein Gegenpol oder in diesem Sinne bestimmter

9 Rechtmäßig müsste auch die Peripherie, einseitig bei nur einem Fokus) oder vollgültig, bei vollständiger Polarität angezeigt werden, i.e. ›| ≅ |‹ versus ›|| ≅ ||‹, wie nachfolgend ausführlich erläutert.

Antipode zum geläufigen, wohlbekannten und vielfach vertretenen Individualbewusstsein (was sogleich eingehend erläutert wird). Um aber auf das erste Beispiel zurückzukommen, das ›Unter-einer-Decke-stecken‹ und damit verknüpfte Bewusstsein ist gewiss ein hochgradig *polarisiertes* Bewusstsein, da es ja beständig darauf achten muss, die Konvention einzuhalten bzw. nicht aufzufallen oder aufgedeckt zu werden (absichtlich und konzentriert abzublenden), so dass es diese Hypothese des polarisierten oder polar verankerten Bewusstseins unterstützt. Politisch manifest und (dem Exempel gemäß) bereits Aktualhistorie, hat die Hypothese somit auch hinreichenden empirischen Rückhalt, nicht zuletzt seit der Antike (mit der der Agent, Spion, Verschwörer, Partisan, überhaupt der Bot- oder Kundschafter einrücken). So dass sich die Theorie, wie noch zu sehen, darauf konzentrieren kann, die Bedingungen zu durchleuchten, inwieweit Gruppenbewusstsein generell mit der Möglichkeit polarisierten Bewusstseins zusammenhängt und wie dieses die Möglichkeit verschafft, zwischen Individualbewusstsein und Gruppenbewusstsein ohne Widerspruch, ohne endgültigen Bruch und ohne differenten Existenzbeweis, als ob es das eine gebe und das andere nicht, zu wechseln.

(4a) „Dieser Haß auf die klassische Schönheit, die Leitidee der abendländischen Kultur seit der Renaissance, wurde wie der soziale Protest ein Grundzug und ein Hauptthema der modernen Kunst. Die Futuristen erfanden ihn nicht, sie formulierten bloß, was in der Luft lag und nun gleichzeitig überall, durch sie ermutigt, in Erscheinung trat. Leidenschaftlich hinausgeschrien oder hintergründig versteckt äußerte es sich in allen Künsten".[10]

(4b) „Zunächst möchte ich darauf aufmerksam machen, dass der Besitz wahrer Gedanken überall zugleich den Besitz wertvoller Mittel zum Handeln bedeutet. Unsere Pflicht, Wahrheit zu erwerben, ist also keineswegs ein aus der Luft stammendes Gebot oder eine Last, die der Intellekt sich selbst auferlegt hat, sie ruht vielmehr auf vortrefflichen praktischen Gründen".[11]

Etwas vergröbert, gleichwohl (gesetzt) unter der Lupe, berühren sich in (4 a und b) das Sein und das Nichts. Der Äther oder die Luft, das pneuma, wurde von den Menschen im Laufe ihrer historischen Entwicklung nicht selten in die eine oder

10 Walter Muschg. *Die Zerstörung der deutschen Literatur und andere Essays.* Zürich 2009, 648.

11 William James. „Der Wahrheitsbegriff des Pragmatismus" (1907). In: Gunnar Skirbekk (Hg.). *Wahrheitstheorien.* Frankfurt/Main 1977, 38.

andere Richtung gedeutet, um dabei die eine oder andere Eigenschaft zu verkörpern: wenn nicht nur den Geist (anstatt Intellectus, Vernunft und Logos in einer gleichermaßen überindividuellen Sphäre),[12] dann immerhin sein Klima, (s)eine Gesinnung. Anderwärts – und im direkten Gegenteil – muss selbige auf dem Boden einer *im bestimmten Sinne abgestumpften* Geisteshaltung, welche sich über die Evolution im Zentrum der Menschheit ausgebildet hat, als Metapher für das Nichts herhalten. Gesetzt es ist irgend Gestalt, wirkliche Bewegung, ein Laut und Geräusch, ein Odeur oder selbst nur ein wiederum Hauch wahrzunehmen, so ist die Luft stets Ausdruck des Nichts (oder der Verneinung), wenn diese Staffel, um nicht Faszikel zu sagen, an ein körperliches Dasein zu knüpfen ist. In diesem Sinne hilft das *flatum vocis* dem Nominalisten, an das Dasein irgend Gattung oder Art, etwas das die Lebewesen zusammenfasst, oder schlechthin an die Abendröte (nicht) zu glauben, die sich über die Legislatur und Temperatur eines Monatsendes entspannt. Angeblich kann der Mensch, seit der Antike, ja den Vorzeiten – im Bereich der Mythen gilt gleichwohl der Vorbehalt unbedingter Vorsicht –, jedenfalls im Hauptstrom der Entwicklung der Überzeugung über seine Kräfte und Vermögen – falls eine Etikette dienlich, so mag sie der Rationalismus bezeichnen –, einen anderen Geist, eine andere geistige Energie nicht wahrnehmen, gesetzt, selbige verzichtet auf die körperliche Existenz oder das körperliche Beisein bzw. sie macht sich davon frei. Nun muss die Metapher oder Redensart ›*etwas lag oder liegt in der Luft*‹ selbiges aber meinen. Noch dazu versteht dies jedermann und nicht etwa erst der Gelehrte oder Kundige. Die geistige Stimmung, die sich unter den Futuristen Luft verschaffte, trieb also keine »Luftwurzeln«, wie sie (4b) andeutet oder voraussetzt, sondern beschreibt eine historische Lage nach Königgrätz (1866), 1870/71 in Europa und des aufkeimenden Imperialismus, der sich durch strikte Parteilichkeit (*biais*) begegnenden Mächte, die Volte der Industrialisierung, welche einen Apex der Arbeiterstädte erreichte und den noch unausgefochtenen Kommunismus, die Beharrlichkeit eines Marx wider Vermögensunrecht und Benachteiligung, auf den Plan rief. Die Futuristen fühlten wie mehr oder weniger alle Menschen der Ära und sahen – um 1910 – das Unheil heraufziehen, das die Existenz vieler in Mitleidenschaft ziehen wenn nicht zerstören wird, und waren gleichermaßen grob im Extrem und parteilich, (inklusive der Verherrlichung von Gewalt, womöglich zu aller Zeit dem Ausdruck der Torheit gleichzusetzen). – Nun sei dieses Bewusstsein nicht schon, auf keinen Fall,

12 Die kurz gefasste und in eigener Sache vereinnahmte Zusammenfassung dieser Hauptgeschichte: etwa Heinrich Barth. *Philosophie der theoretischen Erkenntnis*. Regensburg 2016, Kap.II, ab 59.

definites Gruppenbewusstsein, wohl aber sobald es sich unter den, etwa, ›Futuristen‹ und ihren Anhängern breit machte und, stets exemplarisch für die richtige Verallgemeinerung, andere Gruppierungen wie den Expressionismus begleitend motivierte oder kontrastierte (etwa den Kubismus). Das Problem sui generis – die zweite Klausel bezüglich Lupe oder Linse unverleugnet – der Philosophie besteht sodann darin, die echten Wurzeln des Bewusstseins nicht erst dann anzuerkennen und zu statuieren, wenn es in Gestalten und Werken oder Pamphleten, ja nicht einmal in den Zeugnissen seiner definiten Vorstellungen manifest ist oder wird. Nicht also dass sie Kunstphilosophie sein müsste, sondern ganz im Gegenteil sie muss die Ursprünge des Bewusstseins wissen und wie es ggf. kommuniziert oder unter ganzen Generationen im Schwange ist: (a) *existent*, *gepolt*, *fermentiert*, *sedimentiert* und *seismografiert*, sowie überaus *gesättigt* (von der Chemie her, ohne diese zur Bedingung zu machen);[13] wiederum (b) (von der Physis her) nicht etwa hierarchisch distinkt und *stamm*artig binär (resp. dichotom im klassischen Sinne hinsichtlich der basalen Erkenntniskräfte Sinnlichkeit versus Verstandesvermögen (Kant), wobei schon die Verpflichtung der »Architektur« auf Polarität oder nicht gänzlich offenbleibt, und freilich der »Organismus« Hegels diese bereits auf Dialektik festzulegen sucht), sondern *hochgradig*, zugleich zuallermeist intentional, *fusioniert*, eventuell *torisch* (in Krümmungen der Energieausbreitung verankert, die Welle – und nicht mehr der unbedingt und nur akustisch-organische Luftverkehr bzw. -transport – vorausgesetzt), *diffusiert* in weitläufigen nicht-euklidischen Strecken oder Längen mit zugleich sporadischer, existentieller und nicht existentieller, *fokaler* Anbindung. In letztere Prädikate (a) versus (b) – sie seien bei den möglichen Gegensätzen als die zentralen oder grundlegenden genommen, orientieren also in diesem Sinne die Taxonomie – sind demnach Vorstellungen, bestimmte Inhalte und Ideen einzusetzen, die das Gemüt, eventuell die Seele (soweit noch vorhanden und nicht bereits in jenem eigentümlichen Medium erloschen, in dem das Bewusstsein den direkten Kontakt zu seinem seelischen Ursprung nicht mehr besitzt; es heißt in der neueren kritischen Geschichts- und Sozialphilosophie – oder Dialektik – die ›Masse‹) und ansonsten und unmittelbar die Bewusstseinskräfte und -energien, also jedes Vermögen betreffen und bestimmen: Empfindung, Einbildung, Verstand, Gedächtnis, die Vorhersehung, Projektion und mehrfache instantane Fokussierung, um die wichtigsten zu nennen, und die Vernunft als ihre Aufsicht bzw. Aufsicht der

13 Die Begriffe seien so genommen, dass sie tatsächlich den Zustand und Kapazität des Bewusstseins begreifen, auch wenn dies den Allgemeinverstand außer Kraft setzt bzw. übersteigt.

oben *in summa* bezeichneten Linse. (Als, hypothetisch, *reine Natur* unterliegt sie – die Vernunft – gewiss dem Verdacht der Exstirpation, Verrohung, Verflachung und, in diesem Sinne, Verstädterung in der Menge und Masse, der sich zugleich steigernden und durch*setzenden* Aggregation der Species, die wiederum – mit und trotz der Erfahrung von ca. 200–250 Jahren Gleichheitspathos – keine reine Species ist): die Ursprünge sind demnach in die Bedingung der Energie und ihres Feldes zu verlegen, wenigstens aus dieser zu erkennen, wobei allen Prädikaten unterstellt wird, sie befinden sich im Bereich der normal-gesunden Bewusstseinsfähigkeit, sind also mit den Mitteln der Philosophie einseh- und nachvollziehbar (das hierfür auch Theorie erforderlich ist, sei – nicht erst im Licht des nachfolgenden – nicht bestritten). – Nun ist mit (4b) die Sachlage nicht dahingehend geklärt, es dürfe sich der gesuchte Begriff auf das dezidierte Wahrheitsbewusstsein verlassen bzw. auf festgelegte Wahrheit. Es ist kein Bezug auf die inzwischen ausufernden Wahrheitstheorien inklusive der Falsifikationsvariante erforderlich, um etwa über den Wahrheitsbegriff zu klären, ob (i) es dezidiertes Gruppenbewusstsein im erläuterten Sinne gibt, das Zeitgenossen einer bestimmten Generation und Geistesrichtung effektiv verbindet, i.e. sie kommunizieren nicht erst über Telegrafe, Briefe, Schriftstücke und faziale oder beiläufige (heutzutage elektronisch vermittelte) Gespräche, sondern – *höchstwahrscheinlich* – direkt und unmittelbar; (ii) der Ursprung des Bewusstseins in ein Energiefeld zu legen ist, dieses hochgradig differente Sättigungsgrade im Sinne der – soeben berührten – Diffusion aufweist, gleichwohl in jedem Fall der Antipode, das Individualbewusstsein, das sich, gewissermaßen, für sich weiß und konzentriert, in dieses zu verlegen ist, so dass es sich davon niemals endgültig freizumachen vermag, i.e. es wird niemals (bei Gesundheit und ohne Schädigung an irgend Gehirnzellen) an eine Lebensgrenze (oder engrammatische Stelle) stoßen – die enigmatische sei behelfsweise, zugleich subsidiär, wenn nicht subaltern zugelassen –, in und an der es – mit objektiver Schleife, also Rückkehr, und eventuell noch dazu willentlich – das Ende des Bewusstseins erfährt und fortan auch wüsste, was es meint, es, als Grundlage seines Lebensgefühls und der Möglichkeit, eine Vorstellung an die andere zu reihen, sei nichtig, nicht existent oder nicht gegeben. Nun ist (a) – wegen (i) und generell – diese mögliche, im höchsten Maße hypothetische Grenze freilich an die andere Bedingung zu knüpfen, es erführe sich und das andere Bewusstsein, und damit Bewusstsein schlechthin, unter keinen Umständen *im einen oder anderen Fall* dahingegehend, es gehörte entweder zur Gänze ihm selbst, dem erfahrenden, oder aber dem anderen Bewusstsein, was unmöglich (denn in diesem Fall müsste es sich selbst negieren, und Widerspruch). Ergo besitzt das Bewusstsein eine bestimmte Ganzheitlichkeit, Konstanz und Durchgängigkeit über die Subjekte oder

Individuen hinweg, welche, wie bereits angenommen, auf seine Energiegrundlage und deren Verwirklichung (»Emanation«) in einem Energiefeld zurückzuführen ist, und die Philosophie sieht sich gezwungen, anderwärts aufgefordert, dies unmittelbar in Erfahrungsbegriffen zu umreissen und namhaft zu machen (die erwähnten Begriffe seien erste Anäherungen, auf keinen Fall schon vollgültige Bezeichnung); (b) selbige erste Bedingung bezüglich der möglichen Grenze diejenige, die auch im klassischen Sinne an Raum und Zeit geknüpft wurden und ihnen die Bezeichnung ›Dimension‹ eingetragen hat. Wenigstens waren zuerst die drei Raumorientierungen die notwendigen, niemals aufhebbaren Dimensionen des (euklidischen) Erfahrungsraumes, der vollständigen Anschauung (im Sinne der transzendentalen Ästhetik Kants), und seit dem dezidierten Kalkül der Relativitätstheorie, welche sich an das physikalische, mithin energetische Verhalten des Lichtstrahls knüpft, hat die Zeit – als (vermeintlich, jedenfalls rechnerisch) nur eine Dimension – unmittelbar (mit Minkowskis mathematischer Interpretation) an dieser Auffassung teil. Die Raumzeit ist daher eine vierdimensionale Größe, mit der sich die physikalischen Basisparameter darstellen, in denen jedes Geschehen zu lokalisieren ist, und – wie es überaus scheint oder nunmehr Hypothese sei – das Bewusstsein (als unmittelbare Folge seiner Energiegrundlage) hat an diesem Status teil, i.e. es ist gleichfalls Dimension,[14] stets notwendig mit zu verrechnen (was übrigens der bedingungslos beobachterrelativ orientierten Relativitätstheorie, Kern ihres empirischen Gehalts, der sich angesichts der einzigen Grenze der Lichtgeschwindigkeit zugleich mathematisch verabsolutiert, keinen Abbruch tut: die Streckenfällungen respektive Dilatationen sind stets so zu werten, das anderes, erfahrenes und instantanes, erlebendes Bewusstsein, und Plural hier oder dort (selbst in originalen Kommentaren), im differenzierten Bewegungskalkül nicht *absolut* disjunkt werden und als solche Verschiedenheit auseinanderfallen, sondern einen gemeinsamen Knoten- oder Umschlagspunkt unterhalten, welcher der basalen, eingeführten Polarität entspricht. Denn freilich basiert das Grundmodell auf einer – der Möglichkeit nach – unendlichen Diffusion der Brennpunkte gegenüber dem einen gemessenen oder aktualen: im

14 Leibniz hat in einer Seitenbemerkung zum Infinitesimalkalkül das gleichzeitig wirksame Verhältnis von endlich und unendlich mit der Möglichkeit verknüpft, „mehr als drei Dimensionen zu denken", aber es kam ihm gewiss nicht in den Sinn, die Negation unter dem genannten Verhältnis dingfest anstatt verschwinden zu machen, was in nachklassische Verhältnisse führen muss (Aus dem Brief an Varignon vom 2. Februar 1702. In: *Schriften zur Logik und philosophischen Grundlegung von Mathematik und Naturwissenschaften* (Philosophische Schriften Band 4), Frankfurt/Main 1996, 254–255).

Knotenpunkt verbirgt sich somit notwendig (i) eine Form der Negation – wie man sieht, eine offensichtlich sehr stabile –, (ii) eine bestimmte *spezifische* Differenz, welche den Messungen nicht widerspricht). Hiermit sei eingeschlossen, das Wahrheitskalkül hat sich nicht etwa (inzwischen oder grundsätzlich) an der Praxis (von Nützlichkeit, Schädlichkeit oder bürgerlicher Gepflogenheit, der politisch-gesellschaftlichen oder sonstigen, etwa machtorientierten Zuträglichkeit),[15] sondern (nach wie vor) theoretisch zu orientieren, und die Energiebasis ist die direkte Vermittlungsbasis zwischen den Wissenschaften. (Die Philosophie sei hier eingegliedert, sie macht keine Sonderansprüche etwa wegen der Bewusstseinsvermögen und der anschaulichen oder wiederum imaginativen Kräfte, sondern ganz im Gegenteil ist ggf. direkte Interpretin der Energie wie die Naturwissenschaften, Physik, Biochemie und Neurowissenschaften oder Gehirnforschung, zumindest möge sich erst danach der Rang oder Nachrang offenbaren). Da die Logik gleichwohl in ihr Ressort fällt, abgesehen vom Wahrheitsbegriff selbst, ist sie allerdings überaus verantwortlich, die Polarität zu (er)klären (was im Folgenden stets bei Berührung erfolgt). Hier sei ergänzt und vorweggenommen, die Falsifikationstheorie Poppers, deren Plausbilität sich darauf beruft, anstatt der unmöglich endgültigen Verifizierung irgendeiner Behauptung, insb. aber der wissenschaftlichen, die Falsifikation zum Hauptkriterium zu machen, ist – an und für sich – der Polarisation erlegen bzw. sie (ihre ‚Forschungslogik') verfolgt direkt eine polare Basis (gesetzt, der Pluspol als Allheit, Vollständigkeit oder geradezu Limes ist zwar ideell gewährt, aber praktisch nicht einlösbar, so ist wenigstens – aus der Polarität – sicher, dass ein Umschlag zur Gegenachse erfolgt, s.w.u.). So wäre (a) sein Kriterium der *intersubjektiven Überprüfbarkeit* an obiger Hypothese nicht direkt anwendbar, da dieses streng besehen, wenn „Beobachtungen, die wir [als Wissenschaftler oder kritische Probanden] gemacht haben, grundsätzlich von jedermann nachgeprüft werden",[16] in der Objektivität die (wiederum) Achse des Bewusstseins voraussetzt – und nicht etwa (erst) mit dem Akt der

15 Dies ist die Position des Pragmatismus (James, Dewey, weniger Peirce, der eine Idealisierung unter der bedingten Freistellung bevorzugt), die angesichts der Relativität wie die scheinbare Parallele in den Sinn kommt, und freilich völlig verfehlt; denn die Relativitätstheorie basiert auf einem geradezu im Extrem strikt aufzufassenen Tatsachenmodell der Wahrheit (dem physiktheoretisch versus experimentellen, der sich in der Neuzeit seit Galilei herauskristallisiert hat), da andernfalls ihre Zahlen ihren Sinn verlieren (übrigens negiert sie im selben Sinne den Begriff ‚wahre Zeit').

16 Zit. n. Karl. R. Popper. „Grundprobleme der Erkenntnislogik" (1934). In: Gunnar Skirbekk (Hg.). *Wahrheitstheorien*. Frankfurt/Main 1977, 109–139, 125. Vgl. unten, Kap.III, Einführung (allgemein), (C).

Nachprüfbarkeit konstitutiert –, welche das Bewusstsein zur Konzentration und Diversifikation zugleich zwingt, i.e. die dimensionale. Obgleich P. die Verpflichtung des Apriori weitgehend zu meiden sucht und an dieser Stelle scheinbar unreflektiert die Position Kants übernimmt, das Bewusstsein, das die Nachprüfung der beiden erwähnten Gruppen – sog. ›wir‹ versus ›jedermann‹ – vollzieht, existiert (freilich auch gegen K.) bereits in genau dieser Position (oder Konstellation) resp. ist als Bedingung der Möglichkeit in dieser Position vorauszunehmen, um der ggf. positiven Nachprüfung das Moment der Zirkularität zu nehmen; denn andernfalls haftete ihr das Moment einer bloß fokalen Beipflichtung oder aggregativen Vermehrung an, wie es nicht ist. Das Bewusstsein kommuniziert bereits oder ist bereits (voll-)dimensional existent, wenn sich die Positionierungen einlegen, und dies mit Notwendigkeit. Dementsprechend ergibt sich der fällige w-Wert lotweise, orientiert von Gruppe zu Gruppe, und nicht bedingungshaft, gehängt-gebeugt oder an situative Gruppe gebunden, sondern quasi eindeutig oder ›1/1‹; (b) sollte, wenn Polarität in der Basis vorliegt bzw. dingfest zu machen ist, die Graduierung bzw. Steigerbarkeit der Wahrheit, die ja mit der Verifikation wesensgemäß und unvermeidlich einhergeht (weil w/f, an und für sich und gegen die insb. rationalistische Tradition, abgesehen von der nahezu vollständigen Entwicklung im 20. Jahrhundert, ein echtes, vollgültiges Antonym verkörpern),[17] die Falsifikation, als erkenntnistheoretischer oder wissenschaftlicher Impuls *sui generis*, dem Negativpol aufliegen respektive selbigen manifestieren, wiederum gesetzt, er begleitet notwendig (an sich und voraussetzungsgemäß) die Verifikation und sein verachstes, spezifisches Gegenteil, *ohne* auf Anhieb stets genau dieses Gegenextrem oder negative Maximum zu manifestieren, i.e. zu erfüllen resp. sogar zu ›bestätigen‹ (die Falsifikation, die P. formal im Sinne von ›$\exists \neg p$‹ versus ›$\forall p$‹ wertet, hier die Linse der in Abrede gestellten positiven oder affirmativen Induktion, bedarf keiner Erfüllung des Extrems): so dass ggf. die Einwände der Anpassung, Auflassung oder Übergehung folgen, denen auch P. ihr Recht lässt und die im anderen Gefolge des Holismus, insb. Quinescher Prägung, neuen Auftrieb erfahren haben).[18]

---

17 Dies meint, es geht weder im Gegensatz zwischen der logischen versus sprachlich-linguistischen Erhebung auf, sollte sich hier der Gegensatz zwischen korrespondenztheoretischen versus deflationären Tendenzen niederschlagen (p.e. Michael Devitt), noch insbesondere in der Beschränkung auf den Begriff ›wahr‹ oder ›truth‹ mit einem bloßen Anhängsel f oder Falschheit. Der Zusammenhang wird häufiger verfolgt, p.e. s.u. 270.

18 Popper 1977, 122, 128.

In jedem Fall, (I), wenn Bewusstsein von der Energiegrundlage abhängt und alle Kommunikationsmöglichkeiten hier einzubetten sind, wenn wiederum die Fusionskräfte der Vorstellung überaus belegt (wenngleich in den meisten Fällen – unter dem Titel ›Konfusion‹ – pejorativ in die Negation oder vermeintliche Abwendung und/oder Überwindung verwiesen), ist nicht nur mit Möglichkeiten des quasi stimmlosen Gedankenaustauschs zu rechnen (der dem Ausdruck ‚in der Luft liegen' einen definiten Gehalt verschafft), welcher noch dazu, wenn auch nurmehr nur nahezu und womöglich sinkend, der gesellschaftlichen Klausel der Konvention und/oder Verleugnung unterliegt (abgesehen von partiellem, nicht aber grundsäzlichem oder allgemeingültigem Nichtvorhandensein selbst bei jenen, denen etwa eine biogenetische Differenz in der bzw. den Vermögen nachzusagen wäre, und der Plural bedingt, im Spektrum ist keineswegs nur Minus- anstatt nicht auch Positivwertigkeit zu erwarten), sondern freilich auch mit einem oder sogar ›dem‹ Ursprung von Gruppenbewusstsein. Dieses mag mit letzterer Bedingung überaus koalieren, es muss aber nicht, und in jedem Fall ergibt sich ein Formenreichtum und Spektrum, das – im Licht und unter der Lupe aller Wissenschaften – verdient, in den sog. Augenschein (oder, wenn so will, einen „heuristischen Gesichtspunkt")[19] genommen zu werden. Von dem nunmehr, in der Basis des Energiefeldes, nicht mehr gelten darf, es sei ein punktuell subjektiver, und nur subjektiver Augenblick oder Daseinsmoment, dem in der Substanz nicht auch zukäme, eben fokal oder *wirklicher*, effektiver Brennpunkt zu sein, dessen wiederum Peripherie unter keinen Umständen, es sei denn unter Aufhebung seiner selbst, zu vernachlässigen oder wegfallen darf: wenn Bewusstsein und Wissen seit eh in die Basis einer Analogie zu legen sind, i.e. sie sind nicht identisch, da es immerhin Bewusstsein von Bewusstsein (›$B_n/1B_{n+1}$‹, um klarzustellen, dass es sich nicht um ein Produkt zwischen verschiedenem Bewusstsein, sondern tatsächlich ein übergeordnetes handelt, welches dem anderen, das mit dem Produkt ›$1B_{n+1}$‹ als geschlossen angenommen wird, instantan beiwohnt) und damit die natürliche Basis der beweglichen, noch dazu streuenden und bestimmten »Grauwerten« verpflichteten Linse oder Lupe innerhalb desselben gibt (mithin ein natürlicher und verbindlicher Schärfegrad oder Opazität, wofür die zugleich Projektion des Auges in der Gehirnphysiologie nur ein Beleg und nicht etwa schon ganze Bedingung, denn auch das Ab- oder Verblenden wurde bereits eingeführt), dürfen die erwähnte Konvention *und*

19 Albert Fölsing erwähnt in diesem Zusammenhang immerhin auch eine Nähe (oder sogar Quelle) zur Philosophie, freilich Kant (*Albert Einstein. Eine Biografie*. Frankfurt/Main [5]2013, 158–168, 158).

ihre Verleugnung hier noch einmal wiederkehren, sich überdies potenzieren – um der Kritischen Philosophie ihren Bestand nicht zu nehmen. (Wohlgemerkt beginnt, oft missachtet, schon bei der Beziehung ›Bewusstsein von‹ diese Spreizung und/oder Scherung, letztere sobald in Konvention und bedingter Abhaltung, die stets ein schwammartiges schwebendes, rauschhaltiges Bewusstsein zur Folge hat, eingebettet). Offenbar operiert nicht nur die Affirmation, sondern auch Negation im ‚positiven' Bestand, und es erklärt sich das Gemein- ebenso wie das wissenschaftlich geschulte resp. sich vermeinende Sonderbewusstsein, also gewissermaßen die überaus gesättigte, institutionell verbriefte, gewöhnliche Prosa, sie sei offiziell oder nicht: es kann keine Frage aufkommen, hier wird auch die Jura und das vermittelnde (oder nicht) Staatsbewusstsein berührt, gleichwohl darf ihm, wie seit eh, nicht die Setzung überlassen bleiben, als ob nicht, wie stets, die entscheidenden Impulse »von der Seite« kämen.

An dieser Stelle, (II), obgleich nicht Thema, sei wegen der topologischen Voraussetzung – sie ist diejenige, die Energie (und nicht Vorstellung, Willensantrieb, Gedanke, Begriff, Idee oder gar Substanz) zur Basis zu erklären und das Bewusstsein mitsamt aller Inhalte davon abhängig zu machen, so dass es in die Mannigfaltigkeit im *nach*klassischen Sinne einkehrt, anstatt diese in sich aus- und freilich auch einzuschmelzen – ergänzt, dass die Geistesgeschichte unter den verschiedensten Angängen, sei es direkt über die Topologie und Einstein, Helmholtz oder Poincaré Hilbert, weiterhin aber auch über Freud und dezidierte Theorie des Bewusstseins in Verbindung mit Psychologie und insb. Psychoanalyse, sodann etwa in Anlehnung an Damasio, der als Neurologe eine dezidierte Bewusstseinstheorie vertritt (die exakter Kenntnisse über mögliche und tatsächliche Läsionen bedarf), den Körper gleichermaßen nicht aus seiner Isolierung genommen hat, in der er – gleichgültig ob quanten- oder wellentheoretisch, demnach kontinuierlich oder nicht – als angeblich dieser (geschlossene) Organismus und seine myriadenhafte Membran angelegt und verankert ist, die gesamte analytische Tradition inklusive des sich hier intentional positionierenden Positivismus eingeschlossen. Eine angemessene Interpretation des Körpers, welche die »subjektive« Fühlbarkeit, Gestaltbarkeit und Beweglichkeit der Energie zur Basis erklärt, wird ihm die Fremdberührung, ja -durchdringung – bis zur Schwelle der Unbewusstheit (mit der sie zugleich, ohne Verwechslung, begonnen, denn freilich wird diese Spanne von der Polarität mit einer direkten ersten Plus-Minuswertigkeit reguliert) – zugestehen müssen, abhängig von der Energie und ihrer Ausbreitung, welche, etwa an der Entladung gemessen, mikrologisch (in Millisekunden, ohne effektive

Messung)[20] ungemein real und virulent ist, nicht von Sensorik und taktiler Äußerlichkeit; obgleich es – nunmehr – topologische Gestalt und Berührung gibt, welche – gemäß (I) und seinen Erläuterungen – objektiver Wahrnehmung unterliegt (also nicht an nur ein, und stets dieses Subjekt gebunden). Das Energiefeld existiert – wegen seiner bedingungslos *fokalen* Substanz – mithin in bestimmter Transparenz und Durchgehbarkeit, die der Theorie ehemals gestattete, (i) auf Seiten des Körpers eine bestimmte bloße Aggregation, das sog. *unum per*, nicht aber endgültige Einheit anzunehmen, ergo keine substanzhafte Gewähr wie dem Kern des Bewusstseins und seiner angeblich gesicherten Vernunft zuzugestehen (was freilich beiderseits unfertige und in bedingtem Sinne tautologische Behauptung, solange nicht die Polarität schon als Möglichkeit, wenn nicht Bedingung der Möglichkeit, erkannt und bewertet, selbige aber rezipiert sofort und widerspruchsfrei – ohne dialektische Vorausnahme – exakt diese Schlussweise, das Auseinandersetzen der Extreme), (ii) die beiden *res* zu extrapolieren, was in der Sache gerechtfertigt, sobald die Polarität zu würdigen ist, jedoch zugleich um eine unendliche Strecke verfehlt, da selbige unerkannt und nicht namhaft wird (und mehr als (i) bis dato die Theoriebildung beeinflusst oder verzerrt). – Wenn es heißt, es gibt topologische Gestalt, so möge dies bedeuten, es hebt jemand ein Glied, ja vielleicht sogar die Schleife, eine eigentümlich hüftorientierte, ventrale oder Schwingung sonstwo, etwa im Gehirnbereich, seines in der Energie geschlossen über seine Brennpunkte wirksamen (ungleich des als geschlossen aufgefassten) Körpers, und die Bewegung wird von jemand anders/anderen wahrgenommen – obgleich sie kein Protokollant oder übliche Gestellposition, kein ehemals Fähnrich oder auch Dame, wiederum das Mädchen im gewöhnlichen Sinne vermerken wird, sondern erst dann, sobald die Voraussetzung zugelassen und seine oder ihre Bewusstheit angerührt. Geschlossen besagt, man wird diesem Körper in seiner Beweglichkeit und Lebendigkeit einen geschlossen inkludierten Mengenausdruck, gesetzt, es gilt jenen zu berechnen, zugestehen können – dieser bedingt in der Äußerlichkeit seine angestammte, überaus vorherrschende Extrapolierung und Dominanz oder *Reduktion* –, obgleich selbiger (i) aus seinem Kern fusionierend *und* fokal wirkt – in dieser Konjunktion liegt verbindlicher logischer und existenzieller Zwang – und mithin (ii) eine, der Möglichkeit nach, unendliche Menge von Impulsen wird rezipieren und einschmelzen können. Wo immer dies geschieht, an welchen Stellen und in welcher Intensität, ist

20 Sie dürfte u.U. noch weniger empfind- und erlebbare Zeit beanspruchen als das sog. Fingerschnippen, mithin nahe an der realen energetischen und ohne Verzögerung.

selbigem die Möglichkeit der Perzeption zuzugestehen, die graduiert und in sich überaus von Intelligenz, Wahrhaftigkeit, Geschultsein und Sensibilität abhängig ist, letztere ist jene, welche sich an Beweglichkeit und Beschaffenheit der Energie selbst, nicht der membranösen Sensorik orientiert, als ob es nicht bereits Geist und Fühlbarkeit *vor* dieser gäbe; niemals jedoch derart, als ob nicht auch der Imbezile, ein Abgestumpfter, sich an die Konvention oder die niederen, schüsselartigen Formanten der kollektiven Gehirnfrequenz haltender Mensch wird selbige von ihrer Art her wahrnehmen können (zugestanden beginnt hier eine wohlbekannte Kreisform der Argumentation, sie sei vorab geschenkt, so dass die Beanstandung eines Zirkels – tatsächlich hingegen der ± Schleife, die, wie bislang einzusehen, logische Konsistenz erster Güte verbirgt – auf die erwähnte kardinale Leugnung hinausläuft, deren nicht etwa nur vernünftigen, sondern vor allem sozialen und moralischen, verwaltungs- und regierungstechnischen Motive zu befragen sind). Mithin gilt zuletzt, und womöglich die größte Trennscheide, der der Rationalismus des Abendlands begegnet, die Trennung zwischen Leib und Geist ist keine endgültige, disjunktive oder an sich gültige, gleichgültig ob ›binär‹ oder ›dichotom‹ (als ob die erste Funktion ›trennen-binden‹ wie klassische Komplementarität oder jene Disjunktion auseinanderfällt, in der sie, weil ihre Bestandteile überall auseinanderfallen, tatsächlich und dem Anscheine nach unsichtbar wird), sondern eine in der Energie graduierte und überaus der Polarität unterliegende (*subjungierte*).[21] Um einen kleinen und zunächst letzten Sprung anzusetzen, demnach kristallisierte die Evolution seitig, in einer bestimmten Region der Energie, welche sich mit den Elementen verbindet, einen dezidierten, widerständigen und selbstbezüglichen, sich selbst unterhaltenden Gegenpol, der nunmehr und seit geraumer Zeit der Geist (animus) heißt. Er reguliert auch die soeben eingeführte Doppelgestalt, jene, die sich im Energiefeld betätigt und von seiner Schwebung und Lage abhängt, das niemals nur einer Person oder Subjekt zuzuschreiben, und mit Vorliebe rauschhaft, aggressiv oder affektiv, gelegentlich scherzhaft bis zu still beobachtend – dieserhalben braucht sich somit niemand wegen der Leugnung oder nicht zu fürchten.

---

21 Das Kap. III zum Wir- resp. Gruppenbewusstsein in Verbindung mit dem Pronomen ‚wir' schließt unter 5. mit 2 Beispielen, wovon das 2., es bedient sich eines Zitat Feuerbachs, mit Beweisen im Rahmen von Anmerkungen ([A] bis [G]) abgeschlossen wird.

Vorbemerkung II

1. Warum Ich- versus Gruppenbewusstsein

An dieser Stelle ist eine weitere kleinere Erörterung nötig, um – nach der ersten Vorbemerkung – das Thema der Vorlesung zu begründen. Warum die Gegenüberstellung von Ich- versus Gruppenbewusstsein? Das Bewusstsein ist seit der Neuzeit darauf festgelegt worden, ein Einzelwesen zu repräsentieren, und sobald dieses der Bedingung unterliegt, sich zu reflektieren und insbesondere reflektieren zu müssen, um sich nachzuweisen und seine Existenz zu bekunden, dann geht es in die Rede der ersten Person Singular über, es bekundet sich demnach als ein Ichbewusstsein. Die entsprechenden Passagen in den Schriften von, etwa, Descartes, Leibniz bis Kant seien an dieser Stelle erlassen – oder eben stillschweigend eingesetzt. Nun kann aber kein Zweifel bestehen, dass sich das Bewusstsein in seiner vielfältigen Funktion nicht darauf festlegen lässt, stets nur ein Einzelbewusstsein zu repräsentieren. Als ob es nicht auch wesentliche Formen kennt, in der es von vornherein pluralisch in Erscheinung tritt oder eine pluralische Funktion ausübt. Die wesentliche Form steht also auf dem Prüfstand, ob sie nicht auch primär, unmittelbar oder, um den Fachterminus zu wählen, *a priori* sein kann. Sollte dies der Fall sein, wäre hier zumindest eine Ergänzung der klassischen Philosophie anzubringen. Nun dürfte für die Vorlesung vorauszusetzen sein, dass diese Ergänzung gilt, dies heißt, das pluralische Bewusstsein ist eine natürliche, unvermittelte Tatsache oder das menschliche Bewusstsein ist aufgrund seiner natürlichen Beschaffenheit imstande, diese Bedingung zu erfüllen. (*Anmerkung*: Für die natürliche Beschaffenheit ist gewiss auch die inzwischen gesicherte phylogenetische Basis namhaft zu machen, aber (a) sollen die beiden nicht miteinander verwechselt, geschweige gleichgesetzt werden, sobald die Bedingungen des Gruppenbewusstseins zu untersuchen sind, zum zweiten ist die Abgrenzung der genetischen von den sog. Umweltbedingungen noch und womöglich für immer fraglich).[22] So dass sich die weitere Folgerung ergibt, was bedeutet diese Tatsache für das Apriori – gesetzt, diese Unmittelbarkeit soll im Licht der klassischen Philosophie mit diesem Anspruch gleichgesetzt werden. Nun folgt, dass eine ziemliche

22 Wolf Singer spricht hier bezeichnenderweise von einer Analogie zur Unschärferelation – die genetische Prägung ist zweifelsfrei, aber sie lässt sich nicht völlig vom sog. Umwelteinfluss distinkt machen (W.Singer. *Der Beobachter im Gehirn*, Frankfurt/Main 2002, 231). – Für den Umwelteinfluss ist an dieser Stelle freilich stetig und mit Nachdruck das andere Bewusstsein einzusetzen bzw. mit zu befragen.

Wegstrecke zu absolvieren ist, um je nach Philosoph und seinen systematischen Voraussetzungen einzuholen und verständlich zu machen, was ein Apriori des pluralischen Bewusstseins gegenüber dem dort vertretenen individuellen oder Ichbewusstsein bedeutet. Um dies nur an einem Beispiel zu erläutern – Kant hat in der kritischen Philosophie dafür plädiert bzw. nachgewiesen (im Rahmen der sog. *transzendentalen Analytik*), dass die Anwendung der Kategorien oder reinen Verstandesbegriffe, die er transzendentale Apperzeption nannte, mit der Instanz des Ichbewusstseins verknüpft ist. In jedem einzelnen Fall, in dem ein Subjekt ein Urteil fällt bzw. zu einer Erkenntnis gelangt, muss er die Kategorien anwenden, und an der Spitze diese Anwendung oder Handlung (er spricht von einer ›geistigen Handlung‹) befindet sich das Ich. Wenn nun, um zu schwenken, das Bewusstsein über eine unvermittelte oder sogar Apriori-Bedingung verfügt, sich pluralisch zu formieren, also spontan und unvermittelt in die Mehrzahl überzugehen, dann müsste an dieser Stelle zumindest – ein ›Wir‹ zu setzen sein! Es müsste eine Form des Bewusstseins geben, in der der Erkenntnisvorgang pluralisch oder *mehrheitlich* vollzogen wird, und damit auch die Anwendung der Kategorien gemeinsam durch dieses Bewusstsein vollzogen wird, das dadurch spontan, auf Anhieb, eine gemeinsame Erkenntnis gewinnt. Um dies zu bezeichnen, würde es die hierbei gewonnene transzendentale Apperzeption mit einem ›Wir‹ bekleiden. Die Formulierung lässt erkennen, dass die Plausibilität dieser Möglichkeit nicht von vornherein in Abrede zu stellen ist.[23] Die menschliche Vernunft sollte selbstredend auch über diese Möglichkeit verfügen, einer Mehrzahl von Individuen oder Subjekten die Gelegenheit zu verschaffen, gemeinsam eine Erkenntnis zu gewinnen, die von ähnlichen Bedingungen abhängt. (*Anmerkung*. Womöglich sind Beispiele an dieser Stelle lässlich. Da Extreme oder Grenzsituationen leichter etwas zu erkennen geben, möge etwa die folgende Situation eintreten, dass eine kriminalpolizeiliche Ermittlungsstelle, eine Reihe von Kriminalbeamten, die Aufgabe hat, einen bislang unbekannten Täter, p.e. einen Totschläger, Mörder oder Würger, zu überführen, ein ja durchaus bekannter Fall aus dem allfälligen Fernsehen oder Kino. Dabei stützt sich diese Gruppe auf Indizien oder Merkmale der Plausibilität, in der eine bestimmte Tatsache für oder gegen einen bestimmten Täter sprechen. Wenn nun, in aller Kürze, nach einer gewissen Zeit der Verhöre und der Ermittlungen die Indizien – stets im Sinne (a) der Verknotung und (b) der *Überführung* – auf einen bestimmten Täter zulaufen, und nur noch ein Indiz fehlt, um etwa Ort, Tatzeit oder einen kausalen Belang nach plus oder minus zu belegen, dann

---

23 Dies wird weiter unten eigens vorgeführt (Kap.IV: Das Wir als repräsentative Rede, Einleitung [B]).

sollte diese Gruppe selbstredend imstande sein, *gemeinsam* auf der Grundlage der jedem Mitglied bekannten und seit einer gewissen Zeit verfolgten Indizien den Schluss zu treffen, der oder die Täterin ist der Mörder. Wie zu folgern, wäre es geradezu töricht, hier anzunehmen, dieser Akt der Erkenntnis würde jeweils einzeln und jeder für sich vollzogen. Als müsse jedes Bewusstsein für sich das Urteil fällen und sich dann sekundär untereinander abstimmen, ob jedes andere – der oder die Kollegin – den Sachverhalt genauso beurteilt. Der gemeinsame Akt oder dieses Erkenntnisurteil entspreche daher – These – der anderwärts geforderten transzendentalen Apperzeption: der Akt der Subsumtion, obgleich freilich an jedem Bewusstsein vollzogen, erfolgt dennoch gemeinschaftlich, in einem spontan geteilten Bewusstsein, dem ggf. *und überdies* seine Fusions- und nicht zuletzt anhängigen Simulations- und nicht nur Assoziationskräfte anzurechnen sind, letztere freilich bedingungshalber nicht primär. Übrigens könnte es, abgesehen vom eventuellen Zuschauerkreis, der hier im anderen Simulations- und nicht nur Imaginärfall (eben TV) mit anzurechnen ist, sein, dass es sich um einen Täterkreis handelt, also etliche Mitwisser und auch in diesem Sinne Handelnde. Aber der letzte Täter wäre dann doch, höchstwahrscheinlich, ein bzw. der Einzelne, und man darf die theoretische Lage nicht verwischen, als ob dadurch auch das pluralische Bewusstsein, nun auf Erkenntnisseite, hinfällig würde). – Was nun, im Vorblick auf die Vorlesung, das ›wir‹ betrifft, so wird der hierauf eingestellte Leser einen Überreichtum an Beispielen in vielfältiger, nicht zuletzt philosophischer Literatur, gleichgültig ob klassisch, sekundär oder nicht, finden, dem bereits (4b) und weite Teile desselben Textes entsprechen, indem sie zwanglos und unvermittelt von der Zugänglichkeit der Gedankenführung in der ›wir‹-Form ausgehen und entsprechend formulieren, die wiederum, negativ, keineswegs verlangt, sie stets auf das notorische ›ich‹ herabzurechnen, als ob erst dort die Sicherheit und Gewissheit des Vermeinten oder Behaupteten (Assertierten) erreicht sei; so dass es, im einfachen und in diesem Sinne echten Überblick, offenbar nicht selten für die Hypothese aus (4a) und ansonsten insbesondere für die Kennzeichnung des Fundaments von Gruppenbewusstsein einstehen kann (jedoch, um einem Missverständnis vorzubeugen, nicht muss, denn selbstredend ist dieses keineswegs an die Suggestion oder das tatsächliche Faktum eines ›wir‹ gebunden).

2. Umgangssprache und Monotonie

An dieser Stelle folge ein großer Schnitt, um eine andere Zugangsweise zu wählen. Die Frage ist immer noch, warum Ich- versus Gruppenbewusstsein als Titel der Vorlesung, wobei, keine Frage, insbesondere das letztere einer eingehenderen Begründung bedarf, denn das Bewusstsein wird gemeinhin als subjektiv – im Sinne der Zugehörigkeit –, individuell oder vereinzelt aufgefasst, als ob dies seine ganze Bedingung ausmachte. Als ob nicht auf der Gegenseite der sog. ›Subjektivität‹ – sie galt Frege als dasjenige, das nach Abzug alles Objektiv-Logischen an Vorstellung im Umkreis des dieserart präparierten ›Gedankens‹ verbleibt – gleichfalls eine breite, ja kollektive Innerlichkeit oder sogar ein Universum wartet, an dem mindestens eine Mehrzahl, wenn nicht die Nation, sodann die ganze Menschheit ursächlich, unmittelbar und damit notwendig teilnimmt (es sei denn sie würde sich durch irgend abstrakte Abspaltung, anderwärts freilich eine technologische Maßnahme im Bereich des Genetischen, und wiederum auf breiterer Basis davon zu unterscheiden suchen, als ob diese distinkte Änderung, der bedingte Wechsel im einen Bewusstsein nicht möglich, welches ‚ein' aber eben auf keinen Fall auf die Zahleins, das sog. numerische Bewusstsein, einzuschränken ist, das von außen zu zählen ist respektive auf diesen Linsenfokus als das ontische Unum beschränkt wird). Einstweilen aber bleibe das Bewusstsein (noch) auf der Außenseite, sodann aber unter der Bedingung der pluralen Knotenbildung, der tatsächlichen Zusammenfassung unter mehreren; und wenn dies beides – gegenüber dem klassischen Bild – möglich ist, wird ersichtlich, es geht in die Mannigfaltigkeit über oder seine Energiebasis wird dieser gemäß aufgefasst und erläutert.

Der Zugang sei die Umgangssprache, die hier eine gewisse Pflicht auferlegt. Fragt man sich nämlich, welche Begriffe oder zunächst Wörter besitzt die Umgangssprache, um das Vorhandensein, handelnd oder sprechend, eines Einzelnen oder aber von Mehreren zum Ausdruck zu geben, so ergibt sich, gleichgültig ob gegenwärtig oder über die Neuzeit (und die Antike eingeschlossen), ein recht kompliziertes und umfangreiches Bild. Es sei in aller Kürze (mit Kenntnis, jedoch ohne direkte Anlehnung an die Linguistik) dargestellt. Die Leitfrage dabei sei: besitzt die Sprache ein Wort – dem freilich der entsprechende Begriff zuzuordnen ist –, das unter beiden extremen Positionen auch die Potenz ermöglicht, also die Mehrzahl von der Mehrzahl, und umgekehrt den Einzelnen unter dem Einzelnen, so ist die Frage zu bejahen. Wie es scheint, gibt es tatsächlich nur zwei Begriffe, die genau diese Bedingung erfüllen. Und dies ist auf der einen Seite, wenn die Umgangssprache zu evaluieren ist oder das Zeugnis ausstellt, das ›Individuum‹, auf der anderen Seite, mindestens ebenso deutlich, nur ein Begriff, die ›Gruppe‹ (was das Deutsche betrifft, das Englische und Französische verhält sich ähnlich, im Englischen wäre entsprechend zusätzlich das ›team‹ zu differenzieren, das auch in die deutsche Sprache eindringt). Mit anderen Worten, dem Individuum kann unterstellt werden, es tritt in eine Kette von Begriffen oder *konkateniert*, bzw. es erfüllt eine bestimmte Monotonie, in der von einer Ebene auf die nächste stets wieder vorauszusetzen ist, es handelt sich um einen Einzelnen oder ein Individuum. Dies ist keine Kleinigkeit, denn wenn man an den Begriff Bürger denkt, dann ergibt sich sofort, er changiert oder steht manifest auf beiden Seiten der hier thematischen Spanne (bis zum jeweiligen Extrem). Dieser Klasse oder dieser Art Begriff lassen sich eine ganze Reihe weiterer zuzählen, wie sogleich vorzuführen. Übrigens erfüllt oder erfüllte der Subjektbegriff in der neuzeitlichen Philosophie diese monotone Funktion, aber es sei und war vorausgesetzt, es ist die Umgangssprache als Evaluierungsbasis verlangt. Wobei von dem Einverständnis des die natürliche Sprache beherrschenden Sprechers auszugehen ist, das *Individuum* in diesem Sinne aufzufassen; denn andernfalls bliebe die Stelle leer, es ließe sich demnach kein Wort finden, dass die Monotonie unter der Voraussetzung des Einzelnen verlangt bzw. ermöglicht, eine Kette zu bilden, bei der jeweils auf höherer oder tieferer Ebene wieder ein Einzelner gesetzt bzw. inkludiert ist. (Um ein Beispiel vorzuführen, der Passant, den Sie auf der Straße beobachten, ist ein Familienmitglied und, etwa, ein Bürger, der berechtigt ist zu wählen, also ein Wähler. Wie Sie sehen, Sie könnten ihn jeweils, gleichgültig wie Sie hierarchisieren, als Individuum auffassen und bezeichnen, nicht aber umgekehrt den Passant, der sofort wie der Bürger in die Mehrzahl übergeht oder nicht, für das logische und umgangssprachliche Merkmal dingfest machen, vorrangig ein Einzelner zu sein (woran wohlgemerkt nicht hindert, das auch das Individuum den Plural kennt und Sie also auch den Plural ›die Individuen‹ bilden können und gelegentlich müssen); auch erübrigt sich die Überlegung für den Wähler, der selbstredend nicht monoton ist, i.e. in den meisten Fällen ist der Wähler auf genau eine und nur eine Ebene seines Rechts beschränkt, so dass unter diesem Begriff keine Kette auftreten kann: das Individuum aber ermöglicht diesen Durchgang oder diese Potenz, sich verschiedene Ebene vorzustellen, in denen stets wieder ein Einzelner als Handelnder oder Sprechender verlangt ist – oder das fällige, zu beanspruchende Bewusstsein vertritt.

(*Anmerkung*. Frege trifft in den *Grundlagen* die Unterscheidung zwischen dem ›unter‹ und ›in einen Begriff fallen‹. Man könnte nicht behaupten, die Differenz hätte sich in der allgemeinen Literatur durchgesetzt, obgleich er Recht hat, womöglich aber übersieht oder stillschweigend unterstellt, es wäre bei dieser Differenz eingeschlossen, im zweiten Fall bilden Begiffe einen gemeinsamen Knoten, mithin unterliegen sie der Fusion (was freilich nicht mit dem Antinomienproblem zu verwechseln, obgleich es hineinragt, denn die beiden Begriffe müssen nicht wie ›Element‹ und ›Menge‹ der hierarchischen Vertauschbarkeit unterliegen: es gibt, um sogleich zwischenzuschließen, eine fruchtbare und beherrschbare, überdies notwendige, in jedem Fall distinkte Fusion unter Begriffen): Etwas („unser Mond") fällt (als Gegenstand) unter den Begriff des „(natürlichen) Erdsatelliten", dieser wiederum unter den Begriff des „nicht selbstleuchtenden Himmelskörpers", zugleich jedoch in den Begriff der ›Einzigkeit‹, der ›Existenz‹ (weil nicht-leer), der ›Unsichtbarkeit‹ und des ›Begriffs‹.[24] Den Begriffen ›Erdsatellit‹ und ›selbstleuchtend‹ kommt selbstredend auf Anhieb zu, Komposita aufgrund von Fusion zu verkörpern. Dies erkennt und prüft man sofort an der möglichen Klassifizierbarkeit bzw. (instantiierten) Klassenbildung. Hierbei unterliegt ›selbstleuchtend‹ überdies einer manifesten antonymen Beziehung, da sein Sinn darin beruht, nicht ›fremdleuchtend‹ zu sein, i.e. ›nicht selbst-‹ meint dasselbe wie ›fremd-‹, der Bindestrich möge die offene Anschlussstelle des Kompositums markieren. (Die Frage, ob diese Komplementarität unmittelbar der doppelten Negation zugeordnet werden kann, möge offenbleiben, in jedem Fall ist die Basisbeziehung antonym und schließt von hierher die – ihr eigentümliche – Negation ein). Ob übrigens eine distinkte Fusion unter Begriffen möglich ist, möge in aller Kürze eine Erinnerung an Aristoteles und seine Bereinigung der zenonischen Paradoxa erübrigen. Er schreibt: „Der Terminus ›unendlich‹ hat nämlich mit Bezug auf die Ausdehnungsgröße und die Zeit, überhaupt mit Bezug auf jede Art von Kontinuum, zwei wohl unterschiedene Bedeutungen: er besagt entweder Teilungsunendlichkeit oder aber Ausdehnungsunendlichkeit". Wenn nun „Unendlichkeit als Begriff quantitativer Ausdehnung mit Unendlichkeit als Teilbarkeitsphänomen verschmilzt",[25] oder, gemäß A., wenigstens dem Begriff unendlich zwei Bedeutungen zukommen, die streng genommen als Homonymie zu werten wären, so »löst« er ggf. das Paradox dadurch, nur die Hierarchisierung unter den einen Begriff (die unendliche Teilbarkeit) zuzulassen, um das – die Konfusion verursachende – Fallen in den anderen Begriff der unendlichen Ausdehnungsgröße auszuklammern oder zu isolieren. Es dürfte insgesamt am schlüssigsten sein, die Fusion als Prinzip unter Begriffen zu erkennen und wie sie sich bei der Klassifikation resp. Kategorisierung auswirkt. – Nun wird jedenfalls auch die Verkettung von Gruppen- versus Individualbewusstsein dieser Differenz nicht entgehen; bzw. es mag durchaus Stellen geben, in den von spezifischem Wähler-, Konsumenten- oder Verbraucher-, Nutzer-, Käufer- oder Zuschauerbewusstsein die Rede ist, die jeweils zugleich in ein spezifisches Gruppenbewusstsein fallen, es wiederum mag unkritisch, sparsam(keitsbedacht), verschwenderisch, verschleißend,

24 Zit. n. Günter Patzig. „Gottlob Frege". In: O.Höffe (Hg.). *Klassiker der Philosophie*, Bd.2, München 1981, 258.

25 Zit.n. Margaret Cuonzo. *Paradoxien*. Wiesbaden 2015, 195.

kurzentschlossen oder aufmerksam sein. Wohlgemerkt sind diese Attribute so gesetzt, dass sie auch dem jeweiligen Urspungsbewusstsein zukommen könnten, nun aber dem Gruppenbewusstsein anzurechnen sind, womit das Durchscheinen des Knotens, der die Fusion beherrscht, gezeigt sein möge. Überdies ergibt sich, die Ketten können sich überschneiden, i.e. jede Seite bildet ein Folgeglied, um sich zusammen, gesetzt regelmäßig oder nicht, wie die Doppelhelix – oder eine Abart – zu gebärden).

Während der weiteren Vorlesung besteht Gelegenheit zu prüfen, ob denn kein anderer Begriff resp. Wort gegeben ist. Im Übrigen sei der Begriff Kette dem Regress vorgezogen, da dieser zwar in der Sache möglich, jedoch pejorative Anteile auf sich gezogen hat; ebenso und erst recht der Zirkel, da freilich eine Vermischung mit diesem verkehrten Schlüssel nicht vorliegt, während der Kreislauf, wie später zu sehen – im Sinne des logischen Zirkuits – wiederum Anknüpfung und Überschneidung bietet. Die *Konkatenation* oder Verkettung ist einstweilen der beste Zugang, um der Monotonie der Stelle des Begriffs gerecht zu werden, die sich im Algorithmus freilich mit der Kommutation verbindet: die bei steigender oder fallender Anwendung inkludierte Quantifizierung an Menge versus Element besitzt in jedem Fall die einzigartige Eigenschaft, auf jeder Ebene eine, und nur eine der beiden Seiten in die Subjektstelle überzugehen zu lassen, derart, dass für ›$\exists x$‹ entweder das ›Individuum‹ oder, wie sogleich vorzuführen, die ›Gruppe‹ einzusetzen ist: wenn man so will, die unvermeidliche oder stillschweigende Oszillation oder *Polarisierung* im $\exists$-Quantor, insofern dieser gezwungen ist, den Singular oder Plural zu vertreten. (*Anmerkung* zwecks formaler Verständigung: der Begriff Monotonie stammt aus der Mathematik und bezeichnet das Kurvenverhalten, i.e. man spricht von monoton steigenden oder monoton fallenden Beziehungen, ›wenn $x_1 \leq x_2$, dann $f(x_1) \leq f(x_2)$‹ für monoton steigend, entsprechend umgekehrt für monoton fallend ›$f(x_1 \geq f(x_2)$‹, wenn ebenso ›$x_1 \geq x_2$‹. In Verbindung mit dem Booleschen Algorithmus, der Informatik und der Linguistik ist der Begriff ein wenig in Mode gekommen und sei hier übernommen. Die Anlehnung an die Mathematik wird hier sinnfällig in den Inklusionsbeziehungen. Gesetzt das Beispiel:[26] ›Höchstens ein Dorfbewohner hat gesungen $\Rightarrow$ höchstens ein Dorfbewohner hat laut gesungen‹; dann ist der Quantor *höchstens* monoton fallend, da das Konditional die quasi kleinere oder Untermenge einschließt (denn unmöglich könnte dies falsch sein, wenn der Vordersatz wahr): ergo ›wenn $X \in Q$ und $Y \subseteq X \subset U$, dann $Y \in Q$‹. (›$\subset U$‹

26 Es entstammt: Frits Zwart. „A Hierarchy of Negative Expressions". In: Heinrich Wansing (ed.). *Negation. A Notion in Focus*. Berlin-New-York 1996, § 4.

bezeichnet die Tatsache, dass der Quantor unter der Submenge geschlossen ist, es ist hier also, etwa, keine Möglichkeit von zusätzlicher Fusion an bestimmter Stelle oder Indifferenz in Betracht zu ziehen. Die Linguistik – Frits Zwart – nutzt hier die Boolsche Algebra anstatt der üblichen Schreibweise per ›∃‹ und ›∀‹, um im Quantor („quantifier“) erhebliche Differenzierungen – prinzipiell alle lexikalischen Quantifizierungen der natürlichen Sprache – aufnehmen zu können, die der soeben erwähnten Polarisierung entsprechen. Nämlich: ›Mindestens ein Dorfbewohner hat laut gesungen ⇒ mindestens ein Dorfbewohner hat gesungen‹. Dies betrifft den umgekehrten Fall, das Konditional qualifiziert den Quantor *mindestens* als monoton steigend (wie zuvor), ergo ›wenn $X \in Q$ und $X \subseteq Y \subseteq U$, dann $Y \in Q$‹. Nun ist aber für ›Individuum‹ versus ›Gruppe‹ entsprechend anzusetzen, in der Fülle der nichtdinglichen, an die personale oder Bedingung der Besetzung durch ein menschliches Lebewesen gebundenen Begriffe, die für den Wechsel zwischen Singular und Plural anzusetzen sind, erfüllen die Begriffe ›Individuum‹ versus ›Gruppe‹ die Bedingung der Monotonie schlechthin, i.e. in beide Richtungen. Diese Stetigkeit ist, wie bereits vermerkt, wegen der eigentümlichen natürlichen Streuung der Begriffe keine Kleinigkeit und besagt etwa in der Gegenprobe, wenn ein ›Individuum‹ unter X an irgend Stelle in der Hierarchie (Verkettung) gefordert, i.e. instantiiert ist, so kann es jederzeit unter Y auftreten bzw. unter Z_N, gesetzt, die Verkettung entwickelt sich weiter. Diese Eigenschaft trifft wiederum auch auf die ›Gruppe‹ zu, nurmehr erfüllt dieser Begriff jetzt den distinkten Gegenpol, i.e. es ist für beide Positionen die distinkte Mehrzahl verlangt. Dieser Übergang sei Kommutation genannt, da vorausgesetzt, dieser regelmäßige Wechsel zwischen Singular und Plural, der an und für sich im klassischen ›∃‹ enthalten ist, ist nicht etwa alogisch oder zufällig (aleatorisch), sondern entspricht der Polarität als Ursprung der Quantifizierung).[27]

Wenn die Bedingung hiermit festgelegt ist, ergibt sich, wie bereits antizipiert, auch auf der Gegenseite ein bestimmter Begriff, die *Gruppe*. Auch hier in der Extremstellung, indem kein geläufiger anderer Begriff die Möglichkeit setzt, die Monotonie mit der Mehrzahl in einer distinkten Weise zu verbinden. Für die ›Gruppe‹ besagt dies, der Begriff ermöglicht seine Potenzierung, i.e. es treten verschiedene logische Ebenen in Erscheinung, die jeweils wieder durch eine

27 Dies entspricht der Systematisierung von Zwart, der durchgehend polarity types und polarity items voraussetzt und ermittelt, jedoch den Begriff Polariät nicht eigens analysiert oder vorführt. Es ist klar, hier wirkt die quasi uralte Beziehung ›einer-viele‹ der Antike in die moderne – zunächst linguistische – Analyse der Quantifizierung, Boole wird sozusagen polar interpretiert, abseits von oder gegen die klassische Neutralisierung.

Mehrzahl in derselben repräsentativen Position (vornehmlich des grammatischen Subjekts) vertreten oder instantiiert werden: also, im Prinzip oder um die Kette genau hier zu destillieren, die ›Gruppe X_{i}‹ der ›Gruppe X_{ii}‹ der ›Gruppe X_{iii}‹ etc. (Wahrscheinlich, um das Beispiel einzuführen, ist diese Vorstellung als zugleich nicht mehr flüssige, sondern gegenständlich gewordene rechtliche Konstruktion aus der modernen Wirtschaft nur zu bekannt, denn ein moderner Konzern ist oft und vornehmlich eine Unternehmensgruppe, dies heißt, sie tritt in der Monotonie oder Verkettung in Erscheinung, in der auf den Ebenen nach unten nicht schon und nur das einzelne Individuum verlangt ist, auch nicht in der Alternation, sondern wieder eine Gruppe, der sog. *affiliate* oder ein Part ner- oder verbundenes Unternehmen. Gewiss löst sich, wie bekannt, die Gruppe letztlich in die einzelnen Mitglieder auf, letztendlich also das Personal und die Belegschaft, aber zu evaluieren ist zunächst, gibt es denn überhaupt einen umgangssprachlichen Begriff, der dies (a) ausdrücklich nicht verlangt, sodann (b) in einer distinkten Weise, indem er selbst die Monotonie erfüllt).

Dieser Begriff, um zunächst zu schließen, ist demnach die ›Gruppe‹, und da das Bewusstsein anhängig ist oder das eigentliche Thema ausmacht, muss es demnach ein Individualbewusstsein versus, und zwar ausdrücklich, versus einem Gruppenbewusstsein geben. Die Vorlesung wird diesem letzteren ausführlich nachgehen und erläutern was unter einem Gruppenbewusstsein zu verstehen ist.

Nun wird möglicherweise der erste Einwand lauten, bei dem Begriff ›Gruppe‹ oder auf der Seite der Mehrzahl gibt es einen Begriff, der die Bedingung der Monotonie erfüllt, freilich zuerst der Begriff ›Menge‹, sodann das Wort ›Masse‹. Beide Begriffe sind aber umgangssprachlich abzulehnen. Die Funktion der distinkten Monotonie erfüllt der Begriff ›Menge‹ nur und insbesondere in Mathematik und Logik (insb. in Verbindung mit der typentheoretischen Abgrenzung vom Elementbegriff, etwa und insb. bei Quine im Ausgang von Russell und seiner ‚Verbesserung'), aber nicht in der Umgangssprache. Denn wie leicht zu prüfen, wenn man umgangssprachlich von einer ›Menge‹ spricht, so ist diese Mehrzahl auf Anhieb erheblich undeutlicher und dunkler als die ›Gruppe‹. (P.e. Aristoteles: (a) Denn wir werden, wenn wir mit ihr [der Übung über die Arten der Schlüsse, darunter der dialektische] vertraut sind, im Verkehr mit anderen die Meinungen der Menge aufzählen und alles, was uns von der Gegenseite nicht recht gesagt scheint, nicht auf fremde Ansichten, sondern auf die eigene gestützt, widerlegen können. [101a1] (b) Ein dialektisches Problem (Vorwurf) [das hier nicht in der Sache ablenken möge] ist ein Theorem (Forschungsgegenstand), das entweder auf Wahl und Flucht oder auf Wahrheit und Erkenntnis abzielt, sei es unmittelbar oder als Beihilfe zu einem anderen Satz dieser Art, und über das die Menge und die Weisen entweder keine bestimmte Meinung haben, oder jene entgegengesetzt denkt wie diese, oder diese wie jene, oder beide unter sich selbst. [104 b]).[28] Bei der Gruppe ist bekannt, es sind mindestens drei, und es ist mit einer distinkten Abzählbarkeit zu rechnen. Hingegen die Menge ist umgangssprachlich eben die Menge, nahezu verwandt dem Haufen und/oder der Masse, die beide in der Philosophie- und Ideengeschichte oft, in vielen Literaturbeispielen seit der Antike, die Mehrzahl von Individuen oder Subjekten vertreten haben. Dies heißt, unter der ›Menge‹ verwischt oder geht das Subjekt unter, es wird undeutlich und in seiner Spezifität ungewiss, und dementsprechend verliert die Abzählbarkeit an Distinktivität. (Technisch oder in etwas größere Nähe zur Logik bewegt sich der Begriff in der Region der Vagheit, wollte man sie historisch angehen, dann womöglich am schlüssigsten ausgehend vom Aggregat(um)). Beides darf man für die Gruppe keineswegs voraussetzen, dennoch, was das Subjekt oder den involvierten Einzelnen betrifft, ist der Begriff *a priori* pluralisch, und nur pluralisch, noch dazu erfüllt er die Monotoniebedingung.

3. Alternativmengen

Die ›Menge‹ oder ›Masse‹ ist demnach Begriff gleichfalls auf der Seite einer vorausbedingten semantischen Pluralität oder Mehrzahl, aber beide sind umgangssprachlich nicht gleichermaßen distinkt. (Der Versuch der neueren Semantik, wegen der natürlichen Ambiguität der Umgangssprache sogleich auf die Formalisierung zurückzugreifen und nur noch selbige qua Definition zu verwenden – die Rezeption des tarskischen ›wahr‹-Begriffs braucht hier nicht erörtert zu werden, jüngere Entwürfe zur Wahrheitstheorie halten sich bereits jenseits der Vornahme seiner Definition, abgesehen vom Zweifel an ihrer Dichte –, sei nicht gewählt: auch das Bewusstsein müsste als Begriff und Realität unter dieser Vorausnahme leiden und seine eigentliche Verifikationsbasis verlieren, selbige liegt, auch als Gruppenbewusstsein, freilich in der natürlichen oder gewöhnlichen, und nicht nur wissenschaftlichen oder, in diesem Sinne präjudizert, semantischen Basis). Dies trifft auch für eine Reihe andere Wörter und Begriffe zu, die zur Vervollständigung des Bildes aufgezählt und

28 Aristoteles. Topik. In: Philosophische Schriften Band 2, Darmstadt 1995, 3, 14. Von der antiken Ansicht und Meinung zur Menge ist noch an späterer Stelle die Rede, freilich sind die Schriften Platons eine reichhaltige Quelle unter vielen Fazetten, die beiden Politeia.

zugeordnet seien: ›Pulk‹, ›Bande‹, ›Meute‹, ›Sekte‹,[29] ›Horde‹, ›Treck‹, ›Mannschaft‹, ›Truppe‹, ›Clique‹, (außerdem wie zuvor ›Personal‹, ›Belegschaft‹). Hiermit ist notwendig eine Mehrzahl von Personen oder Individuen bezeichnet, die aber zum einen effektiv umgangssprachlich sind und kaum die präzise Verallgemeinerung ermöglichen wie eben anderwärts der Begriff ›Gruppe‹. Andererseits sind zugleich fachsprachlich mögliche ›Sekte‹, ›Truppe‹ und ›Mannschaft‹ beide ebenso Singularbegriffe mit notwendig pluralischer Bedeutung, aber die semantische Veranlagung ist durchgehend erheblich enger als die ›Gruppe‹, die sich neutraler oder im präzisen (und zugleich uneingeschränkten Sinne) allgemeiner verhält (die ›Sekte‹ ist praktisch nur dem religiösen Bereich vorbehalten). Die ›Gruppe‹ ist selbstredend auch soziologisch oder sozialwissenschaftlich fest etabliert, der Synonymbegriff ist hier gelegentlich, nicht aber systematisch das ›Kollektiv‹. Wenigstens, um dies einzuflechten, ergibt sich damit ein wichtiger Seitenbegriff, das ›kollektive Bewusstsein‹ oder ›Kollektivbewusstsein‹, das vorrangig zur französischen Geschichte und Mentalität gehört. Der Begriff ist generell noch umstritten, insbesondere in Verbindung mit dem Atomismus und streng gefassten Individualismus, der die Historie beherrschte und an diese Stelle in die Antiposition übergeht: in jedem Fall gilt, wenn es Gruppenbewusstsein gibt, muss auch das kollektive gerechtfertigt sein (dieses ein wenig mehr gesellschaftlich als jenes formal etabliert).[30] Auch die übrigen Begriffe sind sozialwissenschaftlich etabliert, die ›Horde‹ ist selbstredend ein etwas genauerer Begriff als die ›Herde‹, mit der Aristoteles den Anfang des Staates gesetzt hatte (das *zoon politikos*, das als das menschliche Tier in der Herde lebt oder dem Instinkt, wie man modern sagt, der Verherdung unterliegt respektive der Sozialverband in der Evolutionsbiologie).[31] Die sozialwissenschaftliche Forschung, so insb. Durkheim, setzte deshalb eine Skala an, nämlich mit wachsender Ordnung und Zivilisation ›Horde‹, ›Klan‹, ›Phratrie‹ (mehrere Klans), ›urbane Gemeinschaft‹ – ›Milieu‹, ›Stadtstadt‹ (polis) oder eben ›Staat‹ gleich ›Nation‹. Hier wird gewiss notwendig und unerlässlich, ein Gruppen- oder zunächst Mengenbewusstsein dingfest und historisch im doppelten Sinne zu machen, so dass sich wenigstens für die Philosophie die Aufgabe der Klärung dieses Bewusstseins ergibt.

---

29 Etwa: Leibniz. NE 3.2, 1996, 502; hier w.u. in Vb. m. der Literaturwissenschaft Hauptteil I.,1.1.

30 Vgl. Vf. „Das kollektive Bewusstsein zwischen Positivismus und Kritischer Schule. Adornos Durkheim-Kritik". In: Journal of New Frontiers in Spatial Concepts, vol.4 2012, 93–104.

31 Vgl. die entsprechenden Essays und Aufsätze in Singer 2002, insbesondere in Verbindung mit der phylogenetischen Erbanlage des Menschen oder Humankodes.

Zunächst aber galt es, die Umgangssprache zu befragen, wie sie Individuum und Mehrzahl verteilt, dabei geprüft an der Bedingung, gibt es Begriffe, die semantisch (nicht grammatikalisch) nur pluralisch auftreten gegenüber solchen, die etwa nur singulär verwendet werden können. Letztere gibt es – unter den Begriffen für Personen- oder Individuenverhältnissen, die Dingverhältnisse brauchen hier nicht zu interessieren – fast gar nicht, sondern hier wird stets die Pluralregel wirksam, i.e. ein Begriff bedient sowohl den Singular und den Plural, und er macht nicht die Voraussetzung, also solcher primär das eine oder das andere zu sein, zu inkludieren – bei ›Gruppe‹ versus ›Individuum‹ hingegen ist dies der Fall, noch dazu umgangssprachlich in einer distinkten Weise, die insbesondere mit der Monotonieforderung einhergeht.

Bedenkt man etwa Begriffe wie ›Eremit‹, ›Kerl‹, ›Träumer‹ oder ›Denker‹, so ergibt sich stets der gleichrangig implizierte Plural, oder der Begriff verlangt auf derselben Ebene die gleichrangige Möglichkeit, mit ihm den Plural zu bilden. Selbst der ›Eremit‹ (versus ›Mönch‹, der explizit im Orden lebt und eklatant das Gruppenbewusstsein voraussetzt), der eigentlich den Einzelnen meint und einen Lebensvollzug des Alleinseins als Begriff besitzt, wörtlich der Einsiedler, ist darum dem ›Individuum‹ logisch nicht gleichrangig. So formuliert, ist vorauszusetzen, die Monotonie, die der Begriff ›Individuum‹ ermöglicht, wirkt sich auf die Pluralbildung als nachrangig aus, sie besitzt im Begriffskern einen bestimmten Absatz und hat demnach nicht dieselbe Geltung. Auch der ›Kerl‹, ›Träumer‹ und ›Denker‹, letztere durch die Bewusstseinsvermögen veranlasst, geht sofort in seinen Plural über. Denkt man also an einen ›Denker‹, so denkt man sogleich und unbehindert an mehrere. Beim ›Individuum‹ aber denkt man, erneut, vorrangig und zunächst an den einzelnen. Selbst beim ›Träumer‹ denkt man zugleich oder gleichrangig an ›die Träumer‹, womit offenbar die grammatische Form erfüllt wird, die dem ›Bürger‹ gleicht. Der ›Bürger‹ sei also Muster, wie er gleichrangig als Einzelner oder Mehrzahl aufzufassen ist, dabei übrigens die Monotonie auf beiden Seiten erfüllt, eine Tatsache, die vermutlich auf seine breite Historie zurückzuführen ist. Denkt man also an ›Bürger‹, so ist es möglich, auf der nächsttieferen oder höheren wieder ihn als einzelnen zu verlangen und einzusetzen, und dies sogar und noch einmal auf pluralischer Seite. Der ›Bürger‹ ist ebenso einzelner Wähler wie Wähler im Plural (als Wahlberechtigte oder Schicht), ist gleichermaßen Verbraucher, Käufer, Erholung oder Vergnügen Suchender, Reisender, Arbeitsperson oder Beschäftigter (etc.). Diese Bedingung erfüllen nicht viele Begriffe, er lässt sich demnach relativ umstandslos – mit einer gewissen Allgemeinheit – in der Mitte einsetzen oder kalkulieren, wenn je

›Individuum‹ und ›Gruppe‹ die Extreme erfüllen respektive das stille Pendel in seinen Wendepunkten bedienen.

Wie also verhält es sich weiterhin und abschließend mit: ›Tänzer‹, ›Spieler‹, ›Soldat‹, ›Sportler‹, ›Fallschirmspringer‹, schließlich ›Freund‹, ›Feind‹, ›Mensch‹? Sind diese Wörter eher singularisch oder eher pluralisch angelegt. Nun verhalten sich die ersten durchgehend wie bekannt, die Regel der Plural- versus Singularbildung greift unmittelbar und widerspruchslos. Bei ›Tänzer‹, ›Spieler‹, ›Sportler‹ oder ›Soldat‹ sind sofort beide Seiten involviert, obgleich, und so war es gewählt, alle in der Praxis gerne, ja überrangig in der Mehrzahl auftreten oder hier einen Akzent tragen (markiert ist damit das Gegenteil, der Singular, wie die Linguistik sagt). Der ›Soldat‹ kämpft in der Regel nicht allein, ebenso der ›Tänzer‹ mit wenigstens einem Partner, wenn nicht in der Gruppe, aber er muss es nicht und wird nicht derart primär erfasst. Auch ist hier freilich die Monotonie nicht in der Allgemeinheit erfüllt, wie sie sich beim ›Individuum‹ findet. Sodann liegt auch der ›Fallschirmspringer‹ hier, obgleich ihn nur sein eigener Fallschirm vor dem Absturz rettet, aber der Begriff, die Umgangssprache, will ihn sofort auch im Verband oder der Gruppe. Nun noch zu ›Freund‹, ›Feind‹ und ›Mensch‹ – wo liegen diese? Die Begriffe sind fokal, also so angelegt, dass sie in der Singularform das plurale tantum ermöglichen oder sogar nahelegen. (›Feind‹ verhält sich dann so wie ›Leute‹, Wörter, die nur im grammatischen Plural auftreten. Die ›Gruppe‹ aber, so war ganz andere Bedingung, ist grammatisch Singular, inkludiert aber die Mehrzahl, noch dazu monoton). Ergo meint die Redewendung *Freund und Feind* beide zugleich, es steht frei, hier den Singular oder Plural einzusetzen,[32] und dies gilt, wohlbekannt für den ›Mensch‹ oder ›homo‹. In vielen Kontexten können Sie deshalb den Mensch im Singular verwenden, obgleich Sie den Plural meinen oder sofort inkludieren (die berühmtesten Beispiele, etwa die *Barbara*-Syllogismen in Zusammenhang mit ›Der Mensch ist sterblich‹, ohne bekannten, gleichwohl möglichen Syllogismus, ›ist ein Fleisch(fr)esser oder nicht‹, ›ist sexuell monogam oder nicht‹, ›ist gut‹, ›strebsam‹, ›ein Staatenbildner‹). Von einem *fokalen Begriff* zu reden, scheint hier zunächst unüblich, da wenigstens die klassische Philosophie solche Begriffe nicht kennt, als ob die Schwärzung aufgrund von Repetition und Redundanz – und nicht bloßem Ruminieren – außerhalb jeglicher, insbesonderer logischer Relevanz. Daher eine kurze Erläuterung. Bei *Freund und Feind* liegt die polare Zuordnung auf der Hand, denn sie bilden

32 Vgl. u.a. Aristoteles. Topik, 104 a: „Das konträre Gegenteil hiervon wäre, dass man den Freunden Böses tun müsste, das bloß verneinende oder kontradiktorische aber ist, dass man ihnen nicht Böses tun darf. Ebenso braucht man, wenn man den Freunden Gutes tun muss, es nicht den Feinden zu tun" (PS 2, 1995, 13).

ein Antonym (der Gegensatz vorausgesetzt, bilden sich dann die beiden Begriffe auf den gegenüberliegenden Zentren; wohlgemerkt, und Evidenz, vermögen die Wendepunkte steigen und ungleich, i.e. nicht gleichwertig sein). Im jeweiligen Begriff liegt daher ein Brennpunkt, dem (i) sich alle anderen Vorstellungen, die Prädikate, zuordnen lassen, und (ii) sie bilden infolgedessen mit diesem Begriff eine (ausdrücklich) *distinkte Verschmelzung (Fusion)*. Wenn der Begriff ›Feind‹ die Bedingung darstellt, kann in einem Satz, etwa, ›ein hinterlistiger Feind kann einen echten Freund gefährden‹, die Polarität nicht vernachlässigt werden. Infolgedessen sind die Prädikate, ›hinterlistig‹ versus ›echt‹, so aufzufassen, dass sie jeweils mit dem Begriff ›Freund‹ versus ›Feind‹ eine distinkte Verschmelzung eingehen, aus der sich der Sinn des Gesamtsatzes ergibt, und nicht derart, wie man etwa von einem Schuhmacher sagt, er sei fleißig. Beziehungsweise: bei ›echter Freund‹ und ›hinterlistiger Feind‹ wird ein bestimmter Fusionsgrad der Begriffe wirksam, der höher liegt oder eine höhere Intensität besitzt als die Bildung ›fleißiger Schuhmacher‹, und daher ist wegen der Polarität grundsätzlich die Fusion unter Begriffen einzubeziehen (sollten Begriffe zugleich B-Umfänge darstellen, gilt derselbe Vorbehalt, aus bekannten Gründen bzgl. des Selbstenthaltenseins erst recht). Jedenfalls, um den Hauptgesichtspunkt nicht aus den Augen zu verlieren, fungieren ›Freund‹ und ›Feind‹ derart, dass sie, wie ›[der] Mensch‹ oder das Wort ›Mensch‹, unmittelbar in den Plural übergehen und dieserart aufzufassen sind, daher nicht notwendig der grammatische Plural gebildet werden muss, wenn der Plural bezeichnet werden soll: weil sich, mit anderen Worten, auf der Achse zwischen Singular und Plural, noch dazu in der semantischen Antonymie, in der Extremität jeweils ein spezifischer anhängiger Brennpunkt bildet (*a minimo*: das je negative Segment vs. eigenen Pol involvierend, fusionsbereit). Der ›Freund‹ versus ›Feind‹ ist darum ebenso betont singulär wie betont pluralisch. Es ist klar, dass sich aufgrund dieser Begriffe keine direkte Verallgemeinerbarkeit der Skala ergibt, vielmehr diese Begriffe, indem sie beide die Extreme erfüllen – der ›Feind‹ kann ein einzelner wie ebenso eine ganze Nation sein, und im selben Horizont tritt ihm der ›Freund‹ entgegen – unmittelbar zweideutig sind oder der Ambiguität unterliegen; was, noch einmal, für das ›Individuum‹ bzw. die ›Gruppe‹ gerade nicht zutrifft. Wiederum anzuschließen ist an dieser Stelle die Frage, wie verhält sich dann das Verhältnis von ›Gruppe‹ und ›Individuum‹ zur Polarität – was in der gesamten Vl beantwortet wird. Es kann zumindest kein Zweifel bestehen, dass der Gegensatz oft genug und wesentlich der Polarität und nicht dem Kontrast, noch dem Widerspruch, und selbst nicht der Komplementarität zuzuordnen ist, gesetzt diese lässt eine fokale Anbindung frei. Mit anderen Worten, ›Individuum‹ versus ›Gruppe‹ können sich gegeneinander neutral verhalten, insoweit je Einzelner oder Mehrzahl semantisch zu bewerten sind, müssen dies aber nicht (sondern eher ganz im Gegenteil. Man prüfe etwa im Vorhinein am heute geläufig gewordenen Begriff ›Team‹).

4. Bewusstsein und Versus-Beziehung

Nun ergibt sich zum Abschluss noch die letzte Frage nach dem Zusammenhang mit dem Bewusstsein. Es wurde eine Achse angelegt, sie verlief vom Singular zum Plural auf der semantischen Ebene, derart, dass auf der einen Seite notwendig und an erster Stelle ein einzelner oder einzelnes Lebewesen bezeichnet wird, auf der anderen Seite das direkte Gegenteil, eine Mehrzahl solcher. Nach der größten Allgemeinheit treten sich damit Individuum und Gruppe gegenüber. Und es ergibt sich auf der Zwischenstrecke der nachhaltige Bedarf zu klären, welches Bewusstsein kommt einer ›Truppe‹, ›Mannschaft‹, einem ›Stab‹ versus einem ›Pulk‹, einer bloßen ›Menge‹, einer ›Schar‹ (Faszikel, Kohorte) oder schließlich einer ›Familie‹ zu (freilich allesamt nur Beispiel oder Exempel für diese Strecke und ihre Bedingung). In jedem dieser Fälle ist der grammatische Singular mit einer Mehrzahl als semantisch primäre Bedeutung verknüpft, bei der es Unsinn oder töricht, mit anderen Worten unmöglich wäre, ihr nicht auch ein spezifisches Bewusstsein zuzusprechen. Dies ist wiederum so zu verstehen: wenn ein ›Pulk von Menschen‹ oder umgangssprachlich ›Leuten‹, oder eine derartige ›Menge‹ auftritt, dann besteht gerade nicht die Forderung, diese ›Menge‹ oder ›Pulk‹ als einzelnes auszuzählen und sich jedes Mal zu fragen oder zu ermitteln, worin besteht das Bewusstsein dieses Elements: dieser Person der betroffenen Menge. Sondern natürlich setzt man voraus bzw. besteht die Forderung, diese Menge oder Pulk kennzeichnet ein bestimmtes gemeinsames Bewusstsein, das dennoch im exakten Sinne diffus oder relativ dunkel sein kann. (Im Fall eines interpersonalen Wahrheitsbewusstseins resp. der Verifikation einer Aussage durch eine Reihe von Befragten ist dieses Bewusstsein gleichfalls *in der Instanz* zu fordern, da unmöglich die Bedingung nur auf ein nachträgliches Abfragen eingeschränkt werden kann, in der dessen Basiskriterien, gutwillig, sachkundig und vernünftig, wirksam werden).[33] Der Sprechchor oder das Plakat ist die sinnfällige Abhilfe, ansonsten die spezifische Handlung; eine der berühmtesten ist, etwa und im Extrem, der Sturm der Bastille, neuerdings vergleichsweise der Maidan oder eben demonstrative, ggf. öffentliche Handlungen im ursprünglichen Kollektiv. (Der Sachverghalt ist so bedeutsam, dass er eingehend in Kap. III und IV zum ›Wir‹

33 Gemessen an Wilhelm Kamlah, Paul Lorenzen. *Logische Propädeutik. Vorschule des vernünftigen Redens.* Mannheim 1973, Kap.IV § 1 (117–128).

und ›historischen Subjekt‹ behandelt wird). Spricht man aber von einer ›Truppe‹ oder insb. ›Mannschaft‹, dann bleibt dieselbe Bedingung bestehen, d.h. es gilt nicht, vorrangig das Bewusstsein des Einzelnen als Mitglied der Truppe oder Mannschaft auszuzählen und sich zu vergegenwärtigen, sondern ›Truppe‹ und ›Mannschaft‹ bedeutet in jedem Fall *auch und insb. ein Bewusstsein, das notwendig allen gemeinsam ist.* Falls nicht, ergibt sich hier ein notwendiges Defizit oder ein spezifischer Mangel im Sinne wenigstens der Privation. Dieses Gruppenbewusstsein erfüllt sich daher nicht, etwa, schon und nur in dem Satz (der zugehörige Kontext kolportiere einen Vers aus der *Aeneis* oder *Odyssee* in die Moderne, etwa anlässlich eines Interviews)

(1) „Als eine griechische Segelmannschaft befahren wir gemeinsam die Adria oder das ägäische Meer";

sondern es erwächst jeder einzelnen Funktion, als Ruderer, Segelsetzer, Ausspäher im Mast, Leinensammler und ggf. Trommler (Einfechter) auch ein spezifischer Anteil am gemeinsamen Bewusstsein, in dem jede Funktion aufgeht. Das Bewusstsein ist naturgemäß diversifikativ, und daher ermöglicht es nicht etwa nur die Konzentration im Einzelnen, sondern die gleichzeitige Bündelung und Bindung in einem gemeinsamen Fokus oder *Knoten*, der unbedingt ebenso an- wie ausschlussfähig ist, (was keine reine Tautologie, gleichwohl wesensgemäß oder geradezu logisch mit der Bedingung des Knotens verknüpft), und somit keineswegs verschwimmt oder nur imaginativ, gleichgültig von welcher Seite, einzuschätzen wäre. Damit die Gesamtfunktion erfüllbar ist, sei demgemäß vorausgesetzt, dieses Aufgehen im gemeinsamen Bewusstsein sei notwendig. In dieser Form wäre also zunächst die Antike zu ergänzen – genauer in die erläuterte Schleife zu verlegen (und wenigstens hat sich der *Ring*-Mythos in diese effektive Realität der Nachmoderne entlassen) –, sobald sie bei Aristoteles oder Platon begonnen hat, die Aussageformen eines Seemanns versus Mannschaft oder Handwerkers versus seines Gewerks zu durchdenken und was ihre Kunst ausmacht. Das gemeinsame Bewusstsein sei allerdings, wegen dieser Notwendigkeit, primär keine Kunst (jedenfalls möchte man ihm bei empirischer Beobachtung – in der Arbeitswelt oder im Öffentlich-Politischen – dies oft geradewegs und evidentermaßen nicht zugestehen, wenn auch Ritus, Schicht- und Milieubewusstsein ein hohes Maß an Latenz aufnehmen und sich im Sinne von »Kunst« begreifen – auch dies wird in Verbindung mit mehr oder weniger latenten, in der Dimensionalität des Bewusstseins verankerten quasi Auszählverfahren noch eigens angesprochen). Freilich muss ein Tänzer, der mit seiner Partnerin – und anderen ebensolchen – das Parkett bedient, ein gemeinsames Bewusstsein teilen, und das Geschick des Paars wird zunehmen, umso mehr die Partner dieses pflegen oder beherrschen. Dasselbe gilt für die Mannschaft, etwa im Sport, die selbstredend ihr Geschick dadurch beweist, das Bewusstsein des einzelnen, der im Mannschaftsspiel einen bestimmten Zug ausführt, um ein weites zu überragen, da gleichzeitig die verschiedenen Züge, die Abwehr- und Gewinnmöglichkeiten bedacht oder bewusst – und, noch einmal, nicht nur imaginiert – sein müssen. Wiederum erfüllt die Familie seit der Antike bis in die Jetztzeit eine so eminente Gruppenfunktion, dass es lässlich wäre, das hierbei gemeinschaftlich wirksame Bewusstsein, das sich unmittelbar ergibt oder eine spontane und nicht etwa erst reflektierte Funktion ausübt, zu übersehen. – (*Anmerkung*). Auch für einen modernen Soziologen wie Bourdieu, der gleichwohl nicht unmittelbar die Tradition Durkheims vertritt und das kollektive Bewusstsein an die erste Stelle setzt, hat dennoch die Familie eine zentrale Funktion, das gesellschaftliche kulturelle Kapital zu vermitteln, welches den einzelnen instandsetzt, später oder gleichzeitig über den Berufserwerb und die Arbeitsteilung etc. tatsächliches Kapital zu erwerben oder damit umzugehen. Anderwärts sind der Sozialverband und die animalische Gruppe eine sichere und konstante Größe in der Evolutionstheorie und Biologie, den inzwischen auch die Genetik bzw. Gehirnforschung – aufgrund der eindeutig phylogenetischen Basis – reflektiert und zu berücksichtigen sucht.

Zusammengefasst und zur weiteren Orientierung, es muss demnach (i) eine Form des Bewusstseins geben, das pluralisch oder spontan in der Mehrzahl aufgeht und von einer Mehrzahl von Personen – oder Individuen – gehabt oder besessen und ausgeübt wird; das infolgedessen (ii) *nicht* davon abhängt, sich den anderen in seiner Existenz, noch dazu Zugehörigkeit zu dieser Gruppe erst vorstellen, vergegenwärtigen und in jedem einzelnen Fall prüfen zu müssen, um eine Instanz des Gruppen- oder wesentlich mehrheitlichen Bewusstseins hervorzubringen und zu realisieren. Sondern geradezu umgekehrt, (iii) das Konditional wechselt auf die andere Seite, und geradewegs ist das Gruppenbewusstsein Bedingung, um einem Einzelnen insbesondere seine spontane, also unmittelbare Zugehörigkeit oder nicht anzurechnen, mitsamt der eventuellen Stellung, (An-)Siedlung, Schichtung, *Skordatur* (dies sei die persönliche Brechung der fokalen gesellschaftlichen Tönung oder Rationalität resp. Abrichtung im Sinne der Kritischen Schule)[34]: Das eigentlich konditionale Verhältnis sei in seiner

34 Hiermit sei gemeint: die Bewusstseinsenergie kann sich nicht anders als fokal (wenn nicht polar) äußern, es gibt demnach im strengen Sinne kein reines Fürsichbewusstsein im Sinne der Dialektik (oder des Idealismus, um nur diese Seite zu beleuchten), gleichwohl trifft es in ihrem Sinne zu, dass Rationalität in der notwendigen Beziehung unmöglich auf das Einzelsubjekt reduzierbar ist, es mithin eine gesellschaftliche

Wechselseitigkeit, die freilich keine Äquivalenz meint, ubiquitär (unbedingt gesellschaftlich), somit in jeder Generation, auf allen Ebenen und zu allen Zeiten anzutreffen, und sporadische Abwesenheit ist keineswegs mit der immediaten Grenze von Gruppenbewusstsein gleichzusetzen, sondern ganz im Gegenteil (so dass es kriteriale Funktion übernehmen kann, konträr zum Widerspruch bei Wahrheitsfälligkeit (KrV A152/B191): ›(GrB ⇒ (≠. ~A)) . (~A ⇒ (≠ GrB))‹; ›GrB‹ bezeichnet das/ein Gruppenbewusstsein; ›~A‹ bezeichnet Nichtanwesenheit oder Abwesenheit; ›≠‹ ist hier tatsächlich gleichwertig mit ›~≡‹ (nicht äquivalent). Wer nicht anwesend ist, wird darum noch immer von seiner Gruppe wahrgenommen, rezipiert, eingeschlossen; oder nicht vergessen, und nicht schlechthin imaginiert oder vorgestellt, sobald die dimensionale Bedingung gilt).

5. Gegenprobe

Nachdem hiermit die Achse in der Hauptsache charakterisiert ist, demnach durch Affirmation – die Möglichkeit eines spontanen, gemeinschaftlichen oder Gruppenbewusstseins – versus Negation – die nicht vorhandene Bedingung, diese Mehrzahl immer erst auszählen und sich am Einzelnen vergegenwärtigen zu müssen, um ihre Existenz zu verifizieren – das Gruppenbewusstsein im Gegensatz zum Individualbewusstsein bestätigt und eingeführt ist, ergibt sich noch eine nachhaltige Probe bzw. Gegenprobe. Wenn beide Extreme, Individuum versus Gruppe mit der Monotonie verträglich sind, i.e. sie können sich beide verketten und bleiben stets auf derselben Seite, was ergibt sich, wenn sie zusammengehen oder fusionieren? Dies müsste freilich eine Gruppe sein, die einen Einzelnen, ein Individuum, oder sogar mehrere, manifest in der hierarchischen Position aufnimmt und bekräftigt. Es sei nicht ausgeschlossen, dass *jetzt* die Forderung eintritt, bedingterweise zu zählen und wenigstens die Gruppe stets gegen ihren Leiter oder Vorsitzenden vorzustellen. Sogar besteht die Möglichkeit des Stellvertreters, und freilich sieht man hier besonders deutlich das Gegenübertreten, mehr, die Koinzidenz des Individual- im Gruppenbewusstsein. Denn beide müssen vorausgesetzt werden, um keinen Widerspruch zu begehen: dass ein Stellvertreter nicht nur sich versus Gruppe, sondern die leitende Person versus der Gruppe voraussetzt. So ist es unmöglich, sich, etwa, den Stellvertreter des Leiters einer Arbeitsgruppe vorzustellen, bei dem es nicht erforderlich wäre, sich

Rationalität geben resp. selbige anzuerkennen ist: Peripherien sind Anzeige der Diffusion ebenso wie des Zwangs, der auf das jeweilige Subjekt, ihre Gruppe, einwirkt. Bei der (An-)Siedlung darf der singularisierende Gedanke, der sich auf die mögliche Einheit stützt, eingesetzt werden (ausgehend vom Einsiedler).

einerseits die Einzelelemente seines Individualressorts in Vertretung des Leiters vorzustellen, er hat demnach bestimmte Aufgaben der Beauftragung, der Koordinierung, der Prüfung und der Abnahme, anderwärts aber dieser Koordination nicht bereits das vorhandene Gruppenbewusstsein vorauszusetzen, indem jeder einzelner dieser Gruppe spontan und notwendig von der Existenz und Tätigkeit seines Gegenüber oder diversen Mitglieds weiß und imstande ist, dieses Wissen spezifisch zu *integrieren*; also in eine Singularität zu verwandeln, die Gruppenbewusstsein heiße und ausmacht.

Um dies noch einmal von der anderen und allgemeinen Seite zusammenzufassen, wenn sich einerseits Individualbewusstsein und Gruppenbewusstsein als ursprüngliche Form des Bewusstseins gegenübertreten; sodann beide der Monotonie zugänglich sind, i.e. die Gruppe subsumiert oder inkludiert die Gruppe wie anderwärts selbiges vom Individuum gilt – ›Gruppe‹ versus ›Individuum‹ sind somit vom Begriff her quasi steigend versus fallend in sich –, dann muss freilich das Steigen und Fallen auch auf das Bewusstsein angewendet werden, und es gibt ein Gruppenbewusstsein von einem Gruppenbewusstsein (GrB), und eventuell weiter, ein ›GrB‹ *von* einem ›GrB‹ *von* einem ›GrB‹ je nach Standpunkt der Hierarchie (›$GrBx_i(GrBy_i(GrBz_i))$‹), wie umgekehrt auch ein Individualbewusstsein (IB) von einem Individualbewusstsein, wiederum in Verkettung (wie zuvor; wenn z.B. ›$GrBx_i$‹ ein Redaktionsteam, ›$GrBy_i$‹ ein regionales oder Departementkabinett, ›$GrBz_i$‹ eine Gruppe von Demonstranten (für oder wider ein Phänomen y) und ›IBs‹ einen Sprecher darstellt, um den sich die Gruppe versammelt, und die Redaktion beobachtet die Gesamtsituation, insbesondere aber das Kabinett, das wiederum die Gruppe über Videokameras und polizeiliche Information etc., eventuelle von ihr bestellte Passanten, beurteilt, ob jene eingreifen soll, während die Demonstrantengruppe selbst der Rede von ›s‹ zuhört, dann möge

$$(5a)\ ›\exists x \exists y \forall z \exists s\ [GrBx_i \subset (GrBy_i \supset (GrBz_i \supset IBs))]‹$$

heißen, die Verklammerung des Bewusstseins, hier gewissermaßen unter die Linse genommen, ist genau dann falsch, wenn ›IBs‹ und nicht ›$GrBz_i$‹ und ›$GrBy_i$‹, sowie ›$GrBx_i$‹ und nicht die gesamte folgende Klammer. Freilich lässt sich behaupten, damit polarisieren ›$GrBx_i$‹ und ›IBs‹, aber dann sind auch die übrigen Teilnehmer als Foki zu werten (denn die Abschlussklammer ist schon traditionell Muster für die fokale Evidenz, wiederum die Schlussklammer versus ›$GrBy_i$‹, das Kabinettbewusstsein, und der logische unmittelbare Ausdruck hierfür ermangelt einstweilen. Hierfür müsste eine versus-Relation die Trennung – im Gegenzug zur nachfolgenden Verbindung – distinkt machen, i.e. die bestimmte Negation involvieren, welche etwa ›GrBy_i‹ und ›IB*s*‹, aber auch ›GrBz_i‹ und ›IB*s*‹, und in der Negation nicht identisch, voneinander unterscheidet).[35] In jedem Fall hat ‚man' eine Liaison (Leibniz' Ausdruck, ja Terminus u.a. in den NE) zu kognoszieren, welche die Verkettung – und nicht etwa die Ideen (als Verbindung unter den Begriffen), noch unmittelbar die möglichen Wahrheitswerte – des Bewusstseins ausdrückt, das notwendig mit den einleitend vorausgenommenen Prädikaten der beschriebenen Situation einhergeht. Es erübrigt sich womöglich, es ist nicht einfach ›subjektiv‹ versus ›kollektiv (oder gemeinschaftlich)‹, sondern präzise gruppenorientiert und gebunden.

6. Ausblick

Nun hat die hohe (oder klassische) Philosophie stets das Bewusstsein in der Elimination von jeder Praxis und in der reinen theoretischen Kontemplation gesucht. Aber das in diesem Sinne theoretische Bewusstsein, das vorrangig ein Individuum verkörpert oder repräsentiert, kann existentiell nicht verloren gehen oder muss seinen spezifischen Konnex unterhalten, wenn es sich (wie bereits angerissen) nach der Arbeitszeit, etwa (die effektive Vorstellung ist hier zu fordern), zur Straßenbahn begibt, den Supermarkt betritt, im Park spazieren geht, seinem Familienleben oder seiner Erholung und Entspannung nachgeht. Mithin äußert sich, die theoretische Bedingung vorausgesetzt, in dieser Kette der Belang des individuellen Bewusstseins von einem individuellen Bewusstsein, seine Durchgehbarkeit oder *Permeabilität*, abgesehen von Transparenz und Transluzidität (die Definitionen seien hier erlassen, aber Bewusstsein genießt zum einen eine spezifische Transparenz im Sinne der Klarheit, stets an, *a minimo*, der Intersubjektivität zu messen, welche sich in der Interpolarität steigert; außerdem eine spezifische Transluzidität, wenn ihm eine Durchlässigkeit oder Durchsehbarkeit gewährt wird; i.e., in der Gruppe besteht (k)ein hohes Ausmaß an Abblendung oder Abkantung versus Verblendung, letztere vornehmlich unwillentlich und/oder passiv), und gesetzt, jede Form hat nicht denselben Rang, es darf aber der Konnex, in der dieses Individuum tatsächlich das Individuum ist, nicht verloren gehen oder unterbrechen, einem Hiatus unterliegen, in dem das Bewusstsein an eine Grenze stößt, die nicht existiert (oder nur kontrafaktisch anzusetzen ist, wie dies in neuerer Literatur behelfsweise

35 Sie wird an späterer Stelle als Äquivalenz plus inliegender Negation (Äquivalenzversus-, mithin Tripelrelation) ›$\cong$‹ eingeführt und in den beiden Abschlusskapiteln in einigen formalen Anhängen bzw. Erläuterungen erprobt und vorgeführt (insb. Kap. III, Einleitung B, das Beispiel im Korrollar, sowie IV.1.6, die anschließenden Beispiele).

und fiktiv angeklungen ist). Insbesondere nun tritt dieser Zwang (der mit präziser numerischer Identität nur unzulänglich, wenigstens zu abstrakt bezeichnet ist) in Erscheinung, wenn es als Individuum einer Gruppe angehört und nun zugleich von Gruppe zu Gruppe, oder von Gruppen- zu Gruppenperipherie, wechselt (in der Hauptsache freilich vom beruflichen in das sog. Privatleben). Diese Formulierung setzt voraus, das Bewusstsein vermag seine Identität niemals(!) ohne Gegenidentität zu behaupten, welche sich bevorzugt im Gruppenbewusstsein kristallisiert, gleichwohl ergeben sich nicht wenige Situationen, in denen beide Seiten diffusieren, gewissermaßen erschlaffen oder keiner spezifischen Konzentration unterliegen. (Um kein Missverständnis aufkommen zu lassen, die Basishypothese betrifft die Polarität und Polarisierung der Energie, nicht die Dialektik im Hegelschen oder späteren Kritischen Sinne der Frankfurter Schule: der Hiatus gesetzt, und wenn notwendiger Ausdruck der Negation in der Binnenspanne, da unmöglich beide Pole identisch, kann somit das Individuum für sich, jegliche neurologische Läsion beiseite gesetzt, keine vollgültige Polarität verkörpern oder selbige gehört notwendig in das Feld und damit die Pluralität, sie sei ± singularisch).Wenn nun aber das Individuum Mitglied einer Arbeitsgruppe ist und hier eine anspruchsvolle Tätigkeit ausübt, p.e. die Wirtschafts- und Bilanzprüfung in einem Unternehmen, dann liegt es mehr als nahe, dass sich (a) unter den Kollegen ein bestimmtes Gruppenbewusstsein ausbildet, etwa über den wirtschaftlichen Stand des eigenen oder eines anderen, in Besitz befindlichen Unternehmens, oder eines Konkurrenten. Dieses Bewusstsein sei davon freizuhalten, es mit seinem abstrakten Begriff oder Wissen zu verwechseln. Es ist ein lebendiger Inhalt, der mit bestimmten Indizien und Informationen wächst oder abnimmt und von der spezifischen Unterhaltung abhängt, die nicht einfach in sein abstraktes Wissen beim einzelnen oder allen übergeht oder damit identisch ist (die weiter reichende Konkretisation bleibt den nachfolgenden Vorlesungen vorbehalten, inklusive der endgültigen Ableitung der Mehrdimensionalität oder Mannigfaltigkeit, in der das Bewusstsein tatsächlich zu veranlagen ist, vgl. abschließendes Resümee).[36] Nun kann (b) diese Gruppe aber auch selbst wiederum das Gruppenbewusstsein von einem anderen Gruppenbewusstsein sein, etwa insbesondere dann, wenn in der Arbeitsteilung das erstgenannte das zweite kontrolliert oder beauftragt und dieses somit die Zuarbeit leistet. So kann kein Zweifel bestehen, dass in geordneten und geübten, ja sogar geforderten Verhältnissen, also insbesondere in Arbeits-, Auftrags- und Vertragsverhältnissen (vgl. oben das Beispiel

36 Hier S. 411.

(2) der Stellenbeschreibung für einen Analytiker), die Monotonie auf die pluralische Seite wechselt und wiederum das Gruppenbewusstsein Bewusstsein von wiederum einem Gruppenbewusstsein ist.

Abschließende Anmerkung zum Identitätsbegriff. Die klassische Position würde die erste Verkettung, den Wechsel des Einzelbewusstseins von Situation zu Situation, stets mit der Möglichkeit der Selbstprüfung und Reflexion ausgestattet, als Grund und Bedingung der Identität begreifen. Sie muss daher stets stärker als jede nur erdenkliche natürliche Assoziation sein (und Bedingungen der konstitutiven, hochgradigen Fusion hat sie nicht mehr erwogen). Die klassische Position hat darum nahezu nie die Identität aus dem Gegensatz zu einer Gruppe oder Mehrheit abgeleitet, Voraussetzungen, die scheinbar stets in die Soziologie oder politische Theorie münden müssen. Nun scheint diese Folgerung nicht gewährleistet. Das Einzelbewusstsein ist nicht gezwungen, sich nur aus dem Gegensatz der sich ablösenden Situationen – primär angesetzten Perzeptionen und Wahrnehmungen – herzuleiten, die sich notwendig unterscheiden, im Unterschied aber eben die Identität offenbaren, welche nur einem einzigen Subjekt zukommen kann, als es sich auch und insbesondere aus dem Gegensatz zur Gruppe herleiten kann, vorausgesetzt, diese ist theoretisch fest etabliert. Freilich ist dies insb. die Stelle, an der sich das gesellschaftliche Schichtenbewusstsein durchsetzt. Der Form und besseren Einsicht halber sei aber nicht sofort der Versuchung nachgegangen, nunmehr die Identität sofort gesellschaftlich zu werten, in dem sich, etwa, ein Angehöriger der Oberschicht oder mit einer einflussreichen Aufgabe betraut, dadurch von einem Mitglied der Unter- oder Mittelschicht zu distinguieren sucht (wie es, nahezu endlos, gesellschaftliche Realität, in der die klassische Forderung des gegenseitigen Respekts gewiss keine homogene Matrix ergibt oder vagante Ungleichheit eine andere Basis besitzt als die pekuniäre). Kollektives Bewusstsein, so wenigstens Durkheim, kommt überdies auch dem gesamtgesellschaftlichen oder nationalen Bewusstsein zu, und in diesem gehen die Schichtenunterschiede wiederum unter oder werden von diesem ggf. absorbiert. Daher ist das Individual- dem Gruppenbewusstsein in der Form gegenüberzustellen, dass sie zusammengehen können (und gewiss nicht streng kontrastierend, nicht strikt komplementär, also auch nicht widersprüchlich sind), dabei aber dennoch die Identität preisgeben oder sozusagen herausspielen, und dies durchaus in einem ursprünglichen, vollgültigen oder ehemals metaphysischen Sinne. Was bleibt dann für die Identität – oder ist diese mit der klassischen identisch? Dies dürfte zu verneinen sein, da der Gegensatz konstitutiv in seine resp. ihre Entfaltung eingreift (es war die Koinzidenz gestattet bzw. sogar gefordert) und somit (erneut und eigentlich) seine Polarität entfaltet (wie zuvor). Dies wiederum bedingt, im Identischen bleibt ein Restbestand des Gegenteils, oder die Gegenteile sind beweglich und nicht starr beharrlich oder einfach, und nur einfach, substanziell zu nehmen wie eine unveränderliche Größe (oder Konstante im Sinne der öfters übertriebenen oder fehlleitenden Formel A=A), woraus sich etliche Konsequenzen ergeben, welche den Erfahrungen der Moderne offensichtlich entgegenkommen: psychologisch und psychoanalytisch, weil des Subjekt in seinem Kern nicht mehr die klassische Festigkeit besitzt, sondern eine Spannbreite der Handlungsfähigkeit und Verletzlichkeit offenbaren, in der sich der persönliche Kern, das Subjekt, ggf. nahezu auflöst oder unkenntlich wird (Reflex in Künsten, Literatur und Film, abgesehen von der nicht eigentlich reflektierten Maskerade des Gesichts und Gestalt, deren Uniformierung echter Identität widerspricht); politisch und gesellschaftlich, da die Identität gegebenenfalls zum Spielball entsprechender Kräfte wird, die es nicht nur bis in den Kern motivieren, sondern auch tatsächlich lenken (in einem Ausmaß, das sich prozentweise oder in Bruchteilen, eventuell Bruchteilen zu Bruchteilen je nach Beteiligung, siehe die Formel oben, bezeichnen lässt); wiederum sozial, da es fraglich wird, ob das Subjekt tatsächlich in seiner Rolle – im Familienleben, der Arbeitswelt oder in seinen Vergnügens- und Lusthandlungen – stets und nur das absolute Residuum, den Restbestand einer Identität verkörpert, die in jedem Fall vorauszusetzen wäre, als nicht vielmehr Kehrseite des Tatbestands, dass sich um jedes Zentrum oder Pol eben auch eine Peripherie bilden muss, also seine Zerstreuung oder, verbo, Nichtidentität, welche freilich an und für sich, *a priori*, erst im Gegenpol wirkungskräfttig wird, und so mag es sein, diese greift in das Subjekt ein und markiert sein ehemals Wesen oder Substanz.

Mit diesen abschließenden Äußerungen mag die erste Vorlesung beschlossen sein.

I. Einführung

1. Systematik

1.1 Definition, begriffliches Umfeld

Die Einführung wird das Thema erläutern und eine erste begriffliche Definition des Gruppenbewusstseins anbieten und entfalten. Hierbei gilt es das begriffliche Umfeld zu gliedern und zu überschauen, die gesellschaftswissenschaftlichen Begriffe wie Klan, Horde und Kohorte, die umgangssprachlichen und allgemeinwissenschaftlichen Begriffe wie Familie, Team, Stab, Stand (etwa Vorstand, Beistand, Stellvertretung, Kommission), Verein, Gesellschaft, Korporation, schließlich und nicht zuletzt jenen Begriff, der in der modernen Wissenschaft (Logik und Mathematik) sehr viel Intelligenz und Genauigkeit angezogen hat, die Menge bzw. der Mengenbegriff. Warum ist eine Menge keine Gruppe bzw. wie sind Gruppe und Menge ggf. zu definieren, damit man sie auseinanderhält? Hier gilt es zunächst (nicht etwa endgültig), sich von der formalen Bindung des Begriffs freizumachen und seine Historie seit der Antike zu verfolgen: die Meinungsbildung in der Menge, oder die Menge als Akteur, bzw. die Menge als Beobachter. Wohlbekannt tritt dieses Subjekt, modern gesprochen, seit den Texten von Platon und Aristoteles in Erscheinung, und etwa Cicero, der freilich die Griechen rezipiert oder ohne diese Voraussetzung undenkbar ist, übernimmt genau dasselbe Subjekt im Umkreis seiner, also der veränderten historischen Umstände des römischen Kaiserreichs bzw. seiner Etablierung. Diese Menge oder Gruppe von Zeitgenossen, stets als ein Ausschnitt oder die gesamte Bevölkerung einer Stadt gemeint, ist nicht immer pejorativ, wenngleich bereits in der Antike im Grundton. Es wird also darauf ankommen, sich die Bedingung der Meinungsbildung vor Augen zu führen, wieso überhaupt ein solches Subjekt der Urteilsbildung in Erscheinung treten kann und warum es *nicht* in jedem Fall fallibel ist oder einer Täuschung unterliegt. Jedenfalls besteht seit der Antike eine Tradition, welche einer Gruppe, einer unkoordinierten oder nur aggregativ verstandenen Menge, eine Urteilsbildung zutraut und zuspricht, ohne dass es auf die Einsicht in deren exakte Aufzählung und/oder Konstitution ankäme. Die Menge ist in diesem Sinne ausdrücklich indefinit, i.e. nicht abzählbar, und charakterisiert durch ein bestimmtes Merkmal, (i) eine Ansicht, (ii) ein Urteil oder (iii) eine bestimmte Verhaltensweise. Ob nun diese Menge sich wesentlich und sogar notwendig stupide, rauschhaft (täuschungswillig und -erlegen), obsessiv, dumm und gelegentlich verschlagen verhält, Attribute die ihr mehr oder weniger oft zugeschrieben wurden, mit Ihrer Wirkung und Vorhandensein sind, unter anderem wenn auch nicht ausschließlich, die Probleme der Institutionalisierung oder das Gegenständlichwerden einer Gruppe akut. Die Theorie – nicht nur die Philosophie – hat nicht geringe Probleme, die echte Selbstständigkeit der Gruppe bzw. sozialen Organisation und Institution nachzuweisen, wozu unter anderem Hilfsbegriffe wie die *Emergenz* ins Spiel kommen, Probleme, die es im Verlauf der Vorlesung eigens anzusprechen gilt (die Emergenz ist, obgleich äußerlich positiv, ein immanent negativer Begriff insofern, als sie das Aufkommen einer Stufe in einer Entwicklung oder einem basalen Gegensatz meint, der nicht durch Kausalität ableitbar ist. In diesem Fall spricht man von einem emergenten Aufkommen oder einfach Emergenz).[37] In jedem Fall, um die Position zu klären, kann die Gruppe – oder Institution, und gesetzt, sie ist die distinkte Nachfolgerin einer Menge – nicht durch den reinen Rekurs oder Reduktion auf das Individualbewusstsein und seine Antriebe erklärt werden. (Dies entspricht der Analyse D. Henrichs zum Wechselverhältnis von Subjektivität und Mitsein der Subjekte, der allerdings, wie es scheint, dem Gruppenbewusstsein nicht allzu viel Realität zutrauen will. Wenn aber gewiss ist, dass das Mitsein der Subjekte – bis hin zum Auftreten und Wirken der gesellschaftlichen Institutionen – nicht letztgültig und definitiv, ohne Zirkel, aus dem Dasein der Subjekte herzuleiten ist, anderwärts aber auch nicht die Umkehrung betreten werden kann, so dass die irreduzible „Interaktion" den gewissermaßen Setzschlüssel bedient, der wiederum keine ausdrücklichen Anleihen bei der Dialektik macht, (Adorno, und nicht nur Hegel, böte durchaus deren Belang oder gewissermaßen Kreditierung), dann bleibt dennoch fraglich, welche Relation im strengen Sinne begründet diese Interaktion – von der Bedingung der Möglichkeit her, insoweit Kants Generalfrage bemüht werden soll, der wiederum bei der Interaktion die hier gemeinte Relation fälschlich als Wechselwirkung kategorisierte (bzw. neutralisierte und immunisierte bzw. auf negativem Boden nicht wiedererkannte, wo sie ihr angestammtes, erstes Metier entfaltet) –, und was muss das Bewusstsein leisten und wozu muss es genetisch ausgestattet sein, um diesen Wechsel und seine wenigstens Komplementarität überall zu begleiten und ggf. zu realisieren).[38]

---

37 Der Begriff wurde u.a. von dem englischen Philosophen C.D. Broad geprägt, vgl. etwa D. Henrich, *Denken und Selbstsein*, Frankfurt/Main 2016, 204-5; die entsprechende Anwendung in der Gehirnforschung etwa bei Singer 2002; (gemeint „das regelmäßige Auftreten höherstufiger Ordnungen in der Natur, das aus den vorausgehenden Bedingungen nicht hergeleitet werden kann").

38 „Nicht mehr zu denken ist dabei an eine genetische Herleitung des Mitseins aus dem Selbstsein nach dem Modell jener Art von Herleitung, die denen vor Augen stand, die

Um zuvor den Begriff Menge mit Rücksicht auf die Neuzeit zu klären, der pejorative Zusammenhang, demzufolge die Menge zwar Bewusstsein hat und dieses durch eine Meinung äußert, die mehr oder weniger viele erfasst – die Menge ist also keineswegs immer und nur der Meinungs*herd*, in dem – gemäß der Münze des Protagoras – ebenso viele Meinungen auftauchen, wie Individuen daran beteiligt sind, ist auch in der Neuzeit Tradition, gleichgültig ob bei englischen, französischen oder deutschen Autoren. Hiermit verschärft sich aber nur der Gegensatz, indem die Gruppe, die auf der Seite der vernünftig Redenden und Reflektierenden zu messen und zu erwägen, wenn nicht überhaupt erst zu konstituieren ist, sich in die kritische Öffentlichkeit oder direkt in die politischen Institutionen, also insbesondere die Parlamente begibt, während die andere, ursprüngliche oder ungeordnete Menge, die weder auf bestimmte Satzung und Versammlungskonvention, noch auf distinkte Riten der Meinungsäußerung zurückgreift, in ihr bloßes Aggregat zurückfällt.[39] Die Gruppe spaltet sich somit, bietet jedenfalls Anlass, ihr eine nachhaltige Differenz zuzuordnen, die sich der Möglichkeit nach in einen extremen Gegensatz entfaltet: die geordnete, versatzte, durch eine Agenda gebundene, eventuell von Wahlriten abhängige Menge steht der unversatzten spontanen Menge gegenüber, die sich jederzeit als die landläufige Meinung, das Dafür- oder Dagegenhalten, die Ansicht des gemeinen Mannes, zu äußern vermag, sei es dass sie sich darüber hinaus in den Städten auf Plätzen und Straßen mit Transparenten oder Schildern versammelt, oder heutzutage einen Internetblog oder ein sog. Sozialmedium nutzt, um ihre Meinung kundzugeben. Anzufügen bleibt das Umfragesubjekt, das als Individuum in einer Menge geglaubt wird resp. statistisch so angesetzt wird, als ob es *in stante*

umgekehrt das Selbstsein als im Mitsein begründet sehen wollten. Weder ist das Selbstsein von einem ursprünglichen Mitsein erwirkt noch ist es Folge einer Interaktion, die mit dem Selbstsein das als solches erfahrene Mitsein nach sich zieht. Dem entspricht, wie sich noch zeigen soll, die andere Tatsache, dass das Selbstsein auch nicht in einer Weise höchsten Mitseins mit anderem Selbstsein verschmelzen kann. Daraus, dass wir das Selbstsein, und zwar durchgängig, als nicht aus sich selbst begründet ansehen müssen [!], ließe sich geradezu folgern, dass es auch aus keiner ihm schlechthin externen Voraussetzung hergeleitet werden kann" (Henrich 2016, 178-9). So bleibt, abgesehen von der „Unableitbarkeit der Subjektivität", offensichtlich die Interaktion stehen, da ansonsten die Seiten zerfielen oder einen Hiatus preisgäben. Der in diesem Kontext verwendete Begriff ist im Übrigen »verdächtig«, die konstitutive Schleife einzuführen.

39 Vgl. Waldron, Jeremy (1995). „The Wisdom of the Multitude: Some reflections on Book 3, Chapter 11 of Aristotle's Politics". In: Political Theory 23(4): 563–586 sowie eine Replik des Vf., „The Wisdom of the Many and Fichte's 'We'". In: Philosophy Study Vol. 4, No. 7, 2014, 97–108.

eine unverfasste Menge (als Meinungshalter) als Segment oder zur Gänze in jenem Meinungsherd vertritt. Es bildet also nicht etwa die Mitte, sondern ist viel eher ein repräsentativer Kulminationspunkt oder direkt Fokal der hiesigen Meinungsmenge (darum keineswegs so wertvoll wie in Wahlperioden veranschlagt).

Hier wird vermutlich der Einwand wach, dass diese Formen der Meinungsäußerung die Basisdemokratie verkörpern oder Akte darstellen, die einer als freiheitlich verfassten Gesellschaft ursprünglich und notwendig zuzurechnen sind. Würde man diese unterbinden oder nicht angemessen zu würdigen wissen, dann müssten auch die Institutionen auf der Gegenseite ihre Glaubwürdigkeit oder Substanz einbüßen. Hier ist zunächst zu antworten, es gilt den Vermittlungsbegriff zu bestimmen, innerhalb dessen Spanne sich der Gegensatz insgesamt zu äußern und zu manifestieren vermag. Dieser sei – im definitorischen Sinne – die Gruppe, da er imstande ist, auch die erwähnten Extreme zwischen Versatzung und nicht in sich aufzunehmen, es fällt somit keine Seite hinaus. Sodann ist im letzteren Extrem, der nicht versatzten Gruppe, auch die alte protagoreische Elle nicht ausgeklammert oder abgeschnitten, sondern ganz im Gegenteil: der bloße Meinungsherd, in dem sich die eine Meinung mit der anderen überkreuzt und Wahrheit und Faktum der Möglichkeit nach endlos auseinandergehen. Nun ist, was den Einwand betrifft, aber nicht davon auszugehen, das heutige Sozialmedium sei von vornherein auch ein notwendiges, und nicht etwa spontanes und willkürliches Mittel der Meinungsäußerung; noch kommt wiederum letzteres der Kundgebung zu. Zwar ist dieses Grundrecht – als Meinungsäußerung und als Versammlungsrecht – verfassungsmäßig gesichert und damit verbrieft, aber damit ist über die Geltung dieser Meinungsäußerung, gesetzt, sie formiert sich, an sich noch nichts ausgemacht. So mag auch die Meinungsäußerung einer Kundgebung, selbst wenn sich die Meinung hier zu einer Tendenz zusammenzieht und nicht mehr dem bloßen ursächlichen Meinungsstreit, die sei das Dafür und Dawider, noch dazu der persönlichen Gebundenheit und Situation, anheimfällt, nur *und insb.* eine quantitative Verstärkung der Einzelmeinung sein, mit der sich die unversatzte Menge identifiziert, die zwar von den wiederum versatzten und in diesem Sinne rechtlichen Institutionen wahrgenommen wird, sie aber mitnichten bindet. Es wäre eine eigene Untersuchung wert, ab wann die Verfassungsorgane, Regierungen und/oder Parlamente, eventuell die Gerichte, sich einer Kundgebung in dem ausdrücklichen Sinne zuwenden, sich deren Ansicht zu eigen zu machen, nicht um sie einzuschränken oder zu unterbinden – es bedarf kaum der Beispiele, um sich diese Tatsache in Erinnerung zu rufen. Dasselbe gilt für das Internetmedium, in dem sich, der Möglichkeit nach, eine Wählerschaft oder eine Interessengruppe, eine Parteianhängerschaft bis hin zu einem Wahlkreis versammelt, um nicht mehr, wie ehedem, in die Buntheit der Ansichten und Meinungen zu zerfallen respektive sich zu zerstreuen. Da dies aber immer noch Menge ist, noch dazu bestimmte Gruppenprinzipien getroffen oder erfüllt sind, gilt es, ihrer theoretisch habhaft zu werden, um ihren Ursprung soweit dingfest zu machen, da er tatsächlich erkennbar wird und dem Individualbewusstsein gegenübergestellt werden kann.

1.2 Abgrenzung zu Cartesianismus und Ichbewusstsein

Die Einführung dieser Vorlesung hat, wie mehrfach betont, die Erläuterung und Erklärung des Themas an die erste Stelle zu setzen. Von der Historie her, und hiermit ist die Neuzeit ab insbesondere dem Cartesianismus gemeint, ist das Thema in seiner Gleichsetzung nicht selbstverständlich. Zwar kann man darüber uneinig sein, ob der Standpunkt, den die Philosophie in diesem Zeitraum bezogen hat und der noch immer nachhaltig die Gegenwart bestimmt, trotz ihrer Methodenvielfalt und ihres nachhaltigen Gegensatzes – dem zwischen Empirismus und Idealismus – derjenige des Ich ist. Dies soll heißen, ob die Konzentration auf das Einzelbewusstsein, das in jedem Fall die methodische Hauptbasis abgibt, sofort und unbedingt mit dem Ich zu identifizieren oder gleichzusetzen ist. An den leitbildartigen Theoremen wie dem *Cogito ergo sum* oder der *transzendentalen Apperzeption* bemessen, würde diese Festlegung zwar naheliegen. Wenn von Einzelbewusstsein die Rede ist, dann vor allem und primär im Sinne des Ichbewusstseins. Diese Festlegung und Identifikation bedeutet aber tatsächlich eine Einengung oder in einem bestimmten Sinne bereits eine Symbolisierung der tatsächlichen Belange oder effektiven Auffassungen. Alle Philosophen dieser Zeit haben eine Wahrnehmungstheorie vertreten, den Bewusstseinsvermögen eine primäre Rolle eingeräumt, und erst dann die grundlegenden Fragen beantwortet, etwa was eine Substanz ist, wie die Gottesvorstellung zu bewerten ist, das Verhältnis des Seins zur Substanz und, nicht zuletzt, ob es eingeborene Vorstellungen gibt, die nicht aus der Erfahrung stammen. Das Spektrum dieser Antworten und Lehransichten setzt aber nicht an jeder Stelle ein bewusstes etabliertes, gar übergeordnetes oder methodisch hauptverantwortliches Ich voraus. Das Einzelbewusstsein, dass hier gemeint ist, bewegt sich in seinen Bewusstseinsvermögen und deren Leistungen, stets im Verhältnis zu einem disparat und von seinem Wesen her konträr aufgefassten Körper. Sagt man konträr, so ist oft genug einzuschließen, das Verhältnis polarisiert oder ist sogar direkt polar angesetzt und verstanden, etwa im Verhältnis der Bewusstseinsmonade zur nur aggregierten Einheit des Körpers, in der sich diese Bewusstseinsmonade befindet, aufhält oder eigentlich lebt (Leibniz). Auch das Verhältnis der ausgedehnten

Körpersubstanz – *res extensa* – zur denkenden Substanz – oder *res cogitans* –, das eine der maßgeblichsten historischen Dualitäten darstellt, welche das Denken der Tradition belastet und geformt haben, ist eigentlich, wenn man es auf seinen begrifflichen Kern bringt, polarer Natur. Dies erkennt man, um wenigstens eine Linie, und womöglich die Leitlinie, in die Entwicklung des 20. Jahrhunderts zu ziehen, an der Beziehung zum Determinismus, der im Gefolge der Neurophysiologie in der jüngsten Zeit einen besonderen Auftrieb erlebt hat. Ihm zufolge wäre das Geist-Körper-Verhältnis wieder auf eine Einheit zu bringen, indem sie nicht dual auseinanderfallen, insoweit die Kausalität des Körpers die Prozesse des Geistes bestimmt oder letztlich determiniert. In dem Ausmaß, in dem sich die Gegenpositionen nicht auf einen eindeutigen und letztgültigen Reduktionismus verpflichten lassen – Positionen auf der Grundlage eines modernen Empirismus, der sprachanalytischen oder analytischen Tradition, der Rezeption der historischen Zweige, also Transzendentalismus oder Idealismus –, muss sich die mehr oder weniger vertraute Dualität zum Körper herauskristallisieren oder, wie erläutert, polarisieren. Wohlgemerkt, wenn sie polarisieren, bedeutet dies zwar einen unschließbaren Gegensatz, nicht aber dass sie tatsächlich auseinanderfallen, so dass die Auffassung mit der die Dualität öfters (ohne Gleichheit) durchaus kongruiert, woraufhin jedoch diese, als die einzige extrapoliert, auf die gewissermaßen »Sperrklausel« stößt (die ernsthafte Berücksichtigung der Polarität, sobald stringente Gegensätze einkehren, ist in der vom Rationalismus her neutralitätspflichtigen, wenn nicht -hörigen Philosophie noch immer eine Rarität).[40] Außerdem wäre anzumerken, da in diesen Zeilen insgesamt die Mehrdimensionalität angestrebt wird, der das Bewusstsein unterliegt respektive die es als Energiebasis einbringt, auch die Leibklausel ist bislang fragwürdig (und noch weitgehend auch in neurophysiologischen Kontexten ausgeklammert, sobald es gilt, den eigenen Körper vom Leib zu unterscheiden,[41] welcher als membranöses Aggregat, das Geflecht aus praktisch unendlicher Empfindung, Gefühl und Eigensinn, unwillkürlich in den (i) Natur- und (ii) völlig konträren Gesellschaftszusammenhang einzubetten ist. Mithin ist dem Leib ein ursprünglicher Zusammenhang der Leiber möglich und anzuhängen, ein gegenseitiger Kontakt und Fühlungsnahme, die *nicht* von der sensorischen Erregung abhängt,

---

40 Etwa in der Diskussion über die Versprachlichung der Gehirnaktivität in: Maxwell Bennett, Daniel Dennett, Peter Hacker and John Searle. *Neuroscience and Philosophy*. New York 2003. Der Theorieansatz Damasios, der den Körper wie das Bewusstsein auf die Singularität verpflichtet, ist hier gleichfalls anhängig.

41 Dies war einmal ein vorübergehendes phänomenologisches Thema, welches hier nicht weiter berührt werden soll.

gleichgültig ob körper- oder – synaptisch anhängig – gehirnseitig, sondern vom konstitutierten Energiefeld (und auf dieser Basis wiederum synaptische Darstellung genießt). Körper und Geist bzw. Bewusstsein sind dieser Annahme zufolge in die Mehrdimensionalität oder echte Mannigfaltigkeit einzubetten, in der jeweils Leib und Bewusstsein eine eigene, niemals schließbare Dimension begründen, mithin einen stetigen, gleichwohl *polar* zu erklärenden Kontakt und Anschluss unterhalten – wie noch im folgenden mehrfach erläutert wird).

1.3 Das Gruppenbewusstsein als bedingter Mittelbegriff

Dies soll jedoch im Augenblick nicht vorrangig interessieren, sondern der ganz andere Gegensatz des Gruppenbewusstseins:

- *Das Gruppenbewusstsein, wie in der Einleitung vorgeführt, ist ein bedingter Mittelbegriff.*

(*Anmerkung*: Es bildet sich auf dem Extrem einer im Singular gesetzten distinkten Mehrzahl und ermöglicht sodann die Verallgemeinerung einer Reihe von Begriffen, die, abgesehen von der Monotonie (steigend/fallend), die nur der ›Gruppe‹ zukommt, dieselbe Bedingung teilen: den grammatischen Singular und das inhaltliche Verständnis einer mehr oder weniger distinkten Mehrzahl. Der bedingte Mittelbegriff sei deshalb, in der etwas »spröderen« Form, nicht einfach als Gattungsbegriff gesetzt, dem sodann die semantisch engeren Begriffe unterzuordnen wären wie ›Team, Belegschaft, Stab, Mannschaft‹, um so mehr, als er die Monotonie an sich selbst bedingt). – Das Gruppenbewusstsein erinnert zunächst an die Gruppendynamik oder an bestimmte Bereiche gesellschaftlicher Tätigkeit, in denen eine definite Gruppe etabliert ist und eine gemeinsames Bewusstsein im steten Wechselverhältnis zum Individual- oder Einzelbewusstsein entfalten muss: eine Mannschaft (beim Sport), ein Team in der Arbeitswelt, ein Stab im Sicherheits-, Leitungs- und Staatswesen (um hier ein wenig kursorisch zu formulieren, also bei der Polizei, im ministeriellen Referat, beim Militär). Es fällt auf, dass die deutsche Sprache hier drei verschiedene Ausdrücke anbietet, die jeweils dafür prädestiniert sind, eine Gruppe in einem bestimmten Bereich zu bezeichnen. Das Team ist freilich eine angelsächsische, inzwischen eingebürgerte Übernahme oder Entlehnung, und so ist wenigstens angezeigt, dass es sich in anderen Sprachen, hier das Englische, nicht anders verhält. Hier ist anzumerken, dass die Psychologie nicht den Vorrang genießt, den der Begriff Gruppendynamik evoziert. Vielmehr meint der Begriff, wie eigentlich zu erwarten,

(i) das der Möglichkeit nach *direkte* Gegenteil zum Individualbewusstsein, also kein abgeleitetes, impliziertes oder anderweitig übergeordnetes Gegenteil zum Einzelbewusstsein.

(ii) Das Zusammenwirken von mindestens zwei, der Möglichkeit nach einer *nicht abgeschlossenen Reihe* von Bewusstseinsträgern oder Personen, die über Bewusstsein verfügen, dies seien die Bewusstseinsinhaber, die sich zu einem gemeinsamen Bewusstsein zusammenschließen (A) oder daran teilhaben (B). Das Gruppenbewusstsein meint also dieser Definition zufolge eine ausdrücklich indefinite Menge von Personen oder Bewusstseinsträger, die sich zu einer Gruppe zusammenschließen bzw. daran teilhaben und ein bestimmtes Bewusstsein teilen.

1.4 Erläuterungen

Hier sind wichtige Erläuterungen am Platze.

1. Gegenteil, Kollektive Intelligenz, Gegenseitigkeit.

Das direkte Gegenteil, wenn das Individual*bewusstsein* die eine Seite bildet, verlangt an eben *dem* Bewusstsein – als Achse des Gegensatzes – festzuhalten. Es muss auch auf der Gegenseite die Basis bilden, da die Vorlesung insbesondere diese Möglichkeit thematisieren und durchleuchten will. Dieses Gegenteil heißt darum Gruppenbewusstsein, um der Bedingung gerecht zu werden, dass das menschliche Bewusstsein imstande ist, in sich die Mehrzahl oder Pluralität aufzunehmen und diese Pluralität auch in bestimmten Formen des Bewusstseins durchzuhalten und eigentlich zu etablieren, sowie, nicht zuletzt, zu steigern und mit bestimmten Leistungen zu bekleiden, die das Einzelbewusstsein nicht zu leisten vermöchte. – Hiermit kommt auch das Problem der kollektiven Intelligenz auf, für das die Philosophie bislang noch kaum angemessene Begriffe bereitstellt, wenn anderwärts das Thema nicht nur durch die Evolutionstheorie und ggf. Anthropologie bzw. erneut die Genetik und anhängige Interpretationen im Bereich der Gehirnforschung oder sogar Physik/Kosmologie (Stephen Hawking) beantwortet werden soll:[42] Kollektive Intelligenz überragt nicht notwendig die Einzelintelligenz (dies dürfte angesichts der historischen Individuen unmittelbar einleuchten), anderwärts bildet sie das Zentrum, den Kern des Lernens. Wissen und Lehre, noch dazu die phylogenetische Basis, bewegen sich also in dieser Spange und beweisen die

42 Stephen Hawking. *Das Universum in der Nussschale*. München 2002, insb. Kap. 6 und Abschluss.

Komplexität des Themas oder Belangs. Noch dazu kommt die Frage der Axiome und Maximen auf, und einiges davon berührt Leibniz in den *Nouveaux Eassais*, z.B. „cet axiome, *que tout raisonnement vient des choses déja connues et déja accordées (ex praecognitis et praeconcessis)*",[43] dem er – zurecht – die Möglichkeit der Fehlbarkeit anrechnet. Die simple Verkettung, an und für sich unbezweifelbar, lässt nicht nur zu, dass sie einer steten Scherung der wahrheitsmäßigen Verhältnisse unterliegt oder selbige tradiert – das durchgehend affirmativ oder positiv angenommene *raisonnement* birgt entsprechend seine bedingte Falschheit, insbesondere in Zusammenhang mit Schleifen und der hier verfolgten Mehrdimensionalität des Bewusstseins, es nimmt sich mithin intutiv und *a priori* anders wahr, als die Tradition bis in das 20. Jahrhunderts festzulegen sucht –, sondern sie sollte vor allem dahingehend erschließbar sein, wo liegen die Knotenpunkte, wiederum die tatsächlichen Fusionsstellen zwischen individueller und kollektiver Aneignung. Zumindest der anderen Maxime zufolge, dass der Geist in die Gradation einzudringen hat und beim Quantum das ultimative Wechselfeld der Verschmelzung erkennt, welches es in die oder andere Richtung trägt. Kollektive Intelligenz ist demnach von vornherein, dies sei der empirische Reflex, in der phylogenetischen Basis angelegt und verankert, *a priori* aber kommt ihr zugleich die Potenz zu, die Fallstrecken, Schleifen – die notwendigen begrifflichen Extensionen auf einer unschließbaren Plusminus- Basis –, sowie die möglichen Rekursionen, das eventuelle Feld der Unbefriedigbarkeit oder Unerfüllbarkeit anzulegen (und die gebräuchliche ›satisfaction‹ oder ›to satisfy‹ würde hier beweisen, dass es den Antonymen zuzurechnen ist, die Unerfüllbarkeit Instanz des Minus-Extrems); denn man sollte ihr (noch immer) nicht alles zumuten resp. der Gegenfall ist nicht von vornherein auszuklammern, dass es des Einzelbewusstseins bedarf, um an der kollektiven Erfahrung und ihrer vermeintlichen Konstitution die falsche oder, proprie, *verkehrte* Lothaltung zu offenbaren (da das Bewusstsein als energiegebunden verstanden wird, ist es polaritätspflichtig, so dass die aufgeführten Seiten nicht distinkt – wie etablierte, harmonisierte oder teilhaltige Regionen – auseinanderfallen, ›lothaltig‹ aber meint, es muss sich überall in einer instantanen Weise mit sich selbst und dem anderen Bewusstsein, das sofort eine Pluralität verkörpert, abstimmen, so dass die Dimensionalität einkehrt).[44]

---

43 Leibniz. NE, II.4.§8 (PS 3.2 1996, 256). Im Kontext finden sich zugleich zwei wichtige Hinweise auf kollektive Intelligenz unter Geometern oder den römischen Juristen der Pandekten, die unter dem Thema der Aufklärung über zu- oder abnehmende Erkenntnis verhandelt werden.

44 Womöglich darf der Vf. weiterführend auf den Abschnitt Orientierung in der Habil. Schrift verweisen (II.2.E).

Davon abgesehen, um an dieser Stelle die Trivialität zu berühren und an den letzten Gedanken wieder anzuschließen, muss man sich die Tatsache verdeutlichen, das Einzelbewusstsein kann kein Fußballspiel vollbringen, kein Mehrpersonenstück aufführen, das die Rollen nicht nur strikt aufreiht, kein wirkliches Dorf oder Stadtteil bevölkern, keine Raumfahrtgesellschaft erfüllen, wenn es sie auch motivieren kann, noch, um wieder genauer zu werden, mit dem Fahrzeug eine Strecke von einem zum anderen Ort zurücklegen, um dabei willkürlich seinen Weg so zu wählen, wie es ihm an irgend Zwischenstrecke in den Sinn kommt, etwa auf der linken Straßenseite oder partiell auf dem Bürgersteig usw. Um das Problem bzw. die Definition an dieser Stelle zu vertiefen, man muss sich bewusst halten, dieses Erfordernis liegt nicht einfach an der Einhaltung von Regeln, welche sich aus dem abstrakten Prinzip der Gegenseitigkeit herleiten, und daran, dass sich das Bewusstsein im Zwischenverlauf (*Interstitium*) beständig die Gegenseite bewusst zu machen und, etabliert, dafür verantwortlich zu machen hätte, von irgend willkürlichem oder abweichendem Verhalten abzukehren. Freilich existiert das Bewusstsein in der Form, dass nicht nur die mögliche Intersubjektivität, sondern insbesondere Interkonnektivität bereits gewährt ist, wenn es die erwähnten Handlungen vor- bzw. daran teilnimmt. Die Teilhabe des individuellen Bewusstseins ist hierbei derart, dass es sich wesentlich einbringt, da das gemeinsame oder pluralische Bewusstsein bereits etabliert ist – eine mögliche Formulierung für seine echte Dimensionalität oder Existenz als Dimension (wie Raum und Zeit). Es bedarf also, negativ gesehen, keiner Akte, erst recht nicht in einer sequenziellen Anordnung, in der sich die Subjekte immer wieder, an bestimmten Stellen des Ablaufs (wie Kreuzungen, Ausfahrten, überhaupt des Fahrbahnverlaufs), zu versichern hätten, dass sie ein gemeinsames Bewusstsein teilen und dies die Grundlage ihrer gemeinsamen (unfallfreien oder -widrigen) Handlung darstellt; als ob jeder eine Verkehrsregel abstrakt für sich ausübt und dabei zwar die Kollision und/oder ein Fehlverhalten vermeidet, jedoch nicht tatsächlich, vom instantanen, ja vorausgenommenen Faktum her, voraussetzt, jeder andere tut dies ebenso.

Daher ist das anhängige Bewusstsein eben gemein oder durchgehend, pluralisch und/oder kollektiv, und nicht strikt individuell, und zwar antizipativ, von vornherein oder a priori (die beiden Seiten seien involviert, i.e. die Grenze, auf der oder von der her man die Aussage tätigt, das Bewusstsein ist nur von der Erfahrung her gemein oder kollektiv angelegt, und nicht etwa auch von der Bedingung seiner Vernunft her, des Austauschs und widerspruchsfreien Gebrauchs der Begriffe und Anschauungen, wird sich nicht finden lassen). Positiv gesehen ist der soeben verwendete Begriff Interkonnektivität daher so gemeint und aufzufassen, dass das Bewusstsein über die Subjekte hinweg vorhanden und wirksam ist, indem sie sich einschalten (ja geradezu eintakten, um etwas kompliziertere Situation einzuflechten) und an bestimmten Stellen (bei Kreuzungen, an Parkstellen, im Stadtverkehr ohnehin) seine innere Vernetzung oder *Interkonnektivität* herstellen oder aktual machen. Die herkömmliche Intersubjektivität ist in dieses Bewusstsein eingelagert, nicht aber bereits seine ganze (vollständige und vollkommene) Konstituente. Wäre es nämlich – von seiner wesentlich reflexiven Basis her – seine Konstituente, bestünde das Bewusstsein nur erst abgeschlossen für sich, es müsste über das Dasein des anderen reflektieren, ihren möglichen Zusammenschluss oder Begegnung herstellen, und sich sodann untereinander beständig spontan beobachten, eventuell, um nicht nur am Beispiel des Straßenverkehrs zu verharren, zusammenschließen und die dabei bewirkte Verbindung aufrechterhalten (und wiederum aufrechterhalten müssen). Freilich ist diese Auffassung möglich und daher mit der Interkonnektivität mehrdeutig; gleichwohl bezeichnet sie den erheblich künstlicheren Weg, da sie voraussetzen muss, als habe das Bewusstsein nicht durch bloße Rezeptivität oder *Passivität* bereits eine Verbindung oder einen resp. den natürlichen Anschluss, ein natürliches Gewahren oder „Mitsein" (Dieter Henrich), welchen Anschluss es keineswegs erst herzustellen braucht oder jemals könnte. Der Zusammenschluss ist daher in diese passive Voraussetzung einzulagern und Spontaneität ist nicht damit gleichzusetzen, eine Verbindung von Bewusstsein zu Bewusstsein erst, überhaupt oder an sich herzustellen, die andernfalls nicht existierte. Somit ergibt sich, dass (i) der Zusammenhang von Bewusstsein oder die Gewärtigung anderen Bewusstseins im Kern nicht *nur reflexiv sein* oder nur von dieser Bedingung abhängen kann; (ii) Spontaneität sodann nicht mehr notwendig reflexiv sein muss, wenn es sich auf das andere Bewusstsein richtet, womit stets der latente Widerspruch verknüpft war, dem Bewusstsein eben Spontaneität oder *Urheblichkeit* zuzusprechen, deren Interpretation sodann ins Gegenteil, die Reflexivität weicht. Bewusstsein ist vielmehr nur unter der Bedingung der Vereinzelung auf diese Grenze festzulegen, was gleichbedeutend damit ist, dem Bewusstsein von Natur her einen Anschluss zu gewähren, in dem die Grenze gegen den Einzelnen nicht existiert.

2. Unter- versus Überzeitigkeit (Anmerkung zur Verdeutlichung)

Am Straßenverkehr gemessen:[45] jeder Teilnehmer ist an eine *absolute* Gegenseitigkeit gebunden, die dem einzelnen auferlegt, jeden anderen ebenso zu beobachten,

45 Zum Vergleich und gesetzt, es sind ca. 50 Jahre Fortentwicklung zu bezeugen, möge die die Fahrzeugbedienung reflektierende Passage Max Horkheimers in *Zur Kritik der instrumentellen Vernunft* eingesetzt werden, um auch hier den (an und für sich falschen) Abstand des per se verabsolutierten Bewusstseins zu erkennen, das noch

wie diese ihn beobachten. Hierbei sind alle möglichen Beziehungen der Zeitlichkeit bis zur Unter(gleich)zeitigkeit eingeschlossen, womit gemeint, die Sicherheit des Verkehrs beruht darauf, dass der einzelne versus die anderen, und umgekehrt, *an keiner Stelle erst dann in die Verbindung treten, wenn sie sich gleichzeitig wahrnehmen und/oder beobachten, gleichgültig in welcher Entfernung.* Die Gewärtigung oder die absolute Gegenseitigkeit liegt vielmehr dieser Gleichzeitigkeit der Wahrnehmung und Beobachtung, gleichgültig bei welcher Distanz, voraus, darum möge diese Schwelle die Unterschwelle heißen, und die an sie gebundene Gleichzeitigkeit wie soeben die Unter(gleich)zeitigkeit. (Das ›gleich‹ wird, außer diesem Einführungsabschnitt, fortan wegtreten, und Unter- versus Überzeitigkeit werden den Krümmungssachverhalt bezeichnen, der das Bewusstsein unterliegt resp. der es begründet: die Fusion der Energie bindet den aktualen Augenblick an seine Vorausnahme und Nachzeitigkeit bzw. Vergehen). Sie ist, wie vermerkt, bereits gegeben, wenn sich irgend Teilnehmer beginnen, gegenseitig wahrzunehmen und zu irgend Zeitpunkt *ab dann* zu beobachten. Wenn es eine Untergleichzeitigkeit, wie definiert, gibt, sollte es vom Begriff her auch eine Übergleichzeitigkeit gegeben. Diese bezeichne, um der Verwechslung mit der Vor- und Nachzeitigkeit vorzubeugen, die Überzeitigkeit nach der erwähnten Schwelle der definiten gegenseitigen instantanen Beobachtung, in der die Verkehrshandlung stattfindet und verschwindet oder sich auflöst.[46] Sie ist nicht das bloße Vergehen eines Geschehens zu einem bestimmten Zeitpunkt, der bzw. das freilich an der Schwelle der bloßen Gleichzeitigkeit zu bemessen ist (und dem Gedächtnis bzw. der Retention anheimfällt). Sondern ihr Übergehen in eine Summe steter Gleichzeitigkeiten, in die sich die Bedingung der gleichzeitigen Wahrnehmung auflöst und in der sich die hiermit etablierte Interkonnektivität wesentlich macht oder, im Terminus, *substantialisiert.* Wenn das Bewusstsein bereits einen Zusammenhang genießt, in den das jeweilige bewusste Anknüpfen im Augenblick nur eintritt (sich spontan einliest oder instantiiert), dann kann jenes ja nicht verschwinden, wenn der Augenblick vorbei ist. Die Interkonnektivität, der erwähnte natürliche Anschluss, bleibt selbstredend als Bedingung und Dasein erhalten, und indem selbige zusammenwächst

---

nicht von der bedingungslosen gegenteiligen Teilhabe (im Feld) zehrt. Die Differenz wäre in die gesamte Theorie einzutragen (i.e. wirksam und nicht etwa rückgängig zu machen). In: Gesammelte Schriften, Band 6, Frankfurt/Main ^{2}2018, 110, Ausnahmen etwa 151, wo er den Massen ein gemeinsames, gleichwohl „individuell überdecktes“ Bewusstsein zurechnet, versus 149 zum „Selbstbewusstsein des Menschen“).

46 Wer, i.Ü., nach ihrer theoretischen Geltung sucht und ob sie bloß eine subjektive Erlebniswahrnehmung sei, muss sich hier ob der Spontaneität und ihrer Veranlagung eines Besseren belehren lassen (z.B. Popper in der Erkenntnistheorie im Umkreis der Einführung der methodischen Falsifikation).

und in diesem Sinne nicht unter-, sondern überzeitig ist und den Augenblick in seiner Nachzeitigkeit aufnimmt, möge sie die Überzeitigkeit heißen; im Übrigen, abgesehen von der definiten ›Unzeit‹, die ggf. den *dimensionalen* Gegenbegriff darstellt – nicht die ›Ewigkeit‹, die eher ein religiöser oder dichterischer Begriff ist, der jedenfalls wesentlich in der Imagination verankert ist (abgesehen von entsprechenden Stanzen des Idealismus, insb. Platonismus) –, die Unter- und Überzeitigkeit bezeichnen demgegenüber Realbegriffe, sobald der Zusammenhang und die Interkonnektivität, das natürliche Feld des Bewusstseins Bedingung ist. Erneut und mit anderen Worten: freilich ist mit der Begegnung, dem Aneinander-Vorbeifahren die hergestellte Gewärtigung nicht sofort vergangen oder überhaupt das Bewusstsein vergangen, welches die Bedingung der absoluten Gegenseitigkeit setzte beziehungsweise ermöglichte. Vielmehr umschließt das Bewusstsein die gesamte Spanne, in der sich die Bedingung der je instantanen oder in diesem Sinne absoluten Gegenseitigkeit entfaltet und stattfindet, und daher schließt das Bewusstsein die Unterschwelle der Gleichzeitigkeit ebenso ein wie ihre Überschwelle. Wie bereits (in der Klammer vermerkt), dies wäre nicht möglich, wenn nicht der Energie – mit der sich das Bewusstsein, gleichgültig unter welcher Bedingung, entfalten muss – die basale, unvermeidliche oder in diesem Sinne natürliche Fusion zugestanden wird, welche fortan jegliche Äußerung nicht nur begleitet, sondern mit geradewegs absoluter Geltung (und/oder Intensität) bedingt. (Letzteres mag in die »Kladde(n)« des Rationalismus eingetragen werden, insoweit dieser, was den Absolutismus oder die absolute Geltung betrifft, die Distinktion an die höchste Stelle versetzt, als ob sie den einzigen Apex besäße – die Intensität ist demach keineswegs nur und stets ein Maximum).

Es erübrigt sich an diesem Kommentar zur ersten Definition des Gruppenbewusstseins, welche das der Möglichkeit nach *direkte* Gegenteil zum In dividualbewusstsein verlangt, darauf hinzuweisen, dass die zuletzt erwähnte Bedingung der Passivität, in der die Interkonnektivität des Bewusstseins eingelagert ist, mit der Mannigfaltigkeit verklammert ist. Wer diesen Begriff kennt und die mehrdimensionale Raumzeit der Relativitätstheorie und der Quantenphysik zu begreifen weiß, erkennt, dass dieser Begriff des Gruppenbewusstseins damit kompatibel ist. So wie der Lichtkegel einen raumzeitlichen Zusammenhang misst, kann ja der Raum und die Zeit nicht gleichzeitig konstituiert werden, beide sind vielmehr bereits gegeben und nur macht der relativistisch konzipierte und gemessene Lichtkegel das exakte Maß und die Ausdehnung manifest, im Verhältnis zu jedem Beobachter, der nur irgend einzubringen ist. Entsprechend darf angesetzt werden – das Bewusstsein existiert in seinem natürlichen Anschluss über und durch alle bewusstseinsbegabten Subjekte hinweg, von Natur her und in Beanspruchung der gesamten synaptischen Kapazität, die ansonsten auch durch die Körperorgane motiviert werden (Singer 2002).[47] Dieser Art ist die Mannigfalt gegeben oder Bedingung, die nunmehr am Bewusstsein selbst festgemacht sei, nicht nur an Raum und Zeit. Sodann bedeutet der exakte Wahrnehmungsakt, der die Gegenseitigkeit sichert, die Entfaltung dieser Mannigfaltigkeit in jedem einzelnen Augenblick und an jedem Ort, ohne die geringste Lücke oder Unmöglichkeit (was, an sich, eines empirischen Beweises bedürfte, hier aber zunächst intuitiv und aus logischen Gründen hingenommen sei, also etwa für Meeresuntiefen oder Begegnungen im fernen All, freilich kompatibel mit der Lichtausbreitung im physikalischen Sinne: hier müssten, wenn nicht, erfahrbare Lücken, ein echter Hiatus in der dimensionalen Ausbreitung vorliegen, die dem Einzelbewusstsein zum ersten Mal eine echte Grenze vorführte, jenen Abgrund des Nichtseins, den es ansonsten an sich – und an sich, je nach Ursprungsort der Erhebung – niemals erleben kann). Somit sind, am Beispiel gemessen, die Akte der Wahrnehmung des einen gegen den andern alle relativ *im strengen Sinne*, sie konstituieren aber nicht das Bewusstsein, an und in dem sie sich nur manifestieren; umso mehr, als gleichzeitig etliche, der Möglichkeit nach unzählige entsprechende Wahrnehmungsakte stattfinden, so dass das Bewusstsein, in Analogie, die echte Dimension ausmacht oder begründet.

1.5 Das direkte Gegenteil im Gegensatz

Weiterhin aber gilt es noch von einer anderen, der logischen Seite her das direkte (und wohlgemerkt direkte) Gegenteil in Kürze zu beleuchten, also kein abgeleitetes, impliziertes, segmentiertes, segmentiert gebundenes oder anderweitig übergeordnetes Gegenteil zum Einzelbewusstsein: immediat oder unvermittelt im klassischen Sinne. Hier bieten sich zwei axiomatische Erklärung an, um zu begreifen, wie dieses Einzelbewusstsein gemeint ist, wenn es direktes Gegenteil ist: einmal nach dem alten Gegensatz ›einige-viele‹, anderwärts nach dem Gegensatz ›Identität-Vielheit‹ oder ›Verschiedenheit‹. Beide Begriffsverhältnisse oder Relationen zählt man zu den axiomatischen, i.e. sie lassen sich nicht anfechten, wohl aber im Beweisverfahren einsetzen: wenn eine Identität involviert ist, ist jederzeit mit dem Gegenteil zu rechnen bzw. es ist an bestimmter Stelle der Argumentkette zu fordern. Nun ist für den Gegensatz ›einige-viele‹ (er spielt in der aristotelischen *Politeia* eine zentrale Rolle, ist aber auch oft im platonischen Dialog des Sokrates zu finden) Konvention, dass die Stelle des ›einige‹

47 Zur Erläuterung dieses Nachsatzes: Wolf Singer. *Der Beobachter im Gehirn*. Frankfurt/Main 2002 und die weitere zur Gehirnforschung herangezogene Literatur.

freilich auch durch den ›einzelnen‹ zu besetzen ist. Dies ist aus der Syllogistik wohlbekannt, wo freilich im Subjekt nicht stets nur i- und a-Verhältnisse zu finden sind, sondern sogar häufig ein Einzelsubjekt auftritt. Wie man diese Tatsache im Syllogismus bewertet, möge für den Augenblick offenbleiben (jedenfalls meistens durch eine All-Interpretation, weil diesem Einzelnen eben die gesamte Sphäre des Prädikats zukommt, vergleichsweise identisch mit einem Allurteil. Außerdem kommen hier die Konversionsregeln ins Spiel, in Verbindung mit dem Beweisverfahren der Figuren II und III durch die erste (NE, II.4; ch.XVII, §4).[48] In jedem Fall ist – von der axiomatischen Position her – davon auszugehen, dass der Basisgegensatz nicht notwendig nur ›einige – viele‹, sondern freilich auch ›der, die das einzelne versus die vielen‹ heißen kann,

- ❖ und diese Relation ist (zunächst und/oder überhaupt) als das erwähnte direkte Gegenteil dem Gruppenbewusstsein vorauszusetzen.

Mit anderen Worten aber, wenn ein Einzelbewusstsein, vom Postulat des Axioms her, gegeben ist, dann muss ihm auch ein Gruppenbewusstsein – als Instanz der Vielen (übrigens auch der mehreren, der meisten, der mehr als die meisten, der zumeist meisten oder aller-, der mehr oder mindermeisten, i.e. es beginnt der Knoten in den Termini zu arbeiten) – gegenübertreten, da das Axiom nicht falsch werden kann (und freilich nicht in bloßer Semi-Position, in der nur eine Seite wirksam würde. Der Gegensatz ist also nicht a priori in die Dilutierung zu versetzen, da freilich in der Sprache nur ein erster geistiger Belang in Erscheinung tritt resp. in selbiger nicht aufgeht, das methodische Credo gegenüber der sprachanalytischen Philosophie und Entwicklung). Nun gilt dies auch für das andere axiomatische Gegensatzverhältnis der ›Identität versus Vielheit‹. Ebenso, wie es nicht falsch werden kann oder eben eine axiomatische Wahrheit verkörpert ((1) ›$I \Leftrightarrow \neg V.\ V \Leftrightarrow \neg I$‹ oder (2) ›$|\ I \cong V\ |$‹ (daher die Arithmetik in ihrer logischen Fundierung motivierte, und diese Formeln besagen nicht dasselbe, da nur die erste die neutrale Negation wahrt, in der zweiten schmilzt resp. fusioniert sie im Herd resp. kooperiert sie mit der Fusionsklausel), lässt sich sofort, wenn die Identität zum Einzelbewusstsein gesetzt wird, das Gruppenbewusstsein als der Vertreter der Vielheit setzen und begreifen.

Mit anderen Worten und um zusammenzufassen, es ergeben sich zwei wesentliche Begründungskanons dafür, Einzel- und Gruppenbewusstsein

---

48 NE meint wie üblich die *Nouveaux Essais de l'entendement* von Leibniz. Angemerkt sei die heutige Variante, vgl. Hasenjäger 1962 (Fn 114), abgesehen von Quine (*Grundzüge der Logik*).

als *direkte* Gegenteile aufzufassen und zu fordern. Der eine ist die empirische Notwendigkeit, in der eine konstante interkonnektive Basis des Bewusstseins vorauszusetzen ist, die unmöglich oder unzureichend zu spät erst dadurch erklärt würde, wenn sie von einer Form intersubjektiver Reflexivität abhängig gemacht wird, welche den Zusammenhang oder die Verbindung per Wahrnehmung oder bloßer Konnotation erst herstellt (letzteres soviel wie die Bemerklichkeit in der Passage); oder, um es positiv zu formulieren, der Konnex unter Bewusstsein, der mutuelle Anschluss ist indefinit und damit endlos gewährt, daher direkt dimensional, so dass es ein Fehler wäre, ihn erst von der Reflexion abhängig zu machen, die sich darin niederschlägt (und niederschlagen muss). Dieser Fehler ist wiederum zweitens mit dem Verfehlen der axiomatischen Stellung gleichzusetzen, in der das Einzelbewusstsein versus Gruppenbewusstsein von der idealen oder logischen Seite her zwei axiomatische Verhältnisse vertreten, i.e. darin aufgehen muss, das unmittelbar implizite Verhältnis ›einige [~] viele‹ bzw. insb. ›der, die das einzelne versus die vielen‹, und das andere Verhältnis zwischen ›Identität und Vielheit oder Verschiedenheit‹ (diversité, falls in den älteren Schriften Leibniz als Orientierung und Quelle dienen soll). (*Anmerkung*: wenn man das Negationszeichen in der ersten Formel als Widerspruch, und nur als solchen liest, würde das Bewusstsein disjunktiv zerfallen, und es befindet sich immer strikt nur auf einer Seite: [ab Erhebungszeitpunkt t_0][interkonnektiven Anschluss zwischen EBx_i ~ GrBy_i] (i) herstellen, zerfallen, (ii) wieder herstellen, zerfallen, (iii) …, (n)…, usw. – dies entspricht freilich nicht der Realität, darum die zweite Formel: in ihr wird die Seitigkeit polar und bedingungsgemäß: antizipativ. Wohlgemerkt ist aber die Negation überhaupt für das axiomatische Verhältnis anzusetzen, i.e. es ist unmöglich, etwa von Identität zu sprechen, ohne nicht auch die Vielheit oder Verschiedenheit zu implizieren, dasselbe für die Relation ›einer – viele‹, die in der politischen Geschichte Movens der wichtigsten Entwicklungen – und Verwirrungen ist: am Punkt bemessen, verliert er seine Exterritorialität, die vermeintliche Position des Unum oder der nicht nur Unzeitig-, sondern insb. auch Unräumlichkeit, und wird notwendig sofort oder a priori, im Sinne der Beziehung (2), zum Knoten: die Vielheit oder Nichtidentität reicht demnach als Wurzel (mit mindestens einem Segment, das nicht null werden kann) in ihn hinein, und damit ist er der direkte Reflex der Fusion und anderen Betrachtungsweise oder prinzipiellen Alternative, welche von der Neutralität in die Polarität weicht).

Anmerkung. Der Begriff *direktes Gegenteil* findet sich, u.a., im Vorwort zur zweiten Auflage des *Kapitals*. Karl Marx erklärt dort seinen berühmten Gegensatz zur Hegelschen Dialektik, verbunden mit der wohlbekannten Veranschaulichung, es gelte, die Verhältnisse oder den eigentlichen Denkprozess vom Kopf auf die Füße zu stellen (und, so wörtlich, auf diese Weise zu entmystifizieren). So erläutert wenigstens M. einen Wendepunkt, der ca. 100 Jahre früher in entgegengesetzter Richtung den kritischen Standpunkt Kants (als kopernikanische Wende) tituliert und gleichermaßen, als Orientierung, welche das Vorwort bestimmt, ein ›direktes Gegenteil‹ bezeichnet: nunmehr gebunden an die Frage, ob die Dinge, das Seiende, einen direkten Zugang zum Bewusstsein besitzen resp. selbiges von sich behaupten darf, es dürfe jene(s) ohne die maßgebliche Reflexion auf seine Eigenleistungen erheben, die es notwendigerweise einbringen muss, um jene Dinge zu erkennen und zu bezeichnen, i.e. zu erschließen und, im traditionellen Sinne der Metaphysik, zu vereinnahmen. Wenn nun beide Verhältnisse, signifikanterweise, diese (unmittelbar gegensinnige) Parallele aufweisen, fragt sich zudem, da außerdem jedes Mal die klassische Denkweise, noch dazu als Idealismus, in der Achse ruht (wenn nicht im Mittelpunkt steht), was dieses Gegenteil eigentlich bezeichnet, wenn es doch offenbar eine so zentrale Rolle spielt, jedoch nicht, in keinem Fall, als Widerspruch anzusehen ist, der ansonsten so überaus bekannt und nahezu für jeden triftigen Gegensatz und/oder Antagonismus bis hin zu den Antinomien und Paradoxien herhalten muss – weder bei M. noch bei K. Da nun wenigstens auch die Antonymie und, damit wesentlich verkoppelt, die Polarität ein direktes Gegenteil beinhaltet und verlangt – es wird an dieser Stelle öfters gefordert und erläutert –, sollte wenigstens die Möglichkeit nicht ausgeschlossen werden – sie zu behaupten würde bedingen, ein stetes Stück Metaphysik in selbige einfließen zu lassen –, dass in beiden Fällen sie, die Polarität, die ± Kopfständigkeit wenn nicht in sich aufnimmt, dann sogar verursacht und damit endgültig erklärt. Sodann aber kann die Erhebung und das notwendige Verstehen sich nicht mit dieser Feststellung begnügen, sondern die zentrale Konsequenz muss ergeben, dass das Bewusstsein diese Polarität bedingt, und die Eigenleistung versus Fremdleistung, sowie die eigentliche Realität gehen in diese endgültige Konstellation über (und gelegentliche inzwischen historische Annäherungen, den Gegensatz Subjekt – Objekt hier anzulagern, treffen *per exemplum* oder im Anwendungsbereich zu).[49] Eigenleistung, Fremdleistung und, nicht zuletzt, Realität sind aber zu sondern,

49 Sie finden sich, u.a., in der Phänomenologie (Husserl) und wiederum Dialektik (Adorno). Eine Begründung aus der Gehirnforschung ergibt sich durch die – notwendigerweise – gleichzeitige, i.e. koinzidente, Impuls- resp. Signalaufnahme und Verarbeitung durch die verschiedenen Gehirnregionen (vgl. p.e. Damasio 2002, 189–196, der die beiden Funktionen, in der Basis das klassische ›aktiv-passiv‹, mit dem Gegensatz zwischen »Etwas-dem-Erkennen-zugeschrieben wird« – diese Funktion beginnt mit dem sog. Proto-Selbst – versus dem »Zu-Erkennenden« betitelt und abhandelt.

da die Erstbedingung unmittelbar mit der Energie verkoppelt ist, selbige ihren materiellen Charakter oder die Gestellposition im bloßen Materialismus (als mit der Physik und auswärtigen Objektivität verkoppelt) preisgibt, um sich über das Bewusstsein selbst und die ihm innewohnende Intelligenz zu erschließen, i.e. unmittelbar und einsichtig daran teilzuhaben: die Eigenleistung schließt sodann die ggf. ideale(n) nicht aus, ohne sie, schon von der genetischen Übertragung her, von der Fremd- oder Kollektivleistung ausschließen zu können, in dieser aber wird, demgegenüber, das hiesige Gruppenbewusstsein *in nuce* thematisch und virulent – ohne erneut beider Verschleifung in einer gemeinsamen Sphäre zu verleugnen; wobei beider Antipode, eben die Realität, an ihnen gleichermaßen teilhat (denn freilich soll das Bewusstsein niemals seine Realität in der ersten Stelle verlieren) und (notwendigerweise) nicht. (Andernfalls verlöre das Bewusstsein sein Außen und es fiele in einen verkehrten Monismus, der auch als Reduktion eine Schimäre oder bislang keine wissenschaftliche Lösung gefunden hat, abgesehen dass schon vom Begriff her, gleichgültig ob ›Bewusstsein‹ oder ›Realität‹, diese Möglichkeit ausgeschlossen). – Diese Art von Entgegensetzung, die Behauptung oder Affirmation, gekoppelt an ein ebenso gültiges ›und nicht‹, also Gegenteil, das gewissermaßen »rote Tuch« des Rationalismus (und Weisheit der antiken Welt, die asiatische eingeschlossen), müssen sich aber beide, M. wie K., noch immer gefallen lassen, auch wenn im einen Fall die Dialektik, im andern das Bewusstsein eine Vermittlung leistet, welche die direkten Gegenteile nicht geradewegs *einfach, letzthin* oder überhaupt auseinanderfallen lässt. Mit Wirksamkeit der Kopfständigkeit befindet man sich nicht in einer Sphäre, welche die Negation zur Gänze auf die andere Seite setzt oder ausschließt; bzw. es käme darauf an, die Erstbeziehung zu erkennen und ihr zu denken und zu interpretieren, die unmittelbar nicht Vermittlung ist oder auf Reflexion ausweichen muss. So dass es, sobald diese bekannt, konstant darauf hinausläuft, diese Stelle des ›und nicht‹, zudem in ihrer Fällung, denn es sei nicht behauptet, sie sei stets rigide oder konstant an sich, zu wissen und zu kennzeichnen – anstatt sie zu *perhorreszieren*. – In der gewissermaßen Gegenprobe ergibt sich selbiges im Umkreis der Moderne, gemeint ist die Ikone der Wahrheitstheorie, welche mit der Berufung auf die Fortschritte der Logik und einer davon abhängigen (gestellartigen) Definition den Wahrheitsbegriff entleerte bzw. seiner wesentlichen Funktion in Umgangssprache und realitätsverhafteter Wissenschaftlichkeit beraubte. (Es ist bislang nicht bekannt, ob sich ein Physiker auf die Definition

Hier sind öfters – offenbar noch undurchschaute – komplexe logische Beziehungen zu berücksichtigen.

Tarskis berief, um ein Theorem etwa über das Verhalten von Partikeln zu behaupten, indem er sich, anstatt auf Satz, Äußerung oder Aussage im Verhältnis zur angenommenen physikalischen Realität auf einen eigens konstruierten Namen jener eigentlichen W-Träger bezieht. Hier kommt außerdem ins Spiel, wieviel w-Wert der expliziten mathematischen Rechnung zukommt, etwa in der theoretischen Physik, die sich auf spätere Experimente stützen muss – und der w-Begriff kristallisiert sich in einem Graduierungsbereich, der ihm »von Haus aus«, gesetzt er ist ein Antonym, zukommen muss). Die Polemik beiseite gelassen, kommt T. im kritischen Teil II auf die metaphysischen Anteile der Semantik zu sprechen und formuliert: „Meist wird der Term ›metaphysisch‹ jedoch – im einen oder andern Sinne – als direkter Gegensatz zum Term ›empirisch‹ gebraucht".[50] Dies sei zugestanden, sodann wird sich aber nicht vermeiden lassen, dass die Begriffe polarisieren (und keineswegs im schlechten Sinne). Schon Bewusstsein und Realität, die aus dem Reservoir (oder, sofern es solche noch gibt) der Amtsverpflichtung der Philosophie nicht zu entlassen sind, ergeben sich durch die notwendig gegenseitige Teilhabe in diesem, d.h. obigen Sinne. Charakteristisch aber bleibt auch für T.s Position der ›direkte Gegensatz‹ fraglich. Er kann nicht dem Widerspruch anzurechnen sein, dem er ansonsten fast naiv anhängt (als ob die Logik keine andere Negation kennt oder wenigstens kennen müsste): wenn es gilt, ein „vernünftiges Postulat" zu prüfen: „*Eine annehmbare Theorie kann keine falschen Aussagen enthalten (implizieren)*", und die „die Antwort selbstverständlich negativ ist [!]",[51] dann ist selbiges von der Polarität her resp. ob es notwendig der Polarisierung folgt, nicht »aus dem Schneider« (zumindest nicht jenseits der Schwelle, die Erfüllbarkeit von Allgemeingültigkeit trennt oder, noch einen Grad weiter, Erfüllbarkeit nicht in die Reichweite der Dualität legt, derzufolge Äquivalenz, das Normalschema, Unerfüllbarkeit durchgehend eine mechanische Übersetzung der Schemata gestatten). Die historische Kenntnis, die praktisch sicher sein kann, dass jede empirische Theorie früher oder später verworfen wird, ist demnach nicht ohne metaphysischen Anker, und die Art seiner Gewissheit wurde bereits veranlagt. Umso mehr, als das empfohlene Gegenteil – „*sobald wir imstande sind zu zeigen, dass eine empirische Theorie falsche Aussagen enthält (oder impliziert), kann sie nicht länger als annehmbar betrachtet werden*"[52] – offenbar nicht dem komplementären Versatz folgt: liegt Wahrheit, der Möglichkeit nach, in der Graduierung, dann befindet sie sich in

50 Alfred Tarski. „Die semantische Konzeption der Wahrheit und die Grundlagen der Semantik" (1944). U.a. in: Skirbekk 1977, 171.

51 Tarski 1977, 177.

52 Tarski 1977, 178.

einem Feld. Und jenes weist nur noch, resp. insbesondere, auf einen gegenteiligen Fokus hin (mindestens einen), dem es qua Orientierung zu folgen gilt. Ist dieser aber das Verhältnis ›wahr‹ versus ›falsch‹, dann begründet die Polarität, *a minimo*, ihre Basis, und selbige besitzt die logische Gewissheit resp. ist deren erster Statthalter – nicht fixe Stelle, und nur Stelle, sondern eben der distinkte, gesuchte Brennpunkt (dem sein Gegenteil elementar und nicht eliminierbar anhaftet. Mit anderen Worten, es ist klar, dass hier keine minutiöse Wahrheitswertanalyse das Feld erschließt, sondern zunächst alle an und für sich beweglichen ± Schleifen bekannt sein müssen, welche die Orientierung konstituieren, und wie sie am jeweiligen Ort resp. Knoten der Entscheidung anzusetzen sind). Auf dass nicht etwa ›metaphysisch‹ in ›falsch‹, und ›empirisch‹ in ›wahr‹ fällt, wie sich der philosophische Gemeinverstand mit Vorliebe seit der Wende (und Verabschiedung der Metaphysik) vernehmen (und geradezu ruminieren) lässt, sondern das Begriffsfeld, die Methode und ihre Vergewisserung verzweigt sich nurmehr in einer anderen Basis (die, wohlgemerkt, von jener der nachklassischen Naturwissenschaften nicht so immens entfernt: auch T. entwickelt immerhin Zweifel, dass das (wie stets vollmundige) „logische Gesetz" nicht zutreffen könnte, „dass eine Theorie, die es gestattet, zwei kontradiktorische Aussagen aus ihr abzuleiten, uns ermöglicht, jede Aussage aus ihr abzuleiten" – die „Trivialität dieser Theorie" haftet offenbar nicht am errungenen Gipfel, sondern seiner fälschlichen Verabsolutierung).

**

Hiermit sind aber erst die Anfänge erreicht. Das Gruppenbewusstsein, wenn es anderwärts, wie behauptet, einen echten Mittelbegriff darstellen soll, also nicht nur das direkte Gegenteil zum Einzel- oder Individualbewusstsein, muss auch imstande sein, jenes Bewusstsein zu erschließen, dass sich aus der indefiniten Aufreihung aller Individualbewusstseine, es seien an dieser Stelle die Subjekte, ergibt und etwa eine Nation (und nicht der Staat) heißt. (*Anmerkung*: Es seien in dieser VL der Plural des Bewusstseins erlaubt, wie im Englischen und Französischen, da dies der Rede hilft. Schon an der merkwürdigen Tatsache, dass das Wort Bewusstsein im Deutschen nur den Singular kennt, obgleich es sich faktisch gewiss nicht auf Situationen einschränken lässt, in der jeweils nur ein Subjekt, und ein nächstes, und wiederum ein nächstes, anstatt sofort eine Vielheit von Subjekten zusammen Bewusstsein besitzen, und zwar derart, dass weder dieses Bewusstsein nur abstrakte oder abstrahierte Vorstellung ist, noch jeder einzelne sich dessen auch bewusst sein müsste, lässt sich zumindest eine Prädetermination der Philosophie und Konvention ablesen, die jedoch nicht als falsch verstandene Natur oder gar Absolutheit missverstanden sei). Das Nationalbewusstsein besitzt ausdrücklich eine Originalität oder Ursprünglichkeit, bei der diese Reihenbildung der konstanten Teilnahme oder des konstanten Aufgehens unmittelbar inkludiert ist, dabei aber an keiner Stelle das Bewusstsein einen intersubjektiven Akt zu vollziehen hätte, um, etwa, im Vergleich mit einem bestimmten Subjekt an irgend Ort und Zeitpunkt zu dem Schluss zu gelangen, sie bildeten die Zelle einer Nation. Vielmehr impliziert das Bewusstsein aufgrund seiner Anlage eben diese spezifische Reihenbildung oder eigentlich *Integration*, in der es sich sofort in einem pluralischen oder mehrheitlichen Bewusstsein aufgehoben weiß, ohne jemals des spezifischen Akts der Reflexion oder gar des Nachweises bedürftig zu sein, woran dies liegt oder wie es zu dieser Einschätzung seiner selbst kommt. Staatsbürgerliches Bewusstsein und die Zugehörigkeit sind wiederum hiermit weder identisch – falls ein Testat einzutreten hätte –, noch lassen sie sich unmittelbar ableiten. (Es sei allerdings vermerkt, dass neuzeitliche – und freilich ebenso historische, bis in die Antike zurückreichende – Phänomene an diesen Knoten der Integration rühren, da, Nationalbewusstsein im beschriebenen Sinne vorausgesetzt, der Migrant im Kollektiv- oder instantanen Bewusstsein der nationalen Vielheit eine direkte Fremdinstanz oder, gesetzt man legt eine etablierte (wirkungskräfte, im buchstäblichen Sinne) nationale Matrix der Schichten und Personen (Bürger) zugrunde, Außerwertigkeit darstellt (es ergibt sich kein Knoten) – von der keineswegs, trotz politischer Akklamation oder versuchsweiser Bürgschaft, feststeht, sie wird nach einer, zwei oder drei Generationen auf der anderen Seite stehen. Es sei, womöglich an anderer Stelle erneut, und sodann im Geiste, weiterhin vermerkt, der hiesigen Position und Grundlegung zufolge ist Bewusstsein nach wie vor Basis der Philosophie, da alle Probleme und Theoreme durch seine Instanz hindurchmüssen: Realität, Wahrheit, Logik, das Apriori, die Faltung der Moralität (mit ihren Gegenteilen). Daher ist der materalistische Standpunkt abzuweisen, der sich bemüht sah, Bewusstsein vom Sein – den gesellschaftlichen Verhältnissen – abhängig zu machen, obgleich doch eigentlich seine Statur und gesellschaftliche Kommunikation, bis zum Zwang der determinativen Verleugnung von ursprünglichem Kontakt und Teilhabe, weitgehend und nachhaltig die gesellschaftliche Realität bestimmen. Selbiges wurde soeben in Verbindung mit dem direkten Gegenteil angesprochen – die Positionen kommen nicht distinkt in der Form zustande, als könne die eine Seite zur Gänze von der anderen getrennt werden; was wiederum nicht geradewegs und nur auf eine Eloge der Verschleifung hinausläuft, selbige das erste Anzeigen der Basis, in der das Menschliche oder ›der Mensch‹, Animal und Stofflichkeit, verankert sind).

2. Historische Anknüpfungspunkte

2.1 Leibniz

Hier bietet sich Gelegenheit – in der Einführung – zwei *historische* Anknüpfungspunkte aufzusuchen, welche dem Begriff Gruppenbewusstsein als Hintergrund – oder Versicherung, dass es sich keinesfalls um ein modernes, nachneuzeitliches Phänomen handelt – dienen mögen: einmal der historische Begriff der Menge, abgehoben vom modernen Mengenbegriff (hier freilich unter dem Gesichtspunkt der politischen Menge oder des Mengenbegriffs in den Sozialwissenschaften), zum anderen der historischen Begriff der Öffentlichkeit oder Nation im soeben erwähnten Sinne. Beide sollen im Folgenden geklärt werden, ersterer insbesondere, wenn auch in aller Kürze, von der Antike her (Cicero und Plato), letztere ebenso exemplarisch von Leibniz her. Dieser Text ist ein Stück weit illustrativ, eine Prognose oder Vorhersage, und daher darf sich die Vorlesung, bis auf die anschließenden Fragen, ein wenig entspannen:

> Ich verzweifle nicht daran, schreibt Leibniz in den *Nouveaux Essais sur l'entendement humain* (IV.ch.3, § 19, PhS 3.2, 302–305), [I] dass zu irgendeiner ruhigeren Zeit oder in irgendeinem ruhigeren Land sich die Menschen mehr an die Vernunft halten als es bisher geschehen ist. Denn in der Tat darf man an nichts verzweifeln. Und ich glaube, dass dem Menschengeschlecht große Veränderungen zum Guten und zum Schlechten hin vorbehalten sind, eher aber zum Guten als zum Schlechten. [In diesem ersten Teil des Zitats sind, abgesehen vom schreibenden ›ich‹, also Leibniz, zwei unmittelbare Subjekte festzuhalten: einmal ›die Menschen‹ – die Menschen, die sich mehr an die Vernunft halten; und, im unmittelbaren oder direkten Kontrast zum ‚ich glaube', ›das Menschengeschlecht‹, dem große Veränderungen vorbehalten sind]. Nehmen wir an, dass [II] man eines Tages einen großen Fürsten sähe, der wie die alten Könige Assyriens und Ägyptens oder wie ein neuer Salomo lange Zeit in Frieden regiert, und dass dieser Fürst, der die Tugend und die Wahrheit liebt und mit einem großen starken Geist begabt ist, sich in den Kopf setzt, die Menschen glücklicher und untereinander verträglicher und über die Natur mächtiger zu machen – welche Wunder wird er nicht in wenigen Jahren vollbringen? Denn es ist sicher, dass man in diesem Fall in zehn Jahren mehr vollbringen würde, als man in hundert oder vielleicht tausend vollbrachte, solange man die Dinge ihren

gewöhnlichen Lauf gehen ließ. [Erneut sind die Subjekte zu zählen: nunmehr wechselt die Form ›einer-viele‹ in den ›einen‹, der als Fürst in Erscheinung tritt, wider, wie zuvor ›die Menschen‹; dieser charakteristische Gegensatz wiederum verwandelt sich in das diffusierende, also beide Seiten aufnehmende ›man‹, im Fr. ebenso wörtlich ‚on'; dieses ‚man' ist nicht einfach neutral zu nehmen, wozu gleich mehr]. Aber auch ohne das: [III] wenn der Weg eines guten Tages offen stünde, [!] so würden ihn viele Menschen betreten, wie in der Geometrie, wäre es auch nur zu ihrem Vergnügen oder um Ruhm zu erwerben. Eine besser geleitete Öffentlichkeit wird sich eines Tages mehr, als sie es bisher tat, dem Fortschritt der Medizin zuwenden [hier gilt es wieder kurz einzuhalten und zu zählen, nunmehr viele Menschen, viele Menschen wie in der Geometrie, welche der besseren Vernunft gefolgt sind, und man möchte L. direkt unterstellen, er folgt hier dem Axiom ›einer-viele›, da ihm freilich mehr als klar war, dass es stets wahr oder unmöglich falsch werden kann, und in diesem Sinne wechselt er an dieser Stelle vom zuvor einen auf die vielen; außerdem tritt zum ersten Mal der Begriff ›Öffentlichkeit‹ auf, also ›le public› im Fr., und das direkte Pendant der großen Menge]; man wird in allen Ländern Naturgeschichten herausgeben wie heute Almanache oder galante Merkure; man wird keine gute Beobachtung vorübergehen lassen, ohne sie festzuhalten; man wird jene unterstützen, die sich diesen Beobachtungen widmen; man wird die Kunst, solche Beobachtungen zu machen, und auch die Kunst ihrer Anwendung bei der Formulierung von Aphorismen vervollkommnen. [IV] Es wird eine Zeit geben, in der die Zahl der guten Mediziner größer und die Zahl der Menschen in bestimmten Berufen, deren man dann weniger bedarf, proportional verringert sein wird, so dass die Öffentlichkeit in der Lage sein wird, die Erforschung der Natur und vor allem den Fortschritt der Medizin zu fördern; dann wird diese bedeutende Wissenschaft sehr bald weit über ihren gegenwärtigen Stand gehoben und zusehends wachsen. [Hier tritt ein, was zu erwarten, die zuvor indefinit angesetzten Mengen – unter den vielen – werden definite Gruppen, zumindest ansatzweise als ‚gute Mediziner' versus ‚Zahl der Menschen, die bestimmten Berufen sinken oder geringer werden': es liegt auf der Hand, dass unter den ›einen $\cong$ vielen‹ die Waage einkehrt und nicht nur das Extrem, oder den ganzen Gegensatz, sondern einen Teil davon kategorisiert bzw. zum Urteilssubjekt erklärt; außerdem bleibt die Relation erhalten, denn diese Waage misst sich an oder vor der Öffentlichkeit, dies sei der Name bzw. die Bezeichnung für die Gesamtmenge der vielen]. [V] Ich glaube in der Tat, dass dieser Teil der Staatsverwaltung, nach der Förderung der Tugend, Gegenstand größter Bemühungen aller Regierenden sein sollte, und dass es eine der größten Früchte einer guten Moral oder Politik sein wird, uns eine bessere Medizin zu bringen, wenn die Menschen anfangen werden, klüger zu sein, als sie es jetzt sind, und wenn die Großen begriffen haben werden, ihre Reichtümer und ihre Macht zu ihrem eigenen Glück besser anzuwenden.[Um die Zählung der Subjekte abzuschließen, stets unter dem einleitenden Hauptgesichtspunkt, dem Begriff Gruppenbewusstsein nicht nur das direkte Gegenteil zum Individualbewusstsein zuzuordnen, sondern selbst Mittelbegriff für bestimmte Mittel- oder eigentlich Mengenbegriffe zu sein, denen ein instantanes, ausdrücklich nicht reflektiertes Bewusstsein über sein Vorhandensein und die Handlungsweise einer Mehrzahl von Subjekten zukommt, es treten nunmehr auf: erneut das (i) ‚ich glaube', als ein Repräsentant des dezidierten Einzel- oder Individualbewusstseins, gewissermaßen die Schaltstelle der Neuzeit bis in die Moderne, weiterhin aber (ii) die Staatsverwaltung, die nunmehr nicht mehr den Fürsten anführt, sondern offenbar eine größere Anzahl von gemeinsam agierenden Personen im Regierungs- oder wenigstens Exekutivamt im Sinne des Beamten, (iii) die Regierenden, die offensichtlich zur letzten Gruppe zu zählen sind, nun aber gesondert und manifest angesprochen werden, also logisch eine Untergruppe, jedoch hierarchisch, real, selbstredend übergeordnet, schließlich wieder (iv) ‚die Menschen' in der Bedeutung einer indefiniten Menge, jedenfalls einer Menge, die wie zuvor die Öffentlichkeit nun diesen beiden zuvor aufgezählten Gruppen instantan gegenübersteht, sowie zuletzt (v) die Großen', dies sei eine Synonym für (iii) die Regierenden, also jene Menschen, als Untergruppe unter der zuletzt erwähnten indefiniten Menge, welchen das Regierungs- oder definitive Exekutivamt zukommt].

Um zunächst zusammenzufassen, wenn die beiden Axiome ›einer – viele und ›Identität – Verschiedenheit oder Vielheit‹ die Obergrenze einnehmen, ergeben sich die folgenden Relationen, stets im Sinne eines spezifischen Gegensatzes (dessen Art für den Augenblick offenbleibe, es sei aber sofort inkludiert, der polare Gegensatz muss hinzugehören):

Einer		Viele	(Satz)
Ich		die Menschen	(I)
Ich		das Menschengeschlecht	
Fürst		die Menschen	(II)
	Man (Man)		
	Viele Menschen	Öffentlichkeit	(III)
Einige Menschen einige Menschen		Öffentlichkeit	(IV)
Einige Menschen (Staatsverwaltung)		die Menschen	(V)
Einige Menschen (Regierenden)			
Die ‚Großen' (Regierenden)		Öffentlichkeit	

In dieser tabellarischen Übersicht werden die Stellungen der Subjekte anschaulich, die Leibniz für seine Prognose einsetzt. Es bleibe zunächst dahingestellt, ob diese Prognose eingetreten ist, die jedenfalls ausdrücklich keine Utopie darstellt, da sie ja nur voraussetzt, es ließen sich erhebliche Fortschritt für die Menschheit oder die Menschen – auf dem Hintergrund der dies beurteilenden Öffentlichkeit – erzielen, wenn jene, eben die Menschen, die Vorteile ihrer Vernunft (i.e. ihre kollektive Intelligenz) besser nutzen, gebunden etwa an eine Spezialwissenschaft, hier die exemplarische Medizin. Da es dieser seit Leibniz Zeiten gelungen ist, (i) eine Vielzahl von Krankheiten zu heilen oder zu bannen (Pest, Malaria, Diphterie, um nur einige zu nennen, die sich am Kollektiv oder seuchenhaft behaupten), (ii) bestimmte Operationen an allen inneren Organen einschließlich des Gehirns durchzuführen bis hin zur modernen Apparatemedizin, die es etwa erlaubt, einem beinlosen Athleten das Unterbein mit einer Prothese zu ersetzen, die diesem ermöglicht, wie ein Normalathlet olympische – absolut vereinzelnde – Leistung im Schnelllauf, Weit- oder Hochsprung zu erzielen, schließlich (iii) eine Myriade von zum Teil hochkomplizierten, eng verschachtelten chemischen Prozessen im normalen Gesunden zu erschließen und nach seiner Funktionsweise zu bestimmen, sei abschließend Leibniz zugestanden, seine Prognose hat sich erfüllt. Dies sei aber von vornherein nicht dahingehend missverstanden, als seien die Menschen heute – in Gran oder Umfang – vernünftiger als zu seinen Zeiten.

2.2 Hypothese zu Neuzeit und Moderne

Wenn beides zutrifft beziehungsweise letztere Behauptung sich nicht mit Sicherheit annehmen lässt, dann ist die Prognose dahingehend zu bewerten, das offensichtlich sich über die Jahrhunderte das Gruppenbewusstsein verändert hat: die eigentlichen Fortschritte liegen in den Margen, in denen der Hauptgegensatz zwischen dem ›einen‹ und den ›vielen‹ in die Teilung oder *Scherung* übergegangen ist und ermöglicht hat, in der Gruppe ein Bewusstsein auszubilden, dass fortan die Schwelle des Wissens und Könnens bestimmte und dafür gesorgt hat, den Generalkonsens bzw. die Affiliation, von der einen Seite, oder das allgemeine Wissen, von der anderen, *anzuheben*.

So darf mit dieser Prognose auch die zweigliedrige Hypothese formuliert werden:

- ❖ die Neuzeit ist jener Prozess, in dem (I) die industriell, verwaltungstechnisch und infrastrukturell entwickelte Menschheit gelernt hat, die bloße Aggregation, das einfache Zusammensein, durch eine mehr oder weniger perfide Gruppenbildung samt inliegender Potenz (und konsequenter Verschachtelung) zu überwinden. Hierbei ist (II) der Profit nicht nur der (aus den Gesellschafts- und politischen Wissenschaften wohlbekannte Prozess) der funktionalen Arbeitsteilung und Feldbildung (Formation der gesellschaftlichen Felder, Durkheim versus Bourdieu, Marx nicht ausgeschlossen), sondern natürlich auch der Prozess eines wachsenden perfiden (bis zu perfidisierten) Gruppenbewusstseins. Insoweit die moderne Welt die Antipoden Kapital und Arbeit kontrapunktiert und immer weiter steigert – die Bildung und spezifische Kenntnis greift ebenso in diese ein, wie sich ein Ring von Finanzprodukten (Anlagen) um jenes legt –, hat das hier thematisierte Verhältnis von Individual- und Gruppenbewusstsein notwendig daran teil.

Der moderne Mensch besitzt demnach ein Gruppenbewusstsein, mit dem er sich – als großflächig *urbanisiert* – von seinen Vorfahren wesentlich unterscheidet und das ihm Vorteile verschafft, die er sich bedingt zugute halten darf. Man geht wiederum nicht fehl in der zweiten zweigliedrigen Hypothese, dass

- ❖ die Moderne eigentlich der Prozess ist, in dem sich (I) die gesellschaftliche Teilhabe des Einzelnen, seine Einbindung in die Gesellschaft, unter allen Aspekten als eine Intelligenz bewiesen hat, in der dem einzelnen auferlegt wurde, diese Intelligenz zu begreifen und sich ihr unterzuordnen, sie jedenfalls einzuverleiben. (Letzteres bedingt, in der Differenz, Abstands- und Neutralisierungskräfte). Diese Intelligenz meint (II) bestimmte Auszählverfahren, die nicht etwa nur zu Zeiten der Kehre der Legislaturen, also jener Zeiten, bei denen die Machthaber in den entwickelten Gesellschaften gewählt werden (und bei denen der einzelne seine Wahlstimme abzugeben hat), sondern eigentlich einen *beständigen Zensus*, auf dessen Grundlage dem einzelnen auferlegt ist, im gesellschaftlichen Verkehr konstant die Merkmale der Zugehörigkeit zu erkennen, sie sich einzuverleiben und dadurch tatsächlich oder optional der Gruppe anzugehören, die seine Zielstellung bedeutet. (*Anmerkung*: Es liegt auf der Hand, dass dieser Zensus sich deshalb keineswegs nur als ein beständiger für den oder die Machthaber gleich Regierenden oder Amtsinhaber behauptet, als vielmehr ein Zensus für die Gruppe der Zugehörigkeit, der Schicht und Arbeits- versus Kapitalwelt.[53] Der Zensus ist gewissermaßen unmittelbar sozialbildend, und daher halten auch die sogenannten »einfachen Leute« oder der »gemeine Mann« eine Menge auf seine Wirkung oder Kraft, da sie sich dadurch absichern und untereinander eine bestimmte Solidarität üben. Man darf, im Verhältnis zur vorhergehenden Klammer, infolgedessen nach der mehrfachen Schleifenfunktion forschen, ihrem exakten Ausdruck, welche die aggregative, assimilative versus dissoziierende Energie bzw. Kraft aufbringt).

Mit anderen Worten, was in obiger Tabelle nur einigermaßen grob konturiert in Erscheinung tritt – Scherungen zwischen bestimmten Menschen versus anderen Menschen: einige versus einige, in jedem Fall aber unter dem Hauptschnitt zwischen dem einen einzelnen, der auch ein Ich, und den vielen, die letztlich entweder die Menschen, die Menschheit oder die Öffentlichkeit darstellen –, nimmt nicht nur zu, sondern wird auch zunehmend immer diffiziler, subtiler und schwieriger zu durchdringen, und daher löst sich diese Tabelle immer mehr in einen dezidierten Gruppenprozess auf, in dem *der einzelne sein Bewusstsein als wirklich nur der einzelne zunehmend verliert* oder preisgibt. Dessen ungeachtet, selbst wenn er selbiges vollzieht, bleibt ihm die Differenz immer noch fühlbar, i.e. seine Intelligenz in der Energiebasis benimmt ihn nicht der spezifischen Wahrnehmunsgfähigkeit, und es besteht guter Grund, Negativität in die Basis zu legen bzw. seine Vernunft (ihre Restbestände im klassischen Sinne) davon abhängig zu machen.

Der historische Mensch, also etwa ein Zeitgenosse von Leibniz, Johann Christian Bach[54] um 1760 oder wiederum Kant um 1790, existierte diesen beiden Hypothesen

53 Dies bemerkt bereits Horkheimer direkt (2008, 147): „Indem es [das Individuum] das Echo seiner Umgebung ist, sie wiederholt, nachahmt, indem es sich all den mächtigen Gruppen anpasst, zu denen es letztlich gehört, indem es sich von einem menschlichen Wesen in ein Glied von Organisationen verwandelt, indem es seine Möglichkeiten zugusten der Bereitwilligkeit, solchen Organisationen zu genügen und in ihnen Einfluss zu erlangen, aufopfert, gelingt es ihm zu überleben". Das Thema der Individualität, die einem historischen Abstieg unterliegt, wird noch nicht am inwendigen Aufstieg des Gruppen*bewusstseins* gemessen – es müsste qua wirksamer Energie der im Kontext häufiger benutzte *Antagonismus* (der, trotz etlicher Gedankengänge, den Terminus Dialektik vermeidet) in die realen Polaritätsverhältnisse eingetragen werden.

54 Dies ist jener Bachsohn, der in London am Hof wirkend die symphonisierte Militärmusik pflegte, Adels- und keineswegs bürgerliche Musik, in der sich die *auf*gestellte

zufolge tatsächlich in einem höheren Ausmaß als Individuum oder Subjekt, wenn umgekehrt die zunehmende Aggregation der Menschheit, das Wachsen der Städte (Urbanität und/oder Urbanisierung) und der Industrialisierung (i.e. die Gewerbefläche), damit verknüpft der Kern der Vergesellschaftung dem modernen und Menschen der Jetztzeit die Notwendigkeit, die Verpflichtung und den Zwang auferlegt, den Vergesellschaftungsprozess zu verinnerlichen, mithin Anteile seines natürlichen oder inständigen Selbst preiszugeben, und insbesondere die Intelligenz oder Rationalität zu lernen und gleichermaßen emergent wie kausal zu reproduzieren, i.e. ohne Ende, welche ihm merkmals- und verhaltensgeleitet auferlegt, sich durch diese Merkmale anzupassen und überhaupt am gesellschaftlichen Gruppenverkehr teilzunehmen. Die gesellschaftliche Membran, diese sei die stete Schnittstelle zwischen dem einzelnen und dem gesellschaftlichen als Gruppenprozess, ist demnach nicht nur poröser *und* subtiler geworden, sondern sie hat vor allem eine spezifische Intelligenz in der Bindung, ihrem Bindungs- versus Abstoßungs- oder Trennungsgrad, entfaltet, welche sich dem Einzelnen mehr oder weniger als absoluter – as-/similationspflichtiger – Zwang darstellt (der Bruchstrich bezeichnet eine echte Differenz, da die Simulation, wie an anderer Stelle ausgeführt, eine grundständige Übung des Bewusstseins und seines Verkehrs darstellt, sie meint die unmittelbare, direkte Rezeptivität des anderen Bewusstseins, ggf. in Gegenseitigkeit oder Reziprozität, mitsamt seinen aktualen und ggf. darüber hinausreichenden Inhalten); dies gilt auch für die Gesellschaften, welche sich infolge des historischen Prozesses der Umwandlung der überkommenen feudalen Gesellschaften insb. dem Freiheitsgebot zugeordnet haben. Auch und gerade die modernen, sogenannten demokratischen Industriegesellschaften sind von diesem Zwang der Anbindung des einzelnen durch ein spezifisches Gruppenbewusstsein charakterisiert, ja man möchte sagen, sie behaupten ihre globale Führungs- oder Vorrangstellung und Funktion gerade auf der Basis dieses spezifischen Zwangs, der Bindungsfaszikel, welche Gesellschaft bedingt, um das Freistellungs- oder Individualisierungsmoment, das sich mit weitem Überhang in den Medien zu exhibitionieren sucht, als ob es allein einzige Geltung besäße, zu beherrschen und in den steten Sozialisierungsprozess, der Verteilung der Klassen- und oder Schichtenmerkmale, einzubinden resp. unterzuschlagen.

Aggregation im Ton der Heiterkeit übt – wie man sie bald, 30–50 Jahre später, tatsächlich erlebte (gesetzt, man lässt seit den Mannheimern, der Mannheimer Rochade, eine dezidierte »Pferdemusik« zu, dann hier die dezidierte, freilich sublimierte »Schlägermusik«, denn eine Kolonne Kanoniere ist gerne, ja notwendig beteiligt; woran nicht hindert, dass sie bei den Abel-Konzerten, also im bürgerlichen Rahmen, aufgeführt wurden – wie auch sollte man, unpässlich wie jener, seine Ohren teilen).

Dürfte man nun außerdem sagen, mit dieser Erkenntnis hält die Philosophie mit den Errungenschaften der Medizin Schritt? Womöglich, wenn man auch gewissermaßen die Prothesen dieser Merkmale in jeder Situation kennt und namhaft machen kann, mittels derer es dem einzelnen gelingt, einer bestimmten Gruppe anzugehören und deren Bewusstsein zu reproduzieren, eventuell sogar in einem Ausmaß zu reproduzieren – der Zwang eingeschlossen –, in dem dieser Einzelne in der Gruppe dem Athleten, ggf. Einsiedler gleicht. Die Vorlesung wird gelegentlich in diesem Zusammenhang auf das Teambewusstsein zu sprechen kommen, dass sich in der heutigen konzerngliedrigen Unternehmenswelt, in bestimmten Wissenschaften, und nicht zuletzt auch im Politisch-Ministeriellen verbreitet hat.[55]

Einige zusätzliche Anmerkungen

1. Der Ausdruck ‚man'

Wenn ›einer – viele‹ mit Identität und Verschiedenheit korreliert, wie ist dann das ‚man' – in der Tabelle und generell – zu werten? Ist man mit sich identisch? Freilich nicht, sondern die mit sich identische Verschiedenheit oder Vielheit ermöglich die logisch einwandfreie Schleife. Sie ist diejenige ›liaison‹, genauer Relation ›liaison-separation‹, die in der konsummativen Auflistung bei Leibniz (noch) fehlt (NE II.4.ch.3, §8–18),[56] freilich die bestimmte Negation zwischen und über der dialektischen und dem Widerspruch, mithin Koinzidenz des Gegensatzes, wie sie nur unter polarer Voraussetzung gegeben und jeden Test auf ›p¬p‹ im Ansatz vereitelt. (Die dialektische sei nachfolgend weitgehend ausgeklammert, da sie die ausschließende Vereinnahmung verlangt, den Begriffen demnach unterstellt, sie seien *a priori* beweglich und nicht der Definition zugänglich, jegliches Wahrheitsverhältnis demnach nicht „statisch", was, etwa und insbesondere, aus der Vorlesung Adornos hervorgeht.[57] Außerdem ergibt sich das notorische Problem, den Widerspruch in der Dialektik zu bewerten, in der er, statt Antagonismus, Diremption etc. einen anderen Gegensatz verkörpert, freilich auf der Grundlinie und keineswegs marginal). ›Einer ≅ viele‹ können derart miteinander korrelieren,

---

55 Der Aufsatz von Bertrand Saint-Sermin. „La raison collective aujourd'hui: illusion ou réalité". In : Revue de Métaphysique et de Morale, 7–9 2016, Nr.3, 315–332 befasst sich vor allem mit der Inspiration und ihrer Quelle im modernen Wissenschaftlerteam, immerhin ist damit ein Anfang gewährt, sich von der strikten Begrenzung auf das Individuum zu sondern.

56 Leibniz, Nouveaux Essais, PS 3.2. 1996, 292–294.

57 Gemeint ist die Einführung in die Dialektik aus dem Jahr 1958, Frankfurt/Main 2015, beginnend mit den ersten Vorlesungen (3 und 4).

dass sie nicht auseinanderfallen (unbedingt disjunktiv sind, noch der nicht ruminierenden, vielmehr deutlichen Abzählung unterliegen), sondern in der Vorstellung des Subjekts echt zusammengehen: die Folge ist die Bezeichnung ›man‹, in der sich der Gegensatz scheinbar auflöst oder indifferent wird. Nun wird der erste Einwand vielleicht lauten, dieses ›man‹ müsse bereits pluralisch sein, darum ist der einzelne ausgeschlossen, dies ist aber nicht der Fall. Wenn *man nicht den Rasen betreten soll*, wenn *man nicht in der U-Bahn raucht*, oder *wenn man keine öffentlichen Beschimpfungen gegen einen Regierenden auf der Straße oder in Medien äußert* (in manchen Ländern direkte Verfassungspflicht, die andernfalls geahndet wird), dann ist ausdrücklich der einzelne durchgehend inkludiert bzw. die Reihe beginnt mit dem einzelnen und nicht mit dem Paar als erstes Glied der Menge. Freilich ergibt sich hier ein neuralgischer Punkt – soll man nur den einzelnen gegen die Menge disjungieren, oder auch das Paar, und erst mit der wenigstens Dreizahl die Menge beginnen lassen, i.e. ab ihr wirkt sich der Fusionsfaktor aus, der die Menge in eine eigentümliche Einheit bindet, welche sie von der Einzelperson abgrenzt. Gewiss unterliegt ja das Paar versus dem direkten Trennnungsfaktor, den die Menge ab der Dreizahl kompensieren kann, i.e. sie fällt nicht auseinander, sollte sich ein Mitglied partiell nach außen binden. Ein kurzer Paragraph aus den PU Wittgensteins möge erläutern:

Wittgenstein. PU, 28:[58]„Man kann nun einen Personennamen, ein Farbwort, einen Stoffnamen, ein Zahlwort, den Namen einer Himmelsrichtung, etc. hinweisend definieren. Die Definition der Zahl zwei »Das heißt ›zwei‹« – wobei man auf zwei Nüsse zeigt – ist vollkommen exakt. – Aber wie kann man denn die Zwei so definieren? Der, dem man die Definition gibt, weiß ja dann nicht, was man mit »zwei« benennen will; er wird annehmen, dass du *diese* Gruppe von Nüssen »zwei« nennst! – Er kann dies annehmen; vielleicht nimmt er es aber nicht an. Er könnte ja auch, umgekehrt, wenn ich dieser Gruppe von Nüssen einen Namen beilegen will, ihn als Zahlnamen missverstehen. Und ebensogut, wenn ich einen Personennamen hinweisend erkläre, diesen als Farbnamen, als Bezeichnung der Rasse, ja als Namen einer Himmelsrichtung auffassen. Das heißt, die hinweisende Definition kann in *jedem* Fall so und anders gedeutet werden.

Was Wittgenstein hier erläutert, ist in der jüngeren analytischen Philosophie wohlbekannt als Ambiguität der deiktischen Definition oder der Ostension als Methode der Definition diskutiert worden (p.e. Quine. „Was es gibt“). Worauf es ankommt,

58 Ludwig Wittgenstein. Philosophische Untersuchungen, Frankfurt/Main [7]2015, 29.

die bloße Ostension ergibt freilich keine Sicherheit oder erste Determiniertheit des Gemeinten, gesetzt, der Bedeutung des Terms, um dessen Definition es geht. Es ist Gewöhnung oder andere Verständigung erforderlich, um alle Nebenbedeutungen, alle sachlichen Missverständnisse auszuklammern, die den Rezipienten daran hindern, mit dem Kern der Ostension oder des Hinweisens auch tatsächlich nur den Gegenstand oder das Merkmal zu treffen, das intendiert ist. Nun ergibt sich hieraus: (i) die Ostension ist eigentlich fokal gebunden oder bedingt einen inhärenten Brennpunkt, der mit der intendierten Bedeutung koinzidiert; (ii) das Problem der Ostension ist die Disjunktion der Relationen ›einer ≅ viele‹ oder ›Identität ≅ Vielheit/Verschiedenheit‹, die mit der Ostension gerade nicht schon *a priori* geklärt sind, sondern vielmehr erst wachgerufen oder evoziert werden; also aber bedingt die Ostension notwendig, mit dem Brennpunkt auch zwangsläufig, bestimmte Fusion, und in dieser Fusion oder Bindungskraft sind all jene Merkmale zu unterscheiden und abzugrenzen, *zu disjungieren*, die gerade nicht das Vermeinte treffen; (iii) ist hier die ›zwei‹ als Zahlwort und Bedeutung betroffen. Die Ostension kann (a) meinen, die beiden Elemente abzuzählen, um die Zahl zu treffen (dies entspricht Leibniz Definition [p.e. NE II.4, 2 §1, 1996, 250–51] und kommt der Anzahl im Sinne Freges nahe); (b) meinen, es sei die Gruppe sofort als Einheit aufzufassen und mit diesem Term zu bezeichnen; (c) die weiteren fehlgeleiteten Bedeutungsintentionen, demzufolge etwa diese spezifischen Nüsse, wer dies nicht weiß, mit »zwei« zu bezeichnen sind. Nur (a) und (b) seien hier von Interesse. Freilich lässt sich die Reihenbildung der Menge stets auflösen oder für sich substantiieren, in letzterem Fall ist das Paar bereits eigenständige Einheit, die nicht in die Abzählung übergeht oder sich nicht darin erfüllt. Andernfalls ist die Menge, hier das erste Paar, unbedingt Anzahl, und die Auffassung muss durchzählen und gelangt nur durch diese Operation auf die Bedeutung des Terms ›zwei‹ (Wie vermerkt, Freges Hauptschluss und Auffassung zur Bedeutung der Zahl). Es liegt auf der Hand, dass, (i) und (ii), zwischen diesen beiden Auffassungen an und für sich die Funktion ›plus oder minus Fusion‹ zu bewerten ist: wenn die Einheit als Menge begriffen wird, äußert sich notwendig darin ein bestimmter konstanter Fusionsfaktor (der, zugestanden, in der Literatur nahezu durchgehend unterschlagen wird). Wenn sie aber – entgegengesetzt – strikt nur als Anzahl, damit Abzählung begriffen wird, ist dieser Bindungsfaktor neutralisiert oder exkludiert (logisch ausgeschlossen, was nur per Definition erfolgen kann, die nahezu uneingeschränkte Vorgehensweise moderner Logik einschließlich der Typenlehre).[59] Nun gehört diese Fusion aber zum Mengenbegriff

59 Zur Orientierung: Franz von Kutschera. *Die Teile der Philosophie und das Ganze der Wirklichkeit.* Berlin-NY 1998, Kap. 4, „Logik". Wegen des Fusionsfaktors wird in dieser

wie – … es bleibe der Phantasie überlassen, sich eine empirische und nicht axiomatische Beziehung (übrigens hier nicht vorherbestimmt) vorzustellen, bei der das eine Glied nicht ohne das andere denkbar ist, etwa wie das ›Schrot‹ zum ›Korn‹, das ›Laub‹ zum ›Baum‹, ggf. die ›Sahne‹ zur ›Butter‹, die ›Kerze‹ zum ›Licht‹, das ›Organ‹ zum ›Körper‹, die ›Schneide‹ zur ›Schere‹. Gemeint: die natürliche Mengenvorstellung wird stets den Faktor Fusion oder spezifische Verschmelzung herbeiziehen und daraus eine Menge bilden – was wiederum die wohlbekannten Probleme der modernen Mengentheorie respektive des sog. intuitiven Mengenbegriffs herausbeschworen hat. Sobald der Fusionsfaktor – als intellektuelle Leistung oder als Faktor *in der Funktion* – bekannt ist, sollten diese Probleme beseitigt und behandlungsfähig sein (dieses Thema wird noch einige Male wiederkehren, unter anderem wenn w.u. die Negation in Verbindung mit den Antonymen zu klären ist). Wittgenstein jedenfalls muss in der ersten Äußerung, die Ostension auf ›die zwei Nüsse‹ sei vollkommen exakt, auch involvieren, diese Exaktheit beruhe auf einer verschmelzenden (distinkt fusionierenden) Auffassung dieser Gruppe. (Es darf womöglich an dieser Stelle der andere Hinweis nicht fehlen, dass das Problem der Ostension, und damit erkenntnistheoretischen Basis der Definition und zahlreicher weiterer Fragen, mit der Konvertibilität des Bewusstseins verknüpft ist.[60] Ihr zufolge bedingt die Ostension – paradigmatisch – eine Bestimmung des Verstandesvermögens und aller Bewusstseinskräfte (Vermögen) aus und durch die Sinnlichkeit, in diesem Fall der Empfindung als Wahrnehmungsquelle an erster Stelle. Mit ihr wäre geklärt, wie definites Dingbewusstsein zustande kommt und zu rechtfertigen ist, i.e. welche Determination in der Basis wirksam ist, gleichwohl ist die Frage der Menge versus abgezählter (und nicht nur abzählbarer) Einzahl damit nicht auch bereits geschlossen: die Konvertibilität schließt keineswegs aus, dass nicht auch die klassifikatorische Gruppe durch die Sinnlichkeit in der Basisfunktion determiniert wird, i.e. Inklusion und Koordination beginnen sich gemeinsam auf verschiedener logischer Ebene zu entfalten; oder nicht nur subsumiert die Anschauung – im Sinne Kants, gleichwohl mit seiner Inversion – das Verstandesvermögen, sondern die logische Operation entfaltet sich (i) unter den Vermögen, (b) innnerhalb deren Leistungen, so dass Einzelnes und Gruppe instantan, wie gefordert, der Implikation unterliegen).[61]

Schrift durchgehend nicht vom intuitiven Mengenbegriff gesprochen. Er ist konstitutiv und kein Ausdruck bloßer Verworrenheit oder Ungenauigkeit.

60 Was einstweilen vornehmlich nur durch den Hinweis auf Schriften des Vf. zu erläutern ist.

61 Das gelegentlich herangezogene Exemplum, die echte Klassifikation der Menge (Anzahl oder Gruppe) aus und in der Anschauung: Vf., *Metaphysik und die Ordination des*

Der Ausdruck ›man‹, um die Anmerkung abzuschließen, ist deshalb nicht nur von demselben Fusionsfaktor betroffen, sondern er ist geradezu Evidenz, dass sich in ihm die Fusion, die regelrechte Verschmelzung in Verbindung mit der Mengenbildung, niederschlägt: eben weil die Disjunktion ›einer ≅ viele‹, die an und für sich axiomatische Geltung besitzt, sich in ihm zu scheinbarer Indifferenz verschleift: es kann der einzelne, das Paar, die einigen, die vielen, schließlich alle gemeint sein. Wie sollte dies – ohne Widerspruch, welche das Merkmal der Absurdität hervorrufen würde – möglich sein, wenn nicht das Bewusstsein die natürliche Fähigkeit mitbringt, die – in diesem Sinne – logische Schleife, wie soeben aufgezählt, zu erbringen? Sie, wohlgemerkt, trennt *und* bindet zugleich ihren Basisgegensatz. Das ‚man' ist demnach durchaus imstande, die Relation Individual- versus Gruppenbewusstsein zu vertreten, und man möchte ihm diesmal die definite Funktion zuweisen, die Relation von rechts, also ausdrücklich nicht von Seiten des Individual-, sondern des Gruppenbewusstseins zu erschließen (gesetzt, man lässt die Orientierung ein und behandelt das Begriffspaar, seinen Gegensatz, analog zu den nichtkongruenten Gegenstücken).

2. Gruppenmerkmale/-faszikel (Bourdieu)

Die soeben erwähnte Intelligenz, welche dem einzelnen abverlangt, die präzisen Gruppenmerkmale oder *-faszikel* zu kennen, welche ihm den Verkehr in der Gesellschaft ermöglichen, besitzen durchaus eine Resonanz in der Theorie Bourdieus, allerdings nimmt dieser, im Gegensatz zu Durkheim, selten den direkten Bezug auf das Bewusstsein als den eigentlichen Leistungsfaktor oder das Leistungsmedium, den Leistungsträger der vermeinten sozialen Beziehung. Er spricht im Fall der Intelligenz von der Strategie, und diese ist folgendermaßen (in der Sekundärliteratur) definiert: „Mit Strategie meint B. nicht einen rational kalkulierten, planvollen Handlungsentwurf, sondern eine (implizite) Vernünftigkeit der Handlungspläne, wie sie sich selbstverständlich aus dem Habitus des Individuums bzw. der Gruppe und aus der jeweiligen Position in der sozialen Struktur ergibt".[62] Diese implizite Vernünftigkeit ist die Kehrseite der oben eingeführten Fähigkeit des modernen Gesellschaftsmitglieds, in der wachsenden, oft spannungsreichen Aggregation die merkmalspezifische Anbindung zu finden, die über ein definites Merkmalsbündel

---

Bewusstseins, Berlin-NY 2014, Kap. V, insb. 5., 338–350, dort finden sich zahlreiche weitere Literaturangaben in Auseinandersetzung mit der Rezeption Kants, außerdem der modernen Wahrnehmungspsychologie und Geometrieinterpretation.

62 Werner Fuchs-Heinritz & Alexandra König. *Pierre Bourdieu. Eine Einführung*, Konstanz [3]2014, 137.

verläuft, i.e. der einzelne muss über ein spezifisches ±-*geleitetes Merkmalsverhalten* die Anbindung seines Bewusstseins vollziehen. B. nennt dies zum einen den Habitus – die bestimmte Einstellung inkl. Bildungsgrad, Zugehörigkeit zum sozialen Feld, beruflicher sozialer Ansprüche –, zum anderen die halb unbewusste Strategie, diesen Habitus in das gesellschaftliche Spannungs*feld* einzubringen. Ausdrücklich meint diese Fähigkeit kein planvolles Verhalten im Sinne der distinkten, ergo überlegten Strategie. Diese ist vielmehr, so muss man ihn interpretieren, in bestimmten Sinne intuitiv, in einer gesuchten Gewohnheit verankert und, als Orientierung, mit persönlichem Geschick und Einfallsreichtum verknüpft („Die wirksamsten Strategien sind … diejenigen, die als Produkte von Dispositionen, die von den immanenten Erfordernissen des Feldes geformt wurden, sich diesen spontan, *ohne ausdrückliche Absicht oder Berechnung*, anzupassen tendieren").[63] Die zugrundeliegende Quelle, die *Meditationen. Zur Kritik der scholastischen Vernunft*, Frankfurt/Main 1997/2001, kommen nicht direkt darauf zu sprechen, dass dieses Einwachsen des Habitus überall mit einem definiten, und nicht etwa indefiniten oder gar freien/arbiträren Plus-/Minusverhalten der Merkmale verknüpft ist. Es ist freilich wahr, dass die Disposition das Vehikel darstellt, mit dem die soziale Einbindung erfolgt, aber es dürfte nicht zutreffen, dies geschehe nicht mit ggf. höchster Berechnung!, als ob eben nicht die Merkmale der Reaktion oder Setzung ein stetes Plus oder Minus beinhalten und hierdurch die Schnittstelle bedienen und offenbaren. Insoweit also der Habitus das Vehikel ist, den Verkehr zu garantieren – in hiesigem Zusammenhang, Gruppenbewusstsein zu realisieren und zum Ausdruck zu bringen, eine zunächst völlig natürliche Angelegenheit, da das Bewusstsein niemals, gleichgültig ob etwa in der Mensa, im Vorlesungssaal, im Prüfzimmer oder auf dem Gang völlig abgeschlossen für sich existiert –, indem also der Habitus ein Art von erlerntem und verinnerlichtem Erfolg dieses sozialen Vollzugs darstellt, muss und kann die Analyse einen Schritt weitergehen, indem sie sich der Plusminuswertigkeit der Merkmale des Verhaltens zuwendet, sie mögen halb stumm oder stillschweigend geschehen, welche die Aufnahme oder bestimmte Rezeption der Gruppe garantieren, in der sich das Bewusstsein befindet respektive die es erlebt. So ist diese stete Anforderung, nicht nur den Habitus zu artikulieren, sondern eine bestimmte verinnerlichte *Merkmalsfazikel* von der Gruppe, vom Gegenüber, der einer Gruppe angehört und diese vertritt, zugleich nicht »bloße Natur«, sondern Kennzeichen sui generis des Gesellschaftlichen, damit der Konvention oder bestimmten Künstlichkeit, die sich über diesen mehr oder weniger Zwang ihr Fortbestehen und ihre Substanz verleiht. *Das Bewusstsein liest sich somit stets nach Lage und Situation*, es

63 Fuchs-Heinritz & König 2014, 137.

existiert nicht hinter einer Scheide für sich, und mit dieser Voraussetzung beginnt die eigentliche Analyse von Herd und Faszikel, i.e. es streut sich über ± Segmente, Adern und Felder, eine Ausdrucksweise, welche der Realität naherücken möge; einige sind evtl. nur halb oder sogar unbewusst, überdies unterliegen sie der ständigen Diffusion, welche sich aus der Energiespannung erklärt.

*

2.3 Menge als Meinungsmenge, Polarisation versus Neutralisierung

In der Einführung zum Thema Individual- versus Gruppenbewusstsein darf, wie bereits angekündigt, ein Gesichtspunkt nicht fehlen, jener der sogenannten Menge als Meinung der Menge, oder gelegentlich Meinung des »großen Haufens«, wiederum »Meinung der Mode«. Die jüngere Philosophie hat hier sehr viel Akribie auf sich nehmen müssen und, gelegentlich, den Stellwert preisgegeben oder verloren. Es ist klar, dass der Belang ein Motiv der politischen Bewegung der Neuzeit darstellt, denn über die Meinung der Menge hat sich die bislang nachhaltigste Umwälzung der Gesellschaft vollzogen, i.e. die Umwandlung der aristokratisch-feudalen in die sogenannte demokratische oder republikanische Gesellschaft, wie sie nahezu allen westlichen, inzwischen auch asiatischen Gesellschaften als Modell unterliegt. Wie stets, ist es bei genauerem, insbesondere wissenschaftlichem Hinsehen nicht leicht anzugeben, was exakt die Meinung einer Menge bedeutet, wie sie zustande kommt, welche Wege der Äußerung sie besitzt und wiederum, und nicht zuletzt, worin exakt das Gewicht dieser Meinung der Menge besteht (nicht dasselbe wie in) und warum es oft, und unter welchen Umständen, eine so große Durchsetzungskraft besitzt. Freilich macht das Majoritätsprinzip oder die Abstimmung, damit das Suchen nach dem überwiegenden Anteil unter einem sog. Quorum das politische Prinzip ersten Ranges in der Legislative aus. Quantität ist aber unter keinen Umständen gleich Qualität – sie mag unter den hiesigen methodischen Umständen umschlagen –, noch ist die Quantität an sich selbst ein unverfängliches Unternehmen: einmal begegnen arithmetische Gleichheiten, das andere Mal, ganz am anderen Ende, die Elemente einer prozessuralen Verschmelzung, i.e. sie fusionieren in ein resultierendes Übermaß. (Hier gelte es wiederum intensionale Grade zu kennen). Die Meinung der Menge, die zunächst diffus oder ungenau aufgefasst sein mag, kristallisiert sich im Quorum – zumindest intentional – als der exakte mathematische Faktor, mit der eine bestimmte Menge unter solchen, die zur Stimmabgabe berufen sind, sich gegenüber denjenigen durchsetzt, die einen bestimmten zur Abstimmung vorgelegten Belang negativ votieren oder sich enthalten. So gesehen, polarisiert die Menge nicht mehr, da von vorherein festgelegt ist, dass ein bestimmter arithmetischer Prozentsatz mit der positiven

Entscheidung – beispielsweise der Gesetzesannahme, dem Vertrauensvotum für oder gegen eine Regierungsperson – verknüpft ist. (Das abschließende Beispiel unter Kap. IV zum Historischen Subjekt wird sich dem Gegenteil zuwenden, i.e. die Polarisierung in der Meinungsbildung, verbunden mit dem politischen Willen, darstellen). Sobald aber dieser Prozentsatz nicht festliegt, beziehungsweise nur das Postulat der Übermittigkeit in der Schwebe ist oder in der Luft liegt, neigt die Menge seit der Antike zur Polarisation: dies meint, die Ansicht, die sich noch nicht in der Mehrheit weiß, aber dort wissen will, agiert durch Gesten, Versammlung, Demonstration oder Veröffentlichungsakte, um dieser Tatsache – der Ansicht *und* der Mehrheit – Geltung zu verschaffen; während umgekehrt freilich auch die Gegenansicht oder die Ablehner, sie mögen in der Minderheit sein, sich ebenso verhalten müssen und überdies nach sekundären Mitteln suchen, die Mehrheit in Frage zu stellen. Die Basis dieses Gegensatzes ist das Urverhältnis zwischen Gleichheit und Ungleichheit, das im Kern nicht arithmetisch-mathematisch (wie das Gleichheitszeichen), sondern polar ist (und keinen Widerspruch oder dessen Ausschluss bedingt; entsprechend liest sich, p.e., Marx versus Piketty, etwa in den Abschnitten *Gesamtprozess der Warenzirkulation* versus den Abschnitten im Zentrum über die *Illusion der Grenzproduktivität* und *Wachsende Divergenz der Supermanager* nicht wie Fortsetzung, Steigerung oder, gesetzt, die erreichte Lotstellung, in der Maß und Versusmaß korrespondieren, wenigstens resonieren. Marx denkt analytisch in diesem Kontext stringent polar (und nicht dialektisch), Piketty aus homogenen Vergleichsmaßstäben, in den die Ungleichheit einen abgeleiteten Fokus bedient, der, wenn auch begrifflich nicht in dieser Form angesprochen, sachlich akut wird: die Pegelspitzen, generell 1910, versus 2010, hier insb. USA, neigen zur Fulguration der Krise). ›Gleich-ungleich‹ ist eines der zentralsten Antonyme, die dem Denken auferlegt sind, denn ihre phylogenetische, keineswegs empirische Wurzel darf (ob dieser zugleich bestehenden Doppelung) nicht verkannt werden, wie etwa das Verhältnis ›gut-böse‹ oder ›Recht-Unrecht‹…-›wahr-falsch‹. (In der Basis, im Vergleich zur Dimension, findet man keine reine Null, sondern erst dann, wenn die Polarität neutralisiert wird. Selbige Null in der Mitte als Gleichstand oder insb. ›Aufhebung‹ interpretiert, führt in die Dialektik).

Unter beiden Gesichtspunkten, der freien oder gebundenen Meinungsbildung, im letzten Fall gebunden an Satzung und Verfahren, präzedent in den Parlamenten und Gremien, hat das Gruppenbewusstsein, wie sofort einleuchten dürfte, eine nachhaltige Verankerung. In beiden Fällen muss sich das Gruppenbewusstsein kommunizieren, und keineswegs ist davon auszugehen, es würde stets erst und/oder nur beim einzelnen entstehen und beginnen, als nicht vielmehr ein Impuls sich sofort unter mehreren äußert und eben die Menge dieser Bewusstseine – Personen, die diesen Impuls erleben und teilen oder unmittelbar darüber reflektieren – erzeugt. Ob nun ein Verfahren der Meinungsäußerung und -artikulation vorgeschrieben ist oder nicht, in beiden Fällen heiße diese Seite Gruppenbewusstsein. Dies bedeutet zunächst:

- Das Individualbewusstsein geht damit partiell oder in einem bestimmten Sinne systematisch im Gruppenbewusstsein auf, um ihm gegenüber zugleich das Gegenzentrum zu bleiben.

In dieser Art von Mengenbewusstsein erlebt sich somit das Einzelbewusstsein als polar bzw. es erfährt eine bestimmte Tendenz, sich in der Gruppe aufzulösen, da ihm eben auch die Kraft (als vornehmlich Quantität) oder Energie (als vornehmlich Qualität oder wenigstens Intensität) des Gegenpols, die Ansicht der Menge, zukommt, in der es sich aufgehoben empfindet; respektive der ihm mehr oder weniger die Illusion zukommen lässt, seine Meinung habe an Gewicht zugenommen oder sei tiefgründiger, besser begründet, reichhaltiger oder eben einfach gewichtiger. So besteht hier gleichfalls Anlass, nicht erst den *homo politicus*, sondern das aristotelische *zoon politikos* wiederzuerkennen, dies sei das Tier, das in der Herde lebt oder/und insb. aufgeht – und einen bestimmten, durchaus definiten Prozentsatz seiner Selbigkeit preisgibt, um diese Erfahrung erleben oder in der Gruppe aufgehen zu können. (Formen der Besessenheit oder die Unterfalte des Totalitarismus seien hier nur erwähnt).

Es sei zur Klarstellung angeschlossen, das Merkmal und definitive Kennzeichen dieser Situation ist die Reihenbildung. Sobald die eigentliche Menge und damit das Antonym der Gleichheit versus Ungleichheit die Relation Individual- versus Gruppenbewusstsein regiert, herrscht eine Achse dazwischen und die Reihen bilden sich je als Knoten oder Kern inklusive Faszikel. Es mag zudem die Gesetzmäßigkeit auftreten, sie verschleifen sich über die Strecke, i.e. die Fusion dringt ein in die Konstitution des Elements über den angestrebten Pol oder Fokus. Man zählt also nicht eins, eins und eins gleich zwei, zwei und eins gleich drei – dies ist die überlieferte (noch von den kritischen Erwägungen des 19. Jahrhunderts unangetastete) Definition der Zahl gemäß Leibniz (und freilich intuitiv) (NE.IV.) –, sondern an und für sich erheblich komplizierter: nämlich Individuum versus Individuum, und dieses ›versus‹, die Relation, nimmt sowohl einen positiven, den Bindungsfaktor, und einen negativen, den Trennungsfaktor, auf. Mit dem positiven Faktor wächst, je nach Intensität und nach Menge, sobald weitere Individuen hinzutreten, der Gegenpol in der Gruppe; während der negative Anteil im ›versus‹ – als Trennungsfaktor – die stete Rückbeziehung auf das Individualbewusstsein garantiert, dass sich zugleich seiner bewusst ist – man möge an der spezifischen Erfahrung prüfen –, nicht jedoch, und zwar gerade nicht, für sich oder (unbedingt) einzeln weiß (die Tautologie sei erläuterungshalber gestattet). Im Gruppenbewusstsein gibt es somit streng besehen kein reines Individual- oder Ichbewusstsein. Mithin verkörpern die beiden Seiten der Relation, welche sich im ›versus‹ (›≅‹) niederschlägt, eigentlich Knoten, und das Element ist nicht einfach mit sich identisch und immer dasselbe, sondern der einzelne Knoten changiert und verändert sich in seiner Bedeutung über den Zuwachs und die Veränderung im Gegenknoten, dem der zugehörigen, unmittelbar verkoppelten oder die Achse bildenden Menge. (Dies war, prinzipiell, in der obigen Behauptung unter [5] vorausgesetzt, es seien die Formeln (1) ›$I \Leftrightarrow \neg V$. $V \Leftrightarrow \neg I$‹ oder (2) ›$I \cong V$‹ nicht dasselbe)

Anmerkungen

1. Sprachliche Vergegenwärtigung der Gruppe

Sprachlich gesehen liegt also nicht vor: etwa ich plus ich plus ich etc. (und die Summe als Ordinalzahl); noch ich plus du plus du etc., noch ich plus ihr plus ihr etc; noch ich plus wir plus ihr oder sie etc. Dies seien nur Behelfsannäherungen, die den Kern der Gruppenbildungen nicht treffen, obgleich selbige Situationen enthalten mögen, die damit zusammenstimmen. Die Absonderung des Bewusstseins von seiner angeblich einzigen oder unbedingten sprachlichen Fundierung ist hiermit akut (historisch aus gutem Grund weit redundant) und probat. Anderwärts: es gibt eine völlig distinkte, an und für sich unstrittige Mengenbildung, die auf Verschleifung – Fusion – ihrer Elemente beruht, somit im antiklassischen Sinne, prinzipiell dem direkten Gegenteil der – in der formalen Logik vorherrschenden – Menge mit distinkten, und nur distinkten, quasi atomaren Elementen zuzuordnen; und zurückzuführen auf die (dito anti-russellsche, die Möglichkeit muss gleichwohl versus Frege bedacht sein) Tatsache, dass die logische – und nicht etwa chemische oder natürliche – Relation von der Fusion – in Verbindung mit der Fokussierung und Polarität – beherrscht wird. (Hiervon ist des Öfteren, insb. abschließend Kap. VI. *Zum Kalkül* die Rede).

2. Die Gedanken sind *[nicht]* frei *(deutsches Volkslied um Hambach, Mitte 19. Jahrhundert)*

Man mag sich fragen, wo liegt der praktische Gewinn, wiederum im hiesigen Zusammenhang. Gesetzt nun, ein Leitartikler würde behaupten, die Gesellschaft des angehenden 21. Jahrhunderts befindet sich in einer Trägheitsschleife, und die Ressourcen der neuen Technologien würden nur dazu genutzt, die eingeschliffenen Gesellschaftsunterschiede zu verschärfen oder zu beschweren, so wüsste man zunächst nicht, wo ansetzen – woran insbesondere ist die Trägheit zu messen, etwa rückgehend bis in die Wurzeln der bürgerlichen Revolution im 18., das Symbol der Tuilerien? Beginnt man nun, stattdessen, die wichtigste

Motion (gesetzt der Leitartikler hat dies offen gelassen) im Fall der sog. *Kalten Mauer* anzusetzen, der russischen Öffnung in die westlichen Nachkriegsdemokratien und der Wiedervereinigung der kriegsbedingten Teilung Deutschlands, außerdem der Tatsache, dass der historische Wandel weltweit mit einem sozialisierenden Moment verknüpft wurde, wiederum dem weiteren Faktum, dass mehrere asiatische Staaten als Schwellenländer ihr industrialisiertes und verdienstleistetes Gewicht in die Weltwirtschaft einbringen, diese zu überbalancieren beginnen und, nicht zuletzt, die eine Hälfte Deutschlands den tatsächlichen, historischen Versuch einer sozialistischen Gesellschaft unternommen hat (wiederum unablösbar von dem ebenso direkt gegenseitig faschistischen der anderen *plus* überwiegend selbigen Hälfte), dann gewinnt das Panorama bzw. der echte Hintergrund Kontur, in dem die Begriffe sich niederlassen können. (Politische und gesellschaftliche) Bewegung sei, wie in der Physis (und maßgeblichen wissenschaftlichen Entwicklung der Neuzeit) ein ‚Ding', reine Wirklichkeit und für sich bestehend (um nicht an der dialektischen Verkehrung teilzunehmen). Sodann möge allerdings die Einheitsmessung zum wiederum sozialisierenden Moment übergehen, da hier die Mitte oder der Strang sichtbar wird. Der Leitartikler hätte behauptet, dass sein permanenter Zensus oder das eigentlich sozialisierende Moment abgesunken und an scheinbarer Realität verloren hat, darum aber die sozialen Verhältnisse, die zwei Dezennien Zeit hatten, sich daran zu gewöhnen, selbiges durchaus nicht zu negieren oder gar bewusst und transparent in den etablierten (oder einen anderen) politischen Kontrollprozess zu überführen vermochten. Es meint eine faziale, in der Begegnung sich aktualisierende Abfrage der Teilhabe des Bewusstseins, dabei stets unter hierarchischem Vorzeichen, i.e. der Abgefragte gibt zu erkennen, sich lenken zu lassen oder ggf. nachzuordnen, und die Abfrage erübrigt ansonsten eine Basisparteiung oder Zuordnung nach rechts oder links: dies meint, symptomatisch oder überaus charakteristisch, nicht volksnah (gar unterschichtgemäß) versus oberschicht- und leitungsorientiert direkt mengenmäßig (als ob direkte Zahlgrößen dahinterstünden), sondern ‚nur' polar oder fokal; so dass die Abfragemechanismen auf *jeder* sozialen Ebene nach links oder rechts gehen können und die Energie den (scheinbar) natürlichen Zwang offenbart, ihre soziale Strömung preiszugeben. (Wäre er nicht scheinbar, ließe sich nichts einfordern und die basale Unkontrollierbarkeit gewönne ihr Ansich). Dies sei, stattdessen und zusammengenommen, der Einschweißfaktor, die Assimilation, mit geradezu fazialer Simulation verkoppelte unablässige Sozialisierung (in der erwähnten Situation, also ohne ideologische Weitervoraussetzungen im Sinne des Sozialismus oder Kommunismus, gewinnt er eine offenbar verdeckte, streng sublimierte und vergegenständlichte, und damit fixierte Erbschaft; denn er entfaltet sich in einer sogenannten Demokratie, von der auch andere Nationen des atlantischen Westens mehr oder weniger unnachgiebig betroffen sind). Die Folge ist ein bedingter politsch-gesellschaftlicher Schwamm oder Verschwämmung (durch alle Ebenen), aber es ist nach wie vor davon auszugehen, die Orientierung im insb. Nah- und Fernbereich geht nicht verloren, weil eine bestimmte Bedingung des (i) Bewusstseins, (ii) der ‚Natur des Menschen' entgegenkommt. Hiermit sei, abgesehen von den nicht wenigen Erläuterungen im Fortlauf, welche der (in diesem Sinne nachklassischen) energetischen Bedingung des Bewusstsein nachgehen, abschließend gemeint: die Kommunikation und Kommunikationsfähigkeit bzw. Ablesbarkeit des gegenseitígen, nicht notwendig konträren Bewusstseins genießt eine erheblich niedrigere Schwelle als ihre offiziellen, positivistischen und freilich auch Hauptschulen der Philosophie vertreten (darum die Erinnerung an das obige Volkslied und seine bedingte Falschheit; bzw. es hat sein bürgerliches Bewegungsmoment, den Impuls, über etwa 6 Generationen eingebüßt – die Gedanken sind frei-unfrei, wenn nicht direkt nicht frei, und weder geradewegs frei oder unfrei, i.e. noch einmal nicht frei, letzeres aber in einem viel höheren Ausmaß als ihnen die Schulen zugestehen, damit vielfach belegt, simulierend verknotet, i.d.S. be- und zwangshaft überschattet, vernetzt, quasi »koitierend« (freilich auch schichten-, milieu- und gewohnheitsbedingt), aufzulösen in die thematische Beziehung, das Verhältnis von Individual- und Gruppenbewusstsein, das nicht in eines seiner Enden endgültig umschlägt). Zudem genießt auch das vererbte, unbedingt genetisch angelegte und damit geforderte soziale Rollenspiel und offizielle (Staats-)Theater eine viel zu geringe geistige Würdigung – es ist der Zwang, den es eigentlich an erster Stelle bis auf den Keim, Ursprung und Segmentierbarkeit zu durchleuchten gilt, um der darin wirksamen Natur habhaft zu werden –, und die Verstellung, oder Verleugnung, da sie die Funktion ›binden-trennen‹ wie einfache Natur überall zu beherrschen scheint – als ob dies ein Naturgesetz, das soziale Naturgesetz schlechthin –, bedient die Vermengung oder Mengenlehre (die Abzählrationalität), da sie den Fokal in den Setzkeim verlegt und entsprechend ihre Elemente, Zugehörigkeit, wiederum Botmäßigkeit (Subjektivität im anderen Sinne) bis zur Erfolgsträchtigkeit, Kumpanei oder Partnerschaftlichkeit, ausliest.

3. Systematische Vertiefung an Historie und Gegenwart

3.1 Leibniz – Meinung und Parteiung

Nach dieser Vorleitung möge erneut die Historie und ihr Kommentar einkehren. Die ersten Beispiele stammen von Leibniz, danach soll Cicero die antike Ansicht der Menge vertreten. Diese ist, vorab, geradezu topologisch – im Sinne der Topik –, welche bei Aristoteles die Geschichte der Dialektik einläutet und, da es darauf ankommt, Meinungen nicht im geradehin, sondern reflexiv, und zwar *in stante*, anzugehen, den Fundus darstellt, die Quelle von Meinungen darzulegen (wiederum gesetzt, es kommt – unter der eigentlichen Bezugnahme auf die Parteiung – darauf an, im Feld der Sophisten von vornherein Ordnung zu schaffen).[64] So unterscheidet A. gleich zu Beginn mehrfach die Meinung aller gegenüber den meisten, wiederum der Weisen gegenüber den berühmtesten oder angesehensten unter diesen,[65] und beginnt, im hiesigen Sinne eine Quelle des Bewusstseins – für das er freilich noch keinen Begriff besaß – zu differenzieren, das sich notwendig einem pluralischen oder singulären Kern zuordnet, überdies, auch wenn er dies nicht mehr reflektiert, eine Bedingung zum Ausdruck gibt, die der Reduktion negativ gegenübersteht. In diesem Sinne heißt es bei Leibniz:

> (1) In der Tat ist die Wahrheit von Natur aus dem Geiste angenehm, und es gibt nichts so Mißgestaltetes und mit dem Verstande so Unverträgliches wie die Lüge. Indessen darf man nicht hoffen, dass man sich diesen Entdeckungen viel widmen wird, während das Begehren und die Wertschätzung des Reichtums oder der Macht die Menschen dazu bringt, sich die von der *Mode autorisierten Meinungen* zu eigen zu machen und hinterher Gründe zu suchen, entweder um sie als richtig durchgehen zu lassen oder um sie zu beschönigen und ihre Unförmigkeit zu verdecken. Wenn die *verschiedenen Parteien* ihre Meinungen all denen aufnötigen, die sie in ihrer Gewalt haben können, ohne zu untersuchen, ob diese Meinungen wahr oder falsch sind, welches neue Licht kann man dann in den Wissenschaften erhoffen, die zur Morallehre gehören? Der Teil des Menschengeschlechts, der sich unter dem Joch befindet, müßte vielmehr an den meisten Orten der Welt in einer Finsternis, ebenso dicht wie der ägyptischen, beharren, wenn das Licht des Herrn nicht selbst dem Menschengeist gegenwärtig wäre, das heilige Licht, das alle Macht nicht gänzlich auslöschen kann.
>
> (Ph. NE IV.ch.3.§ 20, PS 3.2, 303, Hervorhebung hier).

Die Passage verkörpert – ein wenig in Ton des Pamphlets – den Geist des Zeitalters, i.e. der Aufklärung. Licht- und Finsternismetapher gruppieren sich um das Zentrum des Arguments, dass die Wahrheit dem Geist angenehm und letztlich, alle Gegengründe und möglichen Einflüsse bedacht, seine Wurzel verkörpert,

64 Mit dieser Bemerkung kommentiert Adorno die antike Wurzel der Dialektik (Einführung, wie andernorts, 2015, 1. Vorlesung).

65 Aristoteles. Topik. In: Philosophische Schriften 2, Darmstadt 1995.

während die Lüge – und man darf ergänzen, die Verstellung, die Verleugnung, abgesehen von kritischen w/-f-Stellungen wie Anfechtung und Abweisung – ihm unerträglich sind. Dennoch, und dieses »Geläut« währt bis in die Moderne, setzt sich diese Eigenschaft, diese Basis oder dieser Grundcharakter nicht durch: Macht und Reichtum, andere Herdformen, bilden Parteiungen und ziehen die Meinungen auf ihre Seite, hier wörtlich „die von der Mode autorisierten Meinung". Mithin schließt Leibniz bereits den inzwischen nur zu bekannten Meinungsmechanismus ein, dass im Wettstreit und Konkurs der Meinungen der Betrieb der Meinungsvertretung der Parteilichkeit den »Deckel der Beschönigung« verschafft oder grundsätzlich das Argumentieren dazu missbraucht, an sich unrichtigen Meinungen durch das Beschaffen von vorgeblichen Gründen den Anschein der Richtigkeit zu gewähren. Überhaupt den Hang, welcher der Parteilichkeit zuzurechnen ist, zu annullieren und sie in eine vermeintliche Mitten- oder vermittelte Position zu versetzen, in der ihre Verträglichkeit und ihr Gewicht zunehmen. Dieses Kalkül und seine Voraussetzungen brauchen an dieser Stelle nicht in extenso erörtert zu werden. Vielmehr gilt es, das Gruppenbewusstsein in den Augenschein zu nehmen, von dem Leibniz noch nicht redet, dass er aber stillschweigend voraussetzt (und voraussetzen muss). Es dürfte auf Anhieb einleuchten, dass eine Mode, wenn sie eine Meinung und eine Parteilichkeit darstellt, kraft ihrer Anziehung und deren Unterhaltung auf selbiges, ein Gruppenbewusstsein, zurückgreifen muss. Dieses ist aber nicht so misszuverstehen, als wisse es sich selbst konkret als eben solches. Bewusstsein haben und sich als Bewusstsein wissen sind zwei verschiedene Dinge, die zwar leicht zusammen gehen, aber nicht stets zusammenfallen. Sogar ist von der Mode, damit sie ihre Anziehung und damit Triebkraft beweist, auch anzunehmen, sie weiß sich als eben solche, aber daraus resultiert dennoch nicht, jeder, der ihr beitritt oder sie unterstützt, vertritt nun ein entsprechendes abgegrenztes Gruppenbewusstsein. Zumindest in der Öffentlichkeit, im Meinungsstreit, ist dieses Bewusstsein der definiten kollektiven Abgrenzung nicht notwendig, wenn auch möglich: wiederum von der Möglichkeit her Beweis, dass das Bewusstsein nicht der stringenten Reduzibilität unterliegt und auf den angeblich vorrangigen, dominanten oder wiederum definiten Singulär- gleich Individualpol zurückfallen müsste. „Wenn [nun] die verschiedenen Parteien ihre Meinungen all denen aufnötigen, die sie in ihrer Gewalt haben können, ohne zu untersuchen, ob diese Meinungen wahr oder falsch sind", dann bleibt, zunächst in formaler Klarheit, festzuhalten, hier begegnen sich notwendig ein kollektives Gruppenbewusstsein und das konträre Individualbewusstsein, gesetzt insbesondere letzterem fällt die Aufgabe zu, die Parteilichkeit und den Hang, in dem sich die kollektive Mode befindet, wieder auf wahr und falsch zurückzuführen. Für den Begriff Gruppenbewusstsein bleibt festzuhalten, es fungiert hier im oben eingeführten Sinne als der bedingte Vermittlungsbegriff. Gruppenbewusstsein kann überaus distinkt sein (insb. in Verbindung mit der Monotonie), während es ansonsten in den Mittelbereich zur bloßen Menge oder sogar Masse übergeht, die beide diffundieren und denen die Qualität des Bewusstseins nur in dieser Form zuzusprechen ist. Es wäre aber irreführend, hier Gattungsbegriffe anzusetzen und etwa letztere Formen der Meinungsbildung und Vertretung einfach nach unten zu verlegen, um die Spitze der Pyramide, verbunden mit dem Kriterium des Wissens, noch dazu etwa einer sozialen Klausel des Ausschlusses dem Gruppenbewusstsein vorzubehalten. Die Begriffe benötigen eine interne Graduierung oder Skalierung, die sich aus dem Faktum der Polarisation, nicht der Subordination herleitet (infolgedessen war auch stets von Extremen und nicht etwa einer äußeren Species oder ähnlich die Rede).

Anmerkung (mit Blick auf die Gegenwart). ‚Eine weitere wichtige Interessengruppe, die von der Freigabe regierungsamtlicher Daten betroffen ist, sind die Medien. Die Medien als die ‚vierte Staatsgewalt' erzeugen öffentliche Bewusstheit und informieren die Öffentlichkeit darüber, was geschieht'.

Der zitierte Satz entstammt einem Dokument in Zusammenhang mit der Erörterung und dem Plädoyer für die öffentliche Freigabe von Verwaltungdaten seitens der Behörden /Regierungen/Staatsämter. Insgesamt innerhalb der Überlegung, Verwaltung transparenter, im bedingten Sinne auch kontrollierbarer zu machen, und dem Staatsbürger oder ehemals ›Subjekt‹ die Möglichkeit zu eröffnen, in das *konkrete* Regierungshandeln Einblick zu nehmen. Freilich ist die Bestrebung in das Gesamtkonzept der Datenpolitik und Strategie einzuordnen, welche sich mit der zwangläufigen Theorie befasst, was mit den Myriaden an Daten oder Informationen, die beständig durch den Betrieb von Computern und Servern gesammelt werden, nutzbringend (systemintegrativ, -kommunikativ, evtl. intelligenzfördernd) anzufangen ist – über ihren sofortigen Amts- oder Behördenzweck hinaus und offensichtlich gleichgültig, ob man einer ›Dialektik der Aufklärung‹ anhängt (oder nicht) und es fortan gilt, eine Kulturindustrie zu vergegenwärtigen, welche imstande ist, den von Kant approbierten „geheimen Mechanismus in der Seele" zu affirmieren, darauf geeicht, „die unmittelbaren Daten [nunmehr] so zu präparieren, dass sie ins System der Reinen Vernunft hineinpassen"[66] (wobei exakt dieser Mechanismus inzwischen durch die Gestaltpsychologie und

66 Max Horkheimner & Theodor W. Adorno. *Dialektik der Aufklärung. Philosophische Fragmente.* Frankfurt/Main 1969, [22]2016, 132.

die nachweisbare Musterkennung der Gehirnforschung entschlüsselt oder dem evaluierbaren Faktum nahegerückt ist, Kants Ahnung somit offensichtlich richtig lag, die Vernunft mag demgegenüber empirische *und andere* Gründe beweisen und einbehalten: die Daten müssen ohnehin erst dienstbar und in ein Format gebracht werden, die notwendige Interpretation seitens der Nichtmaschine – dem lebendigen, bewusstseins- und geistbegabten Subjekt – liegt hier aber noch nicht in der Zwangshaftigkeit, sie nach bedingungsloser Simulation (wie oben) oder Assimilation der ausgezählten oder zwecks Stabilisierung der Totalität auszuzählenden Beziehungen auslegen zu müssen. Der Vernunft bleiben also durchaus Ressourcen der Sträubung und/oder wesentlichen Negation, ja der Erhebung von kollektiver Intelligenz). – Eine Interessengruppe sind die oben angesprochenen Medien, die erstrangigen Bedarf haben, an die echten Informationen – un- oder nahezu unbearbeitete Daten – heranzukommen, um sie zu interpretieren. So begegnen sich – in dieser erneuterten Bewegung, denn die Konfrontation der (kollektiv organisierten und sich kollektiv artikulierenden *und* reflektierenden) Personen, welche die Medien betreiben, mit der sogenannten Öffentlichkeit, bestimmt oder macht die Neuzeit und in diesem Sinne Moderne aus – Parteiungen in einer Schnittfläche und nicht etwa separaten Räumen. Der Begriff ›Öffentlichkeit‹ hat sich (angesichts des traditionell vorherrschenden Individualismus resp. der Verankerung des Bewusstseins im Einzelnen) noch nicht der Topologie bemächtigt, obgleich er es eigentlich müsste – wenn, wie hier vertreten – das Bewusstsein eine echte Dimension ausmacht bzw. die angestammte, *existenzielle* Krümmung bedient (im ausdrücklich nicht idealen Sinne, i.e. unter Ausschluss der Möglichkeit, ein Element auf absoluter Fläche disjunkt zu setzen, womit es tatsächlich *Punkt*bewusstsein, ohne jeden fokalen Anteil, würde[67] – es mag, da der volle Gegensatz einwirkt, ein wenig verzerrt klingen, diese Annahme oder Behauptung ist nach wie vor klassische Voraussetzung. ›Unter-‹ wie ›Überzeitigkeit‹ – statt bloßer Vor- und Nachzeitigkeit – müssen aber ebenso seine Bedingung bezeichnen, und selbige entfaltet sich im natürlichen (naturbedingten) Anschluss, der dem Bewusstsein keine definite Grenze, es sei denn durch Konzentration und damit verknüpfte Abstraktion zuerkennt. Noch ist die Innerlichkeit oder der Innen- versus Außenaspekt von selbiger Bedingung auszunehmen, so dass

67 Man mag, zur Prüfung, entweder die Texte zur Metaphysik von Leibniz nehmen, der den metaphysischen Punkt wörtlich als Gleichnis der Monade beanspruchte, oder aber sich vergegenwärtigen, welche Bedeutung der Punktbegriff in den *Anfangsgründen der Naturwissenschaft* von Kant besitzt, i.e. ob er jemals fokale Bedeutung annimmt und – aus dieser Bedingung – die Wechselseitigkeit der Newtonschen Schwer- versus Fliehkraft zu erklären sucht.

erneut nur subjektives Bewusstsein oder sog. *Anschauung* in Geltung zu bringen wäre, anstatt der Energiewurzel, Ursprung allen Bewusstseins, die Möglichkeit zu lassen, sich *zu jedem Zeitpunkt* über eine Vielzahl, ja Myriade von Quellen bzw. Quellpunkten zu äußern, die jeweils ein mit Wahrnehmung begabtes Subjekt verkörpern. Es mag einer natürlichen Beschränkung unterliegen, den gesamten Umfang dieser Tatsache in jedem Augenblick zu empfinden, i.e. sich zu vergegenwärtigen, dessen ungeachtet besitzt es zu jedem Zeitpunkt in ›$p_{0(0)}$‹ die Gewissheit der Teilhabe an einem gemeinschaftlichen – ursprünglichen bzw. nach wie vor quellartigen – Bewusstsein, das rechtens weder ihm selbst, es sei das betroffene der Erhebung, noch irgend anderem zuzuschreiben ist: da Polarität in der Basis, müssen die Begriffe verzweigen und auch ›innen‹ wie ›außen‹ bilden keine disjunkten Begriffe, denen das eine Ichbewusstsein die Geltung von »meine Psyche« oder »Innenleben« versus Realität – alles Seiende, die materiellen Dinge – zuweisen könnte). – Der Begriff ›Öffentlichkeit‹ würde unter dieser Voraussetzung zugleich die Möglichkeit schaffen, der Partei eine polare Realität und Artikulation zu belassen,[68] ohne sie zu zwingen, entweder (i) unbedingt neutral oder aber (ii) in selbiger Bedingung bereits parteilich im engeren oder eigentlichen Sinne zu sein, noch (iii) im schlechten Sinne zu polarisieren (denn freilich gibt es auch eine gutartige oder insb. zwanglaüfige Polarisierung). Sodann ist das Gruppenbewusstsein tragende (und nicht etwa bloß tragfähige) Instanz, es unterliegt a priori – in welchem Ausmaß tatsächlich, steht dahin – einer Purgierung des Mengen- bzw- Massensyndroms, in dem es qua Volumen oder Vermengung eine bestimmte Kräftigkeit oder Intension aufnimmt (wiederum nahezu notwendig im Bereich der politischen Simplifikation oder gewaltnahen Grobheit), und die Aufreihung der Instanzen ergibt manifeste und latente Mitglieder, unter keinen Umständen aber derart, sie seien effektiv für sich oder definit abgeschlossen (ontisch und nicht etwa nur intentional divergent, wie erläutert). Wenn also von der Begegnung Medien versus Öffentlichkeit die Rede, letztere aber bezeichnet an und für sich das umfangreichste Gruppenbewusstsein, das nicht nur die Nation, sondern gegebenenfalls eine Bevölkerung jenseits der nationalen Grenzen, letztendlich ›die Menschheit‹ einschließt, dann ist das Gruppenbewusstsein der Regierung(en) koinzident, unmittelbar anlangend, topologisch determinativ und nicht etwa nur passiv, rezeptiv oder im schlechten Sinne abgehoben, i.e. es lässt sich ein Hiatus (abgesehen von Fahrstühlen, Amtsfahrzeugen und Gebäuden) nur

68 In den analytischen Fundamenten des *Kapitals* interpretiert Marx ›Käufer‹ versus ›Verkäufer‹ – und die darauf abhebende Warenzirkulation – in diesem Sinne (der ohne jeden Kommentar zur historischen oder gegenwärtigen Angemessenheit bleibe; Abschnitt „2.Zirkulationsmittel; (a) die Metamorphosen der Waren").

konstruieren (um weder die Evolution noch das Menschliche zu vernachlässigen, und der die Membran, den Abstand vom einen zum anderen symbolisierende Anzug, die Kleidung, sei in dieser Reihe geschenkt, wenn auch nicht vernachlässigt: Regierungshandeln meint in der Jetztzeit die Einlage einer Differenz, welche zugleich nicht ist, umso mehr als es sich um gleiche Gymnasiasten, Studiosi und Bürger handelt, welche nicht zum Regierungshandeln berufen – die Scheide des Bewusstseins meint freilich eine andere spezifische Differenz). Damit wandelt sich der Begriff ›Öffentlichkeit‹ dahingehend, dass im Konkreten (um nur eine maßgebliche Ebene zu resümieren) nicht etwa nur oder insb. Daten begegnen, die es als seine Substanz angemessen zu interpretieren gilt, das subjektive oder individuelle Bewusstsein mag dagegen (noch immer) sein was es wolle, sondern die Grenzmarken verschiedenen realen und konstitutiven Bewusstseins, das sich aus einem jeweils verschiedenen kollektiven Zentrum bzw. Kern unterhält und über diesen als differentes und/oder konstantes Gruppenbewusstsein artikuliert.

3.2 Vertiefung der Konstellation

Die zuvor – bei Leibniz und prädestinativ – die Neuzeit charakterisierende Konstellation ist freilich keine Ausnahme, im Übrigen seit der Antike angelegt, wie noch zu zeigen. Stets, mindestens seit Plato, steht die Menge in Verruf, im Meinungsstreit der bedingungslos Dümmere zu sein, sich verführen zu lassen (bis hin zum Imbezilen (Drittes Reich und ihre Gaswächter)), die Ansicht der bloßen Triebhaftigkeit zu vertreten oder eben, modern gewendet, als Massenphänomen nur die Hanglage, den Ab- oder Auftrieb zu manifestieren, letzteren aber wiederum nicht aufgrund des wirklichen Besitzes des »Meinungsriffs«, der Spitze, welche mit Einsicht und/oder Weisheit, wenigstens mit der Wahrheit einherginge. Einen Brennpunkt vermag die Menge freilich mit Leichtigkeit zu vertreten, aber er liegt nicht notwendig dort: in einem Herd an jener Stelle, in der sich die anderen Brennpunkte fangen müssen und ggf. zurücktreten bzw. an Geltung einbüßen. Diese Situation kann in einer Polis durchaus unbequem sein, insbesondere derjenigen, in der dem Meinungsstreit eine breite Basis gegönnt wird, da trotz der eigentlichen Falschheit oder vor allem der Parteilichkeit die Masse ihr Gewicht einbringt, gegen das sich der einzelne, gesetzt er will oder muss die Wahrheit vertreten, nur schwer behaupten, geschweige durchsetzen kann.[69]

---

69 Vgl. Darwin. *Die Abstammung des Menschen*, Stuttgart 1966, 153–154 zum Begriff des allgemeinen Besten auf dem Hintergrund des sozialen Instinkts, sowie dem entsprechenden Urteil zum allgemeinen Besten.

Diese Charakterisierung gehört zur politischen Auseinandersetzung der Neuzeit, insbesondere der nachrevolutionären Moderne, so dass Leibniz hierfür – aus mangelnder Erfahrung – noch kaum eintreten kann.[70] Die Möglichkeit oder reale Vision, sie meine soviel wie eine intellektuelle Ahnung, ist ihm aber womöglich nicht abzusprechen. – Die letzte Konstellation, das Konfrontieren des Individual- mit einem Gruppen- oder kollektiven Bewusstsein, begegnet an einer anderen Stelle in derselben Schrift. Es heißt (NE IV.ch.2.§14, 264):

> (2a) Th. Die Meinung, die auf das Wahrscheinliche gegründet ist, verdient vielleicht auch den Namen Erkenntnis. Andernfalls würden fast alle historischen und viele andere Erkenntnisse hinfällig. Ohne aber über die Namen zu streiten, behaupte ich, dass die Untersuchung des Wahrscheinlichkeitsgrades sehr wichtig ist und uns noch fehlt, was ein großer Mangel unserer Logik ist. Denn wenn man eine Frage nicht absolut entscheiden kann, so könnte man noch immer den Wahrscheinlichkeitsgrad *ex datis* (aus dem Gegebenen) bestimmen und folglich auf vernünftige Weise urteilen, welche Seite den größten Anschein für sich hat. Wenn unsere Moralisten (ich denke dabei an die klügsten wie den gegenwärtigen Jesuitengeneral) das Sichere mit dem Wahrscheinlichen verbinden und sogar das Sichere dem Wahrscheinlichen vorziehen, so entfernen sie sich in der Tat nicht von dem Wahrscheinlicheren; denn die Frage der Sicherheit ist hier die der geringeren Wahrscheinlichkeit eines zu befürchtenden Übels.

Dieser Text meint zunächst nur die Voraussetzung der Konstellation, auf die es im Sinne des Gegensatzes zwischen Individual- oder subjektivem und Gruppenbewusstsein ankommt, wobei letzterem freilich gleichfalls das Epitheton ›subjektiv‹ nicht entzogen werden kann, wenn subjektiv *sui generis* die mögliche Parteilichkeit, ein Beharren auf Sondermerkmalen, die Möglichkeit der bloßen Triebhaftigkeit der Ansicht zukommt. Individual- versus Gruppenbewusstsein sind also keineswegs so zu legen, das Gruppenbewusstsein meine das objektive, wenn das individuelle das subjektive, noch umgekehrt. Der Gegensatz ist damit, wie zu erwarten, ursprünglicher als dieser und kann sich in beiden und

70 Unter dem Kapitel „Historisches Subjekt" wird eine bezeichnende Passage aus den NE, in der er die Revolution der Gesellschaft vorausahnt, die gegen Ende des Jahrhunderts eingetreten ist, sowie einige Anmerkungen zur Historiografie das Problem Einzel- versus nunmehr historisches als Kollektivbewusstsein noch einmal beleuchten; außerdem wird eine Abhandlung des Literaturwissenschaftlers Walter Muschg die Situation der Literatur um 1930–45 erläutern, also die Auswirkung der politischen Zwangsjacke im kollektiven Maßstab.

verschieden entfalten. Außerdem behandelt L. die Kategorie des Wahrscheinlichen, und an ihr wird sich zeigen, was oben die Konstellation genannt wurde, in der das Einzelbewusstsein als Wahrheitsträger, jedenfalls Wahrheitsgrenze, dem kollektiven Bewusstsein gegenübertritt, und zwar so, dass beide notwendig aufeinander bezogen sind oder nicht einfach disjunktiv auseinanderfallen (obgleich sie gewiss disparat liegen können). Wahrscheinliches, wenn es historische Ansicht verkörpert, geht eventuell auch mit der Erkenntnis und macht es notwendig, Wahrheit mit der Steigerbarkeit in Koinzidenz zu begreifen (was den Term aus den insb. formallogischen Argumentationen der Jetztzeit herausnimmt und in die Nähe der Antonymie überführt, i.e. ›w/f‹ sind jeweils Antonyme bzw. polaritätspflichtig). Hierüber will L. nicht streiten und lässt die Möglichkeit geradewegs zu, um nicht eine Vielzahl von historischen Ansichten preisgeben zu müssen, da sie – als wahr gesetzt – nur eine Wahrscheinlichkeit beinhalten oder verkörpern. Wohl aber dringt er in die Behauptung ein, es sei das Sichere und das Wahrscheinliche zu kontraponieren, als ob demnach das Sichere das Wahrscheinliche als ein anderes Genus überrage. Hier entgegnet L., es sei das Sichere mit dem Wahrscheinlichen immer noch verbunden, also ausdrücklich nicht getrennt, um es zu disjungieren. (›Binden-trennen‹ bleiben auch beim Wechsel vom Wahrscheinlichen zum Sicheren verkoppelte und nicht etwa überwundene Funktion, man mag diesbezüglich seine noch unfertigen Bemerkungen zu ›connexion‹, ›liaison‹ versus ›opposition‹, ›separation‹ im selben Kapitel, gleich ab Beginn, replizieren und nunmehr mit der Möglichkeit von Fokal und Polarität ein- resp. auflösen: das negative Segment bedient eine eigene Sphäre und bleibt selbst im Gegenextrem gleich ›wahr‹ enthalten, s.w.u.). Das Sichere stellt demnach keine eigene Gattung oder ein Urteil dar, dass sich der Graduierung des Wahrscheinlichen entzieht, vielmehr verkörpert es nur einen höheren Grad (i.e.: das zu Befürchtende wird stillschweigend geringer, gesetzt, das Wahrscheinliche misst sich am Gegenteil). So lässt sich immerhin argumentieren, die Logik des Wahrscheinlichen, wenn sie sich am definiten, einwandfreien Extrem des Wahren misst, nimmt an der Polarität (und Antonymie) teil, sobald die Extremität am Beweisfall teilhat, ihn sogar setzt. (Pluswerte gesetzt rechts – unter ›w‹ – sind sodann notwendig mit Minuswerten links – unter ›f‹ – ohne endgültige (absolute) Disjunktion verkoppelt, und die kontinuierliche, allfällige Negation misst Gegenteile der möglichen Kohorten, als Grenzen gegeneinander, jedoch wie zuvor nicht derart, die Stelle könne absolut bestimmt werden, geschweige in der Mitte).

Des Weiteren zeigt sich L. in der Auseinandersetzung mit der Auffassung eines Jesuiten, noch dazu der Moral, ausdrücklich scholastisch, um der Klarheit des Gedankens zu dienen (was freilich keine Besonderheit). Gleichwohl muss das Zitat ausholen und den oben bereits angezogenen Umweg über Aristoteles mitvollziehen. Dieser hatte, so L., in der Topik das Wahrscheinliche nur an der Meinung des Endoxon ausgerichtet,[71] worunter, so wörtlich, das der bloßen Meinung gemäße zu verstehen sei. L. nimmt auf die Differenz des Meinungsträgers im Sinne der Gruppe oder nicht, und wie sie sich diese konstituiert und reflektiert oder nicht, keine Rücksicht (s.w.u.). (Die Rechtswissenschaft sieht im Eudoxon eine rhetorisch besonders wirksame, begründungsstarke Meinung, etwa: *Eigentum verpflichtet*, oder, so bei Leibniz, *wer von seinem Recht Gebrauch macht, fügt niemandem ein Unrecht zu*; [lat. Qui jure suo utitur, nemini facit injuriam] (NE IV.8.§5, PS 3.2, 418–419); es handelt sich in jedem Fall um Ansichten, die nicht zum ersten Mal auftreten oder gebräuchlich sind und eine bestimmte argumentative Kraft auf sich vereinigen: sie fokussierend zu nennen, dürfte nicht in jedem Fall fehlgehen). „Denn [so L.] Aristoteles wollte sich in seiner Topik nur den Meinungen anderer anpassen, wie es die Rhetoren und Sophisten taten". (*Anmerkung*: Die Meinung der Menge ist in den antiken Schriften, bei Aristoteles und schon bei Platon, eine bestimmte Instanz, die *recte* eher zur pejorativen Bedeutung neigt. Jedenfalls hat die Ansicht der Menge oder sogar Mehrheit bei A. verschiedene Fazetten, die sich nicht durchgehend auf die hier von Leibniz vorausgesetzte Bedeutung reduzieren lässt – in der *politeia* etwa vertritt A. auch die Ansicht, es gibt die Möglichkeit, dass sich unter den Vielen eine Weisheit oder bessere Ansicht gegenüber den wenigen Experten oder Sachkundigen versammelt, freilich das Hauptmotiv der Demokratie).[72] Jedenfalls, und darauf komme es an, gibt es (i) eine Meinung, die von mehreren vertreten wird, also einer Menge (sie sei indefinit oder nicht, und es ist fraglich, ob bei dem Ausdruck „die Rhetoren" oder „die Sophisten" bereits eine definite Gruppe vorliegt), und (ii) gibt es die Möglichkeit, sich ‚ihr anzupassen' (ein Vorgang, auf den es in diesem Zusammenhang überaus ankommt und der, als Bedienung oder Anpassung an ein Fokal, zu abstrakt, wenn auch nicht verkehrt ist). Hiermit ergibt sich

71 Weitere Beispiele, (ausnahmsweise internetsfähig zitiert): *Eigentum verpflichtet – Weniger ist mehr – Deutschland ist ein säkulares Land – Lieber spät als nie – Hinterher ist man klüger – Gleiche Rechte, gleiche Chancen – Die Gesellschaft bürgerlichen Rechts ist teilrechtsfähig – Heimtückisch handelt, wer die Arg- und Wehrlosigkeit in feindseliger Willensrichtung ausnutzt.*

72 Vgl. Vf., „The Wisdom of the Many and Fichte's 'We'". In: Philosophy Study Vol. 4, No. 7, 2014, 97–108, in Verbindung mit Jeremy Waldron. „The Wisdom of the Multitude: Some Reflections on Book 3, Chapter 11 of Aristotle's *Politics*". *Political Theory* 20 (1992), 613–41.

deutlich die Konstellation, oder die einfache Basis, die immerhin beim Namen zu nennen ist, das Individualbewusstsein mit dem Gruppenbewusstsein zu kontrastieren, freilich vorausgesetzt, eine Meinung haben setzt Bewusstsein voraus, das sie vertritt. In diesem Sinne ist das Zitat weiterzuverfolgen, da Leibniz noch ein wenig deutlicher wird. Er schreibt:

> (2b) „*Eudoxon* nennt er das, was von der größten Zahl oder den Sachkundigsten angenommen ist; er hat Unrecht, seine Topik darauf beschränkt zu haben, und dieser Gesichtspunkt hat bewirkt, dass er sich dabei nur an angenommene, meist unbestimmte Maximen gehalten hat, als ob er nur auf Grund von Redensarten oder Sprichwörtern denken wollte".

Mit dieser Ergänzung übernimmt L. stillschweigend den Gegensatz zwischen den Wenigen und den Vielen (wie soeben) und orientiert auf dieser Grundlage die Werthaltigkeit oder Geltung der Meinung. Erneut besteht sein wesentlicher Einwand darin, das Wahrscheinliche lässt sich nicht an dieser Orientierung erschöpfen, bzw. es geht nicht zur Gänze darin auf – sodann hätte er, da bereits A. ausdrücklich das charakterisierte Wahrscheinliche an den *dialektischen Satz* bindet,[73] dieser, der Dialektik, das Wort geredet, was wiederum die Leibnizkenner oder berufenen Apologeten abweisen werden (insoweit dies nicht, wie eingangs, das Ordnungsbemühen der antiken Topik bezeichnen soll. Hier dürfte er mit einem zweiten, geradewegs affirmativen Rekurs zitiert werden, der die komplexe Erkenntnis, nach Erfahrung und Bewandtnis, in die Topik überleitet bzw. mit deren Explikationskräften erklärt [IV.Kap. 1, Th., PS.3.2, 226–229]). Außerdem ist zu beachten, Sachkundige vertreten eher die Wenigen, die größte Zahl aber vertritt deutlich die Vielen. Zwischen diesen beiden Polen – um eigentliche Extreme handelt es sich noch nicht, Polarität in der Basis lässt sich gleichwohl nicht vermeiden – schwankt demnach die Instanz, an der sich die Topik, die modellhafte Argumentation, die A. in der Topik entfaltet, orientiert. Und es sollte – in diesem Zusammenhang – unstrittig sein, dass, wenn diese Argumentation von einem einzelnen vertreten oder entfaltet wird, sich diese auf dem Hintergrund eines bestimmten Gegenteils entfaltet, eben einer Meinung, die in einer Gruppe und ausdrücklich nicht von einem einzelnen vertreten wird, sondern hier „den Sachkundigen" *versus* ›vielen‹ als die größte Zahl (derjenigen, die eine Meinung haben oder äußern, vertreten). Wenn sich nun die Argumentation auf dem Hintergrund einer Polarisation entfaltet, sollte man außerdem annehmen,

73 Aristoteles. Topik, Beginn bis insb. 101b, sowie 10.Kap. 104a, das L. vorgeschwebt haben wird.

die Polarisation hat Rückwirkung auf denjenigen, der sich daran orientiert. Dies ist – unausgesprochen – das eigentliche Motiv, das Leibniz bewegt, denn er fügt einen weiteren Schluss hinzu, zugleich eine erneute Konstellation der Relation Individual- versus Gruppenbewusstsein:

> (2c) „Aber die Wahrscheinlichkeit (probabilité) oder das Wahrscheinlichsein (vraisemblance) ist noch ausgedehnter [als die zuletzt zitierte Konstellation]: man muss es aus der Natur der Dinge ableiten; auch die Meinung von Personen, deren Ansehen von Gewicht ist, gehört zu den Dingen, die dazu beitragen können, eine Meinung wahrscheinlich zu machen, dadurch wird aber nicht die ganze Wahrscheinlichkeit erreicht".

(2c) bezeichnet an und für sich die mehrfach angezogene Bestätigung des topischen (und ggf. dialektischen) Standpunkts. Die ganze Wahrscheinlichkeit müsste eine Wahrheit jenseits der Induktion darstellen, und allgemeine Gesetzmäßigkeiten entziehen sich dieser Letztstellung (was freilich nicht verhindert, dass der Gemein- und wissenschaftliche Verstand, seine Bewusstseinskräfte und Intelligenz, stets nach der treffenden Verallgemeinerung suchen, und die resultierende Position bezieht das Prädikat ›wahr‹).[74] Das Bewusstsein fällt damit auf einen polaren Index zurück, und wenigstens will L., wie es scheint, das Gewicht der Person mit Ansehen nicht auf die Assimilation verpflichten oder damit gleichsetzen – es bleibt demnach der eingangs erwähnte, hier latent aufklärerische Impuls. Den Zwischenschritt jedenfalls gilt es zu extrapolieren, da ein bestimmter Gegenschluss – mit Evidenz für das Ganze – wartet:

> (2d) „Und wenn Kopernikus mit seiner Meinung fast allein stand, so war diese doch immer unvergleichlich viel wahrscheinlicher als jene des ganzen Menschengeschlechts. [Ich weiß nun nicht, ob die Ausarbeitung der Kunst, die Wahrscheinlichkeit abzuschätzen, nicht nützlicher wäre als ein großer Teil unserer demonstrativen Wissenschaften, und ich habe mehr als einmal daran gedacht]". (NE IV.ch.2.§14, 266).

Mit anderen Worten, letztlich kommt es (zwar) auf die ganze Prüfung an und nicht darauf, sich irgendeiner Ansicht zu überlassen, die von einer Gruppe oder Mehrheit getragen wird – immerhin und nicht zu vernachlässigen,

---

74 Vgl. im abschließenden Kalkül (Kap.V) die Beziehung dieser Verallgemeinerung (a) erneut zur Polarisation, i.e. der Treffpunkt liegt im echten intellektuellen Brennpunkt, desen geistige Brisanz bzw. nachklassische Forderung hier nicht mehr betont zu werden braucht, (b) zu Popper.

Sprichwörter, geflügelte Worte oder die Ansicht der sogenannten Experten oder Sachkundigen sind mengenbildend: sie konzentrieren (und repräsentieren) eine Anziehung und damit das anhängige Bewusstsein. Umgekehrt, und daher die Polarisation, kann aber der Fall bzw. die Konstellation eintreten, der einzelne – wie Kopernikus – muss, müsste oder entschließt sich, mit seiner Ansicht der ganzen Menschheit entgegenzutreten. Hiermit ergibt sich die angekündigte Konstellation der Extreme, tatsächlich tritt der Einzelne – als freilich Extrem – dem Gegenextrem gegenüber respektive genau daran wird die Polarisation der Extreme manifest, indem die (bereits angezogene) größtmögliche Gruppe, die überhaupt denkbar ist, entgegentritt, eben die ganze Menschheit. Da sie zugleich geschichtlich zu verstehen ist, darf sie sogar als definit angenommen werden, und es ergibt sich ein aus tragfähiger Quelle abgeleitetes Beispiel für das Entgegentreten von Einzel- und Gruppenbewusstsein, das umfänglicher nicht gefasst werden könnte: Reformer, Häretiker, Tribunen, sog. Einzelkämpfer bilden den politisch-sozialen Anschluss, Autokraten, Despoten und eigensinnige Präsidenten und Machthaber rücken ein, schließlich mündet die gesamte Erhebung bei Kunststil und Autor, dem Schöpfer (eines Werks) und ggf. der Urheberrechtsfrage. Geistiges Eigentum zwingt ggf. zur Vereinnahmung und Identifikation des Eigentümers, da das andere Bewusstsein anlangt und, als Nutzer oder nicht, stillschweigende Besitzansprüche stellen könnte. Die rechtliche Disambiguierung kann gleichwohl unter keinen Umständen mit der des Bewusstseins und seiner äußeren Nähe/Ferne koinzidieren, sondern ganz im Gegenteil. Ergo darf auch diese Tatsache in Verbindung mit der Datenlese und Komplexität für die Dimensionalität des Bewusstseins, seine Verankerung in der neueren, nachklassischen Mannigfaltigkeit, vereinnahmt werden: sie ist der eigentlich konstitutive (nötigende) Fundus, Bewusstsein überschneidet sich keineswegs nur zufällig (sondern an sich), und das angebliche, latent absolute Freistellen von Person oder Partei ist, letztlich, Ideologie oder Illusion, ggf. bestimmte Einbildung, (der wiederum selbst ein wohlbekannt nicht geringes Moment an Ideologie zuwachsen kann). – Im Übrigen sei nicht übersehen, dass die Wahrscheinlichkeit, deren Kalkül sich die Statistik angenommen hat, auch und insbesondere eine ideale Basis hat, jedenfalls eine Berechnungsmöglichkeit, die nicht auf der faktischen Veränderlichkeit beruht. Sie ist L. angesichts der Verlegung des Grunds der Ideen (gegenüber den Sachen, deren Bezeichnung und Vorstellung sie dienen) in die bloße Möglichkeit womöglich nur zu bewusst gewesen, dass aber hier ein bestimmter (oft irrig interpretierter, darum aber nicht irreführender) Gegenschluss wartet, ist ein konstantes Desiderat zur Schlusslehre. Gesetzt, die Funktion ›binden-trennen‹ (eine Begriffsachse aus der gleichzeitigen Entfaltung und Geltung von Minus- versus Pluswert, jeweils steigerbar und fokal-adhärent oder einem operativen Brennpunkt anhängig [s.w.u.]) bedient die Extremierung, und letztere koaliert mit dem Wahrscheinlichen, dann lässt sich nicht nur a priori (oder blank) vorhersagen, dass die Werte des Wahrscheinlichen steigen und sogar einem Grenzwert zustreben, sondern in selbige Entfaltung reicht ein stets treibender negativer Impuls hinein, der selbst im Grenzwert oder Differenzial nicht erlischt und, gegebenenfalls unter Bedingungen, die nicht der Vorhersehbarkeit, sondern nur einer abgeleiteten oder sekundären Wahrscheinlichkeit unterliegen, die gesamte Spannung in die Gegenrichtung auflöst und zum Gegenteil übergeht (was freilich jenseits des Leibniz-Differenzials, der keine Streu- oder Spaltreihen imaginierte und umsetzte). Die Historie sei als (definiter Kriegs- oder politischer Abstimmungs-)Zeuge erlassen, Kopernikus in der Konstellation wenigstens nicht negiert, die Extremität, noch dazu in der Häufung, des Schwarzen Lochs (gegenüber der Singularität) unbelangt, gleichwohl die antizipative Möglichkeit nicht übersehen, dass ein Gruppenbewusstsein sich nicht etwa durch den plötzlichen Anführer und Apologeten kristallisiert, sondern durch den einzelnen Anfechter, »Abkömmling« oder Einzelnen, der sich negativ, auf negativer Basis, beharrlich weigert, die Schweißnaht und Fusion der ihn bedrängenden Gemeinschaft aufzunehmen und zu resorbieren, freilich voraussetzungsgemäß nach einer bedingten Zeitspanne (vor oder nach bestimmter Erkenntnis), innerhalb derer er sich mit ihr auf Assimilationspfad befand.

3.3 Zusammenfassung

Leibniz entfaltet eine mehrfache Konstellation, in der die Argumentation des Einzelnen (ausgehend von der Topik) einer Konstellation des Gruppenbewusstseins begegnet, das sich verschieden zusammensetzt oder konstituiert: *Sachkundige* versus *die vielen* oder die *größte Anzahl*, schließlich diejenigen, deren Ansicht wegen des *Gewichts ihrer Person* zählt. Sodann die extreme Konstellation, dass die Meinung des *Einzelnen* der fest verankerten, gewohnheitsmäßigen Ansicht der *Menschheit* entgegentritt, was bei bestimmten sogar wissenschaftlichen Meinungen durchaus eintreten kann (Umlauf der Sonne um die Erde oder umgekehrt; die neuerliche Theorie der Paradigmenwechsel). Nun hat L., der hier weder als Metaphysiker noch Idealist, noch als Wahrscheinlichkeitstheoretiker oder Logiker in der Neuzeit, sondern als dessen bloßer Autor und Philosoph angeführt sei, es warten zweifelsfrei ein Dutzend weitere, damit eigentlich darauf hingewiesen, dass Meinungen und Ansichten *polarisieren*. (Der Begriff findet sich bei ihm bekanntermaßen noch nicht, da er sein Denken bis in die Wurzeln vom Widerspruch abhängig zu machen suchte. Er ist i. Ü. von seinen – gelegentlich präzisen, also offensichtlch intentionalen – Dilutierungen in den Medien- und Literaturzirkeln, nicht zuletzt im sog. Philosophencafe, zu befreien). Um dies sachlich, und nicht historisch, abzuschließen, hiermit ergibt sich ein noch komplexerer Zusammenhang als nur der, den er umreißt. Wenn das Wahrscheinliche, das sich mit der Ansicht unter einzelnen oder vielen – in der Basis – entfaltet und polarisiert, dann aber nicht nur „von der Natur der Dinge abzuleiten ist" (*tirer de la nature des choses*), sondern gleichfalls und ursprünglich auch in den Bereich des Idealen fällt, da es mit der Möglichkeit und Notwendigkeit (oder Unmöglichkeit) zu verrechnen ist, dann polarisiert dieses Verhältnis noch dazu und überdies. Mithin, wenn der Grund des Wahrscheinlichen festzulegen oder auszumachen ist, muss man nicht nur wissen, ob die Tendenz besteht, sich nur oder immerhin, je nach dem, nach der Meinung der vielen und ihrer Anziehung zu richten, sondern im Übrigen auch danach, ob in den Begriffen oder Vorstellungen selbst ein idealer (dem Begriffsursprung zuzurechnender) Kern wirksam ist, der sich der Sachhaltigkeit oder der ›Natur der Sache‹ entzieht, sich jedenfalls unabhängig davon entfaltet (nach den Begriffen Kants, dass der Kern nicht empirisch zu veranlagen ist, sondern in den Eigenkräften des Bewusstseins, also, letztlich, dem Wesen jener Energie anzulasten ist, die ihre Vorstellungen verpflichtet, die Polarität zu begreifen. Polarität befindet sich, vom Begriff her, somit nicht im Widerspruch zum synthetischen Apriori, i.e. das Bewusstsein leistet diese Beziehung aus seinen Eigenkräften; aber derart zu sprechen, bedingt, Hegel auf den Plan zu rufen mit der Frage, warum dann nicht dialektisch. Und es müsste das Begriffskalkül die gleichzeitige Abhebung vom Widerspruch deduzieren, dabei der Negation ein Recht belassen, im Wege der Fusion in die Begriffsache einzudringen).[75] – Es bleibt übrig, Individual- und Gruppenbewusstsein stellen der Möglichkeit nach polare Instanzen dar, die sich angesichts einer Meinung oder eine Meinung vertreten nur allzu leicht herauskristallisieren; und erneut mag man an dieser Stelle die – auf Anhieb – vollkommene Sicherheit (*parfaite certitude*) verrechnen, die L. der (skalierten) Möglichkeit von *opinion* und *connaissance*, wiederum der *assurance qui surpasse la simple croyance*, gegenüberstellt (NE IV.ch.1, §9, 234, letztere

75 Dies möge im Wesentlichen, wer schon an dieser Stelle Klarheit benötigt, aus dem Abschlusskapitel zum Kalkül, hier insbesondere V.7, deutlich werden. Die Tatsache wird häufiger berührt.

meint noch keine logische Wahrheit oder tautologie-nahe Sicherheit), und ob das instantane Urteil (das freilich Kant als Kategorienurteil überaus schätzte) tatsächlich, wie L. über seinen Vertreter entgegnet, nur existiert, wenn ihm die implizite Demonstration zuläuft oder zugrundeliegt; bzw. dass es vollkommene Sicherheit, i.e. einfache Erkenntnis im Sinne des instantanen Urteils, nur gibt, wenn die demonstrative Logifizierkeit (Verkettung von Zwischenschlüssen und Prüfbarkeit aller Schritte) zugrundeliegt. – Es erübrigt sich womöglich angesichts der bloßen resp. *reinen* Polarisierung, um deren Verrechnung es sich hierbei (jenseits der historischen Transzendentalität) handelt, der Hinweis auf durchaus reichhaltige Illustration dieses Sachverhalts durch die moderne Meinungsforschung, Politologie, Soziologie und deren Rezeption in den Medien. Damit ist aber noch nicht, und womöglich über jenen gewöhnlichen Hiatus hinaus, auf den es im Verkehr der Geister und Nichtgeister ankommt, verstanden, wie die Konstellation als polare zustande kommt und welche Gesetzmäßigkeiten dies birgt.

Bevor abschließend die Menge als Meinungsträger in der Antike wenigstens anzudeuten ist – sie soll bzw. kann an dieser Stelle nicht erschlossen oder vollständig dargestellt werden –, sei noch ein Zitat von L. eingefügt, in dem er selbst die Berufung auf Sprichwörter für gerechtfertigt hält, sie im Übrigen als Instanz des Gemeinverstands oder erneut sogar der Vernunft des Menschengeschlechts auslegt. Es heißt:

> „[1] Ihr gelehrter Autor behauptet, dass allein die Schulphilosophie sich damit beschäftigt, Maximen zu bilden; indessen ist das ein allgemeiner und sehr vernünftiger Instinkt des Menschengeschlechts. Sie können das am Beispiel der Sprichwörter einsehen, die bei allen Nationen im Gebrauch stehen und gewöhnlich nur Maximen darstellen, in denen die Öffentlichkeit übereinstimmt. [2] Wenn indessen Menschen von Urteilskraft etwas aussprechen, was für uns der Wahrheit entgegenzustehen scheint, so muss man ihnen Gerechtigkeit widerfahren lassen anzunehmen, dass der Mangel mehr in ihrer Ausdrucksweise als in ihren Meinungen liegt". (NE IV.ch.7, §11, PS 3.2, 395)

Das Zitat enthält zwei verschiedene Konstellationen, die jedes Mal für das Verhältnis Individual- versus Gruppenbewusstsein zu werten sind, außerdem einen maßgeblichen Schluss, der für die gesamte Vorlesung von Bedeutung ist, die Bedeutung des Pronomens ›wir‹ in argumentativen Zusammenhängen. Einmal unterstellt L. dem Gemeinverstand oder dem allgemeinen und vernünftigen Instinkt („l'instinct general et très raisonnable du genre humain"), er bilde Maximen, die denen der Schulphilosophie analog zu setzen sind. Als Exempel führt er die Sprichwörter an, unter denen sich solche Maximen finden – man wird nicht unterstellen dürfen, dieser Status träfe auf alle zu. Immerhin – die Fokalität ist nicht nur nicht disambiguiert, sondern jenseits dieser Möglichkeit – kommt man nicht umhin, der Meinungsbildung und dem Träger einer Ansicht eine pluralische Substanz zuzuordnen bzw. das Subjekt dieser Ansicht auf der Seite des Gruppenbewusstseins zu verbuchen, mit einer Urteilskraft, der sich der einzelne überlässt: unterordnet oder sogar lenken lässt. Freilich kann auch der vernünftige Instinkt, der hierbei ins Spiel kommt – für einen Idealisten und Rationalisten wie L. offensichtlich keine contradictio in adiecto –, unmöglich nur auf das Individuum oder Einzelsubjekt beschränkt werden, als selbiger unmittelbar Evidenz leistet, dass er sich dem einen *wie dem anderen* mitteilt. Es wäre aber verkehrt, nun den Instinkt auf dieses Auszählen zu beschränken, noch dazu darin die einzige Wissenschaftlichkeit zu erkennen, als sich der Instinkt von seiner individuellen Äußerung und Beanspruchung freimacht und eine Gruppe entweder tatsächlich aggregiert – kraft seiner Fusionskraft, einer spezifischen Herdbildung, vereinigt – oder aber selbige nur repräsentiert, i.e. es ist jederzeit möglich, sich eine solche Gruppe in Verbindung mit dem vernünftigen Instinkt bzw. der Maxime, dem Sprichwort, der bestimmten Ansicht, die sich darin niederschlägt, (nur) vorzustellen und auf diesem Wege zu verbinden. So stehen sich *a minimo* – die Ambiguität unberechnet – noch einmal die wenigen und die vielen gegenüber, gesetzt, die Schulphilosophie verkörpert gegenüber der Nation oder sogar, so wörtlich, erneut der Menschheit diese Partei bzw. Instanz. Um den Gedanken bzw. die Konstellation zu vollenden, dürfen der Auftritt und die Rolle des nunmehr einzelnen nicht fehlen, und sie folgt unmittelbar mit der zweiten Behauptung.

„Menschen von Urteilskraft“, die eine Ansicht vertreten, welche ›für uns‹ der Wahrheit entgegensteht, sind – in der hier thematischen Relation – als relevante Konstellation zu werten, wobei das Gruppenbewusstsein schlicht als (i) „für uns“ und (ii) mit der Wahrheit verknüpft oder wahrheitsvertretend bezeichnet wird. Zum Beweis macht L. die Bemerkung, es sei dem Individuum einzuräumen, es sei der wahren Ansicht teilhaftig, mit anderen Worten, es ist ihm dieselbe Vernunft zu unterstellen, nur weicht die Ausdrucksweise hiervon ab. Selbige Verhältnisse, die quasi (Un-)Zumutbarkeitsskala der Vernunft, sind in den modernen Medien- und Meinungsdemokratien und der anhängigen Öffentlichkeit nur zu vertraut geworden und eingeschliffen, so dass sich auch hier ein längerer Kommentar erübrigt. Die Vernunftunterstellung ist inzwischen in einen Herd geraten, i.e. man macht sie, setzt sie voraus, und stellt sie *zugleich* angesichts von Parteilichkeit und situativer Befangenheit in Frage, *id est*, man macht Abstriche und exkludiert die Vernunft aus der Sphäre eines gleichmäßigen Vorhandenseins oder als allgemeine Unterstellung. Die Grundrechtschartas, in denen diese Vernunft, nicht zuletzt aufgrund der anhaltenden Rezeption der klassischen Philosophie, kristallisiert, sind Berufungs- und nicht etwa Real- oder Beschreibungsinstanzen. Mit anderen Worten, da die Vernunft wenigstens graduiert, steht sie wieder allgemein auf dem Prüfstand, muss nachgewiesen, umrissen, in ihrer Qualifikation geprüft werden. Der Dissens und seine Zerstreuung sind unmittelbar konstitutiv für das öffentlich-kommunikative Energiefeld, nicht mehr den an Vorstellungskräfte gebundenen Meinungsstreit: die *dimensionale* Versträngung und insb. Verstellung der Person samt ihrer (Doppel-)Rolle setzt sich durch oder gerinnt im »Bodensatz«, der das verharrende, unüberwindliche – andernfalls zum Scheine neutralisierbare – Fundament bezeichnet, i.e. jene Mannigfalt, der das Bewusstsein, und nicht etwa erst das subjektive, wie Raum und Zeit nicht entgehen kann. Eine allgemeine menschliche Vernunft ist demnach eher durchaus hypothetisch, eine Unterstellung oder Prätention versus Präsumtion, als eine allgemeine Seinsvorausnahme, zumindest was das Verhältnis von Individuum und Gruppe im unstillbaren Meinungsstreit *und* seiner Öffentlichkeit angeht. Immerhin aber sollte die Quellenlage nicht übersehen werden, die einen Autor wie L., freilich ein Verfechter der eingeborenen Vernunft und ihrer idealen Anlagen, nötigt, das Individual- und das Gruppenbewusstsein einander gegenüberzustellen, auch wenn das Argument erwartungsgemäß die (klassische) Harmonisierung verfolgt oder einräumt. Wenn es nun nicht möglich ist, beide Seiten definitiv auseinanderfallen zu lassen, die Gruppe bzw. das Gruppenbewusstsein hierbei stets als Mittelbegriff verstanden, der die pluralische Seite vertritt, und er kann sich nicht nur bis zur Nation, sondern wie zitiert bis zur Menschheit erweitern, dann ist (i) das Bewusstsein in seiner Existenz und Möglichkeit, letzteres wegen der antizipativen oder idealen Anteile, unmöglich auf das Einzelbewusstsein zu beschränken, (ii) kann das Auftreten des Gruppenbewusstseins unmöglich von hypothetischen Anlässen abhängen, in denen etwa eine Situation den vernünftigen Instinkt zwingt, sich bei mehreren zu äußern und in einer bestimmten Ansicht zu kulminieren. Als dass es, Bewusstsein in Vertretung der Pluralität, einer bedingungslosen Weiche unter dem Fokus der Vielheit, eines Herdes mit Eigenbewusstheit und -wissen – Formulierungen, die zwar die Möglichkeit der Interpretation beweisen, nicht aber, dass erst diese die Konstitution des gemeinten Bewusstseins verantwortet –, mit einer bestimmten Schwelle beständig anwesend ist und einen entsprechenden Konnex zum Einzel- oder Individualbewusstsein unterhält. Um es anders zu bezeichnen, dem Gruppenbewusstsein ist, an und für sich, eine transzendentale Stelle oder entsprechende Geltung einzuräumen, da es weder aus bloßer Vorstellung noch reiner (insbesondere kettenmäßiger) Adhäsion hervorgeht, und die Rede von Bewusstsein bedingt, es gibt eine individuelle versus pluralische Bedingung *a priori*, die gleichermaßen seine Beanspruchung gewährt und leistet. Bewusstsein, Urteilskraft und Meinungsbildung ist demnach unter keinen Umständen noch auf den cartesischen Standpunkt zu beschränken, gesetzt das ehemals nominale ›Ich denke‹ ist der Statthalter des subjektiven oder individuellen Bewusstseins, welches die gesamte Neuzeit in der Hauptsache begleitete und motivierte.

3.4 Die Menge als Meinungsträger in der Antike

Nun gilt es noch ein wenig ältere Geschichte zu betreiben, um den Überblick zu vollenden und, wie eingangs angekündigt, eine antike Quelle aufzusuchen, in der von der Menge, der Meinung der Menge oder ähnlich die Rede ist.

> (1) Wenn ich untersuchte und oftmals und lange darüber nachgedacht, wodurch ich recht vielen nützlich werden könnte, um nie das Wohl des Staates aus den Augen zu lassen, bot sich mir nichts Wichtigeres dar, als wenn ich meinen Mitbürgern die Wege für die besten Wissenschaften zeigte, und dies glaube ich durch mehrere Schriften erreicht zu haben.
>
> (Cicero. Über die Weissagung (De Divinatione). 2.1.1)

Dieses Zitat möge als Einleitung dienen. Cicero gilt bis heute als einer der geschicktesten Rhetoren der Geschichte und insbesondere der Antike, wobei der Rhetor deutlich vom Sophisten oder Dialektiker zu unterscheiden ist. Einem Rhetor kommt es nicht, wie dem Sophisten, darauf an, die argumentative Basis zu reflektieren und eventuell, insb. durch den Nachweis logischer Unzulänglichkeiten oder den bloßen Seitenwechsel ins Wanken zu bringen, sondern ganz im Gegenteil verfolgt er ein bestimmtes Redeziel. – Die Stelle ist erneut für die Konstellation, zugleich in historischer Rücksicht, zu belangen. C. bekennt, dass er sich mit seinen Schriften nicht einfach derart auf den Plan des Staatswohls begeben hat – wohlgemerkt der überaus markierte Wert, dessen Gegenteil, die an und für sich Wehe oder das Staatsübel, und sei es unter kritischem oder Zeichen des Vorbehalts, jeder Emporkömmling oder andere Vertreter, der es zur Klage oder Widersache macht oder anstrebt, mit der Vereinzelung, Bann und Acht, eventuell deren ultimativen Steigerung, der Kreuzigung, zu bezahlen hat –, in seiner Schreibstube ihren Gehalt für sich allein zu ersinnen, niederzuschreiben und auf diese Weise aufzubewahren; sondern dass er sich an und für sich *beständig im Forum befindet*: die Rede bedenkt von vornherein, wie sie „den vielen nützlich sein könnte", und es gebe „nichts Wichtigeres, als wenn ich meinen Mitbürgern die Wege für die besten Wissenschaften zeigte". So befindet er sich bereits im Geiste – oder modern, mit seinem Bewusstsein, noch einmal, seiner dimensionalen Bedingung zufolge, mag auch die Messung des historischen, und nicht etwa meinungshaltigen Abstands inzwischen eine kubische Größe annehmen (gemeint, es gelte durchaus nicht, sie würfeln zu müssen) – unter ihnen, muss sie daher nicht erst aufsuchen. Und jedenfalls auf keinen Fall auf dem modernen, besser neuzeitlichen Standpunkt, erst für sich als der individuelle, separate (eventuell in seiner Subjektivität befangene) Autor seine Überlegungen anzustellen, um dann sein Auditorium zu suchen oder selbiges etwa erst zu schöpfen. Dies sei ausdrücklich der antike Standpunkt, jener des steten Beiseins und nicht nur und insb. reflexiven Beiseins, oder der Teilhabe an und in der Bürgerschaft – oder dass eben der einzelne, hier Schriftsteller und Redner, sich sofort, stetig und nachhaltig, unter den ›Vielen‹ befindet (und eigentlich ›die Vielen‹, da es sich um eine vorausnehmbare Instanz handelt). Die Betonung möge noch einmal unterstreichen, es handelt sich primär nicht um Reflexion, denn dieser Weg führt in die Moderne, das unbedingte Fürsichsein des Subjekts, dem offensichtlich der dimensionale Anschluss verlorenging (und für den es anderwärts noch keinen Begriff besaß respektive der sich schismatisch, als historischer Prozess, durchsetzte).

(2) Denn das gerade hatte ich von Platon und der Philosophie gelernt, dass es in den Staaten gewisse natürliche Umwälzungen gebe, so dass sie bald von den Vornehmen, bald vom Volk und bald von einem einzelnen regiert werden. (Cic.div.2.6.3)

Dieses Zitat möge erneut die klassische Auszählung belegen respektive im hiesigen Sinne die Wurzel des Gruppenbewusstseins und seine Teilungen respektive Anlagen. Sie kennzeichnet die Antike und das antike Staatswesen und damit die Theorie des Staates überhaupt. Sie ist keineswegs, wie hier von C. bezeugt, nur bei Platon zu finden, sondern womöglich noch deutlicher, jedenfalls in der Sache präziser und methodisch stringenter, bei Aristoteles in der *politeia* entfaltet und vorausgesetzt. Die Bürgerschaft – oder ihr Bewusstsein, denn selbst wenn von Bewusstsein noch nicht (als Thema der Philosophie) die Rede ist, so kann es nicht abgezogen, gar annulliert werden, oder es ist von der Sache her notwendig und maßgeblich beteiligt – die Bürgerschaft teilt sich oder wird ausgezählt nach verschiedenen Gruppen: den (i) ›Vornehmen‹ (Aristokraten)), dem (ii) ›Volk‹ oder *demos* gleich den ›Vielen‹, und schließlich (iii) von den ›einzelnen‹, dies mag ein König oder Fürst, aber ebenso auch der Tyrann oder lat. Despot sein. Freilich, wer dies möchte oder zwingen will, scheinen die quantitativen Kategorien hindurch, also ›alle‹ äquivalent Volk,

›einige‹ äquivalent die Vornehmen (oder einige), und der ›einzelne‹ (König, Fürst oder Tyrann) äquivalent der einzelne. In diesem Sinne ist das Urteil und seine mögliche Form auch beiderseits, bei Platon und insb. Aristoteles etabliert, wiederum insb. wenn es gilt, den Syllogismus und seine mögliche Konklusion zu bilden. Hierauf aber kommt es nicht an, bzw. nur indirekt, indem die Wurzel und ihre Potenz namhaft zu machen, nicht aber, welchen kategorialen Ansprüchen sie gerecht wird. Modern gesehen, ist nicht die Urteilsform und ihr (quasi ganzzahliger oder ganzzahlig konformer) Quantor zu begreifen, sondern dass sich das Bewusstsein instantan in die aufgeführten Formen aufteilt und damit das Einzel- a priori und *stetig* dem Gruppenbewusstsein gegenübertritt. Demnach ist von den Formen des Gruppenbewusstseins her die Umwälzung des Staates zu begreifen, oder dieser steht in Abhängigkeit von jener. Erneut, das Bewusstsein befindet sich von vornherein in einer Relation, die zwischen dem Einzelnen und Allen schwankt, dies wiederum aber dergestalt, dass sie beständig miteinander kommunizieren oder, um es angemessen zu terminieren, *polarisieren*, und nicht etwa wie im Urteil zwischen den verschiedenen Subjektformen – Einzelnes, Besonderes und Allgemeines (oder der, die, das ›$x = x_i$, $\exists x$, $\forall x$‹) – alternieren. So liegt in der Einteilung der *polis* eine Differenz (und spezifische Inkommensurabilität), welche die Jahrhunderte motivierte und, streng besehen, erst gegen Ende des 19. Jahrhunderts (zumindest mit dem Durchsetzen der Polarität, u.a. bei den Dimensionen) die Begrifflichkeit errang (insoweit Newton, am Muster Kants genommen, in der Rezeption und Gemeinanschauung noch die Neutralisierung beherrschte). Es ist im Übrigen, jenseits des Kategorienapparats (solange nur die Quantität dingfest), in jedem Fall mit mindestens einer Negation *im Fächer selbst* zu rechnen, und sie ist unter keinen Umständen das etablierte Widerspruchssymbol, somit Kern der Potenz (und Problem der Umwälzung): zugleich fusioniert und beweglich (schmelzaktiv), darum je nach Situation Wachs oder Hinweis auf Wirrnis für die einen versus Stimulus für die anderen, das respektive der den Herd charakterisiert; somit dasjenige, an dem sich an und für sich der lebendige Geist orientiert.

Das nächste Beispiel führt in den Kern der antiken Auffassung zur Meinung der Menge, oder des »großen Haufens«, der ähnlich bei Plato vorgebildet ist. Sie sei Ziel an dieser Stelle. Die Menge ist nicht erst in der Neuzeit als Träger der Dummheit oder Verführbarkeit verleumdet worden, sondern Ursprung und Quelle dieser Auffassung reichen bis weit in die Antike und ihre Hauptschriften zurück. Nun möge dies alles andere als damit gleichzusetzen sein, als habe man bereits damals – querschnittsartig, punktuell oder umfassend – alles begriffen, was zu ihr gehört.

(3) [Welche Lust hast Du, mein *Torquatus*, und Du, unser *Triarius*, nicht von den Wissenschaften, von der Geschichte und der Kenntniss der Dinge und dem Auswendiglernen so vieler Verse? Sage mir nicht: »Dies Alles an sich macht mir Vergnügen, wie Jenes es den Torquatern gemacht hat.«] Nirgends vertheidigt Epikur dies so, und auch Du nicht und Niemand, der Verstand hat oder seine Lehre kennt. Wenn man sich aber über die grosse Zahl der Epikureer wundert, so giebt es mancherlei Ursachen dafür; hauptsächlich wird die Menge davon angelockt, weil sie meint, das Gerechte und Sittliche gewähre nach dessen Ausspruche, als solches, durch sich Freude und damit Lust. Die guten Leute sehen nicht ein, dass sein ganzes Lehrgebäude umstürzen würde, wenn es sich so verhielte.[76]

Fünf Bücher über das höchste Gut und Übel (de finibus bonorum et malorum), I.Buch Kap. VII. (§ 25.)

---

76 [(§ 22.) Was nun den zweiten Theil der Philosophie anlangt, den man die Logik nennt und welcher das Untersuchen und Erörtern behandelt, so scheint mir Euer Philosoph darin sehr schwach und dürftig. Er beseitigt die Definitionen, sagt nichts über Eintheilungen und Abschnitte und lehrt nicht, wie der Vernunftschluss gebildet wird und wirkt; er zeigt auch nicht, auf welchem Wege das Verfängliche gelöst und das Zweideutige beseitigt werden kann. Das Urtheil über die Dinge verlegt er in die Sinne, und ist durch diese einmal Falsches für Wahres geboten worden, so hält er jedes Kennzeichen der Wahrheit und Unwahrheit für aufgehoben. (§ 23.) Vorzüglich aber begründet er den Satz, dass die Natur selbst, wie er sagt, auswähle und billige, nämlich die Lust und den Schmerz; hierauf bezieht er Alles, was man vermeiden und dem man nachstreben solle. [Allerdings ist auch *Aristipp* dieser Ansicht, und die *Cyrenaiker* haben sie besser und ungezwungener vertheidigt; aber dennoch kann es nach meinem Urtheil keine des Menschen unwürdigere geben; vielmehr hat die Natur, wie mir scheint, zu Grösserem uns geschaffen und gebildet. Ich kann mich vielleicht irren; aber sicherlich hat doch jener *Torquatus*, der zuerst diesen Beinamen sich erwarb, die Halskette dem Feinde nicht deshalb entrissen, um damit sich irgendwie körperliche Lust zu verschaffen; noch hat er während seines dritten Consulats mit den Lateinern an der Veseris der Lust wegen gekämpft. Als er aber seinen Sohn mit dem Beile hinrichten liess, scheint er sogar sich vieler Freuden beraubt zu haben, indem er das Recht der Majestät und des Amtes höher als die Natur und die väterliche Liebe stellte. (§ 24.) Und wie erklärt es sich denn, dass derjenige *Torquatus*, welcher mit *Cn. Octavius* Consul war, so streng gegen seinen Sohn verfuhr? Er hatte ihn aus der väterlichen Gewalt entlassen, damit D. *Silanus* ihn an Kindesstatt annehmen konnte, und forderte ihn zur Verantwortung vor sich, als die macedonischen Gesandten ihn anklagten, er habe sich als Prätor in der Provinz bestechen lassen. Nach Anhörung beider Theil fällte er seinen Spruch dahin, dass sein Sohn sich in seinem Amte nicht so wie seine Vorfahren benommen

Um zuerst den Kontext zu erläutern (siehe Fn): C. befindet sich in einem Gespräch mit Torquatus und Triarius, und Torquatus verteidigt die Lehre des Epikur, es sei in Lust und Schmerz jeweils das größte und Gut und höchste Übel verkörpert. C. ist Gegenpartei, der Epikur zwar sehr gründlich abhandelt, aber bestreitet, als ließe sich der Widersatz zwischen Geist und Körper derart schlichten, der – körperlich verankerten – Lust zuzugestehen, sie übernehme die höchste Gleichung oder sei tatsächlich der höchste und einzige Wert, dem keine Gegengründe anzurechnen sind. Darum kulminiert der Epikureismus in der Auffassung, die Lust sei ein Wert an sich oder die moralische Gesinnung, die Suche nach der gerechten Handlung oder moralische Güte, ließen sich darauf reduzieren, welchen Grad an Angenehmheit und sinnlicher Befriedigung sie verschaffen. Offenbar ist die Lust eine Sonne, die wegen der Subjungier- und Kommutierbarkeit der Tugenden ein System annimmt, und es entstehen wegen letzterer nicht nur das Problem, ob ihre Verallgemeinerung aus der Erfahrung stammt oder sich davon freimacht, sondern auch wie sie die Negation meistert (die Beziehung zum Gegenteil, das den Begriff

---

habe, und er verbot ihm, wieder vor seine Augen zu kommen. Meinst Du, dass er dabei nur an sein Vergnügen gedacht habe? Ich übergehe die Gefahren, Anstrengungen und Schmerzen, welche die besten Männer für das Vaterland und die Ihrigen übernehmen, obgleich ihnen keine Lust dabei sich bietet. Sie gehen vielmehr Allem der Art vorbei und wollen lieber alle Schmerzen ertragen, als irgend eine ihrer Pflichten versäumen; ich wende mich vielmehr zu geringern Dingen, welche dies nicht minder bestätigen.] (§ 25.) Welche Lust hast Du, mein Torquatus, und Du, unser Triarius, nicht von den Wissenschaften, von der Geschichte und der Kenntniss der Dinge und dem Auswendiglernen so vieler Verse? Sage mir nicht: »Dies Alles an sich macht mir Vergnügen, wie Jenes es den Torquatern gemacht hat.« *Nirgends vertheidigt Epikur dies so, und auch Du nicht und Niemand, der Verstand hat oder seine Lehre kennt. Wenn man sich aber über die grosse Zahl der Epikureer wundert, so giebt es mancherlei Ursachen dafür; hauptsächlich wird die Menge davon angelockt, weil sie meint, das Gerechte und Sittliche gewähre nach dessen Ausspruche, als solches, durch sich Freude und damit Lust. Die guten Leute sehen nicht ein, dass sein ganzes Lehrgebäude umstürzen würde, wenn es sich so verhielte.* [Denn wenn Epikur zugestände, dass jene Dinge, auch wenn sie zur sinnlichen Lust nichts beitragen, doch um ihrer willen an sich selbst angenehm seien, so müsste auch die Tugend und das Wissen um ihrer selbst willen erstrebt werden, was er keinesweges will. (§ 26.) Diese Lehren *Epikur's* billige ich also, wie gesagt, nicht; im Uebrigen hätte ich gewünscht, er wäre unterrichteter in den Wissenschaften gewesen; denn er ist, wie ja auch Du anerkennen musst, in jenen Wissenschaften und Künsten wenig bewandert, in deren Besitz man zu den Gelehrten gerechnet wird; wenigstens hätte er Andere nicht von der Beschäftigung mit den Wissenschaften abschrecken sollen, obwohl ich sehe, dass Du Dich keineswegs davon hast abschrecken lassen.]

›Schmerz‹ trägt). Tatsächlich bedient sie eine Spanne und ist schon mit deren ersten Berührung in der Pluszone sanktioniert, die Weisheit daher mit der Übermittigkeit gewährt, so dass nicht etwa stets das Maximum erfüllt – oder *gegeben* – sein muss. Freilich weiß diese alte Lehre (noch) nichts von geteilter Lust derart, dass ein einzelner seine Lust für sich hat, in die Münze trägt und eine kulturelle Erscheinung oder gar ein Medium stiftet, derart, dass jene aufhört, noch Signum eines einzelnen und seiner bewussten Lust zu sein: es müssen an dieser Stelle Bedingung und Möglichkeit gleichermaßen durchscheinen, welche unmöglich dem Bewusstsein, wie stets, seinen solitären oder notwendigen Fürsichstatus lassen. – Zum Thema aber bringt C. das Argument auf, es habe die Menge Epikur missverstanden oder jedenfalls ausschließlich dahingehend gedeutet, es gelte einzig die Sonne zu sehen, fühlen und leuchten zu lassen: die Menge lässt sich von dieser Auffassung anlocken, weil sie das Gerechte und Sittliche damit identifiziert, wieviel Lust oder wenigstens Angenehmheit selbige mit sich bringen. Ob sich die Menge tatsächlich so verhält, welchen Standes diese Menge sodann vorzugsweise ist respektive wie sich Standesunterschiede hervorkehren, sollte diese Menge in den Unterschichten oder aber Oberschichten Niederschlag finden, darf ausgeklammert bleiben; die Schleife ist keineswegs derart, sie platziere ihren Positivkern nur und vornehmlich in die Basse-, i.e. Unterschichten. Und es ergibt sich ggf. Redundanz, die erklärt, warum bestimmte Gesellschaft funktioniert. Insoweit es aber darauf ankommt, dieserart bildet sich ein Gruppenbewusstsein oder das Gruppenbewusstsein, das sich mit der Lust als Kulminations- und Angelpunkt des Lebenszyklus identifiziert, ist real, eine gleichermaßen gesellschaftliche wie politische Realität: nicht nur Strömung oder sog. Trend, abseits von ‚bloßer' Idee, sondern der Impulsstrang in einem wahrnehmungspflichtigen Energiefeld, das ggf. die Orientierung unterläuft, i.e.sie kann nicht mehr entweichen. Nun kommt, zunächst vom Text her, als Erklärung freilich die weitere Tatsache hinzu, dass schon das Wort ‚anlocken' bei C. darauf hinweist, es bildet sich ein Fokus oder Herd. Die hier gemeinte Menge ist Muster eines fokalen Gruppenbewusstseins, indem seine Mitglieder die energetische Basis des geteilten (zugleich diffusierenden und zurückkehrenden – ‚rückgekoppelten' –) Impulses in sich aufnehmen, expressis verbis das Angenehme, das jene Basis zu ihrem Zentrum erklärt, als eine Idee der Anziehung oder Brennpunkt übernehmen und die eingehende Reflexion oder gar Distanzierung, die hierfür erforderlich wäre, unterlassen. Die Menge in diesem Sinne reflektiert damit keinen Begriffszusammenhang, überhaupt verkörpert oder instantiiert sie kein begriffliches Bewusstsein. Somit verkörpert es ein Extrem oder eine Randlage, die zum Gesamtbegriff gehört.[77]

Nachbemerkung

1. Zur Dialektik

Dialektik ist Schule (weil an Übung geknüpft), Verfahren oder Methode (da auf einen wesentlichen Dissens gegenüber dem klassischen Denken verpflichtet) und Überzeugung (da der menschengetrübten und ihrerseits nachgehaltenen Welt nachgesagt wird, ein anderes Selbstbild zu unterhalten als ihr tatsächlich zukommt). Wenn der Begriff Polarität die Negation und mögliche Negativität übernimmt, ist das Denken nicht davon befreit, sich an statischen oder in sich bestimmten Verhältnissen zu orientieren. Dessenungeachtet teilt es die ggf. überaus bewegliche, in sich strittige (nicht nur gestreute, sondern verscherte) Materie (ggf. $\{0, \infty\}$ bzw. $\{-\infty, 0 \neq \emptyset, +\infty\}$, ›$0 \neq \emptyset$‹ meint ›0‹ ist nicht gegeben und in diesem Sinne nicht Leermenge, weder in der Mitte noch auf oder in den Extremen), der es sich überlassen muss. Wenn diese Beweglichkeit zwischen Identität und Nichtidentität, außerdem Gleichem und Ungleichen, wiederum Unvermitteltem und Vermitteltem zu unterscheiden hat, gibt es die Grenzen unter keinen Umständen, gesetzt es muss sie halten und es darf die

77 Zur weiteren Illustration (der Text folgt der Ausgabe: Marcus Tullius Cicero, *De finibus bonorum et malorum*. Deutsch: *Fünf Bücher über das höchste Gut und Übel.* Hg. v. Julius Heinrich v. Kirchmann, Leipzig 1874):
I.15.§49. So wie die Todesfurcht den ganzen Zustand eines ruhigen Lebens verwirrt, und so wie es jämmerlich ist, wenn man den Schmerzen unterliegt oder sie nur mit gedrücktem oder schwächlichem Sinne erträgt, und wie ob dieser Geistesschwäche Viele ihre Eltern, Viele ihre Freunde, Manche ihr Vaterland, die Meisten aber sich selbst gänzlich ins Verderben gestürzt haben, so hält sich umgekehrt ein starker und erhabener Sinn frei von aller Angst und Sorge und verachtet selbst den Tod; denn wer davon getroffen wird, ist eben nur so daran, als wie vor seiner Geburt.
I.18.§60. Dabei denken Solche weder an das vergangene Gute, noch geniessen sie das gegenwärtige, und während sie das Kommende erwarten, werden sie, da hier Gewissheit nicht möglich ist, von Angst und Furcht niedergedrückt und schwer gepeinigt. Erst spät werden sie inne, dass sie vergebens sich um Geld oder Macht oder Reichthum oder Ruhm gemüht haben, wenn sie die Lust nicht erlangen, wegen der sie so viel und so schwer in der brennenden Erwartung, sie zu erreichen, sich geplagt haben. (§ 61.) Nun schaut auch auf jene kleinlichen und ängstlichen Seelen, die entweder an Allem verzagen oder boshaft, neidisch, schwerfällig, lichtscheu, verläumderisch, scheusslich sind, oder schaut auf Andere, die sinnlichen Ausschweifungen ergeben, oder muthwillig, tollkühn und waghalsig und zugleich unmässig und träge niemals bei einer Meinung beharren.

(i) Veränderlichkeit in der Sache auf keinen Fall einfach, geradehin oder überhaupt mit der (ii) Veränderlichkeit im Denken fusionieren bzw. sich einfachhin davon abhängig machen, an die Hypostasis oder Reifikation preis.[78] Letztere hat Adorno dem kollektiven Bewusstsein bei Durkheim unterstellt und die Möglichkeit – aus seiner hegelschen Perspektive heraus – in Abrede gestellt. Als ob letztere Relationen, gesetzt, sie sollen das Gruppenbewusstsein vermitteln, daran scheitern müssten, nur um die Basis des Einzelbewusstsein zirkulieren und nur selbiges einholen zu können, quasi von links, gesetzt Bewusstsein muss Einzelbewusstsein sein, und es gäbe keinen irreflexiven, unvermittelten Zugang auf Bewusstsein aus der kollektiven Basis heraus (was freilich von Seiten Durkheims nicht vollends geklärt, da er sich zeitlebens an der objektivierten oder im sozialen Umfeld konkretisierbaren Instanz orientierte). Es würde hier bei weitem zu weit führen, den Begriff der ›Masse‹ in Verbindung mit der Kulturindustrie zu erläutern. Offensichtlich aggregiert in selbiger eine Fusion – als definite Funktion –, die unmöglich die Erfahrung des einzelnen noch derart statuieren und in Beschreibung überführen kann, in der sie, gleichgültig ob noch in Vorschein oder bereits erfolgt, die Gleichartigkeit, Identität oder Vermitteltheit plus ihre Negationen beim anderen erst durch Kommunikation und deren Abgleich erführe. Auch das dialektische Bewusstsein (dahingestellt ob die Gesellschaftsanalyse punktuell, im Ganzen oder anteilig trifft) muss daher von einer fundamentalen Überschneidung, Teilhabe und Insein des Bewusstseins wissen, dass sich in die einzelnen Individuen nur zerstreut oder aufteilt. Nun wird, wenn Dialektik : Organismus : Prozess : Geschichtlichkeit und wiederum : Veränderlichkeit durchgehend theoretische Äquivalenzen bilden (der Organismus ist bei Adorno, nicht aber Hegel auszuklammern, und freilich stellt sich überaus die Frage, ob das Widerspruchswesen, das das Ganze zu erschließen hat, letztlich auf diesen Begriff gebracht werden kann, abgesehen von der zulässigen Weise des Gebrauchs des Widerspruchsbegriffs selbst und wiederum von der „zentralen Stellung des Reflexionsbegriffs, der das Organ dieser Philosophie ausmacht“[79]), überall die Stelle und Rang anzugeben sein, in der Plus und Minus miteinander wetteifern oder echte Gegenpole bilden: das Individualbewusstsein ist aber zum Aufgehen im Minuspol fähig, die Kommutation ist weiterhin (wie die mehrfache Wandelbarkeit der Dialektik bei (i) Übergang in die Synthese, (ii) Aufhebung oder (iii) Schöpfung eines neuen negativen Moments) virulent (i.e. operativ), und so

78 Theodor W.Adorno. *Einführung in die Dialektik*. Frankfurt/Main ^{2}2015, 22.
79 Adorno 2015, 97.

mag der kollektive oder gruppenhaltige Minuspol zur Peripherie des ehemals Pluspols werden, ohne die Grenzen zu verwischen oder dahingehend bloßzulegen, sie seien nunmehr reduzier- oder einfachhin neutralisierbar. A. hat selbst diese Möglichkeit breit anerkannt, indem er – unter Voraussetzung, dass (in dieser abstrakten Ansprache) die Erschließung des Notwendigen nicht bei den gleichbleibenden, mit sich identischen Gesetzen liegt, sondern „im Notwendigen der geschichtlichen Veränderung, in der das mit sich selbst gleiche zu einem anderen, schließlich sich selbst Widersprechenden wird" (der Begriff sei ob seiner Stichhaltigkeit hier noch einmal moniert) – schreibt: „Also die Erfahrung, die wir alle, um an das Allerhandgreiflichste anzuknüpfen, machen, die nämlich, dass unser individuelles Schicksal entscheidend und maßgeblich abhängt von der großen geschichtlichen Bewegungstendenz, in die wir als einzelmenschliche Subjekte je und stets wieder uns eingespannt finden, diese Erfahrung, dass das Gesetz unseres Daseins viel mehr die geschichtliche Bewegung unserer Epoche und aller Epochen ist, als es die sogenannte ›Grundbestimmtheit des Seins‹ ist, das ist eigentlich der Impuls von der Sache her, der zu der Konzeption der Dialektik überhaupt gehört".[80] Man wird nicht behaupten dürfen, die selbstgesetzte Verpflichtung, einen Begriff der Primärphilosophie dialektisch zu erläutern bzw. zu kontrastieren und geradezurücken, i.e. die Geschichtlichkeit mitsamt ihrer Äquivalenzen hat unbedingten Vorrang, habe A. verleiten müssen, mit der wir-Formel ein Erfahrungsbewusstsein veranlagt zu haben, dessen Kern notwendig nicht beim Einzelbewusstsein verankert ist. Die VL wird sich noch ausgiebig diesem Problem und Tatsache widmen, dass die erste Kollektivperson keine rhetorische oder psychologische Floskel im Sinne der Identifikation darstellt, sondern Substanz an Bewusstsein bezeichnet. So ist, um es abzukürzen, das Gesetz »unseres Daseins« keine Summenformel (etwa im Sinne des Differenzials $\Sigma_{1, 2 \ldots N} F(x_i)$), wenn diese verlangte, es müsse und würde sich die geschichtliche – und dialektisch ausgewiesene – Erfahrung erst einstellen, wenn jedes einzelmenschliche Subjekt nach seiner individuellen Erfahrung ausgezählt und positiv, als ein Gegebenes, subsumiert ist. ›Erfahrung, die wir alle machen‹ ist zwar mit echter Konvergenz kompatibel, und in diesem Fall besteht ein Bewusstsein auf Anhieb, wohin sich der Grenzwert in der Reihe bewegt, offensichtlich besteht aber darüberhinaus die Möglichkeit, die Flucht sofort auf diesen Ursprung einzustellen, und das Einzelbewusstsein wird als Gegenpol subsumierbar, scheinbar abgeleitete Instanz. Hier wie beim Massenbegriff (in der *Dialektik der Aufklärung*)

80 Adorno 2015, 21–22.

redet A. demnach vornehmlich im Sinne der Vereinnahmung eines primären Kollektivbewusstseins, das viel eher die Frage aufwirft, wie es sich beim einzelnen in seiner Zwangshaftigkeit entlässt (und nicht ob es positiv, ggf. negativ ist, was wiederum, an und für sich, unmöglich, i.e. es werden dialektische bzw. sie ersetzende, der Schleife anzurechnende Erläuterungen fällig, welche die Negativität ihrer Endlosigkeit halber aufnimmt). Wenn nun ›die Menge‹ Ausgangspunkt war, ist, wie zu erwarten, davon auszugehen, sie besitzt – insb. auf polarer Basis – ein Primärrecht, das gegenüber der Differenz *von der Sache* versus *vom Denken her* indifferent ist. Sie mag sich politisch-gesellschaftlich oder über den Vorstellungs- als bedingungslos manifestationspflichtigen Bewusstseinsprozess einstellen – beides koaliert und ist verschleift, da ihm, qua Energie, natürliche, unhintergehbare Fusionskräfte zukommen –, und stets das eigentümliche Verdinglichungsmoment beigerechnet, das sie, im Grenzpunkt, zur abstrakten Vorstellung macht. Es sind hier zwar keine Zieh- und Verzerrungskräfte zu messen, wohl aber anzunehmen, das ›reine Statik‹ versus ›reine Veränderlichkeit‹ nicht die letzte Alternative darstellt; um weiterhin der Menge, die sich in der ± Schleife weiß *und fühlt*, zu unterstellen, sie ist allenthalben nicht, nicht an erster Stelle, das Opfer der rationalitätspflichtigen Herrsch- und auf Eigenvorteil bedachten gesellschaftlich-politischen Kräfte (die politischen sind Regierungsanteile), sondern selbst ein überaus agiles, illusionsgängiges Subjekt jenes Zirkuits, dem es sich als Ergebnis zuordnet oder zuzuordnen hätte; denn es mag sein, er verändert sich oder unterliegt einer vorübergehenden Blockierung oder Abhaltung. So wird die Menge nicht schlechthin durch die Lust (oder das beigestellte und imaginierte, dem galaktischen Wesen der Illusion preisgegebene Vergnügen) beherrscht,[81] sondern sie pocht auf Bestimmungskräfte im Einzelnen, nach Einzelimpuls, und weiß zugleich aus diesem heraus das *bare* Kalkül zu richten: in der Sache versus situativen Abspannung des Bewusstseins (das im Sinne einer energiefeldartigen Gruppierung gelten soll, in der sich der instantane Impuls der Anknüpfung, das Bewusstsein ihres stetigen Anschlusses, verliert) ggf. plusminus hier, minusplus dort (die Primärbalance nach Milieu, Schicht, der Hauptbrechung), minusminius wiederum hier und plusplusplus… maxime dort, um, mit dieser etwas schematischen Vorgehensweise, die letzthaltige und grenzwertige Siede im gesellig-gesellschaftlichen »*Schmelzteich*« – das bare Energiefeld oder der Herd sondergleichen – nicht preiszugeben, über den sie (gelegentlich bis zur

81 Am modellhaften (und womöglich überspannten) Filmwesen ausgewiesen in: Adorno & Horkheimer, *Dialektik der Aufklärung*, Frankfurt/Main 2016, ab 152.

Obsession) frohlockt respektive der ihren Lebenssinn erfüllt oder vorgibt, da sie ihn jedenfalls nicht auf dem Wege der nachhaltigen Besinnung erwirbt (und den Gedanken an nachhaltige Religion preisgegeben hat, der ihr eine andere, aus wesentlicher Bescheidenheit abgeleitete Besonnenheit auferlegen müsste). So gesehen, wartet demnach in der Krümmung (die dimensionale Bedingung, welche jegliche Schismatik aufhebt, die das Bewusstsein an die ausschließliche, primäre und angeblich bedingungslose Äußerlichkeit und deren Verkehr bindet) die Bestimmung des animals, das auch im klassischen Sinne dem Menschen zuzurechnen ist:[82] nicht nur der Knoten, ob vernünftiges Wesen oder nicht, sondern insbesondere der moralische alterniert oder changiert eklatant.

2. *Zwei Exempel zu Umbrüchen des Gruppenbewusstseins (modern)*

Abschließend sei das Problem der Menge in einem modernen Kontext mit zwei Zitaten dokumentiert. Sie exemplifizieren das Gruppenbewusstsein an modernen wissenschaftlichen Umbrüchen, hier der Übernahme der mehrdimensionalen Raumvorstellung bzw. der Mehrdimensionalität schlechthin. Die Zitate lauten:

> (1) Es war selbst für die wissenschaftliche Welt schwierig, das Konzept der Dimensionen und Räume mit höheren Dimensionen zu übernehmen, somit können wir uns vorstellen, dass die allgemeine Gesellschaft noch viel länger brauchte und ein sehr viel größerer Aufwand erforderlich war, sie zu verstehen, und wenn, dann eher intuitiv. Die geometrische Revolution des 19. Jahrhunderts, die weit über die einfache Formulierung der Räume mit höheren Dimensionen hinausging, war der Schlüssel für die menschliche Gesellschaft, in die Welt der mehrdimensionalen Räume einzutreten.[83]

Ob die Gesellschaft, das gesellschaftliche Bewusstsein, von dem hier die Rede ist, sich tatsächlich in diesem Sinne an die Mehrdimensionalität gewöhnt hat,

---

82 Leibniz etwa rechnet den Satz ›*il est vray que toute homme est un animal, donc il est faux que quelque homme se trouve qui ne soit pas un animal*‹ zu den Tautologien (im modernen Sinne) oder identischen Sätzen im Sinne seiner Vernunftwahrheit. Wegen des aristotelischen Ursprungs sei die Übersetzung von ›animal‹ als nur ›Lebewesen› in Frage gestellt, ebenso wie zuvor in Vb. m. ›*l'animal raisonnable est toujours un animal*‹ (NE IV.ch.2, § 1. In: PS 3.2, 1996, 240–241).

83 Zit. n. Raul Ibanez. *Die Vierte Dimension. Eine höhere Wirklichkeit unseres Universums.* Original 2010, deutschsprachige Ausgabe 2016, 34.

darf nach wie vor bezweifelt werden. Der Allgemeinverstand oder das gemeine Bewusstsein hat noch kaum eine definite Vorstellung davon erlangt, dass, etwa, die neutrale Ausbreitung des Lichtstrahls eine allgemeine Berechnungsgrundlage ergibt, sodann die Zeit in das Koordinatensystem eingeht (fest verkoppelt oder fusioniert) und infolgedessen die Standpunkte der Beobachtung – bezogen auf den damit objektiv verstanden Raum bzw. seine Lokalisierung in der zeitlichen Ausbreitung – eine unbedingte Relativität bedingen. Der Gemeinverstand reagiert, wie zu vermuten, hier eher immer noch mit Kopfschütteln und Abwenden. Dessen ungeachtet liegen in der Mehrdimensionalität ungemeine Fortschritte der Erkenntnis und der Vorstellungsweise, die sich die verschiedenen Wissenschaften zunutze gemacht haben. Worauf es aber an ankommen möge, ist der zitierte Schlusssatz, der darlegt: „Die geometrische Revolution des 19. Jahrhunderts, die weit über die einfache Formulierung der Räume mit höheren Dimensionen hinausging, war der Schlüssel für die menschliche Gesellschaft, in die Welt der mehrdimensionalen Räume einzutreten". Dieser Satz impliziert, die menschliche Gesellschaft in ihrem Bewusstsein, nicht nur ihrer Bildung, habe die Mehrdimensionalität aufgenommen und quasi verinnerlicht. Ob dies zutrifft oder nicht, jedenfalls muss der Satz voraussetzen, dass es ein solches Bewusstsein gibt, das nicht durch Reflexion und je fällige Befragung real wird, sondern gerade umgekehrt dieser bereits vorausliegt. Der gesamte Sinn der Passage besteht darin, es muss ein Bewusstsein der Teilhabe geben, in dem die Impulse aufgenommen, rezipiert und in einem bestimmten Sinne verarbeitet werden (es heißt „eher intuitiv"), sodann das Gesamtbewusstsein verändern, das hiermit eine neue Schwelle und quasi geschichtlichen Status erreicht. Dass dem tatsächlich so ist, bezeugt der zweite zu zierende Satz:

(2) [Nur selten geraten mathematische Belange in das allgemeine öffentliche Interesse. Nach der doppelten geometrischen Revolution im 19. Jahrhundert jedoch drang die vierte Dimension tief in die Gesellschaft ein]. (i) Sie erlangte das Interesse von Wissenschaftlern und Philosophen, Theologen und Medien, Autoren und Künstlern, Musikern und Dichtern, ebenso wie der gesamten Öffentlichkeit.

Dieser zweite Satz (i) sei noch einmal leicht verändert und laute:
(ii) Sie [die vierte Dimension] erlangte das Interesse von Wissenschaftlern und Philosophen, Theologen und Medien, Autoren und Künstlern, Musikern und Dichtern, ebenso wie das Bewusstsein der gesamten Öffentlichkeit.

Hier wird womöglich niemand bemängeln, dass dieser variierte Satz (ii), der das Bewusstsein für die Öffentlichkeit ausdrücklich macht, ein ungrammatischer

Satz sei. Der Satz bietet überdies den Vorteil, sich angesichts des bislang eingeführten Gruppenbewusstseins und seiner Oppositionen auf das Axiom ›einige-wenige-viele‹ einzustellen und nunmehr die wenigen den Wissenschaftlern, die vielen aber der Öffentlichkeit zuzuordnen. Umso mehr, als (gegenüber (i)) bei dieser, der Öffentlichkeit respektive dem öffentlichen Bewusstsein, nicht wirklich ein Interesse gegeben ist: selbiges rezipiert nur eine allgemeine Entwicklung und macht sie sich nach seinen eigenen Mitteln zueigen, den sogenannt intuitiven. Es wäre aber verkehrt, um den Gegenstrich zu ziehen, der Öffentlichkeit in ihrer Breite und der Tatsache, dass sie ein Bewusstsein vertritt, zu unterstellen, sie würde sich letztlich nur und insbesondere an dem Einzelimpuls orientieren, also dem Zugang zur Mehrdimensionalität bei dem einen oder anderen Wissenschaftler und seiner Gruppierung, der einen oder anderen wissenschaftlichen Methode (z.B. der Digitalisierung der Information), so dass die Annahme des Bewusstseins, das der Öffentlichkeit zukommt und dass sie unterhält, zum Schein gerinnen muss. Es war ein Teil und eine wesentliche Strömung der neuzeitlichen Philosophie bis zur Moderne, dieses Faktum namhaft und seiner habhaft zu werden, da die traditionelle Philosophie, und noch die maßgeblichen Richtungen bis in das 20. Jahrhundert hinein sich mit Vorliebe (und vermeintlich ausschließlicher Stringenz) auf den individuellen oder Einzelstandpunkt berufen haben, sobald irgend Theorem, Lehrsatz oder systematischer Zusammenhang, ja, die Grundlage der Philosophie schlechthin zu formulieren ist. Damit gerinnt im Wechselverhältnis Einzel- versus Gruppenbewusstsein ein bestimmtes Abstraktionsproblem als die eigentliche Hauptsache, nun vorausgesetzt,

- auch diese hier angesprochene Öffentlichkeit besitzt ein eigentümliches Bewusstsein, das ihr spontan oder autochthon, ursprünglich und eigentlich irreduzierbar zuzuschreiben ist.

Abstrahiert man falsch, zergeht oder platzt (implodiert) das öffentliche Bewusstsein, da es sich auf den einzigen Urheber und Inhaber von Bewusstsein, das Einzelwesen, konzentrieren muss. Lässt man das öffentliche Bewusstsein als Teilhaber eines eigenen Impulses bestehen, der nicht mit dem individuellen deckungsgleich ist, sondern dieses resp. diesen vielmehr herausfordert, verliert das Bewusstsein seine klassische Basis der widerspruchsfreien Einheit oder unbedingt monadischen (strikt singulären) Basis, (von der individuellen im strengen Sinne abgesehen, die sich schon begrifflich nicht verallgemeinern lässt).[84] In das

84 *Kommentar*: Macht man das individuelle Bewusstsein zum unbedingt einzelnen, dem singuläre, unwiederholbare Eigenschaften oder Züge zukommen, und setzt es zugleich

Bewusstsein geht ein Begriff von Gegensatz ein, der es ursprünglich ausmacht und zu unterhalten und in jeder seiner Dimensionen zu befragen ist – gesetzt, das Bewusstsein selbst kommt mit dem Begriff der Mehrdimensionalität in Berührung –, und der zuallermindest einen Kontrast, die Kontrarität und irreduzible Komplementarität bedingt (wenn nicht die Polarität, je nach dem wie der Gegensatz veranlagt und ausgezogen wird, siehe Kommentar). – Sollten alle Bewohner einer ländlichen Gemeinschaft in einem bestimmten Land noch nichts von der Mehrdimensionalität oder Relativitätstheorie vernommen haben, und sollten auch einige Bewohner einer Stadtbevölkerung zum selben Zeitpunkt, die mehr oder weniger nur ihrem eingeschränkten Lebens- und Beschäftigungskreis nachgehen, nur ein sporadisches oder fleckartiges Bewusstsein haben – das von Anbeginn, wohlgemerkt, nicht mit dem Kenntnis-, Wissens- oder Bildungsstand zu verwechseln ist, denn dies würde den Weg der falschen Abstraktion einschlagen –, sollten nun diese beiden Gruppen einer Gruppe von Wissenschaftlern entgegentreten, die an einem Institut in selbiger Stadt oder andernorts arbeiten und voneinander sehr genau wissen, dass sie einen bestimmten Kenntnisstand zur Mehrdimensionalität haben und daraus bestimmte Folgerungen für ihre Arbeiten und Forschungen ziehen, dann wäre es offensichtlich verkehrt, nur der letzten Gruppe ein gemeinsames Bewusstsein zuzusprechen, während die Teilnehmer der beiden anderen Gruppen sofort und *a fonte* auf den je einzelnen zurückfallen. Es kommt mithin darauf an, (i) dem Bewusstsein eine kollektive oder gemeinsame Existenz zuzuschreiben, die nicht sofort und nur mit dem Bildungs-, Wissens- oder Kenntnisstand zusammenfällt,[85] (ii) dieses originär gemeinsame Bewusstsein weiterhin auch von der Möglichkeit mehrdimensionalen Bewusstseins zu unterscheiden, in dem Sinne, dass es selbst mindestens eine Dimension (eine fundamentale Emanation und Evolution der Energiebasis gleichermaßen, wie die Zeit innerhalb der relativistischen Raumzeitkonzeption) verkörpert und gesetzt, das Bewusstsein verfügt von Natur her und nicht nur

in das Bewusstsein, das jedem zukommt, resultiert ein bestimmter Querstand, das Kennzeichen der Polarisation und der spezifischen Negation, das sie ausmacht: man muss über den Faktor urteilen, ob er (nur) zu addieren oder zu multiplizieren ist, und diese Kerndiffusion oder Ambiguität hat den Begriff des Bewusstseins stets belastet.

85 Die Trennung oder wenigstens nicht Gleichsetzung des vorhandenen gemeinschaftlichen Bewusstseins mit seinem Kenntnisstand, Vorstellungen oder Ansichten ist in der Literatur durchaus nicht stets gewährleistet, p.e. der folgende Beitrag zum „collective belief", bei dem die Gruppe vom theoretischen Ansatz her mit ihren Ansichten identifiziert wird: Jennifer Lackey. „What is justified group belief?" In: Philosophical Review 125/3 (2016), 341–396).

historisch über die Möglichkeit einer stetigen, unbehinderten Entfaltung, die weder ausschließlich eindimensional ist, noch ein ausschließlich stets mit sich identisches, in diesem Sinne *einsträngiges* Zentrum entfaltet, den sogenannten Mittelpunkt, den das klassische Ich besetzt. Nicht erst seit den Sprachspielen Wittgensteins, noch den Bedingungen der Sprachpragmatik, die unter bestimmten Argumentationsbedingungen ein ideal zu führendes Gespräch zwischen Opponenten entwirft, sind die Philosophie selbst oder andere Wissenschaften auf die Tatsache gestoßen, dass die Beschränkung und Einschränkung des Bewusstseins auf die bedingungslos individuelle Basis zu kurz greift oder dem Bewusstsein nicht gerecht wird (auch wenn dies nicht ausdrücklich unter dem Titel oder Bezug auf die Philosophie des Bewusstseins erfolgt – p.e. bei Habermas). Das Bewusstsein kommuniziert lebhafter und ursprünglicher, es entfaltet sich tatsächlich in einem spürbaren, unmittelbar die Erfahrung mitsamt allen Wahrnehmungskräften fundierenden Energiefeld, an dem praktisch wie theoretisch alle (ein jeder) teilhaben, und daher wird auch seine Basis fundamentaler und in einem erheblich breiteren Umfang wachgerufen, als die Gesprächssituation oder -bedingung, je nach Standpunkt, wachruft oder fordert. Die Behauptung der Dimensionalität des Bewusstseins eröffnet gleichwohl einen neuen theoretischen Belang und bedarf der Erläuterung und des breiteren Nachweises: etwa die Frage, ob Religion oder Spiritualität eine echte Dimensionalität des Bewusstseins verkörpern, auch ob der Massenimpuls oder das neuerliche Massenphänomen, das Massenbewusstsein, welches sich geradezu keilartig aus der Aggregation der Neuzeit erhebt,[86] eine eigene Dimension des Bewusstseins verkörpert, weil man ihm mit den – angeblich alleingültigen oder vollends schlüssigen – Kriterien des aufgeklärten Subjektbewusstseins nicht beikommt (gleichgültig ob politisch oder in den Regionen, in denen das Wirtschaftssubjekt, der Konsument, genauer unter die Lupe genommen wird oder zu nehmen ist). Gesetzt aber, etwa der soziale Impuls ist nicht schon und nur Urheber, sondern wiederum und insbesondere auch *Repräsentant* einer Dimension des Bewusstseins, eben seiner kollektiven Stetigkeit oder seiner notwendig in der Gemeinschaft, im Gemeinbewusstsein verankerten Existenz, i.e. selbiges als existenzielle Singularität bezeichnet, trotz der klassischen Präsumtion, eine Unmöglichkeit, dann ist das erste Argument dingfest, dass diese dimensionale Trennung und Fundierung berechtigt. Gleichermaßen unter Punkt (i): Wenn ein Kenntnis- oder Bildungsstand ein

86 Man muss zu ihrer Erhebung nicht bereits ›Dialektik der Aufklärung‹ betreiben, wie etwa die Kunsthistorie, hier die Literarhistorie belegt (Walter Muschg. *Die Zerstörung der deutschen Literatur*, Zürich 2009, etwa die historische Analyse zum Futurismus und Expressionismus im Beitrag von Trakl bis Brecht).

gemeinsames Bewusstsein nur und insbesondere *re*präsentiert, wiedergibt und/oder darstellt, dann wäre es ein Fehlschluss, das Vorhandensein und die allmähliche oder schlagartige Konstitution dieses gemeinsamen Bewusstsein sofort mit diesem Kenntnisstand zu identifizieren oder damit koinzidieren zu lassen. Also entwickelt sich mindestens ein Kontrast oder spezifische Kontrarität (letztere möge einer hinsichtlich Lage und Ort nicht ideal oder intuitiv vorhersagbaren, damit quasi polygonen Situation unter einer Hauptbasis gerecht werden) zwischen Einzel- und kollektivem oder wie hier stets vorausgesetzt, Gruppenbewusstsein, und die zuletzt angeführten Ergebnisse der jüngeren historischen Entwicklung sind auf dieser Basis zu erklären.

II. Haupteil

1. Einzelbewusstsein – Individualbewusstsein

1.1 Systematik: Differenzen der Theoriebildung, Energiebasis, Intersubjektivität

Der zweite und Hauptteil der Vorlesung, der das Individual- und Gruppenbewusstsein stets in einem Verhältnis begreift, i.e. das Bewusstsein wird nicht endgültig auf die eine oder andere Seite gezogen, als ob es nur dort seine einzige Existenz besäße – befasst sich zunächst mit den Begriffen Einzelbewusstsein und Individualbewusstsein. Dies scheint nach wie vor, als Strömung oder als Ansatz, der breiteste, in dem die gesamte Neuzeit verwurzelt ist respektive auf den sie die Anstrengungen ihrer Theoriebildung ausgerichtet hat. Sobald es irgend gilt, des Geistes, vormals der Vernunft, des Bewusstseins, des »Mind« oder eines ursprünglichen Sprechenden oder Denkenden theoretisch habhaft zu werden, weiterhin und nicht zuletzt auch des Subjekts im Verhältnis zu irgend Objekt, dann über das Individualbewusstsein oder jene Stelle, die als sein Inhaber und Träger oder *extensiver* Mittelpunkt greifbar wird, extensiv insofern, als er unter wechselnden und veränderlichen Bedingungen wiederzuerkennen ist, als ein unbedingt Einzelner, der (i) vorstellt, fühlt, spricht oder malt, die Geige (im Orchester) spielt, ein Gedicht rezitiert, irreduzible (metaphysische) Subjektivität exemplifiziert, einer Traumdeutung zugrunde liegt; (ii) als Proband einer wahrnehmungspsychologischen Gestaltanalyse oder Mustererkennung dient, dessen Gehirnströme gemessen werden oder der als Patient einer PET-Analyse unterzogen wird (stets unter der stillschweigenden Voraussetzung, der Gehirnstrom als effektives Energiefeld hätte eine absolut selbstursprüngliche (endogene) und individuell distinkte Grenze, die keinen Einfluss durch andere cerebrale Energie zuließe oder voraussetze (was überaus fraglich); (iii) ein Individuum, das gezählt wird, in seinen Dezilen geschätzt wird, sich versammelt, einer projektiven Planung unterliegt, eine (insb. statistische) Meinung vertritt, bis hin zum Mitglied von „Cliquen, Richtungen und Sekten", welches wiederum, wie längst erwiesen, fundamental die Frage nach der Gegenrichtung aufwirft, insbesondere wenn es sich (quasi im Maximum oder der bestimmten Siede, die als Phänomen der Energie nicht geradewegs in Abrede zu stellen) um, etwa, einen „Hexenkessel handelt, der in hitziger Auseinandersetzung mit sich selbst und [noch dazu] mit der Zeit kochte";[87] (iv) die

87 Aus der historischen Literaturanalyse zur Zeit des letzten und endgültigen Umbruchs um 1910 (Muschg 2009, 625).

Person, die handelt, einen Leistungsstand oder ein Knowhow beweist und einem Unternehmen beitritt, sich um ein Amt bewirbt; (v) einen Diebstahl begeht, einen öffentlichen Amtsträger diffamiert oder seine Zugehörigkeit zu einer Clique, Gesinnungsgenossenschaft oder Kampfgruppe unterschlägt (die Zuordnungen selbstredend nur exemplarisch). Nun gilt aber weiterhin, das Individual- oder Einzelbewusstsein *als Quelle* anzunehmen, ist freilich grundverschieden von jeder Absicht, selbiges *als Ergebnis* der Theoriebildung auszuweisen. Das Individualbewusstsein als Quelle verstanden, meint an und für sich seine natürliche Wurzel – Wurzel insofern, als dieses natürliche Bewusstsein, zumindest von seinem angeblich oder nicht einzigen Ursprung her – nicht offen und sofort lesbar auf der Hand liegt, sondern ganz im Gegenteil (so dass sich einschlägige Verbindungslinien zur Problematik des Ursprungs von Subjektivität ergeben);[88] während das Bewusstsein als Resultat die dezidierten Theoreme der verschiedenen Richtungen bezeichnet, wie sogleich erläutert. Versteht man nun das Individualbewusstsein als Ursprung von Bewusstsein überhaupt, gilt es dementsprechend von Anfang an seine Wahrnehmungs-, Erinnerungs- und Denkkapazitäten zu ermitteln und darzustellen, dann ergibt sich, auf das Thema der Vorlesung bezogen, stets ein bestimmtes Loch oder eine Leere – die charakteristische gesellschaftliche *Vakanz* –,[89] sobald das Bewusstsein in eine gemeinschaftliche Grundlage überführt oder aus dieser erkannt werden soll. Die Ursache besteht darin, dass der Wahrnehmungsapparat seit vielen Jahrhunderten darauf beschränkt und – durchaus simplifizierend – *geeicht* wird, im anderen zunächst nur sein körperliches Dasein zu erkennen und als ob alle inneren mentalen Regungen, überhaupt der unschließbare natürliche Zusammenhang des Bewusstseins erst spürbar und erkennbar wird, wenn dieser andere einige körperliche Gesten oder gar Sprachlaute äußert bzw. geäußert hat. Als ob die Evolution den Naturlaut nicht aus einer *Minus*akustik heraus entfaltet hätte, mit anderen Worten, das animal hat sein Gegenüber nach seiner inneren *psyche* oder Gemüt bereits wahrgenommen und ‚gehört', bevor dieses einen Laut oder Ähnliches ausstößt, und überdies und insb. ausstoßen oder vernehmen lassen konnte, denn die Ausbreitung des Energiefeldes ist nicht gezwungen, sich an die eventuell noch gar nicht ausgebildeten sensorischen Organe zu binden. Der Positivismus ist gewissermaßen die theoretische Enklave dieser Einstellung bis heute (und es mag sein, diese Fähigkeit verteilt sich unter den Individuuen und Arten, vollkommen gekoppelt an die Evolution und

88 Vgl. w.u. und Henrich 2016, Kap.IV.

89 Der *locus moralis* sei demgegenüber etwas ganz anderes, er wird zuletzt im Abschnitt „Zum Kalkül" angesprochen und resultiert aus der Bedingung des Sprungs oder Hiatus, der mit Bewusstsein verknüpft ist (die negationspflichtige Polarität in der Basis, die eingehend erläutert wird).

ihre Selektion: die Klassifikation und ihre beiderseitige Intelligenz ist demnach ursprünglich gefordert, da nicht mehr zu erwarten, Intelligenz oder geistige Einsicht entwickelt sich erst dann, wenn ein im Gegensinne an die Außenwelt gekoppeltes Sinnesorgan aktiv und vorhanden). Setzt man hingegen, um nicht weiter einzudringen, die Bewusstseinsenergie in die Wurzel, dann muss selbige alternieren, indem sie zwar einerseits beim Einzelnen und nur beim Einzelnen ihren Ursprung nimmt, anderwärts aber (von der empirischen Evidenz her) unbestreitbar jenseits des Einzelnen verwurzelt ist, da allen Wesen mit Bewusstsein, sogar seiner Vorstufe(n), selbige Energie zukommt (und in der Philosophie die Lehren zur reziproken, quasi spiegelförmigen Perzeption hervorgebracht hat, abgesehen vom Problem der Verworrenheit resp. der später sich an diesen Bereich knüpfenden Vagheit, letzteres von der Annahme ausgehend, es sei diese Basis ein primäres Gemenge und die klare Vorstellung abstraktionspflichtig resp. das Bewusstsein ohne Möglichkeit, sich in der bloßen Energie, selbstredend auch inneren, die ihm niemals, faktisch und nach Voraussetzung, allein gehört, zu orientieren und deutliche Vorstellung zu gewinnen). *Scil.*, um zurückzukehren, die genetische Basis des Bewusstseins ist hochgradig phylogenetisch, es hat eine kollektive und nicht etwa subjektive oder individuelle Basis, die sich vererbt und in den genetischen Code eingeht (es wurde zwar noch niemals erlebt, dass tatsächlich von einem humanen Elternpaar das Schaf, Schäferhund, Krähe oder Esel abstammt, abgesehen von Habicht, Hai, Wolf, der wie Fuchs und Wiesel in seine gelegentlich metaphorische Namensgebung eindringt, oder, wie öfters vermutet, das Schwein, i.e. piger; zu allen Zeiten wurden jedoch Missgeburten beobachtet, die es zum Teil als überaus fraglich erscheinen ließen, ob angesichts der Schneidung zum hiesigen ein Tier oder Mensch vorliegt, [so etwa Leibniz in NE IV.ch.4, §13, 1996, 320–327]; dessenungeachtet, wenn die biologische, zugleich -genetische und -physiologische Membran kommuniziert und der genetische Zusammenhang erste Basis, erscheinen nicht etwa die antiken Schimären, neuerdings ihr immerhin »bremischer Musikant«, sondern der Anschein oder moralische Anklang rationabel – i.e. in- bis interferent bzw. einflussbedingt –, der einem oder bestimmten Menschen seit eh nachgesagt wird). Nun gehört eben jener genetisch kollektive Anteil aber auch zum Erlebnis des Bewusstseins, bzw. er gehört zur Evidenz des Bewusstseins, denn es kann effektiv nur Täuschung, Illusion oder aber bereits Verleugnung sein zu behaupten, das Bewusstsein, in und aus dem Erlebnis seiner ursprünglichen Energie, wäre vollkommen abgeschlossen nur für sich beim Einzelnen verankert oder aufgehoben, quasi in seinem eigenen natürlich zugewiesenen abgeschlossenen Raum oder Zimmer, und nur in dieser lebenslang einzigen Situation. (Aus diesem Grunde wurde oben das Beispiel und die längere Ausführung zum

Fahrerlebnis bzw. Führen eines Fahrzeugs eingeführt,[90] das deutlich vorzuführen suchte, dass der Konnex des Bewusstseins nicht erst durch die Beobachtung und das gegenseitige Wahrnehmungsverhalten der Verkehrsteilnehmer im jeweiligen Augenblick der Beobachtung zustande kommt. Es gibt eine bestimmte Unterzeitigkeit des Zusammenhangs des Bewusstseins, als α- oder vorgängige Bedingung sich wahrzunehmen, in der sodann die jeweiligen – quasi subjektiven – Akte der vor- und nachzeitigen Wahrnehmung einzulegen, die aber nicht dafür verantwortlich zu machen sind, als würde erst durch sie der – im Verkehrsverhalten notwendige – Konnex des gemeinsamen Bewusstseins, des Bewusstseins voneinander als Verkehrsteilnehmer, geschaffen und erzeugt. Die Folgerung war, die Bedingung für die Dimensionalität des Bewusstseins namhaft zu machen respektive selbiges sofort in der Mannigfaltigkeit zu verankern; wiederum nicht etwa in gegenseitiger Neutralisierung, sondern Bekräftigung der Annahme zur phylogenetischen Entstehung des Bewusstseins in und nicht zuletzt *vor* der Sensorik. Raum und Zeit, mit anderen Worten, sind (abgesehen von ihrer idealen Ableitung) nicht mehr durch natürliche Anschauung des Subjekts bedingt, sondern die räumliche und zeitliche Wahrnehmung ist in das Energiefeld zu verlegen und erwirbt durch selbiges ihre konstitutiven Bedingungen).

Nun ist die Energie, die das Bewusstsein an sich erlebt oder die es als sein Grundlage weiß, mit der Gehirnfrequenz zwar kompatibel, aber nicht deckungsgleich, denn selbstverständlich erlebt das Bewusstsein notwendig seine eigene Energiegrundlage. Es hat Spannungs- und Entspannungserlebnisse, es fühlt, wann sich seine Bewusstseinsenergie entlädt, ja es ist sogar willentlich imstande, diese Ladungen und Entladungen weitgehend zu steuern.[91] Hier ergibt sich ein breites, mitunter diffiziles und sehr breites Spektrum an spezifischen Erlebnissen oder Erfahrungen (wofür, u.a., das Sexualverhalten oder die Sexualität eintreten kann, aber beileibe nicht muss. Die Energieentladung ist, ohne jeden Lachvorgang und sein antikes *proprium*, ein völlig konformer, alltäglicher und den Tagesablauf oft begleitender Umgang [mit] der Energie, der außerdem Gesten und Kommunikation begleitet und subtil, nach grenzartiger Abweisung oder Aufnahme, fundiert). Da nun aber genetisch die Bewusstseinsenergie unter allen Individuen vererbt wird – die Generalthese oder unangefochtene Behauptung der

90 Kap. Einführung, [4].Anm.2.

91 Dementsprechend ist die Gehirntätigkeit unter keinen Umständen direkt mit den „psychologischen Prädikaten“, wie es gelegentlich heißt, oder den Leistungen der Bewusstseinsvermögen zu verwechseln (vgl. ausführlich zu diesem Thema: Maxwell Bennett, Daniel Dennett, Peter Hacker and John Searle. *Neuroscience and Philosophy*. New York: Columbia University Press 2003).

Evolutionstheorie –, muss diesem Erlebnis auch ein Anteil dieser genetischen Wurzel zukommen respektive es muss die Energie selbst über Möglichkeiten verfügen, den kollektiven Anteil auszuleben oder wirklich werden zu lassen; anstatt stets nur dem Modell des Fürsichdenkenden, Vorstellenden, der Person, die sich ihre eigenen und nur eigenen Gedanken macht und diese ausspricht, anzuhängen. Da die Philosophie insb. sich davon freimachen muss, in ihrer Redeweise oder im wissenschaftlichen Ausdruck eine unsachgemäße und/oder fehlleitende Vergegenständlichung, eine falsche Reifikation, wirksam werden zu lassen, hat die Formulierung darauf zu achten, weder die Energie selbst, die dem Bewusstsein zugrundliegt, noch sein ursprüngliches Erlebnis falsch zu abstrahieren oder in diesem Sinne zu vergegenständlichen. Entsprechend sollte – und muss man tatsächlich – wahrheitsgemäß formulieren, die Energie unterhält einen stetigen Konnex oder natürlichen, genetisch bedingten Anschluss, und dieser ist erste Basis des Bewusstseinserlebnisses, so dass die beiden Formen, das individuelle versus andere oder insbesondere gemeinschaftliche Bewusstsein, nur auseinanderfallen, changieren, alternieren oder im definiten Sinne polarisieren, keine Form aber die ganze Existenz oder den ganzen Ursprung für sich vereinnahmen kann. (Es ist daher keine dialektische Klausel vonnöten, welche angesichts des Bewusstseins Identität und Nichtidentität – oder Unvermitteltheit und Vermittlung, oder gar Natur und Reflexivität – in Beziehung setzt, da diese (i) satzungsbedingt sofort reflexiven Ursprungs wäre, (ii) unter beiderlei Zugriff, idealistisch oder materialistisch, einen Abschluss und Aufhebung forderte, (iii) der Logik der Polarität auflägе, die tatsächlich die Basis ist, diese jedoch im geradehin entfaltet und keinen Abschluss – oder letzte Aufhebung – fordert, sondern ganz im Gegenteil). Anders besehen, es kommt zunächst nicht darauf an, Sätze zu bilden, in denen Bewusstsein von Bewusstsein existiert oder das Bewusstsein von sich Wissen besitzt, sondern das unabstrahierte Grunderlebnis zu klären, dass Bewusstsein in Bewusstsein existiert, nicht zwischen oder neben oder gegenüber, sondern tatsächlich in oder innerhalb von, oder sogar Bewusstsein aus Bewusstsein, und dieses aus oder wiederum in Bewusstsein meint, es ist nicht gänzlich nur subjektives oder individuelles, persönliches Bewusstsein im herkömmlichen Sinne. (Es sei angemerkt, dass die Sprache womöglich nicht vollkommen an die exakte Bezeichnung des Sachverhalts heranreicht, insofern die einfachen Präpositionen dafür einstehen müssen). Das Bewusstsein erlebt sich von Anfang an, als Bedingung a priori, nur als in sich aufgehoben, und dieses Erlebnis ist nicht mit seinen Erinnerungen über das vergangene eigene Bewusstsein deckungsgleich oder darauf zu reduzieren.

1.2 ›Bewusstsein in Bewusstsein‹

Das ›Bewusstsein in Bewusstsein‹ ist die Basis für ein akzentuiertes, ggf. definites Gruppenbewusstsein (noch abgesehen von jedem parteilichen oder satzungsbedingten). Das akzentuierte Gruppenbewusstsein ist wiederum nichts anderes als – etwa, zur probaten Veranschaulichung – jene Formen, die heute in der Arbeitswelt im Team weithin gepflegt und gefordert werden. Nimmt man hingegen, um noch einmal an die obige Einleitung zu erinnern, das Einzel- oder Individualbewusstsein als nunmehr Ergebnis (und nicht ausschließlich Quelle) der Theoriebildung, dann treten ausdrückliche Theoreme wie das cartesische *cogito ergo sum* oder die kantische *transzendentale Apperzeption* in Erscheinung, übrigens wider die leibnitianische Position der Monade, die als Substanz gemeint und konzipiert ist und daher nicht auf ihrer Ableitung beruht. Weiterhin trifft dies auch auf das Gewohnheitsbewusstsein Humes zu, da es sich erst infolge einer allgemeinen Urteilsbildung einfindet oder konstituiert, dies aber auf Seiten des einzelnen individuellen Subjekts, selbst wenn diese Gewohnheit einer Mehrheit oder vielzähligen Erkenntnissubjekten gleichermaßen zukommt (die Gewohnheit entstammt der theoretischen Notlage des Subjekts, eine Kausalität nicht zu wissen, nicht vollständig erschließen zu können, so dass es die Phänomene α und β gewohnheitsmäßig als kausal verknüpft, und wiederum erlaubt der skeptizistische Ansatz Humes nicht, sich stattdessen auf einen allgemeinen, auch von anderen Subjekten oder einer Sprachgemeinschaft getragenen Gewohnheitsschluss zu verlassen). Das Bewusstsein als Resultat verstanden hat dergestalt, zumindest aus der Perspektive der Historie, noch weniger Zusammenhang mit anderem Bewusstsein oder einem Bewusstsein, das sich auf Seiten der Gruppe mehr oder weniger spontan konstituieren müsste oder könnte. Nun zeigt sich bereits bei diesen beiden signifikanten Instanzen, der cartesischen versus der kantischen, dass das Ich bei letzterer nicht im Namen wiederauftaucht, obgleich freilich die transzendentale Apperzeption unmittelbar mit dem Ich als seinem Statthalter verknüpft ist. Aber die transzendentale Apperzeption meint doch eine theoretische Instanz, die nicht einfach auf das empirische, und selbst nicht auf das ideale Ich festzuschreiben ist. Zwar benötigt sie seiner, um sich kraft Anwendung und Innehabe der reinen Kategorien zu *instantiieren* (gesetzt, irgendwo ein $\mathrm{f}xy$ und $\mathrm{g}x$ oder $\exists x \forall y\,(\mathrm{F}xy\,.\,\mathrm{G}x)$ etc. auszudrücken, indem die empirischen Begriffe mitsamt und über die Kategorien sich an einzelnen Entitäten oder x, y, z behaupten, und um an dieser Stelle den logischen Ausdruck einzusetzen) – aber die transzendentale Apperzeption ist keine Instanz, die je nur bei diesem empirischen oder sogar idealen Ich zu finden wäre, das sich kraft ihrer vereinzelt und signifiziert. Sie meint eine Bedingung, die notwendig wie sie selbst eine Verfassung der Vernunft trifft, und diese kann unmöglich anders als ins Wesen, die Grundvoraussetzung geschrieben werden. Damit, keine Frage, kommuniziert freilich die transzendentale Apperzeption nicht über die Subjekte hinweg, zumindest nicht instantan und im Sinne der gewöhnlichen Kommunikation, die des Aktes der Absicht und des intentionalen Anstoßes bedarf. Aber es wäre Fehler oder Versäumnis der Erkenntnis, ihr eine bestimmte Kommunikation oder Teilhabe abzusprechen, sobald – unter der Bedingung dieser Philosophie – vernünftige Subjekte miteinander verkehren. Sie alle müssen über die transzendentale Apperzeption verfügen bzw. ihrer mächtig sein, so dass sich, zunächst, das Problem der Intersubjektivität stellt, das zumeist unter dieser Voraussetzung angeführt und erörtert wird. –

Die Vorlesung wird auch diesen Begriff nicht übergehen und fragen müssen, inwieweit dieser Begriff auf die Bedingung der erwähnten Leere, der *intersubjektiven Vakanz* festgeschrieben werden darf, nach der angeblich der Wahrnehmungskontakt und überhaupt eine natürliche Verbindung unter verschiedenem Bewusstsein erst durch Reflexion, die Wahrnehmung körperlicher Gesten oder aber Sprachhandlungen entsteht. Intersubjektivität meint die Voraussetzung, beim einzelnen ein subjektives Bewusstsein anzunehmen, in dem seine gesamten Inhalte von den unbewussten und verworrenen angefangen bis hin zu den Wahrnehmungs- und Erkenntnisakten aufgehoben sind, die Sprachhandlungen mögen an irgend Stelle verankert sein (obgleich eine falsche Suggestion unterstellt, es sei die Sprachhandlung bereits notwendiger- oder bedingungsweise distinkt und klar, eines dilutierten, verworrenden Bewusstseins ledig). Da nun vernünftige oder genauer vernunftbegabte Subjekte nach derselben theoretischen Voraussetzung der Transzendentalität oder transzendentalen Bewusstseins erst ihre Verstandesbegriffe in Kraft setzen und im Rahmen von Urteilen oder modern gesprochen Sprachhandlungen einsetzen müssen, bedeutet dies, dass auch im zwischenmenschlichen oder intersubjektiven Verkehr stets diese transzendentalen Akte vorausgesetzt werden müssen, sobald an diesen Verkehr als insbesondere sprachlicher, urteilsbegründeter oder urteilskonformer das Kriterium bzw. die Bedingung der Vernünftigkeit gestellt wird. Die Folge ist, die in der Literatur gelegentlich beklagt wird, dass die Ursprünglichkeit des Verkehrs *a fonte* erloschen ist, da notwendig einzig die Reflexivität diesen Verkehr regeln und erklären kann. Will man sich von dieser Bedingung lösen, die angesichts der Durchdringung der modernen Welt, ihrer instantanen »Vernetzung« (inkl. der sog. »Sozialmedien«) und politisch-finanziellen gegenseitigen Kondition[alis]ierung, ja

– um dies nicht auszulassen – geradezu buchstäblichen Verpfändung[92] von Subjekten und Institutionen aufgrund der Kommunikations- und zugleich Sozialriten immer mehr obsolet und antiquiert erscheint, sind andere theoretische Hilfsmittel vonnöten, als sie die historische Philosophie bereitstellen konnte.

Hierbei ist zuerst in Erwägung zu ziehen, ob der dialektische Ansatz in seinen beiden Hauptvarianten, der idealistischen und der materialistischen, tatsächlich verfehlte, entweder jene Substanz zu benennen und dingfest zu machen, die als Vernunft – oder nunmehr *absoluter Geist* –

- ❖ alle menschlichen Wesen vereint und die geschichtliche Entwicklung der Nationen und Gesellschaften bestimmt;

oder aber, nach der materialistischen Orientierung, eine Schlussfolgerung zu formulieren,

- ❖ nach der der Mensch, das Subjekt, erst in seinem gesellschaftlichen Umfeld wirklich wird

und auch seine Verwirklichung davon abhängig ist, sich in diesem Umfeld, der gesellschaftlichen Schicht beziehungsweise Marx zufolge in seiner Klasse, zu behaupten. Das historische Scheitern des politischen Marxismus ist jedenfalls, insoweit es die Absicht verkörpert, eine Einparteiengesellschaft zu erreichen und dieser zuzuweisen, nur eine Klasse zu besitzen, deutlich und überall davon zu unterscheiden, ob dem Subjekt zuzuschreiben ist, dass es erst in seinem gesellschaftlichen Umkreis oder in der, neutral verstanden, Gemeinschaft wirklich wird und als wirklich anzusetzen ist. So hätte die Dialektik, gesetzt, sie steht auf beiden Seiten für diese Voraussetzung – denn der absolute Geist ist unmöglich eine Ich-Instanz oder gar Ich-Substanz, und Selbstbewusstsein lässt sich, trotz aller historischen Entwicklung in der bürgerlichen Gesellschaft, seiner Instanz und Geltung nicht zuschreiben –, eine Einsicht vermittelt, die in die Moderne führt; und wenigstens eine Bedingung namhaft gemacht, die – statt mit klassischer erster Affirmation – mit der Negation oder Negativität verknüpft ist und aufzugreifen oder weiterzuverfolgen ist; ja sogar mit der Negation der Negativität, insofern beide Varianten der Dialektik zwar eine indirekt oder direkte kollektive Grundlage des Bewusstsein implizierten, als dialektische Schlussweise aber auf eine Folgerung hinauswollten, von der sich die Historie nachhaltig abgesetzt hat:

92 Das Französische besitzt den Ausdruck ‚engager' (le gage = der Pfand), und indem man sich engagiert, verpfändet man sich gegenseitig gewisse Sozialdienste unter der Voraussetzung der allseitigen und nicht nur binären Teilhabe des Bewusstseins.

weder hat sich, auf der positiven Seite der Überwindung der Negativität, der absolute Geist »bewahrheitet« (als untrügliche oder unverzichtbare Konstante behauptet, der die gewöhnliche Verstandestätigkeit unter vielen und allen verpflichtet), noch im Politischen die Einklassengesellschaft (unter Bedingung der Einparteienherrschaft oder des geradezu Parteimonopols), versteht man sie von der Dialektik her gleichermaßen als die Aufhebung des Widerspruchs oder das Erreichen der endgültigen Einheit bzw. Unifizierung (in der der Schichtenunterschied verschwindet oder ›¬‹- *und* ›≅‹-ledig einschmilzt). Nun wiederum sollte nicht wundern, dass, gesetzt es gilt auch die Negation der Negativität zu verfolgen, an dieser Stelle die Polarität erneut einzutreten hat, beziehungsweise ihre verwandten Vertreter innerhalb des Feldes der Negation, die Formen der Komplementarität und ihrer Verzahnung. Wenn nämlich überhaupt die Möglichkeit zu begreifen ist, dass (i) (sich) Bewusstsein unter mehreren kommuniziert, mehr, dass (ii) Bewusstsein erst in einer gemeinschaftlichen oder gesellschaftlichen Form seine vollgültige Existenz erlangt, die auch dann noch vorauszusetzen und zu berücksichtigen ist, wenn man diesem Bewusstsein die Abgeschiedenheit seiner theoretischen Reflexionen zugesteht, dann sollte es auch (iii) ein *intra-*, *inter-* und *extra*poliertes Bewusstsein geben, welches letztere allein gelegentlich in der Literatur auftaucht; wobei diese Möglichkeiten durchgehend unmöglich von einem Einzelbewusstsein als umfassender Geltungsanspruch ausgehen können und sich darin erschöpfen. Die Wahrscheinlichkeit regiert den Sachverhalt somit dahingehend, sollte es ein intrapoliertes Bewusstsein geben oder ist dessen Möglichkeit zu befragen, dann ist die Wahrscheinlichkeit beim Einzelbewusstsein (und nur Einzelbewusstsein) gleich null.

1.3 Das interpolierte Bewusstsein

Das *interpolierte Bewusstsein* – um die erste Orientierung zu vermitteln – wäre und ist damit eine Form des Bewusstseins, an dem notwendig verschiedene, mindestens jedoch zwei Subjekte teilnehmen und das unmöglich auf eine Seite zurückfallen oder darauf endgültig zu reduzieren ist, da sich die Subjekte damit aufhöben, ihr wesentlichstes verlieren beziehungsweise quasi nicht mehr existent sind. (Der Widerspruch ist also durchaus virulent). Anders besehen, ist die Isolation oder das unbedingte Alleinsein, wie eh, ein spezifisches Problem, das wegen seiner Extremität nicht ermöglicht, die Allgemeinbedingung zu verkörpern oder als erste Bedingung durchzuhalten (und daher, und nicht zuletzt, die oft vernachlässigte Primärsanktion im Strafrecht darstellt, und dies seit Jahrhunderten: Gefängnis und Bann, Acht, Zuchthaus und Lager, Einzelhaft, ggf. der Eremit oder Einsiedler). Das Bewusstsein muss, um zu sein,

- ❖ sein Gegenüber oder die wenigstens Zweitinstanz anerkennen und wissen – die Instanz eines Bewusstseins und nicht eines Körpers –,

abgesehen davon, dass es sie längst als Möglichkeit und als Wirklichkeit, wenn nicht eben und insbesondere als Notwendigkeit verinnerlicht und in den verschiedenen Formen der bewussten Verarbeitung gespeichert hat; und damit beginnt der Prozess, der über die ›Intersubjektivität‹, gelegentliche Formen der ›sozialen Gemeinsamkeit‹ insbesondere auch in das Verhältnis von ›Einzel- oder Individual-‹ versus ›Gruppenbewusstsein‹ führt, wobei diesem Verhältnis oder eher dieser Beziehung bzw. *Relation* nun zukommt, die eigentliche, die ontologische oder existentielle Bedingung zu formulieren. Gleichgültig von welchem Standpunkt aus man diese Relation einzuholen und zu begreifen sucht, ob vom kindlichen Dasein und der Erziehung her, oder aus den vielfältigen Formen, in denen sich das ausgereifte Bewusstsein in der Gesellschaft behauptet und behaupten muss, das Bewusstsein verfügt nirgendwo über die Möglichkeit, sich als absolute Solitärinstanz oder – im strikt theoretischen Sinne – *unbedingte Singularität* zu begreifen (ungeachtet ob man ihr noch eine solipsistische Konfektur im Sinne der theoretischen Verkleidung anhängt oder nicht); beziehungsweise dass alle Fähigkeiten und Vorstellungen, über die es verfügt und die es – mehr oder weniger – beherrscht, seiner und nur seiner Quelle entstammen und auch nur durch diese verwaltet, nach ihrer Geltung zugeordnet, aktualisiert und reguliert werden. Die Vorstellung gerinnt damit in einer kollektiven Basis, welche ihre klassische und postklassische Vereinzelung (p.e. Schopenhauer) negiert und das Apriori im mehrfachen Sinne in selbige Vorbedingung legt: nicht allein, dass es, so sicher wie der Umgang mit und die Geltung der Zahl, ein Verstehen von Vorstellung nur gibt, wenn ihm ein Gegenschlüssel in der anderen Endstelle der Beziehung vorausgesetzt wird – und entgegenkommt; sondern, noch dazu, die Beziehung diffundiert auf Anhieb oder instantan, so dass sie fokal wird, die Projektion auf natürliche Weise aufnimmt und zulässt, dass Vorstellung ggf. *sub luce*, mehr noch vorab, im echten Vorfeld gelesen und/oder simuliert wird (dies sei der Fachausdruck, der nicht das imaginäre oder gestellte Vorstelligmachen, ggf. mit Maschinenhilfe meint: der Flugsimulator ist freilich eine instantane Hilfe der bewussten Vorstellung des Fliegens und Befliegens eines Flugkörpers, aber das Bewusstsein leistet selbiges auch instantan von Natur her und gegeneinander). Diese Einsicht mag, gegenüber dem sog. natürlichen Verständnis, jene Unbequemlichkeit mit sich bringen, welche an und für sich seit eh die Wissenschaftlichkeit ausmacht, aber sie sollte auch die Einsicht bergen, wenn man die menschlichen Vermögen, Kapazitäten und sozialen »Errungenschaften« im Sinne der instantanen Sozialdienste, die sich zwischen den sog. Subjekten auf allen Ebenen ausbreiten, angemessen liest und versteht, dass das soziale

Band oder sogar „gesellschaftliche Faustpfand“,[93] das seit Jahrhunderten in einem mehr oder weniger dunklen Dasein die theoretische Bemühung begleitet (gesetzt sie sollte das Schisma beweisen, die tatsächliche Beiherlese, das ständige Insein samt ihrer Verleugnung), (i) auf den Schlüssel verweist, der dabei an und für sich wirksam ist, (ii) die Logik der Beziehung voraussetzt, die sich notwendig durchsetzt, (iii) die Wahrnehmungs- und operativen Kräfte zugleich in das Energiefeld verlegt, das *alles* Bewusstsein teilt, um zu schließen, (a) der Schlüssel (resp. Gegenschlüssel) ist sehr wohl ein evolutionäres und überaus soziales Produkt – er unterliegt intra- und subkutanem Wandel –, (b) er bindet theoretisches Bewusstsein *a fonte*, also von der Wurzel her – selbiges bestimmt das theoretische oder Subjektbewusstsein seit der Neuzeit und ist, noch immer, in den Grund des sprachlich vermittelten modernen oder nachklassischen (sog. analytischen) Subjekts zu verlegen –, und (c) er ist fokal in dem Sinne, dass das Auslesen seiner »Zähne« (oder abstrakt Segmente, seines Rasters, i.e. Barts) eine, ggf., immense Empfindungsfähigkeit voraussetzt (das Vornehme und Erhabene, sollte es selbiges noch geben, hätte hier seinen angestammmten Platz, i.e. die ›wenigen und vielen‹ haben hier einen echten Belang); welche keineswegs nur und ausschließlich in der Nut (und Bequemlichkeit) des Selbstverständnisses liegt, noch in selbiger der zugehörigen sozialen Gruppe oder Schicht, sondern im Kern des Zentrums, in dem sich (zunächst) Ich und Nichtich oder, um die Termini zuzulassen, Selbst und Nichtselbst voneinander lösen (und lösen müssen; denn, fokaler Natur, bedingen sie eine bestimmte Schmelztiede in der Energie, die real und auf keiner Seite die – ehemals ideal gestimmte – Absolutheit zulässt); um, nunmehr zwangsweise und geradezu ebenso zwangsläufig, keine reflexive Vernunft (im hergebrachten Sinne der theoretischen Selbstvergewisserung, des Selbstseins oder Inseins) zu fordern, ja überhaupt fordern zu können, da (α) das Feld, in dem anderes Bewusstsein wach und gegenwärtig, mitliest und ggf. mitdiktiert, außerdem in seiner Ab- und Anspannung von jenem Zentrum, in dem Selbst und Nichtselbst sich lösen müssen, (schon logisch) nicht zu trennen ist: es ist also bereits notwendigerweise singulärpluralisch (die wahre Komplexität unbenommen und hier nicht bezeichnet: sie muss, bei Annahme echter Natur, so komplex sein wie zuletzt, p.e., die Genetik und der Synapsenbaum resp. -feder); außerdem (β) persönliches Geschick, Dummheit oder Selbstüberhebung verhindern, dem Schlüssel in der (nunmehr verifiziert) polaren Relation nicht nur die schlecht amalgamierende Kraft zu schenken – sie

93 Mit diesem Begriff berührt Marx den Belang: „Mit mehr entwickelter Warenproduktion muss jeder Warenproduzent sich das verbindende Band, das ‚gesellschaftliche Faustpfand‘ sichern“ (*Das Kapital*, Abschnitt „Schatzbildung“, Ausgabe 1932, Köln 2009, 138).

besitzt sozial bei weitem die Überhand, als ob es vor allem gelte, sich anzubinden oder gar einzuschweißen (zumindest in der gemeinsinnigen, alltäglichen Gegenwart) –, sondern jene, die Einsicht, Klarheit und, in diesem Sinne, den fusionierenden Verstand schenkt. Er wiederum sei jener, der (i) weiß, wo die echten Brennpunkte liegen, zumindest die instantan wirksamen, alles in jener Innerlichkeit, welche der Verkehr der Bewusstseinsenergie unter mehreren spendet (die Krümmung vorausgesetzt, die noch genauer erklärt werden wird und auf instantaner Polarität der Energie beruht; die Innerlichkeit ist also außen-geteilt und *ab fonte* pluralisch gegenüber dem reinpsychischen Bewusstsein bzw. der Sphäre des einzelnen oder in diesem Sinne definierten klassischen und überwiegend modernen Subjekts, hingegen nicht äußerlich in dem Sinne, dass sie erst durch akustische Schallwellen, die übliche Ausdehnungsmetrik sinnfällig und akut werden müsste), somit (ii) die ± Teiler, ihre zugehörigen Kräfte und Intensitäten, (iii) das ›Selbst‹, das agiert, sich selbst einschätzt und *setzt* – und nicht das eigene ist, sondern ggf., und insb., eine Gruppe resp. deren mehr oder weniger verschweißter (fusionierter), jedenfalls aktual wirksamer Knoten. Alsdenn ist das soziale Band ein Schlüssel-»Phänomen« (sondergleichen), er diskriminiert und gew. konkubiert von ± Anbeginn. Und was er öffnet oder nicht, ist keineswegs der soziale Antrieb des gegenseitig unbelasteten und womöglich vollkommensten Erkenntnisaustauschs, auch nicht des unbedingten und bedingungslosen Respekts als Person oder Wesen, beides Schimären, denen der Idealismus im halbseitigen Sinne des Appells nachging, sondern in der Nut des allseitigen(!) Selbstverständnisses das durchaus bedingungslose Subjektsein (in genau diesem buchstäblichen Sinne), i.e. die Ein- und Unterordnung des hierarchisch Nachgeordneten, wissensmäßig Unterlegenen (hier beginnt ein Reich der Prätention und Verfälschung), weniger Mächtigen (am Politischen gemessen), an irgendeiner Eigenschaft, sie sei tatsächlich körperlich oder geistig, Leidenden oder nicht Leidenden (dies meine Nichtleidenden oder sogar Unversehrten, um nicht geradewegs Gesunden zu sagen: *scil.*, diese Bilanz beginnt schon mit dem weniger Bemittelten, Begabten, etc.). Mithin hat sich an der tierischen (und nicht etwa grundrechtlichen, im Geradehin und unbemüht wirksamen) Substanz des Menschen, an und für sich (seit der Antike und passierten Neuzeit) nichts geändert, insoweit das soziale Band seine Sozial- als geradehin Bewusstseinsfähigkeit ausliest. ›Herd‹ und aristotelische ›Herde‹ bestimmen nach wie vor, und womöglich ‚in alle Ewigkeit' (es sei denn, die Aufhebung des Schismas übernimmt von der Gegenseite die Bestimmung der Schleife), seine durchaus skrupulöse Anbindungsfähigkeit, welche, wohlgemerkt, den Beginn des Daseins, der Bewusstseinsfähigkeit und ihrer Kräfte mitsamt aller Vermögen setzt. Der Herdenführer ist die stipulierte Figur im Halbschatten, und ggf. das Diktat der

Schlüssellese, die Kommunikationsfähigkeit wird (von klein auf, obgleich mit den Kindern die wichtigste Ausnahme zu treffen ist, da sie den aktual und in diesem Sinne historisch geltenden Schlüssel nicht von Geburt an wissen) an der stetigen Botmäßigkeit geschult, und wenn es geht, oder nicht geht, wird am Bart geschmiedet und gestellt – damit die latenten, aus der Bedingung geschöpften Kräfte nicht vergehen und die Gruppe ihren ggf. Einstand feiert, gleichgültig ob städtisch, ländlich-provinziell, oder regierungsamtlich, in der Enklave der Exekutiven beheimatet. (An dieser Definition bzw. seinem Rahmen fehlen noch halborganische Teile, bestimmte Schwingungen der Schleife des Unterleibs – sie ist eine Energie, kein wirkliches Organ (und wiederum nicht die logische), mit Links- oder Rechtsdrall, i.e. Anlegung –, die an der Artikulation der energetischen Gesamtsituation mitwirken und kathartische Funktion ausüben. In jedem Fall, da die exakte Beschreibung fehlt, mag das Vorhergehende für den Gesamttext im Gedächtnis bleiben resp. wie die Definition und ihr klärender Versuch hinzugezogen werden).

1.4 Bewusstsein als ± Einzelbewusstsein, Kommutation und Kommutativität

Ist Bewusstsein, von seinem wahrhaften und zutreffenden Begriff her, *damit eigentlich und notwendig kein Einzelbewusstsein* – als Element einer festgelegten und vorbestimmten Reihe mag man es freilich jederzeit auffassen –, dann gilt es, den Formen dieser unbedingten und *a minimo* zwei-, in jedem Fall aber gegenseitigen Bedingung nachzugehen. Sodann ist zwar der Gegensatz oder die Negativität in den Anfang zu setzen, denn anderes Bewusstsein ist anderes Bewusstsein – eine sichere Tautologie –, wenn es von einem Bewusstsein bestimmt wird, das sich zuerst konzentriert, erfahren und gesetzt hat; aber er, der Gegensatz, bzw. sie, die Beziehung, kann umschlagen und sich innerhalb der Relationen von Einzel- und Gruppenbewusstsein als vorrangige Plus- oder Minuswertigkeit niederschlagen, eventuell verschachteln und, nicht zuletzt, implizieren und somit entfalten: es kann das andere als das gemeinschaftliche Bewusstsein den positiven Wert innerhalb der mit der Negation belasteten Beziehung einnehmen, demgegenüber das individuelle oder einzelne Bewusstsein den negativen Wert vertritt, oder umgekehrt, und entsprechend kann die Wertigkeit kommutieren und in diesem Sinne umschlagen. (Der letztere Begriff sei hiermit der Dialektik entzogen bzw. neu veranlagt, denn immerhin kannte wenigstens sie diese Möglichkeit. – Wenn die versus-Beziehung mit der Doppelimplikation gekoppelt, ohne sofort in die vollgültige Äquivalenz zu fallen – jene mag logisch gesehen auch bei Bruchbeziehungen bestehen, i.e. es muss nicht stets ein 1 : 1 die Doppelimplikation bedingen –, die polyadische Relation ausmacht, darf das Symbol

›| ≅ |‹ für den Fokus und seine primäre, erstrangigge oder immediate Peripherie, weiterhin das Missverständnis des Monopols, das Symbol ›|| ≅ ||‹ hingegen für ausgebildete Polarität eintreten, bei der beide Pole mitsamt eigener Peripherie manifest sind und die Negation beherrschen bzw. konstituieren. Der Hochbalken möge die Kommutativität anzeigen im Sinne der Umkehrbarkeit von +/-Wertigkeit, überdies, wie sofort ersichtlich, dass je ›¬, ⇔‹ oder deren Kombination – als insb. Fusion – nicht hinreichen, die betroffene Relation ohne Zweideutigkeit zu bezeichnen. Zur Wahrheitstafel sei angemerkt, die Relation scheint wie die Konjunktion, was sie freilich nicht ist; sondern sollte ein f auftauchen, ist zugleich die Relation nicht gegeben: gilt also, in Kürze, ww/w, fw/f, wf/f und ff/f, dann ist mit irgend Fall unter den letzten drei zugleich impliziert, dass die Relation nicht gegeben, und nicht, wie ansonsten, dass alle drei anderen ausgeschlossen. Mithin prädominiert die erste die anderen, zurückzuführen (a) auf die Tatsache der Einschmelzung der Negation in die Äquivalenz oder Doppelimplikation, sie veranlasst die Polarität oder Alternative, Komplementarität, in ihrem Sinne, (b) die gleichrangig dynamische Implikation, i.e. die beiden Werte rechts und links sind nicht wie ansonsten statisch anzusetzen; denn in der Äquivalenz liest man stets rechts gleichwertig wie von links, während nunmehr in der Extrembildung je links oder rechts überschwellig werden können). Außerdem können die beiden Formen koinzidieren und sich hierarchisieren, dabei den negativen Wert oder die Negation gegen erneut anderes oder exkludiertes Bewusstsein wenden: diese Verhältnisse, da sie nicht einfach von der einen Seite auf die andere fallen, noch das eine als wahr und das andere als entsprechend falsch inkludieren, gehören demnach der Polarität oder einem Bewusstsein an, dass sich *in natürlicher Weise* – aufgrund der unvermittelten Eigenkäfte bzw. Energien – polarisiert. – Einige spezifische Formen, nicht nur Familie und korporierte Gesellschaft als gegründetes Unternehmen, sondern auch das Team oder die Arbeitsgruppe, andere Sozialformen, die dem Vergnügen gelten, sind entsprechend in den Augenschein zu nehmen und durchgehend nach ihren – stets mehr oder weniger – ontologischen (oder geradewegs metaphysischen) Bedingungen zu befragen; ergo die Münze dahingehend zu kehren, ob diese eventuellen Gruppen, in denen selbstredend auch das Einzelbewusstsein aktiv und involviert ist, eine Existenzbedingung formulieren oder an der Existenzbedingung des Bewusstseins teilhaben,

❖ *das sich überall verinnerlicht oder an sich selbst immanent sein muss.*

Diese Formulierung ist nicht im dialektischen, phänomenologischen oder irgend anderen (psychologischen oder gar romantischen, literaturwissenschaftlich-ästhetischen) Sinne misszuverstehen. Sie soll vielmehr bezeichnen, (i) es lässt sich, wie bereits einleitend, und gleichgültig von welcher Grundlage her betont, die Grenze des Bewusstseins nicht gegenständlich machen. Das Bewusstsein ist kein Ding oder Gegenstand im eigentlichen Sinne. Es steht sich im Ganzen niemals *endgültig und definitiv* wie ein Γ zu Δ gegenüber, in dem dieses Γ wie Δ jeweils eine distinkte Objektivität besitzt, die wiederum notwendig durch Bewusstsein dingfest oder zu bestimmen ist (wiederum gleichgültig ob durch absolut 1 plus 1, oder unvermittelt – auf Anhieb – *n* Subjekte, *m* assoziierte Subjekte oder *p* fusionierte Subjekte, letztere wiederum als Untertheorem, da das Bewusstsein aufgrund und mittels seiner Energie nicht etwa nur unter den eigenen, sondern selbstredend auch unter Vorstellungen zwischen mehreren leichthin, ggf. zwangshaft und lebenslang, fusioniert). Ergo ist es dimensional (an und für sich in der Krümmung oder gekrümmten Ebene und nicht etwa geraden Ebene gelegen, in der diese Distinktion natürlicherweise erfolgte bzw. sich wenigstens als eine distinkte Möglichkeit ergäbe: distinktes Bewusstsein ist notwendig fokal, ein quasi axiomatischer Satz, obgleich es an dieser Stelle nicht auf die entsprechende Herleitung ankommen soll. Dies meine, es verkörpert einen Brennpunkt durch Konzentration und Fusion der Energie in seinem Zentrum, freilich notwendig, wie sofort ersichtlich, bei Unmöglichkeit des Ausschlusses von anderem Bewusstsein, synaptisch und nicht, i.e. die Behauptung ist nicht von der synaptischen Annahme und ihrer effektiven Reagenz abhängig, das diesem fokalen Zentrum als Peripherie beiwohnt. Die Relation mag infolgedessen seine existente Bedingung formulieren, sie wird komplex, wenn ein effektiver Doppelpol, seine eventuelle Reihung gewärtig, und die Krümmung besagt, es gibt keine klassisch-reinen „metaphysischen" Punkte (im Sinne von Leibniz, nicht einmal der diesbezüglichen Ausführungen zu Newton in Kants *Anfangsgründen*), sondern stets nur Fusionspunkte – gewissermaßen über oder unter der reinen Rechtwinkligkeit –, denen eine bestimmte Plusminushaftigkeit oder spezifische Dichte zukommt, die unmöglich auf die eine oder andere Seite reduzierbar ist: der Beweis läge im erzielten Anschlag an entweder völliger Bindung, in der kein Trennungselement mehr wirksam, oder umgekehrt der dito absoluten Trennung, die gleichfalls innerhalb irgend Erfahrung von menschlichem Bewusstsein nicht gegeben und durch Übung, angestrengteste Abstraktion oder Abkehrung, ja selbst die gewöhnliche Illusion nicht erreichbar – obgleich Konvention und klassische Philosophie das Bewusstsein hier ansiedeln, verbunden mit der oft repetierten Stipulation, der Körper (oder Leib) sei Grenze gegen das Bewusstsein. Die Energiebasis lässt diese Trennung nicht mehr zu und sieht die konstitutive Relation daher als ein konstantes Trennen-Binden und umgekehrt, in Einklang mit obiger Einführung des Symbols ›≌‹). – In diesem zusammengefassten Sinne besitzt das Bewusstsein eine bestimmte Immanenz mit einer definiten Klarheit, Transparenz, Distinktivität und Gegenwärtigkeit, die Interpolarität angeschlossen (aus der sich, was die Theorie betrifft, vielfältige Möglichkeiten der Schnittstelle, der Relation Schnittstelle-Knoten, des definiten Zirkuits, und damit der sozialen Teilung und Verlebendigung ergeben. Die oben eingeführte Innerlichkeit – im Sinne des nunmehr dimensionalen Bewusstseins – wäre somit an dieser Stelle einzusetzen und zu wiederholen); weiterhin (ii) die Bewusstseinsenergie, der spezifische Impuls, neigt dazu, sofort, in Millisekunden, zu verschmelzen und auf diese Weise ein Medium oder eine Substanz zu bilden, dessen bzw. deren Grundelement sich nicht endgültig vereinzeln oder diskriminieren lässt (die Tautologie in Gegenrichtung zu (i)). Nur durch Konzentration, eventuell hochgradige, angestrengte und natürlich auch die methodisch geführte, gelangt das Bewusstsein dazu, sich den Impuls zu vergegenwärtigen, zu vereinzeln und für einen Augenblick festzuhalten oder zu diskriminieren. (Dies war in Verbindung mit der *epoché* der methodische Impuls der Phänomenologie und reicht bis in die Erkenntnistheorie der Zeit).[94] Es ist auch neurologisch und neurophysiologisch sicher nicht der einzelne energische Impuls nur einer Synapse, als sofort eine Vielzahl anderer angeregt werden, und in diesem Sinne wird der Impuls auch weder beim einzelnen noch Bewusstsein in der Menge oder Gruppe in dieser vereinzelten, quasi atomaren Form erlebt – sie ist theoretisch in jedem Fall eine Fiktion. Daher kann das Bewusstsein, dieser Behauptung zufolge, nicht anders als sich in sich zu reflektieren, und zwar *instantan*, sofort, und in einem in sich abgefächerten Bündel von Impulsen, um überhaupt zu sein und sich zu entfalten; indem es aber dieser Bedingung folgt und sie wiederum in irgendeiner Form veräußerlicht, kann es nicht anders sich verwirklichen, sich implizieren und wiederum veräußerlichen, als dass notwendig anderes Bewusstsein, ein langwieriger Prozess erlernten, erlebten und erfahrenen Bewusstseins sich einmischt und gleichzeitig *instantiiert*, so dass die eine Seite ohne die andere geradewegs unmöglich ist. Wiederum ist die Veräußerlichung des Bewusstseins, gleichgültig in welcher Form, demnach nicht so zu verstehen und anzusetzen, als ob das andere, das *notwendig mutualisierte* oder das Bewusstsein schlechthin nicht bereits an der kehrseitigen Verinnerlichung teilnähme und teilgenommen hat. Vorstellung ist in diesem Sinne (wie schon oben) notwendig bifokal (vom Ursprung ihrer Erzeugung her, und eine Simplifikation, aber doch notwendige Klärung der theoretischen Basis, gemeint, der Herd mag in der Natur und Vornatur ungemein streuen); während das transzendentale Bewusstsein bzw. Subjekt unter selbiger Voraussetzung zu einem

94 Vgl. Ernst Cassirer, unten in Resümee II.

interpolierten oder aber (im buchstäblichen Sinne) verfassten Subjekt wird, womit gemeint, an seiner Konstitution hat notwendig anderes Bewusstsein teil. Auch darf die Verinnerlichung wiederum so verstanden werden, sie meint eigentlich das gekrümmte Element, die Tatsache, dass das Bewusstsein in der Krümmung – oder dimensional wie soeben und in der Einleitung – existiert, dabei gebunden an das Energiefeld und sein erstes Charakteristikum, die Fusion: es zerfällt weder willentlich noch zufällig (von Natur her; und bislang auch nicht pharmakologisch oder durch andere Betäubungs- resp. Evokationsmittel; Mortalität scheint daher der einzige Ansatz, und unzureichend, da als Kriterium hochgradig mehrdeutig: dass und wie es zerfällt, ist keine Erfahrung). So dass zuletzt Raum und Zeit keineswegs wie ideale Entitäten oder fertige Anschauungen bereitstehen, die angeblich und zugleich (im klassischen und vor- resp. vollkonventionellen Sinne) nur ein Subjekt diskriminieren (und das Schisma unterhalten; denn es muss seinethalben ihre Einheit vor allem auch und geradewegs untereinander synthetisieren); sondern sich als (a) unendlich gebundene, von Natur her fusionierte Unter- versus Überzeitigkeit – neben der auswärtig linearen Zählung nach Takten von Uhr und Jahreslauf – und (b) unendlich gestreute Distanznähe der gebundenen Knoten behaupten, letztere wie zuvor neben der auswärtig akustisch-leiblichen Entfernung im herkömmlichen Sinne: *scil.*, im Knoten – oder Faszikelzentrum – sitzt, äußert und bewegt sich das mit Bewusstsein begabte Wesen, und die Distanznähe meint, die gemeinsame Energie gestattet ihm, das andere als Bei- und Insein, ja in unmittelbarer Nähe oder Distanzlosigkeit seines eigenen Knotens im Energiefeld wahrzunehmen (fokales Bewusstsein ist unmöglich das stets nur auswärts beobachtete oder, noch schwächer, der Gesichts- oder Fluchtpunkt des oder der anderen, außerdem mag sich der Knoten im Energiefeld bewegen), wie umgekehrt die Relation Unter- versus Überzeitigkeit direkt aus der unvermittelten (und nicht unterdrück- oder eliminierbaren) Teilhabe der Knoten im stetigen Energiefeld erwächst. (Das beanspruchte ›unendlich‹ möge als aktual gelten, und vom Prinzip oder Fundament her habe die Fusion als Grundgesetz die Homogenität und das Kontinuum ersetzt, die Affinität liegt freilich im Knoten und negiert die glatte Vereinigung der beiden zuvor erwähnten).[95] – Es sei abschließend zu diesem Teil angemerkt, die Bedingung ist damit vorrangig theoretisch oder behandelt die Grundbedingung der theoretischen Philosophie, ohne dass ein Widerspruch oder auch nur Gegensatz zur moralischen Forderung jemals aufkommt. Denn es liegt auf der

95 In Kap. IV (Historisches Subjekt) werden diese Relationen noch eingehend erläutert, zudem formal zu klären bzw. anzuwenden gesucht.

Hand, dass die Krümmung, die Gewärtigung eines anderen Subjekts nicht erst aus Reflexion, sondern aufgrund existentieller Teilhabe an der Energie, eminente moralische Konsequenzen hat. Es sei außerdem angemerkt, die erwähnte Bedingung, dass sich Bewusstsein notwendig in sich reflektiert, ist wie öfters nicht so misszuverstehen, als sei jeglicher Impuls, ob konstant (in der Summe) oder nicht, bereits notwendig reflexiv. Freilich vermag das Bewusstsein, indem es der Bedingung unterliegt, sich notwendig in sich zu reflektieren, wiederum auch und insb. als Gruppenbewusstsein, selbige Bedingung auch unter der *spontanen Hauptorientierung* oder im sog. ›Geradehin‹ erfüllen, indem es geradewegs nicht reflexiv ist. Der Beweis liegt im *operativen* Brennpunkt der Impulse, welcher die echte Spontaneität oder Bestimmungsrichtung ausmacht, i.e. an welcher Stelle befindet sich in der steten Verzweigung der Ursprung der Bestimmung, der Bewusstsein unablässig unterliegt; angesichts des Gruppenbewusstseins dürfte man sich, u.a., erneut in die Verhaltensforschung der Menge begeben (wiederum vorausgesetzt, ihrethalben muss eine Form des Gruppenbewusstseins dingfest werden). Bewusstsein ist demnach, in jeglicher Form, in jedem Fall auch spontan oder im echten Sinne ursprünglich, und die mögliche und zugleich bedingungspflichtige Koinzidenz (die klassische Philosophie von dieser Behauptung abgehalten hätte) liegt in der konstitutiven Anlage des Gegensatzes, der mit der Energie erstrangig konform geht, bislang und fortan die Polarität heißt. Bewusstsein mag demnach zugleich einzeln und nicht einzeln sein, es mag spontan sein und nicht spontan, und ebenso reverse, es mag zugleich spontan sein und reflexiv, im letzteren Fall liegt das Zentrum oder der bestimmende Fokus vorne, die Reflexivität seine Peripherie.

2. Einzelbewusstsein – Gruppenbewusstsein (Team, Mannschaft, Stab, Besatzung, Belegschaft, Gremium, etc.)

2.1 Systematik der Formen, Subjektivität unter der Restriktion, das Mitsein.

Mit diesem Thema wird das Zentrum der Vorlesung erreicht, und es behandelt den Gegensatz Einzelbewusstsein und Gruppenbewusstsein, um dessen Formen darzulegen. Dieser Satz schließt zunächst ein, dass ein systematischer Ansatz verfolgt wird. Das Gruppenbewusstsein, das nunmehr den Hauptgesichtspunkt bezeichnet, meint all jene Formen gemeinschaftlichen Bewusstseins, bei denen das Handeln oder das Denken des Einzelnen, letzteres auch im Sinne der Intentionalität, auf die noch zurückzukommen sein wird, unmöglich ist oder unvollständig bleibt, wenn es nicht auf ein Bewusstsein bezogen wird, welches das einzelne übersteigt. Beide Seiten, individuelles oder Einzelbewusstsein und Gruppenbewusstsein, unterhalten demnach eine Beziehung, die es nicht nur zu klären, sondern vor allem auch aus der substanziellen Sicht einer Mehrzahl von Personen bzw. eben der Gruppe aufzuspannen und zu analysieren gilt. Nun sollte genauer besehen die Basis der Hypothese lauten, sie ist nicht einfach und theoretisch leichtgängig, sondern das Gegenteil. Wenn sich Einzel- und Gruppenbewusstsein gegenübertreten, fallen sie nur im Ausnahmefall auseinander, i.e. sie verhalten sich nahezu absolut komplementär, während sich stattdessen, womit die Grenze bezeichnet sei, Formen der partiellen Überschneidung bis zur Deckung, und wiederum gebunden an verschiedene Formen der Inklusion oder Hierarchie ergeben. (*Anmerkung.* (a) Letztere Redeweise ist gewissermaßen rational, sie inkludiert ein stetes Durchsetzen der Distinktivität gegenüber der basalen Fusion. (b) Wenn es hieß, ‚das Denken oder Handeln des einzelnen bliebe unvollständig, wenn es nicht auf ein Bewusstsein bezogen wird, welches das einzelne übersteigt', dann meint dieses ‚übersteigen' die Tatsache, dass der Einzelne *kraft seines Bewusstseins* nur einen bedingten Zugriff auf selbiges in der Menge, Masse oder Mehrzahl besitzt. Die Natur des Bewusstseins (strikt und systematisch gegen seine übliche Abstraktion verstanden, die Neurologie inbegriffen) wurzelt nicht beim einzelnen (es stellt mathematisch-physikalisch keine Singularität dar, auch nicht als *i*-Singularirtät in der Pluralität), und diese Tatsache ist nicht mit dem Meinungs- oder politischen Prozess gleichzusetzen. Weiterhin meint dieses ‚übersteigen' durchaus eine stringente Analogie zum kollektiven oder gemeinschaftlichen Bewusstsein in der Soziologie Durkheims, da diesem die Über- oder Vorrangigkeit des gesellschaftlichen Bewusstseins in seinem Schwellenwert für den Einzelnen nur zu bewusst war: der Einzelne (das »Individuum«) muss sich anpassen, er unterliegt bestimmten Zwängen bis zur sicheren Sanktion, und die Gesetzmäßigkeit liegt bereits im erlebten oder Erfahrungsbewusstsein, nicht erst und nur in den abstrahierten Institutionen und Vorstellungen. Anders besehen, die Freiheit des Bewusstseins beginnt nicht gegen die Materie oder einen Anspruch der Natur als Physis, sondern freilich auch und mindestens ebenso stark gegen die Bewusstseinsansprüche der Gesellschaft, Gemeinschaft, spezifischen Gruppe, der der Einzelne angehört. Der Rollen- und Konventionsdruck, welcher ein Stück weit, und womöglich das stets größere, erheblichere Stück, das nie endende Theater des Lebens bestimmt, ist also mit diesem Zwang gemeint).

Nimmt man im Sinne eines Einstiegs, der stets den Überblick einbezieht, zwei Zitate aus einer jüngeren Publikation, einem Theorieentwurf zur modernen

Subjektivität (von Dieter Henrich),[96] zum Vorwurf, dann stellt sich die eklatante Aufgabe, einmal das Mitsein der Menschen, das hier auf einer gemeinschaftlichen Grundlage konzipiert ist, zum anderen das Zusammenleben, das dieses Mitsein bedingt, aufzulösen in (a) die Bedingungen der Gruppe, (b) die Bedingungen und/oder Voraussetzungen des Bewusstseins. Diese Zitate lauten, zunächst:

(A) „So verstärkt also die sittliche Lebensdimension den Impuls hin zu einer Form der Verständigung, durch die der Grund der Subjektivität und ihre Orientierung auf ein Ganzes jenseits der Grenzen der erkennbaren Welt *in einem einzigen, in sich geschlossenen Verstehen zusammengeführt sind*. Und das Bewusstsein vom gemeinsamen Lebensgrund der Menschen in ihrem eigentlichen Mitsein weist und wirkt ebenso in diese Richtung" (251, Hervorhebung hier).

Um von hinten beginnend zu kommentieren, der Begriff des Mitseins wird von Henrich ausführlich eingeführt und erörtert. Er meint ein tatsächliches Zusammensein der Subjekte, nicht nur ein Zusammensein kraft ihrer Reflexion oder, als Anlage, ihrer Reflexivität, da er sich nach längerer Überlegung davon überzeugt hat, dass sich der Seinsgrund oder schlechthin der Grund der Subjektivität nicht dem Wissen erschließt, nicht endgültig zugänglich ist. In der unmittelbaren Befragung des Grundes liegt ihr die Selbstbeziehung stets voraus, mag sich die Befragung auch noch so skrupulös konzentrieren und einzudringen versuchen. Dies bedingt aber, dass auch das Gegebensein anderer Subjekte nicht von der Reflexion abhängig gemacht werden kann. Henrich gebraucht ausdrücklich nicht mehr den Begriff der Intersubjektivität, der generell seine sog. historische Blüte (oder Mode) hinter sich gelassen haben dürfte. Das sittliche Bewusstsein, da ja notwendig eine gemeinschaftliche Basis besitzt, kann er aber auch nicht mehr dialektisch beanspruchen oder einführen, da seine Theorie weder die dialektische Basis beansprucht noch eine eindeutige Beziehung zur Negativität aufnimmt. Tatsächlich ist die Frage, ob der Gruppe, Gruppenbewusstsein und überhaupt einem Mehrheitsbewusstsein eine negative Stellung oder wenigstens die Vorausnahme einer Negation gegen das Einzelbewusstsein zu machen ist, weitgehend ungeklärt, so als ob das individuelle Bewusstsein notwendig und unbedingt im gemeinschaftlichen oder sittlichen aufgehen müsste, eine bestimmte Positivität oder geradezu Affirmation vorausgesetzt, und nicht etwa eine bestimmte, in sich veränderliche Negativität hierfür verantwortlich ist. Dies mag

96 Dieter Henrich. *Denken und Selbstsein. Vorlesungen über Subjektivität*. Frankfurt/Main 2016.

für den Augenblick dahingestellt bleiben.[97] Zunächst ist vielmehr festzuhalten, dass auch die sittliche Lebensdimension den Standpunkt des Einzelnen übersteigt und wie dieser in „einem einzigen geschlossenen Verstehen zusammenzuführen" ist. Wohlgemerkt ist diese sittliche Anforderung eine *Lebens*dimension und keine Anforderung nur oder insbesondere an die Reflexion. Das Mitsein ist demnach desselben Grundes teilhaftig, der auch die Subjektivität bedingt, beziehungsweise es ist notwendig, auch das sittliche Bewusstsein in ein Sein zu setzen und dies keineswegs nur von der subjektiven Reflexion abhängig zu machen. H. versteht dies übrigens nicht als einen metaphysischen Ansatz oder eine Fortsetzung der Metaphysik.

(*Anmerkung*. Die Unmöglichkeit, den einzigen Grund der Subjektivität ausfindig zu machen, i.e. auf dem Wege der Reflexion, wurde oben bereits aus anderer Sicht vorausgenommen oder erläutert. Er müsste, wenn erfolgreich, tatsächlich die *singuläre*, und nicht nur singularische, Basis des Bewusstseins bzw. der Subjektivität ermitteln, die gegen die erbliche Grundlage des Bewusstseins unter vielen oder allen absolut negativ (bzw. positiv) ist. Diesen Grenzpunkt wird es nicht geben bzw. diese Deutlichkeit und Distinktivität wird das Bewusstsein nicht bereithalten, um ihm einen individuellen Ursprung freizuhalten, der sich überall oder auch nur in einem bestimmten Punkt der Berührung vollkommen von der phylogenetischen Basis abhebt. Freilich selbst wenn, müsste in die Umgebung sofort diese Basis mitsamt des zugehörigen Bewusstseins einbezogen werden. Wenn demnach die Philosophie seit langer Zeit das Thema der eingeborenen Ideen verfolgt, so ergibt sich zunächst, noch vor den Inhalten, das Thema und Problem der Eingeborenheit des insb. Bewusstseins selbst angemessen zu begreifen und dabei ausdrücklich die individuelle Basis zu überschreiten. Außerdem und nicht zuletzt müsste die Fusionskraft aus der Energie und der Erfahrung erklärt werden, was in puncto Annäherung, und sicher erhebliche, möglich erscheint, aufs Ganze gesehen aber eine Schwierigkeit sondergleichen, i.e. Unmöglichkeit darstellt – es müsste sich der Lebens- als Multiplikations- und Fächerungsprozess, und sei es nur im Auszug, exakt replizieren lassen oder völlig distinkt werde, was und inwieweit Peripherie von ihrem Zentrum zu unterscheiden).

97 Die weiteren Kapitel werden sich von dieser Annahme – einer bloßen oder unbedingt gültigen Positivität – weit entfernen, bis hin zur Möglichkeit, das Kontinuum aus der Klassifikation der (Wirtschafts-)Gesellschaft zu entfernen bzw. die Möglichkeit aufzunehmen, den Bruch oder Sprung in die Klassifikation aufzunehmen (und zu verstehen); freilich ist hier an die Dimension zu erinnern (insb. unten Kap. V. Basisannahmen zum Kalkül).

Nun lautet das zweite Zitat (B), das die Notwendigkeit einer Differenzierung und überhaupt Einführung der Gruppe bedingt, folgendermaßen:

(B) „Der Grundriss, auf dem sich [die ehemaligen] Mythen und Religionen aufbauen, entfaltet sich vielmehr aus den Impulsen eines Denkens, das in der Verfassung der Subjektivität angelegt ist. Wenn dies Denken die Gestalt der Philosophie annimmt, können sich die imaginativen Fähigkeiten des Menschen nicht mehr so bruchlos wie zuvor mit diesen Impulsen verbinden. Was wesentlich Gedanke ist, ist also nicht mehr in ein dichtes Symbolsystem hineinzusteigern, welches das alltägliche Weltbild überformt, es mit seinem Reichtum übertrifft und dabei, indem es so das Gruppenleben stabilisiert, auch das Selbstbild aller ihrer Mitglieder in sich integriert hält“ (2016, 254).

Hier taucht ausdrücklich das *Gruppen*leben auf, wohlgemerkt Leben und nicht Vorstellung oder gar Begriff. Die Seinsdimension ist präsent, wofür der ursprüngliche Kontext, die Erklärung oder Beziehung des Gedankens auf die mythische und religiöse Herkunft, innerhalb der Philosophie abgestreift werden kann. Der *Grundriss* beim Wort genommen, entlässt er über den wohlbekannten Übergang vom mythisch-religiösen Ursprung zur Philosophie die affektive Bindung an Symbole und kristallisiert oder eher *neutralisiert* sich in den Gedanken, welche vor der Selbstprüfung durch die Philosophie bzw. ihre Methode standhalten. Hierbei geht der Grundriss aber nicht verloren! Ganz im Gegenteil, die Impulse, um beim Zitat zu verharren, bleiben erhalten, nur dass die Philosophie die Suggestion der Imagination auflöst, abweisen oder eben neutralisieren muss. So dürfte immerhin klar und eindeutig sein, sie entstammen auch jenem Feld des Grundrisses, in dem die Impulse nicht durch das einzelne Subjekt getragen oder nur seine Subjektivität verursacht werden, sondern in der Gemeinschaft, dem Kollektiv oder einem Bewusstsein, freilich insbesondere dem sittlichen, verwurzelt sind, welches das einzelne überragt, übersteigt oder jenseits seiner Grenze seine Wirksamkeit entfaltet. Wenn einst die symbolische Last das Gruppenleben organisierte und den einzelnen verpflichtete, einen Teil dieser Last zu übernehmen, um *x*-haltig oder integriert^{+} zu sein, so ist mit deren Neutralisierung, Erleichterung oder gar Wegfall freilich nicht auch die Gruppe verschwunden oder getilgt, nur weil die Symbolkraft ihren Wirkungsgrad eingebüßt hat. Also sollte, H. überschreitend, dabei den Grundriss aber sehr wohl anerkennend, eine Analyse der Gruppe auch für die Philosophie nicht nur Postulat, sondern sogar zwingend sein.

2.2 4 Zentralfragen: Antwort auf 1 (Gruppenbewusstsein als Antipode)

Was sich sodann ergibt, bedingt eine Reihe von wesentlichen Fragen, die auseinander zu entwickeln sind, sich jedenfalls nicht disparat zueinander verhalten:

1) Was ist überhaupt eine Gruppe und warum ist es angemessen, den Antipoden zum Einzelbewusstsein als Gruppenbewusstsein anzusprechen?
2) Was sind die Bedingungen einer Gruppe bzw. ab wann ist es sinnvoll, von einer Gruppe zu sprechen, die ein eigentümliches Bewusstsein pflegt oder davon abhängig ist?
3) Wenn das Individual- oder Einzelbewusstsein zum Gruppenbewusstsein einen echten Gegensatz bildet oder beide komplementär zueinander stehen, wie verhält sich dieser zu zwei anderen ähnlich gelagerten Beziehungen (Gegensätzen) wie dem Wechsel von Ich- versus Wir-Bewusstsein und Teilnehmer- versus Beobachterbewusstsein?
4) Ist Gruppenbewusstsein notwendig soziales oder gar staatliches Bewusstsein?

Es ergeben sich mit Sicherheit mehr Fragen, jedoch soll die Konzentration auf diese, zunächst mit einem bestimmten Vertretungscharakter, die erste Klarheit schaffen. Zu Frage (1):

Was ist überhaupt eine Gruppe und warum ist es angemessen, den Antipoden zum Einzelbewusstsein als Gruppenbewusstsein anzusprechen?

Die Frage konzentriert sich mit dem Begriff Antipode auf den – bereits mehrfach behandelten – zugrunde liegenden Gegensatz, nunmehr inhaltlich. Daher stellt sich die Kardinalfrage, wie diese Gegeninstanz nach ihrer größtmöglichen und exakten Allgemeinheit zu bezeichnen ist. Die Alternativen sind: das gemeinschaftliche Bewusstsein, das soziale, das kollektive, das politische, das staatliche. In dieser Aufzählung wird deutlich, dass sich das betroffene Fach kristallisiert – der Gegenbegriff bzw. Antipode gerinnt im Umkreis einer anderen Theorie oder Wissenschaft und müsste zunächst die Neutralität oder eigentümliche Begriffsachse zum Individualbewusstsein halten. Das Gruppenbewusstsein sei damit, nach seiner größtmöglichen formalen Charakterisierung, ein pluralisches Bewusstsein, wenn dem Einzel- oder Individualbewusstsein geradehin zuzuschreiben ist, singularisch (nicht aber singulär!) zu sein. In diesem Sinne erfüllt der Gegensatz nur eine Tautologie, da dem Einzelbewusstsein axiomatisch zufällt, einzeln zu sein, und damit über den einfachen Widerspruch der Antipode das pluralische wird (je w/f, wenn gegeben oder nicht). Nun ist damit noch nicht allzu viel gewonnen.

Würde nur der Widerspruch die Beziehung regulieren, könnte es keine Verbindung und keine Formen der Überschneidung, keine Fusion, Topologie und partielle Überachsung geben – gerade sie stellt aber das eigentliche Zentrum der Beziehung dar, die Formen der Überschneidung, die Verschachtelung des Wechselverhältnisses ist das eigentliche theoretische Anliegen, das nicht zu übersehen ist (und, zur Erinnerung, in der Einleitung und mehrfach als das dimensionale namhaft gemacht wurde, i.e. das Bewusstsein ist von seiner angeblichen 1/1-Beziehung in der absoluten Äußerlichkeit gegeneinander zu befreien, welche die Tradition des Rationalismus über die Jahrhunderte lange Befestigung bedingte, stets gebunden an ein vermeintliches Überbieten, was Eindeutig- und Deutlichkeit bedeutet, dabei freilich den Kräften der Abstraktion unterliegend, die allzu leicht die Wissenschaft mit dem exponierten oder latent gehaltenen Unvermögen verkoppelt).[98] Dies liegt freilich nicht erst im Bereich des Verstehens, in den oben das erste Zitat H.s das Mitsein der Subjektivität überführte, vielmehr ist schon die Mitexistenz oder das Miteinander in der Vorreflexivität oder Basisbedingung gefragt (übrigens setzungs- oder ansatzbedingt auch in Abhebung vom ‚collective belief' oder ‚collective intentionality' im englischsprachigen Raum). Es hat daher guten Grund, dass man bei der Charakterisierung des Gegenteils auf die anderen Möglichkeiten bis hin zum staatlichen Bewusstsein stößt. So böte sich als eigentliche Alternative das kollektive Bewusstsein an, und tatsächlich darf das Gruppenbewusstsein auf keinen Fall wiederum als mit diesem unverträglich (inkompatibel) angesetzt oder verstanden werden. Gleichwohl ist das kollektive Bewusstsein ein inzwischen klassischer Begriff der Soziologie, übrigens in seiner Reichweite und eigentlichen Substanz noch immer nicht unangefochten, der die Philosophie verpflichten würde, nachhaltige Anleihen bei dieser Wissenschaft zu machen. Um daher einen eigenständigen Ansatz zu wählen, insbesondere aber auch die Begriffsachse in ihrer Eigentümlichkeit zu erhalten, daher die Wahl des *Gruppenbewusstseins*.

98 Im letzteren Fall mag die in der Einleitung I vermerkte Verleugnung dingfest werden. Die zuvor erwähnte ›Überachsung‹ sei in Verbindung mit der Torusbildung des Energiefeldes verstanden, derart, dass zwei oder mehrere Individualpole ein gemeinsames Energiefeld begründen, das hochgradige Fusion aufweist. Kriterien sind, (i) der Ausschluss, (ii) das konstante, durchgängige Binnenbewusstsein und seine Intensität, eventuelle (iii) Polverletzungen oder Verlagerungen, insgesamt wesensgemäß nach Graduierung.

2.3 Antwort auf 2 (Kriterium, Schwelle von Gruppenbewusstsein)

So mag Frage (2) beantwortet werden: Was sind die Bedingungen einer Gruppe bzw. ab wann ist es sinnvoll, von einer Gruppe zu sprechen, die ein eigentümliches Bewusstsein pflegt oder davon abhängig ist? – Die Frage mag unmittelbar durch die Exemplifikation beantwortet werden: typisches Gruppenbewusstsein wird bezeichnet durch ein Team, Mannschaft, Stab, Besatzung, Belegschaft, Gremium, Ausschuss, Arbeitsgruppe, etc.[99] Hiermit ist klar, wenn dies exemplarische Gruppen darstellen, und diese wiederum exemplarisch für das Gruppenbewusstsein sind, dann scheint dies gekoppelt an zusätzliche und zugleich konstitutive Bedingungen: die Arbeitswelt und der Sport bei Team und Mannschaft, das Verwaltungswesen beim Stab, wiederum bestimmte technische Anforderungen und die Arbeitswelt bei der Besatzung, eindeutig das Unternehmen bei der Belegschaft, wiederum die Bedingung der Hierarchie in der Arbeits- und Unternehmenswelt, aber auch dem Verwaltungswesen beim Gremium; der Ausschuss im politischen und sozialen Umfeld und schließlich die Arbeitsgruppe explizit. Es handelt bei dieser Aufzählung noch nicht um den vollständigen Grundriss, sondern zunächst nur Anriss des Feldes. Es ergibt sich daher sofort das Bedürfnis, die Fälle durchzudeklinieren und die Definitionen zu formulieren, wiederum über die betroffenen Disziplinen Klarheit zu schaffen. Die eigentliche Frage aber lautet bzw. muss darauf abzielen, warum Philosophie und was besagt auf ihrer Grundlage der Begriff Gruppenbewusstsein. Der Anspruch der Universalität muss ihr die Möglichkeit verschaffen, tatsächlich diesen Begriff zu erkennen, zu formulieren und für seine Klassifikationsmöglichkeiten (die Taxonomie) offen zu halten. Daher zunächst ein Beispiel (aus dem Umkreis der EU-Verwaltung):

> (i) Das Entwicklungshilfeprogramm sucht eine nachhaltig verbesserte Lebensgrundlage und Einkommen mit einem besonderen Schwerpunkt auf Frauen und marginalisierte Gruppen durch einen verbesserten Zugang zu Energie, Bewässerung und Märkte (…).

---

99 Hier ist die Achse, Abschließbarkeit, Reihenbildung zu erwägen, da nicht eigentlich das Subjekt, die Person oder Individuum das Element darstellt. Man kann es nicht abgeschlossen für sich, atomar begreifen. So liegt auch kein stetes Ich zu Ich, zu Ich, etc. bzw. Ich- du, ich, Ihr, Ich-wir vor. Die Sprache trennt bereits, was im Gruppenbewusstsein wesentlich agglutiniert oder von einer steten Bindung getragen ist, gleichgültig ob noch die Hierarchie hinzuzurechnen. Eine bedenkenswerte Skizze zur Begriffsbildung würde auch Sondergruppen wie das Orchester, die Spielgruppe, die Clique, Bande, Club und Verein, abgesehen von *Menge*, Haufen, Aggregat, Horde, Klan, Sippe, Familie. Phratrie; Corporation, Gesellschaft, wiederum die Bakterien-Kolonie einzuordnen haben.

Die Gruppe in diesem Satz, insbesondere die *marginalisierte Gruppe* spiegelt den klassischen soziologischen Begriff, nahe bei der Kohorte, etwa der Alterskohorte (oder Generationenkohorte in der Ökonomie). Hier kommt es nur darauf an, die Segmente zu teilen, ihnen bestimmte Elemente oder Mitglieder zuzusprechen, und dann als Gruppe zusammenzufassen. So ist die Gruppe ein Analogon zur logischen Menge, nicht anders als der Begriff der Kohorte. Er bedingt eine spezifische Abzählbarkeit und in diesem Sinne Berechenbarkeit (Größe), und damit den Zugang der Statistik. Dieser Begriff, obgleich bereits explizit die Gruppe, greift aber zu kurz. Er erübrigt noch nicht die Notwendigkeit, auf das zugleich vorhandene Bewusstsein Bezug zu nehmen, dass für die Gruppe charakteristisch oder *konstitutiv* ist. Freilich ist es bei dem Beispielsatz nicht negiert oder etwa inkompatibel. Die betroffenen Frauen oder marginalisierten Gruppen, die durch das Entwicklungshilfeprogramm angesprochen und gefördert werden sollen, werden tatsächlich auch ein sie charakterisierendes, ja vielleicht sogar bindendes Bewusstsein besitzen, es sei assoziativ, assimilativ oder föderativ. Worin dies aber liegt und wie es zu kennzeichnen ist, betrifft die Aufgabe der Philosophie, wiederum freilich in der Gegenüberstellung mit dem Bewusstsein des Programms selbst und nicht zuletzt der Personen, die sich für seine Formulierung, anderwärts Umsetzung (und Evaluierung) kümmern. Man erkenne also, die Sachlage ist komplex und verdient eingehende Analyse und Zuordnung. Eine marginalisierte Gruppe kann es nur geben, weil es *zugleich* die majorisierte, konventionelle oder sozial vorrangige gibt, und der Verkehr, die Anerkenntnis und Zuordnung bedingt beider Vorhandensein und Interdependenz. – Ein weiterer Beispielsatz widme sich deshalb dem Umkreis der Gültigkeit, wenigstens des Belangs, in dem das Gruppenbewusstsein anzusprechen ist:

Es handelt sich um einen Auszug aus einem Interview, welches sich der Radikalisierung islamischer Frauen widmet (eine Zeitung befragt eine Sachkundige oder Expertin):

> (ii) ZXx: Diese Radikalisierungsgeschichte muss also nicht nur mit Blick auf das Elternhaus, sondern immer auch mit Blick auf das gesamte Umfeld betrachtet werden?
>
> Balci: Ja, das ist eine kollektive Gesellschaft, es ist nicht nur der Vater oder die Mutter oder der Bruder, die sich einmischen, wenn das Mädchen sich unzüchtig verhält, sondern auch der Nachbar oder der Gemüsehändler.

In aller Kürze: Ist diese kollektive Gesellschaft Ausdruck eines Gruppenbewusstseins, wenn also nicht nur die Familienmitglieder, sondern auch der Nachbar oder sogar der arbiträre (zufällig gewählte) Gemüsehändler sich ungefragt, aufgrund bloßer Existenz und Gewärtigung, einmischen? Die Frage sollte bejaht werden, um der Logik angemessen zu genügen. Es kann ja nicht sein, dass die Merkmale, die das Bewusstsein der Familienmitglieder betreffen, nicht ebenso die nicht dieser engeren Gruppe angehörenden Personen ausmachen bzw., um die doppelte Negation positiv zuwenden, das nicht auch bei ihnen selbige Merkmale wirksam werden. Dann aber ist spezifisch ein Gruppenbewusstsein anzusprechen oder wirksam, weil es gerade das bereits konstituierte Familienbewusstsein, ihre Gruppe übersteigt, dabei aber offensichtlich arbiträr gelagert ist: Es können weitere Personen eintreten, die genau mit diesen Merkmalen umgehen oder durch sie zu charakterisieren sind, und dann ist es das Bewusstsein, das sie verbindet, und nicht schon und nur die Tatsache, etwa die betroffene Frau, den Fokus, zu kennen, oder aber in einem bestimmten Stadtteil zu wohnen, ein Anhänger des islamischen Glaubens zu sein etc., womit die geforderte Allgemeinheit nicht exakt getroffen ist. So mag also gelten: es gibt eine arbiträre – nicht leer laufende – Zuordnung von Bewusstsein, das charakteristische Merkmale teilt und in diesem Sinne effektiv – sporadisch und ggf. punktuell – latent (nicht-akustisch) und offen miteinander kommuniziert, die nicht schon und nur auf soziale Kriterien festzuschreiben sind. Selbst wenn diese parallel verlaufen, bedingen sie zumindest keine Reduktionspflicht, i.e. man muss sehr wohl auch auf ein Bewusstsein Bezug nehmen, das sie verbindet – und dies sei das Gruppenbewusstsein. (*Anmerkung*: Wie an diesem Beispiel zu sehen, ist das Gruppenbewusstsein keineswegs notwendig oder auch nur günstigerweise durch ein ›Wir-Bewusstsein‹ anzusprechen oder damit zu terminieren. Dies sei einführend erwähnt, da der Ansatz der kollektiven Intentionalität, insb. in Verbindung mit John Searle, ein bzw. das Wir-Bewusstsein an die erste Stelle setzt, das notwendigerweise von der Sache her erheblich diffusiert und praktisch Dritte Person wird, tatsächlich meint oder damit fusioniert. Die Beziehung und ihre Kompatibilität bleibt daher zu klären, wie bereits mit Frage 3) angerissen).

2.4 Antwort auf 3 (Verhältnis zu Ich-/Wir-, Teilnehmer-/Beobachterbewusstsein)

Somit zur Frage (3): Wenn das Individual- oder Einzelbewusstsein einen echten Gegensatz bilden oder komplementär zueinander stehen, wie verhält sich dieser zu zwei anderen ähnlich gelagerten Beziehungen (Gegensätzen) wie dem Wechsel von Ich- versus Wir-Bewusstsein und Teilnehmer- versus Beobachterbewusstsein?

Die Frage lässt sich relativ leicht und eindeutig beantworten. Die beiden anderen Gegensätze verhalten sich gleichfalls komplementär, wie bereits in der

Frage gesetzt, aber so, dass sie miteinander kompatibel sind und sich mit bestimmtem theoretischem Zwang überschneiden. Man sollte nicht ansetzen, dies sei *stets* der berühmte Mittelpunkt und nicht etwa eine gelegentlich marginalisierte Stelle oder Bereich. Hieraus erwachsen weitere Konsequenzen. Die Kompatibilität oder Überschneidung besagt, das Einzel- oder Individualbewusstsein ist zugleich Ich- und etwa Teilnehmer- oder Beobachterbewusstsein. Anderwärts charakteristisch ist das Gruppenbewusstsein ein Wir- und wiederum Teilnehmer- oder Beobachterbewusstsein. Kann man aber etwa in einer Situation oder Sachlage von einem Individualbewusstsein sprechen, das zugleich Ichbewusstsein und Teilnehmerbewusstsein ist, warum dann (a) die verschiedenen Perspektiven und (b) welche hat Vorrang oder wie sind sie einander zuzuordnen? Die Frage ist möglicherweise die wichtigste überhaupt, da sie den philosophischen Rahmen oder das Fundament betrifft. Der Begriff Perspektive hat seit der Phänomenologie Einzug in die Philosophie genommen. Sein Vorläufer ist die Metaphysik von Leibniz, für den die Perspektive in der situativen Lage der Perzeptionen einer Monade verankert war, womit allein durch den Weltbezug oder die perspektivische Lage der Bezug aller Monaden aufeinander geregelt war: jede konnte nur eine, und zwar genau diese eine Beziehung in der Stellung zur Welt (und Gott) einnehmen, die sie tatsächlich einnimmt: das Einzelbewusstsein ist in diesem Fall und unter dieser Bedingung nicht nur singularisch, sondern tatsächlich singulär, eine Vereinnahmung für seinen und nur genau seinen Standpunkt. Der Begriff Perspektive blieb in der Monadologie eingeschlossen, er hat sich noch nicht eigentlich systematisch verbreitet (verbunden mit der latenten theoretischen Voraussetzung, dem Bewusstsein nur eine Eigenachse, auf keinen Fall aber eine Achse von Bewusstsein zu Bewusstsein zuzugestehen, denn in diesem Fall müsste nicht mehr die Perspektive in den Perzeptionen, sondern die Standpunkte selbst eintreten, die diese verantworten: die Polarität greift also auf die Substanz durch, was diese Philosophie gerade vermeiden will. Die *vis*, insoweit sie das Zentrum einer Substanz verbürgt, gilt unangefochten ebenso unberührt wie unberührbar, völlig für sich wie eine abgeschlossene Entität, so dass eine Fusion in den Kräften, als nunmehr Energie, welche an ihren Sitz, ihre Stelle, heranreichte, unmöglich ist: das Dasein oder die Existenzbedingung ist damit nicht dimensional und unterliegt keiner Möglichkeit der Krümmung, in der ihre Standorte beginnen miteinander zu kommunizieren – und wesentlich relativ zu werden). Erst in der Kopplung mit dem Horizont (unter anderem durchaus fortschrittlich in der KrV in Verbindung mit der Veranschaulichung der Begriffe, des Begriffsstamms) wurde er gewissermaßen Schulbegriff oder machte er Schule, und danach ist womöglich Wittgensteins Charakterisierung der Sprachspiele an erster Stelle dafür verantwortlich zu machen, dass die Perspektive oder bestimmte Seitigkeit eines Sprechers in einer Situation konstitutiv wurde. Die Historie braucht hier nicht in extenso ausgebreitet zu werden, da dies den bereits angesprochenen systematischen Rahmen sprengen würde.

Jedenfalls ist auch in der neueren Sprachpragmatik der Begriff Perspektive, wiederum gekoppelt an den Teilnehmer versus Beobachter, die sich jeweils unmittelbar in der ersten oder dritten Person niederschlagen, gängige theoretische Praxis. Sobald das Fundament oder die Basis des Gegensatzes, der sich in allen drei Komplementaritäten niederschlägt, dem Gegensatz zwischen Individual- versus Gruppenbewusstsein zugesprochen wird, sind die Voraussetzungen von Sprachphilosophie oder Sprachpragmatik nicht mehr die alleingültigen. Darum sind die Bedingungen, die diese in Anspruch nehmen, aber nicht für das Einzel- versus Gruppenbewusstsein ungültig geworden, sondern ganz im Gegenteil. Es gilt diese Bedingungen zunächst ein wenig kursorisch anzusprechen. Für die gesamte Literatur, ungeachtet der methodischen Unterschiede, besteht der Usus, sich unmittelbar auf die Begriffe Perspektive, Standort (eines Sprechers oder Beobachters), Horizont und Gesichtspunkt (*Point of View*) zu beziehen bzw. erstrangige theoretische Sachverhalte, wie noch zu sehen, mittels dieser Begriffe zu erklären und zu erläutern. (Der Begriff Standpunkt übrigens ist nicht mit dem Gesichtspunkt identisch, sondern jener, an dem sich der Beobachter auf der – euklidischen bzw. euklidisch angenommenen, also ungekrümmten – Basisfläche befindet). Die Begriffe entstammen gleichwohl ursprünglich der projektiven Geometrie oder der perspektivischen räumlichen Anschauung (die freilich weder eine Krümmung in der Grund-, noch in der Projektionsfläche annimmt). Daher müsste – seit insb. Leibniz – ein metaphorischer oder quasi bildhafter Gebrauch der Begriffe vorliegen, und dies ist eigentlich nicht der Fall. Insbesondere die Perspektive wird in der gedanklichen, begrifflich verbindlichen Argumentation nicht metaphorisch, sondern primär, distinktiv und bedingungsetzend angewendet und gemeint. Oder der Wechsel in einer sprachanalytischen oder sprachpragmatischen Argumentation der Perspektive eines Sprechers von der ersten Person gleich Ich in die zweite oder dritte, sodann in den Plural des Wir ist stets konstitutiv, verbindlich und erstrangig. Hieraus folgt aber das nachhaltige Problem – wie sind dann die anderen Begriffe aufzufassen und einzuordnen, die an und für sich mit dem Begriffsfeld notwendig verknüpft sind, also die Projektion und wiederum die Brennpunktbildung (Fokalität, gleichgültig in welch beschaffener Ebene resp. Ebenenverhältnis) sowie insb. die Polarität. Von der (seltener beanspruchten) Peripherie sollte gelten, sie bezeichnet definitionsgemäß die Auswirkungs- oder operative Sphäre der beteiligten

Foki – ggf. Mischperipherie –, und sie kann – entgegen dem Horizont – Null werden, wenn der bestimmende Fokus (oder Pol) unter Null sinkt. (Dies kann für das Bewusstsein nur eine pathologische Lage bezeichnen,[100] aber nach der hiesigen Voraussetzung sollte die Null, der effektive Nulldurchgang niemals die reine Null ergeben, da mindestens ein Mindestquantum des Gegenpols, selber ungleich Null, einwirkt und vollkommene, homogene Kontinuität ohnehin und daher auch in diesem Fall nicht gewährt: das sog. schwarze Loch bedingt einen Sprung). In jedem Fall, um zurückzukehren, Perspektive und Gesichtspunkt, der Horizont, sind Folgen der ursächlichen Projektion und ihrer Projektionsebene, und sie sind notwendig an die Brennpunktbildung geknüpft, da der Gesichtspunkt selbst eine urhebliche – dies meine eine autochthone oder archetypische – Polarität verkörpert bzw. den *ersten Pol*: sein Gegenüber oder Gegenpol liegt im Horizont, der Fluchtpunkt oder das *Projektionszentrum*. Es bedarf kaum keiner Erwähnung, wer sich in dieser Literatur auskennt, dass dieser Zusammenhang stets mehr oder weniger ausgeblendet ist, als ob er nicht dingfest zu machen wäre oder aber schlechthin irrelevant, gleichgültig welche Autoren man anspricht, ob Wittgenstein (hier ohnehin, da er sich von der abstrakten Theoretisierung fernzuhalten suchte, zumindest in den *Philosophischen Untersuchungen*), zuvor Husserl, später Quine, Habermas oder Searle, weiterhin ihre Interpreten oder Autoren wie Goodman, Putnam, Nagel, oder deutschsprachige Autoren, letztere auch in Verbindung mit der Absetzung der Philosophie von der Neurophysiologie.

Wer von Horizont spricht, sollte also eigentlich auch eine klare Vorstellung über das involvierte Projektionszentrum seiner Vorstellungen besitzen, wer von der Perspektive eines Sprechers, sollte wissen, dass dieser Begriff die Polarisierung impliziert und sich daher spezifische Negationen und eine Hauptnegation ergibt, die nicht mit dem Widerspruch gleichzusetzen ist. (*Anmerkung*: Die theoretischen Zusammenhänge sind u.a. in der in der Fußnote aufgeführten Schrift nachzulesen).[101] Jedenfalls dürfte die klassische und noch immer analytische Annahme, den Vorstellungen kommt keine ursprüngliche Projektionskraft zu resp. die Vorstellungen projizieren sich nicht von Natur aus, *geradehin*, über und auf, andere, falsch sein: historische Vorstellung darf hier als Modell eintreten, und nicht von ohngefähr verwenden die Nachbarsprachen den Ausdruck projizieren, wenn das Bewusstsein bzw. eine wissenschaftliche Erhebung

100 In den Schriften Damasios wird man eventuell eine annähere Läsion eines Bewusstseinsbereichs finden.

101 Vf. *Metaphysik und die Ordination des Bewusstseins*. Frankfurt-New York 2014.

eine substanzielle Veranlagung der Zukunft vornimmt, i.e. es muss notwendig die Vorstellung und der Vorstellungsraum des gegenwärtigen auf das zukünftige – resp. vergangene(!) – projiziert werden.[102] – Um aber, im einführenden Überblick, den Zusammenhang abzuschließen, die Perspektiven des Individual- oder Einzelbewusstseins versus Gruppenbewusstseins, des Ich- und Wirbewusstseins, wiederum des Teilnehmer- zum Beobachterbewusstseins (der dritten Person) schließen sich gegenseitig in keinem Fall aus, weil und insofern sie alle *an der fundamentalen Polarisierung teilhaben* (daher kein Widerspruch). Oder weil davon auszugehen ist, das Bewusstsein, dass sich jeweils in dieser Komplementarität entfaltet, ist eigentlich, an und für sich, polar angelegt oder imstande, aufgrund seiner Natur die Polarität zu entfalten. Es ist überflüssig, an dieser Stelle auf die Natur der perspektivischen Anschauung zu verweisen, da sie freilich der Hauptzeuge für diese Tatsache darstellt: das menschliche Auge oder der menschliche Gesichtssinn kann nicht anders, als den Raum perspektivisch und damit auch in einem definiten, bestimmten Sinne *projektiv* wahrzunehmen, und daher rührt offensichtlich das theoretische Paradigma. Freilich sind damit nicht schon alle Bedingungen gewonnen, die dem Bewusstsein schlechthin zukommen, auch dann, wenn es sich in einem Sprachspiel, in einer Alterität von Interpretationsperspektiven (Abel) oder in Gegensätzen entfaltet, in denen die Perspektive eines Teilnehmers (als insbesondere Betroffenen) einem Beobachterbewusstsein begegnet, (das ausdrücklich nicht betroffen ist oder sich zu diesem Kreis zählen muss. Es ist wiederum auch klar, das die methodische Beschränkung auf das Sprachvermögen, -verhalten und seine Exegese eine gewissermaßen geschlossene Situation oder Hermetik konstruiert, die einen Verzicht auf die genannten Bedingungen nahelegt – womöglich aber immer noch fälschlicherweise, dies soll hier nicht nachgewiesen werden). In jedem Fall sei für die Frage (3) an dieser Stelle einführend festgehalten, die drei Komplementaritäten – Einzel- versus Gruppenbewusstsein, Ich- versus Wirbewusstsein und Teilnehmer- versus Beobachterbewusstsein – sind mit der Polarität kompatibel, und es existiert für jede eine maßgebliche Interpretation, die sich auf die Polarität

102 Nelson Goodman ist hier gewiss ausdrücklich zu erwähnen, aber er nimmt keinen substanziellen theoretischen Bezug auf effektive Projektion und Veranlagung der Vorstellungen aus diesem Vermögen (s.a. hier andernorts und ausführlich wie zuvor, Fn. 99), Polarität und Brennpunktbildung eingeschlossen. – Gadamer und die Horizontverschmelzung wurde in Vf., *Sozialbewusstsein. Ursprung, Exegese und die Beziehung zum theoretischen Bewusstsein.* Frankfurt/Main 2015, behandelt. Hier befinden sich bereits wesentliche Annahmen, die auch hier vertreten werden, u.a. zum schismatischen Bewusstsein.

bezieht und diese zugrunde legt. Das Prüf- und/oder Beweismoment liegt in der (zumeist geflissentlich übergangenen) Tatsache, dass die Negation zwischen den Komplementen nicht durch die reine Disjunktion reguliert wird, denn sie müssen bedingungsgemäß ineinander übergehen und damit (der Möglichkeit nach) identisch werden. Überhaupt ist das verbindliche Disjunkt nicht die (theoretische) Mitte (die selten bezeichnet wird), sondern der unbedingte, mithin notwendige Umschlag (und i.d.S. Negat).

Hiervon abzuheben ist die Möglichkeit der Neutralisierung, (übrigens ein Sekundärbegriff und nicht etwa Begriff, der erste Bedingung beinhaltet). In diesem Fall verfährt die Argumentation stillschweigend derart, dass sie den Gegensatz nur neutralisiert weiß und daher mit den Perspektiven so schaltet, als ob sich ggf. nur ein Kontrast oder aber andernfalls der Widerspruch ergibt. Die Komplemente liegen in diesem Fall gewissermaßen hälftig, sie teilen eine Gesamtsphäre und ergeben eine Disjunktion, der Umschlag unprätentiös und ungefährlich, da auch keine Graduierung oder Steigerbarkeit (im Sinne des echten Extrems) mitgedacht bzw. involviert ist – er würde nämlich bedingen, die Extremierung erfolgt durch die Abwendung oder Durchsetzung der Gegenkraft, die in jedem Fall enthalten und wirksam. Dagegen ist aber in jedem Fall festzuhalten: jede der Komplementaritäten, insbesondere das Einzel- versus Gruppenbewusstsein, sodann das Ich- versus Wir- und schließlich das Teilnehmer- versus Beobachterbewusstsein können (a) ineinander übergehen, i.e. verschmelzen oder *fusionieren*, (hier entsteht das Nullproblem oder die Bewertung der inliegenden Negation),[103] (b) sich (tatsächlich) steigern oder ein bestimmtes Extrem bilden resp. in Verbindung mit konstitutiver Steigerung eine Extremität verkörpern (eine Eigenschaft, die dem Widerspruch nicht zukommt, selbst in vorausgesetzten vorbedingten Intervallen, da er sich gewissermaßen, in der gegebenen Relation, statisch und nicht dynamisch verhält, das Hauptmoment wider seine Vereinnahmung durch die Dialektik),[104] (c) die Negation so legen, dass die beiden Komplemente gelegentlich zusammenfallen oder im Extrem, dem Grenzwert, koinzidieren (und erneut wie zuvor, gleichermaßen für (a)). Alle drei sind die sicheren Indizien oder Kontexte, in denen die Polarisierung bzw. die fundamentale Polarität sichtbar wird.

---

103 Siehe oben und ausführlich in Kap. V.

104 Vgl. etwa die ersten, insb. 3. Vl., u.ö. in: Th.W. Adorno. *Einführung in die Dialektik*. Frankfurt/Main 2015.

2.5 Neutralisierung

Nun wird es in der Vorlesung darauf ankommen, hier Klarheit zu schaffen, also in Kontexten der Empirie oder Praxis versus der Theorie oder Argumentation zu erkennen, wo liegt Neutralisierung vor, wie überhaupt ist sie zu begreifen und wirksam, und wo bleibt das Fundament erste Tatsache, gleichgültig ob intellektuell oder per Erfahrung. Um kurz an einem Beispiel letztgenannte Indizien der Polarisierung respektive Polarität zu messen – übrigens sind beide Begriffe nicht pejorativ anzusetzen, sondern freilich geradehin bzw. in einem einfach-analytischen Sinne –, sei noch einmal in Kürze an das Beispiel oben erinnert:

> Balci: Ja, das ist eine kollektive Gesellschaft, es ist nicht nur der Vater oder die Mutter oder der Bruder, die sich einmischen, wenn das Mädchen sich unzüchtig verhält, sondern auch der Nachbar oder der Gemüsehändler.

Dieses sog. unzüchtige Mädchen spielt offensichtlich die Rolle des Gegenpols, i.e. die erwähnte „kollektive Gesellschaft" polarisiert um diese Figur als Gegenpol. Es liegt, wie oft im Sozialen und Politischen, gewiss keine Neutralisierung oder ein bloßer Kontrast vor. Sodann, gesetzt, begegnen sich in dieser *kollektiven Gesellschaft* je ein verschiedenes Einzelbewusstsein in dem *zugleich* beanspruchten Gruppenbewusstsein. Es wäre sinnlos, dieses Bewusstsein tatsächlich nur als eine Summe, also eine abfolgende Aufzählung des jeweiligen Einzelbewusstseins zu begreifen, da freilich gerade das gemeinsame Merkmal sie verbindet (agglutiniert oder sogar fusioniert) und damit Zeugnis eines kollektiven Bewusstseins ist (*Anmerkung*: Die nicht bloß summative oder im eigentlichen Sinne anti-summative Auffassung der Gruppe ist übrigens auch für die entsprechende Literatur zur collective intentionality (Gilbert 1989 als Ursprung) und die heutige zum ‚group belief' charakteristisch, der sog. „inflationary nonsummativism" (Lackey 2016), inflationary, insofern die Gruppe mehr und eigenes beinhaltet als nur die Auffassung des je einzelnen Mitglieds). Dieses nunmehr Gruppenbewusstsein selbst, obgleich es die negative Peripherie des erwähnten Gegenpols, des sog. unzüchtigen Mädchens, darstellt, ist noch nicht in sich selbst polarisiert. Dies würde eintreten, sobald sich eine Figur darunter zum Anführer erhebt, also (i) eine bestimmte Strafe oder den Ausschluss erheischt; oder aber, ganz konträr, etwa (ii) ein Geistlicher auftritt, der sich für das Mädchen im *umgekehrten Sinne* einnimmt und es, wenn nicht zu verteidigen, dann wenigstens zu schützen sucht. Nunmehr polarisiert die Situation offen (übrigens durchaus wie in ehemals bekannten klassischen Schauspielen, im Vorfeld der Peripetie) – und gegebenenfalls neutralisiert das Verhalten dieser Figur die Gesamtlage. Dies würde heißen, das Bewusstsein verliert sein Gesamtgefälle resp. seine Gefällelage und es geht primär in den Kontrast über, indem auch die ursprünglich negative Peripherie eine Mitte zugesteht, in der etwa dem sog. unzüchtigen Mädchen (der jungen Frau und, wie zumeist, dem keineswegs gleichermaßen polaritätspflichtigen jungen Mann) gestattet wird zu flirten, eine voramouröse Beziehung einzugehen oder was auch immer. Die Mitte, die mittlere Sphäre zwischen dem Gegensatz, muss jedenfalls bei einem Kontrast immer in einem bestimmten Sinne frei werden, eine oder mehrere Alternativen eröffnen, einen Freiraum wenigstens des Diskurses bieten, die ggf. höhere Ebene erheischen, welche den Gegensatz zum eigenen Scheine aufhebt (und nicht geradewegs logisch, in Fächer und/oder Faszikel, zu ermitteln ist). Hier liegt oder läge demnach – die Weisheit. Mit anderen Worten, die Extreme werden Kontraste oder bloß kontrastierender Gegensatz, der seine Brisanz oder Dynamik, die eigentümliche Fokalität, verliert (da sich die Gegensätze nicht mehr durchdringen resp. die ± Schleife, die sie bedingte, auf die Achse zurückkehrt, wohlgemerkt notwendigerweise in ihrer Mitte oder Binnensphäre); mithin sind Extreme in Kontraste umzuschreiben. Es erübrigt sich vermutlich (angesichts dieser wohlbekannten, und doch oft missverstandenen Situation) (a) die Bemerkung, dass diese Wendung einen nicht geringen Vorsatz politischen Handelns darstellt bzw. die legislative und exekutive Vorsorge danach trachtet, Gegensatzverhältnisse im gesellschaftlichen Umfeld und Milieu auf diese Elle zu bringen; (b) dass wiederum diese Gegensatzverhältnisse von Seiten der Verantwortlichen gerade nicht auf das Widerspruchsverhältnis geführt werden dürfen, denn in diesem Fall erlischt freilich die Brisanz gerade nicht bzw. der politisch und/oder soziale Konfliktstoff bleibt vollgültig erhalten, indem die Situation sich zwangshaft auf die eine oder andere Seite wenden muss. Somit zur letzten Frage:

2.6 Antwort auf 4: Gruppen- versus soziales, staatliches Bewusstsein

Die Frage wurde absichtlich in einem repräsentativen Sinne derart gestellt, um die möglichen Konträrbegriffe zum Gruppenbewusstsein zu bündeln. Freilich liegt die Antwort bereits vor, nämlich nein; aber es bleibt doch noch ein Stück Erklärung. Zunächst möge die Frage die übliche doppelte Verneinung einschließen, wonach per Annahme gelten würde, wenn Gruppenbewusstsein notwendig soziales oder staatliches Bewusstsein darstellt, dann ist es unmöglich, dass ein Gruppenbewusstsein nicht auch soziales oder staatliches Bewusstsein ist. Was aber ist dieses, gesetzt, die Frage kulminiert auf dieser Spitze, zu werten? Wie stets gelangt die wissenschaftliche Bemühung beziehungsweise der Zwang und/oder die Exaktheit der Begriffe zum Problem der Definition. Wenn das Gruppenbewusstsein nicht notwendig staatliches oder soziales Bewusstsein ist, schließt es dies nicht aus, aber es ist gegebenenfalls noch etwas Anderes. Um dies exemplarisch zu klären, in den bislang angeführten Beispielen waren zwei Fälle, bei denen der Belang fraglich ist:

Das zweite Beispiel der Einführung ganz zu Beginn lautete:

> Sie führen alle Recherchen, Analysen und Auswertungen gemäß den Richtlinien durch, die von der entsprechenden wissenschaftlichen Gemeinschaft festgelegt wurden.

Wenn von einem Analytiker in einer Stellenbeschreibung diese Fähigkeit verlangt wird, dann lässt sich zwar behaupten, diese Bezugnahme auf die Richtlinien der wissenschaftlichen Gemeinschaft bedinge ein soziales Bewusstsein. Damit ist wenigstens der Übergang in einen anderen Bereich gewährt, denn das betroffene Bewusstsein – es war so zu werten, dass es sich auf keinen Fall auf das Einzelbewusstsein des Analytikers (in dem betroffenen Unternehmen oder Einrichtung) beschränken darf – wird zwar das hiermit manifeste soziale Bewusstsein exemplifizieren und verstehen müssen; aber man wird nicht behaupten, sein analytischer Kern gehe tatsächlich in einem sozialen Bewusstsein in diesem Sinne auf. Neben den Fachkenntnissen, den Modi, wie Verbindungen zu knüpfen und zu unterhalten, welche Kriterien für bestimmte Position wirksam werden, die das angesprochene Gruppenbewusstsein kennzeichnen, wird es auch einen Freiraum beinhalten, insbesondere in der Beziehung zum eigenen oder anderen Unternehmen, letztes wiederum gegebenenfalls auf dem Hintergrund des Wettbewerbs, der nicht auf das zuvor angerissene soziale Bewusstsein zu bringen ist, trotzdem aber nicht auf das bloße Einzelbewusstseins des hier betroffenen Analytikers zurückfällt: z.B. er bildet ein Teambewusstsein mit bestimmten Kollegen oder ein spezifisches Kleinstgruppenbewusstsein mit seinem Vorgesetzten, die ein bestimmtes Ziel zu erreichen suchen. Hier wäre es nicht mehr sinnvoll, das soziale Bewusstsein zur Voraussetzung zu machen. Gesetzt man unterstellt dem Gruppen- oder gemeinschaftlichen Bewusstsein nicht nur einen bestimmten Bindungsgrad, hier also (a) das Unternehmen, (b) das Team, und (c) die spezifische Beziehung zwischen einem Teamkollegen und seinem Vorgesetzten, ein Bewusstsein demnach, das zugleich ein spezifisches Teambewusstsein unter- und überschreitet, dann gilt es nicht nur den verschiedenen Bindungsgrad zu differenzieren, sondern auch dessen ‚Mitte' zu erkennen, er sei der Brennpunkt oder wenigstens ein bestimmter Kern im Sinne eines kohärenten Herdes (lat. *Fokus*). Nun ist es nachfolgend nicht schwer, die Segmente zu unterscheiden und ihnen, je nach Bindungsgrad und Orientierung, bestimmte Plus-/Minuswerte zuzuordnen.

Wiederum für das vorletzte Beispiel derselben obigen Einführung hieß es:

(3) Unabhängigkeit der Parteien.
Die Vertragsparteien sind unabhängige Vertragspartner, die für ihr eigenes Handeln verantwortlich sind. Sofern keine Klausel dies ausdrücklich verlangt, wird keine Bestimmung dieses Vertrags eine der Parteien zum Vertreter oder Partner der anderen Partei machen oder einer Partei erlauben, im Namen oder auf Rechnung der anderen Partei Verpflichtungen gegenüber Dritten einzugehen oder zu handeln.

Ist dieses Bewusstsein, das Bewusstsein der zugleich Entgegensetzung und der gemeinsamen Vereinnahmung als notwendig Partei versus Partei – ein staatliches Bewusstsein? Freilich ist die Frage alles andere als nicht komplex. Die Partei als Rechtspartei, nicht (schon) als politische, ist womöglich die älteste und ursprünglichste Vorstellung, mit der sich das eigentliche Staatsbewusstsein entwickelt hat. Ciceros Topik, die seine Praxis als Rechtsanwalt des Staates spiegelt, also seine Verteidigungs- und Anklagereden vor dem Senat, spiegeln bereits eine historische Praxis, und Cicero ist sich, in seiner unbedingten rednerischen Virtuosität, in der es gilt, die Standpunkte auszufechten und stets einen zu bevorzugen, dieser Tatsache bewusst. Freilich kennen zurückliegend Aristoteles und Plato den Begriff der Rechtspartei noch kaum. Gleichwohl ist die *politeia* ein Bürgerstaat, in dem die politischen Angelegenheiten in der Sache durch bereits konstitutionell geregelte Parteien entschieden und beurteilt werden. Der Bürger ist bereits Partei gegen den Fremden, und in sich Partei der gewählten oder eingesetzten Verwalter, Machthaber, Wächter wider die Regierten. Wenn sich nun der Begriff der Partei historisch, nicht zuletzt über das bereits hochgradig ausgebildete römische Recht, das das heutige Staats-, Zivil- und Strafrecht umfasst, in den modernen subtilen und breitgefächerten Begriff der Rechtspartei, nicht zuletzt im Vertragswesen, auf dem nahezu die gesamte Wirtschaftspraxis der Moderne beruht, entwickelt hat, wie sollte man ihm dann ein staatliches Bewusstsein absprechen? Umso mehr, als im gewählten Beispiel auch die Rede vom Dritten ist, der oder die am Vertrag selbst nicht teilnehmen, gleichwohl unter Umständen eine wichtige, vielleicht sogar wichtigste Rolle spielen, die der Vermittlung, Zweitprätendierung der Ansprüche, Balancierung – und wiederum die spezifische Sorge des staatlichen Bewusstseins spiegeln, das sich nicht individuell verhalten darf, kein Sonderinteresse verfolgt, sondern im Kern oder Wesen von der Gesamtheit der Bevölkerung, aller Beteiligten oder *Stakeholder*, wie man im Englischen sagt, ausgehen und/oder diese wenigstens reflektieren muss (dies sind die Beteiligten *und* Betroffenen, aber ebenso die Interessenvertreter). Staatliches

Bewusstsein sei, den eben eingeführten Fokus beibehalten, das Bewusstsein, das entweder notwendig (von seinem intellektuellen Anspruch her) oder natürlich, von seinem historischen Herkommen her, alle möglichen Segmente einbezieht, die jemals in einer bestimmten Lage auftreten mögen. Staatliches Bewusstsein ist damit, von seiner Möglichkeit her, alles andere als unbedingt neutral, so dass es sehr wohl polar auftreten kann und sogar die Spitze der Polarität verkörpert, wofür nicht erst das Problem der Selbstverteidigung im Kriegsfall auf den Plan gerufen werden muss. Staatliches Bewusstsein polarisiert auch, von seiner natürlichen Bedingung her, etwa in der Flüchtlingsfrage (Akzeptanz oder nicht) oder in klassischen Bereichen, etwa in der Steuergesetzgebung (Begünstigung der Unternehmen versus der Reichen bzw. Mittelständischen, Ausnehmung der Unvermögenden, Benachteiligten oder derjenigen auf Seiten der Gleichheit in der Ungleichheit). Wenn ein Staat, wie es heute unter den sog. demokratischen üblich ist, mittels der Steuerprogression der zunehmenden Schere von arm und reich entgegenzutreten versucht, dann bedeutet dieser Ansatz nicht, die Basispolarität würde etwa zur Gänze neutralisiert, sondern der Staat wirkt nur neutralisierend entgegen – in der Substanz der Vermögensverteilung mag sich ohne weiteres der Hauptgegensatz erhalten (der nicht Widerspruch oder Kontrast ist), und in einem bedingten Sinne möchte man dem Staat selbst zuschreiben, sich kapitalistisch – kapitalfordernd, -vertreibend, -schöpfend und -verteilend – zu verhalten, also im bedingten Sinne unternehmerisch.

2.7 Grenzerwägung

Um an dieser Stelle, und das letzte Beispiel der Rechtsparteien in Erinnerung, zum Schluss zu kommen, das staatliche Bewusstsein ist gleichfalls wie zuvor das soziale im andern Fall nicht negiert oder gar ausgeschlossen, aber es muss nicht schon die Grenze bezeichnen, bzw. als ob sich nicht auch unter rechtlichen Voraussetzungen daneben ein Gruppenbewusstsein ausprägen könnte, das nicht im eigentlichen Sinne staatliches Bewusstsein ist. Freilich manifestieren die Rechtsparteien, die sich auf eine Klausel wie die soeben zitierte durch ihre Vertragsunterschrift verpflichten, auf ein bestimmtes staatliches Bewusstsein, das man auch Rechtsbewusstsein nennt. Die Rechtssphäre kommuniziert unwillkürlich, indem alle Handlungen dieserart einen bestimmten Zustand erzeugen, in dem das Faktische und das Potienzielle miteinander korrespondieren: bestimmte Handlungen sind damit ausgeschlossen, da sie die zugrunde liegende Rechtssituation sei es aus Unkenntnis, sei es aus Widerwillen, zu umgehen suchen oder nicht reflektieren. Das hierfür vorauszusetzende Bewusstsein, das gewiss keine individuelle Basis genießt bzw. unmöglich darauf einzuschränken ist, als ob es der ganze Urheber wäre, erschöpft sich aber nicht in dieser kollektiven Bedingung, sobald es gilt zu begreifen, ob und wie mindestens zwei – und eher drei – Individuen ihr Bewusstsein zusammenschließen – nicht nur aggregieren, sondern in spezifischem Sinne in einer *Geradehin*basis, sie sei die spontane, fusionieren –, fortan bestimmte Inhalte teilen und, ggf., eine gemeinsame Handlung verfolgen. Warum zunächst ‚eher drei Personen'? Wenn sich nur zwei Personen als Paar zusammenschließen, fokussiert dieses Paar – gegebenenfalls – gegen alle anderen. Der Begriff ‚fokussiert' meint in diesem Fall, das Paar kann eklatant in dieser Paarigkeit in Erscheinung treten und polarisieren, aber es muss nicht. Beispiele wären eine Ehe oder Partnerschaft im Guten, zwei Bankräuber oder zwei Kriminelle, die eine Tankstelle überfallen (oder in einer U-Bahnstation einen Ausländer) im Schlechten. Eine Ehe oder Partnerschaft muss in einer Gemeinschaft nicht polarisieren, letztgenannter Fall aber erfüllt dies mit Sicherheit. Wiederum gerinnt im Paar stets die einfache Antithese und nur diese, i.e. das Paar vermag nicht zu kompensieren oder zu vermitteln. Wenn ein Partner mit der anderen Seite beginnt zu verhandeln oder einen gemeinsamen Impuls aufzunehmen, gerät die Stabilität des Paars unwillkürlich in Gefahr. Ergo ist die Substanz eines Gruppenbewusstseins eigentlich erst mit der dritten Person getroffen, da das Paar ab dann die Flexibilität der Vermittlung genießt – freilich nicht einfach die Synthese, die hier zunächst gar keine Rolle spielt. Der dritte, der ggf. einen gemeinsamen Impuls der Gegenseite respektive der Nichtzugehörigkeit zu diesem spezifischen Gruppenbewusstsein aufnimmt, lässt dem verbleibenden Paar den positiven Aufrechterhalt ihres Primärimpulses, des *synthetisierten* Gruppenbewusstseins, gesetzt, es kommt darauf an, den Begriff anzuwenden.

2.8 Zusammenfassung und Ausblick: 3 Fragen

Nun gilt es zusammenzufassen und einen Ausblick zu vermitteln. Es wurde das Gruppenbewusstsein autochthon oder eigenständig aufgefasst, komplementär oder *nicht aufgehend* im entweder sozialen oder staatlichen Bewusstsein. Orientiert man sich an der dimensionalen Hypothese wie einleitend und generell (bis unten) zugrundegelegt, ist diese freilich sofort bestätigt, da nichts anderes zu erwarten, als dass Bewusstsein weder in Individual- noch in einer Form von Gruppenbewusstsein aufgehen kann: dem Theorem oder der Basisannahme zufolge muss stets ein Bezug übrigbleiben,[105] der Bewusstsein schlechthin verlangt,

105 Für die genauere Lesart des Theorems darf D9 und D10 aus Quine, NF, herangezogen werden (s.w.u. abschließende Anmerkung Kap.V bzgl. der Zweideutigkeit

insb. als Bewusstsein in der konstitutiven Schleife, (die beide Hauptwerte zu setzen und zu entfalten, ggf. zu kommutieren gestattet, i.e. plus und minus geraten in ihre Motivierung und Verzweigung). Es wurde weiterhin der Herd oder Fokus eingeführt, der so zu verstehen ist, das gebildete oder formierte Gruppenbewusstsein besitzt eigenständige, nur es charakterisierende und für seinen Zusammenhalt verantwortliche Impulse. Impuls(e) ist hierbei weder psychologisch noch gar neurophysiologisch gemeint (wenn auch nicht ausgeschlossen), sondern meint den energetischen Impuls, welcher der Natur des Bewusstseins eigen ist und der sich in seinen Vorstellungen, Antrieben, Willenshandlungen, weiterhin auch alle Sprechakten niederschlägt, die Sprachspiele eingeschlossen. Selbiger ist demnach ebenso wahrnehm- und erlebbar, wie auch objektivierbar, und damit sozialisierbar im ursprünglichen Sinne. Das Gruppenbewusstsein besitzt in diesem Sinne eine eigentümliche Spannung, da es wie stets –

- nicht abstraktiv, nicht als bloße Vorstellung im Begriff oder der Imagination gemeint und definiert ist. Bewusstsein als (i) (reale) Imagination, (ii) Illusion oder (iii) Abstraktion, (iv) (irreale) Fiktion bezeichnet demnach (von der Polarität und der Kennzeichnung seines Ursprungs her) völlig distinkte Orte der Erhebung und ihres ggf. Geltungsbereichs (einzutragen in das Gebiet der Wahrheit und ihrer möglichen Interpretation in Richtung Korrespondenz oder Kohärenz in der Hauptsache, abgesehen von der logischen und/oder tautologischen Bedeutung).

---

der Definition, wenn sie die Polarität – Fokalität oder einen echten Brennpunkt in Segment oder Faszikel – zu vertreten hat. In jedem Fall ist die Kennzeichnung hier, im Wechselverhältnis von Individual- versus Gruppenbewusstsein, so zu verstehen, sie bedingt einen Fokal, der in der Peripherie des Gegenteils enthalten ist; für die Bedingung ›ϕ‹ darf nach obigem Beispiel etwa gelesen werden, ›ist restriktiv gegenüber dem Sexualverhalten junger Frauen‹.

D9. $((\iota\alpha)\phi \in \beta)$ für $(\exists\gamma)\ ((\gamma \in \beta) \,.\, (\alpha)\ (\alpha = \gamma) \equiv \phi))$.

D 10. $(\beta \in (\iota\alpha)\phi)$ für $(\exists\gamma)\ ((\beta \in \gamma) \,.\, (\alpha)\ (\alpha = \gamma) \equiv \phi))$.

Quine erläutert die Kennzeichnung ausdrücklich (und wohlverstanden) als „nur von einem Gegenstand" erfüllt. Wenn aber selbige in die Rechtsstelle rückt, muss Fusion beteiligt sein, da diese normmäßig subsumiert (wie vermerkt, Kap. V., ab 3. erläutert und kommentiert wird); gesetzt also ›$(\iota\alpha)$‹ ist Gruppenbewusstsein, so ist es in ›β‹ als Indiviualbewusstsein enthalten, aber jenes würde hier prädestiniert, gesetzt, die Kennzeichnung kommt dieser Interpretation naturgemäß entgegen, den Fokal repräsentieren; andernfalls ohne Widerspruch umgekehrt, und das Individualbewusstsein übernimmt den Fokal in der Peripherie des Gruppenbewusstseins.

Nun besaß das klassische Bewusstsein in der Neuzeit vor seinem Übergang in die reflektierende (dialektisch-spekulative) oder aber moderne sprachliche Basis seit eh eine Kraft- oder Energiebasis (freilich wurde diese vom Begriff her Kraftbasis von Leibniz und Kant sehr verschieden interpretiert, i.e. als Substanzbasis versus Vermögensbasis im Sinne der Bewusstseinsvermögen). Letztere, die Energiebasis, ist letztlich der bessere Zugang, insoweit der *moderne Standpunkt* zu beziehen ist. Der Impuls ist also gewiss der Willens-, Trieb- und Handlungsimpuls, er ist aber insbesondere auch der Vorstellungsimpuls, der sich notwendig mit dem menschlichen Bewusstsein verknüpft. So fällt es oft in der Ursprungsquelle des Sprachspiels oder der *ordinary language philosophy*, die sich auf Wittgenstein beruft, nicht schwer, den angestrengten Begriff der Vorstellung, der hier hinterfragt und dingfest, jedenfalls noch nicht verleugnet wird, mit dem Energieimpuls in Verbindung zu bringen. Was das Sprachspiel eint bzw. woran es gegebenenfalls scheitert, ist nicht ein mangelnder oder ggf. falsch angesetzter Bedeutungsbegriff unter den Sprachspielteilnehmern, und schon gar nicht etwa eine Überkreuzung oder Fehlleistung bei logischen Annahmen und Implikationen, sondern die *richtige Zentrierung des Sprachimpulses* im Sprachspiel (dies ist mit Einsicht in die Quelle der durchaus nachvollziehbare methodische Standpunkt Wittgensteins) und seine ausdrücklich nicht-theoretische, direkte Anerkenntnis durch jeden am Sprachspiel Teilnehmenden, der hiermit sein richtiges, dem Gebrauch des Satzes und seiner Worte entsprechendes Verstehen kundgibt.

Dieser generelle Impuls – als Energieimpuls – ist auch dem Gruppenbewusstsein zur Voraussetzung zu machen. Das Bewusstsein schließt sich nicht nur zusammen, weil es etwa bestimmte Begriffe oder Vorstellungen teilt (zum gemeinsamen Inhalt macht und damit in bestimmten Sinne parteilich wird, die Parteilichkeit auf das Gemeinlot schiebt, das überall dazwischen und niemals rein neutral sein kann), sondern weil es die bestimmte Bindung oder *bestimmte Fusion* des Impulses anstrebt, der das Gruppenbewusstsein konstituiert. (Er mag von seiner nicht-euklidischen Erstreckung her extensive Größen annehmen, die nach außen wie Abstrakta erscheinen, etwa an der Nation bemessen, ohne damit, und charakteristischerweise, den für die Bindung verantwortlichen oder *bindungsindikativen* Intensititätsgrad proportional zu koppeln: er nimmt nur scheinbar ab, wie leichthin historisch zu zeigen; denn der nationale Bindungsgrad kann mitunter ungemein hohe situative Intensitätsgrade annehmen, und freilich sind auch charakteristische Negativphänomene – am Extrem bemessen – wie meucheln, brandschatzen, plündern u.ä. an dieser Stelle zu verbuchen bzw. ergründen). Hiermit wird zunächst der Standpunkt bezogen, wie (*spezifisches*) Gruppenbewusstsein entsteht, abgehoben von der (insb. und zuletzt dimensionalen) Gegenseite, dass es schon vorhanden ist, eventuell sogar historisch und jede Generation von neuem hineinwachsen lässt und der Einzelne, das Individuum, nur eine Entscheidung und einen Lebensvorgang absolvieren muss, um sich diesem Gruppenbewusstsein zu stellen und hineinzuwachsen oder damit abzufinden.[106]

Somit ergeben sich drei abschließende Gesichtspunkte: *erstens* ist zu klären, was die beanspruchte Fusion oder den Bindungsgrad des Gruppenbewusstseins ausmacht. Konzentriert man sich auf diese Frage, ergibt sich *zweitens*, ob sich in dieser Bindung als Gesetzmäßigkeit nicht auch ein Mechanismus oder ein Quasi-Mechanismus niederschlagen kann. *Drittens* stellt sich die (nicht leichte Frage), wenn einerseits die Entstehung des Gruppenbewusstseins zu beobachten und erklären ist, anderwärts selbiges über den historischen Prozess der Generationsfolge, die Historie der Vorstellungen selbst, bereits vorhanden ist, wie wirken dann die beiden Seiten zusammen respektive wie ist ihre Beziehung zu fassen.

Ad 1). Die Frage nach dem Bindungsgrad ist freilich hier nicht zum ersten Mal gestellt, sie hat uralte Tradition und wurde bereits von Aristoteles als die sog. *philia*, das Band, das die Bürger der polis eint, angesprochen. Dies soll an dieser Stelle nicht ausgebreitet werden. Wenigstens zu erwähnen bleibt, dass der französische Begründer der modernen Soziologie, Emile Durkheim, der nicht von Gruppen-, sondern vom kollektiven Bewusstsein sprach, diesem einen bestimmten Zwang zusprach: das kollektive Bewusstsein, das sich in einer Gesellschaft niederschlägt, darum aber auch von ihm nicht einfach als das soziale Bewusstsein angesprochen wurde, übt auf den einzelnen einen bestimmten Zwang aus, eine *contrainte*, sich ihm ein- und unterzuordnen oder ihm bestimmte Folge zu leisten: darum korreliert es mit einem sozialen Faktum oder einer sozialen Tatsache (le *fait social*). Nun ergibt sich hier freilich die eklatante Frage der Plus- oder Minuswertigkeit bzw. ist die Bindung einfach nur als positiv, und nur positiv, anzunehmen, wie das Band unter den Bürgern bis heute mit Vorliebe interpretiert (und sogar politisch »ausgeschlachtet«) wird? Wenn nun, wie an dieser Stelle eingeführt, eigentlich ein Herd oder Fokus wirksam ist und das Zusammenschließen des nunmehr Gruppenbewusstseins aufgrund von spezifischer Fusion der Bewusstseinsenergie erfolgt, wiederum gekoppelt an bestimmte Vorstellungen, aber anderwärts auch an bestimmte Willensimpulse, ja vielleicht sogar Triebimpulse, dann sollte ihr nicht die Reinheit oder der bare Wert eines Plus oder Minus zugesprochen werden, sondern freilich stets nur deren Kombination oder Differenzierung. Der Herd oder Fokus, gleichgültig

106 Vgl. w.u. die Kapitel zu Wirbewusstsein (III) und dem Historischen Subjekt (IV).

ob unter a priori ideeller (begrifflicher) oder aber konträr erfahrungshaltiger bzw. empirischer Voraussetzung, kann unmöglich sich anders entfalten, als in der Bivalenz der Basiswertigkeit oder Spannung, und die *politische Dimension* offenbart sich zwangshaft in der gelegentlich eskalierenden, ungreifbar werdenden Streuung und Ballasthaltigkeit dieser Kombination, jedenfalls in einem bestimmten endlosen Aufgehen des Fokus, sobald die interpretativen Linse(n) (der Sprech-, Meinungs-, Verleumdungs- und Partei[lichkeits]akte) eindringen und ihr stetes schon seiendes Vorbedingtsein aufnehmen müssen: der Fokus oder Herd ist bereits im Sein, der ersten Energieentfaltung, und so kann jeder Impuls, ihn allein auf die Vorstellungs- oder Vergegenwärtigungsseite zu ziehen, nicht fruchten. Das Gruppenbewusstsein entsteht und manifestiert sich damit durch eine bestimmte zugleich Positivität wie Negativität, was an erster Stelle bedeutet, die Positivität verkörpert den eigentlichen Zusammenschluss, die Zugehörigkeit oder in diesem Sinne Immanenz, die Negativität hingegen den Ausschluss, die explizite Nichtzugehörigkeit, das Nicht-Teilnehmen, das Nicht-Immanentsein oder die spezifische Distanz (und Distanznahme: im realen Sinne der tatsächlich dimensionalen Entfernung, i.e. es sind nichteuklidische Voraussetzungen zu machen, da das Bewusstsein nicht durch Kontaktnahme und Reflexion zustandekommt, sondern je selbiger vorausliegt, dabei die möglichen Orte einbringt, wiederum jedoch an und aus sich selbst, nicht gebunden an Geografie, Signifikation oder Topografie im anhängigen Sinn (s.w.u.)). Erst mit dieser Voraussetzung (insgesamt) sollte das Gruppenbewusstsein erfüllt sein. Es hat der Charakter des Herdes sodann eine *irreduzibel* doppelseitige (und damit verwechslungsanfällige) Geltung, sie betrifft nicht nur die gewissermaßen »Nut der Erfahrung«, dort wo sich die Spur des Impulses legt und kopulativ verläuft, sondern auch das Bewusstsein selbst, in dessen Verfasstheit als Herd selbige Bedingung ihren Ursprung nimmt. So dass, etwa, der Ausschluss nicht nur das fühlbare Charakteristikum gegenüber einer, mehreren oder einem Kreis von Personen betrifft (ein in der politischen Praxis unter dem Titel *Diskriminierung* bei weitem – in vornehmlicher Abstraktion – zu »breitgetretenes« Phänomen, für die das Bewusstsein seine Realität und echten Einstand preisgegeben hat und darum auch die Diskriminierung nicht mehr angemessen versteht), sondern schon im Kreislauf (oder, proprie, *Zirkuit*) des Bewusstseins verankert ist und aus selbiger Energiebedingung antizipiert wird: an genau der (den) Schnittstelle(n), mit der es sich als Gruppe, bedingte Menge, Ensemble, Enklave um einen spezifisch unterhaltenen Brennpunkt oder Fokus formiert. Wobei die Linse (oder, je nach theoretischer Bezugnahme, die flexible Projektionsebene) hinzukommt, denn kein Herd existiert ohne diese (quasi analytisch im entsprechenden Kontext), womit gemeint, die Auflösung des Herdes aus seiner Energie bedingt eine spezifische Iterativität der Ebene, mit der sich sozial die Hierarchie oder Quasi-Hierarchie ausbildet, die vermeintliche, tatsächliche, präsumptive oder (nur) prätentionale Vorausgeltung des einen über den anderen. Es erübrigt sich hier womöglich der zugleich zusammenfassende und erläuternde Hinweis, dass die moderne Soziologie von einem *soziologischen Raum* spricht, einem „Raum von Beziehungen, ebenso wirklich wie der geografische“ (Bourdieu; Müller 2014, 65).

Ad 2). Wenn nun der Fokus mitsamt seiner doppelten, begrifflichen und empirischen Bedingung etabliert ist, ab wann bedingt seine Ausbreitung und Einschmelzung den Mechanismus? Die Frage ist sicher nicht leicht und verlangt die empirische Zuwendung. Man möchte und muss mutmaßen, die Historie ist ein breites Feld, wo Gesellschaften oder Gruppen erfolgreich den Versuch unternommen haben, das Bewusstsein durch einen bestimmten Mechanismus auf einen spezifischen Zusammenhalt zu eichen. Es erübrigt sich an dieser Stelle womöglich der Hinweis auf die Diktaturen und totalitaristischen Systeme der Moderne, anderwärts Verschwörungen, Zunftriten, Mönchsklauseln bis hin zur modernen Demonstration auf der Straße oder in der sog. Öffentlichkeit. Die vorgenannten Extreme stehen für eine Möglichkeit, den ideologischen Kern, den die Machthaber beanspruchen und verbreiten, so zu münzen, dass er die Fusion des Bewusstseins unter den Bürgern, i.e. Staatsmitgliedern, mit der staatlichen Zwangsübung oder scheinbaren Unbedingtheit (*Absolutheit*) in Beschlag nimmt. Die Fusion, die sich nur in einer Klein(st)- oder Teilgruppe (als Zentrum bzw. soziales Epizentrum) zu äußern vermag, verkehrt damit ihren Anschein in staatliches Bewusstsein, als ob es gar keine Alternative ließe und unmittelbar die Teilhabe des Staatsmitglieds gleich Bürgers am Staatswesen garantierte. – Somit ist in den Mittelbereich zurückzukehren. Der Mittelbereich ist jener, der von der Gegengrenze abzusetzen ist, in der sich der fusionierende Gruppenimpuls sofort auflöst oder kaum einen Antrieb hinterlässt, sich mit irgend anderer Person in einem manifesten Gruppenbewusstsein zusammenzuschließen. Es dürfte kein theoretisches Wagnis – darum aber auch keine Binsenweisheit – sein, dass derart, gesetzt, *diffusiertes Bewusstsein* kaum von dieser Welt ist, oder bestenfalls einem weit abgelegenen kleinen Inselvolk in der Karibik zuzusprechen ist. Die Mitglieder dieser Bevölkerung fallen nicht alle in abzählbare Einzelwesen auseinander, sondern sie verhalten sich derart, dass zwischen dem Einzel- und dem Gruppenbewusstsein kein Unterschied mehr dingfest zu machen ist: das Bewusstsein, wie vorausgesetzt, diffusiert in einem Zustand scheinbar endlosen und immediaten, unvermittelten Ausgleichs. Ob man diesen Zustand, je nach Situation, eine Harmonie, eine Immunität, eine bloße Ignoranz oder sogar eine bestimmte Phobie, also eine spezifische Abwehr gegen die Differenz nennen soll, bleibe dahingestellt. Die Waage gesetzt, mag auch letzteres eintreten, jedenfalls nicht von vornherein empirisch ausgeschlossen werden. Demgegenüber hat das soziale Bewusstsein oder die Tatsache der gesellschaftlichen Aggregation der Menschheit zu allen Zeiten, ergo historisch, nicht zuletzt aber auch in der hier breit aufschießenden Moderne den Beweis erbracht, auch im Mittelbereich die vielfältigsten Formen der Fusion unter den Gesellschaftsmitgliedern aufleben zu lassen: Gilden, Handwerksgruppen, Korporationen und Genossenschaften, Ritter und Minnesänger, Unternehmen, soziale Milieus und Straßenzüge, ihre sog. Kneipen; das arrondissement, die Feriencamps oder -dörfer. Diese etwas ungeordnete und unkommentierte Aufzählung möge verziehen sein, um den fundamentalen Eindruck nicht zu verwischen. Worauf es an dieser Stelle – sie war die Frage 2 – ankommt, ist diejenige, ob sich diese Fusion mit einem bestimmten Mechanismus verbinden kann. Was zu bejahen, worauf weiter unten, nach Frage 3), eingegangen wird.

Ad 3). Die Frage 3) bedingt eine, so möchte man erläutern, klassische Schleife, um die Antwort vorwegzunehmen. Sie lautete: Wenn sich einerseits beobachten lässt, dass ein Gruppenbewusstsein in bestimmten Milieus entsteht, anderwärts das Gruppenbewusstsein nicht auf dem theoretischen Nullpunkt beginnt, i.e. es begegnen sich nur Individuen, (im gesteigerten philosophischen Sinne nur theoretische Ich-Subjekte, was sicher eine Fiktion darstellt), sondern das Gruppenbewusstsein – Formen der Gruppierung, die notwendig durch das Bewusstsein zu unterhalten sind – ist längst gesättigt und historischer Prozess der Generationenfolge, abgesehen von der Evolution, in der sich mindestens seit der Trennung vom Neandertaler die gravierende Frage ergibt, wie das Schisma anzulegen (rückzutransferieren) ist,[107] wie ist dann das Zusammenspiel zu denken; etwa wenn (a) politische Gruppierungen auftauchen, die das vorhandene Positionsspektrum neu besetzen, (b) in der Ökonomie (von der w.u. noch eingehend in Verbindung mit der Gesellschaftsschichtung und ihrer ± Kontinuität die Rede sein wird) Selbstständige, Freiberufler oder Kleinunternehmen in der heutigen sog. Vernetzung beginnen, unkonventionelle, gleichwohl effektive Geschäftsbeziehungen (in elektronischer Form) zu knüpfen, (c) die privaten Beziehungen beginnen, gleichfalls in dieser Form anstatt im persönlichen Kontakt geknüpft zu werden; (d)…

107 Vgl., ohne Bezug auf Darwin, Jared Diamond. *Arm und Reich. Die Schicksale menschlicher Gesellschaften*. Frankfurt/Main [9]2015, 46–52.

Die Beispiele seien gestattet, um in etwas konkreterer Form zunächst den Schluss zu wagen, der Prozess der Annäherung oder Einpflanzung ergibt sich in der Mitte, (jedenfalls nicht notwendigerweise auf und mit dem Extrem). Um diese Einschätzung deutlicher nach einer Schlussweise des Gemeinverstands zu klassifizieren: „*irgendwo* in der Mitte". Freilich dürfte diese Einschätzung mindestens ungenau, zum zweiten ausweichend und drittens leichtfertig sein. Der Prozess der Konfrontation ›alt‹ versus ›neu‹ ist oft genug viel eher ein Prozess der Verdrängung als einer der Harmonisierung. Die Mitte real genommen, müsste sie ja bedeuten, die hergebrachten Formen des Verkehrs, des Selbstverständnisses einer Gruppe finden gegenüber den kontrastierenden und/oder widerstreitenden Neuvorstellungen, die mit größerer Wahrscheinlichkeit eine andere inhaltliche Besetzung der Beziehung beabsichtigen, die es in der spezifischen Gruppe zu erfüllen gilt, ein Drittes, einen Ausgleich, der zwischen beiden Seiten – als zunächst Kontrast – ein Amalgam herstellt oder aber einen Weg, der zwar keine Mischung ist, auf den aber beide Seiten sich einigen oder verpflichten können. Nun ist nicht zu bestreiten, dass diese »Lösung« existiert, sogar in institutionalisierter Form, etwa im Betriebsrat eines Unternehmens, in dem der Klassen- und Interessenkonflikt durch einen institutionalisierten Verkehr einen Ausgleich findet. Der Betriebsrat konstituiert sich zwar gleichfalls aus dem Stamm der Angestellten, nicht der Anteilseigner oder der Geschäftsführung oder Vorstand, aber er wirkt satzungsgemäß, i.e. institutionalisiert, dahingehend, den Interessenkonflikt zwischen Arbeitnehmer und Arbeitgeber oder noch ein wenig konkreter zwischen denen, die ein Gehalt empfangen und denen, die es setzen oder festlegen, wiederum zwischen denen, die das Vermögen besitzen oder maßgeblich verwalten und denen, die es durch ihre Arbeitskraft unterstützen und bedingtermaßen aufrecht erhalten, zu vermitteln. (Es mag dahingestellt bleiben, ob dies ehemals auf den Kapitalismus-charakteristischen Widerspruch des »Mehrwerts« oder heute auf ›*r*‹, die Kapitalrendite, zurückzuführen ist, die nachweislich nur einen kleinen Kreis, ja den Apex der Wirtschaftsteilnehmer begünstigt, und zwar um so mehr, je umfangreicher das Kapital ist, das definitionsgemäß und tatsächlich zur bloßen Reinvestition bereitsteht). Der Vermittlungsbegriff erfüllt daher nur einen Teilbestand der hier anstehenden Antwort. Vermitteln ist nur dann möglich, wenn keine der beiden Seiten ihr Existenzrecht erstreiten muss resp. wenn die Basis im Kern einen Kontrast bzw. eine nicht auf den Widerspruch – oder die Polarität – reduzierbare Komplementarität darstellt. Im letzteren Fall, wenn Komplementarität vorliegt, kann man den Gegensatz zwar gleichfalls wie das polare Antonym graduieren und ggf. gehen Anteile der einen auf die andere Seite über. Die Polarität schlägt in jenem Fall aber nicht durch, sobald und solange ein komplementäres drittes Segment den Gegensatz entschärft. So sitzt exemplarisch der Betriebsrat etwa bei den Aufsichtsrats-, gelegentlich auch Vorstandssitzungen, beinhaltet ein Stimmrecht bei durchaus wichtigen Entscheidungen, und er erhält hierfür ein bestimmtes, wenn auch ermäßigtes Gehalt und eine bestimmte Reputation oder ein Privileg unter den Angestellten. Komplementarität wiederum liegt deshalb vor, weil die Parteien effektiv sind und man sie nach dem Prinzip des Entweder-Oder durchdeklinieren kann. Sie verkörpern ausdrücklich abgemilderte Extremitäten oder eben einen Kontrast, *den es zu vermitteln gilt*, jedoch nicht notwendig nur in der Binarität (resp. Bivalenz). Dass und wie anderwärts die gesellschaftliche Hierarchie oder Schichtung als Polarität und entsprechende Periodik durchschlägt, insb. an der Grenze (›von – zu‹), wird abschließend in Kap. IV dargelegt.[108]

Nun aber gelte, der grundlegende Kontrast und damit die Begegnung des hergebrachten Gruppenbewusstseins mit der Entstehung eines neuen ist polar entstanden bzw. manifestiert sich polar: die Impulse sind fokal gebündelt und bleiben auch in dieser Form manifest. Der erste Einwand wird womöglich lauten, dies sei schon bei dem letztdiskutierten der Fall: die Begegnung der Anteilseigner versus Nichtanteilseigner oder Werktätigen versus Vermögenden sei in jedem Fall bereits polar anzusetzen. Das Verhältnis Arme-Reiche, wohlhabende Schicht versus unvermögende oder abhängige Schicht sei zu allen Zeiten Ausdruck einer klassischen Polarität gewesen, A. ist einer der ersten gewesen, der sie angemessen in der politischen Philosophie evoziert und verankert hat. Ohne dies hier zu diskutieren, ist dem Einwand freilich Recht zu geben, und bis in die letzten Jahre ist der Belang sozialwissenschaftlich-ökonomisch akut.[109] Die Basispolarität als Kontrast aufzufassen oder aufzufangen, spiegelt daher nur die geschichtlich jüngere bürgerliche Entwicklung, insbesondere im 20. Jahrhundert, i.e. der Basisgegensatz wird entschärft, indem sich nicht mehr direkt und unmittelbar die Gegenpole begegnen (insb. Arbeiterklasse versus Kapitalist oder Eigner der Produktionsmittel), sondern selbige auf der Schiene des (nachdialektischen) Kontrasts, der, wesensgemäß, eine Vermittlung und damit institutionalisierte Drittpartei zulässt. (Als gew. Kontrastmittel darf an dieser Stelle das *Kapital* von Marx fungieren, denn die empirischen

---

108 Vgl. außerdem Kap. V, das ab 4. die Antinomien kritisiert, das Elementsymbol erläutert, die Polarität einführt und die Verschachtelung des ›≅‹-Symbols in obigem Kontext erläutert.

109 a) in erster Linie: Thomas Piketty. *Das Kapital im 21. Jahrhundert.* Übersetzung aus dem Französischen, München 2014. (b) p.e. Noam Chomsky. *Requiem für den amerikanischen Traum. Die 10 Prinzipien der Konzentration von Reichtum und Macht.* München 2017.

Abschnitte geben Aufschluss über eine historische Situation, im wesentlichen die erste Hälfte des 19. Jahrhunderts, die noch nicht in diesem Sinne entschärft war – und seine polemische Grundtendenz zumindest verständlich macht). Zum Gelingen dieses Ersatzes oder dieser bedingten Harmonisierung gehört freilich hinzu, dass der Mittelstand erheblich an Prosperität zugenommen hat und zunehmen konnte, mithin der Ausgleich auch vorweisbar, statistische Basis oder eine breite Erfahrung darstellt. Das Wachsen des Mittelstands ist darum das Hauptargument gegen den Marxismus gewesen, dem sich die sog. Volksparteien auf beiden Seiten, rechts oder konservativ, versus links, die sog. Sozialdemokratie, zuordnen. – Dessenungeachtet ist die Soziologie nicht gleichermaßen entschieden. Ein Autor wie Bourdieu, der auf eine eingehende Analyse der modernen Gesellschaft zurückblickt (Müller 2014, 58–71), bleibt einstweilen – und wie hier angesichts des Gegensatzes von Individual- und Gruppenbewusstsein längst angenommen wurde – bei der polaren Substanz des gesellschaftlichen Gegensatzes. Dieser ist aber nicht einfach wie ehedem in den Klassengegensatz arm-reich zu übersetzen, sondern Bourdieu arbeitet mit einem (sog.) mehrdimensionalen Konzept der gesellschaftlichen Analyse, bei dem Kapitalien sehr verschiedenen Wesens verteilt und zugeordnet sind: die Vermögensseite vertritt hier einen Pol insgesamt (nicht nur ›arm‹ versus ›reich‹) gegenüber dem Kultur- und Bildungspol. Letzteres, da sich in den modernen Gesellschaften bewiesen hat, dass die Durchgehbarkeit oder innere Flexibilität der gesellschaftlichen Position in hohem Maße vom Bildungsstand – und seiner Nutzbarmachung – abhängt. Überhaupt steht für einen Gesellschaftswissenschaftler wie Bourdieu die Dynamis im Zentrum, (gewissermaßen Erbschaft der Dialektik, vergleicht man mit der Kritischen Schule, insb. Adorno). Er kann sich nicht damit begnügen, Wissenschaftlichkeit mit einer eindeutigen, der Realität möglichst gleichkommenden Klassifikationslehre und Taxonomie zu identifizieren – gemeinhin mit dem Positivismus oder seiner Tendenz gleichgesetzt –, wobei etwa Vorläufer seines Fachs wie Durkheim an dieser Stelle eine hohe Virtuosität bewiesen haben. Die Soziologie war um die Jahrhundertwende 1900 bzw. in ihren modernen Anfängen ein Muster an ausgefeilter Klassifikationstheorie, worin auch Max Weber nicht auszunehmen ist (und eine Grundhaltung, die Adorno zur steten Pejoration veranlasste [Adorno 2015], i.e. die Beweglichkeit der Begriffe oder Unmöglichkeit, sie auf eine definite Stelle festzulegen, welche die logischen Beziehungen und die ihnen entsprechende Realität reguliert, ist das plädoyierte Grundprinzip).[110] Stattdessen, um zurückzukehren, meint die Mehrdimensionalität, dass nicht

110 Gemeint ist, u.a., die mehrfach zitierte *Einführung in die Dialektik* (VL 1958), Frankfurt/Main 2015.

mehr generelle Merkmale eine bestimmte Lage und Klasse verifizieren – mit der Umkehrbarkeit, so dass wer einer bestimmten Klasse oder Stand angehört, darum auch den Fächer an Merkmalen zum Ausdruck geben muss (die sogenannte substantialisierende Seite der Theorie von Marx, gegen die sich B. und seine Anhänger oder Interpreten wenden) –, sondern dass sich die Merkmale nach der inneren Beweglichkeit des sozialen Stands (Aufsteiger oder nicht), nach dem Bildungsstand und seiner Einsetzung, nach Lebensstilen und zusammengefasst dem Habitus, und schließlich nach dem Vermögen richten.

Die Polarität gilt also, ausdrücklich und begrifflich, aber sie entfaltet sich in verschiedenen Spektren – damit sinkt die Klassifikationsleistung in dem Sinne, feste, definitive, die Realität bezeichnende soziale, Bewusstseins- oder kulturelle Gruppen zu besitzen respektive auszuweisen gegenüber der höheren Flexibilität oder theoretischen Leistung, die Beweglichkeit des Gruppenschemas einzufangen und nachzuweisen. Das Individuum, wenn man so will, unterliegt hier einem höheren Fusionsgrad seiner Einschmelzung gegenüber allen echten Klassifikationstheorien, die das Element in einer mehr oder weniger distinkten, *elementaren* (wenn nicht sogar atomistischen) Form benötigen und ansetzen. (Hierauf ist an anderer Stelle zurückzukommen).[111] In jedem Fall ist die Polarität in der Form zu begreifen, dass sie die Vorbedingung setzt, die Negation einzusetzen und aufzulösen. Nicht also dass es einfachhin (gewissermaßen abstrakt) gelte, von Polen zu sprechen, die sodann wie quasi metaphysische (oder sogar reifizierte ~ reifizierbare) Instanzen das Denken regulieren: sie sind vielmehr Anzeige und Gewähr, dass sich die Negation in einem Spektrum bewegt, das aus der Sache *oder* – substanziell und unausweichlich – aus jenem stammt, und der Ursprung ist niemals identisch noch einfach nichtidentisch (mithin keine Verpflichtung, in die Dialektik überzugehen; dass Denken und Sein als Identität übereinstimmen, ist zwar reine Orientierung als höchste Potenz, aber kein Sakrileg oder gar Evangelium höchster Überzeugung, denn richtig verstanden herrscht in diesem Gegensatz die Negation selbst a priori, sie wird also niemals tilgbar sein); wiederum derart, dass sich eine (bislang scheinbar unwandelbare und in diesem Sinne) kontinuierliche Erfahrung an bestimmter Stelle als negativ entpuppt und die Diskrepanz offenbart. Dieserart verhält sich kein Gegensatz, denn die Vermittlung fällt entweder von vornherein heraus oder sie verzweigt sich als ganzer Weg (und möglicherweise erneut polar). Anstatt ggf. *in der Achse*

---

111 Vgl. Müller 2014, 88: „Als Alternative zu Subjekt und Subjektivierung, aber auch zu Person und Persönlichkeit hat Bourdieu Wege aufgezeigt, das sozialisierte und individualisierte Individuum als Akteur zu denken".

die benannte Bruchstelle zu offenbaren, die aus der Natur der Negation stammt und – die Physis, freilich neuere im Rahmen der Erhebung des Mikrokosmos oder der Mikrophysik zum Vergleich – ein Quantum offenbart oder freilegt, das eigentlich hätte im Anschmelz seiner Umgebung aufgehen müssen. So erfahren sich soziale Beziehungen, so ergibt sich, zuletzt, eine gelegentlich irrational anmutende Stufenleiter der sozialen Besitz- und Verkehrverhältnisse, in denen sich das Schichten- und Gesellschaftswesen austariert, das wegen der durchaus vergleichbaren Einheitsgröße, mit der Einkommen, Vermögen und Besitzstand zu messen sind, hätte an und für sich keinen Bruch, keinen ›Ecart‹, offenbaren müssen (er sei Lücke, gap oder eben *spezifische* Negation). Es dürfte wiederum, nicht zuletzt wider die in der jüngeren analytischen Philosophie entwickelten Vagheitsbegriffe,[112] die sich diesen Verhältnissen widmen, einleuchten, diese Negation ist – logisch gesehen – kein Wert für sich, stets und nur an der bestimmten Stelle x, y_i oder $z_{i(ii)}$ auftretend, sondern eine (geradezu elektrisierbar aufzufassende) Spannung, in der sich die besagte Bruch- und Umschlagsfunktion niederschlägt, unmittelbar Folge ihrer Verankerung in der Basisachse, in der die Werte *stetig* auseinanderfallen und, je nach Lage und historischer Situation des sich überall diversifizierenden Herdes, Plus und Minus in Potenzen auslesen (evtl. wie polygone, mehrstöckige Kristalle, auch wenn diese Wissenschaftlichkeit kaum ein Bewusstsein zur Gänze wird »schwanger machen« oder in die Öffentlichkeit tragen können, Politikern jedenfalls kommt in der weitaus überwiegenden Mehrzahl die Eigenschaft zu, diese Differenzen, insb. wenn sie effektive Negation dieserart beinhalten, zu beschwichtigen, zu solidarisieren, zu vergießen – als Abdruck lässt sie sich eventuell ins Relief tragen resp. andernorts abstellen – oder unter einem Schleier der Latenz, i.e. Unaussprechbarkeit, zu verhüllen bzw. abzuweisen, handelt es sich doch in der Mehrzahl um selbige unter selbigen).

2.9 Vertiefung der Schleife unter Frage 3

Also zurück in der Hauptsache, und mit der dritten Frage begegnet einem neu entstehenden, frischen Gruppenbewusstsein das historische eventuell über Generationen abgestandene traditionelle Gruppenbewusstsein (– das Gruppenbewusstsein in seiner Statur und Erklärung durch die Philosophie die hier

112 Die folgende Verwendung des Begriffs stetig ist gleichbedeutend mit ›verschleift‹ resp. ›vollständiger Schleife‹; der Zusammenhang inkl. der ›Vagheit‹, sodann mit dem Kontinuum und der Auswirkung auf Klassifikation wird unten im bereits angeführten Kap.V zum Kalkül und seiner Anmerkung erläutert.

angesprochene Hauptsache). Dies wäre die Konstellation, in der die Schleife dingfest wird, beide Seiten *sind*, sie sind wiederum gegensätzlich geordnet und müssen sich gegeneinander behaupten: je nach Stärke und Gelegenheit des Impulses verdichtet sich jetzt der neue Impuls, verschärft sich das wachsende Gruppenbewusstsein und verdrängt das historische, lässt es erkalten oder ganz absinken. Es dürfte zum einen auf Anhieb einleuchten, hier verdichten sich die soziologischen Erklärungen der gesellschaftlichen Kreisläufe, gesetzt, sei bedingen die Analyse des gesellschaftlichen Verkehrs, an dem stets Bewusstsein teilnehmen muss.[113] In Bourdieus Begriffsweise kristallisieren sich auf der Grundlage diese Kreisläufe oder Zirkularitäten die sozialen Felder bzw. das soziale Feld (er klassifiziert in der Hauptsache, das politische, das ökonomische, das kulturelle, das religiöse, das künstlerische). Um ein Beispiel anzuführen, das zum thematischen Kern dieser Vorlesung gehört, sei das politische Feld gewählt, und das Feld ist eine Ableitung aus dem Kräftefeld, es handelt sich demnach um einen dynamischen, nicht statisch-klassifikatorischen Begriff:

> „Der Prozess der Delegation und Repräsentation, in dessen Verlauf eine Gruppe mit Sprecher entsteht, umschreibt eine zirkuläre Beziehung und eine Drehung, ja Umkehrung der Machtverhältnisse. Zunächst wählt die Gruppe einen Sprecher und verleiht ihm Macht: Die Gruppe »macht« den Sprecher zum Führer, indem sie ihm als Gruppe ihre Macht überträgt. Einmal gewählt, »repräsentiert« der Sprecher die nun so konstituierte Gruppe, indem er für sie spricht. Die delegierte Macht wird zur Macht des Delegierten. In dem Maße, wie der Sprecher die Macht der Gruppe erfolgreich »verkörpert«, geht diese Macht auf ihn über. Der Sprecher *ist* die Gruppe, und die Gruppe scheint nichts mehr zu sein ohne ihren Sprecher, den sie einstmals gewählt hatte. Der Akt der Delegation, die Übereignung der Macht der Gruppe an den Sprecher, für die Gruppe zu sprechen, hat einerseits zu einer politischen *Aneignung*, andererseits zu einer *Enteignung* [Expropriation] der Gruppe durch den Sprecher geführt. Diese Enteignung zieht häufig auch die *Entfremdung* [Alienation] der Gruppenmitglieder von ihrer Führung nach sich“ (Müller 2014, 269).

Was der Soziologe Müller hier beschreibt, ist nach Bourdieu die Entstehung und Konstitution eines Elements im politischen Kräftefeld oder das Muster par excellence der Entstehung („Konstitution“) des politischen Feldes. Der Terminus

113 Eine Musteranalyse aus literatur- und kunsthistorischer Sicht bietet Walter Muschg mit dem Beitrag „Von Trakl zu Brecht“ in: *Die Zerstörung der deutschen Literatur*. Zürich 2009, 621–692, hier insb. anlässlich des Auftretens der Futurismus und seiner Manifeste sowie der Rezeption bis weithin in Europa.

›zirkulär‹, der die Basisbeziehung zwischen Gruppenführer und den Gruppenmitgliedern beschreibt, ist wörtlich zu verstehen, im Sinne des Zirkulierenden oder Kreisläufigen. Dabei liegt aber keine effektive Kreisform im Resultat oder voll konstituierten Kreislauf vor, da sich die beiden Sphären, hier Machtsphären, am Ende überschneiden müssen oder insb. gegenteilig werden. Infolgedessen liegt logisch die Schleife vor, jene Form des Gegensatzes, in dem sich beide Gegensätze (A) gegenseitig bedingen und nicht auf einander reduzierbar sind, (B) jedoch auch nicht auseinanderfallen (der angemessene Ausdruck der Funktion bzw. des Operators ist ›trennen-verbinden‹, wohlgemerkt derart, dass der Bindestrich nicht negativ wirksam werden kann, damit *der* Stolperstein der Geschichte wider die Wirksamkeit des Widerspruchs, der stets und mit konträrer Gesetzmäßigkeit den Bindestrich verschwinden macht).[114] Infolgedessen ist *an jeder erdenklichen Stelle* ein Element, und sei es noch so gering, des Gegenteils im anderen enthalten oder daran beteiligt: im vorliegenden Fall ergäbe sich andernfalls keine Delegation und kein Führerstatus, wie anderwärts die Gruppe auf das Einzelelement zerfiele und sich nicht zu artikulieren vermöchte, wenn sie nicht auf einen Repräsentanten zurückgreifen könnte. Dieser Kreislauf oder ›Zirkuit‹ – hier ergibt sich der begriffliche Anschluss zum effektiven *Schaltkreis*, in dem die Positiv- und Negativposition manifest und rigide verankert ist, und Gesellschaft ist bekanntermaßen alles andere als nicht, a minimo,[115] ein Agglomerat aus Gruppierungsimpulsen, das sich jeweils in technologienaher, mechanischer Form verschleift und hierarchisiert – entsteht nicht in einem Schritt, sondern besitzt Stufen. Müller beschreibt, wie zitiert, vier: (i) die Macht (oder das Amt) verleihen, sodann (ii) repräsentieren, wiederum (iii) positiv oder erfolgreich repräsentieren bedeutet (iv) die Macht übernehmen. Auch wenn dieser Vorgang wohlbekannt, in sich plausibel und damit erfahrungshaltig ist, kann ihm sein idealer oder zumindest logischer Kern, der primär nicht in der

114 Es scheint besser, anstatt nur den Operator – wie ›¬‹ – zu klassifizieren, die Funktion zu verlangen, da er mit der operativen Negation in die Polarität übergeht respektive selbige voraussetzt und entsprechend eine ganze Funktion beherrschen kann bzw. normalerweise unternimmt. – Anknüpfungs- und Prüfpunke wären die verdienstvollen Erörterungen von Leibniz zur Übereinstimmung und Nichtübereinstimmung der Ideen versus ihrer Opposition und Trennung, beizuhalten im Buch „Von der Erkenntnis“ bis zum Wahrheitsbegriff (in NE II. IV). Überzeugungs- bzw. orientierungsbedingt, da die logische Polarität keine Rolle spielt, verifiziert er versuchsweise durchgehend nur am Widerspruch.

115 Es sind die Fusionsgrade auszulesen, um dieses von den Satzungs- und Vertragsstufen bis hin in die generationsständige Korporation zu verfolgen.

Erfahrung liegt, nicht abgesprochen werden. Freilich ist die Basis eine bestimmte Form des Gegensatzes, sie sei die polare oder, wie erläutert, die Schleife (Plus und Minus entfalten sich, ebenso notwendig wie unlösbar, in und auf einer gemeinsamen Achse, die Fusion ist stets größer). Im Mustermodell des politischen Feldes kulminieren entsprechend als wohlbekanntes Verhältnis ›einer-viele‹, jedoch nicht als bloßer quantitativer Kontrast, sondern gebunden an eine umkehrbare Subordination: die Gruppe wie der Führer können in dieser Beziehung die hierarchisierte Stelle oder erste Ordnung übernehmen – ›$f_i(g_N)$ versus $g_N(f_i)$‹, und diese Beziehung ist nicht deckungsgleich mit ›$[f_i(g_N) \Rightarrow \neg\, g_N(f_i)]\ .\ [g_N(f_i) \Rightarrow \neg\, f_i(g_N)]$‹, da in diesem Fall die gleitende Flexibilität der Negation oder negative Disposition in der n-orientierten Basis verloren geht, freilich auch nicht ›$f_i(g_N) \Leftrightarrow \neg\, g_N(f_i)$‹ oder umgekehrt, so dass die Versusbeziehung eines eigenen Symbols bedarf, es sei ›$\cong$‹, sowie der Kennzeichnung seines Verhältnisses zur Peripherie, die wenn nur ein Fokus getroffen, einfach, ›$| \cong |$‹, wenn aber in vollgültiger Schleife oder Polarität, ›$|| \cong ||$‹, demnach besagt ›$||\ f_i(g_N) \cong g_N(f_i)\ ||$‹, dass sich der Führer und die Gruppe in einer effektiven Äquivalenzversusbeziehung bewegen, mithin können Situationen auftreten, in denen die Gruppe den Führer zum Argument macht, ohne dass die beiderseitige Peripherie jemals durchbrochen oder negiert wird[116] –, und der Zusammenhang ergibt letztere Relation. (Zum Vergleich: Preis und Menge sind konvertibel als Funktion auf einander beziehbar und beschreiben eine Basispolarität, diese mag, wie sie Marx vorwiegend dachte, komplementär gesetzt sein – die Wertigkeiten werden als fix angesetzt – oder von Grund auf und stetig volatil, so dass die Negativverhältnisse zwar in der Marge liegen, aber ggf. vom Eklat, dem plötzlichen Erscheinen, abhängig sind. Außerdem sind in die obige Abstraktion, die keine Vereinfachung sei, die Verhältnisse von Konkurrenz und Kontrahenz einzutragen. Sie bedingen die Verdichtung des Feldes, die Erklärung, warum überhaupt Peripheriegrenzen wirksam – logisch operativ – werden können, schließlich ›Führer‹ und ›Gruppe‹ nicht wirklich auf sich zurückfallen: das Bewusstsein ist eben, was es ist, es liest

116 Dies sei keineswegs die Interpretation eines faschistischen Modells, gesetzt, auch diesem ist nicht nur die tyrannische Position des Führers geläufig, sondern auch dessen gelegentliches Zurücktreten oder Sichbestimmenlassen (Assimilieren) durch die Gruppe. Vielmehr bezeichne die Beziehung die Bedingung schlechthin, sie sei auch in der Arbeits- und Unternehmenswelt bei einem Team (in freilich einstweilen idealisierter Form) wirksam, so dass die, proprie, faschistoide Interpretation den Schein und das ideologische Moment, überdies die Besessenheit in der Interpretation aufgreifen und darstellen muss. Die Schleife ist logische Substanz, die nicht erst mit dieser manifest, sondern nur besessen oder fixiert gedeutet wird.

und gewärtigt beständig der Gegner, Konkurrent, evtl. auch ein halber Sympathisant, der nicht zur Gruppe gehört und bestimmt den Grad und das Dasein, die Substanz, seiner Reflexivität). – Zur Logikgeschichte respektive Geltung und Einführung des Symbols ›≅‹, das im Gesamttext belastet und gelegentlich erläutert wird, sei folgendes angemerkt. Es bedingt zum einen, dass die Fusion – als distinkter Faktor – mit der Negation verknüpft ist und sich nicht an *S* oder *P* heftet, sondern an eine logische Konstante (denn es besteht kein Grund, ihr diese Effizienz zu verweigern, wenn sie ohnehin über diese Fähigkeit verfügt): das Resultat ist die direkte Bezeichnung eines polaren, insb. antonymen Verhältnisses, da es logisch widersinnig (wenn auch gegen die Hauptbestrebungen der Grundlegung der Logik in Anlehnung an die Mathematik, etwa Frege) erscheint, bei den Begriffen ›groß‹ und ›klein‹ (als Muster) stets nur eine Seite zu verfolgen und nicht die intrikate Überlappung, gegenseitige Implikation, zu erkennen und zu repräsentieren. Wenn diese aber gewärtigt sein soll, muss auch unmittelbar und stetig die Negation beitreten. Wenn dies zunächst das Symbol erklärt und die erste Funktionsweise, sei außerdem daran erinnert, dass der sog. *komplementäre Begriff*, mit dem sich – nach der modernen Logik – die Gültigkeit der Syllogismen zeigen lässt,[117] auf der Fusion der klassischen Negation beruht, i.e. der Negator bedient entweder das Prädikat oder sogar das Subjekt, um auf diese Weise die Möglichkeit der Herleitung abgeleiteter aus den Basisformen zu beweisen. Diese Ableitung gelingt aber nur, wenn (a) die doppelte Negation =

117 Vgl. Gisbert Hasenjäger. *Einführung in die Grundbegriffe und Probleme der modernen Logik*. Freiburg/München 1962, 20–28. Symptomatisch erläutert H.: „Eine Aussage der Form ‚Alle *S*-Dinge sind-nicht *P*-Dinge' kann aufgefasst werden einerseits als: ‚Alle *S*-Dinge sind-nicht *P*-Dinge', andererseits auch als ‚Alle *S*-Dinge sind nicht-*P*-Dinge', d.h.: einmal wird den *S*-Dingen die Eigenschaft *P* *abgesprochen*, einmal wird den *S*-Dingen die Eigenschaft, nicht-*P* zu sein, *zugesprochen*. Man nennt nicht-*P* den zu *P* *komplementären Begriff*". Es dürfte klar sein, die klassische Logik seit Aristoteles bis zu Leibniz (und noch Kant inkl.) kennt diese Möglichkeit nicht, das Zu- versus Absprechen orientiert sich an der Kopula, welche die Hauptverneinung aufnimmt; die Ableitung der Syllogismen erfolgt daher strikt mit der Orientierung an der 1. Figur und die klassischen Konversionsregeln, wenngleich es, etwa bei Leibniz, Ausnahmen gibt. Entsprechend beweist die Nutzung des Bindestrichs eklatant die logische Fusion, auch wenn sie nicht eigens bezeichnet wird. Symptomatisch erläutert H. an späterer Stelle den komplementären Begriff in Beziehung auf „die vorsichtige Haltung" der Mathematik, „in der üblichen Beschränkung auf nichtkomplementäre Begriffe nur im Innern fertiger Begriffe zu argumentieren" (51) durch zwei Zusatzdefinitionen, in denen selbige Komplementarität in Verbindung mit ›$(S — P) =_{Df} [x \,|\, Sx \wedge \neg Px]$‹, ›$S\ \mathbf{e}\ P =_{Df} \mathbf{Sa}(S—P)$‹ wiedereingeführt wird. Hier sollte sie gleichfalls nicht übersehen werden.

Bejahung gilt (ergo ...*P*.../...nn*P*... und umgekehrt, außerdem es (b) per Definition erlaubt ist, ›an‹ für ›e‹ zu setzen, resp. ›in‹ für ›o‹, sodann sogar in der Kontraposition ›*S* a *P* ⇔ *S* a nn*P* ⇔ n*P*an*S*‹ und umgekehrt. Der Preis für diese Vorgehensweise besteht darin, echten Antonymen bzw. der Polarität nicht gerecht zu werden, da, exemplarisch und nur *in nuce*, ein negiertes Prädikat ›klein‹ weder auf den Gegenterm fällt, noch, und insb., seine doppelte Negation mit Eindeutigkeit auf den einfachen Term zurückfällt, es sei denn per Definition. Der ›nicht nicht gerechte [oder nicht ungerechte] Herrscher‹ ist darum nicht schlechthin gerecht, anderwärts die ›nicht nicht große Zahl [nicht ungroße]‹ eindeutig als groß bezeichnet (insb. sollte hier auch das Extrem involviert sein). Wenn dies in die Vagheit der natürlichen Sprache führen sollte, wie Frege heute vornehmlich interpretiert wird, dann besteht immer noch und vor allem der theoretische Bedarf, zuerst die Antonymie resp. Polarität zu klären (vergleichsweise – der Übergang der Logik in die Krümmung oder nichteuklidische Verhältnisse). Ihr ist selbstredend eine antizipatorische, reinbegriffliche Bedeutung zuzuerkennen, die nicht und nur mit den sprachlichen Ausdrucksformen zusammenfällt (dies wird mehrfach verdeutlicht, insb. im Abschluss Kap.IV). Zur gew. Gegenprobe sei angemerkt, dass die Fusion selbstredend auch bei allen Klammerverhältnissen wirksam werden muss, also, exemplarisch, warum › □*p* □*q*‹ nicht dasselbe ist wie › ¬(*pq*) (de Morgan)‹; sodann in extenso in Verbindung mit Gruppierung und Differenzen zwischen, ex., ›*pq* ∨ *r*‹ versus ›*p*(*q* ∨ *r*)‹, sowie im Argument, wenn das Konditional im Satz „Wenn etwas ein Wirbeltier ist, hat es ein Herz" (zugestanden) erst wirksam wird, wenn ihm die „Behauptung eines Bündels von einzelnen Konditionalen zugeordnet wird: wenn *a* ein Wirbeltier ist, hat *a* ein Herz, wenn *b* ein Wirbeltier ist, hat *b* ein Herz; usw. Kurz: Was *x* auch sein mag, wenn *x* ein Wirbeltier ist, hat *x* ein Herz".[118] Dieses ‚kurz' oder ‚in Kürze' hat öfters in Beiträgen der analytischen Philosophie die effektive Bedeutung des Faszikels, i.e. es ist tatsächlich ein Knoten vorauszusetzen, mittels dessen eine Reihe inliegender Aussagen (oder Terme) in genau diesem Sinne zusammengefasst werden, i.e. der operativen und distinkten Fusion. (Die sich anschließenden Fragen betreffen die Geltung der Projektion – wofür keine räumlich-zeitliche notwendigerweise eintreten muss – und warum es jederzeit gerechtfertigt erscheint, auf den Begriff Perspektive und seine Interpretation zurückzugreifen, wiederum ohne Vorrang der pronominalen Geltung, sondern im echten Sinne, wenn Teilnehmer und Beobachter auseinandertreten müssen).

118 Vgl. Quine. *Grundzüge der Logik*. Frankfurt/Main 1969, [3]1981, 31ff, §4, sowie S. 39f.

Im Zitat schließt sich eine zweite Konsequenz an, sie betrifft das Wechselverhältnis zwischen Aneignung und Enteignung. Freilich erkennt man hier im Hintergrund die klassischen Begriffe der Propriation bzw. insb. *Expropriation* – als ob die Gruppe dem Führer oder Sprecher ein Kapital übereignet, um das sie infolgedessen ärmer oder mindervermögend wird; wiederum auch, da die Enteignung tatsächlich häufiger von einer Entfremdung oder Alienation der Gruppenmitglieder gegenüber dem Sprecher begleitet wird. Die soziologische Charakterisierung mag zur Koloristik des Fachs gehören, jedenfalls ist an der Logik insgesamt nicht zu zweifeln. Würde man die jeweils Enteignung oder Entfremdung als eine Privation des Gruppenbewusstseins ansprechen und bezeichnen, was an und für sich nicht verkehrt wäre, so fehlte die gleichzeitige kehrseitige Beziehung auf den Sprecher der Gruppe, der durch die Privation unmittelbar und notwendig begünstigt wird – von daher der Bezug und logische Zwang zur Polarität (die ja auch Bourdieu im Prinzip voraussetzt, allerdings die Negativität und ihren Belang nicht eigens durchrechnet. Man weiß durchaus nicht an jeder Stelle, wieviel Negativität dafür verantwortlich ist, dass sich eine bestimmte Funktion durchsetzt, etwa der Anspruch der Elite gegen die Allgemeinheit, oder die Privatheit gegen die Öffentlichkeit, oder Kapitalansprüche versus Verteilungsansprüche, letzteres freilich ein Gegensatz, der bei weitem zu universal gefasst ist, um seine Arbeitsweise im Detail durchschauen zu können (Betriebsrat/prämien- und anteilsbasierte Vergütung; Bilanz versus Anteilseigner/Dividende, Kreditwürdigkeit im Ratingwesen, etc.).

Anmerkungen

1. Die schismatische Bedingung im Gruppenprozess

Weder Bourdieu noch Müller bedenken, wenigstens wie es scheint nicht zentral, die Möglichkeit, dass sich der Gruppenprozess latent und schismatisch vollzieht, die Repräsentation also eine doppelte Ebene besitzt, noch dazu konstitutiv und intentional. In etablierten Kollektiven ist nicht davon auszugehen, es müsste sich der Rekrutierungsprozess der Leitung stets auf offene Auszählungsverfahren berufen; vielmehr verfügt das Kollektiv über Kommunikationsmittel – durch interne Absprache, primitives Nick- und Zustimmungs- oder Ablehnungsverhalten in quasi Gesten, die Blockierung des kommunikativen Energieflusses versus seiner Behelligung/Manipulation –, sich auch latent zu organisieren und/oder das entscheidende soziale Gewicht zu artikulieren (die Bösewichter, der/die Trojanerin ganz unten sind weder notwendig in Anzug, Krawatte und/oder Talar, noch in Anstaltskleidung, womit wenigstens anerkannt sei, Schuft und anständiger Mensch können sich begegnen, i.e. *koinzidieren*).[119] Überhaupt sind an dieser Stelle die latenten, geradezu schismatischen – weder tatsächlich, noch der Möglichkeit nach offen reflektierten, signalisierten und kontrollierten – Kommunikations- und Austauschverfahren anzusprechen und ggf. zu systematisieren, die den Einzelnen verpflichten und mehr oder weniger restlos auf ein bestimmtes Milieu eichen. Die Anmerkung ist vernunftgemäß an die Dimensionalität des Bewusstseins anzuknüpfen, i.e. es ist gerade wegen dieses Faktums davon auszugehen, dass sich Mehrheits-, Sozialisierungs- und Politisierungsprozesse auf diese Bedingung abstützen. Das schismatische bzw. Schisma des Bewusstseins wurde bereits andernorts eingeführt,[120] so ist an dieser Stelle (abgesehen von der Vertiefung von Unter- und Überzeitlichkeit in Verbindung mit dem Historischen Subjekt, das Schlusskapitel) die Bedingung der Dimension zu erläutern. Da der Konnex bzw. Anschluss des Bewusstseins ohnehin, von Natur her, gewährt – und niemals wegfällt oder, bei Lebensbedingung, abstürzt, i.e. der Energiefluss und nicht schon seine konstitutive, abgeleitete Vorstellung (als insb. klassische Anschauung) muss mit Zeit und Ort eine Stelle zuweisen, letztere *in der Dimension des Bewusstseins selbst*, nicht nach Ort und Grad auf der geografischen Landkarte – ist die Annahme überaus naheliegend, schon der Evolution die Absicht einzutragen, das Faktum für die Sozialisierung oder Gruppenbildung einzusetzen. Mithin kommuniziert die *mens*, das Bewusstsein, dem der polhaltige Geist bei- und (im generativen, also erzeugenden Sinne) innewohnt, immediat über die Energieausbreitung und ihre Verbindung – das resultierende Feld –, selbst dann, wenn noch keine gemeinsame Sprache gefunden, und sie bzw. es weiß insb. Impulse zu lesen und zu verorten, außerdem stets die vordergründige, sich aufdrängende Frage der Stellung, Vorrang oder nicht, zu polarisieren und zu stellen (gemeint, nicht notwendig endgültig zu entscheiden). (Physikalische Fragen nach der Geschwindigkeit dieser Energie dürfen dahingehend festgelegt werden, dass sie (a) nicht mit der Lichtgeschwindigkeit zu verwechseln, (b) die Wahrnehmung von Vorstellungsgehalten im Untersekundbereich, durchaus noch unterhalb der Sternschen Grenze festzustellen sind, also bei ggf. 10 Millisekunden: die oben eingeführte Unter- versus Überzeitigkeit meint demgegenüber die bereits gewährte Dimension des Energieaustausches innerhalb der spezifischen, die menschliches Bewusstsein beinhaltet und ausmacht).

---

119 In Anlehnung an Adorno, Einführung, 2015, Ende 5. Vl; frühere Exempel seien erlassen.

120 Vf., *Sozialbewusstsein. Ursprung, Exegese und die Beziehung zum theoretischen Bewusstsein*, Frankfurt/Main-New York 2015.

2. Searle und die kollektive Intentionalität

Um den Überblick zu befriedigen, sei an dieser Stelle noch auf Searle und seine theoretischen Entwurf zur *social reality* verwiesen. Das zitierte Mustermodell des politischen Feldes ist auch bei ihm ein Musterfall für *kollektive Intentionalität.* Er geht allerdings nicht von der Gruppe aus, sondern von letzterer und sucht nach der Besetzung der Hauptformel »X counts as Y in C«. Wie leicht zu sehen, steht hier die physikalische oder leibliche Person ›X‹, noch funktional unbekleidet, am Anfang, um *durch den Akt kollektiver Intentionalität* die Position oder den Status ›Y‹ zu erhalten, gebunden an den bestimmten Kontext ›C‹ (hier die politische Funktion, der Vertreter der Gruppe), also etwa der Musterprozess, dass eine Partei – als Gruppe oder, so Searle, kollektive Intentionalität – ihren Parteivorsitzenden wählt, dieser wiederum, in einem anderen und gebundenen Kontext, vom Wählervolk oder den Repräsentierten zum Kanzler oder Präsidenten der Verfassung gewählt wird. Die Formel ist, so Searle, iterativ zu verwenden, ein bereits gegebener Status lässt sich daher erneut als ›X‹ (bzw. ›Y_0‹ = ›X_1‹) einsetzen. Wo aber bleibt dann die oben erläuterte Schleife – sie verbirgt sich in einem Bikonditional, das Searle an späterer Stelle herleitet. In aller Kürze, da Formeln eine bestimmte Klarheit zukommt:

(1) We accept (S is enabled (S does A))

entspricht exakt dem aufgeführten Fall bei Bourdieu, dass eine Gruppe ihren Vorsitzenden oder Sprecher wählt, i.e. in Kraft setzt. Die Formel ist freilich etwas roh oder informal, indem sie besagt: we accept = die kollektive Intentionalität oder Instanz, welche den Operator bedient, um einem bestimmten X, hier S, in den Stand zu versetzen (enable), eine bestimmte Tätigkeit auszuüben (S does A). Nun sind diese ›Wir‹ nicht einige, sondern ausdrücklich alle der 1. Person Plural. Ergo müsste man quantifiziert schreiben:

$$(1') \quad \forall x \exists y \exists z \, [Ax \Rightarrow (xSy \Rightarrow yTz); \forall x = 1PP]$$

Hierbei gilt: A = accept; S = in den Status versetzen oder befähigen (enable); T = Tun, Tz entspricht dem „does A“ in (1); y = S und z = A in (1)).

Diese Formel muss die Quantifikation nach der grammatischen Person definieren. Sie setzt ausdrücklich 2 Ebenen, das ›akzeptieren‹ und das ›befähigen‹ befinden sich daher nicht auf derselben Ebene: hierin aber steckt die Schleife oder ihr Kern. Vergleicht man mit dem Modell B.s, muss zwar die Gruppe zunächst den Sprecher ausstatten, eben damit der Vorsitzende oder Sprecher – und nachgeordnet – zu sein, aber infolge des Inkraftsetzungsaktes subsumiert der Vorsitzende die Gruppe: die Hierarchie wird invers, wie im Zitat überaus deutlich. Diese

Kehre ist aus dem Souveränitätsproblem nur zu bekannt (alle Volksmitglieder sind souverän, ihre(n) Vertreter zu wählen, die Abgeordnetenkammer und die Regierung, die Vorrangstellung des Souveräns geht in die Stellung des Beherrschten oder Subjekts *im anderen Sinne* über; vgl. Literatur zu Rousseau und der ›volonté générale‹). Würde man dies auf die Formel übertragen wollen, würde sich der Akt der ersten Implikation umkehren. Sie wäre genau dann falsch, wenn zwar ›($xSy \Rightarrow yTz$)‹ zutrifft (w), aber ›Ax‹ falsch. Nun trifft dies aber nur ansatzweise den Kern der Schleife; denn tatsächlich, selbst wenn ›Ax‹ *infolge der Inkraftsetzung des Status – ›X‹ wird ›Y‹ – seine Vorrangstellung verliert und durch ›X‹ als nunmehr ›Y‹ subsumiert wird, verliert der Akt ›Ax‹ ja nicht wirklich seine Geltung: ergo sind die beiden Teilrelationen miteinander verschleift und müssen zugleich wahr sein oder in Geltung gesetzt werden (der logische Ausdruck hierfür ist einstweilen offen).*

Searle kommt dieser Tatsache bedingt entgegen, indem er sich an die widerspruchsgebundenen Formeln der Modalität und der Quantifikation anlehnt. Wenn gilt, etwas sei notwendig, dann ist das Gegenteil unmöglich (oder es ist nicht möglich, dass nicht); und wenn etwas für alle gilt, dann gibt es nicht einige, für die nicht dieses etwas gilt. (Dies sei ausdrücklich in seinem Sinne in dieser Form beschrieben, da er sich gleichfalls an die Widerspruchsrelation im klassischen Syllogismus anlehnt, also zwischen der Form ›A‹ versus ›O›). Er entwickelt darum das folgende Bikonditional

(2) S is enabled (S does A) iff ¬S is required (¬S does A).

Dies meint nach seiner Interpretation: “We make it the case by collective acceptance that (S is enabled (S does A)) iff we make it the case by collective acceptance that (¬ S is required (¬ S does A)). (Anmerkung: nach früherer Erläuterung meint ›¬S is required (¬S does A)‹ in (2) “it is not the case that S is required not to perform A”).[121]

Wie deutlich zu erkennen, löst Searle den Statusakt – den gebündelten Operator der ›We‹-Intentionalität – auf der Basis des Widerspruchs in ein doppeltes Negationsverhältnis auf, in der sich, wie im klassischen Sinne, die Position (Affirmation) und Negation – als nunmehr doppelte – entsprechen. Wo aber bleibt dann in diesem Fall die Schleife, gesetzt, das Bikonditional ist hiermit erfüllt, also beide Seiten müssen und sind wahr? Freilich in dem nunmehr begrifflichen oder wörtlichen – quasi terminologischen – Verhältnis zwischen „being enabled“ versus „being required“. Man kann nun fragen, ob (i) dies ein echtes Antonym ist, wie erforderlich, um der Polarität, dem Hintergrund der Schleife, gerecht zu werden; (ii)

121 Searle 1996, 105–107.

ob für den Fall, es gilt, damit auch die Relation getroffen ist, die das soziologische Modell meint, also ob durch den Inkraftsetzungsakt die Gruppe, die ursprünglich für den Statusakt verantwortlich ist, kraft Ingeltungsetzung von der oder den Personen, die hierdurch den Brennpunkt besetzen, als Gegenpol subsumiert wird; (iii) ob die Instanz „we make it the case by collective acceptance" vollgültig der Realität beziehungsweise dem Gruppenbewusstsein entspricht, dass für den Akt der Ingeltungsetzung bzw. den Statusoperator vorauszusetzen ist.

Um mit (i) zu beginnen, ›being enabled‹ versus ›being required‹ ist freilich kein reines Antonym, also die direkte, am Terminus gebundene Negation. Sie müsste ›disenabled‹ oder als Variante ›repeached‹ oder ›removed‹ heißen (und nicht ›step down‹), also direkt und ausdrücklich den Akt der Befähigung im Terminus verneinen (im Deutschen: entheben, entmächtigen, entlassen). Demnach geht – Frage (ii) – das Bikonditional (2) an der eigentlichen Schleife vorbei. Es sagt etwas anderes, eben nur die Äquivalenz zwischen der Inkraftsetzung, eine bestimmte Handlung auszuüben und dem Nichtverlangtsein bzw. Nicht-Aufgefordertsein bzw. Nicht-unter-der-Forderung stehen, selbige Handlung nicht zu tun. Darin verbirgt sich eine bestimmte logische Redundanz – oder Tautologie –, aber jedenfalls nicht die eigentliche konstitutive ± Schleife, die, wie man auch sofort sieht, nicht mit einer Äquivalenzrelation auf der Grundlage der doppelten Negation zu bewältigen ist. Kein Antonym fällt bei doppelter Verneinung in seine reine Bejahung (dies sei, ›≅‹ wie eingeführt: ›$\cong \neq [\Rightarrow . \Leftarrow = \Leftrightarrow] \vee [\neg\neg x] \neq x$, wenn $x = x^{+} \vee x^{-}$, ergo bezeichnet x ein echtes, operatives und nichtneutralisiertes Antonym‹; auch ist ›$\cong \neq [\neg\Rightarrow . \Leftarrow] . [\Rightarrow . \neg\Leftarrow]$‹ wie schon oben).[122] Was (iii) betrifft, so ist auch dies von vornherein

122 Dies wäre bereits an entsprechenden Stellen bei Frege oder Carnap nachzuweisen. In „How to make our Ideas clear" behauptet Ch.S.Peirce, „There is absolutely no difference between a hard thing and a soft thing so long as they are not brought to the test" (In: Michael Lynch (ed.). *The Nature of Truth*. Massachussetts 2001, 202). Charakteristischerweise – als Pragmatist und Empirist – will er die Eigenschaften eines Dings erst über ihre Wirkungen anerkennen. Dass, obgleich er seine Abhandlung im Gebiet der Logik ansiedelt, der Gegensatz logischer Natur sei und nicht durchgehend und bedingungslos von Erfahrung abhängig, bleibt außerhalb seiner Fragestellung, daher kommt er auch nicht auf die Möglichkeit der Antonymie zu sprechen, ebenso nicht, ob etwa ›wahr-falsch‹ selbst hier zu vereinnahmen ist. Immerhin resümiert er an dieser Stelle das ansonsten durch seine Idealisierung bekannte Zentrum („[…] destined centre. So with all scientific research" [206]), das jedenfalls den kompatiblen Fokus inauguriert (den wiederum jedes Extrem für sich vereinnahmt: ›wahr ≅ falsch‹ kommt somit unter dieser Voraussetzung wenigstens auch je eine fokale Bedeutung zu, mithin eigentlich ›|| w ≅ f ||‹, wie oben definiert). In jedem Fall, wenn er den

zu verneinen oder in Frage zu stellen. Das Gruppenbewusstsein ist eine zu komplexe Angelegenheit, als dass es sich auf, und immer auf, ein einfaches ›We‹ reduzieren und damit identifizieren lässt (was an späterer Stelle behandelt wird). Die Soziologie geht viel eher davon aus, dass die Prozesse, welche die Zuordnungen und Kräfteverschiebungen bedingen, teilweise wesentlich, von der Wirksamkeit ihrer Bedingung her, unpersönlich sind oder insbesondere nicht dem persönlichen Zugriff unterliegen, dass jedenfalls das einzelne Individuum auf keinen Fall einen Zugriff auf die Änderung der Gesetzmäßigkeiten (im weiteren Sinne) besitzt; und wenn es sich in einem bestimmten Korpus organisiert, so ist auch damit nicht bereits garantiert, das nunmehr pluralisch konstituierte Subjekt, gesetzt, ein ›wir‹, besitze die Änderungskraft.

*

2.10 Erläuterung der theoretischen Schleife an Bourdieu

Hiermit ist noch einmal abschließend zur obigen Antwort auf Frage (3) zurückzukehren. Sie betraf das Aufeinandertreffen eines existierenden, quasi abgesetzten Gruppenbewusstseins, auf den ein neuer Impuls trifft. Die Antwort wurde bereits mit den beiden vorherhegenden Beispielen gewährt, zugleich warum hierbei eine Doppelimplikation *mit* Negation dingfest wird, die eben keine Äquivalenz oder kein Bikonditional, sondern die ± Schleife der Polarität bezeichnet (sie mag exhaurieren oder nicht, im positiven Fall liegen die Antipoden unmittelbar und nur auf dem Extrem, ohne Binnensteigerung oder Varianz, p.e. ›weiblich/männlich‹; ›rechts/links‹ (als fokale Instanzen im Politischen neigen sie zur unbedingten Durchdringung und Steigerbarkeit); ›single/married‹ – der Stolperstein in Quine's Aufsatz *Die beiden Dogmen des Empirismus* (Widerlegung der Analytizität)[123]; weiterhin, was die Logik betrifft, partial/complete oder inkonsistent/konsistent)[124]. In beiden Fällen waren es Musterfälle, in denen ein Status inmitten eines Gruppenbewusstseins einen neuen Status annimmt (die Einsetzung einer Leitungsposition o.ä.). Nun

---

Gegensatz voraussetzen muss und nicht von Erfahrung abhängig, die scheinbar zunächst, vor der Trennung, die bloße Neutrale liefert, kann die hinzutretende Negation als ›nicht‹ kein Mittel darstellen, um entweder auf die Achse oder auf das Extrem zurückzukehren – was in obigen Formeln enthalten ist.

123 Vgl. F.R.Palmer. *Semantics*. Cambridge ²1981. Die angesetzte strikte Komplementarität ist hier freilich sozial ebenso fraglich wie zuvor evolutionsbiologisch das Verhältnis männlich/weiblich.

124 Vgl. weiterführend (insb. formale Logik) Dunn 1996, §3. In: H. Wansing (ed.). *Negation. A Notion in Focus*. Berlin-New York 1996.

kann freilich das Rollenspiel derart gelagert sein, dass *beide* Seiten von einem kollektiven oder Gruppenbewusstsein betroffen sind – Muster: der Generationenwechsel, einer der wichtigsten sozialen Prozesse; parteiinterne Kämpfe um den Vorrang der Orientierung; Teams in Unternehmen, die aus verschiedener Richtung – etwa finanzielle *Absicherung* versus *Investment* und Aufzehren der Marktchancen – um den Vorrang der Gesamtstrategie ringen.

Verbreitert man den Radius dieser Opposition, i.e. lässt man zu, dass er seinen größtmöglichen Umfang annimmt, dann begegnet die Historie bzw. nähert sich der Prozess dem Kern der Historie – was einerseits Hegel, anderwärts aber auch die Geschichtsschreibung des 19. Jahrhunderts als das ›historische Subjekt‹ bezeichnet oder meint (etwa Droysen). Unter dieser Voraussetzung gerät das Bewusstsein in eine breite Scherung und Auffächerung – jede Faszikel bezeichnet, *in termino*, eine Potenz der Plusminushaltigkeit, die exakt zu bezeichnen und zu verorten, noch dazu in der Dimensionalität des Bewusstseins, welche den kontinuierlich-diskontinuierlichen Anschluss, in genau dieser quantenartigen Form, jedenfalls keinen echten Hiatus von Bewusstsein zu Bewusstsein voraussetzt, wenngleich die sublatenten, ‚stillen' oder halblatent kommunizierten Inhalte und Strebungen von den aufliegenden abweichen, ein Höchstmaß an soziologischer und, soweit primär für das Bewusstsein zuständig, philosophischer Analyse verlangt, die an dieser Stelle wegen der Einsetzbarkeit des Linsenwerks wenigstens benannt sei –, und in jeder Orientierung begegnet dem Gruppenbewusstsein ein bereits vorhandenes, konventionelles, abgemachtes (versatztes); bzw. die Begegnung ist derart, dass sich auch das Gruppenbewusstsein nicht abgegrenzt *für sich* ausmachen lässt, anstatt selbst überall in historisches Bewusstsein über- oder darin aufzugehen. Dies liegt freilich bereits in der Natur der Sache – wenn sich die Frage darauf konzentriert, die Begegnung zwischen neuem Bewusstsein, Impulsen, die von einer Gruppe oder einem Teilkollektiv getragen werden, und dem vorgängigen, präexistenten Bewusstsein namhaft zu machen, muss der Radius der Erhebung, der danach fragt, das Bewusstsein nach seinen kollektiven Impulsen zu messen, in die Historie übergehen. Hiermit ist zugestanden oder anerkannt, dass (i) geschichtliches Bewusstsein wenigstens einen Anteil an kollektiver Basis besitzt, umso mehr wenn die Dimension (oder Krümmung) hinzutritt, denn in ihr ist die polygenetische Anlage dia- wie synchron, ggf. asynchron zu verorten und es besteht bei echter Veranlagung der Dimension (wie sie bislang, u.a. in der Gehirnforschung noch fehlt) kein Hindernis, einer diachronen, nach ihren Ebenen bereits »gefeilten« Folge einen asynchronen, historisch polygenetischen Impuls zuzuordnen, der sich an bestimmter Stelle fusionierend aufgibt – selbiges verursacht sozialen Assimilationsdruck oder -erwartung – und die exakte Trennung (wie es bislang erscheinen will) durchaus erschwert; (ii) demnach, *a minimo*, Vorstellungen, Anschauungen, Begriffe, Techniken, abgesehen von den Emotionen wie Befürchtungen, Hoffnungen, Wünsche, Intentionen und Glaubenshaltungen vorhanden sind, die unmöglich einem Einzelsubjekt oder seiner Aufzählung zuzuschreiben sind. Die ›1‹ als *Einheit der Geschichte* ist weder Anzahl noch Maßzahl, i.e. man muss ihr – gegen den methodisch rigiden Individualismus – eine kollektive Einheit zugestehen (mit Fokus *und* Ebene, deren Menge im konstitutiven Primärsegment, dem Fokus, bereits nicht rein atomar oder einzeln ist, Mindestfolgerung mit und aus der Widerspruchsfreiheit, da jener, *a minimo*, einen Anteil des Gegensegments enthält respektive mit diesem fusioniert, abgesehen von der konstitutiven Verreihung mit allen Positivelementen), die sich spontan oder geradehin manifestiert und die entsprechende Gesetzmäßigkeit kollektiver Handlungen und Vorstellungsweisen entfaltet. Auf diese Thematik wird in einer gesonderten Vorlesung zum historischen Subjekt eingegangen (Kap. IV; die zuvor erläuterte Menge orientiert sich i.Ü. keineswegs nur an dem politischen Führersyndrom, wie immerhin leicht einsetzbar, sondern am sozialen Subjekt schlechthin, gleichgültig auf welcher Ebene und in welcher Lage/Situation). Einstweilen lässt sich die Frage noch einmal auf die Gesellschaftswissenschaft, Bourdieu, und seine Analyse der Globalisierung konzentrieren. Seine Einschätzung im Ganzen ist negativ, was aber nicht hindert, hier einen Musterfall der Begegnung zu thematisieren, der in Frage steht. In der Globalisierung sieht er ein:

> „*Programm der planmäßigen Zerstörung der Kollektive* […]. Denn der Weg zu einer neoliberalen Utopie des reinen und vollkommenen Marktes, wie ihn die Politik der Deregulierung der Finanzmärkte ermöglicht hat, vollzieht sich im Rahmen einer transformatorischen oder, um es beim Namen zu nennen, einer *destruktiven* Arbeit, die mit allen politischen Mitteln […danach strebt], sämtliche *kollektive Strukturen in Frage zu stellen*, die der Logik der reinen Marktes irgendwelche Steine in den Weg legen können: den *Nationalstaat*, dessen Handlungsspielraum unaufhörlich schwindet; die *Lohngruppen*, ihre Einheitsentgelte und Beförderungsverfahren, deren Auflösung die Arbeiter immer stärker vereinzelt; *Verteidigungsgemeinschaften* der Arbeiterrechte, Gewerkschaften, Berufsverbände, Genossenschaften; selbst die *Familien*, denen mit der Ausbildung von altersabhängigen Märkten ein Teil ihrer Handhabe als Verbrauchsgemeinschaft entgleitet“ (Bourdieu 2014, 301).

Wie oben bereits vorausgenommen oder prognostiziert, in diesem Beispiel – Exempel eines breiten Geschichtsprozesses, der die Gegenwart erfasst – zehrt das neue Bewusstsein in seinen verschiedenen Orientierungen das etablierte und überkommene auf. Für Bourdieu Anlass eines Konservatismus, da er die gewachsenen guten Anteile bewahren möchte, also gewissermaßen – in Analogie – einen Raubbau an der Natur oder eine Umweltzerstörung oder »Rodung« diagnostiziert, gesetzt, man darf gewachsene soziale Beziehungen und Rechte (wenigstens) als (Zweit-)Natur ansprechen. In jedem Fall sieht er einen Prozess der Zersetzung des konventionellen, teilweise verbrieften Gruppenbewusstseins, das er unter verschiedenen, sich gleichzeitig auswirkenden Perspektiven anspricht:

(i) Der Nationalstaat;

Dieser ist zuerst in den politischen Theorien (insb. Vertragstheorien der Neuzeit), sodann im Detail in der Geschichtswissenschaft des 19. Jahrhunderts als Grenze des existierenden Bewusstseins namhaft geworden, sei es als Bedingung und Voraussetzung, sei es als effektiver Gegenstand der Beschreibung. Mithin darf unter systematischer Voraussetzung das Gruppenbewusstsein nach einem bestimmten, definit angebbaren Umfang mit dem Nationalstaat einhergehen (wie Bourdieu in längst bestehender Tradition den Nationalstaat als effektives, nicht abstraktes oder nur begriffliches Kollektiv begreift). (*Anmerkung*: in seiner Einschätzung liegt B. womöglich inzwischen nicht mehr vollkommen richtig. Trotz Globalisierung, die generell seine Analyse bewahrheitet, behauptet sich deutlich der Nationalstaat im politischen und wirtschaftlichen – globalen – Kräftefeld, ja, er vermag sogar wieder etablierte Kollektiveinrichtungen (Europa) privativ zu lagern oder zu schwächen: die Peripetie wider die scheinbar einmütige, zirkulierende Globalisierung liegt wieder hier, bei den National- oder nationalen Verbundmächten. Außerdem trägt er der Möglichkeit – wie bislang viele Autoren – keine Rechnung, dass sich das Bewusstsein des sozialen Bandes oder, in seiner Sprache, der *lien social* ersetzend mit einer neuen quasi Sozialtechnik in Szene setzt, Zwänge und Zwillinge der Anbindung und Sublimation vereinnahmt und dabei auch keineswegs vor der Landes- oder Territorialgrenze haltmacht; i.e. der globale Bürger versteht qua lien seine Teilhabe und spezifische Zugehörigkeit zu dieser »Neuen Welt« auszutarieren, einzufordern und scil. auch seine wohlgeliebten und geschichtlich erfochtenen Vorteile zu beanspruchen und ggf. im Gemeinen auszusitzen: der *globale* Bourgeois, Kapitalist, Vorstand oder Professor reflektiert *im selben Atemzug* den Passant, das sog. einfache Mitglied der Demokratie, die sich, nach wie vor, mit Verve auf diesen Begriff wirft und abzustützen sucht – zugrunde gelegt, dass dieser *lien social* resp. seine »Sozialtechnik« selbige aushöhlt).

(ii) Lohngruppen,
also Tarifgruppen nach Bildungsstand, Region und Erfahrung, dezidiert soziologische Begriffe, die scheinbar viel konkreter sind, jedenfalls für die Festlegung der Zugehörigkeit mit einem geringeren Fächer an Kriterien aufwarten;

(iii) Verteidigungs- oder Vertretungsgemeinschaften, Gewerkschaften, Berufsverbände, Genossenschaften;
Abgesehen davon, dass es sich hier um die quasi-klassischen Gemeinschaften Hegels handelt, die seinen Korporatismus in der konstitutionellen Monarchie verbürgen, seinem immer noch Leitmodell, handelt es sich vom Begrifflichen her um die Ausgleichs- oder Vermittlungsgemeinschaften in, je nach Klassifizierung, dem Hauptkontrast oder der Hauptpolarität zwischen arm und reich bzw. beherrscht/herrschend bzw. Arbeitgeber/-nehmer. Freilich handelt es sich *an sich* um eine Polarität, aber es gibt Kontexte, in denen sie auf einen Kontrast abgemildert wird, wie bereits oben eingehend erläutert.

(iv) die Familie;
Die Familie, historisch die archaische Platzhalterin für das Gruppenbewusstsein seit der Antike, ist als die sog. Keimzelle der Gesellschaft bzw. des Staates über die Jahrhunderte und in nahezu allen einschlägigen politischen oder Gesellschaftstheorien das Muster der sozialen Beziehung. Da die soziale Beziehung wiederum markiert ist, i.e. sie steht sich nicht paarig gleichwertig gegenüber, indem sie negativ oder positiv ausfällt, sondern vielmehr im Begriffskern den positiven Anteil geradewegs impliziert, als ob soziale Beziehung eben aus sich heraus bedeutet, eine positive Beziehung zu stiften, war die Familie immer auch der Garant, für diese Beziehung empirisch eintreten zu können und damit das Synonym der ursprünglichen *philia*, die wenigstens Aristoteles unzweideutig und ohne direkten Bezug auf Hader oder Zwietracht, den »Zankapfel« (s.g.u.) in die gegenseitige Beziehung der Bürger der *polis* einsetzte. Zweitausend Jahre später möge man Hegel in der Rechtsphilosophie vergleichen, um immer noch die Familie in diesem Sinne als Muster und Erfahrungskern der markiert positiven gesellschaftlichen oder staatsbildenden Beziehung interpretiert zu finden.[125]

---

125 Um kein Missverständnis zu erzeugen: in der Linguistik steht der markierte Terminus bei dem ungewöhnlichen oder seltener gebrauchten, der unmarkierte hingegen beschreibt die Achse oder die Gesamtsphäre (sog. Markiertsheitstheorie von Trubetzkoy). Aber es scheint, abgehoben, sinnvoller, die positive Bedeutung der sozialen Beziehung als markiert aufzufassen. Würde man, stattdessen, sich an der linguistischen Markiertheit orientieren, dann müsste die soziale Beziehung als positiv aufgefasst das natürliche und damit unmarkierte Verständnis darstellen,

Nun attestiert Bourdieu eine Auflösung der Familienbeziehung durch die Globalisierung. Im Kontext der Behauptung, die hier von M. rezipiert wird, findet man keine statistische Erhebung zur Entwicklung der Single-Haushalte, auch würde die bloße Zahl hier noch keine vollgültige Verifikation des Phänomens erbringen. In jedem Fall sollte man von der Gesellschaftswissenschaft – und aus diesem Grund wurde das Zitat gewählt – eine Auf- und Entschlüsselung der doppelseitigen Ent- und Neuverflechtung erwarten, den das mehrfach erwähnte sog. »soziale Band« in der Konfrontation derart tiefgreifender historischer Prozesse erlebt. Anstatt einfach anzunehmen, die Globalisierung, die den neoliberalen ökonomischen Impuls totalisiert und vom Einzelnen verlangt, seine Talente gewissermaßen bar auf den Markt zu bringen, zersetze gewachsene oder sogar rechtlich gesteuerte Beziehungen wie die Familie, ist eher davon auszugehen, die Entflechtung wird zugleich, wie schon oben angenommen, von einer Neuanbindung kompensiert, die zwar, technisch gesehen (nach den erforderlichen Antworten resp. ihrem stummen Gestus) überall gleich ist, dennoch die Schichten separiert oder trennt,[126] und damit in der Unter- oder Mittelschicht einen anderen ‚solidarischen' Charakter hat als in der Oberschicht, in der sie viel eher die Stellung und Potenz zu reflektieren hat, wobei, da kein Idealisierungsmodell zu verfolgen, die latenten Verflechtungen einzubeziehen (und gewiss schwieriger zu bezeugen und zu analysieren) sind. Stellt die Familie einen Fokus dar – wie die französische Sprache den Haushalt direkt als ›foyer‹ bezeichnet –, dann muss seine Schwächung nicht bedeuten, als würde nicht ein anderer Fokus warten, dem die Person einen Teil ihrer Energien widmet, die sie jedenfalls im Kreis der Familie aufgibt. Bzw.: die Energie, die eine Person in die Familie einbringt, widerstrebt den Energien, die selbige am Studien- oder Arbeitsplatz, im Betrieb und im Werk in die berufliche oder geschäftliche Beziehung einbringt. Wenn dies zutrifft, kann die negative Bilanz Bourdieus nicht vollends zutreffen. Zwar mag es stimmen, dass auch die etablierten Zwischeninstanzen – Handwerkskammern, Gewerkschaften, Betriebsräte, Arbeitgeberverbände, Industrieclubs – an Einfluss aufgeben und damit in Parallele – und eigentlich den segmentarischen Fächer, der einen zusammenläufigen Minus-Brennpunkt besitzt – zur Familie treten, aber es ist nicht nur abstrakt zu fragen, ob in der grundsätzlichen Fusions- oder Bindungskraft, der Funktion ›binden-trennen‹, eine frei werdende Vakanz oder auch

während ihre negative Auffassung ein zusätzliches Merkmal aufnimmt und in diesem Sinne unnatürlich (und markiert) wäre.

126 Dies wird erst unten im Rahmen der Klassifikationsfrage resp. der Interpretation des Kontinuums deutlich, Ende Kap.IV.

nur Schwächung einer Anschlussstelle tatsächlich für sich erfolgt und nicht vielmehr stets durch eine andere Bindung kompensiert oder insb. aufgewogen, ja eventuell *durch den spezifischen sozialen Kontext erzwungen wird* – womit wiederum ihr Charakter eine andere Farbe annimmt, (es sei ›Gesellschaft‹ auf keinen Fall durchgreifend auf dem präliminaren Positivpodest vereinnahmt, als ob sie nur und vor allem Harmonisierungszwecke aufgäbe). In der Analyse der Globalisierung, die sich oft auf das Negativum einschränkt, wird jedenfalls zumeist diese Wechselseitigkeit im zunächst großen Überschlag missachtet, i.e. es kommt insbesondere nicht der breite Fusionsdruck zur Sprache, der sie seit einigen Jahren im gesellschaftlichen Leben, seinem Prozess, begleitet und geradeswegs motiviert:

- Das Einbinden des Bandes, der sozialen Bindung und ihrer Funktion, gesetzt es handelt sich an und für sich um das komplizierteste Austarieren der Funktion Binden-Trennen (die nicht einfach auf plus oder nicht-minus gesetzt werden darf, wie es einfachheitshalber oder fälschlicherweise in der Literatur oft geschieht und wie Aristoteles mit der einfachen *philia* den Setzschritt begonnen hat) ist Ausdruck der Ziehkräfte im Energiefeld, in dem das Individuum existiert, das nur allenthalben dem Quantum (als körperliche Stringenz) entspricht, um stattdessen gleichmäßig die (quasi) Wellenform zu verbürgen, in der es sich aufgibt oder in der es aufzugehen trachtet.

Die Analyse des gesellschaftlichen, wiederum Gruppenbewusstseins (ohne, wie erläutert, Deckungsgleichheit oder gar Gleichwertigkeit) muss daher dazu übergehen, in den echten Knotenpunkt der Beziehung, der sich nicht leugnen lässt und (i) den ursprünglichen und existentiellen (unvergänglichen) Kontakt, (ii) die Anbindung und (iii) den kommunikativen Verkehr darstellt, verschiedene Plus- und Minuswerte *zugleich* einzusetzen und wirkungskräftig zu machen. Eine Beziehung (inkl. Anschluss und Kontakt, man bedenke außerdem die oben ein- und weiter unten in Kap. IV ausgeführte Unter- und Überzeitigkeit des Bewusstseins, das nicht absolut, rein, existentiell oder bereits verfassungsmäßig »für sich« existiert und wahrnimmt) wird nicht hinfällig dadurch, dass sie überwiegend minuswertig ist, etwa zwischen einem Vorgesetzten und einem anderen Angestellten oder prinzipiell gleichgestellten Kollegen, zwischen Vertragspartnern, p.e., einem Mietvertrag, in dem sich die eine Partei als Opponent oder diejenige Partei, welche latent bis schwebend die Oberhand beanspruchen will (metaphorisch das sog. „Steuer"), und nicht etwa (*philia*-beflissen oder -getragen) als »Freund« auffasst. Überhaupt ist aus der Tatsache, dass die Minuswertigkeit die Beziehung nicht tilgt oder annulliert, der gesellschaftliche Zwang abzuleiten, denn freilich wird er über die Tatsache wirksam, dass niemand im gesellschaftlichen Konnex das ›Mitsein‹, die Aufhebung (im Sinne der Aufgehobenheit) im gesellschaftlichen oder Gruppenbewusstsein verleugnen und/oder vollkommen für sich sein kann: Bewusstsein ist notwendig kohärent im Sinne einer natürlichen *und* erzwungenen (oder konventionellen), und in diesem Sinne bedingungslosen *Adhärenz*, dies meine einer Anhängigkeit, welche ihm, je nach Betrachtung, versagt, die Anschluss- und Kreislauffähigkeit seiner Energie zu unterschlagen bzw. vorgeblich zirkuitfrei sich absolut für sich zu isolieren und »aufzufassen«, sei es fundamental oder unter bestimmter Bedingung, (eine Behauptung, die in dieser Vl mehrfach unter verschiedenen Fazetten zu erläutern ist). Und wäre es jemals, existentiell und intentional, *dihärent* (im Sinne einer ersten Verzweigung gegen alles übrige), so nur über die Formeln bzw. Fusionsmuster, welche ihm das tatsächliche gesellschaftliche und Gruppenbewusstsein anbieten und erlauben (d.h. ggf. nicht erlauben; denn bekanntermaßen, ein Primäranlass für dialektisches Denken, ist auch der Tyrann und Despot ein Opfer oder Subjekt seiner Untergebenen). Letztere Modelle der Selbstabscheidung oder eines unbedingten Fürsichseins gehören gleichwohl zu den theoretischen Fundamenten der klassischen Philosophie, die eine entsprechende – insb. methodisch geführte – Vereinzelung voraussetzen musste, bis hin zur Phänomenologie, sie sind jedoch, wie deutlich geworden sein möge, realitätsfremd oder entsprechen weder der Natur noch der gesellschaftlichen Existenz des Bewusstseins.

Auch entwickelt sich auf diesem Gesamtfundament die Historie, ihr Kern als historischer Prozess, da aber diese Prozeduren mit Vorliebe, insbesondere in den Anfängen, mehr oder weniger im Verdeckten, in latenter Kommunikation erfolgen, bleibt der historische Prozess eventuell nur schwach in Zeugnissen dokumentierbar und daher nicht einfach nur »hinterher« (retendierend oder etwa im zeitlichen Schatten). Es liegt im Sinne der Relativität keine Dilatation, sondern eine bestimmte – durch den konventionellen und sozialen Druck erzwungene oder intendierte – Brechung der dimensionalen Zugänglichkeit vor, in der sich die eigentlichen Antriebe offenbaren. Jedenfalls muss, was heute, in der Gegenwart direkt wahrnehm- und erlebbar ist, die zwangshafte Verknotung des gesellschaftlichen Verkehrs, das Setzen von Plus- und Minuswert, um in einer bestimmten Situation sich zu platzieren und in das vorhandene Gruppenbewusstsein zu integrieren oder eigentlich zu fusionieren, nicht zum ersten Mal geschehen sein, noch dieses jemals offen, quellenartig und ohne Verstellung, hervortreten. Zum zweiten wird hier auch die erneute Frage nach dem

Mechanismus wach. Gewiss impliziert der Verkehr, der sich hier durchsetzt und die Behauptung des einen, alten und abgestandenen, versus neuen Gruppenbewusstseins fordert, die menschliche Intelligenz und seine Kommunikationsofferten oder, um Wittgensteins Terminus abzuwandeln, seine *Sprachspiele*. Es dringen also etwa ein Mechanismus wie das alltägliche Antwortgeben nach ‚ja' und ‚nein' ein, vielleicht noch ein Nicken oder ‚stimmt', das Gefälle der Gesten, um das bestimmte Gruppenbewusstsein, das sich intendiert, zu verschmelzen oder seinem aktuellen, aufblühenden Herd zuzuführen: eine zweite Kommunikationsebene in der ersten, freilich verbunden mit bestimmten Inhalten und ideellen Platzierungen (in den Phrasierungsenden, Perioden und Satzenden). Wohlgemerkt, diese Antworten seien Markierungsmarken oder Indizien, nach denen sich das Gruppenbewusstsein ausbildet und konstituiert, wobei es in sich, je nach Verteilung dieses ›Ja‹ und ›Nein‹, oder ›stimmt‹, durchaus eine eigene, inliegende Parteiung erlaubt und gelegentlich tatsächlich bis zur Roh- oder spezifischen Blindheit erfordert (nahe der Obsession), etwa rechts oder links, vorwiegend bürgerlich oder nichtbürgerlich, bzw. insb. Oben versus Unten in der Sozialleiter (das sog. »Steuer«). Dementsprechend ergibt ein gehäuftes ›Nein-Nein-Ja‹, auf bestimmte Anzeigen der Welt und ihrer Situationen, ein Ober- oder obenliegendes Bewusstsein, ein Bewusstsein der intentionalen Lenkung und Bestimmung, umgekehrt ein gehäuftes ›Ja-Ja-Nein‹, jeweils als Abfrage in der latenten Verdoppelung der Kommunikation, einer Ebene nur nach diesen periodisierten Antworten, ergibt das antibürgerliche (-bourgoise) Bewusstsein, bzw. den Schmelztiegel des untergeordneten, ehemals devoten, ansonsten botmäßigen Bewusstseins, jenes Bewusstseins, in dem sich die Unterschichten versammeln und ihre Masse oder Majorität, nicht aber Souveränität, zur Geltung zu bringen suchen. Wiederum mag es sich historisch so entwickeln, dass sich die gesamte Lage umkehrt, und ›Oben‹ versus ›Unten‹ die Präferenz verkehren, i.e. die regierungstechnische Leitung orientiert sich an der sozialen Unterschichtsformel, insb. dann wenn sich die Parteiung um die Machtausübung durch eine Hauptkoalition gelegt hat und auch die Gegenpartei sich auf selbige Formel verpflichtet.

Worauf es hier ankam, war außer der Tatsache, dass sich die Datierung des Bewusstseins auch auf diese Markierungsperioden, ihre Schmelzgrade und Umschwünge zu konzentrieren hat, der Hinweis, dass das wachende, *mit*hörende, (im buchstäblichen Sinne) wahrnehmende Bewusstsein seit eh nicht etwa nur das sog. »Salz in der Suppe« (oder der »Zankapfel« *sui generis*, zugleich aller niederen und höheren Kunstgattungen inkl. des herkömmlichen Dramas) ist: sondern dasjenige, was die gemeinsame und existentielle Spannung und ihre

Orientierung entscheidet (die exhaustive Bedingung mag aus der Dimension geschöpft werden). Gruppenbewusstsein polarisiert seit der Antike um den oder die wenigen, die einen neuen Glauben einführen, diejenigen, die ihn schon zu besitzen meinen, und schließlich (um der Beschönigung entgegenzutreten) – die nicht wenigen »Geißler« oder »Geißelhüter«, dies seien die (unplatonischen) Wächter, die auf der Seite der letzteren stehen und, verhehlt, in das Bewusstsein schauen und seine verschiedene Fällung, zuletzt gewaltsam, zu orten wissen (zur Orientierung, in den Renaissancegemälden diejenigen unter der Helmmütze mit langer Kappe über den Rücken – als die harten Verleugner geben sie dem Bewusstsein definitiv Schatten, mit Vorliebe gegenüber dem erwachsen gewordenen Jesuskind, das den Vorrang in der Geschichtsträchtigkeit für sich vereinnahmt): der Polizist und Soldat steht sei eh in der Gefahr, vereinnahmt zu werden oder sich selbst ideologisch in diesem Sinne zu polen – die spezifische Abkantung, dass es ein anderes Bewusstsein nicht gibt oder gibt –, und es beginnt die Kommutation, genauer die Kommutation im Kreislauf oder *Zirkuit* der Bewusstseinsenergie, die generell für den im Folgenden u.ö. beanspruchten (natürlichen) Anschluss (des Bewusstseins) einzusetzen ist. Es sei daher gestattet, das Bild als Modell zu nehmen, weil sich die Gruppierungen erwiesenermaßen vertauschen können. Freilich können die Wächter und Hüter, die insb. Auszähler (*Zensoren*) in und neben der/den Gruppen, auch zu denjenigen treten, welche den neuen Glauben, die neue Methode in die Gesamtgruppe, die Gesellschaft, einführen wollen (im Extrem wie ›Vo[lks]po[lizei]‹ und zuvor die ›Gestapo‹, das ›geheim‹ sei angesichts der Stasi-Verfahren geschenkt). Ergo als diejenigen, welche als Zensoren und latent stipulierte oder selbsternannte Messleute der ›Ja-ja-nein‹- versus ›Nein-nein-ja‹-Gruppierung darüber wachen, ob der neue Herd die sozusagen »richtige« – zwangsverordnete oder wenigstens zwanghaft intendierte – Orientierung, Dichte und Intensität annimmt. Dies wäre nicht nur nicht beschreib-, sondern auch nicht erfahrbar, wenn dem Bewusstsein nicht zugestanden würde, einen Impuls unter mehreren Individuen derart auszutauschen, dass unmöglich letzterer noch originäres, authentisches Individualbewusstsein heißen kann (anderwärts, in dialektischer Manier, es aber auch nicht hinreicht, den Gegensatz direkt, ohne wesentliche Bezugnahme auf das Bewusstsein, in ›Individuum‹ versus ›Gesellschaft‹ zu übersetzen). Umso mehr, als der Impuls wesensgemäß, wegen der energetischen Anlage des Bewusstseins, der seitens der Philosophie zwar noch nie ernsthaft bezweifelt (denn an der Möglichkeit des Träumens und der Illusion, der Täuschungsfähigkeit schlechthin, liegt es nicht), jedoch auch nicht ausgeschöpft wurde, zu wachsen und sich zu verbreite(r)n, neues Bewusstsein in seinen Bann zu ziehen und das Muster der Einschmelzung, den geradewegs Mechanismus seines Herdes oder Crescendos bis hin zur spezifischen Siede, auszuleben, i.e. zu *implementieren* vermag; letzteres wiederum meine nicht allein sein Lauterwerden im (anders) dimensionalen Sinne (± forte), denn es ist klar, dass sich die Menge und Masse auch hier erlebt, sondern seine Umschmelzung und Veränderung durch sublatente – doppelt ausgelegte und intentional gemeinte – Kommunikation, wiederum bedingtermaßen und vorherrschend, wenn auch nicht notwendigerweise ausschließlich in Verbindung mit der öffentlichen oder sog. öffentlichen. (Es erübrigt sich der Hinweis, dass insb. die sprachanalytische Philosophie sich bislang überaus vorherrschend an die manifeste Sprachäußerung gebunden hat, die Wahrheitstheorie eingeschlossen, etwa anlässlich der ein wenig zurückliegenden Kontrahenz Austin versus Strawson. Die neuerlichen Implikaturen bzw. intensionalen semiotischen Akte seit Grice beginnen zwar das gewissermaßen dimensionale Innenleben des zeichen-, gesten- und sprachgebundenen Bewusstseins zu erschließen, jedoch niemals dergestalt, wie hier vorausgesetzt, ihm den echten dimensionalen Anschluss zu gewähren – der positive Anschluss oder, negativ, die Unmöglichkeit eines singulären Bewusstseins (im Sinne reiner Singuarität) ist Grenze gegen jegliche Bewusstseinstätigkeit bzw. Tätigkeit, die notwendig seine Gegebenheit voraussetzt, die sprachliche ist ubiquitär betroffen – und, auf dieser Basis, eine bestimmte anhängige Kommunikationsfähigkeit zuzugestehen, so komplex, geschichtet, verknotet und verdichtet wie die bislang offizielle, auswärtige (mit dem Physiologismus verknüpfte, i.e. an die vermeintliche Notwendigkeit der sensoralen Organik gebunden). – Es mag sein, dies Zugeständnis verbleibt ein Akt akademischer und weltanschaulicher Konfession ersten Rangs, dem Schisma des Protestantismus vor knapp fünfhundert Jahren vergleichbar. In jedem Fall, ergo auch ohne das Zugeständnis, bedient die erläuterte Motorik (sie sei sub- und evtl. *mehr*fach latent, denn in der stetigen – und stetig erlebbaren – Eigendimension des Bewusstseins lassen sich die Ebenen nicht geradewegs, aus dem Stand und endgültig, entschlüsseln) eine dominante Unvernunft, welche, zugestanden bereits halb-tautologisch, der oft vermeinten, herausgestellten und exhibitionierten Vernunft die Beherrschung ihres ersten Rangs, notwendig oder nicht, verweigert: will man noch dazu die Genetik einklammern, welche beim Einzelbewusstsein den vererbten Hauptknoten mitsamt Hauptzirkuit in der Lage der Geschlechter und Charaktere verantwortet, liegt die animalische Herkunft bis zuletzt auf, und unter der Linse.[127] Entsprechend befindet sich das(die)

127 Der enthaltene Gemeinschluss, auch wenn er sich in der persönlichen Lebenserfahrung abzeichnet, die ja stets nur einen Anteil des Persönlichen birgt, welcher Besitz

Gene für den Verstand nicht derart sicher in einem Hof der Nichtrezessivität, wie er, der Mensch respektive seine Interpreten, sich seit vielen Jahrhunderten angewöhnt haben zu prätendieren.

2.11 Exemplifikation zum Mechanismus

Exemplifikation zum Mechanismus oder Quasi-Mechanismus der sozialen Einschmelzung oder zur Einflechtung des Gruppenbewusstseins – an welcher Stelle beginnt es, und welcher Art ist der Mechanismus generell zu denken, um die Einflechtung gelingen zu lassen bzw. mit allgemeinem Begriff anzusehen. Dieser Mechanismus ist eigentlich stets der hochgradige Anlass für die Theoriebildung gewesen, d.h. um die Vergesellschaftung zu begreifen respektive eine Antwort auf die Frage zu wissen, warum eine Gesellschaft nicht nur eine bunte Herde oder bloße Ansammlung von tatsächlichen Individuen (›Meute‹, ›Pulk‹, ›Haufen‹ versus ›Stab‹, ›Mannschaft‹, ›Truppe‹), sondern je nach Belang ein Kollektiv verkörpert, bedingt, theoretische Voraussetzungen zu machen, also nicht einfach beschreiben und empirisch verfahren zu können, sondern Hilfs- oder technische Begriffe einsetzen zu müssen. Zwei Beispiele sollen dies in Kürze verdeutlichen: die Theorie der kollektiven Intentionalität bei John Searle und noch einmal der insb. Feldbegriff bei Bourdieu. Dies soll in beiden Fällen an der Stelle geschehen, an der sie vom Umkreis oder unmittelbar von der Logik ihrer Zentralbegriffe sprechen.

1. Zu Searle

Der Kern der Theoriebildung Searle's hat philosophischen Charakter in dem Sinne, dass er glaubt, mit einer bestimmten Hauptformel und der Erläuterung ihrer Anwendungsbereiche das gesamte Gebiet erschließen zu können. Demgegenüber ermisst sich die Vorgehensweise der Soziologie erheblich komplexer. Diese Erschließungsformel lautet (wie bereits oben) „X counts as Y in C", womit gemeint, ein bestimmtes Element, es mag dinglich oder physikalisch sein, wird durch kollektive Intentionalität in den Status Y versetzt, und dieses Ingeltungsetzen ist abhängig von Kontext C. Zum Vergleich und vorweg, für B. wäre dies stets ein Vorgang, welcher das soziale Feld charakterisiert. Nun ist der entscheidende Terminus diese kollektive Intentionalität. S. erläutert sie eigens durch das gemeinsame Zentrum mindestens zwei verschiedener Sprecher, und da S. im

oder eigenverantwortlich heißen könnte, sei aus dem Stand von Genetik, Evolutionsbiologie, Gehirnforschung und Philosophie, insoweit sie ihre angestammten Gebiete zu verteidigen hat, gestattet.

Kern keine Bewusstseinstheorie verfolgt, sondern seine Analyse an die Sprachphilosophie anlehnt, sind diese mindestens zwei Sprecher oder generell die kollektive Intentionalität an Sprechakte oder (ursprünglich) an die Sprechakttheorie gebunden. Daher tritt für das Subjekt dieser kollektiven Intentionalität stets ein „Wir" auf den Plan (s. nachfolgendes Kap.). Am Mechanismus gemessen oder an der Grenzschwelle, an der sich ein neues Gruppenbewusstsein äußert und gegen ein mehr oder weniger etabliertes zu manifestieren sucht, ist daher stets eine kollektive Intentionalität als ein einfaches ›Wir‹ präsent, welches diesen Akt der Ingeltungsetzung des Y verantwortet oder in Kraft setzt. Von diesem Mechanismus sind unzählige institutionelle Fakten betroffen, gleichgültig ob es sich um die Schaffung einer Währung, Wahlakte; die Bestimmung eines Gegenstands für einen Zweck (als Werkzeug oder Instrument); die Erzeugung von Symbolen in der gesamten Bandbreite einschließlich neuer Worte oder Begriffe handelt bis hin zu den eigentlichen Statusakten, d.h. einer bestimmten Person wird ehren- oder amtshalber ein bestimmter Titel oder Funktion verliehen. Nun gilt es sich, auf den Kern dieser kollektiven Intentionalität zu konzentrieren, welcher als Erzeugungs- oder Bestimmungsakt ebenso unerlässlich wie sozial vollgültig sein muss. Es ist gewiss keine Kleinigkeit, in einem Kollektiv einen Akt zu verwirklichen, dem sich jedes Mitglied dieses Kollektivs zuordnet, auf den es sich gegebenenfalls verpflichtet, ohne dass dieser Akt jedes Mal das Ergebnis einer Gesetzgebung sein muss, die demgegenüber viel mehr nur ein Rand-, Grenz-, Schwellen- oder repräsentatives Phänomen darstellt.

„So the question How many types of institutional facts could there be? boils down in large part to the question What sorts of power can we create just by *collective agreement*?"[128]

Die Antwort auf die Frage sei noch nicht zitiert, welche den Radius der Wirksamkeit des kollektiven Agreements bezeugt. Generell gilt jedenfalls, es ist eine kollektive Zustimmung, Übereinkommen oder Vereinbarung, welche den Akt in Kraft setzt, außerdem ist er durchgehend durch die 1. Person Plural zu besetzen, also die Bezugnahme auf das Personalpronomen ›We‹ oder ›us‹. S. unternimmt hier keine große theoretische Anstrengung, (i) den Fall zu untersuchen und zu unterscheiden, in dem sich das ›Wir‹ innerlich aufspaltet und den sozialen Kampf oder seine Fehde widerspiegelt (wie dies für B. oder einen Soziologen unvermeidlich ist). Da er sich auf den Inkraftsetzungsakt konzentriert, gilt dies ›Wir‹ als unangefochten, *durchgehend positiv* oder in seiner immanenten Kraft nicht polar, zwiespältig, adjunkt oder in irgendeiner Weise

128 Searle 1996, 96, Hervorhebung hier.

disjunkt, also mehrwertig (geschweige schismatisch). Außerdem ist auch dieses ›agreement‹, freilich das reziprok unerlässliche Element der Inkraftsetzung, ein scheinbarer Primärbegriff. Das ›agreement‹ wirkt kraft der Intentionalität seines Setzungsakts, der ein bestimmtes X, einen Gegenstand oder eine physikalische Entität, z.B. Papier zu Geld oder Währung, oder eine leibliche Person zu einem Vorsitzenden oder anderweitigen Funktionsträger/Amtsinhaber macht.[129] Die Plausibilität dieses theoretischen Ansatzes wird somit mit einer bestimmten Rigidität erkauft, welche die Analyse dieses Subjekts betrifft. S. gebraucht zwei andere Wendungen, im selben Absatz wenig später, die „collective recognition" und später auch die „collective acceptance". Dies scheinen nur Nuancen zwischen der kollektiven Vereinbarung, der kollektiven Anerkenntnis und der kollektiven Akzeptanz (als An- oder Übernahme), in denen stets die Bündelung auf den einen Fokus, das ›Wir‹ oder die erste Person Plural, Maßgabe ist. Hier stellt sich aber gewiss die anschließende Frage, wie (ii) erfolgt diese Bündelung oder der „Mechanismus", ein Begriff den auch Searle benutzt, wenn nicht durch bestimmte Einschmelzung oder fusionierende Verpflichtung, oder wie ist die eigentliche Konstitution dieses ›Wir‹ zu verstehen? „We can with this mechanism create all and only those forms of power where the collective recognition or acceptance of the power is constitutive of having it". Dies ist scheinbar ein zirkuläres Argument, das nur dann diesen Schein überwindet, wenn die Zirkularität oder eigentliche Schleife in der Sache selbst liegt – was freilich der Fall ist. B. würde diese Fälle stets durch das Feld ansprechen und das Feld ist eigentlich ein Kürzel für das Kräftefeld. Im Kräftefeld müssen sich Kräfte begegnen und miteinander verschleifen, indem sie sich durchdringen und die eine die andere überwiegt, vielleicht nahezu absorbiert, nicht aber vollständig aufhebt (was der Reduktion resp. Möglichkeit gleichzusetzen wäre). Wenn nun aber tatsächlich zu akzeptieren ist, dass kollektive Übereinkunft (acceptance) den Geltungsakt verbürgt und aufrecht erhält, durch den ein X (als Ding oder physikalische Tatsache) als Y gilt und ein soziales oder, so S., institutionelles Faktum verkörpert, dann darf und kann das Subjekt, jenes ›Wir‹, nicht durch denselben Akt zustande kommen oder sich konstituieren, denn dann wäre die Zirkularität perfekt bzw. das Argument ungültig. Wie also kommt dieses Subjekt zustande. Gibt es tatsächlich ein soziales ›Wir‹ – als (echtes) Phänomen, nicht als Produkt von

129 Bekanntermaßen waren in der herkömmlichen Politischen Ökonomie gleichfalls strenge (und an sich unpolemische) Überlegungen nötig, um zu erklären, wie Ware versus Ware zustandekommt und selbige dann den Tauschwert annehmen kann (u.a. Marx, die einleitenden Kap. in *Das Kapital*).

Urkunden oder Dokumenten –, das diesen institutionellen Fakten zur Voraussetzung zu machen ist?

> „First, the mechanism places no restrictions on subject matter, so the enormous variety of institutional reality, from wives to warfare, and from cocktail parties to Congress, should seem less puzzling. Second, the mechanism so described does not require that the participants be aware of what is actually happening. They may think that the man is King only because he is divinely anointed [gesalbt], but as long as they continue to recognize his authority, he has the status-function of king, regardless of whatever false beliefs they may hold" (Searle 1996, 96).

Der erste Punkt bekräftigt die Spannbreite der gefundenen Formel. Allein der Setzungsakt, genauer Vereinbarungsakt, ist zuständig und konstitutiv für die Erzeugung des institutionellen Faktums. Der zweite Punkt, der den Mechanismus erläutert, führt aber ins Kerngebiet der Soziologie. Freilich sieht sich S. gezwungen anzuerkennen oder anzunehmen, dass dieser kollektive Setzungsakt auch unbewusst sein kann. Mit anderen Worten will er die strikte Verpflichtung auf den bewussten Setzungsakt lockern, da unbestreitbar die soziale Realität und ihre Normen nicht derart zu erfassen ist, dass stetig und überall der bestimmte Setzungsakt in Erscheinung tritt und im Einzelnen zu absolvieren ist, durch den das spezifische X in den Status Y erhoben oder versetzt wird. Mithin begegnet man zwei Alternativen: a) der dritten Person, noch dazu im ersten Rang oder, um es anders anzusprechen, b) dem Gruppenbewusstsein, das als Statthalter der Wirksamkeit des sozialen Faktums fungiert. Gruppenbewusstsein ist

- der Möglichkeit nach *diffusiert*, d.h. nach (i) der Schwelle seiner Wirksamkeit und (ii) seiner Grenze oder Ausbreitung bedingt es nicht, dass jedes Mitglied zu jedem Zeitpunkt an ihm aktiv und bewusst teilhat (ein Problem, mit dem auch die frühere collective intentionality oder der collective belief zu kämpfen hat, i.e. manifeste Bewusstheit oder Wissen wird zum ungraduierbaren Kriterium).

Gruppenbewusstsein hat darum der Möglichkeit nach, nicht notwendig und durchgehend, den Charakter der dritten Person oder es lässt sich unter Umständen nicht von dem eklatanten Bewusstsein der dritten Person unterscheiden, wenn dies dem Beobachtungsbewusstsein zuzuschreiben ist. Damit es aber unter dieser Bedingung nicht zerfällt, wenn es also diffusiert ist, darum dennoch eine bestimmte Zugehörigkeit offenbart und einschließt, muss ihm (iii) eine bestimmte Fusionskraft zugesprochen werden: Mitglied zu sein bedeutet, in einem bestimmten Ausmaß an der Fusion dieses Bewusstseins teilzuhaben (und ihre bereits oben erwähnte Formel sei durchaus komplex und mitunter schwierig, da freilich Klassen- und Schichtenmerkmale, die Präponderanz von Erfahrung und/oder Bildung, das Bank- oder Spielerverhalten, die soziale Bindungs- bzw. Trenn- bis Aggresssionsfähigkeit überhaupt einfließen; sie ist jedenfalls auf keinen Fall idiosynkratisch oder subjektiv in dem Sinne, dass eine Einzelperson diese Fusion zu kreieren und zu leisten vermöchte, sondern definitions- und tatsachengemäß nur im Gegenteil). Würde man darauf verzichten, verlöre das Gruppenbewusstsein seine Existenzformel oder -bedingung, i.e. es wird ununterscheidbar gegenüber jeglichem Bewusstsein, ob individuell oder nicht, das nicht zu seinen spezifischen Merkmalen mitsamt der notwendigen Schwelle hinzuzurechnen ist (die wohlgemerkt auch mehr oder weniger halbbewusst vollzogen wird, um den Sachverhalt nicht unnötig argumentativ zu pressen). Dann ist aber (iv) auch die Konstitution des ›Wir‹ annähernd geklärt (jede weiterführende Untersuchung mündet in das Problem der nachfolgenden Vl). Es darf nicht substantiierend oder objektivierend verstanden werden, freilich auch auf keinen Fall als mit dem Setzungsakt des Faktums entstehend (denn dies kann bestenfalls nur Grenze und Ausnahme sein), sondern als eine Folge der Fusion und ihrer stillschweigenden, in diesem Sinne ›sozialen‹ Anerkenntnis. Dieses Wir-Bewusstsein spiegelt, sobald es real (und nicht nur als eine theoretische Größe auf dem sog. Papier) anzunehmen ist, einen bestimmten Fusionsgrad innerhalb des Gruppenbewusstseins, und es ist auch (vereinfacht) zu fordern, dass es sich dessen bewusst ist. Unter dieser Voraussetzung verlieren die ›acceptance‹, ›recognition‹, ›agreement‹ freilich ihre bestimmte Neutralität, mit der sie ansonsten im quasi rationalen Diskurs geführt werden. Diese ›acceptance‹ wirkt viel eher, konstitutiv, wie ein Fokus oder eine polarisierte Instanz, und damit ist an und für sich das theoretische Fundament Bourdieus erreicht, (abgesehen davon, dass es sich um eine Erklärung aus der Basis der Energie handelt, von der sich kein Bewusstsein freimachen kann: *jede* Vergegenwärtigung eingeschlossen, die auch die theoretisch scheinbar hochgradig bilanzierte Intentionalität nicht ausschließt).

2. Zu Bourdieu

0. Die Frage war, wie ist der Mechanismus oder Quasi-Mechanismus der sozialen Einschmelzung oder die Einflechtung des Gruppenbewusstseins vorzustellen – an welcher Stelle beginnt es, und welcher Art ist der Mechanismus generell zu denken, um die Einflechtung gelingen zu lassen bzw. mit allgemeinem Begriff

anzusehen? An Bourdieu bemessen, müsste die Antwort lauten, das Gruppenbewusstsein signalisiert ein Feld, und insoweit ein Mechanismus namhaft zu machen ist, vollzieht er sich einmal innerhalb, zum zweiten zwischen den Feldern. Wie es scheint, hat Bourdieus Feldtheorie unter Soziologen in den letzten Jahren erhebliche Attraktivität gewonnen, der hier zumeist Zitierte, Hans-Peter Müller, erklärt in seinem Resümee: „Es ist diese Feldanalyse, die Bourdieus Soziologie so attraktiv und anschlussfähig macht" (2014, 86). Was meint diese Anschlussfähigkeit? Hier ist zunächst der Vorbehalt oder die Vorausbemerkung notwendig, dass Bourdieu seine Gesellschaftsanalyse – und dies ist im Kern eine Feldtheorie bzw. Theorie der sozialen Felder – nicht im Anschluss an die Formen oder Vollzugsweisen des Bewusstseins entfaltet. Zwar war dies, wie bereits oben bemerkt, der Standpunkt Durkheims, des französischen Gründers der Soziologie, der den Begriff des kollektiven Bewusstseins geprägt hat, der wiederum von Bourdieu kaum beachtet oder, und vor allem, belastet wird: Durkheim tendiert in Richtung eines empirischen Positivismus oder einer Theorie, welche Gesetzmäßigkeiten für die Gesellschaft aufzustellen beabsichtigt, während sich Bourdieu dem Strukturalismus zuordnet. Seine Analyse ist daher ein Stück weit – von Seiten der Philosophie – in den Bereich des Bewusstseins rückzutransformieren, stets gebunden an die Frage, was die jeweilige Charakterisierung eines sozialen Feldes für das Bewusstsein besagt bzw. von diesem verlangt. Dies bedarf womöglich keiner besonderen Begründung. Das Gruppenbewusstsein gilt als eine notwendige Form des mehrzahligen und *zugleich* singularischen Bewusstseins, es ist eine unbestreitbare Realität, sobald es gilt, ein Arbeitsteam, eine Mannschaft, eine Partei, eine Unternehmensgruppe zu begreifen, weiterhin, ein wenig komplizierter, da nicht in derselben Form versatzt oder nicht greifbar, in der Sprachgemeinschaft, einer Dorf- oder landsmannschaftlichen Gemeinschaft bis hin zur Nation. Nationales Bewusstsein, das im Politischen bis heute seine gleichermaßen sach- wie nachhaltige Grenze beweist, und nur die erste sei notwendig reflektiert, ist eine Form des Gruppenbewusstseins oder unter diesem zu begreifen. Infolgedessen besteht auch die theoretische Forderung zu erklären, wie die Feldtheorie im Licht eines allgemeinen oder, wie ehemals, kollektiven bzw. nunmehr Guppenbewusstseins erscheint.

1. Die Feldtheorie hat drei wesentliche Komponenten. Sie meint (a) tatsächlich den Feldbegriff im Sinne der Physik, also ein Kräfte- oder Magnetfeld, womit, unbestreitbar, eine gewisse Metaphorik erkauft wird, (es sei denn, vgl. 2., das Bewusstsein wird aus der Energie erklärt und angesetzt, wie hier durchgehend, wiederum mit den entsprechenden Folgerungen, u.a. (i) zur gegenseitigen Wahrnehmung wie (ii) zur Entfaltung von Unter- und Überzeitigkeit in der

eigenen Dimension, der Krümmung verwandt oder (iii) direkt damit zu verklammern; darum ist die oben beiläufig formulierte Forderung des Zugleich von singularischem und pluralischem Bewusstsein, hier wartet eine eigene Logik, mit den üblichen Formeln der Konsistenz und Widerspruchsfreiheit in der gewohnten Reflexivität und Rationalität nicht konform); (b) eine Aufteilung der gesamtgesellschaftlichen Aktivitäten in spezifische Felder, die sich nahezu autark abschließen oder für sich autonom sind: aufgezählt das politische Feld (die Regierenden im Zentrum), das ökonomische Feld (alle Formen der Wirtschaft vom Kleinunternehmer bis zum Großunternehmen, der Unternehmensgruppe oder dem Konzern) *im Zentrum der Gesamtanordnung*; sodann, so wörtlich, auf der Seite des linken Pols das kulturelle Feld, das intellektuelle Feld, das künstlerische Feld, das Feld der Bildung (hier auch die Wissenschaft und die Universitäten), sodann das rechtliche Feld rechts, sowie das religiöse (die Kirche(n)) und das journalistische Feld der Medien, die ein wenig nach links ins Zentrum einrücken (TV und Internet inbegriffen). In der Anordnung fragt man sich, warum die Medien, das journalistische Feld, tatsächlich unter dem rechten Pol zu klassifizieren ist; freilich ist es sodann die staatstragende Funktion der Berichterstattung und Kommentierung des Zentrums, der politischen Amtsträger, welche diese Position – bis hin zu den Umfragern – verantwortet; (c) eine doppelgleisige Komponente, die sich (i) auf den Begriff Relation bezieht, (ii) auf den Zusammenhang der Felder untereinander: (i) meint, die Relation ist tragende Beziehung eines Feldes im objektivierten Sinne (sie besteht auch dann, sollten nicht wenigstens zwei Akteure an ihrer aktuellen Ausprägung mitwirken, gewissermaßen die Ersetzung der älteren *contrainte* oder des *fait social*), und die Relation ist damit – im philosophischen Sinne – real oder Wurzel einer Bestimmung, die von der (sozialen) Realität ausgeht. (ii) meint, die Felder stehen nicht heterolog zueinander (gemeint, ihre Werte lassen sich letztlich nicht ineinander transferieren – dies wäre freilich eine Lesart der Polarität, die sich überall und vorrangig auf die Negation konzentriert und ihre letzte Graduierbarkeit, Kommutativität bestreitet),[130] sondern ganz im Gegenteil: der Kern der Theorie will die Übersetzbarkeit, Transferierbarkeit, die effektive Bilanz des Austausches von einem Kapital (etwa Bildung, Kunst, Religion oder Wissenschaft) in das andere (etwa Macht und Entscheidungsfähigkeit versus Finanzkapital). Die Feldtheorie ist damit auch ein Muster (und ggf. Streitfall) der Klassifikation und Veranlagung

130 Vgl. hierzu auch unten Kap.V und Anmerkung, in der selbige Bedingung in die Klassifikation und das Kontinuum hineingetragen wird.

des Kontinuums, was an dieser Stelle nicht zu verhandeln ist, jedenfalls beweist auch Bourdieu mit diesem primären Hang den klassischen.

2. Es braucht hier nicht auf die einzelnen Details der Feldtheorie eingegangen zu werden. Der Feldbegriff überhaupt ist jedenfalls *topologisch inspiriert*, dies meine, B. orientiert sich an einer Situation, in der (entgegen soeben) nicht mehr der klassische Raum gültig ist, sondern jener Raum, der sich an der Relativität und Mehrdimensionalität orientiert, also eigentlich die existenzielle Krümmung bedingt. (Dass die vierdimensionale Minkowski-Raumzeit quasi die Neutralität auf den Plan hebt, braucht hier nicht zu interessieren, die Relativität, an und für sich, bedingt die wissenschaftliche Situation wie nachfolgend). Dementsprechend fußt die theoretische Grundlage zwar offen und direkt in der Polarität – es ist von Polen, Peripherie und Zentrum die Rede –, aber man kann nicht behaupten, sie wäre theoretisch voll entfaltet, wie sie es müsste (u.a. in den verschiedenen, sich daraus ableitbaren Negationen, der Doppelbeziehung auf die Mitte, die einmal ein Zentrum sein kann (und nicht Durchschnitt), das andere Mal die Entleerung oder Leere, der Hiatus, weil sie an der Koinzidenz und Abarbeitung mindestens zweier Extreme zu berechnen resp. interpretieren ist:[131] die Polarität bedingt, solange man sie an den Analogien misst, eine bestimmte Form der Bruchrechnung, i.e. man denkt immer durch mindestens einen Bruch, sodann, verkoppelt, eventuell eine ganze Reihe Brüche, die ggf. *auf einen Strich* zu setzen sind). Immerhin findet sich die Theorie, dass sich ein Feld selbst als eine Polarität entfaltet („zwischen unversöhnlichen Polen der Feldbildung" (85)) und dass hieraus eine quasi Autonomie herzuleiten ist. Sein Interpret definiert folgendermaßen:

---

131 Man vergleiche, halb historisch, in diesem Zusammenhang die *Dialektik der Aufklärung*, die im Übrigen im nachfolgend zitierten Kapitel „Kulturindustrie" – von der Sache her – der Feldtheorie nicht allzu fernsteht: „Der todkranke Beethoven, [...] bietet das großartige Beispiel der Einheit der Gegensätze Markt und Autonomie in der bürgerlichen Kunst" (Horkheimer & Adorno [22]2016, 166). Hier braucht nur zu interessieren, ob diese Einheit Achse ist, somit priori, oder im Sinne der steten Vermittlung der „Widersprüche" ebensolche: in beiden Fällen spiegelt sich zugleich eine Vereinnahmung der Mitte als Begriff (die spezifische Entleerung aus polarer Gleichstrebigkeit fiele hiermit weg). – Zu den Begriffen und ihren logischen Zusammenhängen, Kap.V.4.

[4]. „Ein Feld grenzt sich von anderen Feldern und der übrigen Gesellschaft dadurch ab, dass es in ihm stets um etwa geht, eine spezifische und spezielle Sache [wie soeben erläutert im groben Maßstab vom politischen bis zum medialen, und freilich stets mit der Möglichkeit der Bildung von Subfeldern, also etwa Parteien, Parlamentariern; Nichtregierungsorganisationen etc.], um und für die *nach einer eigenen Logik* gekämpft und gestritten wird. Ein Feld hat einen »Nomos«, sein eigenes Grundgesetz, wie »Geschäft ist Geschäft« in der Ökonomie [und nichts sonst, so möchte man ergänzen, denn der koinzidente Ausschluss ist mitentscheidend], wie »L'art pour L'art« (oder Kunst um der Kunst willen) in der Kunst".[132]

Zunächst ist mit der letzten Kennzeichnung gewiss, dass die Feldtheorie eigentlich erst im (bürgerlichen, so explizit die *Dialektik der Aufklärung*) 19. Jahrhundert ansetzt, eine Theorie somit der modernen und nicht der historischen Gesellschaften (um die sich Bourdieu tatsächlich nur wenig besorgt hat). Weiterhin ist klar, da offen Tautologien wie die letztgenannten das Feld beherrschen, jedoch mehr oder weniger heftig gestritten und um Positionen, Vorteile und Vorrang gekämpft wird und werden muss, dass die Negation – in der Basis – von der Polarität bestimmt, was prinzipiell die klassifikatorische Abgrenzung von Marx erklärt,[133] insoweit diesem die allein dialektische Grundlage unterstellt wird, und das theoretische Konzept ausmacht: die Positionen müssen, da sie beweglich sind und nicht stets und nur von der einen auf die andere Seite fallen, man sich also nicht in reinen Disjunktionen bewegt (oder nicht zur Gänze in einer Booleschen Algebra untergebracht werden kann, in der stets hinsichtlich Grenzen und Homogenität der Elemente distinkte, nicht bewegliche oder gar *operativ* – nicht durch bloße Konklusion – *fusionierende Mengen* wirksam werden), eine andere Logik meinen, damit jene, die mit der Polarität einhergeht. Sie ist, im Ganzen gesehen, aber mehr vorausgesetzt als eigens entfaltet, (was ja bereits für Marx galt, der streng besehen eine Mischform betrieb, sich jedenfalls wohlbekannt – trotz des in der Grundlage polaren Arbeitsbegriffs und Tauschwerts bis hin zur Ermittlung und Definition des Mehrwerts – maßgeblich auf die Hegelsche Dialektik berief, und diese ist keineswegs mit der Polarität identisch, sondern viel eher deren effektive Ersetzung im tatsächlichen Anschluss an

132 Müller 2014, 78 (Hervorhebung hier).

133 Müller bleibt unmittelbar in diesem Zusammenhang, Polarität versus Dialektik, undeutlich (2014, Kap.3.2 „Die Logik der Klassenanalyse und das Modell der Klassen", 58ff).

die klassische (und somit nachklassisch). In der Basis ist davon auszugehen, die klassische und polare Logik sind kompatibel in dem Sinne, dass sie von der einen in die andere übergehen können, man weiß demnach etwa die Negation oder Adjunktion – als Grundlage von Komplementarität – genau und ggf. um einiges besser zu lokalisieren,[134] während die Dialektik streng gesehen mit der klassischen inkompatibel ist (obgleich Hegel stets das Gegenteil behauptete, was ihm bereits die ersten »Abtrünnigen« wie Feuerbach oder Trendelenburg bestritten; Adorno verfolgt dementsprechend eine Komplementarität bis, gelegentlich, zum Schisma, da er die ‚mechanische' Klassifikation, fixe gleich feststehende Begriffe, effektive Taxonomien, den Widerspruch in seiner ersten Reziprozitätsbedeutung zwischen ›w‹ und ›f‹ umgeht oder zu vermeiden sucht, i.e. sogar ablehnt: ‚Widersprüche' bedingen gleichwohl nach wie vor den Gang der dialektischen Vermittlung und machen den Begriff quasi homonym).[135] Drittens wird aus dieser Definition bereits klar, dass ein spezifisches Feld auch ein spezifischen Bewusstsein ausmachen oder von diesem getragen werden muss, so dass der Gegensatz Individual- versus Gruppenbewusstsein alles andere als getilgt, ungültig oder beiläufig ist. (Ungeachtet, dass die Dialektik in der Entgegensetzung sofort und in den meisten Fällen nur und umstandslos die ›Gesellschaft‹ setzt).[136] Vielmehr ist, ganz im Gegenteil, davon auszugehen, alle Details, alle Knotenpunkte, spezifischen Kenntnisse, Situationen, feldartigen Auswüchse (der Anziehung und Abstoßung, um sich halb-materiell oder eigentlich *energetisch* auszudrücken, und die geistigen oder Nicht-Körperverhältnisse sind damit eingeschlossen, i.e. das Verhältnis besitzt eine eigentümliche Nuancierung, Acceleration oder Größe), die zu einer bestimmten Zeit für ein bestimmtes Feld – ökonomisch, rechtlich oder künstlerisch – charakteristisch sind, sind Merkmal des Bewusstseins der Teilnehmer, durch die es ihnen gelingt, ebenso (i) zusammenzuspielen (sich nicht zu übersehen oder -gehen), (ii) sich zu koordinieren wie (iii) sich hervorzuheben und, nicht zuletzt, (iv) die gewissen Vorteile zu verschaffen, welche der Person die Möglichkeit geben, sich im Feld zu exponieren, vielleicht die Geschichte zu motivieren bzw. sie gelegentlich sogar kurz- oder längerweilig zu beherrschen, (was nicht mit der bloßen Amtsinhabe gleichzusetzen). Das jeweilige »Grundgesetz« wird daher ebenso sehr *vom Einzelnen wie von der Gruppe*

---

134 Dies möge in Verbindung mit den Formeln resp. konkreten Schemata in Kap. III und IV deutlich werden.

135 Letzteres zu bemessen u.a. an der hier gelegentlich angeführten *Einführung in die Dialektik*, Frankfurt/Main 2015; vgl. Beitrag Vf. zum Hegel-Kongress 2016.

136 Außer den genannten Werken dürfen auch die *Minima moralia* herangezogen werden, wie bereits oben vermerkt.

beherrscht, und auf diese Koordination, besser, Poligkeit kommt es an. Unmöglich, das Feld nur einer Einzelperson zuzuschreiben wie umgekehrt nur der Gruppe, unmöglich ebenso und daher gleichlautend, auf eine der beiden Seiten zu verzichten. Daher lautet die nächste Definition:

„[5]. Dieses Grundgesetz ist Ausdruck der »Auto-Nomie«, also der »Selbstgesetzgebung« des Feldes, die gleichwohl immer nur eine *relative* ist. Kein Feld, selbst das ökonomische Feld oder das Subfeld der globalen Finanzmärkte, operiert vollkommen autark, auch wenn die Funktionsweise von Finanzmärkten diesen Anschein eines Naturgeschehens oder im Krisenfalle einer »Naturkatastrophe« vermittelt. Der Grad der Autonomie bemisst sich an der »Brechung« oder dem »Brechungswinkel« der allgemeinen Kräfte des sozialen Raumes. Damit ist gemeint, dass alle externen Ereignisse *nach der Logik und den Regeln des Feldes selbst* bearbeitet werden. Je stärker die Brechung ausfällt, desto autonomer das Feld. Und umgekehrt: Wenn externe Anstöße zum Umbau der Institutionen und zur Umorientierung der Akteure führen, wird es um die Autonomie des Feldes schlecht bestellt sein (78–79)".

Wenn die Selbstgesetzgebung des Feldes nur bedingt oder *relativ* autark ist, überdies und insbesondere einen Brechungswinkel in der Abgrenzung des externen Einflusses dokumentiert, p.e., das politische Feld beeinflusst das ökonomische (der triviale oder häufigste Fall, der gleichwohl die womöglich höchste Komplexität und Sensibilität aufweist in dem Sinne, dass Machtausübung und -erwerb unmöglich ohne den Vorweis kollektiver Prosperität erfolgt, anderwärts Haushaltsbewusstsein unmöglich von direkt kapitalistischen Geschäftsprinzipien wie z.B. den gestaffelten und zugleich kollektiven Zinsansätzen absehen kann), oder umgekehrt, (die Zirkularitäten oder wirklichen Stärkegrade seien hier nicht einzeln ermittelt und erläutert, in jedem Fall müsste neben dem kursorischen Durchgang des Verhältnisses die Messung des Ganzen am prädestinierten Extrem erfolgen), dann geht der in der Definition aufgeführte „soziale Raum" offenbar tatsächlich in den topologischen über. Dies wiederum muss bedeuten, zugleich definitorisch: das Bewusstsein (i) befindet sich mittenin, zunächst unverzweigt in der Basis der Krümmung, indem alle Verhältnisse sich überall und keineswegs nur sporadisch überschneiden und quasi bewegliche, in der Linse veränderliche Spannsegmente im Kleinen und Großen bieten, da unmöglich irgend Bereich oder Relation wie an sich disjunkte Sphären auseinanderfallen (und trotzdem ist, *a priori*, nicht der dialektische Standort gewährt, anderwärts das Ichbewusstsein, das sich disjunkt verortet weiß oder behauptet, die klassische Schimäre: die Krümmung macht, das es allerorts in anderem aufgeht oder nicht letztendlich distinkt ist); ist demnach (ii) zugleich sein Träger und durchgehend oder überall das Subjekt seines Erlebnisses oder seiner Erfahrung. Es ist daher aber insbesondere nicht mehr der klassische Raum, der sich gegen das Bewusstsein als vorrangig und unbedingt *äußerlich* objektiviert (absolut und an sich im Sinne Newtons), und freilich unter keinen Umständen der Raum, der nur und insb. als Anschauung in der Imagination oder Einbildung besteht (der reine Kants, der sich als empirische Anschauung veräußerlicht resp. in dieser über die – physiologischen – Eindrücke seinen Außenanthalt erfährt).[137] Er ist daher real, und als Realität identische Bedingung, da er aber mit dem Bewusstsein lückenlos qua Energieentfaltung erlebt und erfahren wird, muss er der topologische sein (die Pole korrespondieren in der Krümmung irreduzibel und unschließbar, mithin ergibt sich die existenzielle Schleife (±), die an jedem Ort ein Merkmal des nichtidentischen Gegenorts einliest. Da sie notwendig fokussieren, darf die Mindestbedingung am Merkmal hinzugesetzt werden). Dies wiederum bedeutet zunächst etwas scheinbar Schwieriges, von der gewöhnlichen oder eingeschliffenen Erfahrung Abweichendes: die Wahrnehmung und das Erlebnis der Distanzen. Im topologischen Raum erlebt sich Distanz und Nähe polar, ohnehin oder in der Grundsubstanz, solange keine (klassische, auf die Ebene geeichte) Neutralisierung wirksam wird, und dies bedeutet, eine immense Nähe kann dennoch eine zugleich mehr oder weniger große Entfernung sein, freilich insbesondere, wenn hierbei zugleich die persönliche (im herkömmlichen Sinne »subjektive«) Plus- versus Minushaltigkeit manifest wird – p.e., ein »Feind« oder feindlich Gesinnter berührt den essentiellen, von der energetischen Ladung her eindeutigen Kontrahenten; oder umgekehrt in großer euklidischer (auswärtiger) Distanz können sich zwei Elemente (Subjekte) zugleich topologisch (aufgrund der wirksamen Polarität, mithin über die Kommunikation der reziproken Brennpunkte) sehr nahe kommen, und das Maß der Entfernung ist weder ein stetig gleichbleibendes, das überall identische Strecken misst, noch ein harmonisch verkürztes innerhalb der gewöhnlichen Projektion, da vielmehr die Distanzen überall koinzidieren (die Projektion ist freilich als Potenz, in diesem Sinne Möglichkeit,

137 Der Ansatz in Schwarzkopf/Monyer 2017 ist hiermit definitiv in die Topologie zu erweitern (verbunden mit der Option wenn nicht Wunsch, die Gehirnforschung möge einen Beitrag zur ursprünglichen – nicht mathematisch entlehnten – Versprachlichung der Topologie leisten, sobald gewiss, dass die synaptischen Impulse unmöglich auf das Probandensubjekt zu beschränken sind – oder Bewusstsein von Anbeginn in der Energie gelagert kommuniziert (Grit Schwarzkopf & Hannah Monyer. „Das kantische Raummodell in der Neurobiologie". In: Kant-Studien 108/2 (2017), 247–269).

überall mitzudenken, denn der topologische Raum, wiederum notwendig als überall Bewusstsein, schließt sie an keiner Stelle aus). In diesem Sinne also ist, in der Basis, der topologische als sozialer Raum mehrdimensional zu verstehen, als er dem gewöhnlichen klassischen Raum diese Polarität hinzufügt, in der der Raum stets Bewusstsein ist und eine neue Erfahrung der Entfernung besitzt (es sei an dieser Stelle außerdem auf das Schlusskap. IV verwiesen).

Eine andere Formulierung würde besagen, der topologische Raum ist gekrümmt. Dies ist so vorzustellen, dass er notwendig Brennpunkte (Herde oder, so B., *Gravitationszentren*) bildet, die sich instantan gegenseitig wahrnehmen und koinzidieren, freilich nicht notwendig mit gleichen Anteilen, und daher nicht etwa wie zwei Punkte in einer planen Fläche durch eine fixe Distanz voneinander getrennt sind (womit ihr Fokus erlischt oder neutralisiert wird), und dies universell, also für alle Punkte. B. ringt sich zwar nicht zu dieser Formulierung durch, die gemeint oder impliziert sein muss, und M. kommentiert ihn mit der üblichen Ausweichformel, es läge eine Metaphorik vor (2014, 79 u.ö.), so dass letzteres nicht zur Gänze zutreffen dürfte. Vielmehr liegt in der Sache die Annahme der Krümmung mit ihren fokalen bzw. polaren Konsequenzen vor, die Theorie umgeht aber (wie vermerkt) die umfassende Begriffsbildung, die zugleich das gesamte begriffliche Feld erschließen müsste, also auch, wo liegt tatsächlich eventuell Neutralität vor, oder wann und ab wann darf der soziale Raum im traditionellen Sinne angesprochen werden: dass sich Subjekte scheinbar für sich wie abgeschlossene Individuen verhalten und keine gegenseitige Durchdringung aufgrund Koinzidenz der Wahrnehmung und reziproker Handlungsweise anzusetzen ist. (Dass sich sich überschneiden oder durch Überschneidung abweisen, ist freilich mehrdeutig). Mit anderen Worten: die klassische Innerlichkeit oder der innere Sinn, den je Hegel und Kant für das Subjekt als einen mehr oder weniger eigenständigen, autarken Bereich des Bewusstseins reklamierten (und mit eigenen Theoremen betrauten, welche der insb. Subjektivität unterliegen bzw. diese ausmachen; in den übrigen Fachgebieten blieb er die empirische Psychologie wie zuvor), geht bedingterweise in den topologischen Raum bzw. topologisches Bewusstseins über, indem selbiges diesen Bereich absorbiert und die entsprechenden Distanzen festlegt; insbesondere aber, wegen der basalen Polarität oder *fokalen Entfaltung des Bewusstseins*, die Möglichkeit eröffnet, dass die Gegensätze koinzidieren und entsprechend anteilig, nach ihren inhärenten Plus-/Minuswertigkeiten erfahren werden, ergo wird die Distanz einer anderen Person, eines anderen gebündelten Gruppenbewusstseins *im eigenen* dennoch als eventuell immense Nähe erlebt und tatsächlich erfahren. ›Erfahren wird‹ wiederum möge bezeichnen – dieser Raum ist real bzw. diese Erfahrung ist real und nicht etwa Imagination, »Anschauung«, bloße Vorstellung (oder dergleichen), und es besteht kein Bedarf, die Nähe etwa zweier Personen oder Gruppen, die sich in diesem Raum begegnen und miteinander umgehen ((a): Politiker ihrer Regierung und Parteiung; (b): eine Menschenrechtsgruppe, die über persönliche Vertreter mit einer Regierung und deren Vertretern in Kontakt tritt und Verletzungen in deren Verantwortungsbereich zu beklagen sucht), psychologisch zu werten oder ausschließlich (im herkömmlichen Sinne) auf die psychologische Ebene der »Persönlichkeit« zu heben bzw. zu verlagern; (weitere Beispiele: (c) die Parlamentarierfraktion im bestimmten Mitglied der Gegenfraktion; (d) die Studentengruppe im Bewusstsein des oder der einen, wiederum der Professoren oder beteiligter Personen des Lehrkörpers darin, wiederum nicht als abstrahierte Vorstellung, was stets zu verwechseln; (e) der Rechtsanwalt und sein Mandant im Kreis der Kontrahenten gleich Beklagten, die Sache sei gleichgültig. In jedem Fall wird die Gegengruppe nicht einfach distant und für sich erlebt, sondern deren Bewusstsein vermittelt sich als fokale Instanz in das je eigene. Mit anderen Worten ist darum auch stets der eigene Brennpunkt, das eigene fokale Zentrum, davon betroffen).

Müller resümiert weiter, um abzuschließen:

> [6]. Die interne Ausgestaltung eines Feldes folgt meist einer »chiastischen Struktur« mit zwei entgegengesetzten Polen und einer entsprechenden Akteurs- und Kapitalstruktur: Orthodoxie versus Heterodoxie, Etablierte gegen Nachrücker, Alt gegen Jung, Männer gegen Frauen usw. In Kapitalkombinationen ausgedrückt, stehen sich hohes ökonomisches Kapital bei geringem kulturellem Kapital (nach dem Kürzel viel Geld, wenig Bildung) einerseits und hohes kulturelles Kapital bei geringem ökonomischem Kapital (viel Bildung, wenig Geld) gegenüber.

Die chiastische Struktur, also Struktur über Kreuz ist Folge der Polarität. Es wäre ergänzend in jedem Fall die Unterscheidung zwischen Pol und Fokus zu ergänzen, denn in einem Feld kann eine Hauptspaltung dominieren, der verschiedene Foki als Scherung – und potenzielle Gewichtsmesser – nachzuordnen sind (die erwähnten Doppelbrüche): gesetzt, in den Vorständen von Unternehmen rekrutieren sich die Inhaber der Positionen zumeist durch eine orthodoxe Einstellung, es gelangt also selten ein Quereinsteiger mit heterodoxen Vorstellungen und/oder Kenntnissen in eine Führungsposition, dann ändert dieses Verhältnis auch nicht das Herantragen weiterer Antonymien wie ›weiblich versus männlich‹ oder ›alt versus jung‹ sondern ganz im Gegenteil. Die Antonyme oder Foki ordnen sich zu, indem eher die männliche Position – solange keine gesetzlich vorgeschriebene

Quote der Gleichstellung (resp. Neutralisierung) eingreift – und die erfahrene oder Altersstellung Vorzug findet, womit Hauptpolarität und Nebenantonyme deutlich werden und mehr oder weniger stabil oder nicht dynamisch sind. – Außerdem ist hiermit die oben einleitende Frage beantwortet. Der Mechanismus, nunmehr der Ablösung von Gruppenbewusstsein als Neustatus versus etabliert oder eingeschliffen, vollzieht sich durch diese Relationen, ihre destillierten Doppelbrüche, hindurch – sie seien die Quer- oder Parallelbeziehungen im Kräfte- oder Gravitationsfeld. Gruppenbewusstsein meint daher etwa: zwar sitzen in den Führungsgremien Individuen, und zwar ausdrücklich Individuen als Einzelpersonen, aber diese teilen untereinander ein bestimmtes Bewusstsein (a) der Zugehörigkeit, (b) der Kriterien, die sie in diese Position bringt, (c) der Art, in der Kommunikation gepflegt wird, und hier wiederum (i) über den eigenen Status und/oder (ii) die Situation des Unternehmens, (iii) die politische Lage, (iv) das Personal, (v) die gegenseitige Ansicht oder Einschätzung. Da der topologische Raum und sein Bewusstsein vorausgesetzt wurde, dürfte klar sein, die Beziehungen werden einigermaßen dicht (im charakteristischen Sinne) oder es gibt, an und für sich, wenig Freiraum oder wirkliche Schattenfläche/-raum. Dies sollte im Folgenden und Ganzen noch deutlicher werden. Es dürfte daher keine Frage aufkommen, dass nicht etwa jedes Individuum seine eigenen Vorstellungen – im herkömmlichen Sinne – entwickelt, für sich behält und gelegentlich äußert oder konstant kommuniziert, sondern dass, gerade entgegengesetzt, das Bewusstsein an bestimmten Merkmalen geteilt wird oder als Vorstellung von mehreren Individuen gleichermaßen getragen wird, simultan und bewusst in dem Sinne, dass diese Tatsache Anforderung, so dass die Kommunikation nicht zuletzt die Aufgabe hat, durch bestimmte Indizien sich diese Situation abzufragen oder zu erkennen zu geben. Die Möglichkeit überhaupt sei, erneut, ein Argument für das echte oder existentielle (reale) Gruppenbewusstsein.

III. Das Wir als repräsentative Rede

1. Einführung (allgemein-systematisch): Exempel A, B und C

(**A**) Wir beginnen mit einer Übung, in der wir aus unserer eigenen Perspektive erkennen können, was der Aufbau einer persönlichen Beziehung bedeutet.

<u>Kommentar</u>: Der Satz ist unverfänglich und scheinbar Commonsense, dem Gemeinverstand sofort zugänglich. Dessen ungeachtet macht er Voraussetzungen, die offensichtlich ein bereits gewachsenes und dennoch selbstverständliches Gruppenbewusstsein beinhalten: (i) die angesprochenen Personen der 1.Person Plural sind nicht einzeln auszuzählen (nicht ein jeweils einzelnes ich plus ich…), sondern ausdrücklich Subjekt eines gemeinsamen Bewusstseins, dass sich (a) durch eine gemeinsame Übung behauptet, (b) einer eigenen Perspektive unterliegt (also weder nur Perspektive der ersten oder dritten, singularischen Person). Diese wiederum bedingt (c), ein Ergebnis, nämlich sogar die Erkenntnis, wie sich der Aufbau einer persönlichen Beziehung gestaltet. Man kann den Satz ein Stück weit relativieren, indem gruppendynamische Verfahren und Vorstellungen in die Arbeitswelt eindringen, denn aus diesem letzteren Bereich stammt der Satz, er ist aber (wie soeben) nicht reine oder ausschließlich Psychologie. Die Klärung seitens der Philosophie betrifft also Begriffe wie Perspektive, gemeinsame Handlung (Übung), ja sogar Erkenntnis durch ein Subjekt in der ersten Person Plural.

**

(**Bi**) Diese Zusammensetzung unseres Vereins spiegelt das nun herrschende und sich weiter entwickelnde *Wir-Gefühl* wieder. [Wo früher zwischen ‚vor und hinter dem Wald‘ unterschieden wurde, wird künftig mit einer starken Stimme gesprochen“, sagt der Vereinsvorsitzende, der Landrat X].

(**Bii**) vgl. Kant: [Kants Hauptthese, also dass wir nur Erscheinungen, aber keine Dinge an sich erkennen können, nennt man den transzendentalen Idealismus. So schreibt Kant etwa]: Es ist eine Bemerkung, welche anzustellen kein subtiles Nachdenken erfordern wird, sondern von der man annehmen kann, dass sie wohl der gemeinste Verstand, obzwar nach seiner Art durch eine dunkele Unterscheidung der Urteilskraft, die er *Gefühl* nennt, machen mag: dass alle Vorstellungen, die uns ohne die Willkür kommen (wie die der Sinne), uns die Gegenstände nicht anders zu erkennen geben, als sie uns affizieren, wobei, was sie an sich sein mögen, uns unbekannt bleibt, mithin dass, was diese Art Vorstellungen betrifft, wir dadurch auch bei der angestrengtesten Aufmerksamkeit und Deutlichkeit, die der Verstand nur immer hinzufügen mag, doch bloß zur Erkenntnis der Erscheinungen, niemals der Dinge an sich gelangen können".

Kommentar. Beide Zitate beginnen gleichfalls, wie zuvor und nunmehr ausdrücklich mit dem Gemeinverstand oder Commonsense. Kant (Bii) zufolge darf dieser ein Gefühl, es sei somit das Wir-Gefühl, für sich vereinnahmen, Gefühl allerdings nur deshalb, weil es einer noch oder nur „dunkelen Urteilskraft" entstammt. (Übrigens entspricht dies dem Ansatz Damasios zum Kernbewusstsein).[139] Nun darf man die Dinge nicht verwischen. Das Wir-Gefühl eines Vereins, der sich aus mehreren Gruppen zusammenschließt, ist sicherlich nicht dasselbe wie das Gefühl des Gemeinverstands, dass er den Befund seiner Sinne, die Erscheinungen, nicht übersteigen kann, um unmittelbar oder auch mittelbar in das Wesen der Dinge zu schauen. Das ‚Wir-Gefühl' des Vereins, der sich seiner Aufgabe durchaus bewusst ist, meine zunächst ausdrücklich nicht, sein Bewusstsein – oder seine Urteilskraft – sei noch verworren oder dunkel, sondern ganz im Gegenteil. Gleichwohl ist ihm zuzugestehen, und dies ist Absicht und Thema dieser Vorlesung, sein Bewusstsein besitzt eine gemeinsame oder zentrale Instanz, die (a) weder mit dem Vorsitzenden noch (b) mit seiner abstrakten Vorstellung zusammenfällt und anders das *gemeinsame oder Wir-Bewusstsein* heißen möge. Der Begriff ‚Gefühl'

138 Kant. *Grundlegung zur Metaphysik der Sitten.* In: AA IV, 450–451. Zit. n. Markus Gabriel. *Ich ist nicht Gehirn. Philosophie des Geistes für das 21. Jahrhundert.* Berlin [2]2016, 87 Hbg. hier). Das vorherige Beispiel stammt aus einer regionalen Zeitung (Rhein-Nahe).

139 Damasio 2002, Kap.5, die Kartierungen erster und sogar zweiter Ordnung: „Hingegen ist das neuronale Muster zweiter Ordnung, das ich in meiner Hypothese als die Basis für unser Gefühl des Erkennens annehme, überregional" (219). Übrigens auch hier die bezeichnende Formulierung bzw. Beanspruchung der ersten Person Plural, oft vergleichsweise unvermittelt im gesamten Text.

wäre also wenigstens Anzeige dieser Tatsache. – Wenn wiederum Kant in Bezug auf einen neuralgischen Punkt der Geistes- und Philosophiegeschichte, ob das menschliche Bewusstsein Zugang zu den Dingen habe, die Sinne jedenfalls diese zuverlässig erreichen und verbürgen oder nicht, den Gemeinverstand auf den Plan ruft und diesem ein Gefühl zuschreibt, dass wenigstens die Sinne stets Erscheinungen liefern, noch dazu in einer unverblümten und direkten Rede, die durchgehend von ‚wir' und ‚uns' spricht, dann kann man offenbar *a minimo* die Schlussfolgerung nicht umgehen, dass dieser Gemeinverstand resp. das zugehörige Bewusstsein, dass sich mit ‚wir' oder ‚uns' anspricht, eine gemeinsame Basis haben muss, vergleichbar der Achse, die wenn nicht in ihre (ganzen) Gegenteile, dann wenigstens differenten Bezugspunkte auseinanderfällt; (es dürfte, bzgl. der Achse, keinen Mythos darstellen, sich in diesem Zusammenhang an die Tatsache zu erinnern, dass die Gehirnenergie einen Wellenbaum artikuliert – und selbiger in seinen Differenzen und Intensitäten der Wahrnehmung nicht entgeht). Infolgedessen kann die Tatsache, die Kant voraussetzt und beschreibt, nicht darauf beruhen, den Erfahrungsbericht jedes einzelnen gewissermaßen zu protokollieren, zusammenzuschreiben (miteinander zu vergleichen und auf das Gemeinsame hin zu verdichten) und dann daraus die Summe zu ziehen, die mit seinen Wir-Formulierungen zusammenfällt. Vielmehr meint und muss die Formulierung eine Form des Bewusstseins meinen, die *instantan* und allen, Personen des Gemeinverstands oder Personen, die ihn übersteigen und an die er sich als seine Leser zu allen Zeiten wendet, gleichermaßen zugänglich ist. Dementsprechend besteht guter Grund, an diesen Wir-Redeweisen nicht einfach vorbeizugehen (auf die auch seine Literatur nicht selten, wenn auch wahrscheinlich kaum vollends reflektiert, rekurriert) oder sie etwa als eine bloß rhetorische Floskel zu verbuchen (die freilich auch bestehen).[140]

Schlussbemerkung

1. Würde man den Grund dieser Wir-Redeweisen, der Betrachtung und Bestimmung vom Standpunkt des Wir aus, *transzendental* nennen, so würde man

140 Zur Klärung das folgende Beispiel: „Das dem folgenden Schluss (e) ‚Daraus, dass alle Diebe Menschen sind, folgt, dass alle guten Diebe guten Menschen sind' zugrunde liegende Schema (auf dessen explizite Formulierung wir hier verzichten wollen) sollte gelten unabhängig davon, ob es gute Diebe gibt oder nicht [wovon es einige, die gut sind, zunächst unter Figur IV gibt]. Entnommen aus: Gisbert Hasenjäger. *Einführung in die Grundbegriffe und Probleme der modernen Logik*. Freiburg/München 1962, 18; vgl. unten Einführung, die rhetorische Floskel kann auch in die Gegenrichtung der Vereinnahmung zielen.

sich dem ersten Anschein zufolge darauf festlegen, dieses Wir-Bewusstsein nur als Vorstellung anzusprechen, also wie eine Vorstellung selbst, nurmehr eine transzendentale, und dies meint, dem Bewusstsein aus sich selbst, ohne Erfahrungsanthalt, zugänglich. Ob Kant dies im Zusammenhang wirklich gemeint hat (inkludiert und nicht ausgeschlossen, mithin zur „intellektuellen Welt" zu zählen, mit der er die spontane, aktive Vernunft- oder Verstandestätigkeit in Abhebung vom Gegenteil, der Affizierung der Sinne, charakterisiert),[141] ist fraglich, jedenfalls lässt sich dieses Bewusstsein nicht als undeutlich oder geradewegs problematisch kennzeichnen. Ganz im Gegenteil, ist gerade die Tatsache, vom Standpunkt des ‚wir' aus das behandelte Problem der Zugänglichkeit der Dinge zu bestimmen, sicher und (vom Kontext her) scheinbar fundamental, nicht der geringsten Bemerkung bedürftig, umso mehr, als es nicht nur die Beziehung auf den Gemeinverstand, der dunkel sein kann, sondern auch und insbesondere auf das kritische Bewusstsein enthält, dasjenige, das sich Kant selbst zuschreibt. Wenn diese Sicherheit und ihr fundamentaler Standort einer Kennzeichnung bedarf, dann darf ihr die transzendentale weder apriori noch zur Gänze entzogen werden, als sie offensichtlich (i) allgemeingültig zugänglich ist, (ii) keiner Einschränkung unterliegt und (iii) direkt mit dem transzendentalen Bewusstsein koaliert (wenn auch nicht koinzidiert, hierfür hätte er öfters anders formulieren müssen, etwa bei Abschluss der transzendentalen Deduktion in der B-Fassung). In diesem Sinne wäre Kant zu erweitern oder dahingehend auszulegen – wohlgemerkt keine eigentümliche Lehransicht seiner Philosophie, aber offensichtlich widerspruchsfrei daraus abzuleiten –, diese Wir-Rede meint und bezeichnet eine transzendentale Vorstellung, die jedermann, jedem mit Bewusstsein begabten Wesen, zugänglich ist. In diesem Sinne weiß es, dass es von den Dingen außerhalb seines Bewusstseins durch seine Sinne affiziert wird, was wiederum im kritischen Verstand als Erscheinung anzusprechen ist (da selbige nur durch die sinnliche Verarbeitung oder Transfer, ihre spezifische Leistung, zugänglich werden). Sagt ‚man' nun, da es jedes mit Bewusstsein begabte Wesen oder damit *alle* wissen, ‚man' transferiert oder wechselt von der dritten in die erste Person, und zwar insbesondere die erste Person Plural, dann meint auch diese Form noch eine bestimmte Allheit, aber eben ein zusätzliches Moment, auf das es ankommt. Es soll wohlgemerkt nicht das bloß rhetorische sein, sondern müsste, wenn ihm eine a priori-Bedingung zukommt, die jederzeit und durch jedes Wesen erfüllbar ist, erneut (wie zuvor) transzendental heißen, und Kant hätte demnach an

141 Im weiteren Kontext des Zitats, AA IV, 451 unten.

dieser und ähnlichen Stellen die transzendentale Apperzeption, die er stets auf die erste Person Singular, das Ich, einschränkte oder durch selbige erläuterte,

❖ ergänzt oder erweitert auf die komplementäre Position im Plural, das ‚wir'.

Nun muss dies bedeuten, wenn diese komplementäre Position auch gemeinsame Erfahrungen zu bestimmen und zu erschließen imstande ist (wie im Zitat gegeben, nämlich Erfahrungen an den Bedingungen des Bewusstseins selbst), dass dieses Bewusstsein (iv) einen bestimmten Konnex unterhält, (dies sei der dimensionale, wie mehrfach erläutert) (v) von diesem weiß, (selbigen mithin nicht endgültig negieren, falsifizieren oder nichtig machen – »subjektiv« effektiv annullieren – kann, wenn auch jederzeit verleugnen) und (vi) nicht darauf festzulegen ist, *nur und insbesondere nur* eine Vorstellung zu sein (die Tautologie aus (iv) und (v)), wenn Vorstellung an den fokalen subjektiven Standort zu binden ist. Freilich ist die Aufhebung dieser Einschränkung Absicht dieser Vorlesung, darum wird die Tautologie aber nicht zirkulär, da die Polarität und Dimension bestehen bleibt, i.e. die Vorstellung kann auch auf die kollektive oder plurale Position weichen). Das zusätzliche Moment, das mit (i), der Bedingung der Zugänglichkeit, einhergeht, muss daher auch eine existenzielle Form des Bewusstseins bezeichnen (wie auch das ›Ich denke‹, das der transzendentalen Apperzeption jederzeit hinzutritt, nicht als reine oder bloße Vorstellung charakterisiert werden kann, als ob ihm die cartesische Klausel – als Existenzvorbehalt – nicht ebenso zuzurechnen wäre). Im Fazit meint die transzendentale Bedingung des Übergangs in die Wir-Rede daher nicht nur eine Vorstellung, dies aber immerhin, sondern auch eine existenzielle Form des Bewusstseins, aus der heraus es in der Mehrzahl, unter mehreren, die sich als ‚wir' bezeichnen, imstande ist, Erfahrungen zu erheben und zu bestimmen: die Koinzidenz der Form des Bewusstseins, ›±‹-Vorstellung, ist freilich das Problem sui generis, über die gesamte Sphäre der Erstreckung und Möglichkeit von Gruppenbewusstsein, (das mit der üblichen Intentiontionalität der insb. »scharfen Trennung« im Unterschied nicht zu bewerkstelligen ist), und seiner Achse.

2. In dieser Erläuterung wurde absichtlich nicht einfach von *einer* oder *der* Perspektive gesprochen, also insbesondere dem Wechsel von der ich- zur wir-Form oder von der Form der dritten zur ersten Person. Die Perspektive setzt nämlich im strengen Sinne voraus, dass sie sich auf eine Ebene oder ein Dasein, jedenfalls eine Vorausbedingung bezieht, die bereits ohne sie gegeben ist; dass somit die Perspektive nicht schon die gesamte Spanne desjenigen verbürgt, was es zu bestimmen und zu konstituieren gilt. (Dies ist gewiss im Raum und der Geometrie nicht anders, von der sich dieser Begriff ableitet. Die Perspektive setzt wenigstens den dreidimensionalen Raum in seiner Ausdehnung voraus und konstituiert auf seiner Basis eine Perspektive, die durch die Projektion auf diesen Raum zustande kommt, gleichgültig ob durch eine Apparatur, also insb. eine Kamera bzw. ein Objektiv, oder die Linse des menschlichen Auges, oder eine sonstige, i.e. Lupe und Mikro-/Teleskop, denn eine Himmelsprojektion konstituiert unter keinen Umständen die korrespondierende Region des Universums. Der Begriff hat über die Entwicklung seit dem 19. Jahrhundert, nicht zuletzt der Religionskritik Feuerbachs, die Gott als eine Projektion des Menschen begreift, diese Bedeutung angenommen, ähnlich die Projektion bei Freud und Adorno). Selbige Bedingung ändert sich nicht in der Mehrdimensionalität, also etwa der Projektion einer Vier- auf eine Dreidimensionalität, die das Bewusstsein nicht mehr ohne Weiteres intuitiv erschließt, jedenfalls im natürlichen Kalkül der Synapsen nicht mehr mit derselben mathematisch eingeborenen Exaktheit nach Knotenpunkten, Lagen und Distanzen vernetzt. Entsprechend ist weder die Ich-Form noch die Wir-Form – als Perspektive – schon ganze Konstitution des Bewusstseins, was auf die Ich-Form bezogen immerhin auch Kant niemals behauptet hat. Das Ich tritt zur transzendentalen Apperzeption hinzu oder ist seine Anzeige, es tritt als ›ich denke‹ hinzu, ist aber gewiss nicht der vorrangige Konstituent oder in diesem Sinne seine ganze Perspektive (eine schiefe Ausdrucksweise von vornherein; im übrigen, um den theoretischen Zusammenhang beizuhalten, unmöglich, wenn das Bewusstsein als echte Dimension veranlagt wird – es könnte niemals in der instantanen subjektiven Instanz, selbst nicht dem intersubjektiven Produkt aufgehen, erst das interpolierte bedürfte notwendig der Achse, und Ankunft). Der Umgang mit dem Begriff ›Perspektive‹ erfordert also einige Umsicht und Genauigkeit (nicht anders als, wie soeben erläutert, der Begriff ›Projektion‹ und ›projizieren‹, die zumeist in der verkürzten oder eindimensionalen Weise gebraucht werden, als ob mit dem Begriff ›Perspektive‹ gleichermaßen schon die gesamte Konstitution erfüllt sei, insbesondere als ob keine seins- oder bewusstseins*verbindliche* Vorausebene vorhanden wäre, auf die hin die Perspektive und die ihr zugrunde liegende Projektion erfolgt – ihre erste Möglichkeit sei die etablierte, ggf. änigmatisch verklausulierte Ansich-Ebene, das proverbum zum *Ding-an-sich* eingeschlossen –, und wiederum ist bei der letzten Unterscheidung zwischen Seins- und Bewusstseinsverbindlichkeit noch einmal Genauigkeit wegen der möglichen Verwechslungen bzw. Verschiebungen geboten; vorausgesetzt, es verbirgt sich im *Ding-an-sich* eigentlich, an und für sich, der echte Gegenpol, *und damit verknüpft* die Unmöglichkeit seiner definiten Erschließung und Reduktion auf das Bewusstseinszentrum und seine Eigenbedingungen, abgesehen von den Kenntnis- und Erschließungslücken, die gewissermaßen naturgegeben und die Basishürde des menschlichen Bewusstseins darstellen). Wenn sich letzteres konstituiert – eine Form annimmt – und hierbei wie im obigen Zitat (Bii) eine mehrheitliche Basis umreißt, dann konstituiert sich die Form dieses Bewusstseins unabhängig davon, ob sie durch ein ‚wir' bezeichnet wird (kriterial verbunden mit der Differenz zwischen Unter- und Überzeitlichkeit ungleich Vor- und Nachzeitigkeit, wie anfangs und Kap. IV). Die existenzielle oder, wie soeben, transzendentale Bedingung des Bewusstseins, die ihm ermöglicht, eine mehrheitliche Basis anzustreben oder von vornherein in einer bestimmten Menge unter mehreren, *in der Gruppe*, zu konstituieren, ist nicht davon abhängig, durch eine und nur eine Form des Pronomens bezeichnet zu werden, gleichgültig ob die erste, zweite oder wiederum dritte (vorausgesetzt, das Bewusstsein seiner Form nach ist überhaut darauf angewiesen, sich auf diese sprachliche Spreizung resp. Vorgabe zu beschränken). Also bezeichnet das Pronomen, wenn, dann eine Perspektive in dem Sinne, dass es die Vorstellung auf die konstituierte Form des Bewusstseins tatsächlich projiziert oder diese konstituierte Form bereits voraussetzt (was, in Erinnerung an (iv) – (vi), zu erweisen war). Die Behauptung schließt – in dieser Unvermitteltheit – ein, dass das projektive Vermögen des Bewusstseins, zu verstehen als die natürliche Folge (i) der Fusionskraft der Vorstellungen (die geradewegs nicht als stetige Basisverworrenheit, der unerbittliche Hang zur irrationalen, dunklen und verhängnisvollen Verschmelzung denunziert sei, als ob es nicht auch distinkte Fusion, deren Graduierung und außerdem überaus wirkungskräftige Leistung bei Übersicht und Abkürzung gäbe, ggf. die Formierung einer echten, eventuell mehrlagigen Matrix in veränderlichen Knoten, noch abgesehen von den vielfältigen geradezu »Schweiß«-Techniken im sozialen Bereich, die alle durch Bewusstsein zu erwirken, unterhalten und zu tragen sind), (ii) des Zwangs zur Konzentration, den andernfalls könnte das Bewusstsein keine konkrete, distinkte und klare Vorstellung entfalten (und müsste es ein quasi Delirium erleiden; jedenfalls keine Befreiung am entgegengesetzten Ende, in dem sich das Bewusstsein vornehmlich im Sinne der Andacht, Meditation oder ähnlichen Übung durch alternierende Konzentration des stets beiherlaufenden Lärm-/Geräuschpegels der profanen Alltagssphäre, ihrer mehr oder weniger lauten Diffusion und/oder Aufdringlichkeit, entledigt, und gemeint sind nicht schon die akustischen Ingredienten, sondern selbstredend alle Minusanteile an der un- oder vermittelten Äußerung des Bewusstseins, wie zuvor und nachfolgend, gesetzt das Bewusstsein lebt in seiner ständigen Kommunikation und der vielfältigen Verstellung der Person),[142] (iii) seiner dimensionalen Anlage, welche das Bewusstsein wegen der unüberwindlichen Grenze des steten

142 Die Behauptung erklärt sich durchgehend aus der schismatischen Rolle und Anlage des Bewusstseins (näher erschlossen in Kap III.2.B.2 im Anschlusss an Darwin, sowie IV. Anm. 1 u.2 unter 1.1, 1.7).

energetischen Anschlusses (der Grenzlichtgeschwindigkeit vergleichbar) zwingt, selbige Basis nicht nur konzentrieren, sondern auch reflektieren zu müssen, in der notwendigen Brechung (und nicht etwa schon und insb. „[Wider]spiegelung“[143]) aber steckt die Potenz von (i) und (ii), die von der Sprache absorbiert und damit reflektiert wird, i.e. es gibt zahlreiche Möglichkeiten, der Sprache in Bezug auf die Bedeutung oder Referenz projektive – zugleich grammatikalisierte – Konstituentien zuzusprechen.[144]

Entsprechend sind der Bindungs- und Trennungsfaktor anzusetzen, die notwendig mit der Perspektive verknüpft sind, wenn diese wiederum echt ist und nicht mit der konstituierten Form des Bewusstseins zusammenfällt (oder einfach gleichgesetzt wird, was an und für sich unzulässig und mit Sicherheit zu falschen Konsequenzen führen wird, denn es ist stets, bis zuletzt und wider

---

143 Der Begriff hat vielfältige Anklänge bis hin zu Rorty, hier in Anlehnung an Adorno und die Erläuterung des Begriffs Reflexion bei Hegel (Einführung in die Dialektik, 2015, 95).

144 P.e. die „Abkürzungs“-Phänomene, die P.Strawson in seinem gegen Austin gewendeten Artikel zur Wahrheit erläutert: (a) „Vielfach haben wir, wenn wir nicht nur aussagen, dass X Y ist, in geeigneten Kontexten bestimmte Abkürzungen zur Verfügung, die es uns erlauben auszusagen, dass X Y ist (unsere Verneinung, Antwort, unser Zugeständnis zu machen oder was auch immer), *ohne* das Satzmuster »X ist Y« zu verwenden“; (b) „Wir sagen zwar gewiss nicht, dass dieses Ereignis geschah, z.B. dass John die Aussage, dass *p*, gemacht hat, denn (i) sagen wir weder, indem wir zitieren, noch auf andere Art, was John gestern sagte, und (ii) erreicht unser Äußerung ihren hauptsächlichen Zweck (nämlich im Zuge einer Bekräftigung oder Zustimmung die Aussage, dass *p*, zu machen) nur dann, *wenn ihre Adressaten schon wissen*, dass John gestern die Aussage, dass *p*, gemacht hat. Die abkürzende Funktion von »wahr« in derartigen Fällen wird deutlicher, wenn wir sie mit dem vergleichen, was wir sagen, wenn wir (i) behaupten wollen, dass *p*; (ii) andeuten wollen (zeigen wollen, dass wir wissen) dass gestern ein Ereignis geschehen ist, nämlich dass John die Aussage, dass *p*, gemacht hat; (iii) glauben, dass die Adressaten unsere Aussage nicht wissen oder vergessen haben, dass John gestern sagte, dass *p*“ (P.F. Strawson. „Wahrheit“. In: Gunnar Skirbekk (Hg.). *Wahrheitstheorien*, Frankfurt/Main 1980, 262, 264 jeweils mit Kontext). Eine Folgerung – oder verträgliche Annahme mit diesen Ausführungen – besteht darin, dem Ausdruck ›wahr‹ – versus ›falsch‹ – die antonyme Wurzel zuzugestehen und daraufhin insbesondere die fokale Bedeutung aufzunehmen. Ausdrücklich bezeichne die hier hervorgehobene Bedingung in (b) die Möglichkeit, mit einer Aussage – oder einem Ausdruck, wiederum dem Ausdruck ›wahr‹ – auf ein vorhandenes Wissens bei Gesprächsteilnehmern zu projizieren, umso mehr, als es quasi zum Sprachspiel gehört oder grammatikalisch verankert ist (um Strawson in diesem Sinne zu beanspruchen).

die ggf. »absolute« Endstelle, ein gegenteiliger Anteil inkludiert, Ichbewusstsein ist unmöglich ganzes – vollständiges oder vollkommenes – Bewusstsein oder, um es anders zu bezeichnen, selbiges ist stetig Faszikel, Segment, ein Knotengebilde). Der Bindungs- oder Bindefaktor besagt sodann nicht, wie leichthin zu verwechseln und womöglich im naiven Verständnis oft und sofort verwechselt wird, er meint nicht die Bindung des Bewusstseins an bzw. innerhalb einer Mehrzahl, der das Pronomen ›wir‹ zukommt, sondern die Bindung des ›ich‹, in diesem Fall sei es Kant selbst in seiner obigen, zitierten Rede, an den konstituierten Brenn- oder Mittelpunkt (Fokus = Herd) dieses mehrheitlichen Bewusstseins („[…] dass alle Vorstellungen, die uns [gleich mir] ohne die Willkür kommen (wie die der Sinne), uns [gleich mir] die Gegenstände nicht anders zu erkennen geben, als sie uns [gleich mir] affizieren, wobei, was sie an sich sein mögen, uns [gleich mir] unbekannt bleibt"). Der Trennfaktor besagt in diesem Fall (i) anderes konstitutives Bewusstsein jenseits selbiger Perspektive (hier muss eine Negation unter ›|≅|‹ manifest werden, die mit klassischer Disjunktion, verstanden als Ausdruck der anteiligen, in ihren Grenzen distinkten Segmentierung, nicht kongruent ist), insbesondere (ii) anderes Bewusstsein, das nicht an der Bedingung teilnimmt, die Kant darlegt. (Da er vom Gemeinverstand ausgeht, überdies eine Bedingung anspricht, die jedem Bewusstsein zukommt, kann dieses an ihr bemessen freilich nur rare Instanz sein). Entsprechend gilt auch hier, der Trennfaktor kann als Perspektive manifest werden, indem das ›ich‹ in die Beobachterperspektive wechselt, um als Einzelherd oder Fokus dem beobachteten, konstituierten *mehrheitlichen* Bewusstsein gegenüberzutreten, das nach wie vor seinen eigenen Mittelpunkt oder Herd besitzt. Wohlgemerkt ist damit die Bindung des Bewusstseins untereinander, das sich mehrheitlich zusammen- oder anschließt – die Fusionskraft mit einem mehr oder weniger starken fokushaltigen Brennpunkt manifestiert, ggf. mehreren –, mit dem jeweils Binde- versus Trennfaktor in der Perspektive, auf den es überdies ankommt, sobald Distinktion, Erkenntnis- und Handlungsfähigkeit in Betracht zu ziehen sind, nicht zu verwechseln. (Es erübrigt sich womöglich der Hinweis, dass die Zirkularität wartet, sobald die konstituierte mehrheitliche Form des Bewusstseins mit dem jeweilig verwendeten Pronomen, insb. hier dem ›Wir‹ zusammenfällt).

Korrolar. Herleitung der Peripheriegrenzen

Es sei ›$||\,_{I}B^{+} \cong {}_{GR}B^{-}\,||$‹ der Ausdruck für die konstitutive ± Schleife unter (i), anderes Bewusstsein (das nicht an dieser reinen Bedingung teilnähme, und der bloße reflexive Willen reicht hierfür nicht hin) ist also ausgeschlossen, aber das

Ichbewusstsein (eigentlich Ich- bzw. sogar »Ich«-Bewusstsein, s.w.u.) bildet einen eigenen Herd gegenüber einem konstitutiv anhängigen Gruppenbewusstsein mehrheitlich anderer Subjekte mit gleichfalls eigenem Herd (Fokus oder Fusionszentrum, ggf. mehreren; die Kennzeichnung ›||‹ besagt, die Polarität ist geschlossen, somit einachsig gewährt, während die bloße Anzeige ›|‹ rechts-links bedingt, die gebundenen Foki sind nicht einachsig, es müssen daher andere Minus-/Pluspole involviert sein). Die Zuordnung nach plus und minus kann (überdies) grundsätzlich kommutieren,[145] die senkrechten Doppelstriche geben daher, wie soeben, unmittelbar an, die anhängigen Peripherien sind geschlossen (nicht durch andere vertreten) und signalisieren die Basispolarität, i.e. den Basiszirkuit, gesetzt es ist ein Energiekreislauf durch das Bewusstsein zu bezeichnen, dem eine nicht nur einfache, sondern notwendig polyadische („mehrfache") Binde-Trennpotenz zukommt; (letzteres, da die Krümmung virulent – das Bewusstsein befindet sich in einer quasi Wanne,[146] der Anschluss ist ubiquitär und Polarität konstitutiv, alle Primärnegation dieses Zustands kann demnach nur durch herkömmliche Abstraktion erfolgen –, und gesetzt, man gelangt nur über die polyadische, nichteuklidische Vorstellung in das (quasi) gehöhlte Blasengebilde jenseits des konstitutiv äußeren, wohlbekannt traditionell und, womöglich verschärft, analytisch kommunizierten Bewusstseins). Wenn nun eine Perspektive – als Beobachter (3.) oder Teilnehmer (1.) – zu dieser Basis hinzutritt, und Projektion notwendig wirksam wird, denn sie ist nicht imstande, diese Basis zu konstituieren, als sie vielmehr nur auszudrücken oder in diesem Sinne zu reflektieren, muss sie in die Kontexte – operative Sphäre – der Basisperipherien eintreten und diese interpretieren. Dies wiederum ist gleichbedeutend damit, dass sie die Funktion ›trennen-binden‹ (bzw. ›binden-trennen›, stets gebunden an die irreduzible Schleife, i.e. Plus und Minus bedingen eine unendliche Differenz, die noch so ge-

---

145 Dies möge etwa für Vergleiche gelten, die gelegentlich in der Literatur als Größenskalen bemüht werden: Teilchen magnetischer Materie versus Sandkorn, versus Erdball, versus Firmament (s.o., Leibniz, Brief an Varignon, PS 4, 1996, 250–251); Quine sieht ähnlich an der Polarität (beziehungsweise der Größenantonymie) vorbei in: Quine, W.V.O. (1960). *Word and Object*. MIT 1960. §§ 4, 26, 13–15, 127; vgl. Vf., „The Theory of the Antonyms". In: *An Anthology of Philosophical Studies*, vol.9, hg. v. P.Hanna, Athen: Atiner 2015, 147–57. Es braucht womöglich nicht erwähnt zu werden, dass selbige eng mit dem Vagheitsproblem verknüpft ist (etwa Dummett's „Wang's Paradox"), s.w.u. V.7 + abschließende Anmerkung.

146 Diese Vorstellung scheint der gelegentlich vernakularen »K.-Glocke« vorzuziehen. Es möge durchgehend der Impuls gelten, die Vorstellung nicht durch mathematische Abstraktion (gleichgültig ob elliptisch oder hyperbolisch) zu erzielen, die wissenschaftstheoretische Reflexion und Abstimmung bleibt somit sekundär.

ring sein mag und, prinzipiell, nicht auf null gesetzt werden darf, weil hierdurch völlig neue Verhältnisse entstehen) zugleich setzen (hier gründet das Missverständnis der Konstitution) und als gegebene Situation bewerten (interpretieren) muss. Wenn nun ›$_{I}B^{+}$‹ definitionsgemäß das vereinzelte Fürsich-Bewusstsein bezeichnet, das indizierte ›I‹ als Ich also noch nicht eigentlich manifestiertes (ggf. extrovertiertes) Ichbewusstsein bezeichnet, sondern dessen existenzielle oder metaphysische Basis als unmittelbar äquivalente Möglichkeit (in welchem Sinne dem klassischen Verständnis wenigstens nicht widersprochen wird, und die ‚metaphysische Basis' meint, Foki, Polen oder polaren Kernen, der existenziellen Konzentration kommt in der direkten Herleitung aus der Energie eine Bedeutung zu, welche die Interpretation des – inzwischen oft blind negierten – Terminus ›metaphysisch‹ reguliert), dann meint auch ›$_{GR}B^{-}$‹, der notwendige Antipode, nicht ein bereits konstituiertes Wir-Bewusstsein, oder wenn, dann nicht derart, dass es das konstitutierte ›$_{I}B^{+}$‹ in seinem Eigensinn einschließt (dies müsste, definitionsgemäß für insb. ›$\cong$‹, den Widerspruch einschließen, da es nicht den Antipoden resp. Gegenpol erfüllen könnte: das konstituierte ›wir‹ meint in *diesem* Fall also ›versus ich außer‹). Wenn es nun darauf ankommt, den Basiszirkuit – als Basispolarität – zu treffen und ›$_{GR}B^{-}$‹ als außerpronominal die Bedingung erfüllt, ›$_{I}B^{+}$‹ aber immer noch das Ich einspielt und es eigentlich jenes Bewusstsein bezeichnen soll, das notwendig, von der Dimension her, einem mehrheitlich konstituierten als einzelnes gegenübertritt, mag nicht ›$_{GR0}B^{+}$‹, was mehrdeutig, da ein ›0‹ bei der Gruppe nicht zugleich signalisiert, dass ein singuläres getroffen, sondern ›$_{SIN}B+$‹ eintreten; wohlgemerkt meint der Index ›$_{SIN-}$‹ sodann nicht, von außen klassifiziert oder aufgenommen (wie gewöhnlich ›singulär‹), sondern scil. in der Dimension: ergo liegt in der Grenzstelle ein Knoten oder Kern, wie verlangt (es liegt Polarität zugrunde), und diesem Kern oder Knoten kommt zu, in sich nicht absolut (mathematisch rein) einzeln zu sein (der einfachen Ziffer = 1 oder ihrer Vielfachen vergleichbar), sondern bereits mindestens ein Segment des direkten (achsenhaltigen) Gegenteils in sich zu enthalten; abgesehen von der *inzidenten* Stelle, welche das manifeste, etablierte Ich – als Perspektive – oder ggf. eine Myriade von Prädikaten entbindet, die alle in diesem Kern (im durchaus klassischen Sinne) wurzeln. (Hiermit sei zugestanden oder als Folgerung vereinnahmt, die klassische Substanz ist, als ›ens‹, an und für sich der Knotenpunkt einer Polarität, welche mit der Energiewurzel – anstatt abstrakt bleibend der *vis* oder *Kraft* – zu erschließen ist. Das Leib-Seele-Problem ist anhängig und entfaltet sich unter keine Umständen nur in der Kausalität oder einfach).

Es möge vorab gelten, die Gleichschwelligkeit – gemäß Differenzialkalkül –, welche jederzeit ermöglicht, in der Spanne ›endlich-unendlich‹ eine gegebene

Größe zu unterschreiten und damit sicher auf den verbindlichen Wert festzulegen (als ob, p.e., der vom Beobachter entgegengesetzte Brennpunkt einer Ellipse ermöglicht, die Kurve mit der Parabel gleichzusetzen, so L.), gilt nicht absolut oder uneingeschränkt, da die implizierte (und fusionierte, nicht e- bzw. illiminierbare) Negation das Gegenteil verlangt, i.e. selbige Kontinuität ist nicht gewährt, sondern, wie stets, es bleibt in jedem Fall eine Restdifferenz zwischen Plus und Minuspol, *gleichgültig an welcher Stelle.* (*Anmerkung.* In diesem Fall liest sich das Antinomienproblem anders. Die Interpretation antizipiert nicht nur den Widerspruch, sondern vor allem die Polarität – respektive Antonymie (s.w.u.) – und weiß sodann, dass in der Klassifikation eine Bruchstelle auftreten muss, reflektiert somit die Vorgabe oder Folgerung der Typentheorie, welche implizit das homogene Kontinuum verweigert – den bruch- und/oder sprunglosen Anschluss Art für Art und Individuum für Individuum für nicht gegeben erklärt – und verlangt, es müsse stets die Klasse in sich abgeschlossen vorgestellt und auf die nächstniedere Stufe angewendet werden, freilich eine Vorsichtsmaßnahme die, sodann, auch mit der Krümmungsvoraussetzung kompatibel ist). Wenn nun, gesetzt, wegen der Differenziation es zwar einen Brennpunkt gibt, in dem die verschiedenen Perspektiven ihre Differenz aufgeben und identisch werden (als ob Ruhe die kleinstunendliche Bewegung, der gewissermaßen leibnitianische Kodex), so selbiges *zugleich* nicht, da der differente Gesichtspunkt ihre Identität, ggf. eines ›wir‹, aufhebt, auf die sich jedes seiner Mitglieder mitsamt der Möglichkeit, die Person zu wechseln, verpflichtet. Ergo ist für die Perspektiven gleichermaßen die Äquivalenzversusbeziehung zu setzen, i.e. jeweils ein ›≅‹, verbunden mit eigentümlicher Peripherie, die irreduzibel das Segment konstituiert, sie sei jeweils rechts-links mit einfachem Strich ›| ≅ |‹. Nun ist hiermit nur die Beschaffenheit (Logik) der Beziehung konstituiert, noch nicht aber die Relata. Freilich ermöglicht auch die Perspektive die vollgültige Polarität, und gemeinhin würde sie in die Antithese 1. versus 3.Person gesetzt. Sie müsste sich aber (allein wegen der Widerspruchsfreiheit, und wiederum ist es nicht erforderlich, Widerspruch und Polarität stets gegeneinander auszuspielen, als ob sie die reine Disjunktion im Sinne der endgültigen Alternative und nicht vielmehr ein Zusammenspiel darstellten, eine stete Komplementarität im höheren Sinne) auch in der Verengung, quasi stretta, auf ›ich‹ versus ›wir‹ zeigen. Wie ist dies möglich? – (selbstredend) über die Identität der Schleife, infolgedessen die Kommutativität, die nicht nur besagt, ein – in der Serie – ursprünglich größeres vermag in die Position des kleineren zu weichen (und umgekehrt), dabei aber die Antipoden, welche die Serie bedingen, erhalten;[147] sondern nunmehr über die personale Repräsentanz bzw. die Perspektive der Person, die damit zwischen (den überwiegend grammatischen Vorgaben) 1, 2 und 3 wechseln kann. Die Personen und ihre Perspektiven kommutieren also, dabei bleibt aber das Gegenzentrum, auf das sie sich zugleich notwendig verpflichten, erhalten (und die Erlebnis- versus Berichtsperspektive sind tatsächlich nicht nur disjunkt, sondern nicht endgültig aufeinander reduzierbar, sie müssen aber dennoch einen gemeinsamen Brennpunkt enthalten[!] bzw., davon abgehoben, die ggf. sogar mehrfache(n) Planebene(n) jenseits der Perspektive, die Mehrdimensionalität des Bewusstseins vorausgesetzt);[148] andernfalls verfiele die Kommunikationsmöglichkeit bzw. würden sich die Perspektiven mehrfach verwerfen und ein, mehr oder weniger, nachhaltiges (geschärftes) Unverständnis erzeugen. Wenn letzteres die Realität der Gesprächssituation oder geradezu den Durchschnitt, die »Durchschnittselle«, der menschlich-gesellig-geschäftlich-gesellschaftlichen Kommunikation darstellt, muss ersteres den Idealfall verkörpern, i.e. eine Gesprächssituation unter mehreren, die tatsächlich verwerfungsfrei die reine (restlose) Kommutativität ihrer Personen gestattet (vielleicht gibt es, sie sei dahingestellt, annähernd den Akt eines Schauspiels, vornehmlich klassischer Provenienz, der ihm über eine kurze Strecke entgegenkommt). So muss es i.Ü. auch die spezifische Mischform geben, i.e. es stehen sich auf der metaphysischen Basis oder Basispolarität – sie ist notwendig, damit überhaupt effektiv von Perspektive zu reden – nicht die eine Person, die redet, versus jener, die als beteiligt zuhört, und der anderen, die beobachtet, gegenüber, sondern in der Person, die zuhört oder beobachtet,

147 In dieser Form wäre etwa Carnaps Relationslehre in der neuen Logik zu ergänzen, wenn nicht zu reformulieren, um mit den Antonymen die echte Polarität offenzuhalten (die wiederum eine andere Negation bedingt); vgl. im Detail unten, u.a. zur sog. Vagheit, abschließende Anm. 1 zu V.7.

148 Gemäß Analyse und Argument Carl Friedrich Gethmanns wider jüngste Behauptungen der Neurowissenschaften gegen die Existenz der Willenfreiheit („Die Erfahrung der Handlungsurheberschaft und die Erkenntnisse der Neurowissenschaften". In Sturma 2006, 215–239, 221, 226). Die Interpretation bzw. Einsetzung der Polarität – als verantwortlich für Irreduzibilität und asymmetrische Falsifizierbarkeit bzw. Revidierbarkeit – bleibt hier offen, sie müsste auch das Verhältnis zum Gruppen- oder Gemeinbewusstsein klären; denn der Handelnde erlebt sich niemals als definitiv isoliert. Die Frage der synaptischen Unterscheidungen ist damit zwar nicht geklärt, aber auch nicht zwingend dahingehend, sie müssten nicht auch unter dieser Voraussetzung wiederauftreten. Für die Nichtreduzierbarkeit wäre in jedem Fall, als Hauptdeterminante, die Negation innerhalb des polaren Verhältnisses verantwortlich zu machen, die auch den Neurowissenschaftler beunruhigen muss.

kommutiert das Gruppenbewusstsein anderer Beobachter und/oder Beteiligter (stets: insgeheim kommunizierender), welches sich – in der (vorausgesetzt) dimensionalen Verkettung und Basisbedingung – an den Ursprung jener bindet, so dass, in der korrekten Bezeichnung (oder indexikalischen Bedeutung) deren Identität zerfällt. (Man will in einer Situation dieserart gewissermaßen nicht als ein ›du‹ angesprochen werden, aber auch ein ›Sie‹, oder ›ihr‹, ein vereinnahmtes ›wir‹ (auf der Gegenseite) erscheinen alle unangemessen und im spezifischen Sinne falsch. Anders besehen darf der Knoten bemüht werden, wenn ihm die logische Faszikel zugesprochen wird). Mithin sei etwa die Situation derart:[149]

(1) „X, demokratischer Präsidentschaftskandidat [$P_K x_i$. $D_p x$] im Wahljahr 1928 [$t_{0(t0-m2)}$], bemerkte einmal [($t_{0(t0-m1)}$). Ex_i]: ‚Das einzige [$Z\gamma_i$], was gegen die Übel [$M\alpha$] der Demokratie [$D\pi$] hilft [$H\gamma_i$], ist mehr Demokratie'.

(i) [›$\exists x\,(t_{0(t0-m1)}).(Ex_i \Rightarrow (P_K x_i\,.\,D_p x)) \Rightarrow (\exists \gamma_i\,\forall \alpha\,\exists \pi\,(Z\gamma_i\,.\,H\gamma_i) \Rightarrow (D\pi\,.\,\neg\,M\alpha) \Rightarrow (Z\gamma_i\,.\,(D\pi_1 \leq D\pi_2 \leq D\pi_n)))$‹].[150]

Unserer Analyse zufolge [$A\delta$] würde man mit dieser Kur [$H\gamma_i$] heutzutage [($t_{0(t0+tn)}$).] jedoch Öl ins Feuer gießen [$S\lambda$ *für ‚übermäßig und ungewollt steigern'*].

149 Entnommen aus: Noam Chomsky. *Requiem für den amerikanischen Traum*. Deutsch München 2017, 46. Die Personen X, Y, Z wurden getilgt (im Original namentlich bezeichnet).

150 Anmerkung: Das Schema vertritt die traditionelle Ausdrucksweise: ›D‹ meint unter ›$D\pi$‹ Zustände der Demokratie, nicht eine bestimmte Nation (vorausgesetzt), ›$P_K x_i$‹ und ›$D_p x$‹ wegen der Systematik, die je ›Kandidat‹ und ›Partei‹ erlaubt als Index zu setzen (abgesehen von x_i, da freilich X als Name aus einer Liste zu entnehmen ist, wie Y und Z). ›Ex_i‹ impliziert selbstredend, um sinnvoll zu sein, dass zum Zeitpunkt ›($t_{0(t0-m1)}$)‹ auch andere Bemerkungen durch andere *x* erfolgten. ›$Z\gamma_i$‹ sei gesetzt als die gew. fokussierte dummy- oder Leer-Funktion, die über ›$H\gamma_i$‹ zu klären ist. – Wohlgemerkt ist mit dieser Ausdrucksweise jegliche Antonymie (Polarität) neutralisiert, die Folgerelation setzt in der Steigerung damit nur eine Graduierung und keinen wartenden – antizipativen – Pol oder Brennpunkt samt Peripherie. ›$t_{0(t0-m2)}$‹ meint bereits unterzeitige Spannen (Intervalle, i.e. in der Dimension, hier gesetz auf ›$t_{0(t0-m2)} = 1928$‹, wenn „einmal" einen späteren Zeitpunkt vor „heutzutage" bezeichnet), damit keine rein externe bzw. externalisierte Zählung in der üblichen linearen Zählung von außen (*scil.*, im Zitat gegeben). Die Symbolisierung entspricht den Formeln unten am Ende von Kap. IV, 1.7, wo ausführlich auf die Symbolisierung unter- versus überzeitiger Verhältnisse im wiederum Verhältnis zur Vor- versus Nachzeitigkeit eingegangen wird.

(ii) [›$\forall\delta\ \exists\gamma\ \forall\lambda\ (t_{0(t0+tn)}).\mathrm{A}\delta \Rightarrow (\mathrm{H}\gamma_{i} \Leftrightarrow (\neg \mathrm{H}\gamma_{i}.\ \mathrm{S}\lambda))\ .\ (\forall\delta \Leftrightarrow {}_{\mathrm{IGr}}\mathrm{B}_{i})$‹,[151] wobei zum weiteren Verständnis anzuhängen, ›$\forall\lambda\exists\alpha\ \mathrm{S}\lambda \Rightarrow \mathrm{M}\alpha$‹, ‚*jede erdenkliche Steigerung bedeutet (als Öl auf den Wogen) ein Übel*'].

Einige Probleme [$\mathrm{Q}\phi$] der Regierungsfähigkeit [$\mathrm{G}x$] in den Vereinigten Staaten [C_i] ergeben sich aus einem ‚Übermaß an Demokratie' [$\mathrm{D}\pi_m \geq (\mathrm{G}x\ .\ \mathrm{D}\pi_{n,\,n\pm 1})$],

(iii) [›$\forall x\ \exists\phi\ \forall\pi\ ((\mathrm{G}x\ .\ \mathrm{C}_i) \Rightarrow \mathrm{Q}\varphi) \Rightarrow (\mathrm{D}\pi_m \geq (\mathrm{G}x\ .\ \mathrm{D}\pi_{n,\,n\pm 1}))$‹][152],

und zwar in eben jenem Sinne, in dem Y [y_i] diesen Ausdruck [$(\mathrm{D}\pi_m \geq (\mathrm{G}x\ .\ \mathrm{D}\pi_{n,\,n\pm 1})$] für die Folgen [$\mathrm{F}\pi_n \Rightarrow (\mathrm{R}\pi_n \Rightarrow \mathrm{D}\pi_n)$] der auch als »Revolution«

(iv) [›$\neg(\mathrm{R}\pi_n \Rightarrow \mathrm{D}\pi_n) \Leftrightarrow \Omega\pi$‹ oder, quasi nachklassisch, ›$\|\ (\mathrm{R}\pi_n \Rightarrow \mathrm{D}\pi_n) \cong \Omega\pi\ \|$‹] bezeichneten Reformen [$\mathrm{R}\pi_n \Rightarrow \mathrm{D}\pi_n$] unter Z [$\mathrm{P}x_{ii}\ .\ \mathrm{C}_i$] verwendete

(v) [›$\exists y_i\ \forall\pi\ \exists x_{ii}\ (\mathrm{E}y_i \Rightarrow ((\mathrm{D}\pi_m \geq (\mathrm{G}x\ .\ \mathrm{D}\pi_{n,\,n\pm 1})) \Leftrightarrow [(\mathrm{F}\pi_n \Rightarrow (\mathrm{R}\pi_n \Rightarrow \mathrm{D}\pi_n)) \Leftrightarrow (\neg(\mathrm{R}\pi_n \Rightarrow \mathrm{D}\pi_n) \Leftrightarrow \Omega\pi) \Leftarrow (\mathrm{P}x_{ii}\ .\ \mathrm{C}_i)])$‹],[153]

die seiner Meinung nach dazu beitrugen, das Land in den Bürgerkrieg [$\Psi\pi$] zu stürzen

(vi) [›$\exists y_i\ \forall\pi\ (\mathrm{E}y_i \Rightarrow (\mathrm{R}\pi_n \Rightarrow \mathrm{D}\pi_n)\ .\ \mathrm{C}_i \Leftrightarrow\ \leq \Psi\pi)$].

Was stattdessen nottut [$\mathrm{H}\gamma_m \leq \mathrm{H}\gamma_{n,\,n\pm 1}$], ist eine maßvollere Demokratie

---

151 Dies entspreche erneut der traditionellen Ausdrucksweise, ausgenommen die Schlussklausel, die besagt ‚alle der Menge δ zugehörige Elemente sind einem spezifischen, per Index zu kennzeichnenden Gruppenbewusstsein in der ersten Person gleichzusetzen' (die Verfasser der Analyse bzw. Hauptansicht, soviel wie ‚alle Elemente unserer Analyse', oder ‚alles an unserer Analyse'). Die Funktion ›Kur‹ ist erneut gesetzt für ›Hilfe‹, nunmehr mit spezifischem Index, an denselben Elementen *γ*, bzgl. der Zeitangabe wie zuvor, die Zeitangabe tritt mit einfachem Punkt vor den logischen Term.

152 C_i ist das Land C_i, der Index ist demnach aus einer Liste zu entnehmen, i.e. = ›USA‹. ›G‹ meine als ›Gouvernance‹ das einstellig interpretierte Regieren und die Regierungsfähigkeit ineins, betrifft also die Elemente *x*. ›$\mathrm{D}\pi_m$‹ (der Zustand der Demokratie) ist insgesamt größer als ›$\mathrm{D}\pi_{n,\,n\pm 1}$‹ (ihre jeweilige Aufreihung, in jedem Fall der Möglichkeit nach gleichschwellig ansetzend).

153 Der Ausdruck wie zuvor, Z ist als Präsident wie X einer Liste zu entnehmen, mithin indexikalisiert ›P_{ii}‹; Y_i ist ein nicht weiter charakterisierter Eigenname; ›bemerken‹ und ›einen Ausdruck verwenden‹ sind hier unter eine Funktion genommen (›_E_‹), die zweite Stelle wird als Implikation ausgedrückt, entsprechend dem Problem der Wahrheitstheorie, jemand urteilt, ›dass *p*‹: in der Urteilsfunktion liegt keine einfache zweistellige Relation vor (›$\exists x\ \mathrm{U}x\ .\ p$‹ bedingt demnach gleicherweise wie zuvor, den Sachverhalt von *p* logisch zu implizieren).

(vii) [›$\forall\delta\,\exists\gamma\,\forall\pi\,A\delta \Rightarrow ((H\gamma_{m} \leq H\gamma_{n,\,n\pm1}) \Rightarrow \neg(D\pi_{m} \geq (Gx\,.\,D\pi_{n,\,n\pm1})))$]“.[154]

Der (aufgeschlüsselte) Ausdruck (1) sei nachfolgend übersetzt in die vorangestellten Bedingungen: Anzeige von Polarität und Peripherie (abgesehen einmalig in (iv)), die Äquivalenzversusrelation sowie die anhängigen Perspektiven (ein Kommentar folgt danach und zur Erläuterung in Klammern). Es gelte: alle aufgeführten Personen repräsentieren eine echte Perspektive im Sinne der fundamentalen Divergenz zwischen Individual- und Gruppenbewusstsein, sodann:

(viii) ›$||\,\exists x\,(t_{0(t0\,-\,m1)}).(Ex_{i} \Rightarrow (P_{K}x_{i}\,.\,D_{P}x)) \cong ((t_{0(t0\,+\,tn)}).\forall\delta \Leftrightarrow {}_{IGr}B_{i})\,||_{1}$‹, die Hauptpolarisation zwischen X und der Wir-Analysegruppe;

(ix) ›$||\,\exists y_{i}\,(Ey_{i} \Rightarrow ((D\pi_{m} \geq (Gx\,.\,D\pi_{n,\,n\pm1})) \cong \exists x_{ii}\,(Px_{ii}\,.\,C_{i})\,||_{2}$‹, die Nebenpolarität zwischen Y und Z. Es gelte, ›$||_{1}$‹ und ›$||_{2}$‹ ist jeweils geschlossen, da sie die offene (nicht spezifizierte) Kommutation regieren; wenn umgekehrt jeder Fokus (›$|_{1,\,2\ldots n}$‹) eine kommutierte (und weiterhin kommutierbare) Sphäre, entweder plus oder minus und mit wechselndem Wert, voraussetzt, um sich darin niederzulassen. (Fokus und Polinstanz können koinzidieren, Foki bilden sich ansonsten auf der Achse und/oder in ihrer Peripherie, letztere freilich von besonderem Interesse: Foki, Kommutation und Polar – Polinstanz – sind unmittelbar Folge des Energiefeldes, es lässt sich demnach in diesem Sinne wahrnehmen und interpretieren, die hergebrachte subjektive Dissoziation, als ob es ein absolut und stets einzelnes, sich instantan in diesem Sinne vereinzelndes Bewusstsein gäbe, ist infolgedessen, wie durchgehend und hier noch einmal betont, unmöglich und/oder theoretischer Schein (um nicht zu sagen bestimmte Illusion): das Bewusstsein ist, gewissermaßen, in sich eingelassen, endlos und ohne Seinssprung (i.e. Hiatus),[155] gleichwohl mit unendlicher Scherung; damit seine eigentliche Existenz in der unmittelbaren Krümmung (der Energieentfaltung), die Personen sind seine Knotenpunkte und unmittelbar die Urheber der Perspektive, letztere als Situation zuunterst oder bedingend nach dem Verhältnis Einzel- versus Gruppenbewusstsein – es muss stets getroffen oder erfüllt

154 ›Nottun‹ ist interpretiert als der Menge der Hilfsmaßnahmen (H) zugeordnet, Über- und Untermaß stets gleichbleibend durch einen Zustand außer der Reihe symbolisiert, seine Negation daher Ausdruck der Balance oder quasi Mittellage (‚maßvoll[er]'); ›$H\gamma_{m} \leq H\gamma_{n,\,n\pm1}$‹ ist demnach so zu verstehen, dass nicht eine weitere, sondern eine Minderung der Hilfsmaßnahmen geboten, und ›$H\gamma_{m}$‹ liegt unter dem Niveau rechts, wenn ›$D\pi_{m} \geq (Gx\,.\,D\pi_{n,\,n\pm1}$‹ insgesamt als die Hilfsmaßnahmen ›$H\gamma_{n,\,n\pm1}$‹ zu werten sind.

155 Falls das logische Bedürfnis besteht, die Distinktion liegt nicht im Gebiet der Antonymie ± Gesundheit, sondern erst des robotisierten oder quasi technischen Bewusstseins (etwa: Roboter in der Lebens- oder Arbeitssphäre).

sein –, danach gemäß allen Vorstellungsinhalten oder Sachlagen). (viii) und (ix) sind als jeweils entgegengesetzte Perspektiven (der umgangssprachliche Ausdruck ›entgegengesetzt‹ oder ›Gegensatz‹, für den eine Faszikel von präzisen und differenten Bedeutungen existiert, hiermit im vorherigen Sinne verstanden) von X gegenüber der Wir-Analysegruppe und von Y, dem Kommmentator, versus Z, dem anderen Präsidenten, die Repräsentanten des hier thematischen und überall basalen Bewusstseins, i.e. des in der Energie verhafteten oder damit unmittelbar und unablösbar kongruenten. Keine Perspektive ist daher eine bloße Meinungsäußerung oder gar Reflexion, als welche sie sich nur fälschlich und mit scheinhafter Prätention ebenselbige Willkür der (ggf. endlosen) Abhebung nimmt (und gegenseitig anhält), um stattdessen notwendig eine bestimmte Lage im Basisbewusstsein einzunehmen und einzuhalten.[156] Da diese Basis (wie in der Klammer erläutert) dimensional, erklärt sich die Entfaltung des Gegensatzes als, in der Hauptsache, primär und ohne Beigabe eines neutralisierenden – im Kern stets reflektierenden (und in diesem Sinne *obliquen*) – Impulses, polar. (Wie sehr der gesellschaftliche Verkehr, die Generation und ihre Konvention diesen Impuls verinnerlicht haben, möge seine interpretative Substanz nicht beeinflussen – *recte* ist nachfolgende anzusetzen). Die dimensionale Basis kann mithin auch dadurch auseinanderfallen, dass je ein Singulärknoten – als Einzelbewusstsein – einem anderen Singulärknoten – und dasselbe – gegenübersteht. (Es muss, wenn die dimensionale Basis zu erreichen – und niemals im eigentlichen Sinne aufzuheben – ist, der durchaus konträre Impuls auf der anderen Seite somit nicht notwendig eine bestimmte Form des Gruppenbewusstseins einnehmen, das gleichwohl auf keinen Fall wegfällt, sondern in die Peripherie weicht, auch das Singulärbewusstsein kann sich polar entfalten (und ist somit im strengen Sinne nicht singulär, wie ohnehin)). Anders besehen, gesetzt es gilt, die Quantifikation unmittelbar in das Bewusstsein einzutragen, dann muss, um seine Polarität (aus der Energiebasis, damit in allen Vorstellungen) zu erkennen, nicht schon und nur das (altbekannte, in dieser Beziehung einschlägige) Verhältnis ›einer-viele‹ (o.ä., insb. Minder-, Mehrheit) eintreten (das, wohlgemerkt und wie auf diesem Hintergrund deutlich wird, in

156 Eine Annäherung, den Meinungsherd nicht anzunehmen resp. sich ihm nicht unterzuordnen, befindet sich, abgesehen von der Konsensustheorie, im Gebiet der Wahrheitstheorie, sobald die sog. interpersonale Verifizierung dingfest zu machen ist (s.a. w.u. Wilhelm Kamlah & Paul Lorenzen. „Wahrheit und Wirklichkeit. »Wahr« und »falsch« (die interpersonale Verifizierung). In: Skirbekk 1977, 483–495, 484 (entnommen aus: *Logische Propädeutik. Vorschule des vernünftigen Redens*. Mannheim 1973, 117–128).

der einschlägigen Kategorienlehre bis hinein in die moderne Logik, ausgehend vom und kulminierend im Antinomienproblem, nur eine – maßgeblich und intentional endgültig – neutralisierende Interpretation erfahren hat).

Gemäß zweitem Hauptgesichtspunkt sind nicht nur die beiden Hauptpolaritäten miteinander kompatibel und ggf. ineinander einzubetten, sondern auch alle übrigen sachhaltigen. Die Materie polarisiert offenkundig, i.e. beruht auf Polaritäten, und zwar: wenn

(x) ›$(D\pi \,.\, \neg\, M\alpha)$‹ eigentlich bedeutet ›$|\ D\pi \cong M\alpha\ |$‹, die Demokratiezustände polarisieren gegenüber der Menge ihrer Übel, Kern der Aussage (i), und

(xi) ›$(Z\gamma_i \,.\, (D\pi_1 \leq D\pi_2 \leq D\pi_n))$‹ meint, die Steigerung bedingt die Polarität zwischen ›Übermaß‹, ›Unmaß‹, und, gesetzt (da hier nicht benannt oder latent), ›Stillstand‹ resp. ›Stagnation‹, ergo ›$|\ (D\pi_1 \leq D\pi_2 \leq D\pi_n) \vee D\pi_{n,\, n\pm1} \cong D\pi_m\ |$‹, ›$D\pi_m$‹ das polarisierte (manifeste) Übermaß, weiterhin insb. gelten

(xii) ›$||\ (D\pi_1 \leq D\pi_2 \leq D\pi_n) \vee D\pi_{n,\, n\pm1} \cong D\pi_m\ ||\ \cong\ ||\ (R\pi_n \Rightarrow D\pi_n) \cong \Omega\pi\ ||$‹; und

(xiii) ›$||\ (R\pi_n \Rightarrow D\pi_n) \cong \Psi\pi\ ||$‹.

An dieser Stelle ist Interpretation vonnöten, ob wegen der gemeinsamen Links- oder Minussphäre auch

(xiv) ›$||\ (R\pi_n \Rightarrow D\pi_n) \cong \Omega\pi \vee \Psi\pi\ ||$‹ in (xii).

Selbiger Ausdruck besagt, die – ohnehin bereits mit dem Übermaß polarisierenden – Reformen der Demokratiezustände wirken sich in jedem Fall polarisierend dahingegend aus, dass im Gegenpol die Revolution oder der Bürgerkrieg in Erscheinung tritt. Die Alternative, die eines von beiden oder beides zugleich verlangt, setzt aber auch für den Fall einer friedlichen Revolution (gesetzt es gibt solche) denselben Horizont mit dem Bürgerkrieg, und umgekehrt, Bürgerkrieg jedoch keine Revolution. Daher liegt die getrennte Polarität näher, ergo (xii) versus (xiii), insb. für den ersteren Fall, die Revolution steigert sich ohne Bürgerkrieg (dies war Annahme der deutschen Wiedervereinigung um 1989, sicher aber nicht, etwa, die Abschaffung der Sklaverei in Amerika im 19. Jahrhundert). Nun bleibt zuletzt noch der Korpus ‚Hilfsmaßnahme' zu klären. Offensichtlich liegt er im ‚Ansteckungsbereich' der Basispolaritäten – generell vermutlich der Hauptgrund, dass sich in der Ägide der rationalen Argumentation der einzige Befreiungs-, Neutralisierungs- oder Immunisierungsimpuls durchsetzt –, denn auch der Hauptschluss (vii) der Analysegruppe (welche für (1) verantwortlich ist) setzt sie ja gerade voraus, um das (altbekannte, bereits antik-aristotelische, sich allerdings in seiner Bewährung(sprobe) kaum durchsetzende) Argument der Maßhaltung vorzubringen. Mithin liegt in (vii) die nächste – und eigentlich hauptsächlich fokussierende – Polarität, sprachlich die Beziehung zwischen „Übermaß" und „nottun", und eine noch ungenaue Charakterisierung, wie sich sogleich aufgrund der Einbettung zeigen wird

(xv) ›$(H\gamma_{m} \leq H\gamma_{n,\,n\pm1}) \cong (D\pi_{m} \geq (Gx\,.\,D\pi_{n,\,n\pm1}))$‹,

die in die Haupthorizonte (xii) und (xiii) einzusetzen ist bzw. in diesem wirksam wird:

(xvi) ›$||\ (D\pi_{1} \leq D\pi_{2} \leq D\pi_{n}) \vee D\pi_{n,\,n\pm1} \cong (D\pi_{m} \geq (Gx\,.\,D\pi_{n,\,n\pm1}))\ || \cong |\ H\gamma_{m} \leq H\gamma_{n,\,n\pm1})\ | \cong ||\ (R\pi_{n} \Rightarrow D\pi_{n}) \cong \Omega\pi\ || \vee ||\ (R\pi_{n} \Rightarrow D\pi_{n}) \cong \Psi\pi\ ||$‹.

(xvi) wertet ›$|\ (H\gamma_{m} \leq H\gamma_{n,\,n\pm1})\ |$‹, da der Antipode (das „Übermaß") aus (xv) im Horizont der Basispolarität aufgeht, als den verbleibenden Hauptfokus über resp. in allen Peripherien bzw. Horizonten („Reform" versus „Revolution" oder/und „Bürgerkrieg"), mithin quasi Zentrum (auf die Verwechslungsgefahr sei hingewiesen; denn immerhin könnte selbiges ja auch infrage stehen, wenn Polaritäten, noch dazu verschachtelte, sich auswirken). Wie ersichtlich, liegt – wegen beiderseitig ›$\cong$‹ – seine Auswirkung oder logische Operabilität in keinem Fall in der Region eines (logisch) garantierten ›.‹ (und), ›$\vee$‹ (oder) bzw. insb. ›$\Rightarrow$‹ (Implikation), da sich in der Beziehung eine wirksame Negation niederlässt oder damit *stetig fusioniert* (wie notwendig, wenn die Basisbeziehung in der Polarität anzusetzen). Dies meint keine Vagheit oder Ambivalenz (im schlechten Sinne), da aus (xvi) deutlich wird: wenn ›$H\gamma_{m}$‹ hinreichend zunimmt oder positiv wird, sollte auch (a) ›$D\pi_{m}$‹ abnehmen bzw. die Regierungsfähigkeit ›$(Gx\,.\,D\pi_{n,\,n\pm1})$‹, an irgend x gemessen, nicht mehr überragen und (b) den Horizonten rechts die Möglichkeit nehmen, dass entweder ›$\Omega\pi$‹ oder ›$\Psi\pi$‹. Dies verlangt allerdings (und offensichtlich das intellektuelle Spannstück oder Rätsel), das weder ›H‹, das Hilfsmittel, mit einer Reform identisch, noch irgend ›π‹, als Zustand der Demokratie, mit irgend ›γ‹ als Element dieser Maßnahmen oder Funktion.

Kommentar

Beiderlei, das Zentrum und das Hilfsmittel, verweisen auf ein scheinbares Gleichgewicht und eine Kernambiguität (sie ist strukturell, quasi analytisch, und nicht etwa eine Folge mangelnder Klarheit oder Auflösung), jenes, das mit dem „Maßvollen" kooperiert oder darin aufgeht (und ausdrücklich jenseits von Über-, Un- und Maßlosigkeit anzusetzen). Wenn sich ein oder mehrere Gegensätze gegenüberstehen, kommt die Frage des Gleichgewichts oder der Balance auf. (Sie sei rechtens von der Sache her nicht mit dem Geistig-Begrifflichen, wie stets, gleichgesetzt: ein Gleichgewicht unter Merkmalen, noch dazu Umfängen eines Begriffs, ist etwas anderes als ebensolches in der Sache, physikalisch, haushaltstechnisch oder wie auch immer). Kommt aber – zunächst – einem Ding ein Prädikat F zu oder nicht, und noch dazu einer Aussage ›*Fx*‹ das Prädikat ›wahr‹, nämlich genau dann wenn ›*Fx*‹, mithin ein zweites Zukommen oder nicht im, sozusagen, ersten, dann hat die abendländische Entwicklung sich stets entschieden, das Pendel rigide zu stellen, ergo stets nur eine Sphäre entscheiden zu lassen – wie das ›oder nicht‹ signalisiert;[157] wegen der Rigidität oder Starrstellung, die auch die moderne Logik überaus charakterisiert, impliziert das Gegenteil stets das Gegenteil nach dem zweiten Zukommen (Widerspruch und ausgeschlossener Dritter). Wenigstens aber, was oft übersehen, bezeichnet das ›oder nicht‹ einen intellektuellen Zwang, der nicht frei steht, der Gegensatz muss mitbedacht sein (!), er steht, im Bilde, »bei Fuß«, ist die Gegenschüssel der Waage oder, noch strenger (und nicht mehr Frege), Bestandteil des Gedankens – seine Domäne, Sphäre, die unabdingbare Voraussetzung seiner Materie schlechthin (auf seiten des Bewusstseins), in der er sich konzentrieren muss. Nun liegen diese Verhältnisse – im, gesetzt, Pendel – aber oft nicht in dieser einzigen, entblößten Alternative (die wegen ihrer Rigidität oder wenigstens Anmutung der verbrieften Schlussstelle den Gedanken hat aufkommen lassen, das Mitbedenken sei ebenso überflüssig wie das Explizieren oder Äußern des zweiten Zukommens). Der Sachverhalt (1), der das Pendel verlangt, ist überdeutlich bereits in der (Sechser-)»Rolle« der aristotelischen Polis enthalten, i.e. die Gegensätze alternieren zwar eindeutig und distinkt, sie gehen aber ebenso eindeutig ineinander über (als ob im Kern das Werk einer Helix). Hier wurzelt die erwähnte Ambiguität. Das begriffliche sog. ›Zentrum‹, das sich in den zumeist binären – oder polaren – Gegensatz entfaltet (und keineswegs einfachhin *dialektisch* in einem höheren Begriff aufhebt), ist, als eigentlich Achse, scil. kein Gleichgewicht. Auch ist ein Gleichgewicht zwischen echten Antonymen nicht möglich, i.e. ein Unding oder geradewegs unmöglich, so dass stets – im Fall von Ausgleich, Indifferenz oder scheinbarer Mittenlage, Homöostase – das intellektuelle Wagnis oder die geistige Forderung auf den Plan tritt, auch jetzt noch,

157 Ein Exempel: „Ob der Prädikator ‚wahr' der Aussage ‚Werner ist verreist' zukommt oder nicht, hängt davon ab, ob der Prädikator ‚verreist' dem besprochenen Gegenstand zukommt oder nicht" (Wilhelm Kamlah & Paul Lorenzen. „Wahrheit und Wirklichkeit. »Wahr« und »falsch« (die interpersonale Verifizierung). In: Skirbekk 1977, 483–495, 484 (entnommen aus: *Logische Propädeutik. Vorschule des vernünftigen Redens*. Mannheim 1973, 117–128).

wenn nicht gerade jetzt, die Differenz zur einen oder anderen Seite zu ermitteln und namhaft zu macht (was, unter Umständen, wie aus der Morallehre wohlbekannt, keine geringe Schwierigkeit verkörpert – sie muss ja dem, der nur die Locke (Lore) oder den kaum merklichen Schlitz am stets in abgewendeter Perspektive gehaltenen Ohr trägt, nachweisen, sie resp. er entstammt der Ägide des Übels oder schlimmer, des Teufels, wiederum gesetzt, die Gegensätze bewegen sich noch in der hergebrachten vollumfänglichen Begrifflichkeit, die eine Entlassung der letzten Messgründe nicht gestattet; und die Spiritualität, welche letztere nicht auslässt, sei noch stets appliziert, i.e. aufgehalten und ggf. kanonisiert, da es dem Menschlichen nicht zukommen darf, es, als human oder insb. *nicht*, letzteres ein Dauerzustand im Gesellschaftlichen und angesichts des Umgangs mit einem seiner kostbarsten Geschenke seitens der sog. Natur, eben des Bewusstseins *im Schisma*, das lebendig ebenso animalisiert, quasi verstofflicht, wie vererbt, sei die absolute Spitze oder der Letztrang der Vorstellung, ihre, an der Kernenergie bemessen, ganze Hüll[kurv]e). Nun meint das Pendel im Widerspruchsfall oder doppeltem Zukommen offenbar die Entscheidung aus der Ruhelage des Gewichts, welche sofort, bei der leisesten Kehrtwendung, das Gegenteil mitentscheiden lässt. Bewegt es sich aber in die Sphäre und soll selbiges Kriterium der womöglich leisesten Distanz resp. Annäherung noch immer gelten, erkennt man sofort das Debakel. Zwar meint ein ›nicht‹ jetzt noch immer Differenz (völlig eindeutig), aber unmöglich in gesicherter Position auf der je hiesigen *und* (geradewegs implizierten) Gegenseite. Ein zweites ›¬‹ vermehrt folgerichtig die ohnehin wirksam gewordene Fusion und lässt wenigstens keinen Rückschlag auf den Ursprungsort zu (gleichgültig ob intuitionistisch, konstruktiv oder anderweitig gewertet). Also folgt, besteht überdies selbiges Debakel in einer Verkettung gleichartig möglicher und/oder tatsächlicher Pendel, eben einer verketteten Polarität, der stete Zwang, die Extremitäten vorauszuberechnen, wo und wie sie sich verweben (überschneiden), und ob und wann ggf. der Umschlag erfolgt resp. sich anmeldet: die Weisheit besteht darin, am Umschlag (wie beim völligen – orthogonalen – Kontracomes, dem Widerspruch) festzuhalten, i.e. die Steigerung wähnt sich im Umkreis des Extrems und Eindeutigen, weiß aber nunmehr, das gegenteilige meldet sich an und *wird* kommen (eine wohlbewährte Wahrheit also wird in der dritten, vierten Nachfolgegeneration umgestoßen, eventuell entpuppt sich der gerechte Herrscher als nicht, das überaus geschätzte Kunstwerk – verliert seine Strahlkraft). – Selbige Situation ist auch der Ökonomie und dem eigenen Fach nicht unbekannt, was in aller Kürze zwecks Veranschaulichung angeschlossen. (a) Thomas Piketty entwirft das Leitgesetz des nationalen Kapital-Einkommens-Verhältnisses als

›$\beta = s/g$‹ (*s* die Sparrate, *g* das Wachstum des Nationaleinkommens). Hierbei gilt, „es stellt einen Gleichgewichtszustand dar, zu dem eine Volkswirtschaft strebt, die mit der Quote *s* spart und mit der Rate *g* wächst, aber dieser Gleichgewichtszustand wird in der Praxis niemals vollständig erreicht".[158] Wie sollte eine Volksökonomie aus internen Bedingungen (nicht etwa im internationalen Verhältnis resp. seiner ± Konkurrenz)[159] einen Gleichgewichtszustand erreichen? Noch dazu, wenn man (mit einer gewissen Vergröberung) bedenkt, die eklatante Ungleichheit (zwischen ± Kapitaleignern) ist Vorgabe und Endresultat dieser Abhandlung, also wenigstens *theoretisches* Maßsoll, das nachweist, die Extremität – oder das Maßhalten, gesetzt es gilt der ± Schere zwischen den Kapitaleignern entgegenzutreten – ist historisch kontinuierliches Faktum vs. Fiktion, ± gegeben, -/+ kontrafaktisch (stets vorausgesetzt, es meint nicht die politische Zwangsverordnung). P. weist nach, dass sich über ausdrücklich längere Zeiträume, mindestens Dezennien, ein Pegelzustand herstellt, bei dem das Gesetz seine Wirksamkeit offenbart, und zwar über verschiedene Nationen hinweg. Dieser Pegelzustand meint daher letztlich, mit welcher Sparrate lässt sich der Kapitalstock (als Bestandteil des Kapital-Einkommens-Verhältnisses) halten, wenn das Nationaleinkommen mit einer bestimmten Rate wächst, und freilich ist das Halten von Kapital eine ungemeine Frage der Intuition – erstaunlich nur, dass sie sich über ein Kollektiv, eine ganze Schicht ausbreitet, noch dazu im internationalen Verbund (seit den 1970-er Jahren bis ca. 2010). Unvoreingenommen darf die Antwort auf der hiesigen Seite vereinnahmt werden, i.e. das Kapital arbeitet im Gruppenbewusstsein, und zwar dezidiert, verschachtelt und durch Riten gebunden, so dass auch von dieser Seite die ökonomische Erscheinung nicht (mehr) verwundern muss. Gleichwohl gilt, das Gesetz ist „ein asymptotisches, das heißt ein Gesetz, das nur langfristig gilt".[160] Wo liegt dann der definitive Pol der getroffenen Hyperbel, und wo sein Gegenpol? Wäre ihre Beziehung eine th. Schimäre, dürften die „Zauberkräfte" zurückkehren,[161] die P. in durchgehend nüchterner Berufung auf langfristige Reihen – und $\beta = s/g$ – befriedigt. Stattdessen gilt sodann, sie liegt, bei der

158 Thomas Piketty. *Das Kapital im 21. Jahrhundert*, München 2014, 223.

159 Hier ergeben sich im selben Vergleichszeitraum eventuell zusätzlich erhebliche Differenzen (Piketty 2014, 255: „Hier genügt der Hinweis, dass die Logik des Gesetzes $\beta = s/g$ zu sehr großen internationalen Ungleichgewichten bei der Vermögensposition führen kann, [...]").

160 Piketty 2014, 222.

161 „Welche Zauberkräfte bewirken, dass der Wert des Kapitals in einer bestimmten Gesellschaft sechs oder sieben Mal so hoch ist wie das jährliche Nationaleinkommen

betroffenen, also wirklichen (und statistisch erwiesenen) Hyperbel im Akkumulationswillen der Kapitaleigner einer- bzw. der nationalen »Vernunft« andererseits, gesetzt, sie darf als Macht- und Regierungsprinzip derart angesprochen werden, den Kapitaleignern dieses Bestrebung zu gewährleisten und als faktische Leistung vorzuhalten. (Der Nachweis ergibt sich, etwa, im Verhalten der öffentlichen Staatsvermögen 1970–2010 – Privatisierung –, die der privaten Sparrate einen erheblichen Anstieg im Verhältnis zum Nationaleinkommen ermöglichte, zugleich – hier der Belang – bei Akzeptanz eines mehr oder weniger konstanten öffentlichen Defizits.[162] Es sei i.Ü. eingeschlossen, der theoretische Gegenpol ist nicht geschichtsträchtig und bleibt theoretisch, als die Menschheit zu keiner Zeit auf diesen Akkumulationswillen, der sich sofort konzentriert, verzichtet hat).[163] So ergibt sich zumindest, wiederum auch im Verhältnis zu (1), das Gleichgewicht ist keine Widerspruchsägide (sondern nur scheinbar, i.e. Grenzen sind aktiv) und kann, wie die Reformdemokratie (die der Mehrheit oder Masse, ggf. aber auch einer pekuniären Minderheit, immer mehr Rechte und/oder Vorteile einräumen will), kollabieren, i.e. auf die intrinsische Negation stoßen (und den Maßhalteappell evozieren): Pegelweisheit ist, in diesem Sinne, unbedingte Weisheit und keine Wahrheit. – (b) Der Zweitfall meint das Kürzel HPC (homeostatic property cluster), das von Richard Boyd vertreten wird.[164] Er wurde bereits oben bei dem Gleichgewicht unter den Begriffsmerkmalen angesprochen, das stets von dem materiellen oder sachhaltigen zu unterscheiden. Sobald man hier ein Gleichgewicht ansetzt, insb. im Verhältnis zu den natürlichen Arten (*natural kinds*) und in der gesuchten bzw. geforderten Stringenz untereinander, noch dazu unter der Bedingung, den Grenzen wird eine Schwebung (oder ausdrücklich „Vagheit") zugestanden, sollte unfraglich sein, dass der Geist resp. Verstand (i.e. alle Verstandeskräfte) unter die Linse kehrt und einen Brennpunkt schafft. „Disciplinary practices in matrices in which complex phenomena are studied often take advantage of (imperfectly) homeostatically united clusters of properties in order to explain explanatorily/

und nicht drei oder vier Mal? Gibt es für das Kapital-Einkommens-Verhältnis einen Gleichgewichtszustand […]" (Piketty 2014, 219).

162 Vgl. Piketty 2014, 243–247, insb. 245, in manchen Fällen verwandelt sich die Latenz der Beziehung (Italien) in Eklatanz.

163 Letzteres entspricht der Ansicht Pikettys (2014, 282–283).

164 U.a., mit zahlreichen weiteren Literaturangaben, Richard Boyd. „Truth through Thick and Thin." In: Richard Schantz (ed.). *What is Truth?* Berlin-New York 2002, 38–59.

inductively relevant kinds".[165] Man fühlt sich, zuallermindest, erinnert an die Horizonte der Veranschaulichung der Begriffspyramide bei Kant (A658-9/B686-7), wo gleichermaßen (im strengen Sinne) gelten muss, diese Horizonte explizieren ihren begrifflichen Brennpunkt als eigentliches Projektionszentrum (wenn nicht wandelnden – variablen – Fluchtpunkt). Scil., schon Kant wollte sich auf diese Systematik nicht einlassen, obgleich er sie impliziert, jedenfalls für intuitiv sofort zugänglich hält, da er auf diese Veranschaulichung ausweicht oder zurückgreift (offensichtlich müsste – und muss – er dem Verstand als Terminus der Verstandeskräfte ein *von Natur her* operatives projektives Vermögen zusprechen). Wenn es nun gestattet ist, dem Umfang einer Begriffsfamilie (es handelt sich nicht nur um einen einzigen oder zwei) als Artbegriff eine unbestimmte Grenze zuzuschreiben (B. ausdrücklich), dann sollte aber wenigstens das Begriffszentrum, das die Zuordnung reguliert, bestimmt oder in diesem Sinne bedingungslos definit sein (denn andernfalls verwandelt sich die gesamte oder partielle Begriffsverzweigung, i.e. Matrix, in eine Schwebung insgesamt, falls Gleichmäßigkeiten der Verschiebung, oder geradewegs Schwammigkeit, wenn nicht, mithin die Vorherrschaft der indefiniten Grenze überhaupt. B. sieht hier vorrangig die soziale Konvention im Rahmen einer Disziplin wirksam, was nicht in blanke Abrede zu stellen, das begriffliche Erfordernis konzentriert sich aber zunächst darauf, wieviel Funktion *an sich* kommt den Zentren im Cluster zu: wieviel nimmt M_i, konkret unter der Lupe, versus $M_{i1,2,..n}/M_{i1,2,..m}$ nach rechts oder links, resp. $M_i^{\pm 1,2,..n/m}$).[166] Demnach muss gelten, dieses Begriffszentrum bedingt (i) die Zuordnung der Merkmale unter seiner Dominanz, (ii) die *komplementär und zugleich* wirksame Abhebung von selbiger Funktion unter den Nebenarten oder Begriffszentren, die entsprechende Foki auf, eventuell und insb., derselben logischen Ebene schaffen. Nun bewegt man sich, ein wenig theoretisierend, offenbar in einer Situation, in der – vom ursprünglichen Merkmal der Typentheorie her, welche verlangt, man darf (wegen Umgehung der wartenden Antinomie, welche sich bei Selbstbezüglichkeit in der Fusion von Element und Menge ausdrückt, wie es sofort heißen möge) stets nur von *n*

165 Boyd 2002, 54.

166 Hiermit sei, in symbolischer Abkürzung, gemeint: im Cluster fokussiert (notwendig) ein Begriffsbaum (Matrix), die Stelle M_i ein Knoten; weiterhin jedoch derart, dass sich die Verzweigung zugleich nach plus und minus wenden muss, worin die spezifischen Negationen wirksam werden. Die Versusbeziehung geht, wie sofort einleuchtet, nicht in den gängigen Operationen auf (›oder‹, ›und‹, ›eingeschlossen‹). Sie wird generell, wenn Negation, an dieser Stelle mit der Äquivalenz als ›$\cong$‹ gebunden.

nach *n-1* absteigen und hierarchisieren (die Indices gehören an den Funktionsbegriff) – nunmehr kraft Homöostase gestattet ist, das Pendel durch mehrere Ebenen zugleich durchzuschlagen. (B. allerdings erläutert stets nur an F_1 und F_2 gegenüber k_1 und k_2 mit der Möglichkeit, dass sich k_2 definit über die Zeit ablöst und nicht mehr die partielle – vage resp. unentscheidbare Zuschlagbarkeit zu k_1 unter F_1 gestattet: es bildet sich ein neuer Begriffskern oder Fokus). Diese Vorsichtsmaßnahme war anderwärts eklatanter Reflex der Abkehr vom homogenen Kontinuum – die Logik rezipiert die Entwicklung der Naturwissenschaften in genau diesem Sinne (auch wenn seine Interpreten von Russell über Frege, Carnap und Quine) diesen Reflex nicht direkt namhaft machen (da sie sich, insb. Quine, darauf beschränken, wenn nicht kaprizieren, gegenüber der Klasse den nominalistischen Vorbehalt zu purgieren). Es scheint überaus sinnvoll, die Beschränkung (die sich historisch im Umkreis bereits abzeichnete)[167] genau deshalb vorzuhalten, weil selbstredend die Gattungs- und Artenlehre überholt, mithin der Begriffsbaum, i.e. die Matrix resp. ihre Pluralität, sich hier nicht mehr unterzubringen vermag, wenn aber über die Funktion, dann *ohne Antizipation* der gesetzmäßigen Homogenität (die etwa Leibniz mit geradezu theoretischer Inbrunst vertreten hat, als ob sich ‚immer' – stetig – die Zwischenart zeigt, sobald eine Lücke nur aufkommen mag). Der Sprung aber muss eintreten, wenn selbige Funktionsmatrix von der Polarität (oder Krümmung) beherrscht wird, denn gesetzt, der Begriff an höherer Stelle subsumiert seinen echten Gegenpol, gleichgültig in welchem Rang, und es verschachteln Begriffe dazwischen, die ihre eigene Menge einsetzen, i.e. mit sich führen, dann kann die Negation in jedem Fall die Sphäre nach oben versus unten nur durch die sichere Negation an bestimmter Stelle antizipieren und setzen. (Sie liegt *nicht* wie bei den Kantischen Antinomien im sicheren Sprung, Alternative, vom Minus- an den Plusanfang, sondern fusioniert an beliebiger Stelle in der Zwischenstrecke). Ergo muss man diese Stelle wissen resp. ermitteln, und sie mag eine kleinere oder größere Spanne erfassen. Solange nur Foki im Spiel (wie offensichtlich bei B.), mag gelten, die ± Fusion, welche die oben eingesetzte Zuordnung versus Abhebung reguliert und damit das jeweilige Verhältnis ›Bindung versus Trennung‹ respektive die Homöostase über die jeweiligen Begriffszentren hinweg, ist solange nicht mit ›$\cong$‹ gleichzusetzen, solange nicht gewiss, wie die Negation arbeitet. (In der klassischen Einteilung käme man stets subliminal mit einem ›$\neg a \Rightarrow b$‹ aus, jedoch ohne Kontraposition, sobald mehr als zwei

167 S. Vorbemerkung I. (3) sowie die ausführliche Gesamtproblemetik unter V., insb.7 + Anmerkung 1.-6.

Segmente den Begriff einteilen). So gelangt auch hier die Berechnung (oder Erhebung) des Gleichgewichts in die Ägide der Polarität. Sind die Gleichgewichte echt, operieren Foki nebeneinander und dies bedingt, ihre Auffassung gelingt unter dem Cluster als Peripherie (mit, ggf., extremen Wendepunkten, in denen sich die – bereits vermerkte – *bedingte* Vagheit niederlässt – sie könnten steigen/fallen, sich vermischen: in der Gegenregion, inkl. Potenz, *fusionieren*). Sie scheint daher eng und nahe beim Zentrum, und wird ›weicher‹ gegen die Grenze (was, womöglich, intuitiv genug): gesetzt mit Merkmal ›M_{fok}‹ gelingt die Klassifikation, gruppieren sich die ›M_1, M_2, …M_n‹ des Clusters wie ein ›≥‹ von links nach rechts, eventuell leicht überschiebend und/oder mit unsteter Distanz. Dabei ist, die begriffliche Hürde, sie mag rationalistisch gekennzeichnet werden oder nicht, die Fusion einzubinden, die *über alle Merkmale* fortwirkt – und gegen die Grenze stärker dahingehend wird, den Gegen- oder Anderfokus durchzulassen. Das Klassifikationsproblem erklärt sich demnach durchaus (wie ehemals aus dem Problem der Verworrenheit) durch operative Fusion, sie muss aber mehrfach potenziert eingesetzt werden, (i) vom Fokus abnehmend, (ii) an der Grenze mit dem Gegen- oder Anderfokus ansteigend, sodann (iii) notwendig von der Sache oder Materie her (und zunächst die Hauptsache) versus (iv) im Vorstellungs- als zuletzt Begriffsfeld. ((i) und (ii) würden hiermit den gesamten klassifikatorischen Rang absorbieren). Wenn nun in dieser Potenz eine Homöostase fühlbar wird – erkannt müsse bedeuten, alle Negativwerte sind exakt benennbar und ›| ≅ |‹ kann evtl. mehrfach verschachtelt gesetzt werden –, kommt erneut die Pegelweisheit in Betracht. Da nun – bei gesetzter Strenge, die eventuell außer den Disziplinen nicht wenige auch geläufige Begriffe erfasst[168] – in den Grenzbereichen resp. bei bestimmten Merkmalen stets der Zweifel der Zugehörigkeit oder nicht einkehrt und, wie schon oben, die Wahrheit nicht den Ausschlag gibt, darf jene offenbar für sich eine spezifische Ägide oder ein Statthaltertum vereinnahmen. Es möge gelten, das Gleichgewicht arbeitet in und über der Negation (womit sofort geklärt, warum es die Ungleichheit oder das Antonym erübrigt) und es offenbart sich für (1) (unter [B], Korrolar), warum das Maßhalten weder die reine oder überhaupt eine bestimmte Mitte, anderwärts nicht ein bloßes Null, die Nullpotenz (oder Aufheben gegen die wirksamen Extreme), noch und zuletzt das Siegel der Weisheit, die sich außer *jeder* Wahrheit wüsste.

**

168 Wie sich auch Boyd besinnt, vgl. 2002, 55, unter Berufung auf das Linsenargument, i.e. die Geltung der Makroskopie.

(C). [1] Unsere Art, die Termini zu verwenden, steht der Kantschen nahe: Kant verwendet das Wort »objektiv«, um die *wissenschaftlichen Erkenntnisse* als (unabhängig von der Willkür des einzelnen) *begründbar* zu charaktierisieren; die »objektiven« Begründungen müssen grundsätzlich von jedermann nachgeprüft und eingesehen werden können: »Wenn es für jedermann gültig ist, sofern er nur Vernunft hat, so ist der Grund desselben objektiv hinreichend«. – [2] Wir halten nun zwar die wissenschaftlichen Theorien nicht für begründbar (verifizierbar), wohl aber für nachprüfbar. Wir werden also sagen: Die *Objektivität* der wissenschaftlichen Sätze liegt darin, dass sie *intersubjekitv nachprüfbar* sein müssen". – [...] [3] Kant hat wohl als erster gesehen, dass die Objektivität erfahrungswissenschaftlicher Sätze aufs engste mit der Theoriebildung, mit der Aufstellung von Hypothesen, von allgemeinen Sätzen zusammenhängt. Nur dort, wo gewisse Vorgänge (Experimente) aufgrund von Gesetzmäßigkeiten sich wiederholen bzw. reproduziert werden können, nur dort können Beobachtungen, die wir gemacht haben, grundsätzlich von jedermann nachgeprüft werden [etc.].[169]

Kommentar (C) ist ein präzedentes (und häufiges) Beispiel für eine wissenschaftliche Redeweise – den unvermittelten Übergang in der ersten Person Plural. Er wird im Folgenden durchgehend als nicht rhetorisch begründet, und Popper wird selbiges zu unterstellen sein – womit sich seine Behauptung allerdings nicht vereinfacht. Seine gesamte Position, welche die Induktions- der deduktiven Logik gegenüberstellt und als sog. Erkenntnislogik verbucht, fußt auf der traditionellen Logik (insb. in der Signalgeltung des modus tollens; im Kern: wenn gilt ›A → B‹, und es stellt sich heraus ›¬B‹, dann muss auch gelten ›¬B → ¬A‹), jedenfalls ohne Kenntnis, gar Ansprüche (i.e. ggf. Meisterschaft) in der polaren Logik (und anhängigen Negation, die mithin in ihrer Beherrschung auch die Möglichkeiten und Optionen überschaut), obgleich er (ausdrücklich ohne Pejoration) nachhaltig polarisiert: die in Abrede gestellte Verifikation setzt den eklatanten, *operativen* Brennpunkt als effektiven Herd der Allgemeingültigkeit voraus (Bewahrheitung jenseits, über oder gegen die Fallibilität bzw. *defeasibility*), um, da selbige – und eigentlich Kern, echter Terminus, im Brennpunkt selbst als sein begrifflicher Pol – nicht erreichbar (wenn auch als effektiver Grenzwert der Konvergenz jederzeit, in diesem Sinne a priori, vorstellbar), das Verfahren in die Negation der Falsifikation zu verweisen (gewissermaßen der Ampel- oder Umschaltmodus). Welche

169 Karl R. Popper. „Grundprobleme der Erkenntnislogik" (1934). Nd. in: Gunnar Skirbekk (Hg.). *Wahrheitstheorien.* Frankfurt/Main 1977, 109–139, §8.

bedingtermaßen, aufgrund der Schlussweise und antizipativen Erwartung, ebenso polarisiert und, da sie nicht gleichermaßen den geschlossenen, endgültgen Negativpol erreichen und vorführen muss, scheinbar Gültigkeit – als Vorausgeltung – gegen die Verifikation erlangt. (Scil., streng besehen ist in der Allgemeingültigkeit, wenn sie polarer Brennpunkt eines ebenso phänomenal wie hypothesenbedingten Herdes ist, insb. dann, wenn sie eine fusionsbedingte Menge bildet, die Negation a priori oder achsenbedingt mindestens einmal enthalten). Die Methode braucht an dieser Stelle, insbesondere wegen ihrer Vorausgeltung oder nicht, nicht endgültig bewertet zu werden – direkte statuarische Wahrheit besitzt selbstredend das unmittelbare *logische Komplement* der Falsifikation, dieses ist aber nicht zu erzwingen oder als unbedingter Ersatz zu begreifen, (der Verstand, als gesetzt Statthalter aller Bewusstseinskräfte, wird also stets danach Ausschau halten, den positiven Brennpunkt zu treffen, bevor er sich auf die Negation verpflichtet). Insgesamt ist für diese Bewertung auch das sogenannte „Wahrnehmungserlebnis" anders zu lagern, nicht zuletzt logisch, wenn ihm die Konvertibilität der Bewusstseinsvermögen, damit die Möglichkeit der echten, originären Bestimmung der Begriffe in einem hypothetischen oder Allgemeinsatz durch die Sinnlichkeit zugestanden wird (anstatt stets in vornehmlich rationalistischer Manier, jedenfalls mit ebenso Kants Vorgabe, welche „Architektur" sich in diesem Punktunreflektiert an die Leibniz-Wolff-Baumgarten-Tradition anschließt, nur Anschauungen unter Begriffe subsumieren zu können – das Bewusstsein kann vielmehr auch durch die Sinnlichkeit originär gruppieren – ›∧, ∨‹ –, klassifizieren – ›→‹ – und negieren, dies meine diskriminieren als nichtseiend – außer ›¬‹ insb. im Sinne ›≅‹ –, das historisch einschlägige Beispiel über die Differenz von Sensualismus und Idealismus hinweg ist die seit Locke-Leibniz als a priori, vernunftgemäß oder nicht-faktisch gewertete Unterscheidung ›schwarz-weiß‹),[170] mithin logische Ordnung erzeugen und bestimmen oder die Operatoren funktional einsetzen (*sublimieren*, insoweit mehrheitlich wirksam). Das Feld der Wahrnehmungspsychologie, von der Einfalls- oder inspirativen Logik abgesehen, die dort vornehmlich beheimat sein mag (§2), liegt daher keineswegs jenseits der erkenntnislogischen oder, davon abgeleitet, positivistischen Region, i.e. Wahrnehmungsbedingungen und Vermögensordnungen innerhalb des Bewusstseins gehören – jenseits von psychologischen Sonderbedingungen, da allgemeingültig oder geradewegs konstitutiv – zu dieser. Die ex. Behauptung, dass ›Laubwälder zum Winter hin, im November, ihre

---

170 Zur Klarstellung: Locke setzt in seiner Argumentation latent die Gegebenheit des Antonyms voraus – er kennt es wie die gesamte Neuzeit freilich nicht expressis verbis –, auch wenn die sinnlichen Werte im einzelnen gelernt bzw. induziert werden müssen.

Blätterfarbe bunt verfärben und bis zum Erreichen des Gefrierpunkts abwerfen‹, wäre ein Allgemeingültigkeitssatz, der in diesem Sinne erworben wird: die Sinnlichkeit, in der Kürze, (i) bestimmt den Verstand, die logische Wurzel (ii) reicht bis in die Wurzel oder den Ursprung der Vermögen als ihre Implikation, nicht erst deren Leistungen, und daher lässt sich (iii) nicht abweisen, dass der Verstand die Begriffe ›Farbe‹, ›Baum‹, ›Laub- [verus Nadel-]wald‹, die angängigen Farbprädikate, die Temperaturunterschiede bis hinein in ihre begriffliche Repräsentation als numehr präzises Antonym, das die Polarität einschließt und beherrscht, über die Bestimmung (Determination) der Sinne lernt und seine eigentümliche Leistung entsprechend entfaltet, i.e. seine Knotenpunkte bildet, die wie soeben zu referieren sind). – Nun weicht P. unvermittelt vom Zitat Kants in die Wir-Rede. Dies möge an [2] bemessen heißen, wenn er dieses Bewusstsein tituliert und voraussetzt, kann die angestrebte und ebenso titulierte Objektivität, welche sich über den intersubjektiven Vorgang der Nachprüfung herstellt, nicht meinen, an dieser Stelle wäre eine Reihe numerischer Abzählung (über weltweit Institute, Labors, Wohn- und Aufenthaltsorte hinweg) zu erzeugen und vorzuweisen, welche an jeder Stelle des Fortgangs ein überzeugtes Nachprüfungssubjekt aufnimmt, die Reihe somit unabschließbar und, wegen des Anteils der summarischen Überzeugung, in Gefahr, stets die bloße Abzählsumme mit dem Gewicht, der inliegenden und sich nahezu natürlich bildenden Polarisation, zu verwechseln (die soziale, im Bestätigungs- oder Affirmationsbewusstsein fusionierende, jenseits der sachhaltigen). Die Einfachheit und durchaus pragmatische – in bedingtem Maße bewährte – Plausibilität des intersubjektiven Verfahrens, auf das die Menschen, der Alltags- und/oder Gemeinverstand, seit langer Zeit nachweislich auch ohne »Erkenntnislogik« zurückgreifen – dies möge auch für das Moment bzw. Komplement der Falsifikation gelten, wie an den Antonymen und ihrer kulturellen Breite leicht ablesbar, gesetzt jene geht mit diesen und verdichtet sich in dieser Form –, verkennt im Wissenschaftlichen aber wenigstens die Möglichkeit der Mehrdimensionalität bzw. der Existenz des Bewusstseins in exakt diesem Sinne. Sodann liegt der Zwang der Prüfung und Übereinstimmung nicht, *nicht allein*, darin, dass (i) die Objektivität der Behauptung (eines vermittelten Theorems oder einer der Beobachtung zugänglichen insb. A-Aussage) eines anderen Subjekts bedarf, dem die gleichermaßen oder gleichmäßige Vernunftfähigkeit zugesprochen wird, sondern (ii) das Bewusstsein einen notwendigen Konnex unterhält, den dimensionalen, und in diesem gilt es gleichermaßen, diesen Konnex mit Notwendigkeit nicht verneinen oder in Dissens setzen zu können. Mit anderen Worten, die Bewusstseinsenergie ist wie die Luft eine durchgehend und keineswegs an nur das Einzelsubjekt gebundene und das Bewusstsein erzwingt nicht etwa erst aus wissenschaftstheoretischer Pflicht oder Vorgabe, sich abzustimmen und die Wahrheitsprüfung (als primäre, vorgerückte Falsifikation oder nicht) vorzunehmen, sondern weil das Bewusstsein sich selbst aufliegt,[171] (iii) eine neuerliche (abweichende oder nicht bereits bestätigte und – im dimensionalen Sinn – assimilierte) Behauptung sich daher unmöglich *absolut* isolieren lässt und (iv) den Konnex herausfordert, seinen Anschluss (oder Zirkuit), mithin dern Kern der Widerspruchsfreiheit zu gewährleisten. (Mit dem Zirkuit sei direkt angesprochen, dass die energetische Basis sich in zirkulierenden Energiewerten realisieren, ggf. harmonisieren muss, gleichwohl wird damit eine weitere analytische Ebene beschritten; die Behauptung bedingt im Übrigen keinen Holismus, sondern ganz im Gegenteil, wenn letzterer für die angebliche, vorgehaltene oder nur hypothetische Grenze des Einzelbewusstseins einstehen soll, so dass er sich zumindest durch (i) bis (iv) erläutern lässt). Die Assimilation des Bewusstseins ist daher (zunächst) kein psychologisches Faktum (oder »Etwas«), sondern erneut ein erkenntnistheoretisches, gesetzt zwei gleichgeltend differente oder affine Auffassungen zum selben Phänomen oder Sachverhalt können wenigstens nicht verleugnen, dass das eine Bewusstsein am anderen teilhat. Diese Teilhabe möge zuerst heißen, es fällt unmöglich derart auseinander, dass das eine an sich die absolute Grenze des anderen erführe, und umgekehrt, an sich selbst die Grenze des Bewusstseins, die unmittelbar mit der des anderen identisch. Da beides unmöglich, wirkt der Konnex als Basisachse der Beziehung untereinander (wie die Grenze der Lichtgeschwindigkeit im Verhältnis zu un-/bewegten Körpern und/oder Systemen) und dupliziert resp. potenziert den Zwang der Abstimmung, den ansonsten schon die Vernunft als Trägerin oder Bürge der Wahrheitsfähigkeit hervorruft. – Es sei P.s beständiger (und zitierter, jedenfalls an sich unmotivierter, wenn nicht gelegentlich fragwürdiger) Übergang in die Wir-Rede der unmittelbare Reflex dieser Tatsache. Sie prätendiert gewissermaßen, es sei immerhin für die vorgelegte Argumentation, wenn und sobald sich ein anderes intersubjektiv veranlagtes Bewusstsein findet, schon geklärt, dass sie – beziehungsweise das sie vertretende Bewusstsein – objektiv ist. In jedem Fall kann, wenn (i) ‚*Unabhängigkeit von der Willkür des einzelnen*' verlangt ist [1]; und (ii) (durchaus in u.a. kantischer Manier und Ausdrucksweise) ein Knoten gegeben sein muss, demgegenüber die Position ›jedermann‹ versus ›wir‹ indifferent ist oder negationsfrei übergeht (aus [1] und

171 Dies meint: es ist nicht imstande, sich ein anderes Bewusstsein mitsamt ursprünglicher Energieausbreitung, -empfindung und -wahrnehmung zur Auflage zu machen, dem seine eigene Basis nach ihrem gesamten Umfang unterliegen soll; freilich ein Widerspruch, aber zunächst eine Unmöglichkeit von der konstitutiven Bedingung her. Es folgt die polare Basis (und Schleife), wie anderorts.

[2]); der Zwang der Übereinstimmung auf keinen Fall *nur* von der Wiederholbarkeit und/oder Gestellposition (›Versuchsanordnung‹) abhängen (versus [3]), was vermutlich (zu) schnell zugegeben wird. Wenn aber nun die Intersubjektivität letztlich, oder an sich, gar nicht über die Wahrheit oder Falsifität (die Falsifikation mag hier vereinnahmt werden) entscheidet, wiederum aber auch der einzelne – wegen [1] und generell – nicht aus bloßer Willkür befinden darf oder nur kann, muss selbige Sachhaltigkeit, welche ein ›Non-B‹ resp. ›tollitur A‹ erübrigt, in der Dimension, im Anschluss des Bewusstseins selbst liegen bzw. zum Tragen kommen, und unmöglich ist die Vorstellung, dass anderes Bewusstsein ist, an und mit dem sie, Wahrheit oder Falschheit, sich zu behaupten hat, wiederum nur Vorstellung, insbesondere als das ganzheitliche, zusammengefasste oder in diesem Sinne indifferente Bewusstsein, dem eine bestimmte Grenze nicht zuzuschreiben ist, außer dass es unmittelbar an einer für den einzelnen nicht instantan abzählbaren Menge von Subjekten teilhat und diese erschließt. Letztere Bedingung aber widerstreitet nicht, dass es überall (wesensgemäß und energiebedingt) fokussiert und/oder notwendiger Konzentration unterliegt, mithin »liegt« oder entspannt sich das Bewusstsein in einer Dimension, der ein Herd oder Relativität zukommt, und gleichgültig ob man die Wahrheitsfähigkeit oder direkt das Vernunftvermögen zur Maßgabe macht, es bzw. er wird auf keinen Fall in einer Position der (methodischen oder nicht) ›Intersubjektivität‹, des ›wir‹ oder wie ehemals seines Singulars, ›ich‹, endgültig, restlos und/oder konklusiv aufgehen. – Zur Relativität sei angemerkt, sie sei unter Wahrheitsbedingung keineswegs mit der geläufigen Diffusion, als ob sich die Situation der verbindlichen Wahrheit nicht einstellte, gleichzusetzen, in welcher Auffassung sich vielmehr nur die um ihr Zentrum entleerte Peripherie niederschlägt, welche (aus dieser vermeintlichen Erleichterung) überall (im protagoreischen Sinne) nur Entzweiung und Anderssein feststellt (der Beipielsatz in der Fußnote,[172] eine andere exemplarische Bewandnis etwa Rickerts Abgrenzung der Relativität in der geschichtsphilosophischen Erhebung, der Konflikt

172 „»Der Mensch« ist eine erhebliche Verallgemeinerung in einer Welt von Milliarden Individuen, die in Tausenden von Kulturen, Sprachräumen und Traditionen leben, die Milliarden verschiedene Ansichten haben, deren Gehirne Musikstücke, Geschichten, Ideen, Träume, Gesten, Gefühle, Taten in einer Vielfalt entwickeln, die es mit der Biodiversität des Regenwalds längst aufnehmen kann". Der Maßstab möge dahinstehen, aber für die Ansichten gelten, sie ist wahrheitsfähig bzw. ggf. Träger. Weiterhin ist entgegenzuhalten: „Alle sind Menschen, alle haben dieselbe Menschenwürde, denselben Wert vor sich und den anderen". (Christian Schwägerl. *Menschenzeit. Zerstören oder gestalten? Die entscheidende Epoche unseres Planeten*. München 2010, 32).

des Historismus). Dem Relativitätsprinzip bzw. der -theorie zufolge ist selbstredend strenge Wahrheitsfähigkeit gewährt – eine Indifferenz zwischen Minus- und Pluswert eine geradezu Unmöglichkeit, jedenfalls bestenfalls Ausdruck einer gesuchten, abseitigen Konstruktion – und das Bewusstsein als dimensionaler Träger ist gleichfalls hier anzusetzen: dass Standpunkte nach exakter Lage und Intensität, Distanz versus Nähe zueinander, welche Werte bzw. Größen der koinzidenten Überlagerung ihrer polaren Bedingung folgen, nicht zu ermitteln seien, möge unmöglich sein. (Es mag gleichwohl überaus leicht der Fall eintreten, dass ein Konsens oder Übereinstimmung nicht zu erzielen, wie schon oben).

*

2. Einführung (historisch)

2.1 Vorüberlegung

Das Thema bietet einen systematischen und einen historischen Zugang. Unter der systematischen Vorgabe gilt es, bei verschiedenen Autoren und in den verschiedensten Wissenschaften – Philosophie, Gesellschaftswissenschaften, Literaturwissenschaften, Psychoanalyse und/oder Psychologie, Biologie als Evolutionstheorie (Darwin) – festzustellen, dass der Autor in Verbindung mit der Beschreibung eines Sachverhalts oder bei anstehenden Schlüssen in die erste Person Plural wechselt. Es wäre – von der Philosophie her – eine dürftige Annahme, an dieser Stelle nur die Rhetorik einzusetzen: als ob die bloße Redewendung den Zweck verfolgt, den Leser oder Hörer für die eigene Sache einzunehmen.[173] Wenn dann aber die methodische Reflexion beginnt, öffnet sich die Fragestellung dieser Vorlesung. Wenn dieses jeweilige ›Wir‹ mit einer bestimmten Form des Bewusstseins verknüpft ist, müssen seine Bedingungen einsehbar und nachzurechnen sein, und sie können nicht vollständig, intentional oder von seinen konstitutiven Bedingungen her, im gewohnten vereinzelten Ichbewusstsein aufgehen. Ist nämlich das Bewusstsein von seiner natürlichen Anlage her imstande, zwanglos in eine Form zu wechseln, in der es tatsächlich singularisch ist oder wenigstens singularisch gemeint ist, dabei aber unmittelbar, geradehin und nicht über die Reflexion oder Abstraktion, eine Mehrzahl impliziert, dann muss beantwortet werden, ob dies immer noch bloße Vorstellung ist, gleichgültig ob

173 Abgesehen von der gegenteilig ausgerichteten Redeformel oben, Einführung, unter Beispiel [A].

Begriff oder Anschauung (etwa „group belief", auch ein größerer Bereich dessen, was unter „collective intentionality" in der englischsprachigen Literatur abseits von Searle abgehandelt wird), oder ob hiermit eine Form des Bewusstseins bezeichnet wird, die tatsächlich – im Sinne eines effektiven Energiefeldes bzw. von diesem nicht ablösbar, wenn auch sog. ›Individualbewusstsein‹ auf dieser Basis beruht – existiert (Gruppe, Team, Mannschaft, Stab, Bundesgenossen etc. bis hin zu Sätzen, die o. vor [C] behandelt wurden). Würde man sich nur auf die Grammatik und Sprache verlassen, wäre nur die Semantik der Personalpronomen zu verfolgen und zu erläutern. Es war aber längst Voraussetzung und mehrfach gezeigt, dass das angesprochene pluralische Bewusstsein keineswegs notwendig in einem pronominalen oder in diesem Sinne repräsentativen bzw. symbolischen, und damit sprachlichen Bewusstsein aufgeht. Vielmehr war die Voraussetzung, dieses Bewusstsein ist zum einen zugleich Singular – als eine kollektive Gleichzeitigkeit (oder *Faszikel*) – und Plural: zusammen als unmittelbare Teilhabe des Einzelnen an diesem Bewusstsein, das er nicht (insb. nicht nur) durch einen reflexiven Akt erreicht. Und, noch dazu, kann das Einzelbewusstsein diesem Bewusstsein hinzutreten oder sich darin kristallisieren, so dass ein einfaches Pronomen, gleichgültig ob ›ich‹ oder ›wir‹, gar nicht hinreichen würde. Auch zeigt sich damit sofort, dass es nicht einfach indexikalisch oder deiktisch ist, da sich diese Differenz sprachlich gar nicht nachweisen – oder meinen, absichtlich bezeichnen – ließe. Überdies wurde es als Gruppenbewusstsein bezeichnet bzw. erklärt (die Gruppe wohlgemerkt als der Begriff, der sich am besten eignet, dieses Wechselverhältnis von Singular und zugleich Plural unmittelbar zu erfassen, noch dazu wegen seiner monotonen Struktur). Mithin ist der erste Schluss zu ziehen, dass die Formen des Wir-Bewusstseins auch als ein Gruppenbewusstsein müssen zu begreifen sein.

Nun tritt dieses Wir-Bewusstsein mit verschiedenen Autoren und/oder Disziplinen in Erscheinung, und hierin schlägt sich der historische Zugang zum Thema nieder. Es bietet sich damit, die Nicht-Naivität vorausgesetzt, ein durchaus breit gefasstes Panoptikum, bei zahlreichen Autoren oder den sog. Klassikern nach den Stellen zu forschen, in denen sie in den Plural der ersten Person wechseln. Man wird feststellen, dass die Fundstücke überaus zahlreich sind und alles andere als nebensächlich. Freilich bedingt eine methodische Reflexion, überdies in allen Abschnitten, in denen dieselbe methodische Voraussetzung mit Strenge reflektiert wird, dass das Ich die Oberhand behält oder scheinbar die einzige Hauptsache ausmacht, etwa in den *Meditationen* von Descartes oder, um einiges später, in den *Phänomenologischen Untersuchungen* Husserls, welche mittels der sog. *Epoché* die Selbsteinklammerung des *reflektierenden* Subjekts nach wie vor voraussetzen (als ob die Geschichte nach dem Umbruch von Relativität, Verabschiedung der Metaphysik/Positivismus und Verfall des Kanons in den Künsten sich darauf kapriziert hätte, das Ich im Gegenzug als methodische Instanz für die Philosophie zu retten oder wenigstens sicherzustellen).[174] Auch Kant wendet sich, sobald methodische Strenge auf den Plan tritt, noch oder nahezu stetig an das Ich als Statthalter des – vermeintlich – für sich existierenden oder auf diese

---

174 In einem Beitrag zum Verhältnis Neurowissenschaften – Philosophie bezieht D. Hartmann den phänomenologischen Standpunkt und schreibt Sätze wie die beiden folgenden: (1) „Ein chrakteristischer Zug der Phänomenologie ist dabei die so genante *Epoché*, die theoretische Zurückhaltung: Das uns in Sinn und Geltung problematisch gewordene Wissen wird zunächst »eingeklammert«. Das heißt, dass wir im Zusammenhang der anstehenden Sinnklärung vorerst nicht auf dieses Wissen zurückgreifen dürfen. Wir müssen es uns erst neu erarbeiten [...]" (99). (2) „Die *Epoché* führt also nicht auf einen wie auch immer gearteten Erlebnisstrom, sondern auf die vor- und außerwissenschaftliche Lebenswelt. Man beachte, dass – da uns die Lebenswelt immer schon als vergemeinschaftete gegeben ist – an dieser Stelle die übliche idealistische Intersubjektivitätsproblematik nicht auftritt" (Dirk Hartmann. „Physis und Psyche. Das Leib-Seele-Problem als Resultat der Hypostasierung theoretischer Konstrukte". In: Dieter Sturma (Hg.). *Philosophie und Neurowissenschaften*. Frankfurt/Main 2006, 97–123). Satz (2) steht mit Grundhaltung und Methode an dieser Stelle in Einklang, allerdings ohne die phänomenologische Voraussetzung. Die Vergemeinschaftung der Lebenswelt ist eine Folge des ursprünglichen Zusammenhangs des Bewusstseins – mit dem die klassische Position qua Schisma und vermittelnder Intersubjektivität in den direkten Gegensatz gerät –, so dass, an und für sich, auch alle sinnlichen Eindrücke, die abzuleitenden gegenständlichen Verdichtungen bis hin zur Konstitution der Begriffswelt auf dieser Basis abzuklären ist (wobei die Bestimmung des Verstandesvermögens durch die Sinnlichkeit als Prinzip im wiederum Gegensatz zum transzendentalen Dogma hinzuzunehmen ist). Es ist aber sodann an (1), um jeden Querstand zu vermeiden, zu klären, wie ‚wir' und ‚uns' definitiv zu verstehen sind: meint dies nur, der einzelne löst sich in einem intentionalen Akt der Vorstellung von der gemeinschaftlichen Verhaftung, ihrem effektiven Anschluss, ab, oder vermag er tatsächlich ein Bewusstsein zu schöpfen, das sich für sich weiß und den Anschluss verloren hat – so dass alles Wissen auf Erinnerung und Gedächtnis zurückfällt, in diesem aber das vergemeinschaftete immer noch akut resp. operativ ist. Wie man sieht, letztere Alternative ist nicht schlüssig (bzw. konsistent), auch die *Epoché* verschleiert die Tatsache, dass Bewusstsein ursprünglich miteinander kommuniziert – oder zunächst und vorrangig *keinem* Hiatus von Natur her erlegen ist – und die vergemeinschaftete Lebenswelt daher nicht auf erlernte Sprechhandlungen und Sprachakte, auch nicht auf die Abstimmung von erlernten Erkenntnisakten, sondern in der Basis auf diese Kommunikation und ihre Konsistenzfolgen zurückzuführen ist.

Bedingung eingeschränkten Einzelbewusstseins. Sobald sich aber der Autor von dieser der Neuzeit geläufigen Reflexion abwendet oder selbige nicht thematisch ist, kann es leicht geschehen, dass er einen wesentlichen Sachverhalt erörtert und, bei Belangen, welche etwa die Gesetzmäßigkeit der Aussagewahrheit betrifft, nachhaltig in den Plural der ersten Person wechselt (wie oben vorgeführt). Wohlgemerkt, dies müsste alles bloße schriftstellerische Floskel oder Redeform sein, der kein semantischer Gehalt zukommt, wenn dem Bewusstsein tatsächlich nur die vereinzelte Existenz der redenden oder für sich isoliert denkenden Person zukommt. Hier scheinen daher Beispiele geboten, um zu exemplifizieren (was am in diesem Sinne ‚Vorbild' Leibniz geschehen möge): Wenn es sich darum handelt zu erklären, was Wahrheit ist und ob sie die Bindung und Trennung der Zeichen gemäß der Übereinstimmung oder Nichtübereinstimmung der Dinge auszudrücken hat, antwortet L. (anhand seines Vertreters Th.):

(1) „Man sollte also besser die Wahrheiten in die Beziehung zwischen den Gegenständen der Ideen verlegen, derzufolge die eine Idee in der anderen enthalten ist oder nicht. Diese Beziehung hängt nicht von den Sprachen ab und ist uns mit Gott und den Engeln gemein; und wenn Gott uns eine Wahrheit kundtut, erwerben wir die Wahrheit, die in seinem Verstande ist, denn wenn es auch einen unendlichen Unterschied zwischen seinen und unseren Ideen gibt, was die Vollkommenheit und die Ausdehnung anbetrifft, so ist es doch immer wahr, das man in der gleichen Beziehung übereinstimmt. In diese Beziehung muss man also die Wahrheit verlegen, und wir können zwischen den Wahrheiten unterscheiden, die unabhängig von unserem Gutdünken sind (*bon plaisir*), und den Ausdrücken, die wir erfinden, wie es uns gut erscheint" (NE IV. Kap.5, 1996, 331).

Keine Frage, dieses mehrfache ›uns‹ meint (i) eine bzw. die Vernunft (der L. stets den impliziten Fusionszusammenhang mit der göttlichen unterstellt, insb. ohne jede Bezugnahme darauf, ob etwa G. versus M. bzw. bestimmte Menschen zur direkten Einsicht in die menschliche Vorstellung – und nicht nur die Ideen – imstande, die wesentlichen Keime, sie seien bös- oder gutartig, eingeschlossen), (ii) ein Bewusstsein, das diese zu unterhalten und befragen imstande, (iii) eine Beziehung auf Wahrheit, die nicht nur die Bedingung der Wahrheit zu den Vernunfterkenntnissen, sondern auch all jene Erkenntnisse einschließt, die nur empirisch zugänglich sind. Dieses ›wir‹ oder ›uns‹ repräsentiert somit nicht einmal die engere Instanz der Vernunft selbst, sofern sie nach L. die Vernunftwahrheiten garantiert, die allein aus ihrer Bedingung zu begreifen sind: *Ausdrücke, die wir erfinden, wie es uns gut erscheint* meint nicht nur die Tatsachenwahrheiten, sondern sobald diese Ausdrücke etabliert sind, muss es ein Bewusstsein geben, dem sie unmittelbar oder instantan zugänglich und einsehbar sind. Dieses instantan sei betont, da L. ausdrücklich nicht verlangt, jeder einzelne müsse erst reflektieren, was dieser Ausdruck *x*, *y* oder *z* bedeute und ob er sich für den Sachverhalt eigne. Wenn er ›wir‹ bzw. ›uns‹ sagt, wird er unausgesprochen meinen und davon ausgehen, das Bewusstsein, in dem diese Ausdrücke verankert sind und verwendet werden, wird instantan geteilt, die Inferenz des Schlusses erfolgt also bei allen und zugleich, und sei es nur der Möglichkeit nach. (*Anmerkung.* ›Bei allen und zugleich‹ ist offensichtlich, an der Klausel bemessen, das direkte Revers zum gewöhnlichen Zusprechen, i.e. es dürfe, wenn etwas ist und nicht ist – als Ausdruck des Widerspruchs am Prädikat –, nur gelten, wenn nicht zugleich und nicht in derselben Hinsicht:[175] beides ist stattdessen gewährt und zu verlangen, damit Anzeige, dass die Polarität – aus anderer Richtung – im Spiel). Entsprechend erklärt er in dem Zitat, „denn wenn es auch einen unendlichen Unterschied zwischen seinen und unseren Ideen gibt, was die Vollkommenheit und die Ausdehnung anbetrifft, so ist es doch immer wahr, das man in der gleichen Beziehung übereinstimmt" – abgesehen von (i) oben meint dieses ›man‹ alle menschliche Bewusstseine oder den menschlichen Verstand bei jedem einzelnen, der gegenüber der implizierten (i.e. im Kern fusionierten) göttlichen Vernunft „in der gleichen Beziehung", also Einschränkung auf die menschliche Dimension, „übereinstimmt". Diese Übereinstimmung braucht ‚man' (jeder einzelne, oder der Philosoph, der sich ihr zuwendet) offensichtlich nicht eigens nachzurechnen oder von einer besonderen Erhebung abhängig zu machen. Der Diskurs meint nicht, gerade nicht, ihn zuerst auf die Ausdrücke zu richten und prüfen zu müssen, ob jeder hierunter dasselbe versteht respektive ob seine Intention geteilt wird. Das Bewusstsein muss vielmehr diese Teilhabe wissen und kennen und nicht jedes Mal davon abhängig sein, eine Untersuchung durchzuführen und sich in der oder jener Situation darüber zu vergewissern. Mit diesem Schluss ist die Hauptelle oder das Maßstück dieser Abhandlung erreicht.

Derartige Wendungen finden sich häufiger (im selbigen oder anderen Texten, und keineswegs beschränkt auf entweder Theophilus als den Vertreter des Idealismus) oder Philaletes (als der des Empirismus). Ein zweites Beispiel sei darum herangezogen (aus demselben Text und einige Seiten später).

175 Vgl. p.e. Kant, KrV A152-53/B191-193, hier nur die Bedingung des zugleich, die Hinsicht ist zu ergänzen.

(2) Th. Der *Vernunftgrund* ist die erkannte Wahrheit, deren Verbindung mit einer anderen, weniger bekannten, uns dazu bewegt, der letzteren unsere Zustimmung zu geben. Im Besonderen und vor allem aber nennt man es Vernunftgrund, wenn er die Ursache nicht allein unseres Urteils, sondern auch der Wahrheit selbst ist, was man auch *apriorischen Grund* nennt, und die *Ursache* bei den Dingen entspricht dem *Grund* in den Wahrheiten. Darum wird die Ursache selbst und im Besonderen die Zweckursache oft Grund genannt. Schließlich nennt man auch die Fähigkeit, die diese Verbindung der Wahrheiten wahrnehmen lässt, oder die Fähigkeiten zu vernünftigen Überlegungen *Vernunft*, und das ist der Sinn, in dem Sie das Wort hier gebrauchen. (NE, IV, ch.XVII, 1996, 541).

Diese Übersetzung ist getreu, i.e. L. wendet tatsächlich die Pronomen so an wie zitiert. D.h. er wendet sich im fiktiven Gespräch am Ende direkt an seinen Gesprächspartner, um ihn zu siezen, und das vorangehende ›man‹ markiert den Wechsel, während er zuvor bei der Erläuterung der Bedeutungen von „raison" stets auf die erste Person Plural rekurriert – er formuliert also ausdrücklich zunächst nicht in der Form ›ich‹, wie an und für sich zu erwarten, sofern das singularische Bewusstsein und sein Verstand alle Gesetzmäßigkeiten der Vernunft zu vertreten und zu begründen hätte. Was nun bedeutet dies tatsächlich und genau? Freilich ist der Begriff *raison* im französischen homonym, indem die *raison* (die lat. ratio) sowohl die Vernunft und anderwärts den Grund bezeichnet. Letztere als Fakultät oder Vermögen bildet den Abschluss, während die zuvor angeführten Bedeutungen den Grund meinen oder auf den Grund reflektieren. Dieser Vernunftgrund aber (wie zit.) „ist die erkannte Wahrheit, deren Verbindung mit einer anderen, weniger bekannten uns dazu bewegt, der letzteren unsere Zustimmung zu geben". Der Satz ist doppeldeutig dahingehend, dass der Vollzug seines Sinns einmal meinen kann, jeder einzelne erkennt diese Verbindung, in der eine etablierte mit einer weniger etablierten zusammenhängt, um ihn, diesen einzelnen, zu veranlassen, der Verbindung seine Zustimmung zu geben, es handelt sich dabei um eine logische. Nun hindert aber nichts, dieser Vollzug geschieht *in actu*, auf einmal, unter mehreren, und die Zustimmung beim einzelnen geht unmittelbar auf in der Zustimmung, welche alle gemeinsam geben, die somit eine Mehrheit ergeben. (Dies mag, wegen des möglichen Missverständnisses, spontan, nüchtern und ohne jede affektive oder emotionale Beigabe erfolgen). Mit anderen Worten, unter dieser Voraussetzung vollzieht sich die Zustimmung geradehin (etwa in einem Auditorium, hier sind verschiedene Varianten denkbar) und nicht derart, dass der einzelne sich seiner eigenen bewusst ist, sodann (erneut) gezwungen wäre, beim nächsten und übernächsten eine Nachfrage zu erheben, ob dies gleichartig sei. Die Möglichkeit besteht freilich, aber hierauf kommt es nicht an: vielmehr ist der Vernunftgrund, der zwei Sachverhalte miteinander verknüpft, wovon der eine geläufig oder approbiert, der andere weniger (so L., der offensichtlich den Inferenzschluss im Auge hat), so dass letzterer aufgrund des ersten dieselbe Zustimmung erhält, (i) ein instantaner Akt, (ii) mit dem vorausgesetzten ›uns‹ offensichtlich auch kein *individueller* Akt im eigentlichen Sinne. Ergo muss das Bewusstsein über die Möglichkeit verfügen, diese Zustimmung instantan oder geradehin *in der Gemeinschaft oder wie hier thematisch, in der Gruppe zu vollziehen* oder, wie die Übersetzung formuliert, das Bewusstsein in der Gruppe zu „bewegen" (im Französischen „une autre moins connue fait donner notre assentiment à la dernière" – dieses *donner assentiment* ist eine, gesetzt, Handlung des Bewusstseins oder ein Bewusstseinsvollzug, der nicht notwendig auf das Einzelbewusstsein beschränkt ist, sondern auch, verbo, im Kollektiv oder instantan der Mehrzahl erfolgen kann). Nun sollte, um in der Basis – dort wo der Grund angelegt ist – keine Offenheit zu lassen, dem Bewusstsein auch der gegenseitige Anschluss gewährt sein, wie mehrfach ausgeführt; resp. gesetzt die (Bewusstseins-)Energie, welche diesen Schluss des Assentiment repräsentiert und vollzieht, ist eine geteilte Energie, dann als Bewusstsein, das, wie es an früherer Stelle hieß, der Mehrdimensionalität genügt und tatsächlich in dieser real ist.[176]

Nun hatte auch Philaletes das Kapitel entsprechend eingeleitet,[177] und zwei abschließende Sätze mögen den Sachverhalt vollenden.

176 Einführung, 4.-5., Schluss vor Hauptteil und Ende, Anmerkung 2 zu Bourdieu und der Feldtheorie.

177 Ein weiteres Beispiel: Zunächst ist bezüglich des Enthaltenseins der Ideen die moderne Kritik im Ansatz aus dem Spiel, da sie von vornherein als unabhängig von der Sprache postuliert wird (es kann sich also nicht darum handeln, etwa Synonymieprobleme aufzusuchen). Aber Leibniz behauptet direkt einen Zugriff auf den Verstand Gottes respektive seine Teilhabe durch die vernunftbegabten Wesen, eben die Menschen (so gleichartig: 341, 345–346 Th.: „[…] dass diese aus den Sinnen stammenden Ideen von den Besonderheiten der Gestalt und der Bewegungen abhängen und sie genau ausdrücken, obwohl wir dabei die Besonderheiten in der Verworrenheit einer zu großen Zahl und Kleinheit der mechanischen Einwirkungen, die unsere Sinne treffen, nicht entwirren können. Wenn wir indessen zu einer inneren Verfassung einiger Körper gelangt wären, so würden wir auch sehen, wann sie jene Eigenschaften haben müssen, die ihrerseits auf ihre einsehbaren Gründe zurückgeführt würden; [weiter bis unten].

(3) Wir bedürfen der Vernunft, sowohl um unsere Erkenntnis zu erweitern, als auch um unsere Meinung zu ordnen; sie besteht genau genommen aus zwei Fähigkeiten, nämlich dem Scharfsinn, der nötig ist, um die vermittelnden Ideen zu finden, und der Fähigkeit, Schlussfolgerungen abzuleiten oder zu schließen. Wir können in der Vernunft folgende vier Grade beachten (considerer): 1. Beweise zu entdecken. 2. Sie in eine Ordnung zu bringen, die ihre Verknüpfung einsichtig macht. 3. Die Verknüpfung in jedem Teil der Ableitung wahrzunehmen. 4. Daraus Schlüsse zu ziehen. Man kann diese Grade bei den mathematischen Beweisen beobachten (NE IV. ch. XVII. 1996, 539–41).

Die ungenaue Interpretation würde die Pronomen gleichsetzen oder vergleichgültigen. Das ›wir‹ oder ›man‹ bezeichnet nur eine Differenz der rhetorischen oder schriftstellerischen Floskel und keinen Sachgehalt. Die Formulierung wechselt einfach in den Plural, bloß um der getroffenen Äußerung Nachdruck zu verleihen. Dem ist zu widersprechen. L. muss wenigstens implizieren, auch wenn er dies nicht ausdrücklich formuliert, das Bewusstsein, welchem die Vernunft und ihr Vollzug zukommt, kann sich auch (i) in der Mehrzahl und (ii), hiermit verkettet, *in actu* niederschlagen. In dieser Vorlesung heißt dieses Bewusstsein ein Gruppenbewusstsein und das Wir-Bewusstsein ist demnach eine seiner Formen, in der es auftreten kann. Die Bedingung der Möglichkeit, einen Inferenzschluss zu vollziehen, kann a priori, um den Sachverhalt abzurunden, weder darauf beschränkt werden, nur und ausdrücklich in einem instantanen Einzelbewusstsein vollzogen zu werden, noch darauf, das Bewusstsein durch diesen Vollzug im strengen Sinne singulär zu machen oder zu erklären, als nicht vielmehr auch instantan unter mehreren, welche an der Vernunft uneingeschränkt teilhaben und ein Bewusstsein teilen. Diese Möglichkeit hat L. im Auge oder, um es modern auszudrücken, auf diese Möglichkeit referiert er. Die Behauptung meint keine Trivialität, obgleich sie eventuell so erscheint, denn sollte, nur zum Beispiel, ein Auditorium ein gemeinsames Musikstück hören, wird ihm womöglich niemand sein gemeinsames Bewusstsein oder die Zeitstrecke rauben wollen, in der es daran teilhat. Freilich wird der einzelne wieder auf seine subjektiven Emotionen und Gefühlsregungen zurückfallen, aber erneut – und hier beginnt das eklatante Problem – schließt dies gleichfalls nicht aus, diese Regungen sind geteilt, kollektiv oder eben nicht im ausdrücklichen Sinne *subjektiv*. Wiederum knüpft sich an diese Tatsache das gesamte Bedeutungsproblem der Künste, nicht zuletzt auch der Musik, gleichgültig ob »Weltanschauungsmusik« (wie es neuerdings von Gustav Mahler heißt) oder nicht: die zu transferierende Subjektivität, gesetzt sie ist am Impuls zu verankern (in dem der eine ggf. mehr, tiefgründiger und intensiver, hört als der andere), wurzelt auf einer Seite in einer Basis, die notwendig kollektiv zu nennen und weder durch Abstraktion noch vermittelnde Reflexion zu streichen, eliminieren oder endgültig zu reduzieren ist (das oftmalige auf 1-Basis ausgerichtete Allheilmittel der Rationalisten).

Erneut läuft die Erwägung darauf hinaus, selbigem seine unbedingt und nur isolierte Existenz, seine absolutes Fürsichsein oder seine absolute Subjektivität, zu bestreiten. Als Energiebasis stellt es eine Abstrahlung dar, die (sich) endlos konzentriert und diffusiert, am Ende kollabiert, jedenfalls auf keinen Fall ein fixes Etwas oder konkreten Gegenstand, der hier wie dort auf die insb. körperliche Grenze des Subjekts oder Individuums festzuschreiben ist. – Um keinen Missverstand aufkommen zu lassen, das Bewusstsein kann sich selbstredend jederzeit auf diese Art von Vollzug konzentrieren, es ist aber weder dazu gezwungen noch meint diese im Kern Abstraktion bzw. ihr kulturell (bis zum Vergessen) erlernter Vollzug die wahre oder echte, in diesem Sinne naturgemäß zwingende Basis. Selbige ermöglicht ihm viel eher (obiger Exkurs zu Musik und Künsten eingerechnet), den gegenseitigen Anschluss auszusetzen – ggf. zu finden und zu erleben – und an einer Form des Bewusstseins teilzuhaben, in der die (politische, gemeinschaftliche, geschäftliche, vertragliche) Basisisolation unmittelbar aufgehoben ist. Wiederum sollte man vermuten, da diese Form des Bewusstseins existiert, sind auch Formen möglich, in der ein Gruppenbewusstsein in dieser Form etabliert ist und der einzelne auffällt, der davon abweicht, also etwa – um zunächst bei den Exempeln zu bleiben – eine Person, die den Schluss der Inferenz nicht vollzieht, obgleich seine Voraussetzungen für alle Teilnehmer oder Träger von Bewusstsein, die an dem Gruppenbewusstsein teilnehmen, gegeben ist. – (*Anmerkung*. Wenn von der Möglichkeit, den Anschluss des Bewusstseins auszusetzen oder das Gegenteil, ihn bewusst zu inaugurieren – einzuführen, durchzuhalten und zu impulsieren –, die Rede ist, dann muss die Energiebasis die Erklärung liefern und, wie stets stets, die isolierte Gehirnbasis – die einstweilen bei weitem noch die entsprechende Literatur bedient[178] – in Abrede stellen. Nicht allein, dass das Bewusstsein imstande ist, seine Gehirnenergie zu lenken (anstatt stets nur zu verausgaben oder passiv hinzunehmen, in diesem Sinne absolut zu rezipieren), sondern auch den spezifischen Zirkuit zu legen und zu realisieren, in dem die Teilnehmer ihre Energie austauschen, beinhaltet die konträre und wahrheitsgemäße Forderung – die sich außerdem von der implizit neutralisierten Bedingung löst und die polare Substanz erkennt. Bräuchte man einen schlagwortartigen Begriff, so möge (ggf.) das ›Portbewusstsein‹ in diesem Sinne

178 Z.B. Sturma 2006 im Überblick der rezenten neurowissenschaftlichen Forschung und Stellungnahme der Philosophie.

aushelfen, i.e. das Bewusstsein mindestens zweier, eventuell einer Vielzahl von Personen – abgesehen vom steten Anschluss der Menschheit, denn die humane Energie isoliert sich an keiner Stelle auf das perfide oder »krüchtige« (pathogene) Einzelsubjekt – ist einander anhängig, i.e. in einem bestimmten Grade fusioniert (bis hin zu klebe- oder leimartigen Phänomenen) – und die eine nutzt den Anschlag, i.e. Anschluss, das andere zu impulsieren. Das neurowissenschaftliche Procedere benötigt eventuell diesen philosophischen Beistand, in jedem Fall kann Kommunikation unmöglich noch auf den hergebrachten Außenzirkel – über die ausschließlich zu belangende Organik – beschränkt werden).

Was ergibt sich nunmehr? – eine Frage begibt sich in die idealen Bedingungen und müsste untersuchen, ob die methodische *Epoché*, das Cogito, die transzendentale Apperzeption in ihrer methodischen Rigidität genau die Möglichkeit ausklammern, die hiermit thematisch wurde: eine Form des Bewusstseins aufzustellen und zu analysieren, die nicht notwendig nur auf das einzelne Subjekt beschränkt ist. Diese Fragestellung wird, wie bereits bekannt, in der Vorlesung an mehrfacher Stelle weiterverfolgt. Es ist jedenfalls klar, dass die Schlussfolgerung, so wie sie L. konzipiert und durch ein ›Wir‹ erläutert, in die Region des Apriori mündet. Das Bewusstsein verfügt effektiv

- ❖ über die Möglichkeit eines gemeinschaftlichen Vernunftgebrauchs oder eines gemeinschaftlichen Vollzugs der Vernunft.

Es wäre töricht zu behaupten, das Bewusstsein müsse stets über sein Ich stolpern und es sei nicht imstande, in einer gemeinschaftlichen oder kollektiven Teilhabe des Bewusstseins zu denken, Vorstellungen zu entfalten und vernünftige oder andere Schlüsse zu ziehen. So sei an dieser Stelle nur angeschlossen, das Thema der Vernunftwahrheiten resp. eingeborenen Ideen verläuft damit – ohne Diluticrung – in das Gebiet der kollektiven oder Genetik schlechthin. Die ideale Basis meint damit Knotenpunkte der Vorstellung, die sich mit der Energiebasis vererben und unter den Vorstellungen an sich zirkulieren respektive einen vorrangigen Zirkuit stiften. Die präzedenten Kandidaten sind zunächst nicht in der komprimierten Kategorienlehre, hier wiederum bei Kant zu suchen, sondern in den Antonymien.

An dieser Stelle ergeben sich darum zwei weitere Anknüpfungspunkte, die diese Anforderung des Apriori gewiss unterschreiten, aber zu erläutern sind, um der Verwechslungsgefahr zu entgehen und den Überblick zu vervollständigen: einmal die psychologische Identifikation, zum anderen der Instinkt. Der erste sei im Ansatz mit Freud, der zweite ebenso mit Darwin beantwortet, womit sich die Fragestellung (wie angekündigt) in das Gebiet der (klassischen) Autoren begibt.

2.2 Sigmund Freud

Die Frage der Identifikation des Gruppenbewusstseins – dass sich der einzelne mit dem Bewusstsein einer Gruppe identifiziert – mag eine Interpretation Freuds als Schriftsteller erläutern. Die Quelle ist ein Aufsatz von einem Schweizer Literaturwissenschaftler der vergangenen zweiten Jahrhunderthälfte, Walter Muschg, der sich für die anstehende Frage umso mehr eignet, als sich ein Sprachwissenschaftler des Themas annimmt.[179] Die Erörterung mag mit dem Resümee beginnen. Muschg würdigt das Gesamtwerk Freuds, um seine schriftstellerischen Qualitäten zu loben. Es handelt sich also nicht darum, den Psychoanalytiker zu bewerten oder eine kritische Einstellung zur psychoanalytischen Methode einzunehmen oder zu begründen. Freilich bleibt bei der literaturwissenschaftlichen Kritik aber nicht außen vor, inwieweit die psychoanalytische Fragestellung oder die Art ihrer Erhebung auf die sprachliche Form Bezug nimmt oder sich darin niederschlägt. Zum Abschluss des ersten Aufsatzes, der nahezu alle Werke in den Augenschein genommen hat, heißt es jedoch im hiesigen Belang: „'Wir' – sagt er jetzt immer, ‚wir müssen es ohne Klage hinnehmen…'; diese Form hat sich an die Stelle des ‚Ich' in den früheren Jahrzehnten gesetzt und bringt eine werbende Kameradschaftlichkeit, eine Solidarität im Menschlichen herein; sie ist eben das Ziel, das diese letzten Schriften propagieren. Ihr Autor – Freud – identifiziert sich mit seinen Lesern, er macht mit ihnen gemeinsame Sache gegen die Schwierigkeit gewisser Probleme und gegen die Mächte der Dummheit und des Bösen, die sie verfälschen wollen" (591).

Die signifikante Stelle möge hinreichen, um das Wichtigste herauszuheben. Freud identifiziert sich mit seinen Lesern und gebraucht darum die erste Person Plural, also das beständige ›wir‹ anstatt des ›ich‹, der Form, die er in den früheren Schriften bevorzugte. Ist aber die Identifikation dasselbe wir zuvor der Gebrauch des ›wir‹ für eine Gesetzmäßigkeit des Verstandes, ein Bewusstsein, dass sich in der ersten Person Plural an- und ausspricht und hierbei die Gesetzmäßigkeit des Verhältnisses zur Wahrheit oder etwa eines Inferenzschlusses formuliert? Freilich nein, wenn sich F. mit seinem Auditorium identifiziert, dann ist dies ein zusätzlicher Vorgang oder ein bestimmtes Moment, das keineswegs nur in dieser Situation besteht: sich mit dem Bewusstsein einer Gruppe identifizieren meint, das eigene Bewusstsein so zu lokalisieren oder zu orientieren, dass es mit dem Gruppenbewusstsein verschmilzt, eine *bestimmte Fusion eingeht.* Daher

---

179 Die beiden Beiträge: „Freud als Schriftsteller" und „Psychoanalyse und Literaturwissenschaft". In: Walter Muschg: *Die Zerstörung der deutschen Literatur*. Zürich 2009, 576–595. 596–620.

rühren die erläuternden Worte, F. „bringt eine werbende Kameradschaftlichkeit oder eine Solidarität mit dem Menschlichen ein". Dies scheint deutlich dem sozialen Instinkt nahezutreten, der seit Aristoteles (und seiner Interpretation, insb. der jüngeren) auf den Plan getreten ist und seitdem ein Stück Erklärung der menschlichen Natur vertritt – bis zu Darwin, wovon sogleich die Rede. Die Psychologie kennt diesen Instinkt freilich auch, bezeichnet ihn aber nicht mit dem sozialen, sondern einem eigenen Terminus, und dies ist die Identifikation. Bei der Identifikation des Einzelnen mit einer Gruppe, die freilich über das Bewusstsein vollzogen werden muss, fusioniert das Bewusstsein an einer bestimmten Stelle, die fortan und beständig den Brennpunkt dieser Gruppe vertritt. Der *Ton der Kameradschaftlichkeit, die Solidarität mit dem Menschlichen* sei dieser Brennpunkt, der die gegenseitige Identifikation leistet. (Womöglich, würde man sich auf die Analyse einlassen, würde ein anderer Brennpunkt hinzutreten oder die von Muschg genannten, Kameradschaftlichkeit, Solidarität, würden sich weiter differenzieren, aber jedenfalls ihre gemeinte Fusionskraft nicht verlieren). Sodann ist aber für das Bewusstsein zu folgern, der eigentümliche Anschluss oder die Basis der Pluralität ist freilich nicht von der Existenz dieses Brennpunkts abhängig zu machen, seine Markierung oder Anzeige tritt vielmehr nur hinzu. (Gemessen an obiger Symbolisierung tritt offenbar der Fall ein, dass sich der Individualpol in den Gruppenpol verschiebt: ›$|| {}_{I}B^{+} \cong {}_{GR}B^{-} || \Rightarrow || {}_{I}B^{+} \cong {}_{GR}B^{+} \Rightarrow {}_{I}B^{-} \leq 0 ||$‹, vorausgesetzt, plus und minus können (ohnehin) kommutieren und der Energiekreislauf kann ein Positivzentrum aggregieren, i.e., vorübergehend manifestieren. Bzgl. der ›$\cong$‹-Relation, die Kommutativität vorausgesetzt, herrsche nicht mehr die Grundregel, der Energiefluss muss notwendig, überwiegend oder letztlich, von plus nach minus verlaufen). Jedenfalls ist das Bewusstsein, das oben bei L. in der Form ›wir‹ an und für sich apriorische Zusammenhänge vertritt, nicht in diesem Sinne von einer Identifikation abhängig, sondern ganz im Gegenteil. Dies wiederum bedeutet aber nicht, dass Bewusstsein würde erst mit der Identifikation seine polare Substanz offenbaren. Der Fehlschluss liegt auf derselben Ebene wie oben die Frage, ob der soziale Impuls den Zusammenhang des Bewusstseins konstituiert oder vielmehr nur *re*präsentiert, i.e. letzterer ist bereits gegeben. So auch hier, die Substanz, die sich in der Möglichkeit des Gruppenbewusstseins äußert, ist bereits gegeben und besitzt eine eigenständigen Antrieb der Realisierung (Emanation oder Manifestation), der die Identifikation hinzutritt oder den diese wiederum nur repräsentiert, i.e. ausdrückt und mittels spezifischem Signal zum Ausdruck gibt. Selbst für ein Leserbewusstsein, und sei es in seiner wesentlichen Vorstellung (von Störungen des nahen oder ferneren Ambiente abgesehen, die Dimensionalität vorausgesetzt), gilt ja nicht, als würde der Leser hierbei notwendig auf nur sich zurückfallen und als wüsste er sich nicht auch hierbei mit einem bestimmten gleichartigen verknüpft, darin aufgehoben oder, wie hier stets gewählt, darin angeschlossen. Der Leser der Texte Freuds ist also nicht der reine Eremit, ein fürsich vollkommen abgeschlossener »Stubenhocker«, »Sitzer in seiner Klause«, gleichgültig wie man ihn fassen will (wie ihn gleichwohl die maßgebliche Tradition methodisch und, auf tastendes Befragen, konzipiert hat). Das Apriori ist damit nicht negiert bzw. es ist damit nicht der Möglichkeit widersprochen, dass eine philosophische Rede, die sich in der Wir-Form ausdrückt und Gesetzmäßigkeiten der Vernunft zum Ausdruck gibt, diese Gesetzmäßigkeiten nicht in der Form beansprucht, als müssten sie sich notwendig auf ein Einzel- und nur Einzelbewusstsein beziehen und könnten sich auch nur in einem solchen realisieren. Da wiederum aus anderen Quellen wohlbekannt, dass das Bewusstsein polarisiert, sei es in der Gruppe oder in der Menge hin zum einzelnen als Gegenpol – das sog. Massenbewusstsein ist sein enzyklopädischer Titel, gleichwohl proprie ein Phänomen der Neuzeit, wenn ihm die vermittelte Öffentlichkeit beizurechnen –, welche beiden Extreme sich infolgedessen nicht aufheben *noch ineinander aufgehen*, und da das traditionelle Ichbewusstsein ohnehin nach dieser Voraussetzung eine hochgradige, keineswegs beliebige Konzentration des Bewusstseins darstellt, das im Übrigen schon zu Zeiten von Leibniz als ein Zentrum oder „centre“ angesprochen wurde, ergibt sich, dass über die Identifikation und ihren psychologischen Zusammenhang hinaus die Polaritätshypothese unmittelbar mit dieser übereinstimmt bzw. sich nicht nur kein Widerspruch ergibt, sondern beide Annahmen unmittelbar miteinander koalieren. Dies entspricht der generellen Hypothese, die echte Singularität des Bewusstseins zu bestreiten, die seine phylogenetische Erbschaft und Anlage, den kollektiven anstatt des vermeintlich ausschließlich verwandtschaftlichen Codes, verleugnen müsste, als vielmehr beide Ursprünge zugleich anzuerkennen und im Stamm des Bewusstseins, der einst bei Kant für seine Architektur vereinnahmt wurde, zu verankern.

2.3 Zu Darwin

Darwins Evolutionstheorie ist heute wieder nachhaltig im Schwange, da die Errungenschaften und neuen Ergebnisse in den Neurowissenschaften, der Biogenetik, der Biochemie und der Physik als Kosmologie nachhaltig die Frage nach dem Ursprung (a) des Lebens, (b) des Bewusstseins stellen. Hier ergeben sich neue Positionen des Naturalismus und des Reduktionismus sowie der Kausalität, da die Vertreter der Naturwissenschaften die Erklärungsgrundlage auch des Bewusstseins und des Geistes auf ihre Seite ziehen. Diese Zusammenhänge brauchen einstweilen nicht zu interessieren bzw. in extenso dargelegt zu werden, wenn nicht anderwärts bereits Stellung bezogen wurde oder sich relativ leicht aus Theoremen und Bedingungen ergibt. Vielmehr soll Darwins Text selbst dafür einstehen, (i) den sozialen Instinkt zu erklären, (ii) wo liegt die Grenze zum Menschen, ist diese kontinuierlich bzw. graduell oder sprunghaft (Ausdruck eines echten Hiatus), und (iii) welche Rolle spielt die Wir-Rede in diesem Kontext.[180]

Darwin verficht die These und begründet und entfaltet die Theorie des sozialen Instinkts (der Vordersatz freilich wegen der Tatsache, dass die Behauptung bis in die Antike zurückreicht). Dieser Instinkt besagt, der Mensch als Naturwesen – mit bestimmten Trieben und Gaben ausgestattet, die er geerbt hat, und in eine Umwelt gestellt, die von ihm verlangt, sich anzupassen – kann nicht anders, als den Anschluss in einer Gemeinschaft zu suchen bzw. er fühlt sich in einer Gemeinschaft von Artgenossen aufgehoben und entwickelt hierbei entsprechende sympathische oder Gefühle der Befriedigung, wohlgemerkt der sozialen, geselligen, in diesem Sinne eigentümlichen und mit keinem anderen Impuls zu verwechseln. Auf der Grenze dieser Überzeugung finden sich Sätze wie die folgenden:

> (1) „Von seinem Gewissen beeinflusst, wird der Mensch durch lange Gewohnheit eine so vollkommene Selbstbeherrschung erwerben, dass seine eigenen Wünsche und Leidenschaften sich schließlich kampflos und ohne Zögern seinen sozialen Sympathien und Instinkten, sowie seinem Gefühl für die öffentliche Meinung unterordnen" (S. 146).

In dieser Formulierung fühlt man deutlich eine Vorahnung des kollektiven Bewusstseins von Durkheim (ungefähr gleichzeitig, 1880 bis 1. Drittel des 20. Jh.s), denn auch dieser war der Überzeugung, die Gesellschaft ist eine historisch gewachsene Anlage des Menschen, und sie verlangt von ihm einen hohen Grad an Anpassung, die bis zum Zwang reicht. Hiermit wird zugleich die wesentliche Differenz dingfest: Darwin argumentiert grundsätzlich aus der Perspektive des Triebs oder Instinkts, der Motion, die, so wörtlich, in der Seele verankert ist, während Durkheim primär und stetig auf das Bewusstsein reflektiert, in dem sich dieser Trieb äußert oder das diesem Trieb zur Verwirklichung und Vollendung seines sozialen Drangs dient. Darwin unterscheidet wiederum deutlich auch auf der Ebene des Triebs, da die Selbsterhaltung in Verbindung mit anderen Trieben den Fokus auf das Einzelwesen legt, zwischen dem Wechsel der Vereinzelung zur

180 Die vorrangige Quelle ist Charles Darwin. *Die Abstammung des Menschen.* Stuttgart 1966 nach der 2. Auflage 1874, Kap.4 „Die geistigen Fähigkeiten des Menschen und der Tiere".

Ebene der Gemeinsamkeit oder Gemeinschaft. Hier wiederum trifft er die wesentliche Entscheidung und Hypothese des Verhaltensforschers oder Evolutionsbiologen, indem er behauptet, die Intention des Triebs ist normalerweise nicht gegen die ganze Art gerichtet,

- sondern stets vorrangig gegen den eigenen Stamm oder die Gruppe der entweder Tiere oder Menschen, auf die sich der soziale Trieb richtet.

Indem dies auch auf den Menschen zutrifft, liest sich die entsprechende Formulierung im ‚originalen' Wortlaut folgendermaßen:

> (2) „Jedermann wird zugestehen, dass der Mensch ein soziales Wesen ist. Wir sehen es in seinem Wunsch nach Gesellschaft auch über den Rahmen seiner Familie hinaus. Einzelhaft ist eine der härtesten Strafen. [...] Obgleich der Mensch, wie er sich uns heute darstellt, nur wenige spezielle Instinkte besitzt und viele verloren haben mag, die seine Vorfahren besaßen, so ist das doch kein Grund anzunehmen, dass er nicht aus einer sehr entlegenen Periode noch einen gewissen Grad von instinktiver Liebe und Sympathie für seine Gefährten bewahrt haben sollte. Wir sind uns tatsächlich alle bewusst, dass wir solche sympathetischen Gefühle besitzen [mit einer gewissen Aufrichtigkeit, Vf.]. Aber unser Bewusstsein sagt uns nicht, ob sie instinktiv sind, entstanden vor langer Zeit in derselben Weise wie bei den Tieren, oder ob sie von einem jeden von unter uns in der Kindheitsperiode erworben worden sind. Da der Mensch ein soziales Tier ist, ist es ziemlich sicher, dass er seine Neigung zur Treue gegen seine Gefährten und zum Gehorsam gegen den Führer seines Stammes geerbt hat; denn diese Eigenschaften sind fast allen sozialen Tieren gemeinsam" (136–137).

Diese Passage birgt erstens das sichere – aristotelische – Zeugnis vom Menschen als einem sozialen Tier. Die Behauptung ist nahezu deckungsgleich, da A. zwar von einem ›zoon politikon‹ sprach, aber gleichfalls mit diesem politischen Tier zunächst das soziale Wesen der Vergesellschaftung meinte. Der soziale Trieb führt – als Verherdung und Sprachgebrauch, so A. – in die Polis oder in die soziale Gemeinschaft, so Darwin, wobei dieser, wie betont, ausdrücklich den Stamm, die *besondere* Herde intendiert, in der sich die Gemeinschaft manifestiert. Die Menschheit oder alle Menschen, die sich mit dem moralischen Instinkt niederschlagen kann bzw. können, gehört daher der Ebene der Reflexion oder Abstraktion an (m.a.W., das Nominalproblem, die Menschheit, ist, wenn nicht, also gewissermaßen ihre größte Herde. Neuere Untersuchungen zur Ökonomie legen übrigens dar, dass bereits den Römern die neuzeitliche Aggregation halbwegs geläufig war oder wurde).[181] – Weiterhin, wie zitiert, bemüht auch Darwin bei der Formulierung seiner wichtigsten Lehrsätze oder deren Erläuterung die Form der ersten Person Plural. Zwar liest sich das ›wir‹ und ›uns‹ öfters wie die schriftstellerische, mehr rhetorische Formel, dessen ungeachtet fließt sie in die wichtigsten Formulierungen ein und verlangt die Bewertung. Wenn er sagt „Jedermann wird zugestehen, dass der Mensch ein soziales Wesen ist. Wir sehen es in seinem Wunsch nach Gesellschaft…", dann fällt das ›wir‹ im zweiten Satz nicht einfach mit der Allaussage (jedermann) zusammen, als ob die rhetorische Floskel vorübergehend auf diese stärkere logische Form ausweicht (die Konstellation wie in Vormerkung I zu Popper, die Übergehbarkeit wurde bereits im Sinne der dimensionalen Achse des Bewusstseins interpretiert). Das ›wir‹ meint in diesem Fall jeder, verbunden mit der Aussage *p*, in der das Pronomen eingebettet ist (als ob 3. Person und 1. Person in dieser Form eine Alternative bildeten. Der Fall ist kein Sonderfall, freilich kann der definitive Perspektivenwechsel diese Alternative bedingen). Immerhin ergibt sich hiermit die erste Interpretation, dem ›wir‹ genau diese logische Stellvertretung der Allaussage zuzugestehen. (*Anmerkung*. Es liegt auf der Hand, für bzw. gegen dieses ›wir‹ lässt sich das Argument gegen die Allgemeinheit im Sinne der Unmöglichkeit gültiger Induktion verdoppeln. Dieses ›wir‹ ist, streng besehen, erneut nicht abschließbar und ergibt eine konvergente Reihe, deren Limes mit der ersten Person Plural kongruiert. Wenn in diesem Sinne +/- Endlichkeit miteinander koalieren, müsste ε pragmatisch als die gegebene Menge einer Situation festgelegt werden und jederzeit überschreitbar sein.[182] Ergo liegt in diesem ›wir‹ ein apriorischer Fokus, sein +/- – auf keinen Fall rein positivhaltiges – Zentrum ist das angestrebte Konstituens, und selbiger ist mit der Dimensionalität mindestens kompatibel). Wenn er aber formuliert: „Wir sind uns tatsächlich

181 Thomas Piketty. *Das Kapital im 21. Jahrhundert*, München 2014, 110: „Selbst eine Wachstumsrate von 0,2% würde bedeuten, dass die Weltbevölkerung zu Beginn unserer Zeitrechnung nur 20 Millionen gezählt hätte. Dabei weisen die verfügbaren Daten darauf hin, dass die Bevölkerung 200 Mio. überstieg, von denen allein 50 Mio. auf das Römische Reich entfielen".

182 „Konvergiert eine unendliche Folge $\{a_n\}$ gegen einen Grenzwert *a*, so gibt es nur endlich viele Glieder, deren Abweichung vom Grenzwert größer ist als ε, ganz egal, wie klein man auch ε wählt. Man sagt deshalb, es liegen nur endlich viele Glieder außerhalb der ε-Umgebung von *a*. Man spricht auch davon, dass fast alle Glieder in der ε-Umgebung von *a* liegen, wobei mit »fast alle« in der Mathematik »alle, bis auf endlich viele« gemeint ist". (Prof.Dr. Heinrich Hemme. Mathematik. Augsburg 2003, 280).

alle bewusst, dass wir solche sympathetischen Gefühle besitzen. Aber unser Bewusstsein sagt uns nicht, ob sie instinktiv sind, entstanden vor langer Zeit in derselben Weise wie bei den Tieren, oder ob sie von einem jeden von unter uns in der Kindheitsperiode erworben worden sind", dann tritt er in den Zeugenstand, die erste Person Plural wird zum Probanden und ihre Erfahrung bezeugt direkt die Behauptung der Aussage. Mithin kann man (a) einwerfen, dieses ›wir‹ ist Vorstellung, die erste Person Plural geronnen in der Abstraktion, oder aber (b) sogar geradehin und lebhaft, bzw. unmittelbar wirkungskräftig und nicht abstrahiert, Ausdruck der ersten Bewusstseinsfunktion bzw. -scheide (beim Menschen, nicht mit dem andernorts bezeichneten Schisma zu verwechseln), die sich nicht endgültig (wiederum plus oder minus) entscheiden lässt, gewiss mit der Polarität kompatibel (wenn nicht unmittelbar deckungsgleich) und in jedem Fall die Definition verlangt. In letzterem (quasi operativem, unmittelbar wirkungskräftigen) Sinne war jedenfalls das Gruppenbewusstsein gemeint bzw. dies war das Ziel seiner ersten Interpretation, und so sei auch Darwin für diese Form beansprucht (die dimensionale Basis ausdrücklich eingeschlossen, die sich von der tierischen abhebt bzw. diskriminiert). – An dieser Stelle bleibt eingehender zu klären, welche Rolle spielt das Bewusstsein, dass er immerhin selbst bezeichnet und anführt. Da nicht die zuvor ermittelte Identifikation (im Sinne Freuds) seinen theoretischen Impuls und Fragestellung erfüllt, denn die gesuchte Erfahrung zur Wirkungsweise des sozialen Triebs ist fundamental und nicht schon mit einer bloßen Identifikation (wie Solidarität oder dergleichen) erfüllt, wird man ihn dahingehend verstehen dürfen, es, das Bewusstsein, begleitet beständig den sozialen Antrieb oder Drang, da er überdies mehrfach formuliert, dieser soziale Trieb, wohlgemerkt der Antrieb, der stets in die Gemeinschaft führt oder sich an dieser orientiert, sei „fast immer gegenwärtig (als Instinkt der Sympathie) bzw. als sozialer Instinkt „immer gegenwärtig" (142, 143). Demnach steht der Annahme nichts entgegen – um gewissermaßen Farbe zu bekennen oder die Lücke nicht auszulassen –, dass

- (i) das Bewusstsein als Träger des sozialen Instinkts an und für sich beständig kommuniziert oder dass (ii) nicht davon auszugehen ist, es würde sich das Bewusstsein, nicht schon der Instinkt, jemals im natürlichen Leben soweit vereinzeln, dass es sich in der auseinanderstrebenden, in diesem Sinne weitstrebigen Landschaft vollkommen isoliert wie (a) der Häftling, (b) Eremit, (c) leibhaftige Mönch oder (d) der einzelne Wilde, ja selbst nicht als (e) möglicher Mutant (dies sei ein Wildling wie nicht Pfropf sondern Reis, welcher in seinen angeborenen Eigenschaften über spezifische Abweichungen der Vorstellung und/oder Komunikabilität/Lesbarkeit verfügt): sondern ganz im Gegenteil, alle (und nicht ‚alle bis auf endlich viele', die Grenze auf ε in der Konvergenz) erleben den Anschluss natur- oder in diesem Sinne energiebedingt (soweit nicht lädiert, anderweitig krankheitsbehaftet oder aus ähnlichen, unmittelbar energiebedingten Gründen ausgeschlossen, etwa Trauma oder technisch-synaptisch erwirkte, und damit unechte Ablenkung. Letztere Erscheinungen bewirken infolgedessen nur die flecken- oder strangartige Einschränkung der zuletzt kulturell geprägten »Gemeinfistel« – sie neigt gleichermaßen zu beständiger Extremierung wie konstanter Inhomogenität, wofür nicht nur verantwortlich, dass sie satzungs- oder definitionsgemäß das echte, wirkliche Bewusstsein der Menschheit aufnimmt –, nicht aber eine Änderung der Basisbedingung (was als Tautologie und nicht Zirkel gewertet sei, eine Folgerung, die stets in Erscheinung treten muss, wenn ein nichtalternierbares Fundament zu erläutern ist). Jene ›Gemeinfistel‹ meint demnach (i) den inliegenden Gemeinknoten des Bewusstseins, welcher den dimensionalen Anschluss jeglichen Bewusstseins aufnimmt und wiedergibt, dabei unmöglich im Sinne einer ideal-euklidischen Homogenität – die sich als unbedingte, satzungsgemäße oder ideal verfasste Gleichförmigkeit stets nur nach außen werfen lässt –, sondern ganz im Gegenteil hochgradig – über Gruppen, Gesellschaften und Nationen – polar-zerstreut, und (ii) als Kollektivknoten das entsprechende Engramm verkörpert, welches, je nach Zugangsweise, dem historischen Subjekt – als ein gesellschaftlicher bzw. Akteur einer Plurigeneration – oder kollektiven Gedächtnis zugrunde liegt). Selbst (a) bis (e) bleiben somit an das Basisbewusstsein gebunden, dies sei das energetische, das unmöglich an irgend Stelle abbricht und ein einzelnes bzw. tatsächlich singuläres Bewusstsein zurücklässt – woraus wiederum der Sinn der Haftstrafe oder Isolationshaft wirksam und bedingtermaßen, in der Gewahrhaltung des Anschlusses, einsichtig wird. (Die hier ebenso anzusetzenden Diskriminierungskräfte und Bestrebungen der bzw. im Gesellschaft(lichen) mögen mit dieser Bemerkung wenigstens einhergehen und einen Anteil ihrer Entschlüsselung erfahren: die Grundrechtsproblematik oder -setzung wäre unvollständig und inkonsistent, würde sie die erläuterte Basis tatsächlich verleugnen oder auch nur verkennen).

Also besteht eine Wechselseitigkeit (die schon bekannt),

- indem sich der soziale Instinkt am *gemeinsamen* Bewusstsein artikuliert, umgekehrt das gegebenenfalls sich vereinzelnde Bewusstsein am gemeinsamen oder sozialen Instinkt.

Wenn D. also an einer Stelle in Richtung der Philosophie formuliert:

(3) Da aber Liebe, Sympathie und Selbstbeherrschung durch die Gewohnheit stärker werden, und auch die Kraft der Überlegung immer klarer wird, so dass der Mensch die Urteile seiner Mitmenschen auf ihren Wert hin prüfen lernt, wird er auch unabhängig von vorübergehenden Lust- und Unlustgefühlen zu einer bestimmten Lebensführung geführt. Dann wird er erklären können – und wird sich weit über den Barbaren oder den unkultivierten Menschen erheben –: ich bin der höchste Richter meines Verhaltens; oder mit den Worten Kants: „Ich will in meiner eigenen Person nicht die Würde der Menschheit verletzen" (138).

Die Argumentationsbasis ist auch für den Philosophen wohl vertraut, die Hintergründe des Sensualismus – Locke und Hume – scheinen deutlich hindurch, insoweit es gilt, (a) antonyme (also einander direkt entgegengesetzte, nicht etwa anonyme) Willens- und/oder Bewusstseinsregungen, (b) die Gewohnheit in ihr Recht zu setzen. (Übrigens ist an dieser Stelle eine kritische Anmerkung vonnöten, denn keineswegs sollte die Überlegung durch Gewohnheit auch klarer werden, als nicht vielmehr das Gegenteil – Verdeckung der faktischen Serie und ihrer regel-unregelmäßigen Statur –, und oft genug einer möglichen Täuschung erlegen, dem Schein oder einer bedingten Abmachung unter mehreren, dies sei eine Form der Konvention. Dennoch ist es wahr, dass durch Überlegung in widerstrebenden Impulsen bzw. bei Überlappung von Phänomenen die Überlegung zur Klarheit verhilft). Jedenfalls zieht D. an dieser einzigen Stelle den Zirkel bis auf die Grenze der Gegenseite seines Anliegens, (i) nicht nur den Eigentrieb oder das Einzelbewusstseins zu umreißen (das immerhin mit Hunger, Sexualtrieb und Selbsterhaltung dingfest wird), sondern selbiges auch auf die abstraktive Höhe zu führen – und in die erste Person Singular zu wechseln; so dass nunmehr, auf der Grenze zum sozialen Bewusstsein, das Ich in der Darstellung oder theoretischen Veranlagung insgesamt manifest wird. Freilich ist die Menschheit jetzt (als „Würde der Menschheit") Idee oder primär abstrahierende bzw. abstrakte Vorstellung, (dem Vernunftbegriff Kants vergleichbar, gesetzt die Reihenbildung und Totalität des Unbedingten soll ihn erschließen), daneben darf aber weder vernachlässigt noch ausgeschlossen werden, dass die soeben bezeichnete ›Gemeinfistel‹ des sozialen und tatsächlichen Bewussstseins in diesen moralischen Standard hineinwirkt. Durch bloße Abstraktion oder (verkürzende, den begrifflichen Brennpunkt erzeugende) Vorstellung überwindet das Bewusstsein nicht den Zwang seines Anschlusses, der vielmehr Grenze an sich.

Um zusammenzufassen, ›wir‹ bezeichnet demgegenüber ein zeugenhaftes oder Erfahrungsbewusstsein, dass unmittelbar zur Grundlage der Aussage über die wichtigsten sozialen Gefühle dient. Die Empirie der Behauptung bindet sich an die Form einer Wir-Aussage. Das ›wir‹ oder ›uns‹ ist außerdem ein Wechselterm, um die logische Allposition zu vertreten ($\forall x$ f(x), und für ›$\forall$‹ tritt ›1PP‹ ein). Die Gewohnheit oder Gewöhnung, die D. im letzten Zitat und häufiger für die Intensität des sozialen Instinkts – und seines Bewusstseins – anführt, erlebt sich nicht rein subjektiv oder individuell (im Übrigen kein Begriff, der von seiner Theorie her besonders zu forcieren wäre), sondern im sozialen Bewusstsein selbst oder in der Zwischenspanne bzw. im Wechselfeld des individuellen zum sozialen als gemeinschaftlichen Bewusstsein hin. Wenn D., wie zitiert, formuliert, „Wir sind uns tatsächlich alle bewusst, dass wir solche sympathetischen Gefühle besitzen. Aber unser Bewusstsein sagt uns nicht, ob sie instinktiv sind, entstanden vor langer Zeit in derselben Weise wie bei den Tieren, oder ob sie von einem jeden von unter uns in der Kindheitsperiode erworben worden sind", i.e. phylo- versus ontogenetisch, dann wird man für die Form des Bewusstseins, derzufolge diese Erfahrung als unmittelbar und geradehin erlebt und geäußert wird und der Zusammenhang zwischen Einzel- und gemeinsamen Bewusstsein nicht abreißt oder die bekannte, oft betonte objektivierende Kluft ergibt, auch hypothetisch, also streng annehmen dürfen, es zeigt die bekannten Formen der Konfundierung wie beim perzeptiven Einzelbewusstsein:

- die Konfundierung liegt hier auf dem oder im Knotenpunkt von phylo- und ontogenetischem Bewusstsein,

(eine eigentümliche Schicht und Verreihung, anstatt stets nur in der Wurzel des Eigen- oder subjektiven Bewusstseins), und man sollte geradezu abstrakt, also theoretisch erwarten, dieser Knoten muss existieren, wenn überdies beide Stränge (Erfahrung der Kindheit versus vererbte instinktive Erfahrung respektive Gewöhnung, die wiederum mit der Gattung oder unbedingten Pluralität einhergeht): es liegt nahe, an dieser Stelle den einschlägigen Begriff ›Stamm‹ bzw. Stämme einzusetzen. Um es anders zu formulieren: da die Fusion als basale Kraft – genauer als anhängige Eigenschaft der basalen Bewusstseinsenergie – in das Bewusstsein eindringt (Traum, Illusion, verworrene Vorstellungen, affektives Verhalten, die Triebhaftigkeiten auf der unkontrollierten Seite, versus distinkte Brennpunkte, Amalgamierungen der Begriffe und Anschauungen bis hin zu +/- geordneten Taxonomien auf der entgegengesetzt kontrollierten Seite, die Tradition des sog. analytischen

Begriffs bzw. Urteils eingeschlossen),[183] muss sich selbige auch zeigen, sobald es auf die soziale oder gemeinschaftliche Seite wechselt. Das ›wir‹ ist demnach, unter Umständen, nichts anderes als der definit entgegengesetzte (und freilich polare bzw. *fokale*) Konzentrationspunkt oder jenes *Gegen*zentrum, das dem Ich als Zentrum andererseits schon seit einigen Jahrhunderten zugesprochen wurde (Leibniz. Monadologie und PNR, §12: „Aus der Vollkommenheit des höchsten Schöpfers folgt auch, dass nicht allein die Ordnung des ganzen Weltalls die vollkommenste ist, die es geben kann, sondern dass auch jeder lebendige Spiegel, der das All gemäß seinem Gesichtspunkt darstellt, das heißt jede Monade, jedes substanzielle Zentrum seine Perzeptionen und Strebungen auf die beste Weise geregelt haben muss, so dass es mit allen übrigen verträglich ist“[184]).

2.4 Zusammenfassung

Wie man sieht, es gibt verschiedene Gründe, dieses substanzielle Zentrum oder diesen Mittelpunkt im nunmehr doppelten Sinne zu veranlagen. Nicht allein, dass es – von Leibniz her – einen singulären Standpunkt im Universum verkörpert und ausdrückt (wie stets der Unterschied zwischen effektivem Sein und *Re*präsentieren, freilich die Basis des sich bald abzeichnenden ›Subjekts‹, das die Monade überwinden und vergesellschaften wird, abgesehen von der Bewusstseinsscheide, die noch nicht im eigentlichen Sinne namhaft wird), sondern – von Darwin und der evolutionsbiologischen Grundlage her – ein Element

---

183 Mit letzterem sei ausdrücklich behauptet, wenn Kant von dem Urteil »Alle Körper sind ausgedehnt« versus »schwer« (gleich synthetisch) annimmt, das Merkmal des ›Ausgedehnten‹ sei analytisch im Begriff ›Körper‹ enthalten, dann unterstellt er eine Fusion zwischen diesen versus ›schwer‹ aus der vorausgesetzten Begriffsmatrix oder Taxonomie, (die er freilich nicht expliziert; dass Körper ein empirischer und nicht etwa reiner Begriff ist, vorausgesetzt, und freilich müssen auch die reinen in die Bedingung einbezogen werden: sie markieren die apikalen Knoten der größten Unbeweglichkeit bzw. Unveränderlichkeit; für die Subjektstelle möge statt ›Substanz‹ ›Ding‹ oder ›Etwas‹, ›hypokaimenon‹ stehen, wie auch Kant zwar nicht ›Wesen‹ oder ›Seiendes‹, aber das ›Beharrende‹ setzt); einfache Beispiel für den Nachweis der klassifikatorisch wirksamen Fusionsstelle seien etwa ›Hausfrauen‹ versus ›Frauenhaus‹, ›Ärztehaus‹ versus ›Hausärzte‹, ›Großbahnhof‹ versus ›Bahnhofgröße‹ etc., der Kern einer systematischen Explizierbarkeit (die nicht auf die Sprache L = Deutsch eingeschränkt sei: Sprachen mit ›de‹ oder ›of‹ sind damit nicht notwendig defusionierend bzw. -frei).

184 Deutsch-französische Ausgabe der *Principes de la nature et de la grace/Prinzipien der Natur und Gnade*. In: Philosophische Schriften Band 1, Frankfurt/Main 1996, 430–431.

in der gesamten Gattung. Leibniz ist (aufgrund der von ihm angestrebten Substanzlehre) rigoroser in der Vereinzelung, indem die Perzeptionen zwar alle aufeinander abgestimmt sind und in diesem Sinne notwendig miteinander kommunizieren (freilich nicht seine Ausdrucksweise), aber der Standpunkt dieses Zentrums und die Perspektive, die dieser bedingt, sind tatsächlich jeweils ein Einzelnes oder, streng terminiert, eine Singularität. Dies ist von Darwin her nicht mehr möglich, abgesehen davon dass auch oben für die Existenz des Gruppenbewusstseins die ontische Bedingung der vermeintlichen Singularität des Bewusstseins in Abrede gestellt wurde: Energiebasis und -feld, an dem das Einzelbewusstsein notwendig teilnimmt, lässt diese absolute Finität nicht zu. Weiterhin sondert sich der Instinkt, der des Bewusstseins bedarf, um sich zu orientieren und zu befriedigen, *sofort* unter allen Lebewesen, ihren Arten und wiederum insbesondere Gemeinschaften oder Herden, und hier wäre es unmöglich, ihn in dieser standhaften Vereinzelung als nur noch unbedingtes Element zu erblicken – er muss sich verzweigen, und nimmt überall mit Notwendigkeit ein Moment der Pluralität auf, so dass man das ›Element‹ im eigentlichen (klassisch-puristischen, in sich abgeschlossen einfachen, mithin unverschmolzenen bzw. nicht fleckenhaft-molekülartigen) Sinne nicht mehr behaupten bzw. beanspruchen darf. Die Achse Darwins bewegt sich demnach mit Übergewicht in der Phylo- als Ontogenesis, oder die Substanz bewegt sich (quasi tautologisch) in die und der Menge, und generell zeichnet sich ab, dass diese, die Menge, einen allgemeinen wissenschaftstheoretischen Vorrang über das Element, das Einzelne oder erneut die Substanz für sich vereinnahmen wird – die Entwicklung des 19. Jahrhunderts oder die Basis des 20.Jhs, ja der aggregierten Menschheit künftiger Jahrhunderte.

3. Searle und das Gruppenbewusstsein

3.1 Systematische Defizite herkömmlicher Auffassungen

Der theoretische Hauptteil dieser Vorlesung, der vor allem die Abgrenzung des Gruppenbewusstsein vom Einzelbewusstsein zu erübrigen und demnach zu erklären hat, was dieser Gegensatz bedeutet und warum man das Bewusstsein im strengen Sinne nicht nur auf der Basis des Individualbewusstseins ansprechen kann, muss schließlich auch den Ansatz bieten, um die Anschlüsse an die Gesellschaftstheorie auf der einen Seite, und die politische Theorie oder Staatstheorie, letztere auch als Staatsrecht, zu gewährleisten. Denn es dürfte zunächst klar sein, dass jede Rede von Staat oder Nation auch einer Beziehung auf das Bewusstsein bedarf, um einmal seinen eigenen Belang – was ist staatsrechtliches oder überhaupt staatliches Bewusstsein –, sodann die Beziehung zum einzelnen nachweisen zu können und weder den Staatsbegriff, noch den Einzelnen in jeder Hinsicht in einem Schwebezustand zu lassen. Wie mehrfach betont, so bedarf es auch hier kaum der erneuten Bemerkung, dass die klassische Theorie oder Philosophie mit ihrer strikten Besinnung und methodischen Beschränkung auf das Einzelbewusstsein an dieser Stelle ein historisches Defizit hinterlassen hat. Die Monade, die Person des cogito sum, der ‚sensator' im Sinne der Person, die theoretische Empfindungen besitzt, die Person der transzendentalen Apperzeption, dann überhaupt das Ich des Idealismus (oder ideale Ich, Seele, Person im Kontext der Dialektik), die Person bzw. Subjekt der phänomenologischen *Epoché* (Husserls), weiterhin auch der Sprecher, der sich an den umgangssprachlichen Sprachspielen orientiert, schließlich auch der Urheber oder Vollzieher der Sprechakte bis hinein in die Wahrheitstheorie[185] bedarf eines bestimmten Anschlusses an die Vorstellungen von Nation, Staat und generell jenes Kollektivs, das diese Vorstellungen teilt, ihr tatsächlicher Urheber ist (jenseits resp. nicht absolut konvergent mit der sprachlichen Form), damit umgeht oder sie in einem kulturellen Umfeld rezipiert und aufnimmt; und sich nicht – der einfache und gültige Umkehrschluss – auf das Einzelsubjekt beschränken lässt. Da die Philosophie betroffen, legt sich die Suche nach dem Modell nahe bzw. wenigstens die Basisunterscheidung so zu finden und zu legen, dass sie als Modell dienen kann. Wie bereits im vorherigen Teil vorgeführt, wäre es zu kurz gedacht, sich nur in der Moderne umzusehen. Fundierte Redeweisen im klassischen Zeitalter, die in Verbindung mit der Darlegung wesentlicher Theoreme auf die Erläuterung durch ein ‚Wir' ausweichen oder darin übergehen, müssen bereits so verstanden werden, dass sie der Vernunft eine *unmittelbar kollektive Basis* unterstellen, also gerade kein Wesen, das von der solitären Vergewisserung des Einzelsubjekts abhängig ist, um erst das Ergebnis, den Grenzwert der subjektiven Konzentration, durch Reihenbildung und eingeschriebene Summe auf eine Pluralität zu bringen – die wiederum reflexiv wäre, obgleich sie der Vernunft wenigstens unterstellt, sie lässt sich kommunizieren, ja es lässt sich auch um sie wetteifern. Ganz im Gegenteil, beiderlei setzt eben voraus, diese kollektive Basis ist bereits vorhanden oder tatsächlich Bedingung a priori, um die Kommunikation einzugehen oder gar um ihren Rang und Stellung zu

185 Vgl. Wolfgang Künne. „Disquotationalist Conceptions of Truth." In: Richard Schantz (ed.). *What is Truth*? Berlin-New York 2002, 176–194, insb. §3, 188ff, versus Wilhelm Kamlah. „Wahrheit und Wirklichkeit. ‚Wahr' und ‚falsch' (die interpersonale Verifizierung)". In: Skirbekk 1977, 483–496, insb.490–91.

wetteifern (denn jeder Knoten bedingt Steigung und spezifische Brisanz der Vereinnahmung). Die einführende Passage zu Kant legte ihn bereits in diesem Sinne aus, als ob er stillschweigend, jedenfalls ohne Widerspruch genau diese Voraussetzung für den Gemeinverstand unternimmt, in einer so wichtigen Frage, wie Wahrnehmung zustande kommt und sich die Erkenntnis der Dinge herleitet. (Die öfters als Modell von Kant abgeleitete Intersubjektivität (als Verfahren der Kollektiveinigung, so etwa in Poppers Logik der Forschung bzw. ‚Erkenntnislogik')[186] kann demnach nicht die einzige Basis darstellen, ein rationalitätsgeprüftes Bewusstsein in seine Pluralität zu überführen oder auf dieser Basis zu vereinnahmen). Im Folgenden wird das Problem an dieser Stelle noch einmal an Searle umrissen (in der Vorlesung kamen bzw. sollten Cicero, Hegel und Wittgenstein zur Sprache kommen, stets wegen eines nicht eigens reflektierten konstitutiven Wir-Gebrauchs).

3.2 Paradigma des Wir-Subjekts

Zunächst also ein (erneutes) Zitat aus John Searle's *The Construction of Social Reality*, der selber in einem nicht geringen Umfang der Sprechakttheorie zuzurechnen ist bzw. seine Theorie, welche die Nähe zur sprachlichen Fundierung sucht, mit einer eigens entfalteten Sprechakttheorie verbindet. Der Sprechakt meint generell jene praktische oder theoretische Handlung, mit der ein Sprecher (a) eine bestimmte Intentionalität verfolgt, (b) selbige durch eine konventionell vereinbarte Äußerung zum Ausdruck gibt, und (c), da er sich auf diese Konvention verlässt, auch damit rechnen kann, dass seine Intentionalität in diesem Sinne von einer oder mehreren an der Sprechhandlung teilnehmenden Personen verstanden wird (Beispiele: das Versprechen, die Bitte, die Aufforderung, die Frage, die Anzeige einer bestimmten Verhaltensweise in einer bestimmten Situation. Die Sprechakttheorie geht auf Austin zurück und genießt bis heute eine gewisse Rezeption an den Universitäten, sowohl unter Linguisten als Philosophen). In Verbindung mit dem Zitat ist aber nicht eigentlich die Sprechakttheorie thematisch, sondern die Frage, wie kommt hierbei gemeinschaftliches oder Gruppenbewusstsein, bzw. für Searle, wie bereits dargelegt, kollektive Intentionalität ins Spiel, und dies insbesondere modellhaft. Es lautet:

186 S.o., Einleitung unter (C).

"Property begins with the idea that I have got this, it is mine. Marriage begins with people simply living with each other, and in the case of monogamous marriage, having a sexual monopoly on each other. Why are we not satisfied with these arrangements? Why is it not enough that I possess this in the sense that I have physical control over it and why is it not enough that we just live together? Well, for some people and perhaps for some simple societies it is enough; but many of us think we are better off if there is a system of collectively recognized rights, responsibilities, duties, obligations, and powers added onto – and in the end able to substitute for – brute physical possession and cohabitation" (1995, 81).

Keine Frage, an diesem Zitat interessiert vor allem die Schlussfolgerung: „Viele von uns denken (oder sind der Ansicht), dass wir besser dastehen, wenn es ein System kollektiv anerkannter Rechte, Verantwortlichkeiten, Pflichten, Verpflichtungen und Vollmachten gibt, die dem rohen [oder baren] physischen Besitz und der Kohabitation (i.e. Zusammenleben) hinzugefügt werden – und letzten Endes imstande sind, diese zu ersetzen" (*Anmerkung*: ›auch anerkannter Rechte/Verantwortlichkeiten/Pflichten/Verpflichtungen und /Vollmachten‹ oder ›\anerkannter Rechte\Verantwortlichkeiten\Pflichten\Verpflichtungen und \Vollmachten‹, das System bezeichnet offensichtlich gleichermaßen die (monotone) Möglichkeit des Auf- wie Absteigens, jedenfalls bedient es keine Einheiten nur einer oder zweier Ebenen, wohlgemerkt an *denselben* Elementen, eine Tatsache, die leicht Verwechslung und Konflikt hervorrufen kann). Dieses Zitat bedarf zwei Erläuterungen, erstens zum Verständnis unter der Voraussetzung von Searles Theorie, zum anderen in der Einbettung in diesen Kontext. Das Zitat verkörpert

a) ein Muster für die an anderer Stelle eingehend vorgeführte Erläuterung der theoretischen Regel, durch die eine institutionelle Tatsache (*institutional fact*) entsteht; sie verkörpert

(b) ein Paradigma für die Übersetzung der *kollektiven* oder gemeinschaftlichen Instanz in ein, scil., vorgestelltes *Wir-Subjekt*.

Dies sollte freilich eine Folge der Tatsache darstellen, dass sich diese Theorie oder Philosophie auf einen Zweig der *ordinary language* Philosophie stützt, verbunden mit der Sprechakttheorie. Alle Theoreme und Theoriebildungen werden darum einmal an ihrer Grenze, zum anderen in ihrer gewöhnlichen Manifestation am Sprachgebrauch gemessen bzw. wie sich das Theorem als sprachliche Regel, als Sprechakt oder als Sprachgebrauch niederschlägt. Aufgrund dieser Voraussetzung begegnet symptomatisch und mit methodischer

Belastung versus Belastbarkeit nicht das Ich-, sondern insbesondere Wir-Subjekt, das als Träger der Theoreme fungiert. Bevor dies eingehender erläutert wird und ob diese Zuordnung Notwendigkeit impliziert, sei aber der Punkt (a) kurz in Erinnerung gerufen, in dem diese Trägerfunktion des Wir-Subjekts wirksam wird.

Searle begreift institutionelle Tatsachen wie, exemplifiziert, den Gebrauch von Geld, in einem bestimmtes Amt gewählt zu werden, sich zu verheiraten, ein Haus zu besitzen oder zu veräußern, als Folgerungen der Wirksamkeit einer Regel, die lautet: „X zählt als Y in C". Hierbei ist im Grundansatz X der bloße physische oder akustische Bestand, letzteres wenn es sich um eine Äußerung handelt, Y ist der institutionelle (oder kollektive) Status, mit dem dieser Roh- oder Basisbestand ausgestattet wird, und C ist der standardmäßige oder normative Kontext, jedenfalls unerlässliche Kontext, damit dieser Status erwirkt und wirksam werden kann. Dies Verständnis und seine Erläuterung ist einfach genug, so dass etwa die zeremonielle Handlung der Aussprache bestimmter Sätze oder auch eines einfachen „Ja", nachdem der Standesbeamte das Paar, jeden einzelnen, fragt, ob er oder sie gewillt ist, diesen oder diese zur Ehefrau bzw. Ehemann zu nehmen, nicht eine gewöhnliche Aussage darstellt, sondern einen bestimmten institutionellen Akt, der das Beisein und die konstitutionelle Einflechtung in einen vorgesehenen Gesprächsrahmen des Standesbeamten, und übrigens auch der besiegelnden Trauzeugen, bedarf. Für Searle's – und freilich nicht nur seine – Einschätzung spricht darüber hinaus die Tatsache, dass diese zeremonielle Handlungsweise bzw. gekürzt Zeremonie auf eine Jahrhunderte lange Entwicklung und Einschleifung – Wiederholung selbiger Akte über die Generationen hinweg – verfügt. – (*Anmerkung*: diese Einschleifung meint nicht nur die eingeschliffene Übung, also eine bloße Gewohnheit und Gewöhnung, sondern tatsächlich eine bestimmte Beziehung auf die Schleife, dies sei der ›Zirkuit‹, resp. auf einen zirkulierenden und *in sich affirmativen* – sich gegenseitig bestätigenden – Zusammenhang, der noch deutlich werden soll. Mit dem Zirkuit, insb. einem institutionellen oder wenigstens institutionalisierten (geordneten) Kreislauf, entstehen Stellen des gegenseitigen Einschlusses und Ausschlusses, wobei letztere gemeinsam oder *als Funktion* dahingehend wirken, den Zirkuit abzuschirmen oder existentiell dingfest zu machen – freilich kann dies nicht ein bloßer Zyklus oder einläufiger Kreislauf sein, denn in diesem Fall würde bestenfalls ein plus mit einem minus im Anfang und Endpunkt koinzidieren oder eine gesamte Affirmation über den Durchlauf des Kreislaufs sich gegen eine Negation insgesamt der Außenbeziehung behaupten).

Nun erläutert S. diese Regel, wie zitiert, durch die Formel oder Phrase »viele von uns denken (oder sind der Ansicht), dass wir besser dastehen, wenn [es ein System kollektiv anerkannter Rechte, Verantwortlichkeiten, Pflichten, Verpflichtungen und Vollmachten gibt]«. Dieses Viele von uns denken oder sind der Ansicht dass (gleich A), verbunden mit einem kollektiv verstandenen und in Gebrauch befindlichen System (gleich B), ist Kehrseite oder gleichwertig mit seiner Erklärung, dass sich die logisch primitiven Vereinbarungen in institutionelle verwandelt haben oder in einem hierarchisch vorgeordneten Sinne dafür stehen, wobei, so wörtlich, die kollektive Intentionalität für die Errichtung oder Etablierung dieses Status verantwortlich ist („just in the case of money, we have imposed, by collective intentionality, new status-functions on things that cannot perform those functions without that collective imposition") (1995, 81). Die Definition verlangt, wie deutlich zu sehen, den Einschluss des modus tollens oder der Kontraposition, i.e. ›wenn A ⊃ B‹, und in ›B‹ die kollektive Intentionalität unter ›A‹ wirksam wird, indem sie den institutionellen Status etabliert, hier generell von Geld oder einer Währung, dann gilt im strengen Sinne der Umkehrschluss, ›nicht-B ⊃ nicht-A‹. (Geld, ein bloßer Geldschein, existiert damit erst, wenn eine kollektive Absicht und Verabredung dahintersteht, denn freilich kann eine subjektive und arbiträre Verabredung unter mehreren bereits einen Wertgegenstand erzeugen, aber selber ist äußerst fallibel und sofort hinfällig, wenn ein fremdes Subjekt über die Verabredung nicht in Kenntnis ist).

3.3 Diskrepanz zwischen kollektiver Intentionalität und institutionellem Status

Dies ist einfach genug und bedarf womöglich keiner weiteren Erläuterung. Wohl aber gilt es sich zu fragen, ob ›A‹, die generelle Charakterisierung des Wir-Subjekts bzw. der bestimmten Denkweise und Handlung, welche als kollektive Intentionalität notwendig einzubringen ist, damit der institutionelle Status gewährt werden und sich etablieren kann, auf das Subjekt der 1. Person Plural zu reduzieren ist oder wiederum überhaupt notwendig damit verknüpft ist. Dies ist, a priori, in Abrede zu stellen oder diese wenigstens Verallgemeinerung ist nicht zwingend. Man möge folgende Sätze vergleichen:

(1a) The Commission welcomes the Agency's commitment to assist Member States in developing a common methodology for the recording and collection of data on hate crimes and to coordinate for that purpose a dedicated sub-group of the newly created EU High Level Group on combating racism, xenophobia and other forms of intolerance.

(1b) Die Kommission begrüßt das Engagement der Agentur, den Mitgliedstaaten bei der Entwicklung einer gemeinsamen Methode für die Aufzeichnung und Sammlung von Daten Beistand zu leisten und zu diesem Zweck eine eigenständige Untergruppe der neu gegründeten hochrangigen EU-Gruppe über den Kampf gegen Rassismus, Fremdenfeindlichkeit und andere Formen der Intoleranz zu koordinieren.

(2) Die Kommission begrüßt das Bemühen der Agentur, das öffentliche Bewusstsein über die Grundrechte anzuheben (strategisches Ziel 5 – Abschnitt 1.5).

Zunächst mit (2) begonnen, warum sollte das Bemühen der Agentur (es ist die europäische Agentur für Grundrechte, damit beauftragt, die Umsetzung der Grundrechtscharta in der neuen europäischen Verfassung zu untersuchen und prinzipiell durch eine ständige Berichtspraxis gegenüber der Kommission und dem Parlament zu überwachen), warum sollte das Bemühen dieser Agentur, in der verschiedene Wissenschaftler, Beamte und ein Leitungsgremium fungiert, ausdrücklich durch ein (und insb. nur durch ein) ›Wir-Bewusstsein‹ anzusprechen sein? Warum zweitens, wenn die EU-Kommission über eine interne Mitteilung mit dieser Agentur kommuniziert, sollte das hierbei wirksam werdende Bewusstsein wiederum als ein ›Wir-Bewusstsein‹, sodann im Sinne einer kollektiven Intentionalität angesprochen werden? Beide Instanzen sind wesentlich vermittelt, dies möge heißen nicht-spontan, und so benötigt einmal die Intentionalität, welche die Kommission oder ihre hier wirkenden Vertreter (in der quasi-Behörde) motiviert, zum anderen diejenige der Agentur selbst ein Bewusstsein, das in sich vermittelt ist, insbesondere ein Bewusstsein, das in Verbindung mit den fraglichen Sachverhalten genau die Mitglieder dieser jeweiligen Gruppe umfasst bzw. erfasst. Gewiss haben gemäß der Regel ‚X counts for Y in C' jedes dieser Mitglieder ihren spezifischen Status, und man kann durchaus zugestehen, dass dieser Status von einem bestimmten kollektiven Akt, verbunden mit der zugehörigen Intentionalität, abhängig ist, der jeweils die betroffenen Personen in genau diesen Status hebt oder mit diesem Status bekleidet, eben Mitglied der Kommission oder aber der Agentur zu sein. Nun kommt es in dem Verkehr aber auf diesen Status als solchen nicht mehr an – er gilt als ohnehin gegeben oder impliziert. Daher ist auch die Direktheit, mit der dieser Status kraft kollektiver Intentionalität zu etablieren wäre, nicht mehr im Spiel, sondern bereits gewährt (oder, um es ausdrücklich zu machen, nicht negiert): um genau die Aufgaben oder Problemlagen zu besprechen, mit denen die Agentur seitens der Kommission beauftragt oder in ihrer jeweiligen Arbeit reflektiert wird. Da also das Wir nicht mehr im Sinne der Erbringung des relevanten Status konstitutiv ist, gleichwohl ein gemeinsames Bewusstsein, noch dazu in einer notwendigen Parteilichkeit (im Sinne der fundamentalen Seitigkeit, also im legalen oder Sinne der Verfasstheit und des Verkehrs von Parteien) verlangt ist,

- ❖ sei das entsprechend konstitutive Bewusstsein ein Gruppenbewusstsein genannt.

Die Kommission bzw. ihre Vertreter handeln aus einem bestimmten freilich individualisierten, aber nicht letztgültig oder einzig individualisierten Gruppenbewusstsein heraus, wie ebenso die Mitglieder der Agentur, und noch einmal begegnet sich dann, entscheidend, das eine im oder mit dem anderen, und es resultiert das spezifische Bewusstsein dieses Verkehrs, das im Übrigen über die Protokolllage, die vorhandenen Dokumente und Aufzeichnungen auch von einer Drittpartei beobachtet und beurteilt werden kann. Wiederum wäre es aber eine verkürzte (und überholte) Sichtweise, den beiden Parteien jeweils nur ein individuelles Bewusstsein zuzusprechen, das mit den jeweiligen Amtsträgern und Mitgliedern – Kommission versus Agentur – wirksam wird, und stets verlangt, um mehrheitlich zu werden, dass bestimmte ausdrückliche Kommunikationsakte erfolgen und auch nur aufgrund dieser Kommunikationsakte *und solange diese retendieren*, ein mehrheitliches Bewusstsein existiert.

Das vielmehr das mehrheitliche Bewusstsein, in diesem Sinne Gruppenbewusstsein existiert und ihm auch die erwähnte Beobachterrolle gegenübertreten kann, wird in Beispiel (1b) sinnfällig, in dem die EU-Kommission selbst partiell im Sinne der Beobachterrolle in Erscheinung tritt:

Die Kommission begrüßt das Engagement der Agentur, den Mitgliedstaaten bei der Entwicklung einer gemeinsamen Methode für die Aufzeichnung und Sammlung von Daten Beistand zu leisten und zu diesem Zweck eine eigenständige Untergruppe der neu gegründeten hochrangigen EU-Gruppe über den Kampf gegen Rassismus, Fremdenfeindlichkeit und andere Formen der Intoleranz zu koordinieren.

Sie begrüßt das Engagement der Agentur, die den Mitgliedsstaaten Beistand leistet, um echte Daten über die Grundrechtssituation zu erhalten, und wiederum insbesondere die Gründung einer Untergruppe innerhalb einer neu gegründeten Gruppe (auf hoher Ebene), welche dieser Aufgabe nachzukommen sucht. Dies sind hinreichend sachliche Verhältnisse, fast reine Verwaltungstechnik oder Organisation von staatsadministrativem Verhalten, die, selbst wenn von Engagement die Rede ist, keinen Zweifel lassen, dass der Gruppenbegriff oder das Gruppenbewusstsein in die erste Stelle zu setzen ist. Die Akteure handeln demnach – im Sinne Searles – im Rahmen und aufgrund einer gemeinsamen Intentionalität: man braucht und darf das Bewusstsein nicht *endgültig* teilen, um vom einzelnen Mitarbeiter oder Beauftragten zu sprechen und zwangsläufig und ausschließlich auf bloße Ich- oder Einzelpositionen zu gelangen. Auch ist hier zu bemerken, die Hierarchisierung von Beobachterrolle versus Person, die mit den unmittelbaren Daten zu tun hat, zusätzlich, dass es sich ausdrücklich um Daten handelt und nicht (oder nicht mehr) um effektive Erfahrungen, die in Daten übersetzt werden müssen, die Hierarchisierung der beteiligten Gruppenmitglieder bedingt freilich eine je andere Form von Bewusstsein: dasjenige der Agenten, welche sich an die Daten halten, sind näher an der tatsächlichen Erfahrung, also den Grundrechtsverstößen oder der Rechtswirklichkeit, in der die Einhaltung und das Bewusstsein der Grundrechte zu erwarten sind und gegeben sein müssen. Parteilichkeiten, Lücken, Sprünge, fokale Verzerrungen, Verschiebungen oder geradewegs Verwerfungen in der Grundrechtsausübung oder Geltendmachung, denn hierauf kommt es letztlich stets an, sind vornehmlich auf dieser direkten Ebene, der Wahrnehmungs- oder Erfahrungsebene zu erwerben. Während die Beobachterrolle, je höher die Hierarchie aufsteigt, diese Erfahrung oder Wirklichkeit nur noch durch die vermittelten Daten aufnimmt und daher zu einer gewissen reflexiven Grundhaltung genötigt ist – es sei denn, es versucht durchgehend, die eigene Erfahrung an den Daten zu messen oder selbige aus diesen rückzuschließen, um Rechtsbewusstsein und primäre Sensibilität nicht zu dispensieren. Jedenfalls ergibt sich durchaus eine Spanne innerhalb der hier verlangten Formen des Gruppenbewusstseins, das, in seiner Mehrheitlichkeit, genauer singularischen Form mit mehrheitlicher Konstitution, nicht ausschließt, im einen Fall mehr erfahrungsgebunden oder in diesem Sinne unmittelbar, im andern Fall reflexiv orientiert zu sein. Dies wäre sodann, aus Gründen der Klarheit, vornehmlich auf Seiten der Form, nicht des Inhalts des Gruppenbewusstseins zu verbuchen.

3.4 Gruppenbewusstsein versus Wir-Bewusstsein – neutrale Instanz?

Wenn dieses Gruppenbewusstsein nun das Wir-Bewusstsein S.s ersetzt oder an die erste, fundamentale Stelle zu setzen ist, wiederum das Gruppenbewusstsein mit dem Individualbewusstsein korreliert und nicht einfach disjunkt auseinanderfällt (keine »scharfe Trennung« im Sinne der endgültigen Dichotomie zu machen ist), während das Wir-Bewusstsein nach wie vor mit dem Ichbewusstsein assoziiert ist, ist das Gruppenbewusstsein dann notwendig, und insbesondere, *neutrale Instanz*? Diese Frage ist schwieriger und bedarf einer doppelten Abgrenzung bzw. zunächst einer Entsorgung. Wenn das Gruppenbewusstsein als neutral *gesetzt* wird – und damit, wie sich im Folgenden ergeben wird, ist es bereits nicht notwendig ebensolches –, dann bedeutet dies nicht, dass infolgedessen das Ich- versus Wir-Bewusstsein eine andere Form der Beziehung beinhalten, also insbesondere eine bzw. die polare, in der sich der Fokus respektive die *fokale Bedeutung* in den Vordergund schiebt (mit den entsprechenden Merkmalen: Intensitätsgrad der Anbindung bzw. Anfälligkeit der Adhäsionskraft, notwendig gekrümmte Wahrnehmung bzw. Bewusstsein des Eigen- versus Gegenpols je nach Lage, Steigung und Seite in der zugleich Außen- und Innenspannung, i.e. die quasi »Hof«-Bildung mit anderem, in diesem Sinne *cometären* oder insb. faszikulärem Bewusstsein, Wahrnehmung der Hierarchisierung nach dem Binnenverhältnis, nicht stetig und vorrangig veräußerlicht im expliziten Sinne, wie dies jede Typisierung oder herkömmliche Klassifikation implizieren würde; die Dimensionalität des Bewusstseins – stete Anschlussfähigkeit *und* tatsächlicher Anschluss im verschleiften Verhältnis *versus* seiner intentionalen Abhaltung oder ggf. Extrapolierung macht sich deutlich bemerkbar). Vielmehr können sich beide Formen ebenso wie Kontraritäten verhalten, ergo brauchen sie nicht notwendig zu polarisieren (man rezipiert in diesem Fall eine Zwischenform im mittleren Bereich, die keines von beiden ist).[187] Anders besehen, *beide* Formen bedienen einwandfrei nicht den Widerspruch, denn sie sind miteinander – trotz Gegensatz – verträglich und können jederzeit ineinander übergehen (außerdem sind sie nicht in der verlangten Weise disjunkt). Die resultierende Kontrarität sieht man daher an dem ersten Kriterium, ob sich wie erwähnt die Drittenform ergibt, die ein Ausweichen der beiden Antipoden ermöglicht: bei Wir- versus Ichbewusstsein sind es zunächst, vom (Trivial-)Sprachlichen her, die anderen Personen, also insbesondere die Du- versus Ihr-Variante, in der der Gegensatz zwischen Ich und Wir nicht jeweils notwendig auf die andere Seite fällt. Eventuell

---

187 Dieser Fall wurde bereits oben exemplarisch vorgeführt, als es galt, die Polarisierung eines Milieus zu bemessen (die junge Frau unter dem islamischen Kodex, II. 2.3).

weiterhin die (unter Linguisten wohlbekannte) Form des Es, also eines ›Es-Bewusstseins‹, das gewissermaßen eine anonyme oder Rolle der Beiläufigkeit vertritt (etwa: das *historische* Bewusstsein, scil. eine diffizile Instanz, da sie die hier erörterten Gegensätze bruchlos in sich aufnimmt, wie noch in der nächsten VL in Vb. m. dem historischen Subjekt deutlich wird): wenn die Dimensionalität zur Voraussetzung gemacht wird, nimmt letzteres, das ›Es-Bewusstsein‹, notwendig an der Bedingung teil, i.e. die Wurzel des historischen Bewusstseins zirkuliert – abgestoßen und angezogen – in der dimensionalen Basis und bedient hiermit die energetische Basis. Die gefragte Drittinstanz würde damit in die Polarität übergehen. Weiterhin bedingt die Konträrität, gesetzt, zwischen Ich- und Wir-Bewusstsein die Drittpartei überhaupt, die stets in der dritten Person angesprochen würde und ein breites Spektrum an Besetzungsmöglichkeiten ergibt: Interessenvertreter oder Beteiligte („Stakeholder"), Kritiker und Prüfer, Kontrolleure, die statistischen Probanden, Passanten, Personen anderer Nationen etc., ein weites Feld mithin. Nun müssten aber, statt dieser Ausweichungen, Ich- versus Wir-Bewusstsein jeweils auf die andere Seite fallen, wenn sie sich komplementär verhielten, und in dieser Komplementarität wiederum insbesondere polar, i.e. Ich und Wir stehen sich wie unbedingte Extremitäten (im Doppel, und nicht nur singulär resp. einseitig wie anlässlich der dialektischen Antinomien) gegenüber, (da in der Polarität wegen Plus- und Minuswertigkeit Kommutativität besteht, so dass auch der Ichpol als unbedingte Instanz auftritt bzw. selbige beanspruchen kann); in denen eine nicht nur konträre, sondern entsprechende Steigerungsmöglichkeit liegt, zugleich der Brennpunkt fühlbar wird und sich ausspielt. Wiederum könnte in dieser Form das Gruppenbewusstsein eine neutrale Mitte bzw. Instanz darstellen, freilich aber nicht an den Instanzen dieses jeweiligen Ich oder Wirbewusstseins selbst, sondern immer nur im Gegenzug oder Gegenbewegung, i.e. es ist Drittpartei und müsste eingeschmolzen werden, um sich zu verändern.

Anders formuliert, sagte man, Ich und Wir bilden im Wechsel zwischen Singular und Plural eine Komplementarität, dann bilden sie damit eine Achse, die naturgemäß in den Kontrast oder in die Polarität weichen kann. Die Möglichkeit der Extremität besteht damit, sie ist aber nicht notwendige oder ausschließliche Gesetzmäßigkeit. Es gibt ausgeprägte Wir-Gruppen oder Formen des Wir-Bewusstseins, in denen die Mitglieder sich gegenseitig die Treue halten, gelegentlich bis zum stillschweigenden Schwur bzw. einer Formel der Lebensführung, die geradezu »vom Kissen bis zum ersten (Wieder-)Aufwachen« reicht (und, im dimensionalen Ge-, ja Verhör, ebenso ver- und abgenommen wird, gesetzt außerdem, der Schlaf gibt tatsächlich, was keine Vernunft oder Überlegung:

unmöglich, dass die Energie zu irgend Zeitpunkt abreißt und jene Lücke lässt, die ihn denunzierte, kann sich das Bewusstsein in seiner Entspannung entfalten, gemeint, es *residuiert* in der Basis und vermag unmöglich seine persönliche oder andere abzusondern). Derartige Formen, die mit der persönlichen Lebensbedingung einhergehen, sind gewiss als polar (und repressiv) anzusprechen. Extremer Zusammenhalt oder überhaupt die Unterhaltung eines virulenten Fokus, auf den sich Mitglieder des Gruppenbewusstsein verpflichten, ist aber nicht von derartigen Schwurformen abhängig – dessenungeachtet, der bürgerliche Verkehr, seine Mentalität, neigt dazu, den Fokus (allen Chartas und Menschenrechtsbekundungen, den üblichen Einpflichtungen der gegenseitigen Kommunikation zuwider) nicht auf die vernünftige, überlegene und ggf. kontrollierbare Form zu beschränken, die offene und in diesem Sinne direkte, einschließende und äußerliche, der Möglichkeit nach konsensuale Kommunikation, sondern sein Moment der Lust und Belohnung, des geschäftlichen Verkehrs und damit die Tausch- und Vergnügenskurve – sie bezeichnet die unerlässliche Pflicht von ± Befriedigung (in der zwischenläufigen Energie) – in das fusionierende Moment, seine Kraft, einzubringen, übrigens durch mehr oder weniger alle Stände und Alters-, Salär- und Berufsgruppen: die Folge bzw. das transportierende Vehikel ist die begleitende verschleifte, mehr oder weniger inzidente Rede, die sich in Situation und dimensionaler Basis spiegelt, überdies zwischen den Vermeinten und nicht (i.e. die Rede ist nicht absolut an die Personalpronomen gebunden, als stets andere gemeinte Personen durch die Verschleifung einfließen.[188] Die oben erwähnte Gemeinfistel des Bewusstseins, unbestreitbar ein evolutionäres Relikt des, *a minimo*, Affenstammbaums, offenbart an dieser Stelle ihre quasi hermeneutische Wurzel, spezifische Mythen, insb. um Babel, anhängig). – Bei Individuum und Gruppe hingegen, die durchaus den Inbegriff der Neutralisierung zu verkörpern scheinen, obgleich sie gewiss einen Gegensatz verkörpern (dies war, wie erläutert, Folge der Monotonie), liegt das Drittenmedium oder seine Instanz anders. Sie mag einmal überhaupt kein Bewusstsein sein – Individual- versus Gruppenbewusstsein stehen somit als Gegensatz etwa einer bloßen Fühlbarkeit, im Sinne einer Virtualität oder Potenz, in ihrer Mitte gegenüber. Beziehungsweise das

188 Es wurde (bislang) kein Versuch unternommen, das Phänomen oder seine Bedingung (a) durch Interpretationen des Sprachspiels, (b) und insb. etwa durch die Dialektforschung in der Linguistik einzuholen, die freilich auch nicht das Zentrum träfe. Es ist nicht der Zungenschlag, der die Verschleifung resp. kardinale Verdoppelung der Rede bedingt, in der ihre dimensionale Verankerung manifest wird. Überlegungen zur deskriptiven Semantik oder dichten Beschreibung des Sprachverhaltens, die stets noch immer um das Subjekt kreisen, dürften hier auch noch nicht ankommen.

Bewusstsein schmilzt oder schrumpft in der Mitte auf eine bestimmte Null- oder Ausstelle, ggf. ein Anderssein als bloße Sensitivität oder ein vegetatives Bewusstsein. – (*Anmerkung.* Auch dies ist keine reine Logik, sondern hat – abgesehen von der Neurologie – durchaus Realität; p.e.: eine Sportmannschaft, die gewiss über ein geübtes und ausgeprägtes Gruppen- *versus* Einzelbewusstsein verfügt, zieht sich nach einem Spiel in die Mannschaftsräume, danach in den Speisesaal zurück, und unter dieser Bedingung macht sich gewissermaßen der vegetative Rest bemerklich, oder die eigentliche energetische Spannung, die das Gruppenbewusstsein bedingt und vereinigt (vornehmlich fusioniert), fällt auf ihr unteres Lot zurück, die quasi Horizontale (oder nahezu Horizontale, insb., begreift man die energetische Spannung als effektive Wellenbewegung/-baum)). Anderwärts kann in dieser Mitte oder eigentlich Indifferenz, von der Immunität abgesehen, auch und vornehmlich das distinkte Allbewusstsein wirksam werden, das nicht im selben Sinne eine Steigerung des Wir-Bewusstseins beinhaltet bzw. dieses nahelegt. Das Allbewusstsein, das den Gegensatz zwischen Individual- und Gruppenbewusstsein umfasst, ist distinkte Instanz, solange es mit der echten dimensionalen Basis, dem Allanschluss oder der Allverbindung, identifiziert wird (wie zuvor), und nicht bloße Steigerung eines schon wirksamen oder manifesten Wir. Also solches bestätigt aber das Allbewusstsein den Kontrast – und nicht notwendig die Komplementarität oder Polarität – zwischen Individual- und Gruppenbewusstsein. Steigert sich hingegen das Wir im Sinne des Allbewusstseins, geht der Kontrast des Wir versus Ich (erneut) in die Polarität über, i.e. das Wir-Bewusstsein verkörpert in der Allinstanz eine Extremität, freilich mit mehr oder weniger Zwang, nun auch das Ich einzufordern bzw. -schmelzen (und Möglichkeit, die bislang übergangen wurde, um der Basisbeziehung ihre Spannung zu lassen resp. zu geben). So ergibt sich, Wir versus Ich stehen sich auf einer Achse gegenüber, welche Disparität in den Kontrast oder die Polarität weichen kann, selbiges gilt, wie zu erwarten, für das Individual- versus Gruppenbewusstsein, wobei hier die Steigerung in die Extremität noch offen ist, sie ist jedenfalls nicht schon die distinkte Form des Allbewusstseins: an und für sich kann keine Instanz selbiges wegen der notwendig differierenden bzw. eine Differenz durchhaltenden Energiebasis ersetzen (absorbieren), wenngleich im Höchstmaß zu vertreten suchen (der fokale Anspruch bzw. Impetus *sui generis* und man möchte ein ›w‹ setzen); umgekehrt ist die Polarisierung geradezu Gesetzmäßigkeit, soll das Bewusstsein die Möglichkeit erhalten, sich von der dimensionalen Energiebasis, in der die individuelle Konzentration bzw. Anschlussfähigkeit nicht mit der Grenze schlechthin zusammenfällt, sondern diese ganz im Gegenteil – wie ihr eigentlicher Horizont – unendlich dispariert, zugleich abzusetzen *und* diese zu vertreten, bzw. vertreten zu müssen. Infolgedessen

- spielt das Gruppenbewusstsein nur fallweise – oder generell, wie man sagt, in einer *gesetzten* Weise – die Rolle des neutralen Bewusstseins oder der neutralen Instanz (gewissermaßen die statistische Abrechnung, gesetzt wiederum, alle Kollektivbelange müssen in eine Form des Bewusstseins übersetzt oder transferiert werden).

Gewiss, um abschließend der angesprochenen Extremierung, der Manifestation der Binde-Trennfunktion – als ›Herd‹ – gerecht zu werden, wird man dem Gruppenbewusstsein auch unterstellen beziehungsweise anrechnen müssen, dass es polarisiert und seine Zusammensetzung (Konstitution), Erhaltung und kollektive Wirkung durch einen eigenen wesentlichen Brennpunkt oder Fokus erfährt, ja mehr noch durch eine quasi Siede, einen Siedepunkt oder -stelle der Intensität (innerhalb und aufgrund der konsumierten energetischen Spannung), mit der sich das Gruppenbewusstsein zu realisieren (und notwendigerweise abzugrenzen bzw. abzuheben) sucht. (Dies muss keineswegs nur im politischen Bereich oder im emblematischen Sport zu finden sein – etwa, „unbedingt der Gewinner", unbedingt der und der Käufer, Anleger, etc., unbedingt der Meinungsgeber, Vorgesetzte bzw. die vordere und dominante Partei –, sondern kann sich auch bürgerlich niederschlagen; die entsprechenden Siedestellen affektiver oder inhaltlicher Bindung sind demnach keineswegs nur beim bekannten Individualbewusstsein zu finden, sondern ganz im Gegenteil, und wiederum nicht mit den sich durchhaltenden Formen der kollektiven Besessenheit, Obsession, des Eifertums, der Bilderstürmerei, des Aufruhrs etc. deckungsgleich). Echte *Herde*, um den deutschen Ausdruck (für den Fokus) zu wählen, existieren aber nicht ohne ihr Gegenteil – dies ist zudem ein logisches Gesetz[189] –, und daher ist ihm, in genau diesem Fall, entweder der Gegenpol des Einzelbewusstseins hinzurechnen (p.e.: bedingungslose Einsiedelei;[190] Sektierertum in

189 Man prüfe an, etwa, Carnaps Einführung der ›Beziehung‹ in die neue Logik (1930, §4), um zugleich festzustellen, die Polarität ist anhängig (und bei den Gegenteilen bzw. ‚Konversen' »geht – bildhaft gesprochen – ein Fass auf«).

190 Eine gewisse Übersicht vermittelt die wegen des Magazincharakters etwas oberflächliche Reportage in: *Stern*, Nr.25, 14.6.2017, 92–99. Immerhin handeln alle aufgesuchten Einsiedler, männlich wie weiblich, aus den besten religiösen Absichten, ihre Isoliertheit oder Alleinsein ist aber nicht derart, nicht auch nebenher noch einer kleineren beruflichen Tätigkeit nachzugehen, abgesehen vom Unterhalt von Internet und Telefon, Autofahrt und Einkauf in der kleinstädtischen Umgebung (stets ‚auf

der Vereinzelung, prätentiöses, vorgehaltenes Schichtenbewusstsein [aufgrund, etwa, der Vermögenslage, Stellung, Herkunft, öffentlichen Popularität], sich verkapselndes Verantwortungsbewusstsein aufgrund besonderer Funktion oder Amt [„Managerbewusstsein"]) oder aber, und nicht zuletzt, alle Formen eines wiederum polarisierenden (oder nur kontrastierenden) Gruppenbewusstseins, das an und für sich einer anderen Gegensatzachse anzurechnen ist, i.e. es ist für die Bildung seiner Formen ein anderer inhaltlicher Primärgegensatz vorauszusetzen, welche, geradehin oder spontan, leicht den Eindruck erwecken, als handele es sich um direkte Gegenpole oder ein Umfeld, in dem direkte Gegenpole miteinander konkurrierten. Mithin warten spezifische Formen der Verwechslung oder Konfusion, deren Entschlüsselung, an und für sich, eine der oft beanschlagten Hauptaufgaben der Philosophie darstellen. Immerhin, um den Anschluss an die Gegenwart nicht zu verlieren, sind Begriffe wie eine ‚multipolare Welt', ‚multipolare Ansätze' oder Multipolarität inzwischen gang und gäbe, allerdings vornehmlich in Wissenschaften wie der Soziologie oder Politologie, die mit dem Problem des entsprechenden Überblicks und einer angemessenen Konfliktanalyse zu rechnen oder zu kämpfen haben. Wenn sodann der Vorschlag innerhalb der politischen Ökonomie zutrifft (Piketty), die bipolare Welt der Konfrontation zwischen Kommunismus und Kapitalismus hinter sich zu lassen, ist damit der Herd, der sie vereinte und trennte, durchaus nicht aus der Welt – womit übereinstimmt, dass sich, etwa, Lohnschwankungen und deren politische Wahrnehmung gegenseitig beeinflussen oder tatsächlich (wie es hier heißen möge) verschleifen.[191] Stellt sich aber nun auch die Frage nach dem ablösenden Gegensatz (wie oben), so mag er nicht allein in die (womöglich ewige) Austarierung der Ungleichheit gesetzt werden (die bereits eklatant bestand), sondern in das Phänomen der zunehmenden Aggregation, die keineswegs ein bloßes *g* in der Formel rechtfertigt, deren linsenhafte Erkenntniskraft in Verbindung mit ›β = r/g‹ durchaus nicht verkannt sei; sondern jenes Phänomen, das

dem Land' niedergelassen). Die Gespräche lassen nicht darauf schließen, als besäßen die befragten Personen ihr Bewusstsein tatsächlich nur für sich, auch wenn der Austausch karg oder bewusst selbstkonzentriert geworden ist. Urbanisierung und Aggregierung (Wachstum) der Menschheit erbrächten bei einer Untersuchung desselben Skopus ab dem 18. Jahrhundert rückwärts sicher wissenschaftlich problematische Fälle, i.e. der Einsiedler weist nicht einmal die Urbanisierungsmerkmale auf. Wie schon oben, Kaspar Hauser war offenbar nicht ein abgeschlossenes Fürsichbewusstsein trotz seiner isolierten Aufzucht nachzusagen, mithin ein Bewusstsein im hiesigen Sinne.

191 Piketty 2014, 792 in der Schlussbemerkung.

hier der Waben- oder viel eher der Kobenbau der sozialen Welt genannt wurde (und zu nennen ist), das verschleifte Bewusstsein. Es besetzt als neuer Gegensatz und mondiale Bewegung den Herd (der insb. westlichen Gesellschaften, hier jedenfalls mit an- und nachhaltendem Kontrast zur Eigengeschichte), um alle nach wie vor maßgeblichen, die soziale Hierarchie bestimmenden Vor- versus Nachteile nach dem Doppelverhältnis des schismatischen Bewusstseins auszulesen, i.e. es bedarf ein jeder, mehr oder weniger, des Tarnhelms, der Kappe oder Theaterverkleidung, welche ihm die Möglichkeit verschafft, nach außen, im äußerlichen Verkehr, die eigene Person mit der anderen kontrastieren zu lassen, die den Binnenfokus bedient, an die spezifische soziale Faszikel, Klauseln und Gebärden gebunden: es dürfte die historische Weiche auf das Übergewicht dieser Seite gewichen sein, im zugleich globalen Maßstab, der die Kräfte des Individuums längst um ein weites überragt.

*

3.5 Zusammenfassung in vornehmlich formaler Hinsicht

Es ist nicht davon auszugehen, dass Gruppenbewusstsein beinhalte stets eine neutrale Instanz, gewissermaßen ein pluralisch verrechnetes, in der Form singuläres Subjekt, das in die Statistik eingeht, respektive man könne mit ihm nicht derart umgehen,

- dass es notwendig als Gegensatz zum Einzelbewusstsein zu verstehen ist.

In dieser Form neigt es zur sporadischen oder durchgehenden Polarisierung (und das Binnenkontinuum nimmt notwendig die Negation (nicht als Widerspruch, klassisches oder neulogisches ›¬‹) auf,[192] i.e. es enthält ein essentielles Merkmal der Diskontinuität, den Sprung oder ihrethalben indexikalischen Hiatus; freilich liegt in seiner Lage und spezifischen Größe der Differenz die gesamte Spannung, der wesentliche Belang, in der die Intervallschachtelung (das Typenproblem) ihre Homogenität preisgibt (möglicherweise versteckt, „unterschwellig", „neuralgisch").[193] Die möglichen Relationen sind nicht rundheraus kontraintuitiv oder in diesem Sinne notwendig a posteriori, aber die Sensibilität für polare Spannung, wenn sie in diesem Sinne geistig (und außerdem intuitiv) heißen soll, ist vornehmlich Expertise, in der sich die gemeine Ahnung mit der

192 Bei Bedarf für den Literaturnachweis außer Quine und Carnap etwa Wilhelm K. Essler. „Die Sprache der Logik". Einführung in: Josef Speck (Hg.). *Grundprobleme der großen Philosophen*. Göttingen 1972, 300–339, 313, 314, 320, 332, 335.

193 Siehe ausführlich Abschluss Kap.IV.

spezifischen Vorahnung – und Vorhersagbarkeit – verkoppelt. Hiermit werden weite Teile der Empirie betreten, sobald es gilt, die Formen des Gruppenbewusstseins entweder aus der Erfahrung oder aus der Literatur zu erläutern. Diese Literatur wiederum meint keineswegs (wenn auch nicht ausgeschlossen), sich auf die Interpretation von Romanen, Theaterliteratur und Lyrik einlassen zu müssen, sondern freilich schon die Literatur der Philosophie selbst, anderwärts der Wissenschaften, in der sich das Gruppenbewusstsein als (i) Partei, (ii) Sektion, (iii) Position, (iv) Zuordnung, (v) historisches Quellenbewusstsein (philologisch gebundene Textinterpretation), evtl. (vi) das wechselnde bzw. herausgeforderte Paradigma äußert und entfaltet.[194] Wiederum sind diese Formen so zu verstehen, dass das Gruppenbewusstsein hier nicht notwendig oder bedingungslos in seinem Extrem in Erscheinung tritt, in der es gegebenenfalls tatsächlich nur kollektiv oder gemeinschaftlich auftritt und das individuelle Bewusstsein nahezu zur Gänze in sich absorbiert oder verschmilzt,

❖ sondern in steter Kooperation und Abgrenzung oder Einbindung des Einzelbewusstseins fungiert,

so dass beide auseinander hervorgehen, sich gegenseitig reiben und ein entsprechendes kommunikatives Spektrum entfalten, *eine definitive Reduktion aber nicht erlauben.* (Die in der Debatte zum Verhältnis der Neurowissenschaften entstandenen Varianten des Eliminativismus oder Emergentismus seien hier nicht erwogen). Mit anderen Worten: Einzelbewusstsein und Gruppenbewusstsein müssen eine stete Differenz bedingen, und sie sind dabei je für sich mit einem bestimmten Betrag zu veranschlagen oder zu berechnen. ‚Mit einem Betrag' wiederum bedeutet tatsächlich: sobald die Betragsstriche zu bewerten sind, dringt mindestens inhaltlich der Kontrast ein, viel eher aber von der Natur der Sache her der Plus- und jeweilige Minuswert, und es behauptet sich der gemeinsame Herd oder Fokus, die Polarität: in der Spannung einer steten Entzweiung-Vereinheitlichung, gelegentlichen oder sogar bedingungslos betriebenen Kommutation (worin sich soziales Leben zur Definition bringen müsste).

**

194 Ein exemplarisches spätes Beispiel der Übergang zur Biochemie bzw. Molekularbiologie in der Hirnforschung der 60-er Jahre: Singer 2002, 15–16, so gesehen bietet die Wissenschaftsgeschichte eine Fülle vergleichbarer Fälle.

4. Beispiele

Jede ausgebreitete Theorie bedarf der Veranschaulichung. Wie bereits mehrfach dargelegt, berufen sich die Vorlesungen nicht nur auf Theorien innerhalb der Gesellschafts-wissenschaften, sondern Phänomen in der modernen Arbeitswelt. Die Moderne überhaupt, die politische eingeschlossen, hat vielfältige Formen der Gruppenarbeit und Gruppenleistung auf allen gesellschaftlichen Ebenen entwickelt, die allesamt längst Prinzipien wie die Gewaltenteilung – oder Ämtertrennung – voraussetzen und dies bis in das Detail ausdifferenzieren. Die Philosophie kann sich sicherlich nicht mehr (oder überhaupt) auf den Standpunkt stellen, es käme unter der theoretischen Vorgabe darauf an, die argumentativen Formen und Prinzipien des Einzelbewusstseins aufzustellen und alles weitere der Praxis, Pragmatik oder praktischen Philosophie zu überlassen. Die folgenden Beispiele suchen im gewissermaßen Brennspiegel das Gesagte und die Theorie zu veranschaulichen, das zweite noch einmal als ein historisches, es stammt von Ludwig Feuerbach.

4.1 *Aus der Arbeitswelt*

Die Beschreibung einer Stelle (Arbeitsfunktion) im Sinne der Gruppendynamik. An dem folgenden Beispiel braucht die im engeren Sinne psychologischen Voraussetzung nicht geprüft zu werden. Vielmehr soll der Fragenkatalog auf dem Hintergrund des bislang vorgestellten Gruppenbewusstseins beleuchtet werden.

(1) Erinnern Sie sich an eine Situation, in der Sie sich persönliche Glaubwürdigkeit gegenüber einer Person oder eine Gruppe verschaffen mussten.
(2) Welchen Ansatz haben Sie zum Erreichen dieses Ziels verfolgt?
(3) Wie hätten Sie sich leichter Glaubwürdigkeit verschaffen können?
(4) Denken Sie an eine Situation, in der Sie, um das Erreichen von Zielen sicherzustellen, eine andere Rolle übernehmen mussten, als die, die Sie in einem Gruppenumfeld sonst übernehmen.
(5) Welche Rolle im Team haben Sie übernommen?
(6) Welche Verantwortlichkeiten gingen damit einher?
(7) Was haben Sie daraus gelernt und wie könnten Sie diese Lektionen in zukünftigen Situationen einsetzen?

*

Der Fragenkatalog umreißt offensichtlich die persönliche Flexibilität, die der einzelne modellartig als Mitglied eines Teams, einer Arbeitsgruppe einbringen muss. Die Fragen sind durchaus nicht leicht, obgleich sie so erscheinen. Wer wüsste auf Anhieb, gesetzt er ist das Mitglied eines Teams, wie er sich gegenüber einer Person oder Gruppe persönliche Glaubwürdigkeit verschaffen kann? Dies wird nicht dadurch erfolgreich sein, auf bloße Examina oder zurückliegende Leistungen hinzuweisen. Offensichtlich muss man sehr gut wissen, wie das Gruppenbewusstsein funktioniert – man muss wissen, wie es lokalisiert ist im Gesamtunternehmen oder der Institution, der Behörde, weiterhin in Schicht und Gesellschaft nach ihren differenten Horizonten, um entscheiden zu können, wo das Zentrum der gemeinsamen Erfahrung liegt und welchen Spannungen selbiges ausgesetzt ist. Legt man sich nun fest, entweder das Spannungsfeld – hier liegen die Schwierigkeiten, auch eventuell häufige Fehler oder Versagen in der Gruppe – oder aber das Zentrum anzugehen – hier liegt der Stamm der gemeinsam erfolgreich absolvierten Leistung (er sei energetisch, mithin in diesem Sinne verpflichtend polar interpretiert) –, dann muss man eventuell Zahlen und/oder tatsächlich *anteilig* persönliche Leistungen vorweisen, sodann gespreizt derart, die Zahlen und Leistungen der Gegenseite (Konkurrenten, andere Teams oder Vorgesetzte) auszuweisen und mitzureflektieren. Außerdem, und dies sollte den Hauptbelang für die Philosophie darstellen, entsteht Glaubwürdigkeit nicht durch bloße angestrebte Objektivität oder die Einbringung von Informationen, die mit dieser einhergehen. Freilich ist die gegenseitige Teilhabe des Bewusstseins entscheidend, und hier ist nicht nur zu vermuten, die Energieausstrahlung, das persönliche versus gruppenspezifische Energiefeld, wird mitgelesen oder wachsam wahrgenommen (Erfahrungen sind damit auf keinen Fall deckungsgleich Daten oder Informationen), so dass ein Hiatus, die vorgeschobene oder -gehaltene Lücke nicht erlaubt ist und entsprechend als Falsch-, Mangel-, Leer- oder direkt gegenteilige Schnittstelle interpretiert wird: die Gestalt des Gruppenbewusstseins erlebt hier einen steten Konträrimpetus oder Mangelimpuls bzgl. seiner Geschlossenheit (welche ggf. mit einem abgerundeten Energiefeld koinzidiert). – In der geforderten Situation besteht keine bloße Alternative zwischen dem Einzel- und Gruppenbewusstsein im Sinne der vorgestellten Disjunktion, sondern deren Koinzidenz, mehr, der bestimmten Verschmelzung. An dieser Stelle ergibt sich weiterer analytischer Bedarf. Die französische und englische Sprache unterscheidet je *fondre* und *to merge* versus *fuser* bzw. *to fuse*, im Deutschen (wie bereits oben) annähernd der Unterschied *schmilzen* versus *schmelzen*. Die Differenz bezeichnet den Gegensatz aktiv/passiv: etwas vermag passiv zu schmelzen wie tauen oder zergehen, und gerade umgekehrt den Verschmelzungsakt anstreben und betreiben. Letzteres ist hier unter der Glaubwürdigkeit gemeint. Dies ist nicht so misszuverstehen, als solle eine gefühlige (vornehmlich affektive) oder konfuse Verbindung entstehen, sondern freilich im distinkten Sinne, jenem, den die traditionelle Philosophie, der Rationalismus, stets übersehen (missachtet und/oder verleumdet) hat. Glaubwürdigkeit in der Gruppe, die ein gemeinsames Bewusstsein teilt, muss daher einen bestimmten Bindungs- oder Verschmelzungsgrad einschließen, er ist aktiv, nicht als bloße passive Rezeptivität gemeint, und als solcher darf man auch im hiesigen Sinne voraussetzen, er besitzt im Herd des gemeinsamen Gruppenbewusstseins mindestens einen Brennpunkt oder *transindividuellen* Fokus (mitsamt der polyadischen Merkmale, wovon mindestens einer die Negation verkörpert, die stärkste aus dem direkten Gegenpol: Fusion ist keine Funktion ›trennen‹ versus ›binden‹ (möglicherweise »scharf«, »clear-cut« wie übliche Klassifikation und nachrussellsche Typenlehre), sondern (wie bereits öfter) deren Konjunkt als Funktion ›binden-trennen‹, mithin das logisch vollständige Komplement im Sinne ›≅‹ ⇒ ›| ≅ |‹, Peripherfokus, ›|| ≅ ||‹, vollständige Polarität, um in kontinuierlicher Anwendung distinkte Brennpunkte zu erzeugen bzw. zu bezeichnen. Der Terminus ›transindividuell‹ (bzw. transpersonal, transsubjektiv) bezeichne die Tatsache, dass ein Fokus analytisch nicht auf den Herd des Einzelbewusstseins reduzierbar ist, sondern notwendig (quasi tautologisch) eine zugleich, von der Basis her, *inter- und intrapolierte* Instanz verkörpert, welche die Grenze des Subjekts überschreitet und, wegen seiner existenziellen Gewähr, ja Referierbarkeit, in der Historie mit dem Problem der Rechtfertigung des Apriori- oder Primärstatus einhergeht, etwa (a) angesichts des ± Unbedingten, das im Rahmen der Vernunftbegriffe (und ihrer Auswirkung in den Antinomien) nicht aus der rein aufgefassten Antonymie und der anhängigen Energiebasis des Bewusstseins, (b) seitens der Monade nicht aus dem Vorhandensein, der Möglichkeit und tatsächlichen Entfaltung polarer – ineins widerstrebender und adhäsiver, ein Zentrum realisierender – Kraft erklärt wird: Fokus und Pol haftet ein (gleichmäßiges, wenn auch nicht effektiv gleiches) Seiendsein an, das weder mit Bewusstseinsaktivität oder ›Handlung‹, noch mit dem Status Substanz oder Seiendsein wie ein Ding gleichzusetzen ist, dessenungeachtet eine Existenz einfordert, die (i) eine nachweisliche Energiebasis besitzt, (ii) nicht auf den intentionalen, bemühten oder *proprie* perzeptiven Akt festzuschreiben ist, sondern selbigen überragt, da er in der Energie und nicht in der Perzeption verankert ist). – Der (vornehmlich einfache) Beweis liegt, p.e., in Frage (4). Denn wenn es möglich ist, durch die Einnahme einer anderen Rolle in der Gruppe ein bestimmtes Ziel leichter erreichen zu können, muss die angestammte oder gewohnte Rolle noch immer bekannt sein und im Hintergrund wirken – dies ist der Bindungsfaktor α, eben der gewohnte Fokus, der nun seine Kraft immer noch einbringt, um sie mit der neuen, außergewöhnlichen oder abweichenden Rolle zu verknüpfen, die gleichfalls eine

Bindewirkung β mit dem Trennfaktor oder der gebundenen Trennfunktion entfaltet, und der Negation (hier nicht als volle Polarität, sondern nur segmentär oder in der Faszikel) eine konstitutive Rolle beimisst. Mithin bewirkt eine solche Abweichung eine Potenz, da die neue Rolle keineswegs nur ›für sich‹ oder allein wirkt. Derartige Produkte sind Folge und Wesenszug des Gruppenbewusstseins, sobald ihm, wie stets, die Energiegrundlage (und nicht nur die abstrakte resp. reflexive Vorstellung) zur theoretischen Voraussetzung gemacht wird. Einmal eingeführt, möchte man nun aber wissen, welche anderen Produkte gibt es, wie sind sie zu sondern, welche Varianten ergeben sich in der Gesamtfunktion? Wenn man dies formalisiert, zunächst mit dem Vorhergehenden beginnend:

$$(1)\ \exists x \forall y\, [R_v x \Rightarrow G_n y \,.\, G_n y \Rightarrow R_{\neg v} x]$$ [195]

Rv = veränderte Rolle ; G_n = normales oder Standardgruppenbewusstsein (spezifisch für diese Gruppe) ; R¬v = unveränderte Rolle, hier von Person x.

Bezogen auf $G_n y$, dem normalen Gruppenbewusstsein, beinhaltet $R_v x$ versus $R_{\neg v} x$ ein nicht nur spezifisches Wechselverhältnis, sondern, so wurde behauptet, eine bestimmte Potenz: die fokale Äquivalenz im Sinne der Äquivalenzversusbeziehung. Wenn das ›und‹ (›.‹) in der Formel daher als stärker als die Implikation interpretiert wird, übernimmt es die Anzeige der fokalen Rolle in $R_v x$. Mit

$$(2)\ \exists x \forall y\, [|R_v x \cong R_{\neg v} x| \Rightarrow G_n y]$$

wird die fokale Bedeutung manifest, hierbei muss $G_n y$ wegen der Betragsstriche in der Peripherie wirken, sie mag gegenüber Rx plus oder minus ausfallen. (Das Symbol ›≅‹ neutralisiere – im Gegensinne – oder werte das indexikalische ›¬‹ dahingegend, nur durch die Polarität interpretiert werden zu können). Gesetzt wiederum das Produkt ›$R_v x \cdot R_{\neg v} x$‹ bildet einen bestimmten Kraftfaktor oder einen Vektor, er sei $[R]^m x$, so wirkt er insgesamt auf $G_n y$, mithin

$$(3)\ \exists x \forall y\, [[R]^m x \Rightarrow G_n y]$$

Diese Formel besagt, alle *y*, die zur Gruppe zählen und das normale – auf eine bestimmte Funktion und/oder Leistung ausgerichtete (hier nicht spezifiziert) – Gruppenbewusstsein $G_n y$ ausbilden oder besitzen, werden durch den Potenzfaktor $[R]^m x$ beeinflusst oder im eigentlichen Sinne *motiviert.* Dieser Potenzfaktor war, wie zu erinnern, das Einwirken einer neuen Rolle eines Mitglieds auf dem Hintergrund der gewohnten (was einen deutlichen Streufaktor beinhalten

195 Für die nicht veränderte Rolle $R_{\neg v} x$ wird keine polare Schreibweise vorausgesetzt, da das Negationszeichen nur meint: ›nicht verändert‹.

sollte). Gesetzt nun, es ergibt sich ein weiterer Potenzfaktor dadurch, dass sich das Gruppenbewusstsein schert und zwei weitere Mitglieder, z.B. der Vorgesetzte oder Leiter und ein Teammitglied übernehmen ebenfalls eine gesonderte Funktion in der Gesamtleistung, dies sei $R_v u$ für den Leiter (oder Vorgesetzten) und $R_v w$ für das Teammitglied *w*, zusammen $[R]^o uw$, so ergibt sich zusammen, die oberste Funktion des zuletzt eingeführten Potenzfaktors vorausgesetzt:

$$(4)\ \exists x \exists u \exists w \forall y\ [[R]^o uw \Rightarrow ([R]^m x \Rightarrow G_n y)\ .\ (G_n y \Rightarrow R_{\neg v} x)]$$

In Worten: Es gibt ein *x*, ein *u*, ein *w* und für alle *y* gilt, ein leitender Potenzfaktor $[R]^o uw$ der Personen *u* und *w*, *u* der Leiter, impliziert einen Potenzfaktor $[R]^m x$ der Person *x* (ihre jeweils aktual veränderte mal der gewohnheitsmäßigen Rolle), der das Gruppenbewusstsein aller *y* impliziert. Da die letztere Implikation einzuklammern ist, motiviert der erste Potenzfaktor ›hoch o‹, die neue Scherung, den zweiten (wie zuvor, ›hoch m‹). Im übrigen wurde in die Formel nach dem ›und‹ (› . ‹) die ursprüngliche Klammer $(G_n y \Rightarrow R_{\neg v} x)$ aus (1) noch einmal aufgenommen. Sie ist freilich redundant oder überflüssig, müsste außerdem auch die Minus- oder Negativvarianten von jeweils Person *u* und *w* im Implikatausdruck enthalten und kann gestrichen werden, da sie über (3) im Potenzfaktor ›hoch m‹, also $[R]^m x$, enthalten ist ($([R]^{m,\,o}$ impliziert entsprechend jedesmal, für jede betroffene Person, einen Faktor $R_{\neg v}$ *x*, *u*, *w*), multipliziert mit einem Faktor der veränderten Rolle (R_v *x*, *u*, *w*)). Was aber besagt (4) tatsächlich? Sie besagt zunächst theoretisch: veränderte Rollen auf verschiedenen Ebenen beeinflussen aufgrund der Fokussierung mit der gewohnten unveränderten Rolle das gemeinsame Gruppenbewusstsein respektive seine Leistung und Funktion. Weiterhin sollte zutreffen: die Implikationszeichen, jeweils ›⇒‹, betreffen die *aktive* Schmelzfunktion, während sich im Potenzfaktor, in dem die unveränderte mit der veränderten Rolle konjungiert, der *passive* oder unwillkürliche Schmelzfaktor, jeweils auf Seiten von $R_{\neg v}$*x*, *u*, *w*, niederschlägt (der Unterstrich für die Leitungsfunktion). Nun handelt es sich aber eigentlich, wie dargelegt, um eine Fokus-Peripherie oder Äquivalenzversusbeziehung (Äquivalenz wegen der gegenseitigen Implikation von je R_v und $R_{\neg v}$, versus wegen der operativen Negation). Demnach ergibt sich aus (4) und (2)

$$(5)\ \exists x \exists u \exists w \forall y\ [|\ R_v u \cong R_{\neg v} u|\ .\ |\ R_v w \cong R_{\neg v} w\ |] \Rightarrow [|\ R_v x \cong R_{\neg v} x\ | \Rightarrow G_n y]$$

Hierbei ist wegen der Betragsstriche, und wenn Terme zwischen Betragsstrichen und als Komplemente einer ›≅‹-Beziehung definitionsgemäß und nach erster logischer Ordnung nicht willkürlich, es sei den für alle, in eine Peripherie außer eintreten können, das Implikat $G_n y$ für alle als Peripherie zu belangen. (*Anmerkung*. Diese Regel mag mit dem Krümmungsfaktor identifiziert werden, der insb.

in der Verkettung mehrerer ›≅‹-Beziehungen wirksam wird und bedingt, dass der Bindefaktor zwischen diesen stets größer ist als jede geknüpfte Beziehung zwischen einem der fokalen Elemente mit einem Element außer). Es ist also auch für diese Formel nicht explizit zu machen, dass je R*u*, *w*, *x* mit $G_n y$ kommunizieren oder darin enthalten sind. Wenn nun zuletzt das Negationszeichen im Index durch die Einsetzung von + und – eliminiert wird – die generelle Regel sei ›(¬ ⇒ . ¬ ⇐) = | + ≅ – | oder || + ≅ – ||‹ –, ergibt sich

(6) $\exists x \exists u \exists w \forall y\ [|\ R_{+v}u \cong R_{-v}u\ |\ .\ |\ R_{+v}w \cong R_{-v}w\ |] \Rightarrow [|\ R_{+v}x \cong R_{-v}x\ | \Rightarrow G_n y]$.

Anmerkung

1. Fokale Rolle und Peripherie (›| _ ≅ _ |‹)

(6) beinhaltet ausdrücklich noch keine (vollständige, vollgültige, operative) Polarität, die Rollen R*u*, *w*, *x* wirken daher durchgehend fokal in der zugehörigen Peripherie (und hierarchisch oder in diesem Sinne geordnet). Sobald jene hinzutritt, sind über die Betragsstriche die Peripherien neu zu definieren, insb. wird es auch möglich, dass eine R in diese mit ihrer(n) eigenen eintritt.

2. ± Reflexivität im Verhältnis Element-Menge, Komplementarität w/f

Wie erwähnt, ist die Möglichkeit der Russellschen Paradoxie (des Sich-Selbst-Enthaltens einer Menge als Element) ausgeschlossen, insofern weder *x*, *u* oder *w*, obgleich sie zur Gruppe gehören, mit dieser koinzidieren oder identisch werden (endgültig verschmelzen und quasi Peripherie an oder aus sich selbst werden). Die R.sche Antinomie beruht freilich auf ± Reflexivität an derselben Menge und erzeugt damit nicht nur den Widerspruch, sondern die logische Schleife, i.e. Element und Menge treten in die Polaritätsbeziehung bei intakter Inklusion (und ›Schleife‹ bezeichnet keineswegs nur ein *Ding* oder Phänomen in der Reichweite von Wiederholung und Redundanz, Iterativität, resp. kontinuierlicher Homogenität mit Schnittstelle).[196] (›Imprädikabel‹ versus ›prädikabel‹ verhalten sich nicht notwendig wie der Widerspruch, so auch von Carnap verstanden, sondern selbstredend zugleich wie das Muster der Antonymie – man lege selbiges Problem versuchweise aus mit dem Paar ›unwahr‹ versus ›wahr‹ anstatt ›wahr‹ versus ›falsch‹, außerdem etwa ›ungerecht‹ versus ›gerecht‹ und, gleichartig, ›gut‹ versus ›böse‹: wenn gilt, (i) ›uw‹ = unwahr, ›w‹ = wahr und ›f‹ = falsch, gilt zunächst auf keinen Fall ›¬uw ⇔ (¬f ⇔ w)‹. Die Antinomien

196 Vgl. etwa Margaret Cuonzo. *Paradoxien*. Wiesbaden 2015, 71–83 (eine überwiegend populär gehaltene Bezugnahme). Der Sachverhalt wird ausführlich unten, Abschlusss Kap. IV erläutert.

arbeiten aber nur auf dieser rein-komplementären Basis (des Widerspruchs), insb. anhand der beiden Schlussglieder, (die Klammerung assoziativ). Gesetzt, ›nicht wahr‹ bzw. ›nicht-wahr‹ muss ermöglichen (ii) ›¬w ⇔ uw ⇔ ¬f‹, kann nicht nur der Widerspruch nicht operieren, sondern es fungiert ein klassischer Mittelbereich, hier zwischen dem (in diesem Sinne) Kontrast wahr-falsch(!). (Es braucht an dieser Stelle keine *Fuzzy*- resp. *Unschärfe*logik ins Feld geführt zu werden, die sich auf diese Spanne beruft – und die Polarität technisch neutralisiert: 1 und 0 können als fixe Vorgaben nicht gesteigert werden, die gesamte Zwischenspanne wird instrumental unbeweglich gemacht oder in diesem Sinne *rigidisiert*). Gesetzt nun wiederum, es muss auch gelten (können), aus (ii), ›¬w ⇔ ¬f‹, dann muss sich der Operator ›¬‹ quasi assoziativ verhalten und nicht etwa gekürzt werden können, als ob ›w ⇔ f‹. Letzteres ist aber logisch nicht gänzlich von der Hand zu weisen, denn die Terme bedingen einander, als sie sich unmöglich aufeinander reduzieren lassen, mithin, etwa, der eine ggf. die gesamte Sphäre vertritt. Dass sie, bedingungsweise, zusammen gelten können, ist aber inzwischen erwiesen. Also muss zur Äquivalenz die Negation hinzutreten, der Operator wird trifunktional, und es gilt: (iii) ›w ≅ f‹. In dieser Funktion muss ›uw‹ seine Stelle suchen. Dies wäre einfacher, wenn bereits bekannt, es liegt – in der Peripherie – von Plus- oder Minusbereich. Aus (ii) folgt in jedem Fall, der Operator ›¬‹ wirkt fusionierend, denn seinethalben fallen ›w‹ und ›f‹ unmöglich zur Gänze (wie einfache und überall gleichförmige, niemals koinzidente, sich nur berührende oder indirekt in Berührung gebrachte Disjunkte) auseinander.[197] Dies gilt auch für den Widerspruch in (i), ›¬f ⇔ w‹, und umgekehrt (!), ›f ⇔ ¬w‹, denn andernfalls ließe sich die Äquivalenz nicht erklären resp. sie ist unmittelbar mit dieser Tatsache deckungsgleich. (Die Äquivalenz kommt also keinesfalls erst mit einem ›‘*p*‘ ist genau dann wahr wenn *p*‹ ins Spiel, das definitorische Konstrukt Tarskis). Also legt der Negator die wirksame Fusion verschieden aus, indem er sie einmal in die einfache (lineare) Komplementarität, das andere Mal in die komplexe, verschleifte (oder gekrümmte) verlegt, i.e. kontradiktorisch versus polar-antonym (worin die beiden Begriffe ihre Wurzel gewinnen sollten, und die Fusion ist – vom Rationalismus her – daher unbedingt zu rehabilitieren oder in ihr angemessenes Werk zu setzen). Nun muss, wenn ›uw‹ die Fusion an sich selbst zum Ausdruck bringt, i.e. *konstitutiv*, und gesetzt, es resp. die gebundene Negation durchläuft die Mittellinie

197 Das notorische Lügnerproblem bleibe nur erwähnt, selbstredend ist es in diesen Zusammenhang einzubetten, nutzt demnach die Polarität oder Antonymie zwischen w und f als strikte Komplementarität.

oder in diesem Sinne eigentliche Begriffsachse, wird aber niemals mit den äußeren Enden oder eigentlich Extremitäten identisch, i.e. der Operator ›¬‹ wird vollkommen = 0, koinzident oder positiv eingeschmolzen, und der Kontrast ist damit eine an und für sich unreine Relation zwischen Kontradiktion und Polarität (oder Antonymie), die Begriffsachse selbst eine bestimmte logische Bedeutung haben, dergestalt dass sie sich als das komplementäre Gegenteil an jeweils ›w‹ oder ›f‹ darstellt (es darf ein a priori mitgedacht werden). Dies wird nicht so aufzufassen sein, dass gelte (iv) ›$((w \,.\, uw) \Leftrightarrow \neg f) \vee ((f \,.\, uf) \Leftrightarrow \neg w)$ [unfalsch = ›uf‹] $\vee ((uw \,.\, uf) \Leftrightarrow (\neg w \,.\, \neg f))$‹, Relationen, die sich allesamt anbieten, da sich in der Alternative zwar eine Beugung oder gewissermaßen sich einander anschließende Segmente anbieten, nicht aber, worin der eigentliche Umschlag (i.e. die logische Peripetie) besteht und wieso jenes ›u-‹ und der Negator ›¬‹ überhaupt kooperieren und, in diesem Sinne, miteinander verschleift sind. Also folgt noch einmal (iii) ›$w \cong f$‹, und dies besagt nunmehr: es liegt in den Extremen (hiermit konstituiert) ein Fokal, und dies bedeutet, es muss nicht notwendig jene Konjunktion (die jeweils innere Klammer) manifest sein, vielmehr liegt das Extrem *auf* und/oder *in seiner Achse* und daher ist notwendig das Gegenteil konstitutiv enthalten; dies wiederum möge heißen, letzteres ist, *a minimo*, in der Stelle (!) des Extrems mitzudenken und unterhält seine Bedeutung: das oder der Fokal erhellt also (ausdrücklich) die Bedeutung seines Terms, statt sie zu verdunkeln, zu verunklaren oder gar zu konfundieren. (Es sei gleichwohl nicht verkannt, dass mehr als 90% der jüngeren Literatur zum insb. W-Problem des vergangenen Jahrhunderts seine restlose Neutralisierung suchen oder direkt voraussetzen, derart, als ob der w-Wert der Wahrheitstafel das ganze Gebiet der anhängigen Theorie beherrschte). Wenn nun ›$((uw \,.\, uf) \Leftrightarrow (\neg w \,.\, \neg f))$‹ (aus (iv)), worin die logische Peripetie enthalten, aber nicht distinkt, und (v) ›$[uw \Rightarrow (\neg w \,.\, \neg f) \Leftrightarrow uf \Rightarrow (\neg w \,.\, \neg f)] \Rightarrow (uw \,.\, \neg f) \Leftrightarrow (uf \,.\, \neg w)$‹, dann muss in der Konjunktion und ihrer Dissoziation nicht nur eine bzw. die gesuchte Peripetie liegen – mittels ihrer lässt sich sicher entscheiden ob, wenn nicht direkt auf dem Extrem, dann wenigstens die Differenz der gegenteiligen Sphäre getroffen –, sondern auch die Kommutation; i.e. es mag sein, dass sich ›uw‹ (›uf‹) in die Sphäre des Kerngebiets des Gegenteils bewegt und daher ein ›uw‹ in ein ›uf‹ verwandelt, sobald dieses Gebiet erkannt. (Es ist fraglich, ob man dies mit einem ›=‹-Zeichen kennzeichnen sollte). Die w-Werte werden mithin kreisläufig, verschleift (im eigentlichen Sinne) oder zirkuitär, und es gilt, ihre exakte Stelle zu zählen (da andernfalls die Konfundierung eintritt). Wenn nun kraft Annäherung durch mehrmalige Kommutation ein ›uw_{ni}‹ versus ›uf_{mi}‹ das betroffene Kerngebiet bestätigt oder, in diesem Sinne, fokussiert und (quasi) ›links‹ versus ›rechts‹ als Plus- versus Minussphäre auseinandertreten, kann dennoch niemals, p.e., eintreten ›uw_{ni}‹ = f oder (vi) › ¬ [($uw_{ni} \Leftrightarrow f_0$) ∨ ($uf_{mi} \Leftrightarrow w_0$) ⇔ ($uw_{ni}$) ≅ f . ($uf_{mi}$) ≅ w]‹, da letzteres bedingte, das klassische Kontinuum gilt und, gesetzt, der Quotient, hier der Kommutation, erreicht ein einfaches 0, mithin würde (i) gelten, entgegen der Annahme, und die Antinomien würden tatsächlich nur auf Widerspruchsbasis (oder strikter Komplementarität) arbeiten, es gäbe keine inzidente Polarität oder Antonymie und das gesamte Mittenspektrum mitsamt logischer Peripetie und Kommutation wäre nicht operabel bzw. operativ.

Exemplifikation des vorangehenden Beispiels aus [1]: In einem Buchhaltungsteam übernimmt *x* (auf (1) bezogen) die Abrechnung der Mehrwertsteuern (›$R_v x$‹). Im Team, das – als ∀*y* ($G_n y$) – für die Aufstellung der Gesamtrechnung verantwortlich ist, besitzt *x* aber normalerweise die Aufstellung der Position ‚Forderungen aus Lieferungen und Leistungen' (›$R_{\neg v} x$‹; dies sind alle wesentlichen Einnahmen eines Unternehmens aus dem Verkauf von Waren und Dienstleistungen, der Hauptposten der Einkünfte) (zusammen ›$R_v x \Rightarrow G_n y \,.\, G_n y \Rightarrow R_{\neg v} x$‹ bzw. › $| R_v x \cong R_{\neg v} x | \Rightarrow G_n y$‹) . Nun ist der Leiter freilich generell die Funktion der Gesamtaufsicht oder Kontrolle, er überschaut demnach stichprobenartig (oder in extenso) alle Posten, also auch Rückstellungen, Steuervorträge, Verbindlichkeiten aus Lieferungen und Leistungen usw. Diese Funktion ist in (1) noch nicht spezifiziert. Nun übernimmt aber in *x* in (1) (bzw. (2) und (3)) die Abrechnung der Mehrwertsteuer anstatt der gewohnten der Forderungen, und möglicherweise entdeckt er hierbei Unregelmäßigkeiten dergestalt, dass ausländische Unternehmen falsche Sätze angerechnet oder aber insb. Mehrwertsteuern nicht veranschlagt haben. Hierdurch potenziert sich in *x* die Funktion, in der veränderten, ‚gescherten' Rolle die Kandidaten zu filtern, die, unter den Forderungen insb. für unregelmäßige Umsatzsteuerrechnungen bzw. Umgang mit der MwSt. verantwortlich sind. Für diese Zwischenkonstellation ist wiederum in Verbindung mit (4) anzusetzen, der Leiter übernimmt mit einem weiteren Mitglied des Teams (gekürzt ›[R]°*uw*‹) die Funktion, eventuelle Sublieferanten von den Unternehmen zu prüfen, die unter die Kandidaten fallen, und ob diese Sublieferanten in anderen Ländern angesiedelt sind. Hierdurch erklärt sich die Anrechnung falscher oder keiner Sätze, weil etwa ein Sitz in einem EU-Land beteiligt ist (und das Unternehmen die MwSt mit dem landeseigenen FA abrechnet).

Dieses Beispiel ist – angesichts eines Konzerns – etwas komplex, soll aber wenigstens andeuten, dass im Team echter gemeinschaftlicher Geist herrscht, also nicht etwa jede Stelle auf die bloße Abrechnung nur ihrer Position hinausläuft und nicht tatsächlich ein gemeinschaftliches Bewusstsein vorhanden ist, welches sich im Bewusstsein für das Auf und Ab der Gesamtbilanz niederschlägt. Es mag gestattet sein, in diesem Sinne mittels der Philosophie anderen Sozialwissenschaften beizutreten, das folgende kehrt gewissermaßen in das Stammgebiet zurück.

*

4.2 Zur Kritik der Hegelschen Philosophie (1839)[198]

> Ebenso nimmt der Philosoph nicht an, dass er ein spekulativer Dalai Lama ist, dass er die Vernunft rein aufge…[fressen] hat. Damit wir seine Gedanken als wahr erkennen, damit wir sie nur verstehen können, dazu setzt er ebensogut in uns als in sich Vernunft, ein gemeinschaftliches Prinzip, ein gemeinschaftliches Maß, voraus. Was er erkannt hat, sollen wir erkennen, was er gefunden, wir selbst wieder in uns finden, denn das Denken ist in uns. Alle Demonstration ist daher nicht eine Vermittlung des Gedankens in und für den Gedanken selbst, sondern eine Vermittlung mittelst der Sprache zwischen dem Denken, *inwiefern es meines ist*, und dem Denken des andern, *inwiefern es seines ist* – wo zwei oder drei in meinem Namen versammelt sind, da bin ich, die Vernunft, die Wahrheit, mitten unter euch …

Es braucht an diesem Text nicht eigens die Position gegenüber Hegel resümiert und herausgehoben zu werden. F. stellt sich gegen die Abstraktion des Systems bzw. den Geist in ein System zu spannen, und er stellt sich (wie prinzipiell auch hier) gegen die Möglichkeit, die Dialektik zu verallgemeinern oder als Aufhebung bzw. Ersetzung des Widerspruchs zu begreifen. Außerdem beruft er sich durchgehend in seiner Philosophie darauf, der Sinnlichkeit ihr Recht als Vermittlung der Wirklichkeit zu lassen, Welterkenntnis kommt demnach ohne sie nicht aus und die Begriffe sind nicht unvermittelt im Sein angelegt, so dass der reflektierende Gedanke die Aufgabe hätte, sie für sich zu machen; resp. die doppelte Negation ist nicht derart in Kraft zu setzen, sie müsse mit gesetzmäßiger Vorschrift – oder Eingeschriebenheit – in der Region des abstrakten Geistes münden (die diesbezüglichen Einwände von F. und Marx werden allerdings, wie gewohnt, nicht direkt auf der Grundlage der klassischen Regel diskutiert).

Selbige Passage, die gewiss eine nicht zu vernachlässigende Popularisierung des idealen Sachverhalts beinhaltet, sei nicht Hegel, sondern der womöglich strengsten Gegenposition, der *transzendentalen Deduktion der reinen Verstandesbegriffe*, gegenübergestellt. Es sei weiterhin vorausgesetzt, beide Texte oder Theoreme

198 Ludwig Feuerbach. *Zur Kritik der Hegelschen Philosophie*. In: Kleine Schriften II, Berlin 1982, 28.

(F. sei selbiges zugestanden), wechseln oder beanspruchen unreflektiert – zumindest ohne eigene methodische Rechtfertigung – (in) die 1. Person Plural („Von der Eigentümlichkeit unseres Verstandes aber, nur vermittels der Kategorien und nur gerade durch diese Art und Zahl derselben Einheit der Apperzeption a priori zustande zu bringen, lässt sich ebensowenig ferner ein Grund angeben, als warum wir gerade diese und keine andere Funktionen zu urteilen haben, oder warum Zeit und Raum die einzigen Formen unserer möglichen Anschauung sind", §21, beginnend mit §15, „unser Vorstellungsvermögen", „wir mögen uns ihrer bewusst werden oder nicht", „also müssen wir diese Einheit (als qualitative §12) noch höher suchen", auf dem Hintergrund des *Ich denke* bzw. der transzendentalen Einheit des Selbstbewusstseins (§16), die es nachzuweisen und zugleich als Hauptgrund einzuführen gilt). Es sei weiterhin vorausgesetzt, es gibt die Funktion ›trennen-binden‹ (›≌‹), anstatt stets nur der bzw. einer Alternative folgen zu können, Existenz mithin nach der W-Binarität (und absolut angesetzten Dichotomie) spalten zu müssen, so dass eines der beiden Theoreme falsch sein muss: (i) der ideale Standpunkt Kants, in dem die Vernunft eine quasi Überinstanz verkörpert (eingeboren und nicht fallibel in dem Sinne, nicht gegeben sein zu können, selbst wenn sie zahlreiche Möglichkeiten des Missbrauchs kennt, scheinhaft oder -belastet mithin nur durch diesen, nicht aber an sich selbst), oder (ii) der existenzielle F.s, demzufolge die Vernunft in der Gemeinschaft – gemeinschaftlich oder zwischen den Subjekten (sie mögen gebildet sein oder nicht) – existiert, aufzurufen und in diesem Sinne zu bestätigen (verifizieren) ist.[199] Aufgrund der Funktion ›trennen-binden‹, gesetzt sie ist wirksam und zulässig, müssen beide Positionen miteinander verträglich sein, nicht (endgültig, resultativ oder anderweitig, entgegen der intrinsich wirksamen Fusion, die stets stärker oder konstitutiv) auseinanderfallen und somit (iii) eine (logische) Schleife bilden, i.e., (a) sie bewahrheiten sich überall, da (b) jede Seite notwendig an der anderen teilhat, und ‚notwendig' meint bis zu jeder erdenklichen Grenze, gleichgültig auf welcher Seite und bis zu welchem Grad, jedoch

199 „Einen Schritt weiter – hieß es in der Vorlesung – ist das Exempel eine Vorzeichnung der Mehrdimensionalität, insofern es (a) das Denken von der Perspektivierung abhängig macht („inwiefern es meines, inwiefern es deines ist") und (b) die Vernunft als ein „gemeinschaftliches Prinzip und Maß", jedoch ausdrücklich nicht als ein individuelles anspricht. Die Vernunft wird nicht mehr durch den einzelnen – im klassischen Sinne – ins Leben gerufen, belangt und in diesem Sinne instantiiert, um auf diesem Weg real zu werden, als vielmehr gerade umgekehrt. Die Vernunftbasis liegt voraus, ist in diesem Sinne existent und offensichtlich nicht bedürftig, sich (c) als Vermögen, (d) ideale Vorbedingung, (e), an der subjektiven Instanz auszuweisen", letzteres im strengen Sinne als nur durch (c) und (d).

nicht ›0‹ oder vollends ›1‹, ggf. aber ›minus-0‹ oder ›überplus (1 überwertig)‹, und daher (c) auch keineswegs jemals identisch, sondern ganz im Gegenteil – die (der Schleife innewohnende, unschließbare) Negation erlaubt entsprechend durchgehend, ein Theorem mit dem anderen bzw. den spezifischen Standort nicht verwechseln oder sogar amalgamieren zu müssen –, und es ergibt sich (iv) die offene Schlussfolgerung für die setzende und verifikative Bedingung ineins, die damit in beiden Theoremen enthalten sein muss, aber nicht zum Ausdruck kommt, sie sei die kardinale. Es sei weiterhin, in aller Kürze, vorausgesetzt, dass die bei F. angerissene Ontologisierung (Verselbständigung oder sogar Hypostasis) des Gedankens, als ob ihm eine eigenständige Existenz jenseits des Bewusstseins bzw. in einer idealisierten oder wiederum existentialisierten Vernunft zukäme – die er freilich in Abrede stellt (gesetzt das ›oder‹ meint nicht das disjunktive, sondern bloß adjunktive und damit die interpretative, geschichtsphilosophische Position Hegels) –, den Reflex oder Spiegel der hier gesuchten bzw. auszuweisenden Kardinalbedingung darstellt. Dies möge zunächst heißen, (d) wenn unter der Voraussetzung eines strengen naturwissenschaftlichen Empirismus „das Subjekt, aus welchem wahre oder falsche Erkenntnisgebilde entspringen, nicht erfassbar ist", oder umgekehrt, (e) wenn sich bei strenger Beobachtung ergibt, dass dem Fassen eines Gedankens zwar psychische Momente und/oder Bedingungen anhaften (Kern des Psychologismus oder, so K., der empirischen Psychologie, welche bis in die angewandte Logik reicht [gemäß A53-55/B77-79]), selbiger aber nicht darin aufgeht oder, wie zuvor Frege in enger Verwandtschaft mit Kant, „dieser Vorgang – des Fassens eines Gedankens – der geheimnisvollste von allen ist",[200] dass das Subjekt des Gedankens *ebensowenig wie dieser selbst* rein distinkt ist. (Einbildung bzgl. der gesteigerten Konzentration oder intentionalen Abstraktion möge hier nicht gewertet werden). Mithin sind beide – unter nicht nur Beseitigung der Zweideutigkeit, die immerhin zu veranlagen wäre, sondern direkter Veranschlagung von (a) bis (e) – der energetischen Basis teilhaftig, mit der sie anteilig fusionieren müssen, und für beide, das Subjekt wie gleichermaßen sein Erkenntnisgebilde oder aber Urteil – (das gemäß K. mit dem Gedanken gleichzusetzen ist, wenngleich es gewiss, abgesehen von und mit der gesuchten Kardinalbedingung, Gedanken geben möge, die bereits aus ihrem Kontext im vermögenspotenzierten Bewusstsein heraus so distinkt sind, dass sie nicht schon Urteile zu sein brauchen; bzw. Erkenntnisbewusstsein, *proprie*, mag zwar kategoriales sein oder auf einer Veranlagung der Vermögen aus

200 Frege zit. nach: Gerold Prauss. *Einführung in die Erkenntnistheorie.* Darmstadt [3]1993, 23, die Schlussfolgerung zuvor 25; mit welcher Charakterisierung freilich nichts gewonnen.

den höheren, quasi unbeweglichen oder nahezu unveränderlichen Kategorien zu verstehen und veranlagen sein, darum ist es aber mit seinem Urteil in sprachlicher Gestalt nicht identisch) –, ist

- die polare Basis einzutragen, welche sich (i) von der Existenz her, (ii) logisch, (iii) von der Konzentration oder exponierten Beanspruchung eines Vermögens, (iv) wiederum von der (noch offenen) Kardinalbedingung her beweisen muss (HS I).

Nun weichen beide Autoren in den Plural der ersten Person. Diese ist Garant oder, proprie, *geistige* Bürgschaft für das beanspruchte Faktum, dass in Theorem I oder II keineswegs tatsächlich nur ein einzelnes Ich (oder seine Einzelperson) für die Vernunft einzustehen hätte, welche das Verbindungsglied einmal zwischen dem auszählbaren bzw. als Gemeinmenge schmelzfähigen (i.e. ursprünglich fusionierenden) Gemeinverstand und einem gebildeten (hier philosophischen) Verstand, das andere Mal zwischen den Einzelakten eines Bewusstseins darstellt, das sich kraft Geltung und Wirksamkeit der Kategorien, deren Abbildung auf oder, umgekehrt, Erzeugung aus den Urteilsformen nicht in Abrede gestellt werden kann, in seiner Einheit synthetisiert, und den entsprechenden, an und für sich ebenso gleichmäßigen wie gleichförmigen Akten jedes anderen möglichen und/oder tatsächlichen Bewusstseins, das über ebendieselbe Vernunft verfügt bzw. auf genau diese natürliche Ressource unter den Bewusstseinsvermögen zurückgreifen kann. Der Plural der Person muss daher mit dem jeweiligen Plural in der notwendig zugrunde liegenden Menge korrespondieren bzw. er kann ihr unmöglich widersprechen. Diese Menge ist aber nicht als die einfachhin intuitive (schlechthin gemeinsinnige) zu setzen (der ihr Bezug auf mögliche intrinsische und konstitutive Fusion, und nicht nur Aggregation, Ansammlung oder Vermengung, ungewiss, unbekannt, bzw. schlechthin vollziehend und in diesem Sinne unbewusst ist), sondern freilich als diejenige, die in ihrer Herdbildung einem konstitutiven Brennpunkt oder Fokus folgt, der sich auf alle Elemente in diesem Sinne konstitutiv auswirkt. Wenn aber dieser konstitutive Brennpunkt in allen drei wirkungskräftigen Hinsichten, (i) sprachlich (nicht nur wegen der Semantik der Pronomen, sondern paradigmatisch auch unter Voraussetzung der Abwägung von Plus-/Minus- oder traditionell affirmativen versus negativen Verhältnissen unter Rückgriff auf die Morpheme ›nicht-‹, ›in-‹ und insb. ›un-‹, eventuell ›aber‹, ›ohne‹ und ›-los‹), sodann (ii) unter Voraussetzung von Theorem I, als existierende, und (iii), Theorem II, als in der Idealität ebenso anschluss- wie nicht endgültig trennfähige Vernunft anzusetzen ist, letzteres, die Trennfähigkeit, für beide Seiten, also auch (ii) gültig, muss die energetische Basis die Kardinalbedingung verkörpern, i.e.

- das Bewusstsein, das allen drei Möglichkeiten als der erste Träger dient, residuiert in einer Dimension oder ist in einer eigenen Dimension aufgehoben (HS II).

(Es dürfte keine Frage aufkommen, dass eine Reduzibilität auf die Raumzeit bzw. Raum und Zeit, die zwar alle Akte begleiten müssen, jedoch, da der Fokus weder reiner Ort noch reiner Zeitpunkt – im herkömmlichen Sinne – ist, nicht den eigentlichen Anschluss und damit die eigentümliche, weder auf diskreter Abzählbarkeit noch Verkettung beruhenden Mengenbildung erklären, keine Eliminierung dieser Dimension ermöglicht). Ergo ist auch das Bewusstsein keineswegs als entweder schlechthin existierend oder aber umgekehrt nur ideell anzusehen – als ob es nur aus Vorstellungen bestünde, die insbesondere in der Idealität kristallisieren –, als vielmehr direkter Ausdruck seines Energiefeldes. Da in diesem kein Ende absehbar ist – es gibt weder absolute Privatheit noch ihr Gegenteil (die absolute Menscheit oder dito Gruppe) –, anderwärts seine Konzentration unabdingbar, die von jeglicher Vorstellungshaltigkeit oder Leistung, sie sei unbedingt oder bedingt, zu unterscheiden, muss es der Polarität unterliegen, und selbige unterhält mithin jegliche, auch die anders lautende, insb. neutralisierende und/oder immunisierende Abstraktion, so dass die Formen nach den hiesigen Gegenständen beziehungsweise primären Gegensätzen unmittelbar anhängig sind. Der Fokus in seinem an diese anschließenden Schwanken (also stets Ich- versus Wir-, Individual- oder Gruppen-, Privat- oder öffentliches Bewusstsein zu sein) ist schließlich der *existentielle* Garant bzw. Bürgschaft für das in Theorem I oder II ausgedrückte Faktum, und dies meint insbesondere, er bildet sich aus der Aggregation, Verdichtung und schließlichen Konzentration der zugrundeliegenden Energie, deren doppelseitige, aktive wie passive, Fusionskraft oder -eigenschaft mit der kardinalen Bedingung einhergeht. – Mithin sollte hier, bei Fusionskraft und -grad, der wissenschaftliche Impuls einsetzen, nicht bei der Beschreibung oder geradewegs ausseitigen, objektivierenden und in diesem Sinne neutralen Analyse (und womöglich Ausdruck jener interdisziplinären Pflicht, in der sich Gesellschaftswissenschaften, Philosophie und Naturwissenschaften seit einiger Zeit befinden).

Anmerkung

[A]. Zwei Hauptsätze zu Dimension und fokaler Anlage

Für die Anerkenntnis der Wir-Rede, insofern sie eine gemeinschaftliche Basis der Vernunft beansprucht, ist demnach kein religiöser Habitus oder eine entsprechende Entlehnung erforderlich, sondern ganz im Gegenteil, der religiöse macht(e) sie nur namhaft oder sucht(e) sie in sein eigentümliches Licht (des

Bekenntnisses) zu stellen. Das Bewusstsein kommuniziert ursprünglich qua energetischer Teilhabe (gleichermaßen wie Organ mit Organ), und die Vernunft und ihre unvermeidliche Teilhabe ist nur jenes Beweisstück, das sich ihrer zu ermächtigen sucht, sie aber keineswegs ursprünglich zu erzeugen vermag. (In beiden, Theorem I wie II, liegt die Anschlussfähigkeit bereits im Schatten bzw. die konträr veranlagte Vernunft muss sich darauf verlassen, dass jene unwillkürlich gegeben ist, und die Anschlussfähigkeit meint eigentlich die ursprünglich zwanglose – ausdrücklich nicht eigens erzwungene – Begehbarkeit der Funktion ›binden-trennen‹). Das Bewusstsein residuiert bzw. entfaltet sich damit in der ersten Schleife, sie mag ausgelegt werden nach dem Gegensatz zwischen I und II oder, wie oben, zwischen Ich- und Wir-Bewusstsein, wiederum zwischen Individual- und Gruppenbewusstsein oder Privat- und öffentlichem Bewusstsein. Es, das Bewusstsein, ist mithin von seiner energetischen Basis nicht ablösbar und diese ist (a) der stets begehbaren Dimension (HS II), (b) der Notwendigkeit gleichgeltend, sie überall und stetig fokal zu realisieren (HS I) (und das abstrakte, neutrale, für sich seiende Selbst- oder Bewusstsein schlechthin, das angeblich reine, private Selbst, ist demnach eine Illusion oder Produkt der philosophischen resp. wissenschaftlichen Abhebung, Dafürhaltung, Gestellhaltung, Objektivation, Idealisation, Kulturnormierung).

[B]. Das Verhältnis zur Krümmung

Das Bewusstsein ist nicht »kopfweise«, unbedingt bzw. bedingungslos vorstellungshaltig oder wenigstens vorbegrifflich auszulegen, sondern als tatsächlich *in der Krümmung* liegend oder beheimatet, da dieserart die unmittelbar verpflichtende Existenz der Energiebasis (mit bzw. seit der Relativitätstheorie) anzusetzen ist. Dies meint nicht, als sei nicht eine Möglichkeit anzurechnen oder auszuschließen, in der die Ebenen in der Koordination flach werden, sondern dass die Basis tatsächlich polar ist und sich daher in der existentiellen Schleife befindet (wie oben): Bewusstsein bedingt einen Kreislauf (oder Zirkuit), unmöglich dass es selbigen umgehen oder aufheben könnte, und der Kreislauf meint nicht vielfältige Formen der Abfächerung zwischen Entfremdung, Entäußerung und Selbstbewusstsein – wie man im 19. Jahrhundert nach Kant die Sachlage hätte zuerst (mit Hegel und der Verschärfung durch Marx) angehen müssen, und freilich ist keine Form der Entfremdung, die intrikate Lenkung durch andere eingeschlossen, auch heute noch in der überhand nehmenden gesellschaftlichen Vereinnahmung ausgeschlossen –, sondern zuerst das Ausleben von Plus- und Minuspol, die (wechsel-)konzentriert und nicht-konzentriert, als mutualisierende Peripherie oder Segment, das gesamte eigentümliche

– erstrangige, unmittelbar konstitutive – Energiefeld bestimmen.[201] Es ist daher auch die Primärbedingung von Erleben und Wahrnehmung, ‚Denken'. Neutralität und/oder Neutralisierung – wie schon vom Begriff her – müssen daher ein stetes Folge- oder Sekundärphänomen darstellen (mag sie auch durch Konvention und bestimmte Vereinfachung, verbunden mit kommunikativem Zwang, allenthalben den scheinbaren Vorrang beanspruchen). Im Zeitalter von Neurowissenschaften und Biogenetik ist das Bewusstsein als Träger und unbedingte Stütze der Idealität überholt oder in ein scheinbar bedingungsloses Abseits geraten, dies bedeutet aber – wider das allfällige Dichotomisieren, die scheinbar einzige Begehbarkeit der Alternative – gerade nicht, an ihm, seiner Existenz und Wirkungsweise, das nichtmaterielle (und nicht einmal im strengen Sinne emergente) Moment zu kassieren, ohne, a priori oder anderweitig, einem unbedingten Dualismus zu huldigen: die im ersten Spiel – gewiss der Fehlbegriff, aber Erscheinung und Konvention im Umgang mit der Wahrheit legen ihn nahe – beheimatete Polarität dürfte öfter als gewollt die Vorworte, schließlich auch die Maximen der Verbegrifflichung bedienen, und sie entlässt auch keinen übergeordneten Organismus, an dem sich das beginnende 19. Jahrhundert, von Humboldt bis Hegel, orientierte). Gesetzt, es gelingt jemals, den nicht nur geklonten, sondern aus und mithilfe der genetischen Datenbank synthetisierten *Neuen Menschen* (im Zeitalter eines zweiten Darwin, der die Horizonte der evolutionären mit der genetisch-synthetischen Biologie vereinen wird) zu schaffen, dann wäre es (nach wie vor) enttäuschend, wissenschaftlicher Rückschritt oder unzulängliches Vermögen, wenn diesem Menschen die Fähigkeit der selbstgewählten Nutzung seiner Intelligenz abginge, wenn er sich wie ehedem nicht angemessen wüsste, der Fusionskraft durch und mit anderem Bewusstsein zu entziehen; respektive umso mehr der Lenkbarkeit durch anderes, vorgesetztes oder -geschaltetes Bewusstsein im Energiefeld erläge, als ob dies das Grundgesetz von Kommunikation und Soziabilität, Verkehr unter Artgenossen und nicht; überdies seine Kreativität und selbige Intelligenz nicht, oder nicht ebenso wie diejenige seiner nunmehr humanen Schöpfer, hinreichte, das Problem und Spannungsfeld der Energie zu begreifen, welche ihm sein Bewusstsein verleiht, um ihr durchgehend jenes zugleich vazillierende und vakuierende Unbedingte anzurechnen, das die Menschen seit eh begleitet, seit sie Geschichte – im doppelten Sinne – genießen, i.e. stetig mit einem wesentlichen Moment von Unvermögen vertilgen, abstreifen und erzeugen.

---

201 Vgl. Anfang nächstes Kap.

[C]. Unter- versus Überzeitigkeit

An dieser Stelle scheint es geboten, an die Über- und Unterzeitigkeit aus den ersten Kapiteln bzw. Einführung anzuknüpfen. Sie ist nicht unmittelbar mit dem Hauptschluss (HS II) identisch, sondern nur (nunmehr positiv) bedingungslos kompatibel (ohne Ausnahme). Ergo liegt resp. entfaltet sich die Zeit in einer Schleife, welches bedeutet, Über- versus Unterzeitigkeit liegen in einer gegebenen polaren Spannung, die mit einer gegebenen aktualen Beobachtung oder Wahrnehmung quasi (nicht aber tatsächlich) null wird, i.e. ihre tatsächliche Differenz erscheint als erloschen und die resultierende Neutralisierung wird kraft Vorstellung oder Idealisation zur einzigen (gemeingebräuchlichen oder konventionellen) bzw. klassisch-vorrelativistischen Vorgabe des stets koordinierten, und nur koordinierten Verhältnisses von linearer Gleichzeitigkeit versus Nachzeitigkeit (die Formen der doppelten Negation nunmehr anhängig). Tatsächlich bedingt die dimensionale Entfaltung der zeitlichen Wahrnehmung schlechthin, welche dem Bewusstsein in dieser Entfaltung auferlegt, niemals reine Idealisation sein, darstellen oder darin aufgehen zu können, dass im Augenblick der Wahrnehmung eine Restpotenz der Schleife enthalten ist, die – je nach Betrachtung – ihrer subjektiven Beanspruchung (a) die *absolute* Gewähr bietet, dass selbige unmöglich tatsächlich rein subjektiv ist, (b) die Ursache der Individuation verkörpert: gemäß (a) erlebt kein Lebewesen den Augenblick als seinen eigenen und nur eigenen (im Sinne subjektiver Anschauung, sie sei rein oder empirisch) und nicht vielmehr in seine Vorgegebenheit eingebunden, die wiederum nicht allein inter*subjektiv* ist, sondern tatsächlich inter*poliert*, i.e. die Energiebasis, welche die Zeitempfindung und überhaupt jegliche Zeitauffassung gewährt, besteht vor jeder beliebigen subjektiven oder persönlichen Konzentration, in welcher jedoch ebenselbige Bedingung notwendig fühlbar bleibt und jene existentielle Gewähr bietet, die bereits oben als transpersonal oder eben fokal in dem Sinne bezeichnet wurde, dass sie das einzelne Subjekt nach ihrem Ausdruck, Geltungsbereich bzw. ggf. tatsächlichen Peripherie in jedem Fall überschreitet und als Herd imstande ist, eine unabsehbare Vielzahl von bewusstseinsbegabten Subjekten einzubeziehen und in diesem Sinne aufzuheben. Gemäß (b) wiederum liegt im Restfokus diesseitig, nicht von der Energiebasis, sondern von dem bewegten Energiekern her, welcher die Person ausmacht bzw. dieser zukommt, ein Grund völliger oder sogar absoluter Konkretisation, die, je nach Lage und spezifischer Fusionskraft, welche den Kern bedingt, ihre Individuation ausmacht. Da demnach in einem unterzeitigen Moment ›$t_0 - t_m$‹ zwei Personen einen unterschiedlichen Weg der fokal bedingten Konzentration (ihres jeweiligen Engramms) bis zu ›t_0‹ beschreiten, in dem sie sich oder die eine die andere wahrnehmen, hierbei aber eine beliebige Strecke ›$t_m + t_n$‹ die Strecke ›$t_0 - t_m$‹ begleitet, welche als insbesondere ›$t_m = t_0(t_0 - t_m)$‹, ›$t_n = t_0(t_0 - t_m + t_n)$‹ das überzeitige Moment gegenüber ›$t_0 - t_m$‹ verkörpert, müssen die konstitutiven Segmente der Unter- versus Überzeitigkeit, da sie jemals weder (dichotom oder anderweitig) auseinanderfallen noch endgültig einsträngig verschmelzen (als ob die Zeit tatsächlich mit der klassischen Linie zusammenfiele, und sei es in unendlicher Parallelität, welche der Projektivität gegebenenfalls teilhaftig), der polaren Energiebasis anhängig sein und das Bewusstsein verpflichten, ihr seine effektive Wahrnehmungsbedingung unterzuordnen.

[D]. Erläuterung zu ›$t_m = t_0(t_0 - t_m)$‹

In zuletzt ›$t_m = t_0(t_0 - t_m)$‹ wird t_0 als (notwendig) verschiebbarer oder beweglicher fokaler Apex verstanden, i.e. in seinem Grenzwert begegnen sich, je nach Betrachtung (oder tatsächlicher Perspektive), (i) das (projektive, als Vorstellungszentrum zu verstehende) Wahrnehmungsengramm von je x_i, y_{ii}, … z_{iii}; bzw. (ii) die Verzweigungsfaszikel von je Unter- versus Überzeitigkeit, die jedem Engramm (oder individuellen Bewusstsein) notwendig als Schleife zuzuordnen; letzteres, da das Bewusstsein dimensional aufgefasst wird und daher Raum und Zeit mit selbigem unmittelbar verschweißen (durchaus aus der Relativität bekannt, demnach können sie – als quasi gemeinsamer Tensor – nicht mehr als ideelle Koordinaten dienen, es sei denn durch Abstraktion und Einbuße des wahren Verständnisses, dies mag bereits der Minkowski-Raumzeit angerechnet werden: oder die im Kern bewegliche Vorstellung sei der fixierten vorgezogen, erste kommt der Realität am nächsten, und Ruhe versus Unruhe anstatt Bewegung ist ggf. vorzuziehen, da das Verhältnis weder dichtotom auseinanderfällt noch die permanente Stetigkeit im strengen Sinne gewährt, i.e. die 0-Werte gehen auf das Gegenteil und nur dieses über; der Index x_i möge die Möglichkeit der instantanen Gruppenbildung bzw. Durchlauf einer Reihe anzeigen, welcher, wegen der möglichen Projektion auf t_0 unter den verschiedenen Wahrnehmungssubjekten und da t_0 notwendig einen Fokus im dimensionalen Herd verkörpert, die komplementäre Faszikel repräsentiere, in der sich das projektive Vorstellungszentrum vervielfältigt). – Die womöglich wichtigste Bedingung (an Rationalismus und klassischer Vorprägung des Denkens bemessen), die dieser Erhebung zugrundeliegt, ist die erwähnte Schleife, freilich das Gegenprinzip zum Widerspruch. Man mag den Ausdruck für zu bildhaft be- oder anzweifeln (was nicht zur Gänze zu bestreiten, ungeachtet der Tatsache, dass sich auch die theoretische Physik selbigen Ausdrucks bedient, sobald insb. extreme Folgerungen der speziellen Relativität zu bemessen sind). Sie einfach (logische)

Polarität zu bezeichnen, trifft zwar den begrifflichen Kern, gibt aber womöglich Anlass zu abschweifenden Vorstellungen (in Richtung Gravitation, gar Wechselwirkung). In jedem Fall werden Unter- und Überzeitigkeit niemals identisch. Dies möge (a) heißen, in t_0 als Fokus verbirgt sich ein echter Kern oder Herd, der zu keiner Zeit absolut gleich (homogen) oder neutral und damit identisch wird; demzufolge enthält das Verhältnis der Verzweigung oder ihre Faszikel eine wertständige, fundierende Negation, die dem Widerspruch widerspricht resp. diesem gegenüber das, von ihrem Umfang her, sofortige Gegenprinzip darstellt. Das Denken befindet sich daher, zunächst, in der einen oder anderen Richtung (ggf. »Rationalität«); (b) wenn nun aber unterzeitiges und überzeitiges Verhältnis niemals effektiv 0 wird, dann auch nicht 1, denn in beiden Fällen wäre die Identität gewährt (und der Herd gelöscht; worin der Unterschied bestünde, bleibe einstweilen offen, es müsste in jedem Fall etwas anderes dafür eintreten). Da aber t_0 gesetzt wurde, so meint dies nicht einen bzw. den effektiven Nullwert (auf verschiebbarer Koordinatenachse, und freilich neutral), sondern den Augenblick der Instantiierung des Herdes oder gleichschwelligen Kerns, der demnach nur den Zusammenlauf oder -stoß der Energie bezeichnet: einen Wellenapex, der sich erneut differenziert und/oder Mindest-, ggf. Mindestmindestdifferenzen offenbart. Wenn nun, mit anderen Worten, die Schleife generell, oder an sich, keinen wirklichen Durchschnittspunkt ihrer absoluten Mitte beinhaltet, in dem ihre beiden Seiten tatsächlich null werden – dies wird weiter unten (Ende der Erläuterung zum Kalkül) als Knoten erklärt, hier derjenige in der Binnenspanne anstatt auf einem Extrem –, sondern stets ein noch so geringer Hiatus oder Mindestmindestintervall bestehen bleibt (die frühere anschaulich-begriffliche Stütze aus der herkömmlichen Physik ist hier womöglich lässlich), muss in dieser Differenz gerade auch jene wirklich werden, die den Energieimpuls des einzelnen Subjekts, es sei x, von der instantanen Energiesphäre aller übrigen Subjekte unterscheidet, wenigstens y, aber ebenso x_i, y_{ii}, z_{iii}. Ob nun diese eventuell überaus kleinstteilige Differenz fühlbar ist oder nicht – womöglich muss es eher heißen, sie ist, wegen Anlage und persönlicher Gewissenhaftigkeit, für das Subjekt x fühlbarer (empfindlicher) als für die Subjekte y oder z –, sie ist in jedem Fall für den Restbestand verantwortlich, der dem Selbst oder der Seele im klassischen und insb. transzendentalen Verstand vorbehielt, ein zuletzt unzugängliches Unbedingtes, das sogenannte ›Individuum‹, darzustellen, und hierbei wirkt oder äußert sich dieser Restbestand von seiner substantiierten Seite, im vornehmlich Negativen. Während selbiger Restbestand umgekehrt wegen der zugrundeliegenden Fusionskraft der Energie selbigem Kern oder Selbst die Aufgabe erteilt, sich aufzugeben oder gerade nicht als erste Existenz anzusehen, sondern im Herd aufzugehen (und alle entsprechenden sozialen Formen, angefangen von Paar und Familie, zu entfalten, die Überantwortung an den Staat oder staatliches Dasein nicht ausgeschlossen, welches sich ausdrücklich im Extrem offenbart, sie sei Kriegssituation, Notlage, Aufstand etc. wie sie in den Klauseln zur *Force majeure* oder Höheren Gewalt aufgeführt werden, hier freilich nur der Index). Der Restbestand der Differenz in der Schleife, gesetzt man muss sie an irgend echter Polarität und nicht nur dem Verhältnis von Unter- versus Überzeitigkeit messen, befindet sich hiermit – von der Substantiierung her – im quasi Positiven, zumindest erfolgt die anhängige kollektiv-subjektive, von der notwendig *gemeinsam* gefühlten Fusionskraft abhängige Interpretation vorzugsweise in diesem, oft überschwänglichen (und bezeichnenderweise nicht erzwungenen) Sinne, in der sich das Subjekt geradewegs nicht »für sich«, als grundständige (abgeschlossene) Person, als absolutes Individuum, Monade, reflektierendes Subjekt etc. weiß und artikuliert. Diese Differenz, fühlbar und ± artikuliert, ist gewiss von Kultur, Stand, Milieu und nicht zuletzt Historie (historischer Entwicklung) abhängig, dessenungeachtet möge hier ihre Basis durchscheinen oder begrifflich konkret werden.

[E]. Freier Antrieb/Vorstellung und Transzendentalität

Freier Antrieb/Vorstellung und Transzendentalität, ein Nachsatz zum Gesamtkapitel: Was die Transzendentalität (und nicht Idealität) der Klausel betrifft, ob das Bewusstsein aus freiem Antrieb und freier Vorstellung imstande ist, ein gemeinschaftliches Bewusstsein zu konstitutieren respektive in selbiges überzugehen, ist wenigstens die erste Antwort gewährt (im Gesamtkontext dieser Vorlesung, wobei der ›freie Antrieb‹ und die ›freie Vorstellung‹ nicht endgültig oder konklusiv gegen obige Sätze zur Kardinalbedingung bzw. Polarität ausgelegt werden dürfen. Wie sofort einsehbar, bedingen beide unmittelbar nicht, den freien Antrieb zu tilgen, wiederum gesetzt, die Polarität fusioniert anderwärts mit oder beherrscht den Determinismus. So dürfen jene auch nicht in das Feld der Paradoxie hineingetragen bzw. dieses ohne jene erfasst werden). Weiterhin gesetzt, Transzendentalität meint *die Bedingung a priori*, die dem Bewusstsein kraft Veranlagung oder eingeborener Fähigkeit aus eigenem Antrieb, Bemühen und Vorstellung zur Verfügung steht (demnach ausdrücklich nicht mehr die bloße oder einzigartige Fähigkeit, ein synthetisches Urteil a priori am Leitfaden der reinen Verstandesbegriffe zu formieren), dann ist ihm die Möglichkeit, (a) ein gemeinschaftliches Bewusstsein zu begründen (einzugehen), (b) gemeinschaftliches Bewusstsein ursprünglich wahrzunehmen, und (c) gemeinschaftliches Bewusstsein abzulehnen oder gerade nicht zu affirmieren (um ihm nicht beizutreten oder nicht als Subjekt in genau diesem Sinne zu unterlaufen und unterlaufen zu müssen), in völliger Allgemeinheit gewährt (dies sei, wie bereits früher erläutert, insb. auch ein negativ synthetisches, womit gemeint, es weigert sich, das Schisma mitzutragen, demzufolge das Bewusstsein angeblich keinen direkten Kontakt oder Anschluss unterhält und auf Kommunikation angewiesen ist, um sich anzuknüpfen resp. die Existenz anderen Bewusstseins an- und überhaupt zu erkennen, ein postmodernes oder geradezu nachneuzeitliches Dogma und falsches – keineswegs nur behavioristisches – Paradigma, das, womöglich, mit der Techno- und Digitalisierung der Kommunikation Hand in Hand geht.).[202]

[F]. Zur Linse oder der kriteriale Brennspiegel

Die Philosophie ist nicht arm an Passagen, welche sich der (vermeintlichen Un-, jedenfalls im folgenden Sinne statuierten) Einsehbarkeit oder Wahrnehmung des anderen, Fremd- oder Zweitbewusstseins widmen. Es möge Frege eintreten (mit dem Fragment ‚Logik' zwischen 1879 und 1891).[203] „Für die Psychologie ist es gleichgültig, ob die Erzeugnisse seelischer Vorgänge, mit denen sie sich beschäftigt, wahr genannt werden können. [I] Was wahr ist, das ist wahr unabhängig von dem, der es als wahr anerkennt. Was wahr ist, ist also nicht Erzeugnis eines seelischen Vorgangs oder einer inneren Tätigkeit; denn das Erzeugnis des Einen ist nicht das des Anderen, so ähnlich es ihm auch sein möge, ebenso wenig wie der Hunger des Einen der des Anderen, und ebenso wenig wie das Auge des Einen trotz aller Ähnlichkeit das des Andern ist. [II] Wir nehmen die Vorgänge in der Seele eines Anderen nicht unmittelbar wahr, sondern nur die Wirkungen, die sie in der Körperwelt haben. Wir können also selbst die Ähnlichkeit streng genommen nur oberflächlich beurteilen, da wir die von verschiedenen Menschen erlebten inneren Zustände nicht in *einem* Bewusstsein vereinigen und so vergleichen können. [III] Wenn der Inhalt des Satzes ›2 + 3 = 5‹ für alle Menschen, die ihn als wahr anerkennen, genau und im strengsten Sinne derselbe ist, so ist damit gesagt, dass er nicht ein Erzeugnis der Seele Dieses ist und ein Erzeugnis der Seele Jenes, sondern dass er von diesem erfasst und als wahr erkannt werde und ebenso von Jenem. Wenn nun auch dies Erfassen nicht ohne Vermischung mit Subjektivem

202 Vf. *Sozialbewusstsein*, Frankfurt/Main 2015, 132, insb. in der Ablehnung schismatischen Bewusstseins.

203 Es scheint der Logiker hier eine gewisse primäre Distinktion zu benötigen, da, u.a., auch die Einleitung zu den *Grundzügen der Logik* von Quine einschlägige Entscheidungen trifft, die das Körpersein in das völlige Außen legt, überdies die Möglichkeit der Einsehbarkeit des wahren Urteils in das private Subjekt verlegt.

geschehen mag, so wollen wir doch das ‚wahr' nicht mit auf diese Zutaten beziehen".[204] Es dürfte im Rahmen dieser Vorlesung keine Frage aufkommen, dass sich nahezu ihr gesamter Inhalt anbietet, um ihn zu wiederholen. Daher möge in Abkürzung Folgendes eintreten. Bis dato hat weder (i) die Anthropologie, die höchstwahrscheinlich einer Fehlhypothese unterliegt, indem sie der verzweigten Hin- und Herkunft des Menschen unterstellt, er habe zu allen Zeiten bis dato dieselbe Bedingung des Bewusstseins geteilt, mithin sei in diesem genetischen Strang der Hirn- bzw. Entwicklung des Bewusstseins keine Mutation aufgetreten, welche (die) Satz(folge) (I), (II) oder (III) betrifft; noch (ii) die bereits angesprochene Biogenetik diese Differenz erübrigt oder auch nur erwogen. Dies sei überaus bedauerlich (wenn nicht tragisch), denn die Einschätzung F.s kann, wissenschaftlich streng genommen, nicht zutreffen, auch wenn sie der Abmachung oder (gemeinwissenschaftlichen und gemeinverständlichen) Konvention entspricht. Es mag daher (a) tatsächlich Menschen ge(ge)ben (haben), denen diese Uneinsehbarkeit (von ihrer genetischen Anlage her) zukommt, jedoch auf keinen Fall (b) allen, da selbige durchaus die Bedingung des Bewusstseins auch für die unter (a) diktieren. F. bedient offensichtlich einen Brennspiegel, den er (mit der Konvention) fälschlich auf die Trennung Geist (oder Bewusstsein) versus Körper projiziert. In der fundierenden Ähnlichkeit besteht aber bereits die Identität des Auges (auch wenn er dies anders meinen sollte), da, wohlbekannt (und Leibniz wäre mehr oder weniger unverdientermaßen, da er auf die projektive Geometrie und ihre Bedingungen keinen Wert legte), der Gesichtspunkt eine identische (mathematisch gültige) Rekonstruktion der Perspektive gestattet, i.e. die Unendlichkeit des Fluchtpunkts (als Kern einer unendlichen Schar projektiver Parallelen) ist Komplement der potenziellen Unendlichkeit des Gesichtspunkts, den *jedes* beliebige Auge einzunehmen imstande.[205] Wie aber nun, wenn das ganze Bewusstsein, das sozusagen innere? Der Zwang des Vergleichs, das Zutragen der Ähnlichkeit ist – Folge des allgemeingesetzlichen, unvermeidlichen Fokus, in dem sich Bewusstsein entfaltet, gleichbedeutend mit seiner Auffassung und Bezeichnung als genuiner Herd (die unvermeidliche Doppelung ›seiend‹ versus ›in der Vorstellung‹ inbegriffen, die alle Philosophie und eine breite Wissenschaftlichkeit je Disziplin beansprucht). Es gewinnt also unmöglich jemals

204 Gottlob Frege. Fragment „Logik", A. In: Nachgelassene Schriften und schriftlicher Briefwechsel, hg. v. Hans Hermes, Friedrich Kambartel, Friedrich Kaulbach, Band 1, Hamburg 1983.

205 Hier waltet demnach, wie beim Gehör (der Intervallschachtelung), eine eingeborene Mathematik – die gleichwohl nicht zur Substanz, sondern nur zur ggf. exakten Repräsentation der Anlage des Bewusstseins diene.

und mit irgend Subjekt (gleichgültig ob als sog. »Kaspar Hauser«, das erwachsene Findelkind, oder sozialisiertes Unwesen im Sinne des reinen Tyrannen) seine völlige Isoliertheit, in der es abgesondert seine (nunmehr) absoluten Inhalte nur für sich besäße (dies müsste Monster, Fehlgeburt oder absolutes Wunder sein), anderwärts liegt in der (bloßen) Ähnlichkeit notwendig ein Kern der Identität und zugleich (was öfters übersehen, wenn nur von Perspektivwechsel die Rede).[206] Die durchgängige Ähnlichkeit regiert daher überindividuell (auch wenn ihre Differenz das sog. Individuum erbringt) und bezeichnet, dass zwischen (a) und (b) ein unbedingter Anschluss bestehen muss, mithin die wenigstens Differenz, ob ein Wesen das Bewusstsein (und nicht nur die körperlichen Reflexe) des anderen wahrzunehmen vermag oder nicht, hinfällig wird. So folgt (I) „Was wahr ist, das ist wahr unabhängig von dem, der es als wahr anerkennt", indem (mit der negativen Erläuterung des Nichtauseinanderfallens, was durchaus der Konvention entspricht) die Wahrheit resp. das Wahrsein am Anschluss des Bewusstseins zu prüfen ist bzw. notwendig von einem Bewusstsein geteilt wird, das in stante und ohne besondere Aufforderung oder Evokation beliebiger Art unmöglich »individuell« oder ein nur identisch selbsteigenes ist: das sogenannt subjektive, psychologische, individuelle, vereinzelte. (Weiterhin ist die metaphyische Gestalt und Schöpfung des ›Gedankens‹ im Sinne F.s hier, in der Bedingung des Bewusstseins, zuerst zu gründen, wobei er das stets monierte Moment der Hypostasis, des Überseins, verlieren sollte). Es folgt unter (II), (i) dass die bloße und reine Projektion auf den Körper falsch und unmöglich ist, da Bewusstsein eine unmittelbar organische oder körperliche, stoffliche Basis besitzt, mithin selbiges an selbigem auch hervortreten oder zu erkennen sein muss. (Unmöglich fällt der Geist in eine absolute – und nicht vielmehr polare – Sphäre, bei und in der seine materielle oder körperlich-organische Basis zur Gänze annulliert (aus- und umschlägt), als ob somit, im Sinne des Rationalismus oder der rationalen Unterscheidungen, hier eine »clear-cut«, eine völlige Unterscheidung wie Klasse A versus B, und kein Einzelding unter beiden, wartete): dieses selbige an selbigem wird aber bereits durch die Ähnlichkeit getragen oder fundiert, mithin ist es

206 Bezeichnenderweise behauptet Kant darum (in einem freilich anderen Kontext der Zusammenfassung oder des Überblicks über die herkömmliche Gattungslogik, aber gleichfalls auf Ähnlichkeit rekurrierend), dass das Gesetz der Homogenität – im ersten „Widerstreit" mit der Spezifikation oder Varietät, und dem dritten der Affinität – auf dem Postulat der Identiät beruhe (A654/B682). Dies bedingt streng besehen, gegen die Varietät mindestens ein Merkmal über die gesamte Spannbreite des Stammbaums und seiner Verzweigungen ‚kontinuierlich' auslesen zu können, wenn tatsächlich auf diesem Wege ein höchster Begriff erzielbar ist.

nicht erforderlich, dass der Vergleich der Ähnlichkeit sich in *einem* Bewusstsein zutragen muss (was unter (b), wenn auch bislang weder erforscht noch öffentlich zugegeben, tatsächlich erfolgt. Wahrscheinlich, um in aller Kürze abzuschweifen, ist hier – seit der Erinnerung an EDEN, in der wenigstens das Gedenken an (a) versus (b) noch wach, so dass das Urpaar, ADAM und EVA, somit die willentliche Leugnung gegenüber GOTT *und sich selbst* auf sich genommen, der es alles beobachtet hat und beobachtet und dessen geistiges, mit ihnen gemeinsames Beisein, um nicht zu sagen *Band*, sie immer noch wissen – das sich stetig vererbende und forttragende, damit geschichtliche Höchstmaß an jenem Wesen zu finden, das, vor jeder bislang bekannten Charta, der Inbegriff des *homo porcinus* und nicht etwa nur der Menschenaffe heißen müsste: der Leugner in der Substanz, der nicht erst (den) *Mephistopheles* versus einen immerhin Gebildeten (der sich *Doktor Faustus* nennt), noch *Alberich* versus *Wotan* selbst auf die Bühne bitten müsste, um sich jedoch an der Namensgebung des Geschöpfes für einen unzeitigen Augenblick zu beteiligen, andernfalls die Kreidetafel – anstatt der üblichen Protokollform – erübrigt, die die Weiße in den Hintergrund legt, als ob sich derart das gemeine Befinden). – Was den Brennspiegel und (III) betrifft, liegt F. hier richtig, indem er nun auf den Inhalt des Bewusstseins bzw. die Sätze reflektiert und bereits weiß oder fordert, das Wahrsein kann nicht auf den Einzelnen – als Erzeugnis oder Vorstellung – projiziert werden. Also muss aber dieser Inhalt *ab origine*, von seinem Ursprung her, geteilt werden, wenn seine Erzeugung von Subjekt zu Subjekt gleichgültig (oder in diesem Sinne neutral) ist, die intersubjektive Nachprüfbarkeit resp. effektive Evaluation macht nur eine Halb- oder gew. Dezilbedingung aus, welche die Gesamtspanne von Geltung und Erfüllbarkeit nicht erfasst. Und es muss eine Möglichkeit geben, diese Allgemeingültigkeit nicht durch ein Reservoir metaphysisch konstituierter ›Gedanken‹ zu erklären, der bzw. das einen Speicher bzw. Speichervermögen und Vermögen des Zugangs bedürfte (was als kollektives Gedächtnis immerhin auf den Plan getreten, auch wenn es sporadisch blieb und in der erläuterten Konvention keinen geregelten Platz fand, abgesehen davon auch zunächst für kollektive Erfahrungen und Erlebnisse und nicht schon fertige Gedanken einzutreten hat), sondern durch den natürlichen, energetischen Zwang des Anschlusses, in dem das Bewusstsein unter- und überzeitlich existiert, mithin durch den Zwang, das existierende, lebendige Bewusstsein in seinen Inhalten und Vorstellungen unmöglich auf das Subjekt (und nicht erst das psychologische) beschränken zu können, so dass sie geteilt werden unter (a) *wie* (b), und zugleich nicht auf einen bloßen täuschungs- und irrtumsanfälligen Lern- oder gar Kommunikationsvorgang reduziert werden können (obgleich sich hinwiederum die Konvention hierauf kapriziert): da das

Bewusstsein in der genetischen Basis liegt, sind freilich, zunächst nur kommensurativ, auch seine Inhalte dort angesiedelt bzw. anzusiedeln, mithin kollektiv oder allgemein im Sinne des gemeinschaftlichen Erbes, (das bis weit in die Tierwelt hinabreicht), und der ebenso imma- wie imminente Fusionszwang, der dem Bewusstsein untersagt, jemals beim Einzelnen die Aufhebung zu genießen in dem Sinne, dass es an sich oder an anderem die echte, wahrhaftige, einfach-existente Grenze von Bewusstsein erführe, verbreitet sich sofort auch über die Vorstellungen, die wegen ihrer eminenten Liquidität im ursächlichen Herd nur in einem bedingten Sinne als subjektive „Zutat" zu charakterisieren (und endgültig zu diskriminieren) sind. Als eben auch unter (b) solche, denen selbige Zutat oder Färbung, der persönliche charakterliche Zuschnitt oder der spezifische Impuls, wahr- und vernehmlich, mithin empfindbar, wie auch unter (a) die Empfindlichkeit sich in einem hohen Maße auf die direkte Wahrnehmung (sie sei Simulation, und nicht nur Einfühlung oder Empathie) dieses notwendig energetischen Impulses richtet und selbigen in seiner spontanen Entfaltung im unbedingten Energiefeld keineswegs verfehlt – sind doch auch diese gleich jene, oder eben Dieser, nicht vom bedingungslosen Anschluss des Bewusstseins ausgeschlossen, der öfters und hiermit erneut als die dimensionale Bedingung des Bewusstseins angesprochen und dargelegt.

[G]. Das Schisma als Zerfall in die kollektive Innen- versus äußerliche Individualsphäre

Es wird das Schisma respektive seine Leugnung respektive der Zerfall des Bewusstseins in seine kollektive Innen- und äußerliche Individualsphäre, der sich stets dieser oder jener Sprecher, dieser oder jener Beobachter scheinbar allumfassend bemächtigt, für immer der Apex der Präzision sein, zu der selbiges oder die Vorstellung imstande. Ist die Möglichkeit der Trennung, sodann ihre Potenz einmal eingesehen, ergibt sich sofort ein spezifischer Umgang mit dem Widerspruch, anhängige Einsichten in instantane Verkehrungen und Verfehlungen eingeschlossen; die Gestalt erhält, und hat, ein Double und so sei sie erkannt (die manifeste Doppel-, ja Tripelzüngigkeit eingeschlossen, gibt es Sprecher, die beides wissen und mitspielen). Freilich ist die erwähnte kollektive Innensphäre eine Inklusion für (a) und (b) gleichermaßen (und begriffliche Anforderung sondergleichen, da sie gewissermaßen in den kantischen inneren Sinn einzusetzen ist und keineswegs dessen bedingungslos nur subjektive Sphäre erhält, sondern ganz im Gegenteil eine übersubjektive, die wiederum, wie an anderer Stelle, mit Krümmung und Innensphäre der Energie zu erklären), i.e. der Anschluss des Bewusstseins bedingt, dass ein Wesen unter (a), das die Vorstellungen eines solchen unter (b) – oder (a) – nicht unmittelbar wahrzunehmen vermag (was bislang angeblich der »Omnibus« bzw. für alle zutrifft), selbstredend in der Energiesphäre gebunden ist, mithin das Energiefeld seine Existenz und Entfaltung einschließt. So dass es angemessen scheint, dieses als Krümmung oder eigene (reale und ursprünglich reale) Dimension anzusprechen, da es eine Ausnahme nicht kennt und die Naturbedingung teilt wie die räumliche oder zeitliche, wiederum nicht daran, die Entfernung zum Sirius zu messen oder wieviel Zeit benötigt, um seine Sphäre mit Ausbreitung des Lichtstrahls zu erreichen. Bewusstsein ist also nicht notwendig und nur Vorstellungssphäre, oder von seinem Ursprung her ausschließlich in ihr zu verankern. – Es galt aber den Apex zum umreißen. Ein jüngerer wohlbekannter war ein vornehm gehaltenes Brief-Double zwischen Russell und Frege, in dem jener diesen neben etlichem Lob und Zustimmung darauf hinwies, es sei (in Verbindung mit dessen Grundlagen der Arithmetik) anzuzweifeln, es könne ggf. auch „die Funktion das unbestimmte Element bilden". Gesetzt nun, man wendet ein Prädikat *w* auf sich selbst an, sucht also die Bestimmung an sich selbst als Unbestimmtes wirksam werden zu lassen – so muss, wie sofort, ohne nachzurechnen ersichtlich, der Widerspruch folgen (oder „aus jeder Antwort folgt das Gegenteil"). Selbiges trifft dann auch für die Klasse als Ganzes derjenigen Klassen zu, die als Ganze sich selber nicht angehören. Frege anwortet eingestehend, moniert aber zugleich beim Prädikat die mangelnde Unterscheidung der Stufe (ob also Klasse oder Gegenstand bestimmt wird) und bezieht sich (wie in der Abhandlung zu Schröder und der Beurteilung des sog. Gebietekalküls strikt) auf den Umfang der Begriffe. Sodann greift er R.s Fomulierung des Widerspruchs (mithilfe der Begriffsschrift Peano's) auf und setzt den fraglichen Durchschnitt anders. (R): ›$w = cls \cap x \ni (x \sim \varepsilon x) \,.\supset :\, w \,\varepsilon\, w \,.=.\, w \sim \varepsilon w$‹. (F): „In «$\Phi(\dot{\varepsilon}\Phi(\varepsilon))$» oder «$\dot{\varepsilon}\Phi(\varepsilon) \cap \dot{\varepsilon}\Phi(\varepsilon)$» haben wir dann die Praedicirung des Begriffes $\Phi(\xi)$ von seinem eigenen Umfange".[207]

Hiermit gibt er sich zufrieden und meint wohl, es mag sein, dieser Durchschnitt ist exakt einmal 0, das andere Mal 1. Warum jedenfalls sollte er stets 0 sein? Wenn nun aber die Leugnung (ungleich der Lüge, die noch hinzutritt) den Menschen und Verkehr seines Bewusstseins charakterisiert (was nicht noch einmal zu erläutern), liegt das Verbot der Selbstreflexion genau hier bzw. nimmt jene sich dieser an, um sie unmittelbar zu absorbieren. Freilich fällt das Dasein

207 Selbiger Zwist wird weiter unten noch einmal aufgegriffen und anders – im hiesigen begrifflichen Kontext – erläutert (V.7 + Anm.1.-6.). Es gilt hierbei vor allem der Nachweis, wie gemeinhin nicht interpretiert, dass Russell das tradionelle Kontinuum aufhebt (und nicht etwa nur die Mengenvorstellung von ihrer intuitiven Verhaftung zu befreien ist).

(nicht etwa nur eine sporadische Minute oder Sekunde) in genau diese Spaltung, sobald das Bewusstsein sich daran gewöhnt hat, kraft erlernter Sprache, dutzendmal myriadenfacher Bilder und Vergegenwärtigungen die innere Kommunikation in das geäußerte oder angeblich nichtseiende Nichts, die instantane Implosion, zu verlegen und die akustische, visuelle, tastbare etc. Energie darauf zu verpflichten, sich stets am Rand des sinnlichen Organs, verbunden mit steter Veräußerlichung, zu bewegen. Nun ist diese Kommunikation, dies Dasein aber auch, und so erkennt man sofort obige Oszillation mit der Tilde – was auf der einen, ist, in Reinform, auf der anderen Seite nicht, und umgekehrt. Zudem fragt sich aber, ob man dies (schon wieder oder überhaupt) einen Widerspruch nennen sollte? Der Mensch (der in dieser abstrakten Form nicht existiert) müsste sich darauf kaprizieren, auf die eine oder andere Seite (zurückzu)kehren – was ihm nicht gelingen wird, zumindest nicht aus dem Stand, und das Gelöbnis der bloßen Einhaltung der Innenseite müsste ihm einen neuen Spracherwerb, i.e. -schöpfung, auferlegen, die womöglich größere Schwierigkeiten beinhaltet als die der bisherigen Wissenschaftsstrecke und einzelner Fällungen. Jedenfalls müsste er sofort und mit Rigorosität die Verpflichtung und Überantwortung seines Bewusstseins an die S-O-Grammatik streichen und überwinden, welche ihm allerorten die signifikante Veräußerlichung auferlegt und sein Selbst, projektiv oder nicht, zurücklässt, das, angeblich, keinen Anschluss an anderes kennt und unmittelbar erfährt, respektive selbigen nicht aus der Sprache weiß und beständig unterhält. (Von der Musik, anderer Künste, möge hier für den Augenblick keine Rede). Ob es aber sei oder nicht, jedenfalls nicht wegen der Tatsache, dass es sich selbst in der Energie als echter Fokus konzentriert respektive als dieser energetische Brennpunkt (Zentrum eines bedingungslosen Herds und nicht etwa Substanz oder Monade) existieren muss, mag nun noch die Vorstellung, und erneut ein selbiger, hinzutreten oder nicht. Also gibt es auch hier eine bestimmte Anbindung, Angleichung und Verbindung zu erleben, eben das Fokussieren und seine eminente Tragweite, die stets die Schwierigkeit heraufbeschwört, seinen Gedanken die Klarheit zu gewähren, die sich ja keineswegs nur auf den Augenblick statt nicht auf seine, der echten Möglichkeit nach, endlose Verkettung erstrecken darf. Wenn nun aber die Spaltung dieses (sich gewinnende) Dasein nicht gewährt, welche Rückkehr eine Aufzehrung des Mythos bzw. seine Realität bedeutete, liegt in der Oszillation offenbar die bestimmte Komplementarität, welche wenigstens auch in der (Planck-Schrödinger, und ausnahmsweise nicht Einstein-)Physis bislang den (an und für sich lange vorprogrammierten) Schlusspunkt darstellt: die Linse offenbart nicht etwa die Einhaltung einer (historisch) immer feineren Sphäre, sondern dass sie tatsächlich auseinanderfällt und in der

Substanz der Linse offenbart, was diese ausmacht. So muss auch das Bewusstsein und sein Selbst, an (verkürzt und/oder vereinfacht) ›innen – außen‹ gemessen, in der Komplementarität sich entfalten, mithin in der verschleiften Sphäre ›$|| Sx \cong \neg Sx ||$‹. Womit, in dieser schlüsselartigen Fokussierung, ausgedrückt, dass es einer dreifachen Ausweich- oder Fluchtmöglichkeit unterliegt, die einmal das ›Versus‹ in der Äquivalenz (die Polarität), die Peripherie und sodann das ›nicht‹ an sich selbst, ›S‹, betrifft.[208] Gesetzt, das ›$\neg$‹ wechselt an die rechte Peripherie, ›$|| Sx \cong Sx \neg ||$‹, dann erscheint das Subjekt = Selbst (denn es sei nicht nur aus Gründen der sprachlichen Reflexivität, sondern insbesondere der Energiebasis zugestanden, dass jedes Subjekt ein überaus referenzfähiges Selbst besitzt) in einem glänzenden Fokus – es ist insgeheim immer noch jener obige Durchschnitt, i.e. seine Spaltung lässt sich schlüsselhalber nicht aufheben –, der die Sphäre der inneren Entfaltung verleugnet, dort, wo es nunmehr angeblich keine Existenz teilt. Wechselt selbiges ›$\neg$‹ nach links, nunmehr ›$\neg|| Sx \cong Sx ||$‹, oszilliert selbiges Subjekt im Jenseits, i.e. es darf sich rühmen, an der Ursache der Spaltung, dem Bewusstsein der Menschen, welche sich als Subjekt leugnen und nicht, nicht teilzunehmen. Wechselt jenes ›$\neg$‹ aber vor das Hauptzeichen, die bedingte Oszillation oder Polarität, ergo ›$|| Sx \neg \cong Sx ||$‹, dann hat selbiges Subjekt seine Substanz verloren, i.e. die Energiebasis, und es gleicht nur noch seiner Schimäre in der Verdoppelung, von der, da sie nicht mehr existiert, allein zu mutmaßen, sie wird auf die eine, oder andere, Seite abgeglitten sein, i.e. was ihre Energie ausmachte, ist nunmehr in die eine oder andere eingekehrt.

208 Zu den Symbolen: die Tilde (als Negation) wurde (im Sinne der Definition) mit dem Gleichheitszeichen als Ausdruck der Äquivalenz vereinnahmt (wie stets ›$\cong$‹); der gerade Strich bezeichne die Halbperipherie der zugehörigen Funktion, und der Doppelstrich ›$||$‹ die vollgültige Polarität, i.e. hier müssen im Funktionsausdruck beide Sphären vertreten sein.

IV. Das historische Subjekt

‚Die ›1‹ als *Einheit der Geschichte* ist weder Anzahl noch Maßzahl, i.e. man muss ihr – gegen den methodisch rigiden Individualismus – eine kollektive Einheit (mit mindestens einem Fokus *und* Ebene) zugestehen, die sich spontan oder geradehin manifestiert und die entsprechende Gesetzmäßigkeit kollektiver Handlungen und Vorstellungsweisen entfaltet. [Auf diese Thematik wird in einer gesonderten Vorlesung zum historischen Subjekt eingegangen]‘[209].

1. Der Stellenwert der Evolution

Mit dieser Vorbemerkung möge das vorletzte Kapitel beginnen. Zunächst scheint die Frage überaus angemessen, ist das Thema inzwischen, in den sog. Zeitläuften, systematischer, interdisziplinärer oder tatsächlich nur historiografischer Natur. In verschiedenen Bereichen der Fakultäten, der Physik, Biologie, Informatik, hat sich die Erkenntnis verbreitet, dass der Mensch auf dem Apex einer Entwicklung angekommen ist, welche ihn tatsächlich, aufgrund von Praxis und anhängiger Wirklichkeit und nicht nur Vorstellung oder gar Einbildung, auf eine Strecke von nicht nur Tausenden, sondern Milliarden Jahren zurückblicken lässt (freilich stets der Annahme anhängig, dass die Evolution, selbst wenn selbiger keine Teleologie zugrunde liegt, immerhin die Einschaltung der menschlichen nicht ausklammern oder übergehen konnte, eine Auffassung, die mit großer Wahrscheinlichkeit, und sie sei nicht die sog. subjektive, zu neutral, nüchtern oder geradewegs falsch ist). „Diese Kapriole der Erkenntnis“ – sie hatte Hegel nicht zu unrecht motiviert, seinem Zeitalter eine geschichtsphilosophische, überdies grundlegend systematische, durch mehrfache Disziplin durchdachte Einsicht zuzumuten, es befände sich auf der Höhe von Potenz und Potenzialität des Selbstbewusstseins, erstere der intrinsische oder Eigen-, letztere der extrinsische oder Außenwert aus dem Spektrum an lebendigen Möglichkeiten und was dieses als sog. allgemeines dem Dasein des absoluten Geistes angelegen sein lässt – „hat [nunmehr] die Tür in den Kontrollraum des Lebens aufgestoßen. In Milliarden Jahren hatte ihn noch niemand betreten“, schreibt der breit bewanderte Wissenschaftsjournalist mit konstanter Reflexion auf die vernünftige Ressourcennutzung, das Maßhalten, das ggf. die Philosophie seit eh seinem praktischen Handeln als Empfehlung oder Korrektiv an die Hand gibt.

209 Vgl. oben S. 182, hier mit dem Kontext zu erinnern.

„Dort gibt es Hebel, mit denen sich eine Zelle zur Nervenzelle machen lässt oder aber zur Leberzelle. Dort gibt es ein Steuerrad, das es erlaubt, die biologische Zeit vor- und zurückzudrehen. Gene lassen sich ein- und ausschalten, die auf Form und Funktion eines Lebewesens durchschlagenden Einfluss haben".[210] Die zurückdrehbare Zeit, nunmehr Faktum und effektive (i.e. reale) Einschleifung, welche die Zellen verjüngt, war bereits theoretische Eigenschaft der mehrdimensionalen Basis, in die das Bewusstsein eingebettet wurde, respektive die ihm mit einer eigenen unmittelbar zukommt. Die Dimensionalität meint, es existiert nicht unter dem (Jahrhunderte alten, scheinbar einzig orbiserzeugenden) Fixstern seiner Isoliertheit, als immerhin unerschöpfliches Individuum, dem obiges Selbstbewusstsein in bestimmter Form zuwächst (bzw. einfach und geradehin zukommt), sondern in steter Anschlussfähigkeit – sie wurde soeben (unter [E].) als transzendental charakterisiert – und tatsächlich gegebenem Anschluss – er macht die dimensionale Basis oder ihre Substanz aus; welchem Anschluss selbiges Bewusstsein, jedoch nicht notwendig jederzeit Selbstbewusstsein, gar ideale Subjektivität im strikten Sinne,[211] als bereits anderes oder schlechthin anonymes unterliegt: mithin ist kein Ende, wenn auch Grenze, als sogar Grenzwert, genug abzusehen. (Von ihm möge gelten, er ist nicht der fixe Zahlenwert bestimmter Konvergenz oder Häufung und Schranke, sondern in sich beweglich oder liquid, ergo Extremität, übrigens in Einklang mit der Evolution, die bislang im Rahmen von Gehirnforschung und Anthropologie seine exakte Grenze nicht kennt, sondern nur Annäherung).[212] Infolgedessen arbeiten die Vermögen

210 Schwägerl 2010, 138.

211 In Anlehnung an eine jüngere Replik zum Wahrheitsbegriff (Ernst Tugendhat. „Heideggers Idee von Wahrheit". In: Gunnar Skirbekk (Hg.). *Wahrheitstheorien*. Frankfurt/Main 1969, 431f., gemeint ist die Position Husserls als Basis der phänomenologischen Analyse. Das Epitheton ‚ideal' (statt transzendental) wurde hier gesetzt, da nichtempirische Subjektivität die Tendenz hat, sich aus der idealen Wurzel zu speisen.

212 Gesetzt, als direkte Frage nach dem *Wie* der Vorstellung aus der neuronalen Vernetzung resp. Muster: Antonio Damasio. *Ich fühle, also bin ich. Die Entschlüsselung des Bewusstseins*, deutsch München 2002, 387–88. Hier möge allerdings sofort der Vorbehalt in Kenntnis genommen werden, dass die folgende (gekürzte) Behauptung nicht zutreffen kann (die philosophische Basis der Neurowissenschaften, die notgedrungen in zentrale Gebiete der Philosophie eindringen müssen, ist bekanntermaßen kritisch, *ad hoc* oder fraglich): „[…] dem Umstand Rechnung, dass der Geist ein komplexer biologischer Prozess ist, der eine eigene Beschreibungsform braucht und verdient, weil er nur privat in Erscheinung tritt und weil sein Erscheinen die fundamentale Realität ist, die wir erklären möchten".

des Bewusstseins nicht subjektiv (»psychologisch«), ausschließlich auf der Basis des Kernimpulses dieses einen, auf das sich Anordnung und/oder Reflexion des anderen, oder selbigen, konzentriert, sondern dimensional respektive an den spezifischen Fächer, um nicht zu sagen die *Faszikel* seiner Dimension gebunden: wenn ein *x y* wahrnimmt, und zunächst gleichgültig, ob auch *y* umgekehrt, dann stiftet nicht das beiherlaufende synaptische Engramm des *x*, in dem in kleinen Quanten der Weg von Vorsehung, Gedächtnis und Aufmerksamkeit (unwillkürlich und regelmäßig) fusioniert, den Realbezug (oder definiten Referenzrahmen im Sinne gültiger Referenzialität) der effektiven Wahrnehmung, in der *y* als immediater Eindruck von *x* rezipiert und unwillkürlich-willkürlich gespeichert wird, sondern das Bewusstsein bildet ein Energiefeld, das weder Schlaf noch äußerste Konzentriertheit zerreißt, in dem alle bewusstseinsbemittelten Lebewesen aufgehoben oder integriert (mittels ›über ≅ unter‹ möge sich ihr ontisches, tatsächliches Verhältnis artikulieren, ›willkürlich-unwillkürlich‹ sei das Indiz dieser Basis), und zu einem bestimmten Zeitpunkt ›$t_0(t_0 - t_m)$‹, wobei t_m eine willkürliche Spanne und keine notwendige Vorgabe darstellt, beginnt der reale Konnex der Quantelungen des Engramms von je *x versus y* (und aller übrigen Lebewesen), der dazu führen wird, dass sie sich in t_0 wahrnehmen und in diesem Sinne *begegnen*. Mit anderen Worten, da (i) sie sich wahrnehmen bzw. einstweilen *x y* und (ii) der Konnex einen willkürlichen zeitlichen (genauer unterzeitlichen) Abstand einschließt (der überzeitliche mag hierbei jener sein, der sich insbesondere mit der Wiedererinnerung verkoppelt, da sich in seiner Faszikel die Fusionstrasse der Speicherfähigkeit niederlässt), jedoch (iii) die konnektive Realität nicht zu bezweifeln (oder nur durch spekulative Erwägungen, welche der Skepsis, um nicht zu sagen einer abstrakt-geistigen Furchtsamkeit, zu viel Platz gewähren, außerdem die Bewusstseinsleistungen *willkürlich* außer Kraft setzen, um dabei den logischen Schlüssel, der ihre Ordnung unterhält, zu manipulieren), muss (iv) der Konnex des Bewusstseins (nicht der Quantelungen im jeweiligen Bewusstseinsweg respektive seiner Aufmerksamkeitsfolge) vorausliegen und gegeben sein, i.e. alles Bewusstsein hängt notwendig miteinander zusammen oder bildet ein – an die objektive Basisfusion und Funktion gekoppeltes oder davon abhängiges – Energiefeld; wobei jene gesetzte Differenz ›$t_0 - t_m$‹ die (bereits eingeklammerte) Unterzeitigkeit bezeichnet, die in der Dimensionalität des Bewusstseins nicht der linearen Vorzeitigkeit, welche nur beim Subjekt oder aber im klassischen Sinne von außen, zugleich in Verbindung mit jener Fusion zu veranlagen, welche Aufmerksamkeit, Erinnerung und Vorsehung beim einzelnen Subjekt auf eine Spur nach innen, den sog. inneren Sinn, verlegt, sondern dem dimensionalen Segment folgt. Da nun aber mit t_0 eine Reihe

›$t_0 + t_n$‹ anhebt, welche ebenso nicht schlechthin in die lineare Nachzeitigkeit fällt (die gleichermaßen nur beim einzelnen, +/-vervielfältigten Subjekt anzumelden, das, wie zuvor, von seiner Begriffsbasis her ein absolutes Punkt- und nicht etwa Fusions- oder erstes Herdprodukt darstellt; resp. der Erhebung von außen, in sog. reiner oder idealer, der wie erwähnt klassischen Zeit), ergibt sich nicht nur ein reziprokes Segment der Überzeitigkeit in der dimensionalen Auffächerung (oder, *expressis verbis*, Faszikel), sondern insbesondere sind diese Segmente notwendig miteinander verschleift (oder, ohne Tautologie, polar gruppiert), wenn überhaupt der Konnex des Bewusstseins an sich – als Energiefeld und nicht etwa punktuelle (singuläre) Energiequelle, die sich stets nur als diese Sphäre ausbreitet, wohin sie das evolutionäre und insbesondere klassische Verständnis verlegt hat – nicht zu bezweifeln oder erste Realität.

Anmerkung 1

[A]. Zum evolutionären Verständnis des Schismas

Das evolutionäre Verständnis, welches den Innenbruch – oder das geradezu Schisma – des Bewusstseins verursacht hat, sei wenigstens nicht übergangen. Es meint jene (kleinstteilige bis unendliche) Differenz, mit der der ggf. Neandertaler einem zweiten gegenübersteht und (a) nicht bemerkt, oder (b) sich nicht eingesteht, oder (c) aus perfider Intelligenz, einem Zug von Verschlagenheit, nicht eingesteht, dass ihr Bewusstsein eine gemeinsame Basis teilt, i.e. selbiges von seiner Ausbreitung, dem eigentümlichen Energiefeld her, letztlich nicht nur auf die eine oder andere Seite fällt – *gleichgültig*, ob hierbei dem einen oder anderen Exemplar der Species, es sei männlich oder weiblich, oder eine Zwischenform, zusätzlich zuzugestehen ist, es ist imstande, die Vorstellungsregungen oder Perzeptionen und späteren sog. Gedanken seines Gegenübers wahrzunehmen (i.e. zu ‚lesen'; welche Fähigkeit von einem Augenblicksfeuer der Entladung, im Sinne der freudigen Befriedigung, bis zur hochpolitischen Verschlagenheit reicht, sie gelte ultimativ bis -issime, wofür keine Papst-, Kardinals-, etwa Richelieu, oder Königs- und Kaiserzeugnisse vonnöten sind, die jedenfalls, *lamentabile*, bis in die heutigen Präsidialzeiten der historischen Erschließung und Protokollierung ermangeln; denn es ist geradezu Politik, und nicht nur Umgangsform,[213] sich als

213 „Wir haben alle ein außergewöhnliches Fingerspitzengefühl im Umgang mit der Umgangssprache; die Richtigkeit der eben gegebenen Interpretation von (1) ist uns daher viel unmittelbarer klar, als es die Gründe dafür sind" (Quine. *Grundzüge der Logik*. Frankfurt/Main ³1981, 46). Die Interpretation betrifft die richtige Gruppierung bei Verwendung der logischen Junktoren, außerdem den Bereich der

gleichermaßen agierende, konferierende und betroffene Person hier ungemein zu versteifen bzw. das (Ver-)Handlungspendant, sein(e) Perpendikel, zu setzen und die »Lichtseiten« umzuschlagen, i.e. zu verblenden und hinter der Hand zu halten – weiter unten möge das historische Subjekt auf dieser Basis einkehren). – „Da das Bewusstsein selbst das ultimative Werkzeug ist, liegt es nahe, dass es vor rund fünfzigtausend Jahren eng zusammen mit intensivem Werkzeuggebrauch und dem Werkzeug Sprache entstanden und kontinuierlich gewachsen ist".[214] Diese keineswegs distinkte, sondern in sich fluktuierende Schwelle, sie möge als insb. fistel- bzw. fusionsanhängig, damit überaus liquid gelten, bezeichnet, im Minimum, jenes einleitende Schisma, die unendliche zugleich Projektionsachse, mit der sich das Bewusstsein nur noch aus der individuellen, quasi singulären Quelle begreift und den unmittelbaren Konnex, in dem es eigentlich auflebt und sich artikulieren muss, überschlägt oder, im definiten Sinne, *negiert.* (Dieserart Negation ist sofort auch Verleugnung. Die fistelanhängige, unter Personen und Individuen schwankende Schwelle meine den existenten, in diesem Sinne eine Vorbedingung konstituierenden kollektiven oder Knoten überhaupt, in dem eine Überzahl von Bewusstseinssegmenten, Faszikeln, miteinander verwachsen sind und das gleichständige, unmittelbare evolutionäre Erbe darstellen: die Fusion ist Vorbedingung, prädominant oder die stets stärkere Kraft, denn eine Aufhebung ihrer Wirkung, bei Aufleben und Auswirken der Bewusstseinsenergie, gibt es nicht, es müsste ein Wesen unter vorbenannter Negation und völlig natürlicher oder von sich aus agierter Isoliertheit (*Singularität*) eintreten).[215] Dieser Voraussetzung zufolge ist das Faktum der Schwierigkeit, die distinkte Schwelle zu bezeichnen, mit der das menschliche Bewusstsein hervorgetreten ist, ebensosehr Anzeige, dass selbiger Anschluss bereits unter den Tieren (und Primaten) besteht, die Bedingung demnach rückzutragen ist, wie Anzeige für

‚eingeborenen' jedenfalls im Sprachwerwerb hochgradig eingeübten logischen Regeln. Und, an dieser Stelle, die Berührung des Umgangs, der, bereits gleichgültig ob hoch reflektiert oder geradehin (und gewöhnlich), dem Bewusstsein auferlegt, sich jederzeit an die eingeschliffene Spaltung und Prätention zu halten, die Sprache und ihre Grammatik gäbe die Trennungen des Bewusstseins vor, wie sie abgeblich real oder letztgültig sind.

214 Schwägerl 2010, 168 mit Kontext.

215 Diese Behauptung liest sich in älterer Philosophie derart, das Bewusstsein beginne in einem Meer verworrener Perzeptionen, deren Umkreis freilich keine stringente Logik (dann noch) auf die Eigenquelle des betroffenen Subjekts einzuschränken vermag. In neuerer etwa bei H. Barth, es sei Erkenntnis nicht an die endliche, distinkte Grenze gebunden, sondern Erkenntnis sei immer schon gegeben, sobald sich der theoretische Impuls ihr zuwendet.

das Auftreten und die soziale Verfestigung der Projektionsachse, mit der sich fortan die quasi distinkte Schwelle evolutionär und gemeinschaftlich, weiterhin im vererbten Knoten, von Phratrie und Polis bis zur Neuzeit entwickelt. Das Werkzeug ist somit, *proprie*, ›Vorstellung‹, welche den Konnex zerteilt (trennt) und das Bewusstsein, mit eingelebter Gewöhnung und sozialer Pflicht, die das rationale Merkmal des Mitglieds begleicht, auf seinen eigenen *versus* den anderen Ursprung reflektieren lässt, zugleich mit Unendlichkeit oder unmöglicher Umkehrung des Verhältnisses.

[B]. Der Beweis liegt (1) praktisch (oder experimentell) und (2) theoretisch in den beiden folgenden Befunden bzw. Sachverhalten. (1). Eine Person ist unmöglich jene Einheit, Entität oder Unität, als welche sie eine Jahrhunderte alte, in der Antike verwurzelte und über die Neuzeit verfestigte Lehre – als insbesondere, aber nicht notwendigerweise Metaphysik – angenommen und umrissen hat. Wenn nämlich, aus [A] oben, das Schisma oder jene Bewusstseinsspaltung, welche die Urmenschen darauf geeicht hat, sich nur über eine wechselseitige Wahrnehmung zu erkennen, der eine unmittelbar gemeinsame Basis nicht zuzugestehen ist bzw. angeblich nicht zukommt (wider III. Anm. [A], HS1, die polare, und HS2, die dimensionale Anlage des Bewusstseins, nebst Anmerkung D und E sowie F und G), die soziale Gewöhnung und, über die Generationen, ein Bestandteil des genetischen Codes geworden ist, i.e. das Bewusstsein liest und versteht sich in dieser Spaltung, obgleich es nach wie vor aufgrund seiner natürlichen Anlage zum Gegenteil, jedenfalls unter einer breitesten Majorität, imstande ist, dann kann die Person, die res cogitans oder Monade, das kritische oder der Dialektik überantwortete Subjekt, i.e. der Sprecher versus Hörer(schaft), unmöglich in dem unterstellt reinen, singulären oder numerisch einfachen Kern aufgehen, auf den sie (a) der kommunikative Verkehr (das »Werkzeug« Sprache, in dem sich der erwähnte genetische Code mit seiner Anlage zur Spaltung und wenigstens primären Reflexion im erläuterten Sinne niederschlägt), (b) die natürliche Theoretisierung des Gemeinverstands und (c) die wissenschaftliche Theorie verschiedenster Prägung festlegen will. Die soziale Rolle ist demnach kein erstes Produkt der historischen Vergesellschaftung, sondern notwendige Folge der Spaltung bzw. Verleugnung des dimensionalen Zusammenhangs des Bewusstseins, und jede Person, Individuum, Ichhalter oder -besitzer ist mehr oder weniger ein wenigstens Doppelwesen (wenn nicht zusätzliche Foki der Anbindung und Artikulation einspielen). Infolgedessen ist (i) die Rolle jene Funktion, in der sich die dimensionale Basis und der partikulare Einzelimpuls notwendig zugleich, und niemals vollends getrennt, niederschlagen müssen (selbst auf den, gesetzt, Grenzwerten liegen demnach Koinzidenzen der basalen

Schleife oder energetischen Basis in diesem Sinne); und es gibt, wie mehrfach angenommen, (ii) notwendig eine Funktion ›binden-trennen‹ statt stets (vollgültige Repräsentation des abendländischen Rationalismus) nur ›binden‹ oder ›trennen‹ (im Sinne des paradigmatischen Sheffer-Strichs ›|‹),[216] wobei ›binden-trennen‹ die eingeschlossen operative Negation meint (abseits von Widerspruch und anderen Formen der Komplementarität oder Kontrarität, i.e. die polare), welche HS1 und HS2 unterstützt (und umgekehrt). Im Folgebeweis, gleichgültig ob praktisch oder theoretisch, liegt die Annahme, ob dieses Bewusstsein zur Polarität neigt respektive im beschriebenen Sinne fähig ist (was freilich unbedingt zu bejahen oder in hiesigem Sinne bereits tautologisch ist). – Es erübrigt sich womöglich der Hinweis, dass gerade in der dimensionalen Bindung die Gewähr liegt, dass sich eine Person eine Doppelgestalt zulegt, die sie mit ihrem sozialen Verkehr und seiner Durchsetzung, vornehmlich zu eigenen Gunsten, verknüpft, weil anderwärts die allgemeine Leugnung, oder sogar der genetische Code, welcher eine Versprachlichung des Bewusstseins verlangt, in der nur und vor allem das Individuum oder seine vornehmlich zählbare, aus diskreten Elementen konstituierte Pluralität aufgeht, einen Deckmantel über ihr moralisches – und/oder politisches – Gebaren legt. Von der experimentellen Basis her, gesetzt es kommt unbedingt darauf an, ist die Person oder das Individuum in jedem Fall unmöglich ein ungeteiltes, in sich kohärentes Wesen, sobald die Dimension des Bewusstseins heranzutragen ist. Oder das reine, mit sich völlig stimmige, der Vergesellschaftung entzogene und das Bewusstsein in der Form beglaubigende Wesen, in der es sein Getrenntsein nicht mehr bestätigen muss resp. in der es Anschluss und Durchgängigkeit unmittelbar kommuniziert, ist, einstweilen, wenn auch nicht unmöglich, eine Fiktion, wenn auch keine Illusion. (Dass Spiritualität und herkömmliche Religiosität verschiedener Provenienz an dieser Stelle ein Mitspracherecht genießen, sei nicht unterschlagen, die Familie aber möge hier nicht wie der eindeutige, quasi 1/1-Gegenpol eintreten, da sie, wohlbekannt, die Für- und Vorhalterin der soziale(n) Rolle(n) ist). Sollte hingegen das Bewusstsein, gleichgültig welcher Schicht und unter welchen Individuen, im,

216 Es sei darauf hingewiesen, dass binden und trennen auch in der herkömmlichen Logik nicht stets nur und nur disjunkt, wenn auch gewiss distinkt operieren: Klammern (oder ersatzweise Punkte) bedingen immer noch ein stärkeres Binden bzw. vorrangig Trennen, etwa ›$\vee$, $\supset$, $\equiv$ versus ‚und' ‹ „trennen stärker als eine Konjunktion", und liegen nicht auf einfachen, und nur einfachen Grenzen (vgl. § 4, wie schon zit., in Quine 1981, Grundzüge): Fusionskräfte in der Vorstellung seien demnach auf keinen Fall verkannt oder unterschätzt (abgesehen davon, dass es töricht wäre, sie bedingungslos zu eliminieren).

und nur im Schisma kommunizieren (wie es selbiges in den Knotenpunkten der verketteten Zeitläufte der »Jetztzeit« unternimmt, die wegen der verschiedenen Unter- wie Überzeitigkeit(en) im je fälligen „Nachrichten"- oder Erlebnispunkt eine durchaus immense Dichte und Streuung annehmen, i.e. ihre spezifisch faszikuläre, über die differenten Individuen wie Individuengruppen verteilte Natur preisgeben), so ist dies freilich nicht jener unmittelbar kommunizierten Durchgängigkeit anzurechnen; denn der Freiraum, den es hierbei genießt, wird ausdrücklich und praktisch mit der Verleugnung verteidigt und erworben. Mithin praktiziert sie, obgleich gegeben, ihr direktes Gegenteil, es sei das schismatische (polar und nicht nur konträr oder gar widersprüchlich, denn im letzteren Fall müsste es entscheiden, mithin fallen und fallen können).

(2). Der theoretische Beweis orientiert sich an dem Verhältnis zwischen genetischem Code und der singulären Vorstellung, um auf die Notwendigkeit des vermittelnden Bewusstseins zu schließen, dass unmöglich auf letzterer Seite zu vereinnahmen oder zu veranlagen ist. Es gelte also, der genetische Code des Menschen, welcher das Bewusstsein einschließt, hat sich in einer mehrere Millionen Jahre langen Entwicklung am wesentlichen Träger, dem Gehirn, herausgebildet. Die Grenze zum Primaten ist schwammig oder nicht dingfest, sie bedingt aber, das Lebewesen trennt sich an dieser Scheide dahingehend, synaptisches Potenzial – zunächst aufgrund eines nur erheblich vermehrten Volumens – zur Kontrolle der Erkenntnisleistung abzweigen zu können – mithin ein definites, gesteuertes Werkzeugbewusstsein zu entfalten –, anstatt dem fokalen Impulsvorgang erliegen zu müssen. Wenn dem so ist, darf (a) mit völliger Schlüssigkeit gefolgert werden, dass die resultierenden Leistungen, Vorstellungen, nachhaltig von Fusion betroffen sind, denn die qualitative Abhebung erfolgt durch wesentliche und unvermeidliche Verschleifung.[217] Wenn nun weiterhin, (b), mit Begriffen Kants, (gleichwohl ohne Zwang ihrer vollständigen Übertragung), es ein echtes Verhältnis von Spontaneität versus Rezeptivität gibt derart, das mit der Positivscheide, also diesseitig, das Wesen imstande ist, Vorstellungen aus sich heraus auszulösen, zu komponieren, zu erfinden und zu hierarchisieren, anderwärts aber der genetische Code unbestreitbar verlangt, dass ein Basissatz von Vorstellungen, überaus abstrakte eingeschlossen, an die Species vererbt wird,

217 Hier mag an die Erläuterung der wissenschaftlichen Ergebnisse durch, p.e., Singer 2002, etwa der Titelbeitrag und die Erläuterung des sog. Bindungsproblems und seiner Varianten (Hauptalternative) in Verbindung mit der Erkenntnis resp. Behauptung, „das menschliche Gehirn unterscheide sich vom Gehirn anderer Säugetiere lediglich durch die gewaltige Zunahme des Volumens der Großhirnrinde und der mit ihr in Beziehung stehenden Strukturen" (146, 151–157) erinnert werden.

dann kann das Bewusstsein, wenn es Träger dieses Basissatzes ist und zu sein hat, nicht etwa nur auf dessen Kommunikation eingeschränkt werden, sondern es muss notwendig auch an allen anderen Vorstellungen in derselben Form teilhaben, da mit der bloßen Auslösung, Komposition, Erfindung oder Hierarchisierung von Vorstellungen kein Wechsel in der Art oder Beschaffenheit des Bewusstseins dingfest wird, sondern ganz im Gegenteil. Also kommuniziert das Bewusstsein zur Gänze in der evolutionären Basis – sie sei seine Natur –, und nur die Konvention und Abmachung, der erlernte Verkehr in der Vergesellschaftung bzw. Sozialisierung, können einen zweiten Umgang erzeugen, in und mittels dessen ihm die Abtrennung von Bewusstsein zu Bewusstsein oder der nicht mehr vorhandene natürliche Anschluss – seine Basis als echte Dimension, als echter Bestandteil der eigentümlichen Mannigfaltigkeit – zum vorrangigen Schein wird. Dass selbst diese Abtrennung oder dieser Schein über die Vererbung, und nicht nur Erziehung, zum genetischen Schein wird, bedeutet keine Widerlegung, da im Wesen der vielfältigen (polyadischen) Schleife – zwischen, u.a., (i) Einzel- und mehrheitlichem (Gruppen-), (ii) genetischem versus spontanem, (iii) historischem versus Aktual-, (iv) Herrsch- versus beherrschtem Bewusstsein – liegt, sich ›sekundär‹ zu verdoppeln, zu potenzieren (und zu verreihen), jedenfalls auf keinen Fall ein Zwang, der zu der Annahme verpflichtet, die Vorstellungen, insbesondere der genetische Basissatz, sei nun kraft des Schismas nicht mehr ursprünglich geteilt bzw. im natürlichen Anschluss von Bewusstsein zu Bewusstsein ausgetauscht. Selbiges oder der insb. verbreitete Zwang zur Interpolation (und nicht nur Intersubjektivität, in der dem Bewusstsein die Freiheit zur Reflexion bleibt, anstatt das andere Bewusstsein interpolieren zu müssen), und selbst wenn das Schisma am genetischen Code teilhaben sollte (dessen Anteile einstweilen fraglich), bezeichnet demnach keine aufsteigende, insbesondere keine aufsteigend erstgewordene Bedingung.

Anmerkung 2

[A]. Eingeborene Vorstellungen – dimensionale Anlage

Die Hypothese eingeborener Vorstellungen, welche in der Geschichte der Idealismus vertrat (im klassischen Sinne bis zu Kant, denn Hegel hat keine eingeborenen Vorstellungen vertreten, insbesondere dürfen ihm die Ideen nicht in einer unabgeleiteten und damit undialektischen Weise vorliegen), ist demnach, an und für sich, Beleg für die dimensionale Natur des Bewusstseins, worin sich nicht allein und vorrangig ausdrückt, dass einem bewusstseins- und damit geistbegabten Subjekt diese Vorstellungen zugänglich sein müssen, sondern dass es diese notwendig gemeinschaftlich besitzt und austauschen muss.

(Was sich aus den einschlägigen Quellen nicht letztgültig ermitteln, wenn auch nicht in toto negieren lässt, wofür, abgesehen von der oft wesentlichen, sachhaltigen ›wir-Rede‹, die Gründe nicht mehr namhaft gemacht zu werden brauchen. P.e. Frege hat mehrfach, u.a. in dem Aufsatz „Verneinung",[218] nachgewiesen, dass der Gedanke unter mehreren als selbiger wirksam bzw. gegeben sein muss, da er andernfalls in die Bedingungen der bloßen Subjektivität in seinem Sinne zurückfällt (durchaus nicht völlig in Einklang mit dem obigen Einwand gegen die Projektion des Körpers als Statthalter des anderen oder gleichzeitig nichtselbigen Bewusstseins) (III. Anmerkung, [F]). Wenn er nun mehreren „gemeinsam" ist (und sein muss), bleibt gleichwohl die Theorie des Bewusstseins fällig, die imstande ist, diese einleitend unklassische These zu vermitteln – es sollte auf Anhieb einleuchten, dass das Bewusstsein nicht einfach auf z mal z Subjekte, $z = 1$, mithin eine Pluralität z^n zerfallen darf, gesetzt, sie besitzen notwendigerweise alle denselben Gedanken. (Eklatant ergibt sich hier ein signifikantes Wurzelziehen, i.e. man ermittelt den gemeinsamen Gedanken einer Gruppe respektive ihrer stillen Wortführer, und das (leicht idealisiert) Polygon gerinnt, i.e. Abschattung, Teilhabe und Konzentration unter den Beteiligten). Es kann aber auch nicht an bloßer Reflexivität, verkoppelt mit dem gegenseitigen Wissen, liegen, das bereits viel zu abstrakt ansetzt und der Spontaneität keine echte Funktion einräumt. Im verbleibenden Zwischenraum ist daher das Verhältnis von Anschluss und Anschlussfähigkeit, durchaus kontinuierlich-diskontinuierlich, anzusetzen, das hier als Dimension des Bewussstseins beansprucht wurde: setzt man (i) den Anschluss als – von Natur her – kontinuierlich, darf die Anschlussfähigkeit variieren und die spontane Verleugnung oder umfänglich(st)e Ablehnung, außerdem im Herd differente Intensität offenbaren, (welche den Kern sozialen Lebens bedingt und in dieser Kurzform hinreichen möge); (ii) letztere als ebenso von Natur her kontinuierlich, darf allerdings der Anschluss nicht variieren, denn er kommt nicht erst oder nur durch die Fähigkeit zustande. Daher muss (i) die Basis der Polarität im Verhältnis darstellen, die Negation fällt in die Fähigkeit als spontane vs. hartnäckige (lebenslange) Verleugnung, negativ bis zur umfassendsten, komplexen Sozialisation, jedoch im Kern positiv, i.e. der Anschluss fällt nicht wirklich, definitiv und endgültig, in nichtseiend, unwirklich, nicht gegeben.[219] Da

218 Zuerst veröffentlicht: Gottlob Frege. „Die Verneinung". *Beiträge zur Philosophie des deutschen Idealismus.* Band I: 1918–1919. 143–157, insb. Anfang bis 147.

219 Vgl. oben, II.1.3 (132–4), wo dem sozialen Band bzw. sozialer Beziehung ihre durchwegs positive Bedeutung bestritten wurde.

Kontinuität auf diese Weise mit einem ± Verhältnis verklammert ist, darf es nicht als homogen gelten.

[B]. Der empiristische Widerspruch im ± Verhältnis Vermögen/Vorstellung

Dem klassischen Empirismus und Positivismus ist (aus obigen Gründen) nachhaltig entgegenzuhalten, dass er einem Widerspruch erliegt, da er sich – trotz der genetischen Vorbedingung, die durch empirische Wissenschaft belegt – darauf festlegen muss, allein die Vermögensgrundlage in den sog. Fakultäten, nicht jedoch auch Teile und Zentren der Leistungen vorauszusetzen (abgesehen von der Frage der liquiden Distinktion oder nicht). In Einklang mit der neueren Einschätzung, wonach vor einer viertel Million Jahren der evolutionäre Zweig des Homo Sapiens (wieder) in Afrika begann, der „der sozialste und egoistischste, liebevollste und grausamste, vernünftigste und emotionalste, weitsichtigste und engstirnigste, schöpferischste und zerstörerischste unter den Menschenaffen wird“[220] – die literarische Volte möge die geforderte Substanz nicht anfechten, auch wenn sich die Erfahrung in der Regel nicht derart offenbart, stets diese Extreme anstatt einer immunisierenden, neutralisierenden, diffusierenden »Mitte« des Gemeinplatzes, *Common Sense* oder tatsächlich der bloßen Gewohnheit vorzuhalten –, ist diese Anlage nach den Hauptargumenten Lockes auch für den Empiristen gegeben (der, gewissermaßen nucleus, für die Unterscheidung von ›schwarz‹ und ›weiß‹ keine eingeborene Kenntnis des Satzes vom Widerspruch voraussetzen will und die Antonymie in (durchaus) klassischer Manier übergeht); selbige Differenz, die nicht bloße Dichotomien, sondern die antonyme Vorstellungsbasis des betroffenen Wesens einbehält – sie ist übrigens, relativ leicht nachweisbar, im moralischen Common Sense immer dann aufzufinden, wenn es gilt, eine Güterabwägung nach dem mehr oder weniger, insb. nach dem möglichst Geringen gegenüber dem angestrebten allgemeinen Gut auszufechten oder -mitteln –,[221] ist demnach dem genetischen Code anzurechnen (was nicht ebenso und im selben Schritt voraussetzt, auch die Differenz der anhängigen Negationen zu wissen resp. zu beherrschen): es vererbt daher nicht nur die Differenz

---

220 Schwägerl 2010, 166; vgl. Diamond 2015, u.a. 1.Kap. zur Vorgeschichte des Menschen (homo erectus etc.).

221 Vgl. etwa Alfred C. Ewing. *Ethik*. Eine Einführung. Hamburg 2014, Kap. 3 zum Utilitarismus u.ö.; vgl. nachdrücklich auch Wingert 2006 in Sturma 2006 (s.w.u.) in Verbindung zur Abhebung von den Neurowissenschaften, die mehr oder weniger unkommentierte Hin-und-Her-Basis im Zwang der kontrollierten Abwägung.

oder Anlage der Vermögen, was zwischen Empiristen oder nicht noch nie strittig war, sondern auch bestimmte anhängige Vorstellungskerne oder *-zentren*, die, noch dazu, ggf. auf Achsen gegenteilig gelagert sind und, nunmehr Tautologie, in der Erfahrung bekräftigt oder wiedererlernt werden. Ihre Dichotomie ist eine Folge der Polarität, nicht umgekehrt und nicht außer, wofür, gleichgültig ob zuallererst oder nicht vielmehr zuletzt, der Charakter oder das Wesen der basalen oder Trägerenergie namhaft gemacht werden kann.

[C]. Die Lenkbarkeit des dimensionalen Knotens

Ein weiterer, womöglich wegen seiner sozial-/-politischen Entfaltung noch wichtigerer Belang liegt in der Lenkbarkeit des dimensionalen Knotens (der an dieser Stelle nicht zu erschöpfen ist, der Begriff aber möge im Gedächtnis resp. nicht unbedacht bleiben). Bislang lag die nahezu gesamte theoretische Bemühung im Nachweis der dimensionalen Basis, mithin der Bedingung für den ebenso unbedingten wie bedingungslosen Anschluss zwischen Bewusstsein, seine Möglichkeit der ggf. mehrstufigen und verzahnten Interpolation zwischen Subjekten und Subjektgruppen und insbesondere, aufs Ganze gesehen, Gruppenbildung mit inliegenden Knoten oder Foki. (›Bedingungslos‹ versus ›unbedingt‹ möge hier, wohlbekannt von Kant her, die Möglichkeit der Reihenbildung vom Bedingten her einschließen, was bei ›bedingungslos‹ ausdrücklich nicht möglich – dieserart ist der Anschluss respektive die effektive natürliche Fusionskraft des Bewusstseins, die nicht ein einziges freigibt, entsprechend oben, Anm. 2, [A], (i) versus (ii), die Anschlussfähigkeit weicht auf die Seite des Bedingten, die sich ggf. bis zum Unbedingten entfaltet, jedoch den Anschluss als bedingungslos nicht missen kann).[222] Sie sind die Leitmarke der Orientierung, quasi das Essendum (auch wenn sich die Philosophie, wie mehrfach betont, in der Historie nicht der effektiven Linsenbildung, der anhängigen Fusionskraft, den Anschlussformen der *hierdurch* bedingten Reflexion bzw. Reflexivität gewidmet hat, die stets auf die Negation – bestimmte Negativität – des An-, Über-, Zwischen- oder geradezu Durchschlusses des Bewusstseins hinauslaufen, letzterer was seinen effektiven Kreislauf oder Zirkuit unter mehreren versus allen, und umgekehrt, begründet). Nun ist hiermit ist aber nicht schon die ganze Möglichkeit, das gesamte Spektrum der möglichen sozialen Artikulation ihrer Basis ausgedrückt. Wenn, wie

222 ›bedingungslos‹ ist stärker oder vorrangig und misst die Polarität an der einfachen Komplementarität (statt Antonymie, die ›unbedingt – bedingt‹ zu unterstellen ist). Liegt der Anschluss somit bedingungslos, kann man ihn zwar (unbedingt) angehen, aber nicht aufheben oder effektiv umgehen.

in Beweis (2) (unter Anm. 1, [B]), die Schleife zwischen Einzel- und mehrheitlichem Bewusstsein zu veranlagen ist, dieses mehrheitliche Bewusstsein sich insb. in fokalen Gruppeninstanzen niederschlägt, und auf keinen Fall außer ihrer Bedingung, als ob es ein infokales bzw. zur Fokusbildung unfähiges Bewusstsein gäbe, dann ergibt sich die nachhaltige Forderung für den Sozialprozess, in diese ± Schleife, die auf Anziehung und Abstoßung basiert, das Lenkungs- und Kastenvermögen zu legen; i.e., Aufsteiger und Oberklasse oder -schicht bedienen *in jedem Fall*, die Gesellschaft mag sogar Umstürze verschiedenen Rangs erleben, einen anderen Fokus als Untergebene und unterschichtlich solidarisch vergesellschaftete Personen (unzweifelhaft stetig – oder überhistorisch – die Majorität); bzw. die Hierarchisierung der Gesellschaft – als Prozess des Energiefeldes – bedient einen Einschleifungsprozess, der mit der Anziehung und bedingten Fusion in den je Lage vorgehaltenen Fokus der sozialen, und damit realen, Energie einhergeht und den Grad der Lenkbarkeit bezeichnet, der der betroffenen Person anzurechnen ist resp. den sie erfüllt. Wiederum erfüllt das Schisma bzw. der Zwang, in der dimensionalen Basis stets nur den abstrahierten Teil des Bewusstseins auf die zugestandene Rolle und Kommunikation hin artikulieren und äußern zu dürfen, als (i) Verfestiger, ja Garant der Hierarchie, anderwärts als (durchaus tragischer, die Menschheit und ihre Primaten-, wenn nicht andere animalische Herkunft kennzeichnender) (ii) Anreiz, in der persönlich angestrebten dimensionalen Abweichgestalt – dem Teil der Person, der nicht offiziell, äußerlich und in der bislang wissenschaftlich erfassten historischen Basis, sondern nur latent im unterschlagenen Teil der dimensionalen Kommunikation sich äußert – (a) soziale Vorteile zu erkämpfen oder zu reklamieren, (b) einen bedingungslosen, von Generationswechsel und tatsächlicher Position unabhängigen Vorrang überzeitlich einzusitzen bzw. quasi zu erpressen, es sei denn die betroffene(n) Revers- bzw. Kontraperson(en) gibt ihre Fusionsbereitschaft zum Nachrang dauerhaft zu verstehen, (c) die Moralität zu verunglimpfen, um mit effektiver Bosheit oder nur Bosfertigkeit den Ziehwinkel der Hierarchie zu erhalten, (d) die soziale Solidarität bzw. Solidarisierung als im Kern intrigantes, und intrikates, Mittel der Schwächung eines konträren, anderparteilichen Brennpunkts einzusetzen, welcher, gleichgültig ob vorrangig am Schisma orientiert oder nicht, hier entfaltet sich demnach erneut eine Differenz zwischen Aktiv und Passiv, ein anderes Gruppenbewusstsein konstituiert, so dass die im Schisma stipulierte Solidarität den historischen Prozess an anderem topologischem Ort unterhält und selbigem als ein anderer hierarchischer Agent dient. Denn, (a) – (d) (und darüber hinaus zu folgern), die aristotelische Herde hat sich in der über Jahrhunderte verschleiften, perfide verknoteten und veranstalteten

Urbanität überaus humangemäß, wenn auch keineswegs im moralischen Sinne des Verständnisses von ›human‹, hierarchisiert, so sehr, dass sozialer Prozess – nach innen und außen – ohne diese Bedingung quasi unvorstellbar geworden ist, mag auch die effektive Stellenzuordnung *in actu* latent oder in diesem Sinne unbewusst bleiben und, anderwärts, das gesellschaftliche Spiel im Verkehr zwischen Gasthof, Arbeitsstätte, Klinik, Wohnung und Vergnügungs- oder Erholungsort eine Diffusion und insb. ein Divertissement der Energie erlauben, welche(s) zwar im gewährten Spektrum nachhaltig der politischen Verfassung der betroffenen Gesellschaft anzurechnen ist, jedoch die Lenkbarkeit des Individuums und seine erzwungene, eingelebte und nachgehaltene Preisgabe eines bestimmten Quantums seines genetischen, i.e. natürlichen Bewusstseins an keiner Stelle tatsächlich aufgibt, ja, nicht einmal negiert.

[D]. Zwei Zusätze zur Lenkbarkeit

Zwei weitere Momente unter der Lenkbarkeit seien an dieser Stelle nur erwähnt und für einen späteren Ort aufgehoben. Dies betrifft (a) die Lenkbarkeit der Energie schlechthin. Sie darf keineswegs nur als Disziplin und Erziehungsgrundlage aufgefasst werden, sondern als tatsächlich eine instantane Lenkbarkeit der Energie, welche das Bewusstsein konstitutiert (und damit der Gehirnenergie gleichzusetzen ist). Auch wenn nur eine geringere bis geringste Anzahl der Menschheit dieser Übung oder Kenntnis teilhaftig – noch bekannte ehemalige Religionsübungen sind ihr gewiss zuzurechnen, die gezielte Andacht eingeschlossen –, sie ermöglicht wegen der dimensionalen Basis respektive unter dem endlosen Anschluss, den die Entfaltung von Bewusstsein bedingt (es gibt kein abgebrochenes, singuläres, absolut für sich bestehendes), einen an bestimmter Stelle ausgeübten Zwang aufzuheben, i.e. ein zunächst singulär-persönliches Bewusstsein (mit Vorliebe das eigene) konzentriert sich derart, dass es den empfundenen zwangshaften Anbindungsdruck, der von der Umgebung mit der spezifischen Fusionserwartung ausgeübt wird, annulliert (aufhebt) und die Energie auf das Gegenzentrum ausrichtet, in dem es bzw. sie sich frei zu entfalten vermag, die Fusionskraft eingeschlossen (sie gelte wie stets als die Ur- oder erste Eigenschaft der Energie). Mithin konzentriert sich dieses Bewusstsein auf den Stamm der Energie, um ihn resp. sie umzulenken und den Druck der Anbindung inklusive seiner geforderten Anpassung nicht nur zu mildern, sondern ganz aus der anhängigen Schleife zu nehmen, respektive selbige zu entkräften. Es dürfte sich *ad hoc* und von selbst verstehen, dass es sich um keine Vorstellungs-, gar begriffliche Leistung handelt (auch nicht im eigentlichen Sinne um eine Disposition im

Sinne der Neurophysiologie oder -biologie);[223] (b) die Frage, wer sich ggf. in der topologischen Instanz, also diesseits der schismatischen Schwelle, unter oder mit dieser Energieentfaltung versammelt, mithin einen eigentümlichen Knoten bildet, der unter der offiziellen, breit vorgehaltenen Entfaltung und Kommunikation des Bewusstseins liegt. Freilich zuerst die Kinder, ja Kleinstkinder, die, noch ungekrümmt bzw. in diesem Sinne unverbogen, mithin noch nicht in Kenntnis und Vermögen, wie das Schisma vor-, ein- und überhaupt zu halten ist, sich an dieser Energieentfaltung orientieren und ihre Freisetzung genießen wollen bzw. müssen. Was wiederum auch anhängige Personen nicht ausschließt, ja, dass sogar diese Konzentration, einmal wirkliches und beständiges Zentrum geworden, auch anderen, quasi fremden Personen (und durchwegs Erwachsenen) die Möglichkeit bietet, sich unter oder in Nähe dieses Schirms aufzuhalten – sie müssen, wenn sie diese Energieentfaltung genießen, voraussetzungsbedingt keineswegs auch die Aufhebung des Schismas betreiben oder auch nur einer Parteilichkeit anhängig sein, welche nicht die Unterwerfung unter seine sozialen Zwänge verlangt. Es, wohlgemerkt, ist unmittelbar Folge der polaritätspflichtigen Energie und damit ihres Krümmungsfaktors selbst, der die gesamte Topologie, das mögliche Zusammengehen und tatsächlich stetige Zusammenfallen von Nähe und Ferne bedingt, welche sich jenseits der euklidischen Vorstellungen entfaltet.

*

2. Historisches Bewusstsein

Hiermit möge die Grundbedingung der gegenseitigen Wahrnehmung erfasst sein, die dimensional ist oder der Dimensionalität folgt – und *historisches Bewusstsein fundiert.* Selbigem ist insbesondere anzurechnen, es besteht, besteht aber nicht durch den aktiven Vollzug oder gar die unbedingte, eventuell affektive Bewusstseinsleistung, welche sich für sich, reflektierend, von ihrem Umfeld abhebt. Vielmehr bedarf sie – oder historisches Bewusstsein – außerdem und in der Basis einer spezifischen Anonymität, in der der »Kopf«, das Zentrum des Bewusstseins, nicht zu benennen, ohne dass wegen dieses Mangels der Bezeichnung des spezifischen Fokus des Herdes, denn dieserart die Beziehung, das gesamte Bewusstsein hinfällig oder geradezu nichtig wird. In diesem Sinne lebt das Bewusstsein in seiner eigenen Peripherie, in der es am Wellenzug das Ganze wahrnimmt (was freilich, oder im bestimmten Sinne gewiss, die fehlerhafte Einschätzung wie stets nicht ausschließt; insb. wenn (i) das Bewusstsein

223 P.e. Damasio 2002, 397–402.

der persönlichen Einschätzung mitsamt seines Orts nicht ausreicht, den eigenen Fokus einzubringen, (ii) Formen der mehr oder weniger schweren Obsession eindringen, i.e. die mit dem Fokus, der Konzentration der zugehörigen Gruppe, und persönlicher Lage verknüpfte Einbindung des Bewusstseins bedingt seine Vernebelung, Verunklarung, Parteilichkeit, Neigung zu schimärenhafter Meinungsbildung und Illusion; (iii) die Wellen, an denen das Ganze wahrzunehmen ist, nicht nur Erfahrung benötigen, sondern auch die spezifische Kenntnis von Verwerfungen, i.e. in der wahrzunehmenden Haupttendenz – vom Ort des entfernten Fokus her – schlägt sich ein Zweit-, Gegen- oder Mehrfachpol nieder, der seine Diskriminierung erfordert): da jedenfalls wegen der dimensionalen Basis Abstand und Nähe keine euklidischen (insb. mono-eigenschaftlichen) Funktionen (*properties*) darstellen, sondern vielmehr beide (mehr oder weniger beständig) koinzidieren – eine große Nähe kann daher *in der fokalen Krümmung* eine große Entfernung oder tatsächlichen Abstand verkörpern (und dieserart wäre die Topologie zu bemessen, i.e. in stets Verhältnisse der faszikulären, vielfachen oder in diesem Sinne *polyadischen* Koinzidenz einer stetigen Relation von Nähe-Ferne zu versetzen, anhängig je ± bekannte Personen pro wirksamen Wahrnehmungszentrum) –, nimmt das Bewusstsein an einem Ort (Schicht, Ort, Gelände, Situation) das Bewusstsein an einem anderen wahr (evtl. die Regierung, die Oberschichten, das Reisevolk und das Ausland), und es ergeben sich (a) die kulturellen Beziehungen bzw. (b) das spezifische Geschichtsbewusstsein, das an ihm teilnimmt und/oder seiner habhaft werden möchte. Diese Wahrnehmung muss – im geläufigen Sinne – wahrheitsfähig sein, i.e. im historischen Bewusstsein, das in der dimensionalen Basis selbst ruht, i.e. sich äußert und entfaltet, werden Figuren und Personen durchaus nach ihrer – moralischen, charakterlichen und gebärdeartigen – Machart (»Sosein«) wahrgenommen und (notwendigerweise) kollektiv, in der anhängigen Faszikel, und nicht nur subjektiv (im sog. Individual- oder Einzelbewusstsein) erfasst, was wiederum bedingt, aufgrund dieser gegenüber der konventionellen Wahrnehmung, in der sie die Öffentlichkeit durchlaufen müssen und ggf. von Medien rezipiert werden, entsteht eine Spaltung bzw. mit Vorliebe ein oszillierender Reflex des konstanten Schismas (IV.1.1, Anm. 1, [B], Beweis (1)). Selbiges, das keine Einzelperson rückgängig zu machen imstande, vermag – je nach Darstellungsneigung und Talent des betroffenen Subjekts – eine eigentümliche Gestalt bzw. Figur in der dimensionalen Basis aufleben und sich entfalten zu lassen, außerdem in der Diffusion der anhängigen Energie – des Bewusstseins selbst, in der notwendig jedes Subjekt aufgeht – überaus expandieren und an Intensität zunehmen, schließlich alle gesellschaftlichen Schichten durchwalten, als ob selbiges Phänomen die

Normalität, die »evolutionäre Spitze« der Menschheitsentwicklung, verkörpert. (Es dürfte mit dieser Einführung deutlich geworden sein, dass, ex., die Neurowissenschaften, wenn sie die Wahrnehmungsfähigkeit des Gehirns untersuchen und verbuchen, keineswegs bei den frühen sensorischen Cortexfeldern Halt machen dürfen, als die synaptische Erregung und Aktivität nicht auf den Anreiz der Sinnesorgane zu reduzieren und das Gegenteil bzw. der gegenteilige Fächer nicht allein durch irgendwelche endogene Vorstellungen, sondern Impulse, die von anderem Bewusstsein ausgehen, zu erfüllen ist).

3. Exempel (Einstein bei Ausbruch des Krieges aus Sicht eines Literaten)

„Überall breitet sich der Wille zur Macht aus, der bewundernde Glaube an die Kraft und die feste Entschlossenheit zu Eroberungen und Annexionen. Die Regierung ist viel gemäßigter als das Volk. Sie wollte Belgien räumen, konnte es aber nicht; die Offiziere haben mit einem Aufstand gedroht. Die großen Bankiers, die Industriellen, die Handelsgesellschaften sind allmächtig; sie verlangen Entschädigung für die gebrachten Opfer; der Kaiser ist nur ein Werkzeug in ihren Händen und in den Händen der Offiziere. ... Was die Intellektuellen an den Universitäten betrifft, so teilt Einstein sie in zwei sehr deutlich unterschiedene Klassen: die Mathematiker, die Physiker, die Leute der exakten Wissenschaften, die tolerant sind; und die Historiker und Philologen, die irre reden vor lauter nationalen Leidenschaften. Die Masse der Nation ist erstaunlich fügsam, »gezähmt« (Einstein liebt dieses Wort Carls Spittelers). Einstein gibt vor allem der ganz und gar auf Nationalstolz und blinde Unterwerfung unter den Staat gerichteten Erziehung die Schuld daran. Er glaubt nicht, dass eine rassische Eigenschaft dafür verantwortlich sei, denn die französischen Hugenotten, die vor zweihundert Jahren dorthin geflüchtet sind, haben die gleichen Charaktereigenschaften angenommen. Die Sozialisten sind das einzige (in gewissem Maße) unabhängige Element, doch ist es nur eine Minderheit, die sich um Bernstein schart. Der Bund Neues Vaterland macht sehr langsame Fortschritte und hat nur eine kleine Anhängerschaft“.[224]

224 Fölsing 2013, 411. Fölsing relativiert die Gruppierung der Wissenschaftler deutlich, denn bei Planck oder Nerbst, Sommerfeldt zeigten sich nachhaltig und spontan nationalistische, die Mobilmachung stützende Züge, über die offenbar Einstein hinwegsah bzw. seinem Gleichmut überantwortete. Jene ließen jedenfalls seine ablehnende und distanzierende Haltung, wie es scheint, im akademischen und sonstigen Kontakt zu. Sie ist außerdem mit dem Bund Neues Vaterland verknüpft, welche die Gegenposition zu artikulieren trachtete, der sich Einstein ein Stück weit anschloss. Die

Die Zeit dieses Zitats ist der erste Weltkrieg, die betroffene Person die Einschätzung des sich solitär haltenden, pazifistisch (auf keinen Fall sozial-agglutinierend) gesinnten Einstein, und der Autor der französische Schriftsteller Romain Rolland, der am 15. September 1915 Einstein am Genfer See zu einem Gedankenaustausch begegnete. – Das Zitat stehe im Doppelfokus einer Linse (genauer -ebene), welche (a) das Gruppenbewusstsein, (b) das historische Subjekt (terminologisch nach seiner Herkunft aus dem 19. Jahrhundert) zu bemessen sucht. Was (a) betrifft, möge der Umfang oder Skopus von Gruppenbewusstsein bezeichnet sein, der in der gesamten Vorlesung bzw. ihrem Basistext intendiert ist: es kann demnach, wie schon früher, das Bewusstsein einer Nation einschließen. Die sich, was (b) betrifft, offensichtlich im Sinne von 1.2., also dimensionalen Sinne wahrnimmt (und gruppiert), ohne dass dies an die Person Einsteins zu binden wäre, i.e. nur sie reicht in ihrer Auffassung an den dimensionalen Anschluss respektive seine Wirklichkeit heran.[225] Dass eine Extremität, der Kriegsfall, vorliegt, hilft zwar, die erkenntnistheoretische Spur – im Sinne von Wahrnehmung und Verarbeitung – deutlicher in die Gruppierung und ihre Basis, die Dimensionalität, zu verlegen bzw. selbige preiszugeben, aber wie stets unter dieser Bedingung darf die Polarisierung nicht mit der Ontologie verwechselt werden: sie begibt sich darum zurück in die Normallage oder Balance, geht alle Sonderbedingung verloren (und wird unscheinbar oder verwechslungsanfällig). Demzufolge ist als polar zu vereinnahmen (i) die Extremität des Geschichtsfalls, die Kriegssituation einer Nation (notwendig wider eine oder mehrere andere; alle moralischen, politischen und ideellen Polaritäten – im Sinne der Antonyme – sind anhängig, wie sogleich näher ausgeführt wird); (ii) die Polarität in der realen Krümmung des Energiefeldes, sie sei Basis, womit gemeint, es stehen sich *alle* Individuen nicht auf vermeintlich, der klassisch vorgehaltenen neutralen Ebene gegenüber, in der sie zwangsläufig in die damit

---

Biografie David Rennert & Tanja Traxler. *Lise Meitner. Pionierin des Atomzeitalters.* Salzburg-Wien 2018 bietet den eingehenden Reflex derselben Situation.

225 „Nur der Sieg mit den weitreichenden territorialen Annexionen war die Parole, und am tiefsten war Einstein davon betroffen, dass dies nicht nur die Politik der Reichsregierung und der Militärs war, sondern die selbstverständliche Haltung des ganzen Volkes, seine Kollegen Professoren und Akademiker eingeschlossen". – „Die Zeit erinnert mich [schreibt Einstein an einen Vertrauten] an die Hexen-Prozesse und sonstigen religiösen Verirrungen. Gerade die verantwortungsvollen, im Privatleben selbstlosesten Menschen sind häufig die rabiatesten Stützen der Verbissenheit. Das soziale Gefühl ist auf Abwege geraten. Ich könnte mir die Menschen nicht vorstellen, wenn ich sie nicht vor mir sähe" (Fölsing 2013, 445, 446). Es möge hier wohlgemerkt nicht nur die Polarisierung eingetragen werden, sondern dass das Bewusstsein den – zumeist übersehenen – natürlichen Konnex unterhalten muss.

einhergehende Punkteebene zerfallen – jedes Subjekt für sich und die bloße, angeblich urhebliche Reflexivität bringt sie zusammen (und nicht schon Intentionalität, und jene mag verwechslungsanfällig instantan einsetzen)[226] –, sondern es nimmt sich die gesamte Bevölkerung, jedes Subjekt, ohne dass irgend spezifische Kommunikation vorliegen muss oder müsste, gegenseitig wahr (IV.1., Anm.2 [C]): die neutrale Distillation der Individualität ist, erst recht unter der Bedingung dieses Falls, daher auf keinen Fall gewährt, (welche ihre gewöhnliche, schismaresistente Vorstellung bedingt). Was, zur Klarstellung, (a) die oben berührte Wahrheitstheorie betrifft, und die historische ist zu allen Zeiten ein Muster für Wahrheit gewesen, da die Erzählung, überhaupt die Reflexion notwendig Teile aufnehmen muss, die nicht vollständig verbürgt, durch Quellen gestützt oder durch kausale oder anderweitige Ereignisse ineinander aufgehen, muss die neuerlich vertretene ›Situation‹ auf der Seite der Neutralität verbucht werden.[227] Als ob sie zwar den Durchgang durch das Individuum und sein Befinden ermöglicht, dabei zugleich zwischen Tatsache und Aussage eine Zwischenebene schöpft, die den theoretischen Verdacht nicht vermeiden kann, sie beruft sich auf echte Projektion oder ist dem projektiven Vermögen des Bewusstseins zu überantworten (und muss daher nicht falsch sein); nicht aber *a fonte* den Zugriff auf die „nichtsprachliche Tatsache" sofort in die situative Faszikel zerfallen lässt, so dass die Wahrheit des einen notwendig der des anderen korrespondieren muss,[228] bzw. Wahrheit – im dimensionalen Bewusstsein – sofort mit dem Anschluss (oder der Unmöglichkeit des

226 Ein Exempel für die Vergegenwärtigung im Bereich des Moralischen: „Die gewöhnliche Ansicht des Egoisten lautet sicherlich nicht, dass das einzige Gut eines jeden Menschen das einzige Gut schlechthin ist, sondern dass es das einzige Gut ist, das anzustreben er die Pflicht hat. Das für andere Menschen Gute ist in seinen Augen genauso gut; es verpflichtet uns bloß nicht dazu, es um seiner selbst willen zu befördern" (wie soeben, Ewing 2014, 34): wäre die Pflicht nicht, würde das moralische Feld in obige Punkte zerfallen, außerdem neutral gegeneinander insofern, als jedem an sich die gleiche Wertigkeit zukommt.

227 Ein Bezugstext: P.Strawson Entgegnung zu Austin (1950), „Wahrheit", u.a. in: Gunnar Skirbekk (Hg.). *Wahrheitstheorien*. Frankfurt/Main 1977, 255: „Angesichts von Austins Verwendung dieser Ausdrücke [...] ist es wichtig zu beachten, dass, wenn wir *tatsächlich* »über« Situationen (im Gegensatz zu Personen und Dingen) reden, die Situation, über die wir reden, nicht, wie er zu glauben scheint, mit der von uns behaupteten Tatsache gleichgesetzt werden darf (mit demjenigen, »was die Aussage wahr macht«)" (inkl. Kontext).

228 Falls die gebeutelte Korrespondenztheorie eine Erläuterung verlangt, diese echte Relation ist jedenfalls ebenso sicher in Rechnung zu tragen wie die hauptsächliche zum nichtsprachlichen Sachverhalt (vgl. Strawson 1977, 271).

singulären Ausschlusses) rechnet und die eine an der anderen Aussage aus dieser Notwendigkeit heraus, die noch keine moralische Pflicht darstellt, prüfen und ggf. bestätigen muss. Es sei selbige Anschlussbedingung, die das unter- und überzeitige Bewusstsein impliziert, mithin die eigentliche Basis für Bericht und Vorhersage, ausdrücklich nicht auf die gegenwärtige Wahrnehmung verschiedener Subjekte eingeschränkt, in der die erwähnte Faszikel immerhin wahrheitsgemäß fokussiert; (b) die Abkehr von der Neutralität. Falls jenseits der bisherigen Veranlagung ein erneuter Grund anzuführen ist, dann jener, dass die Bewusstseinsenergie durch ihr spezifisches Feld bedingt ist und dieses durch Wellen, die vom Einzelnen empfangen, (im ersten, durchaus synaptischen Verarbeitungssinne) rezipiert und veranlagt werden, die ›Orte‹ verkoppelt und anschließt, i.e. die Fernwahrnehmung ist nicht allein und nur an den – auf die Vergegenständlichung des Innen-/Außengegensatzes geeichten – euklidischen Zirkel der organischen Sinne geknüpft (gesetzt, die Basilarmembran befindet sich in einem akustischen – und nicht schon und nur energetischem – Umfeld, das kein Vakuum darstellt, in dem sich die Schallwellen mit gleichförmiger Kraft in jede Richtung entfalten können, scilicet eine Idealisierung), sondern an das Innehalten der Wahrnehmung des dimensionalen Anschlusses, in dem Unter- und Überzeitigkeit die Gesetzmäßigkeit der zeitlichen Wahrnehmung diktieren: hier aber ist (i) der andere, frühere Ort längst in der Bedingung der instantanen Wahrnehmung enthalten – das Bewusstsein als realenergetische Dimension bindet quasi die gesamte Welt –, welche sich sodann ggf. reflexiv die Distanz vergegenwärtigt, außerdem (ii) selbiger dieser Wahrnehmung in der Überzeitigkeit des früheren aufgehoben, vornehmlich und insb. eines bzw. anderer Subjekte: so dass (iii) die Zeit notwendig an sich und über die Subjekte hinweg, gleichgültig welcher Anzahl und welcher Art, verschleift ist; und dieses ihr spezifisches Vermögen bedingt, dass (iv) Ferne und Nähe nicht einfach und immer (wie der Satelitenbildschirm des Navigators und die Lese der Karten) auseinanderfallen, sondern, ganz im Gegenteil, in einer Wahrnehmung koinzidieren. Wie stets sei sie die dimensionale, die ihre eigenen Wertigkeiten bedingt resp. in der sich diese (wie in der projektiven) verändern. – Sonach meint ›gleichzeitig‹ nicht den instantanen Ort auf einer linearen Strecke zeitlichen Ablaufs, in dem ggf. eine Faszikel verschiedener Personen ihr Dasein austauschen (und austauschen müssen, denn das Einhalten des Punktbewusstseins ist hier verpflichtend, da von ihm aus Vergangenheit und Zukunft bzw. Vor- und Nachzeitigkeit im ersten, unfusionierten Rang auseinanderfällt), sondern den Augenblick eines Feldes (er mag sich erstrecken), an dem, ggf., *n*-Tausende teilnehmen und allein durch das Beihalten (die Nichtnegierung bzw. Nichtabstraktion) von Unter- und Überzeitigkeit die anhängigen Orte verkoppeln, i.e. die Basis des Feldes.

Alsdenn, da die Exemplifikation nicht ausbleiben darf, liegt p.e. der Ort ›Berlin‹ unterzeitig, nicht aber (nur) vorzeitig, nahe oder angrenzend an irgend Ort bei ›Zürich‹, gesetzt eine oder mehrere Personen x_{In} (der Index bezeichne eine an die Faszikel gebundene Gruppe im Energiefeld, mithin dimensionalen Entfaltung und Wahrnehmung), die den Ort ›Berlin‹ repräsentieren (oder dort ansässig sind), begegnen über den (einstweilen) schismatischen Anteil des Bewusstseins, es ist der wahrhafte oder hier basal angenommene, einer Person *y*, (sie gelte einstweilen solitär, obgleich sie ebenso in ihrer anhängigen Faszikel existiert oder ‚lebt', auf keinen Fall also in dem Sinne ›allein‹ ist, dass ihr der Anschluss des Bewusstseins verwehrt oder sie über die Subjekte hinweg dessen absolute Grenze erführe);[229] und in der beidseitigen Wahrnehmung liegt nicht nur die *differente* Koinzidenz von ›Nähe-Ferne‹, eine durchgehend und konstitutive Koinzidenz aber immerhin, da die normale, konventionelle Veräußerlichung der euklidischen Schwelle aufgehoben und das Bewusstsein in dieser Koinzidenz seine ersten Impulse empfängt und austauscht; sondern zugleich (und gleichermaßen notwendig) die Koinzidenz der moralisch-politischen Wahrnehmung, welche der/den Personen anhaftet, da die Energie resp. ihr Feld nicht allein die zeitlich-örtliche, sondern überhaupt moralisch-weltanschauliche, mithin den gesamten Inhalt des Bewusstseins transportiert und unablässig veräußerlicht-verinnerlicht resp. i.d.S. kommuniziert. ‚Man' sieht und erfährt die Person daher stets in einer bestimmten Doppelrolle nach innen (im Energiefeld, mithin effektiv oder real, keineswegs noch immer auf die Eigenwahrnehmung im *inneren Sinn*, um den Vergleichsbegriff Kants anzuhalten, eingeschränkt) und (wie herkömmlich) außen (bzw. in der herkömmlichen ergibt sich, mit Vorliebe unter Beihilfe des Theaters bzw. Schauspiels, ein Schatten der Person nach ihrer bloßen Innenseite und deren Lesbarkeit, wiederum notwendig oder zwangshaft im Sinne der naturgesetzlichen Unvermeidlichkeit mit Anschluss an die des zugehörigen Feldes). Mit anderen Worten, es liegt keine Tele-Wahrnehmung mithilfe von Technologien oder andersartig vor – Technologien, welche

229 Für den wissenschaftlichen Nachweis im Sinne der Kaspar Hauser-Tradition: Ein kurzer Artikel in *stern* 7.9.2017, 58–64, über eine Chiemgauer Sennerin, die seit der Kindheit nahezu ihr gesamtes Leben, das immerhin 92 Jahre währte, einsam auf einer Hochalm verbracht hat, den im hiesigen Sinne dimensionalen Anschluss an das Bewusstsein jedoch nicht missen ließ: dialektale Sprache, sporadische Bekanntschaften, abgesehen von den Familienbeziehungen, das Tierbewusstsein bzw. der Umgang mit Tieren als Lebensachse. Ansonsten noch einmal Einstein in der Kriesgsituation als Vorsitzender der Deutschen Physikalischen Gesellschaft: „Hier habe ich es zwar schön und schwimme ganz ›oben‹, aber allein, wie ein Tropfen Öl auf dem Wasser, isoliert durch die Gesinnung und Lebensauffassung" (an Zangger. Fölsing 2013, 445).

bislang gleichermaßen notwendig das Schisma bedingen *und* verhärten –, sondern eine Kommunikation auf der Basis des schismatischen Anteils der Person, den sie im Energiefeld unterhält. Übrigens brauchen nicht beide ihren Charakter um diese Bedingung zu verändern, mithin eine spezifische Gestalt in der Dimension unterhalten, welche das Schisma affirmiert, gleichwohl müssen beide gewiss (bloße Tautologie) an der Dimension teilnehmen resp. in ihr aufgehen. – Sodann ist die Koinzidenz aber different, da sie (i) polar ist, und unmöglich könnte die Wertigkeit aus beiden Richtungen identisch werden – die reine Neutralität bedingte, die Dimension ist aufgehoben, es regiert nur noch Nähe versus Distanz in der gewohnt klassischen, herkömmlichen oder euklidischen Weise, und es existiert keine Innenwahrnehmung der Person nach ihrer Gruppe, Zugehörigkeit, Ansässigkeit, dem bestimmten historischen Charakter, in dem sich die zuvor genannten Merkmale verbinden, i.e. fusionieren und voneinander abstehen; (ii) wegen des weiteren Grundes, dass mit der reinen zeitlich-örtlichen Beziehung (stets verschmolzen, in einem Akt wie in der physikalischen Relativität zu bedenken) die ideellen einhergehen oder sich unmittelbar über dasselbe Energiefeld übertragen müssen. Ergo ist die gesamte antonyme (polaritätspflichtige) Basis eingeschliffen und virulent (die den Menschen, wie oben zitiert, seit seiner Entwicklung zum Neandertaler oder asiatisch-chinesischen Urmenschen charakterisiert und seine evolutionäre, überaus zweischneidige Sensibilität motivierte, zu der es gleichermaßen gehört, Energie nach ihrer Substanz und Komposition wahrzunehmen, zu filtern und behelfsweise zu entschlüsseln). Und (die) Person(en) x_{In} versus *y* rezipieren einander derart, dass die eine an der anderen nicht allein die örtliche Nähe versus Ferne bemisst, der Zeitpunkt gesetzt, sondern selbige instantan aus der Stellung im Energiefeld aufnimmt und ggf. erneut bemisst. Womit gemeint, die antonyme Basis zentriert und konturiert das gesamte Energiefeld – sie bildet, anders besehen, die konstante Matrix, die bedingterweise mit sozialer und kultureller Konvention verknüpft ist, jedoch nicht darin aufgeht –, in dem bzw. der alle Werte von ›gerecht‹ über ›gut‹ bis zu ›gemein‹ und ›bösartig‹, ›beherrscht‹ und ›gleichmütig‹ bis zu ›zornig‹ und ›aggressiv‹ aufgehoben sind, außerdem ›arm(selig)‹ und ›reich‹ bis zu ›mächtig‹ versus ›ohnmächtig‹ (bzw. ›politisches Subjekt‹), ›gewaltsam‹, ›gewaltbereit‹, ›-entsagend‹, ›friedfertig‹; weiterhin die Person, *x* oder $x_{\mathrm{I}1,2,\ldots n}$, ist fusionswillig und schismascheu, oder das Gegenteil, *y*, fusionsunwillig und schismadominant, i.e. selbiges regulierend, prinzipiell abweisend und wiederum reflektierend, worin sich öffnende Achse oder spezifische Annäherung liegen mag. Insgesamt ergibt sich hieraus das Profil der Begegnung, i.e. die persönliche Wahrnehmung, zunächst Aufmerksamkeit, und wesentliche Imaginationsanteile notwendigerweise – über die Natur des

Bewusstseins – inbegriffen, rezipiert die Werte und verschleift sie über das Engramm in das Gedächtnis, woraus sich die eventuell weiteren Begegnungen, oder andere, weil diese wahrgenommen wurden, ableiten.

4. Energiebasis und Mannigfaltigkeit

Selbiger Absatz erweckt den Anschein, als habe die Prosa Vorrang vor der Mathematik. Dies möge, noch dazu in der stumpfen Gegenüberstellung, keineswegs gelten. Gleichwohl, dass es dem Bewusstsein möglich sein muss, eine Vorstellung einzuholen, die seit über 100 Jahren (und immer mehr) physikalische Grundlage: die unmittelbare Fusion von Raum und Zeit in der sog. Mehrdimensionalität (oder *Mannigfaltigkeit*), der nunmehr die Energie des Bewusstseins selbst als Basis dient (und nicht der Lichtstrahl respektive seine raumzeitliche Ausbreitung mitsamt der anhängigen Mathematik, dem späteren Tensorkalkül).[230] Alsdenn resultiert die Krümmung, damit gleichzusetzen, dass Raum und Zeit ihre ideale oder vorrangige Vorstellungsbasis verlieren,[231] in welcher sie die klassische Philosophie bis heute, gleichgültig ob als Anschauung oder Begriff, analytisch oder wissenschaftstheoretisch, aufgehoben hat, noch dazu, und insbesondere, in der ersten Entfaltung *und Wahrnehmung* der Energie enthalten sind (was freilich unmittelbar Folge, wenn das erste. Die reale Basis, die stets im Schwange war oder wenigstens nicht verleugnet werden konnte, ist eigentlich erst mit dem Relativitätskalkül und Zugang möglich geworden – ein, bemessen an der Welt-, umso mehr der Naturgeschichte, historisches Datum jüngster Zeit. Zuvor musste sich jene ideale oder insb. Vorstellungsbasis in der Interpretation von Raum und Zeit als Vorrang behaupten, der, abgesehen vom Musterfall Leibniz, auch in die absolute Auffassung Newtons einspielt,[232] um nicht zu sagen direkt, trotz

230 Mit Bezug auf die Relativität gelte, dass angesichts der bisherigen Ausführungen das Bewusstsein tatsächlich diffusiert wie jedes Faszikel einer Weltlinie oder gemessenen zeitartigen Entwicklung (Sukzession) zwischen, etwa E, F, G und Y, X Z gemäß der speziellen Relativitätstheorie. Es existiert demnach das absolute Jetzt – global für die ganze Welt und jeden möglichen Beobachter – nur dann, wenn dem Bewusstsein seine Dimension unterstellt wird und die Zusatzannahme gilt, es fokussiert in diesem Augenblick und selbiger ist für jedes Bewusstsein verpflichtend. Vgl. Katherine Fazekas. „Special Relativity, Multiple B-Series, and the Passage of Time". In: American Philosophical Quarterly, vol. 53/3 (2016), 216–229.

231 Hier ist die sogenannte A-Theorie zu veranlagen, wenn die B-Theorie die Spezielle Relativität vertritt bzw. expliziert (Fn wie zuvor).

232 Man mag hier Carnap Recht geben, dass Raum und Zeit eigentlich – für ihn von Seiten der Logik – verlangen, die Relativität (bzw. zunächst Relation) eindringen zu

einer neuen Physik, zugrundeliegt, obgleich sie unmittelbar Realkräfte misst bzw. deren polaren Relationen erfasst). Sodann liegt die gegenseitige Wahrnehmung einer Vielzahl von Subjekten (ggf. der „Gesamtbevölkerung") sowie unmittelbar die Fernwahrnehmung nicht im Problemgebiet der Fernwirkung oder Lokalität, da weder über die Ausbreitung eines Lichtstrahls (die Einstein als allgemeines und stetiges Grenzphänomen theoretisch und obige Computertechnologien tatsächlich voraussetzen müssen) oder eines sonstigen Mediums, noch unter Voraussetzung der Instantanität die Vorstellung zu vermitteln ist, dass an zwei verschiedenen Orten zwei Eigenschaften (vornehmlich Korpuskel oder Impuls) miteinander in Wechselwirkung stehen. Die Manifestation der Unter- versus Überzeitigkeit in der Dimension des Bewusstseins ist keine Folge eines Ursache-Wirkungsverhältnisses, sondern geht unmittelbar mit der Entfaltung oder ‚Emanation' der Bewusstseinsenergie einher, different gegenüber den Vermögen wie Gedächtnis und Vorsehung oder in diesem Sinne Projektion (in die Zukunft). Sie ist damit, so besehen, durchaus intuitiv oder unmittelbar Substitut der reinen Anschauung Kants (als der letzten ideal fundierten Basis von Raum und Zeit); freilich unter der Voraussetzung, die (eventuelle) Krümmung anzuerkennen bzw. dass das Bewusstsein an und für sich, von seiner Basis her, naht- und bruchlos miteinander kommuniziert, überdies willentlich oder in diesem Sinne spontan, und der gewöhnliche (an Konvention, die philosophische bzw. wissenschaftliche Theorie gebundene) Bruch oder Hiatus zum nächsten nicht gegeben ist. Da nunmehr das Ich und seine Wahrnehmung unmittelbar in der Energie – und nicht über, jenseits oder transzendental – beheimatet, es also keine Vorstellung als Schwelle und ausschließliches Medium einführen (bzw. ausdrücklich *substantiieren*) darf, liegt der andere, Fokus, Segment oder in diesem Sinne ›Element‹ einer möglicherweise nicht mehr abzählbaren Menge, i.e. sie ist vornehmlich indefinit aber nicht unendlich, in seiner Nähe und Ferne zugleich; denn das Ich kann gleichermaßen (vom Sein oder der transzendentalen Bedingung her) nur ein Konzentrationszentrum oder eben Fokus für sich einnehmen, und so ist Bewusstsein sich überall elementares Segment, und wenn beide primären gegeben, polar.

lassen, um sich von der Bindung des Denken an das einfache Prädikat freizumachen. Er sieht im ›absoluten Raum‹ diesen quasi Zirkel, gleichwohl, wie stets, ohne jede Bezugnahme auf die Polarität. So bleibt die geschichtliche Situation, wenn nun einzig Leibniz' Relationenvorstellung eintreten sollte, noch dazu an die Homogenität gebunden, verwickelt („Die neue und die alte Logik". In: Erkenntnis Bd. 1 (1930), 12–26).

5. Zeitliche Verschleifung als Bedingung der Historie

„Auch 23 Jahre nach dem Ende der Apartheid begräbt die Vergangenheit hier noch immer die Zukunft". Sätze wie diese (ihre Herkunft möge offen bleiben) belegen, abgesehen von der Natur der menschlichen Gesellschaft und warum sie ein historisches Subjekt birgt, die Verschleifung der Zeit, und letzteres ist vergleichsweise dem politischen anzutragen, für das der Wechsel zwischen Plural und Singular noch nie zweifelhaft war. Sie hat mehrfache Gründe, allgemeiner und besonderer Natur. Es gilt zum einen der Relativität gerecht zu werden, die eine breitere als nur physikalische Basis verdient, sobald die energetische Grundlage des Bewusstseins anzuerkennen ist. In dieser (um in Kürze zu wiederholen) ist das Schisma derart bedingt, dass es klassischerseits bis heute verleugnet respektive nicht erschöpft wird. Dementsprechend gelte eine (theoretische) Äquivalenz zwischen Lichtstrahl und Bewusstsein, je in der Ubiquität (als überall eigenschaftlich gleichbleibend), woraus jedoch folgt, nicht mehr den je anderen Ort und Zeitpunkt gegenüber dem fälligen (als Zentrum der Faszikel einer Weltlinie oder Referenzrahmen) ausmitteln zu müssen, die raum- versus zeitartige Lage eingeschlossen, sondern den Kern der Verschleifung, noch dazu als stetige Möglichkeit, in den Unterschied zu legen und sodann zu differenzieren. (Selbige Möglichkeit folgt keiner Idealität, sie sei leibnitianisch oder kantische Anschauung, sondern der Tatsache, dass das Bewusstsein, seine Energie, notwendigerweise den Geist birgt und jener im Vorschein, der Vorstufe, nicht getilgt oder durch die nur präsumierte und vorgehaltene Nullstelle absorbiert werden kann – zugestanden befindet sich das Verhältnis Physis – Geist, wie mehrfach votiert, sodann in der Polarität).[233] Wie außerdem dargelegt, darf diesem Kern, nicht zuletzt wegen der erwähnten Äquivalenz, eine spezifische Identität zugesprochen werden – das Bewusstsein genießt, als stetiges Feld, überall seinen Anschluss, eine bestimmte Größe und Intensität, und fällt nicht tatsächlich, obgleich der Verkehr dies überall nahezu bruchlos (seit Jahrhunderten) manifestiert und verlangt, in das Verhältnis Individuum versus Individuum, Person(en) versus Person(en), Subjekt(e) versus Subjekt(e) auseinander. Mithin vermag es (sich) stetig und überall anders als durch konventionelle Sprache zu kommunizieren, bei Willigkeit, zusätzlich (über den Zugriff auf die Energie) erlernter, zu lenken, schließlich zu fusionieren, i.e. ein spezifisches Gruppenbewusstsein auszubilden (abgesehen von der Begehbarkeit der Energie durch Doppelgänger, Attrappe, Fehlgestalt, allesamt Konzentrationen der Eigenenergie einer Person,

233 Im Verhältnis zu den Neurowissenschaften und wie öfters votiert. Die Bedingung gilt freilich auch in Umkehrung.

mit der sich selbige absichtlich im Energiefeld – ohne gewöhnliche Akustik und Visualität – präsentiert bzw. vorhält: wie stets, bedingt die Einschleifung am Träger, dem Bewusstsein, ein gewisses Moment des Vergessenmachens). Im Unterschied hingegen liegt die Basis der Negation, und da selbige der Polarität verpflichtet ist (und nicht dem Widerspruch, den jener gleichwohl nicht ausschließt), antizipiert die Negation die Nichtidentität: der Kern wird also niemals als homogen, mit sich gleich – oder geschichtslos – hervorkehren. – Bei Festhaltung dieses ersten gelte es weiterhin die anderen Gründe zu erläutern. Wenn das Bewusstsein essentiell, vom Sein respektive der »Erschlossenheit« her (um die überlieferten resp. Heideggers Begriffe zu berühren) miteinander kommuniziert und der unterzeitige Ort bereits im Bewusstsein unmittelbar (ohne konstitutiv-generierende Reflexion) enthalten ist, wenn es sich an Zeitpunkt t_0 begegnet, müssen (ii) die Verhältnisse (a) der Unter- versus Vor-, und ebenso (b) der Über- versus Nachzeitigkeit geklärt werden. Nicht allein, dass sich das eine Verhältnis im einen versus anderen Bewusstsein differenziert, sondern dass außerdem das eine Verhältnis in das andere übergeht. Letzteres ist Basis des geschichtlichen Prozesses, während das zwischengenannte, (b), die Differenz zwischen Über- versus Nachzeitigkeit, den Ursprung des geschichtlichen Ereignisses ausmacht, warum etwas, eine Person, ein bestimmter Vorgang, geschichtliche Tatsache wird; denn tausende, das Meiste, geht bekanntermaßen unter: die Differenz birgt hingegen eine spezifische Spannung, eine Negation (nach Ansicht der Dialektiker die Negativität), welche das Weltgeschehen verbürgt und immerhin zulässt, dass die untergehenden Tatsachen oder Verhalte weitaus bedeutsamer sind als die manifesten, festgehaltenen, auswärtigen, protokollierten. Sobald dies eingesehen, kann der letzte Grund einkehren, die Frage (iii) nach der konstitutiven Bedeutung von (c) Perspektive und Fokus (streng besehen von Perspektive versus Perspektive und Fokus versus Fokus, da die stete Auseinanderfaltung der faszikulären Energie notwendig von ihr vorstellungsbedingten Vergegenwärtigung zu unterscheiden ist), (d) der Eingrenzung und spezifischen Beschaffenheit des (seit Kant – in Verbindung mit der Veranschaulichung der in der kritischen Dialektik entfalteten Begriffslehre – oft bemühten) Horizonts, und in welchem Sinne selbige mit dem historischen Subjekt, das weder Einzahl noch Mehrzahl, sondern beides zugleich, manifest werden. Wie zu vermuten, sollte sich hier der Kern der Erkenntnis niederschlagen, i.e. wer das Zusammenspiel von Perspektiven, Foki, Linsen und Grund, noch dazu ob real oder imaginär und in welchen Intensitäten, wird die Geschichte verstehen. Anders im Sinne der Evaluation besehen, Wahrheitsbewusstsein, welches sich an den »Horizonten der Entdecktheit« orientiert, ist nicht daran gebunden, deren Ineinanderübergehen und letztliche *In*transparenz als Maßstab anzuerkennen,[234] als nicht vielmehr in der »Erschlossenheit« das konstitutive (philosophierelevante oder sich ontologisch auswirkende) Zusammenwirken der Subjekte zu erkennen, das spezifische Foki, peripherische Ausbreitungen und resultierende Lagen aufweist und der »Seinsverfassung des Daseins als *Entwurf*« ebenselbige als Bedingung (oder geradezu Matrix) vorschreibt (sie meint, immerhin und nicht zuletzt, die Moralitäten und Ausflüchte, die bürgerlichen Vorstellungshaltungen und Prätentionen, den Verkehr nach Schicht, Ämterverteilung und in diesem Sinne Sosein): das Energiefeld dringt mitsamt seiner Bedingung in die Vorstellungswelt, und entsprechend ist das Dasein auszulegen, welches dem „Weltverständnis" respektive der „geschichtlichen Welt" ein Stück ihrer „Relativität und Undurchsichtigkeit" wieder benimmt, (an die sich die Moderne mit einer unübersehbaren Huldigung und Pflege des öffentlich-privaten Deckmantels, der das Subjekt gewissermaßen »in Schutz nimmt«, zu gewöhnen scheint oder tatsächlich gewöhnte). Die getroffene Linse, der Verstand und eine angemessene Aufrichtigkeit sollten der Relativität – abgesehen von jener, die ihren Gegenstand darstellt und die wegen der horizonthaltigen Polarisation des natürlichen, dimensionalen Bewusstseins unvermeidlich – keinen besonders großen Spielraum gewähren. Personen, Handlungen, Charaktere, Sachlagen, Situationen sind in höherem Maße Identitäten resp. dem geistigen Zwang oder Pflicht anhängig, als der Zugriff auf (eine angeblich willfährige) Perspektive und wechselndes Panorama glauben machen will (und der Historismus wird auf dieser Basis, welche den Anschluss des Bewusstseins nicht verleugnet, ein Stück ‚liebgewordene' Substanz verlieren).

Es braucht nunmehr die Verschleifung der physikalischen Zeit, insbesondere anhand der bekannten Zwillingspaare in differenter Beziehung auf die Lichtgeschwindigkeit und ob es tatsächlich möglich sei, ein Leben anders als durch genetischen Eingriff zu verjüngen, hier nicht aufgegriffen zu werden. Wohl aber die Polarität und mit ihr die anhängige Negation, da sie gleichermaßen als Träger des Unterschieds zu verstehen ist (denn die Zwillinge fallen ja niemals in den Widerspruch außerhalb der spezifischen Komplementarität, der sie anhängen). Nun ist vorderhand, um noch einmal Einsteins obiges Beispiel aufzugreifen, nicht allein zu berücksichtigen, wenn sich in der gleichzeitigen Wahrnehmung der Nation – aller Personen, die sie gleichgültig an welcher Stelle und in welchem Amt konstituieren, und zwar notgedrungen wegen des Kriegsausbruchs – eine Unterzeitigkeit mit einer Überzeitigkeit begegnet, müssen selbige auf die

234 Ernst Tugendhat. „Heideggers Idee von Wahrheit". In: Skirbekk 1977, 431–448, 444–447.

Wahrnehmung des Kriegsgeschehens und seiner Bewerkstelligung rückwirken. Sondern auch, dass die Tendenzen des Volkes, der Bevölkerung oder des Volkskörpers, der überall gesell-, verwandt- und eventuell freundschaftliche oder jedenfalls persönliche Beziehungen unterhält, einer Verschleifung gehorchen, die effektiv polar zu erschließen ist. Das ›Historische Subjekt‹ – freilich ein Begriff des 19. Jahrhunderts, der resp. dessen Urheber seitens Hegel und Droysen noch nachzutragen ist, bis in die Strukturgeschichte des 20. nachwirkte und der Geschichtswissenschaft eine Reflexivität vermittelte, die deren Hauptgebiet, die Philosophie, kaum mehr unterschreitet – ist demnach eine geschichtliche Auflauffläche des Bewusstseins, in dem ggf. der Eremit oder sich Isolierende noch deutlicher dasteht als nicht ohnehin bereits, und es gibt weitläufige Ketten-, Reihen-, Trog- und Schüsselbildungen, die wiederum an bezeichnenden Affektbindungen (den quasi weltanschaulichen Prägungen) manifest werden. (Die halbmetaphorischen Ausdrücke mögen der topologisch-konstitutiven Wahrnehmung entsprechen, i.e. die Krümmung ist real und der Vorstellung ist es nicht gestattet, sich seinsmäßig abzukehren, als ob erst mit ihr das Bewusstsein gerierte). In jedem Fall ist jeder Dissens oder »Strömung«, der längst etablierte historiografische und/oder politikwissenschaftliche Ausdruck, auch wenn ihm die Energiebasis nicht direkt (und im hiesigen Sinne) angerechnet wurde, in einer Schleife von Unter- und Überzeitigkeit aufgehoben, die als Bedingungskanon in die je punktuelle Wahrnehmung und Kommunikation der Aktanten eingeht.

Somit möge abschließend ihre analytische Beschreibung sowie nachfolgend Auswirkung auf das historische Subjekt einkehren. Vor- und Nachzeitigkeit sind Musterbegriffe der Reihenbildung, der Bericht versus die Vorhersage ihre ggf. wissenschaftliche Entsprechung. Dies gelte gleichermaßen für die Unter- versus Überzeitigkeit, mit dem wesentlichen Unterschied, diese bergen (beinhalten) die Polarität, jene die Neutralität oder Linearität. Ergo liegt in diesen die Krümmung, was wiederum bedingt, ihre Einheiten sind keine diskreten Entitäten (quasi ›für sich‹-Einheiten gleichgültig welchen Niveaus), sondern (dito) Fluenten, die, als Mindest- (und gegebenenfalls Kleinst-) Zentrum unmittelbar auf/mit ihrer Umgebung fusionieren oder darin aufgehen. Die direkte Folge ist, dass sie nur mit einem anderen, ggf. dem direkten Gegenzentrum distinguiert werden können, und diese Pflicht oder Notwendigkeit ist gleichbedeutend mit der Krümmung, i.e. es liegt keine objektive, außerseitige oder in diesem Sinne absolute Strecke zwischen $t_{0\text{-m}}$ und t_0, in der sich Subjekt$_1$ und Subjekt$_2$ begegnen, sondern dieselbe Strecke als lineare Abfolge der Vorzeitigkeit (mit entsprechender, diskreter Abmessung) wird durch die Unterzeitigkeit im Bewusstsein von

S_1 zu S_2 unterschritten oder begleitet, welche infolgedessen nur in der sich gleichzeitig ausbreitenden Krümmung als (quasi) *gemeinsame* Fläche liegen kann, die sich in t_0 als relativer Fokus zentriert und, ggf., eine indefinite Zahl an Subjekten mit gleichartig unterzeitlicher Wahrnehmung zulässt. (Dies war oben unter 1.3 Anlass, von der Wahrnehmung des geschichtlichen Geschehens in der wellenartigen Ausbreitung des Energiefeldes zu reden, in der der Einzelne notwendig aufgehoben bzw. der er unmöglich geradehin gegenübersteht, als ob sich seine Bewusstseinsenergie davon endgültig befreien könnte oder ließe: Ursache der Befangenheit, einerseits, und des Zerfalls der Meinungen oder Ansichten andererseits, der, u.a., verlangt, das Bewusstsein als Herd anzusprechen). Entsprechend lässt die lineare Auffassung nur beliebige Abschnitte aufeinander folgen, deren jeweiliges Zentrum stets, außer der möglichen Totalität, nur eines einzigen Wesens bzw. Elements bedarf und hierbei den Rang der Repräsentation beider nicht ändert oder vertauscht (es gibt demnach ein absolutes Zentrum für die gesamte Globalität als ›Jetzt‹); während Unter- versus Überzeitigkeit verlangen, dass sie für mindestens zwei – voraussetzungsgemäß und/oder a priori alle – Subjekte in derselben Dimension liegen – ihr Bewusstsein ausmachen –, so dass die Unter- mit der Vor- und die Über- mit der Nachzeitigkeit stets auseinanderfallen. Letztere können gleichwohl koinzidieren, und dies prägt die Geschichte (den Zeitverlauf) als Regesten, die herkömmliche archivalische Auffassung und Fixierung, die Protokolle, die vorherrschende begriffliche Konzeption der Nachrichten. (Hierbei ist anzumerken, dass die physikalische Zeit im Rahmen der Entropie oder Unumkehrbarkeit bereits in die Polarität – den signifikanten Herd – einkehrt, die Reihenbildung aber nicht ändert. Sie zählt keine Krümmung, die erst dann wirksam wird, wenn die Konstitution der Größe in die Polarität – oder genuine Antonymie – verlegt wird, mithin nicht mehr ›groß‹ und ›klein‹ wie distinkte Prädikate auf einer stabilen (fregeschen) Skala liegen, sondern vom Wesen – der absoluten Möglichkeit – her überall kommutieren. Je erheblicher die Kommutation – scil., unter Voraussetzung, dass Fusion die Elemente der Verschleifung, gleichgültig ihre Dimension (im anderen Sinne), bindet –, umso erheblicher der (intuitive und tatsächliche) Krümmungsgrad, da sich der, gesetzt, ursprünglich diskrete Klein(st)wert nun peripherisch verhält, in das Gegenzentrum übergeht und, wegen des Anschlusses oder der Beihaltung, die Krümmung ergibt. Dieserart ist auch das Bewusstsein und geschichtliches Geschehen anzusetzen, die quasi instantane Verquickung von Mikro-, Meso- und Makroebene oder überhaupt der Zugang zu einer Öffnung des Horizonts nach innen und ›unten‹, letzteres nicht mehr im klassischen Sinne, da selbstredend keine fertige – fixe und stabile – Klassenhierarchie zu bearbeiten oder verstehen ist, sobald die Krümmung in das Kontinuum eindringt und selbiges, wie noch zu zeigen, in die bestimmte Diskontinuität entlässt: an echten Peripheriegrenzen muss der Sprung eintreten).

6. Das historische Subjekt – Erschließung über den Herd; Exempel

Das historische Subjekt wurde stets, seit Aufkommen im 19. Jahrhundert (welches insgesamt, und nicht nur mit Hegel, die nachklassische Wendung einleitete), derart verstanden, dass sein geschichtliches Bewusstsein nicht im individuellen aufgeht. Der geschichtliche Prozess sperrt sich gegen die Vereinzelung auf die individuelle und persönliche Wahrnehmung, als ob es an ihr, und nur an ihr läge, Tatsache, Sachverhalt, Quellengeltung und Substanz zu bestimmen. Die Bedingungen, es effektiv auf das Kollektiv auszurichten und darin zu verankern, sind aber offensichtlich erst gegeben, wenn insbesondere der Herd (als Brennpunktgeschehen) und die Bindungskraft (mitsamt ihres unmittelbaren Gegenteils, der Trennungs-, Separations- oder Dissoziationskraft) in den Begriff des Bewusstseins eingehen: die gesuchten Phänomene werden alsdenn fokal und polaritätspflichtig (von der ersten Bedingung her, jener, welche die klassische Philosophie unter der ›Bedingung der Möglichkeit‹ als transzendental ansprach: Fokalität, Projektivität, Perspektivität,[235] Polarität mögen hier nicht fehl-, sondern aufgehen, und die generelle theoretische Orientierung besteht derart, das Bewusstsein nicht erst und nur unter der Bedingung der Vorstellung zu begreifen, sondern von seiner Energiebasis, mithin seiner Dimension her und welche Bedingungen und Möglichkeiten diese stellt). Die Dimension als Basis bedingt, es gibt kein individuelles, sondern zunächst nur Bewusstsein schlechthin, Emanation von Bewusstsein wie jener in Gestalt einer materiellen Energie, der realen raumzeitlichen Entfaltung, in der sich das individuelle (inkl. des animalischen!) absondern, konzentrieren und bedingungsgemäß reflektieren muss, ohne jemals auf seine absolute Grenze zurückzufallen oder selbige distinkt machen zu können: Bewusstsein im präzisen Sinne aber immerhin, so dass ihm Kenntnisse, Gegebenheiten, Lagen, Strömungen und Impulse zuwachsen, die nicht in der

---

235 Man mag mit diesen Begriffen die Linsendistanz, das Linsenverhältnis und die Linsenschärfe verknüpfen, vorausgesetzt, die umgangssprachliche Verankerung des Bewusstseins wird kassiert und selbige in diese wissenschaftliche Basis versetzt, wohlgemerkt nicht an der Natur und dem tatsächlichen Vermögen des Bewusstseins vorbei: es liegt keineswegs am Augenwerkzeug, sondern an diesem selbst, die Systematik zu belangen.

individuellen Biografie oder ihrem spezifischen Kenntnis- und eigentümlichen Erfahrungskreis aufgehen – es besitzt demnach verknotetes Wissen und/oder Kenntnisse, die nicht schlechterdings auf die Bedingung der (insb. klassischen) Erfahrung reduziert werden dürfen oder können. Noch geradewegs dem Un- oder Unterbewusstsein zugesprochen werden müssen, da Bewusstsein als Dimension die Energie verpflichtet und sich auf dieser Basis der Zusammenhang, die eingelebte, fest fusionierte Verbindung ergibt, die genetische Klausel auf ggf. nationaler, wenn nicht Menschheitsbasis eingeschlossen; (denn es scheint töricht anzunehmen, die, etwa, Fremdheit des 19. oder des 14., als es galt die Renaissance zu gebären und einer neuen Sicht auf Subjektivität Realität zu verschaffen, oder noch weiter zurück bis hin zum Wilden oder tatsächlich Neandertaler sei nicht hiermit »ursächlich«, in zweiter Ebene, verknüpft: Erfahrung im nicht- oder nachklassischen Sinne ist daher nicht (mehr) mit strikter Subjektivität synonym, wie sie insb. Kant im Rahmen von Erkenntnis- und Morallehre konzipierte, außerdem ihre Basis im Bewusstsein, wenn auch und gerade mit Vererbung verknüpft, nicht auf die idealen Inhalte festgeschrieben – Verstandesbegriffe oder Kategorien, reine Anschauung(en), die freilich im hiesigen Sinne längst nicht mehr ausreichen, außerdem eine ganz andere Anlage und Bedingung offenbaren, die Ideen. Die Verknotung des Bewusstseins, die reale Erfahrung unter Subjekten in sich birgt, liegt zugleich zwischen diesen und verpflichtet, seinen Begriff auf den Herd zu eichen, einem Brennpunkt- und Fokusgebilde, das selbige ebenso notwendig aus sich entlässt wie von der genetischen Anlage her enthält, und die Differenz Brennpunkt versus Fokus möge zugleich jene aufnehmen, dass der Brennpunkt nicht erst durch die eigentümliche Vorstellung (Vergegenwärtigung, Repräsentation, Perzeption) ge(ne)riert wird, sondern bereits der Bewusstseinsenergie innewohnt; was ein Knoten tatsächlich darstellt, wird weiter unten geklärt). – Um in ein Exempel überzugehen und konkrete Präzision einzuräumen – der Wahlvorgang einer Regierung (in den modernen Demokratien) birgt womöglich ausgezeichnete Möglichkeit, alle aufgeführten Begriffe zu verdeutlichen. Wenn sich ein Kandidat an einem bestimmten Ort zu einem Wahlkampfereignis versammelt, begegnen sich in der Unterzeitigkeit dieses Ereignisses das Bewusstsein des Kandidaten samt seines Anhangs (Wahlhelfer und Assistenten, Parteimitglieder), der angestrebten Wahlgemeinde (jedes Mitglieds des Kreises, der Lokalität) und alle Beobachter, die nicht daran teilnehmen (streng genommen ist keines ausgeschlossen, da nicht die Erwartung den Fokus kreiert, sondern Fokus und Erwartung im Bewusstsein entstehen bzw. aufgehen). Wohlgemerkt ist dieses Bewusstsein in der Unterzeitigkeit nicht mit der Vorzeitigkeit identisch, welche am Kalender bemessen zunächst die Wahltage (als Periode des sog. Wahlkampfes), außerdem den Zeitpunkt der Legislatur, eventuell die Zyklen der Legislaturen, die Vorläufer zu anderen Regierungs- und Geschichtszeiten bemisst, um den Horizont in ihrem Sinne ein Stück weit zu vergrößern und auszudehnen. In der Unterzeitigkeit, vom Zeitpunkt des Ereignisses, dem Auftreten des Kandidaten, an bemessen, sind diese Horizonte daher Überzeiten oder die überzeitige Entfaltung ihres jeweiligen Zentrums. Dies bedingt, (i) in jeder Unterzeitigkeit »verbirgt sich« zugleich eine Überzeitigkeit (freilich notwendig und in diesem Sinne trivial, es käme darauf an, die Intensivität und insb. Verschmelzungsgrade und Beziehungen zu kennen), und der Zeit kommt ein natürliches Vergehen zu respektive die zeitliche Komponente des Energieflusses, (der stets und nur in einer Welle beheimatet, deren Erfahrungshaltigkeit oder Erlebniswert unübersehbar), veranlasst, dass das Bewusstsein mit dem Eintreten des Ereignisses umschlägt; und (ii), die Entfaltung der Energie vollzieht sich polar. Dies wiederum bedingt, nicht erst im Bewusstsein von Nach- versus Vorzeitigkeit, das stets (und in diesem Sinne definitionsgemäß) an die eigentliche Vorstellung geknüpft ist und die Vermögen, das Gedächtnis, spezifische Kenntnisse und somit auch das Geschichtswissen verlangt, sondern bereits im Verhältnis von Über- versus Unterzeitigkeit verbergen sich Knoten, spezifische Wertigkeiten, Spannungszustände, Hanglagen, Verwerfungen, die allesamt auf das besondere Bewusstsein einwirken respektive seiner Vorstellungskraft zugrundeliegen: nicht aus dem *persönlich* verbürgten, genetisch angelegten und eingeübten Vermögen heraus, sondern von der Gegenseite her, in der alles geschichtliche (und evolutionäre) Geschehen in der Energiebasis erfolgt, welche das kommune, über oder mit allen Lebewesen diffusierende Bewusstsein einschließt.

Hier scheint Philosophie gefordert, um die politischen Dimensionen, die Verfehlungen und Falscheinschätzungen, die moralischen Gewindelagen und Verwerfungen – je geschichtlicher Situation – zu verdeutlichen, gleichwohl sei an dieser Stelle dem formalen Zwang nachgegeben, der das begriffliche Zentrum zu umreißen sucht, das ansonsten dem Zahlenwerk (bzw. ihren Wissenschaften) zu überlassen ist. Wenn die Erfahrung des Ereignisses in die Überzeitigkeit übergeht – sie gelte mit Verabschiedung des Kandidaten und Auflösung der Veranstaltung (jedenfalls ohne primäre Diskontinuität oder direkten Bruch in der Basis; gleichwohl gelte der fundierenden Polarität halber, dass unmöglich Unter- und Überzeitigkeit eine (klassische oder andere) Homogenität begründen, mithin muss der oben beanspruchte Zeitpunkt des Umschlags effektive Negation beinhalten, jene zwischen den beiden Kegeln respektive der Null in der Achse des Umschlags,[236] gesetzt, die spezielle Relativität soll vermitteln, und die Erfahrung dieses Umschlags als Gegenwart kann entsprechend ein Stück Nichts oder spezifische Leere in sich bergen, das dieser reinen Negation Ausdruck verleiht und wacheren Geistern als Empfindung durchaus geläufig)[237] –, bilden sich bei den Teilnehmern die energetisch gebundenen Gedächtnisknoten, welche sich auf die lineare Zeitauffassung projizieren und, als Vorstellung, die Nachzeitigkeit gegenüber der Vorzeitigkeit ergeben. Dem Begriff der Zeit (als überdies geschichtlichem Geschehen) kommt hiermit ein erstes Wahrheitsmoment zu, denn die Unterzeitigkeit samt Umschlag und Übergang ist verbindlich kollektiv erlebte Erfahrung, wenigstens kollektiv verankerte Bedingung. Und der Intuition wird, als Vorstellung, gleichermaßen unterstellt, dass sie geradehin, von Natur her, projiziert (was für die räumliche eine Trivialität), noch dazu, dass (scil.) die gekrümmte Bedingung, mithin die ungeteilte oder unter allen Lebewesen verbreitete und von diesen getragene Dimension des Bewusstseins, seine Energie, die Basis darstellt. (Daher, hier nicht zu ermitteln, geht der Zusammenhang des Bewusstseins eines Beobachters einer faszikulären Weltlinie innerhalb der Relativität mit einer Person, welche die Basisdifferenz aufgrund ihrer Reise veranlasst, *nicht* verloren, und wenigstens sind zeitartig und überzeitig niemals identisch, abgesehen davon, dass die Relativität der Unter-/Überzeitigkeit des einen versus des anderen Paares nicht mit der speziellen Relativität zusammenfällt, worüber sogleich: bezeichnend setzt auch hier die Relativität den Anschluss oder geradewegs die negierte Dissoziation der differenten ± bewegten Beobachter voraus). Nun zielt der Kandidat auf diese Gedächtnisknoten ab, er kann sich aber, rechtens, nie sicher sein, sie auch wirklich erzeugt zu haben, auch dann nicht, wenn »Regestenbetreiber«, heutzutage Journalisten (bis hin zu Datenbänkern und Statistikern in den Instituten), in seinem Sinne die Veranstaltung auswerten

236 Obgleich die Null als Repräsentant der Verneinung bzw. Negation seit Schröder/Frege gewissermaßen etabliert ist, liegt sie hier stets auf der Achse des gesuchten bzw. normativen Widerspruchs. In der Antonymie mitsamt angebundener (impliziter) Kommutativität erweckt die Ansetzung der Negation als Null den Eindruck, als ließe sich der Gegensatz sofort auf die Umbruchstelle herabrechnen, sobald nur irgend Wert in der Differenz gegeben – wie es freilich nicht ist: die Verneinung kann bis auf den vollen Gegenwert weichen, i.e. mit ihm zusammenfallen, und so gibt oder gäbe es die Koinzidenz {0, 1}, außerdem mit jedem anderen für 1 eintretenden Wert.

237 Hiermit möge der neuzeitlichen Fragestellung zur Leere, ausgehend von Pascal versus Leibniz (der sich insbesondere an Demokrit orientiert und die *lex continui* verficht), eine Antwort gegeben werden, welche den Ausschluss der Leere nicht an die Tautologie der Homogenität bindet.

und entsprechende Berichte schreiben und veröffentlichen. Dies wiederum ist gleichzusetzen mit einem Hauptproblem der Geschichtsschreibung resp. Wissenschaft: (i) nämlich muss die inhaltliche Umreißung, i.e. Fokussierung, der Nachzeitigkeit, welche als Beschreibung in die Regesten eingeht, keineswegs zur Gänze mit den Fokussierungen, welche die Gedächtnisknoten der Überzeitigkeit bilden, deckungs- oder auch nur annäherungsweise deckungsgleich sein. Die sublatenten Foki zu ermitteln, erst recht über länger zurückliegende Zeitläufte, bedeutet eine schwierige Aufgabe, wenn nicht geradewegs eine Unmöglichkeit – unterstellt, dass auch die betroffenen Vorfahren bereits wussten, politisches oder gesellschaftliches Gebaren versus Geschehen – hier befindet sich stets ein echter Bruchstrich, den, u.a., die Rolle der Person, ihre (andere) Vorstellung im Sinne des Pflicht- resp. der Theaterpflicht, verantwortet – bedarf der *Ver*stellung und/oder Verschleierung, so dass die wahre Distanz, die Überschiebung zwischen dem eigentlichen Geschehen in der Überzeitigkeit, dort wo es sich wahrheitsgemäß absetzt, und dem quellenmäßig projizierten kaum zu ermitteln ist; (ii) ist die doppelte Fokussierung zu berücksichtigen, die beide natürlicher Art sind (unter (i), denn ebenso sind die Gedächtnisknoten in der Überzeitigkeit natürliche Produkte wie die Tatsache, dass sie sich auf die lineare Auffassung der Nachzeitigkeit projizieren und dort gleichfalls Foki bilden oder, wie schon oben, das unmittelbar energie- versus vorstellungsgebundene Geschehen differieren, jedoch gleichermaßen den Zugriff auf Herd, Brennpunkt, ja Perspektive gestatten, gesetzt selbige meint das situative Segment, das sich in der Energie anlegt) und im Verhältnis von Paar zu Paar oder Gruppe zu Gruppe zu bewerten sind (wie soeben unter Bezugnahme auf die Relativität): in jedem Fall bedingen Unter- versus Überzeitigkeit die reine Bedingung des Bewusstseins, die von jeder noch so geringen Vergegenwärtigungsleistung, als Vorstellung (oder Intuition, Anschauung, im herkömmlichen Sinne) zu unterscheiden ist, (und das Bewusstsein müsste andernfalls in die klassische Homogenität zurückfallen). Das Erfahrungsbewusstsein der Teilnehmer und des Kandidaten, gleichgültig nach Zugehörigkeit und Parteilichkeit, ist aufgrund des Bisherigen in jedem Fall fundamental verschieden von jedem Bewusstsein, das weder in der Unterzeitigkeit mit der Erwartung ihres Eintritts (der Veranstaltung), noch in der Überzeitigkeit, welche wie erläutert in die Nachzeitigkeit übergeht, mit Nachrichten über ihren Verlauf berührt wurde. Gleichwohl ist selbiges Bewusstsein darum (definitions- und wahrheitsgemäß) nicht absolut distinkt, da es die Unter- und Überzeitigkeit, damit auch Vor- und Nachzeitigkeit mit den betroffenen Paaren teilen muss. Nun macht sich hier die eigentliche Perspektivität breit respektive kommt sie zum Tragen. Solange das fällige Bewusstsein nicht einfach unbehelligt oder unbeteiligt an dem Geschehen vorbeigeht – Impulse und Auswirkungen wird es allemal empfangen und, in diesem Sinne, bereits dem Zeitgeist oder historischen Subjekt zuschreiben –,[238] wird seine Lage und Einschätzung des Weltorts, der geschichtlich-politischen Situation, das Verständnis des oder der Foki bedingen, mit dem es die gebotenen Nachrichten wahrnimmt, i.e. liest oder in den filmischen Medien verfolgt (die freilich keine Unter- oder Überzeitigkeiten abbilden, i.e. aufnehmen und in das Medium projizieren).

Sodann mag sich endlich der Herd erschließen, der schon oben als das Hauptverständnis ausgewiesen. In ihm gilt es Knoten und Verwerfungen zu erkennen, die unmöglich einem Einzelsubjekt, noch ihrer (von außen her) Verreihung anzumessen sind, als ob sie stets nur durch deren Verkehr entstünden und in der herkömmlichen Kommunikation untereinander aufgehen. [Um eine verdeutlichende Seitenbemerkung nicht auszulassen. Dem deutschen Volk wird seit den Zwangshandlungen der Nationalsozialisten, Einrichtung von Auschwitz, Bergen-Belsen und massiver Deportation, nachgesagt, sie, die Zeitgenossen als Erwachsene, hätten die Augen verschlossen oder sich in der Nachzeit, in Zeiten bis weit in die Bundesrepublik hinein, der Illusion wenn nicht Verleugnung hingegeben, die Geschehnisse und das generelle Geschehen nicht beobachtet oder bemerkt zu haben („es hat ja niemand gewusst", das gew. performative Behelfsmotto). Sobald das Bewusstsein in das hier entworfene historische Subjekt ein- und aufgelassen wird, hat es die Freiheit, ja in bestimmten Sinne Lizenz verloren, es dürfe seine Kenntnisse des Zeitgeschehens darauf einschränken, nur das zu wissen, das ihm tatsächlich durch mündliche oder schriftliche Rede, den Bericht (oder »Volksempfänger« und Zeitung) bekannt geworden ist (das sog. Sozialmedium, dessen sich heute bereits regelmäßig Regierungsmitglieder bedienen, hat hier gew. das Medium, wenn auch keine Mediante im höheren Sinne erschlossen, und es mag sein, w-gemäße Transparenz wird tatsächlich

238 Selbiges Phänomen mag sich – hier im Sinne des außerordentlichen Belegs – auch in andere Worte kleiden: „Die 77-Jährige wird für ihr Gespür und ihre Hellhörigkeit für gefährliche unterschwellige Entwicklungen und Strömungen geehrt. ‚Humanität, Gerechtigkeitsstreben und Toleranz prägen die Haltung Margaret Atwoods, die mit wachem Bewusstsein und tiefer Menschenkenntnis auf die Welt blickt und ihre Analysen und Sorgen für uns so sprachgewaltig wie literarisch eindringlich formuliert. Durch sie erfahren wir, wer wir sind, wo wir stehen und was wir uns und einem friedlichen Zusammenleben schuldig sind', begründete der Rat des Börsenvereins des Deutschen Buchhandels bei der Bekanntgabe im Juni die Auszeichnung. (Ein Nachrichtentext zur Verleihung an die kanadische Autorin; an dieser Stelle sei zugleich an die signifikante Wir-Rede im Sinne des Gruppenbewusstseins (s.o.) erinnert).

einmal offiziell resp. zumindest verleugnungsärmer). Herrscht das dimensionale Bewusstsein mitsamt der unwillkürlichen, nicht an den Impuls der ± gezielten Kommunikation gebundenen Teilhabe der Gedanken, der Wahrnehmung der spezifisch kollektiven, über die Subjekte diffusierten Spannungen und Verwerfungen, kann prinzipiell niemandem die Bewusstseinshaltung der Gauleiter und Nationalsozialisten, SS-Hauptleute entgangen sein, ja, die Passage an Bergen-Belsen vorbei muss auch dem von dieser Betroffenen den inwendigen Geruch und Dasein dieses Lagers vermittelt haben, der ihm die verneinende Antwort, gleichgültig zu welchem Zeitpunkt, ob es denn selbiges gäbe, nicht mehr gestattet, mag er den physikalisch-auswärtigen Geruch nicht tatsächlich wahrgenommen haben oder müssen. Wiederum mag überdies sein bzw. ist davon auszugehen, selbiges Wahrheitszeugnis hat sich zugleich, und um ein Vielfaches früher, mit der Lebensgeschichte des Jesus von Nazareth in der Weltgeschichte niedergelassen – und, gewissermaßen, den Versatz des Berges vereitelt, sollte er nicht mehr zur Gänze Religion sein oder diese tatsächlich hinter sich lassen. Den Christen von heute, nach Generationen der Abkehr, die längst umrissen, ist jedenfalls nicht anzutragen, sie wären noch immer seines Auftrags inne, gesetzt, er bestand darin, die Leugnung der Existenz, als mit dem gesellschaftlichen Verkehr des Bewusstseins verbunden, zu überwinden, damit freilich auch, jedoch bekanntermaßen wider die Schriftgelehrten keineswegs ausschließlich, die römisch-lateinische Weltherrschaft und Litanei um das Proprium des Wissens].

Um den Faden nicht zu beleidigen, ist abschließend, bevor die Formalisierung der Klarheit des Verständnisses dienen soll, davon auszugehen, der Kandidat spielt oder manifestiert eine Rolle, die ihm – im Wahlgeschehen – zugleich Fatum und Notwendigkeit ist, i.e. er stützt sich auf ihrer Verdichtung und Zuspitzung ab, als ob sie die wesentliche Parteilichkeit sichert, respektive er versucht, zumindest partiell, dagegen anzukämpfen. Nun ist dies die (sich) vereinzelnde Substanz des Herdes (i.e., unmöglich eine reine ›1‹ oder irgend andere Ordinalzahl), zugleich die direkte Manifestation und Nachweis, dass sich in der Unterschicht ein Zweit-, wenn nicht das eigentliche Bewusstsein abspielt, das nicht etwa nur die Gemüter trennt, sondern seine wahre (zutreffende) Diffusion wiedergibt. Dass, ggf., ein immenses (und nicht notwendig bürgerliches, ggf. patrizier- oder junkerhaftes) Geschick dazu gehört, diese Diffusion zu erkennen *und* zugleich zu lenken, sei unbenommen (und sie sei alles andere als in die Neuzeit transportiert und nicht etwa längst königs-, fürsten- oder adelsgemäß, wenn nicht erneut der antike Tribun, Syndikus, später Kanzler und Widerspieler, abgesehen vom Feldherr, um die Buntheit nicht zu beleidigen, den Plan bestreiten soll; die bloße professio[n] ist selbstredend nicht hinreichend). Mag der Kandidat ein dutzend

Mal seine Absicht und Anschauung offiziell, in den zuständigen Medien und Orten, beteuern, er wird notwendig zugleich ± verreiht in dieser Unterschicht, der Dimension, gelesen und wahrgenommen, damit nach der Fälligkeit und Glückbringerschaft seiner Rolle bemessen (denn die Wohlfahrt kommt trotz aller Verpflichtung auf Legalität, Verfassung und ggf. Sittlichkeit ohne diesen Spielraum nicht aus, es ist jener der Dimension des nicht allein Politischen, sondern des Bewusstseins schlechthin, das nicht anders vermag, als auch politisch sein zu müssen – um auf seinen Grund, wenn auch nicht notwendig schon die ganze Berechtigung zu verweisen); all dies in einer notwendigen Paarigkeit, in der sich Opponenten und Befürworter, Unstete und Uninteressierte, ± Nah-Betroffene versus (idem) Unbetroffene gegenüberstehen, und alle gemeinsam notwendig den Zeitlauf erleben (erfahren), in dem die Unterzeitigkeit den Apex der Gegenwart anstrebt und durchläuft, mit der (inzwischen unvergleichlich) *forcierten* (öffentlichen oder gemeinen) Vorstellung in die Nachzeitigkeit übergeht und zugleich notwendig den Rest an stets unbesorgter Unterzeitigkeit aus sich entlässt, mit dem sich signifikanterweise, im Herd, an dem probate (existenzielle) Träger wie Medien, Parteien, Institute, und Wähler als zuletzt bloße Zeitgenossen teilnehmen, der Fehlschlag, die Illusion, die Verstellung (bis zur persönlichen Torsion oder Verzerrung) – auf der Negativseite – und Einhelligkeit (als hier echte Machterhebung), die scheinbare Koinzidenz von Über- und Nachzeitigkeit, der Ruf von Kompetenz und Könnerschaft – auf der Positivseite – verbinden. Auf beiderlei Grenze mag es eintreten, die Gegenwart, das gegenwärtige Geschehen (insb. die Wahl oder Abstimmung, ein entscheidendes Treffen, die Abspaltung einer Fraktion bis hin zum Ausschluss, der offenen Diskriminierung oder Abweisung einer Volksgruppe), erscheint wie ein Platzen, der Eklat der Unterzeitigkeit in der Gegenwart, der in der Absicht eines oder mehrerer Beteiligten liegt und lag (und jedenfalls aus der bloßen Neutralität der Vorzeitigkeit nicht zu erwirken wäre – es gibt Politiker, die die Intuition ihrer Entscheidungen in diesem Eklat, als Verkettung, anlegen resp. veranlagen).

7. Formale Darstellung der Linsen, Unter- ~ Überzeitigkeit; 2 Exempel

Es ist (noch) zu wenig Geschichtswissenschaft bekannt, welche sich direkt auf die Polarität eingelassen (wohlgemerkt jenseits ihrer dialektischen Verankerung, die nahezu Legion; Siegfried Krakauer besitzt hier eine gewisse Vorreiterrolle, die zwar der Polarität die echte Rolle der apriorischen Negativität, sie sei Linse der Bruchstelle zwischen + und -, noch nicht anzumessen weiß, anderwärts aber bereits in vollem Licht die seit der, u.a., Strukturgeschichte fälligen Ebenen von

Makro- zu Mikroebene – als explizit polar angesetzt – zu unterscheiden und einzusetzen weiß, und sie sind seitdem auch dem enzyklopädischen Artikel (*Stanford* zur „History of Philosophy“) nicht entgangen (wenn auch wieder jenseits ihrer polaren Basis oder Inklusion): in das Geschichtsbewusstsein, zugleich symptomatisch und stellvertretend, sind demnach unerlässlich Linsen eingelassen – deren Anlage schon das natürliche B. nicht einfach negieren und welche das Verstehen somit nicht umgehen oder vermeiden kann: in der später angesetzten Gesellschaftsschichtung bestimmen sie die als real angesetzten Perioden). Diese Linsen sitzen (tief, fest oder *recte*) in der Achse der Gegenwärtigkeit, ihre Foki entlassen die oben aufgeführten Paarigkeiten, außerdem mit Notwendigkeit das Wechselverhältnis von Unter- versus Überzeitigkeit. Wenn nun ›≅‹ diese Relation vertritt, überdies ›|‹ einen Fokus in seiner Peripherie, wiederum der Doppelstrich ›||‹ die geschlossene Polarität oder Polarisation (die bei zunächst geraden Gegensätzen in der Annäherung – als Kommutativität – und Steigerung – als Extremierung – enthalten), dann mag, zunächst in der Rohstruktur,

(1) $›||\ t_0(t_0 - m_3), (t_0 - m_2), (\mathrm{t}_0 - m_1) \cong t_0(t_0 + n_1), (t_0 + n_2), t_0 + n_3)\ ||‹$

Anmerkung. $›t_0(t_0 - m_3)‹$ bezeichne in der Krümmung den echten unterzeitigen Term, entsprechend ist je $›t_0‹$ vor dem nächsten Klammerterm mitzudenken: sie bezeichnen keine Absolutwerte, quasi von außen zu setzen (wie auf dem Uhrzeiger).

die Basispolarität bezeichnen, in der drei unterzeitige mit drei überzeitigen Intervallen äquivalieren (genauer: ihre Äquivalenzversusrelation ausmachen oder konstituieren). Von diesen Intervallen mag gelten, sie sind (quasi Fluenten) nicht notwendig gleich lang, noch bilden sie Symmetrien (wie die Symbolisierung anzudeuten vermag). Gleichwohl darf, wegen der geschlossenen Peripherien, angenommen werden, $›t_0‹$ ist unmöglich, selbst wenn die Annäherung scheinbar unendlich (quasi homogen) gewährt ist, aufzulösen in den Doppellimes $›t_0 - m_\mathrm{n}‹$ versus $›t_0 + n_\mathrm{n}‹$, i.e. die Differenz wird gleich, da in diesem Fall die negationskonforme oder insb. -trächtige Polarität ihre Substanz verliert (und neutral wird, i.e. es ist nicht mehr davon auszugehen, dass sie überall mit *jedem* Element fusioniert). In $›t_0‹$ muss also ein echter Umschlag gebären, und diesem gebührt eine spezifische Differenz, gewissermaßen die Reinkultur und Reinsubstanz der Negation. (Unten wird für Begriff und logische Handhabung eine Form des Knotens einkehren, jener der Binnenextremierung). Sollte diese Differenz der gewöhnlichen Auffassung der Zeitlichkeit abzusprechen sein? Sobald dieses – am gewöhnlichen Einzelbewusstsein bemessen, jenes, das etwa seit Ockhem das singuläre, später monadische, schließlich subjektive Individuum bezeichnet und die abendländische Rationalität motivierte – in jeweils Vorhersehung (Zukunft) und Gedächtnis (Vergangenheit) echte Foki bildet, und diese Möglichkeit oder Potenz sollte ihm ohne Weiteres, geradehin, zugerechnet werden, das Geschichtsbewusstsein eingeschlossen, dann resultiert die verwandte, scheinbar verwechslungsanfällige Beziehung:

(2) ›|| $t_0(t_0 - m_3), (t_0 - m_2), (t_0 - m_1) \Leftrightarrow t_0(t_0 + n_1), (t_0 + n_2), t_0 + n_3)$ ||‹.

Sie drückt zunächst nur aus, links- versus rechtsseitig muss, an und für sich, ein Fokus wirksam sein, er aber ist noch nicht präsent, außerdem liegt der Ort der Erhebung des Schemas notwendig *außerhalb*, da sie sich anmaßt, sie dürfte die Polarität (qua Peripherien) erheben, ohne ihre wirksame Negation zu bezeichnen (zuerst in der Äquivalenzrelation selbst). (2) ist daher die neutralisierte Fassung, oder das Abzählen eines gleichartigen Geschehens in der (gewöhnlichen) Linearität (sie bedient homogene, konventionell festlegte Intervalle bzw. Basiseinheiten): da aber für (2) keineswegs absolut feststeht, der Fokus rechts versus links liegt ggf. nicht auf einer Achse und manifestiert somit die anhängige Negation, ist (2) gewissermaßen halbambig oder die Neutralität ist geradehin gesetzt und kann ihre Anlage, polar zu werden, nicht ausschließen. Für beiderlei Vergleich, und überhaupt, fehlt demnach noch die vollständige Bezeichnung des jeweiligen Fokus, wobei von Folgendem auszugehen ist (Replik des insgesamt Vorangehenden): (i) in einem der angezeigten Intervalle manifestiert sich der Fokus der Unter- versus Überzeitigkeit, bzw. der Vor- versus Nachzeitigkeit; (ii) die bezeichneten und operativen Foki müssen jeweils alles andere als koinzidieren (gewissermaßen die Weisheit der Geschichte bzw. Historiografie), sondern ihre Verschiebung oder Überlagerung ist geradezu Essenz, nahezu unvermeidlicher Wesenszug des Geschichtlichen (als humane, human durchsetzte Abfolge des Lebensprozesses. Der Naturprozess möge diese Möglichkeit – als gew. klassische Verwerfung – auch besitzen, aber seine Einmischung soll hier allenthalben nicht verunklaren); (iii) (bereits tautologisch) kann der Fokus rechts versus links in verschiedenen Bereichen liegen und die Fusionskraft der inhärenten Negation *nach wie vor* verbergen, nicht aber endgültig, bis auf die Grenze gleich null, welche eine quasi negationsfreie, rein affirmative Vorstellung bedingt, evolvieren (bzw. eine solche, in der nur noch der Widerspruch als reine, uneingeschränkte Absprechung regiert);[239] (iv) mag die Doppelperipherie anzeigen,

239 Die Klammer bedingt im Kontext, gegenüber der Historie ist der Widerspruch erheblich enger zu fassen, Verhältnisse der Unsterblichkeit, des Un- versus Bedingten (die Kant bereits deutlich spürte, aber selbst als „dialektische Verneinung" nur selbigem und dem Kontrast gegenüberstellte), eines „Widerspiels" oder Gegenteils, das zu einem Prädikat gebildet wird, das vom Begriff eines Dings abgesondert wurde (KrV

die Polarität wird auch über differente, gleichwohl gebundene Foki wirksam (p.e. der gemeine Tyrann, der seine Schlauheit,[240] Positivpol, im Herd des politischen Tagesgeschehens behauptet;[241] anhängig: Militärkraft, Diplomatie mit anderen Staaten (der gespielte Scherz im politischen (Nicht-)Theater unter Parteien, die sich, evtl., »spinnefeind«), die erstarkende Ökomonie und Wirtschaftskraft, um nur Basismöglichkeiten zu exemplifizieren): die neutralisierte (oder durch Neutralisierung abstrahierte) Auffassung der Polarität in (2), als ob sich ein bloßer Kontrast begegnet, ist demnach nicht mit ihrer Reinform zu verwechseln. – Nun muss, dem Verhältnis von materialer und analytischer Wahrheit vergleichbar, das Schema notwendig die Spezifikation aufnehmen, i.e. es muss sich unbedingt exemplifizieren (obiges möge eintreten). Dies geschehe in drei Schritten, (i) dem Basissatz, der Fokalität beinhaltet, (ii) dem komplexeren Satz, in dem die Foki von Nach- und Überzeitigkeit auseinandertreten (sich überschieben, divergieren oder verwerfen), (iii) dem komplexen Satzgebilde ähnlich dem historischen Beipiel oben (Einsteins Einschätzung der Lage bei Kriegsausbruch und später).

(3a) ›$\exists x\ \forall y\ \forall z \,||\, t_0(t_0 - m_3), (t_0 - m_2). (\mathrm{K}^{[+]}x \Rightarrow \mathrm{I}y) \Rightarrow \mathrm{B}^{[+/-]}z, (\mathrm{t}_0 - m_1) \cong t_0(t_0 + n_1). \mathrm{K}^{[+]}x \Rightarrow \mathrm{B}^{[+/-]}z, (t_0 + n_2), (t_0 + n_3). \mathrm{I}y \,||$‹

Die in der Symbolisierung unvermeidliche Abstraktion, hier zugleich verbunden mit einer Kürzung, möge folgendes bezeichnen. In ›$(\mathrm{K}^{[+]}x \Rightarrow \mathrm{I}y) \Rightarrow \mathrm{B}^{[+/-]}z$‹ muss ein Fokus wirksam sein, wegen der Anzeige der Peripherien (›$||$‹) und der Anzeige der Hauptrelation (›$\cong$‹); und zwar bezeichne ›$\mathrm{K}^{[+]}x$‹ (gekürzt), der KandidatIn x verkündet unterzeitig – zum Zeitpunkt respektive in der fluenten Zeitstrecke ›$(t_0 - m_2)$‹ – eine Integrationspolitik (oder -maßnahmen) gegenüber einer Gruppe von Immigranten ›$\mathrm{I}y$‹ (die Anzeige von Polarisation scheint hier nicht erforderlich, sie sei summarisch begriffen) und der impliziten Beobachtermenge ›$\mathrm{B}^{[+/-]}z$‹ (nicht differenziert nach Wählern und Medien, um die

A151-153/B190-193. In: AA IV/III, 142-4/107-9), liegt nicht notwendig und nur im Bereich des Widerspruchs, sondern zunächst auch, und insb., des Antonyms und damit der Polarität.

240 Evtl. ›Gerissenheit‹, ›Durchtriebenheit‹, die Charaktere (oder Tugenden) liegen dieser Auffassung zufolge alle oder vorzugsweise antonym; und weichen in diesen Fällen zurück.

241 Die unterdrückte Bevölkerung resp. Gruppen, welche nicht nur ihre abstrakte (ideale) Freiheit, sondern den Freiraum ihrer Verwirklichung, ggf. direkten Emanzipation beanspruchen, welcher andere (als die verherrschten) Ansichten, Betätigungen, Handelstätigkeiten etc. einschließt, sind ihm resp. denjenigen, die dem Tyrannen gegenüber als Wohlmeinende gelten, übelmeinend. Die Sprache möge, zur Verdeutlichung, hier ein wenig gezwungen werden.

Einfachheit nicht zu verletzen, gleichwohl a priori differenziert nach ± Befürwortern, i.e. sie tragen in jedem Fall einen Gegenfokus in die Hauptimplikation). Es gelte, die erste habe logisch Vorrang vor der zweiten Implikation; es gelte außerdem (zur Bezeichnungsweise), selbiger (logische) Ausdruck trete mit Punkt nach der Bezeichnung des unter- bzw. überzeitigen Intervalls ein. Deshalb ergibt sich, bereits in der fluenten Zeitstrecke ›$t_0(t_0 + n_1)$‹, unmittelbar wie definiert nach der Wahlveranstaltung einsetzend (sie ist mitzudenken oder implizit, vgl. w.u.), bildet sich die überzeitige Implikation ›$K^{[+]}x \Rightarrow B^{[+/-]}z$‹ (die Beobachter rücken in der Implikation quasi auf), während sie erst in der Phase ›$(t_0 + n_3)$‹ das überzeitige Bewusstsein der Immigranten bestimmt resp. in selbiges übergeht, sich fokal ausbildet (in der Reihe gelte, die vorherige Implikation wirkt fort, der Ausdruck ›$K^{[+]}x \Rightarrow B^{[+/-]}z$‹ steht implizit vor ›$Iy$‹ und ist damit Ausdruck der Krümmung). Es sei, bedingungsgemäß, vorausgesetzt, das Bewusstsein der drei Mengen bildet keine (absolute, klassische) Trennung, und zwar gerade nicht, weil andernfalls die Polarisation ihre effektive Basis verliert, der Zusammenhang des Bewusstseins unfällig oder kanzelliert wird und praktisch das Subjekt auf seine (konventionelle) lineare Zeitauffassung zurückfällt:[242] im unter- wie überzeitigen Bewusstsein kommuniziert und muss es seine Basis kommunizieren, i.e. ursprünglich mitteilen resp. teilhaben. (3a) sagt explizit nichts darüber aus, wie *x* und *y*, anderwärts *z* miteinander polarisieren (zwischen *x* und *y* allerdings gesetzt), noch darüber, wie sich die Reihe der fluenten Phasen zur Vor- versus Nachzeitigkeit verhält. Dies übernehme der Bruchstrich.

(3b) ›$\exists x\ \forall y\ \forall z \mid\mid t_0(t_0 - m_3), (t_0 - m_2)/t_2.\ (K^{[+]}x \Rightarrow Iy) \Rightarrow B^{[+/-]}z, (t_0 - m_1) \simeq t_0(t_0 + n_1)/t_1.\ K^{[+]}x \Rightarrow B^{[+/-]}z, (t_0 + n_2), (t_0 + n_3)/t_3.\ Iy \mid\mid$‹

(3b) sagt denselben Sachverhalt aus wie (3a), allerdings mit dem wesentlichen Unterschied, dass je t_2 und t_1 und t_3 im Nachgang (nach dem Umschlag) mit je der unter- versus überzeitigen Phase koinzidieren. Dies legt nahe, dass sie die lineare Repräsentation des Sachverhalts in der Vor- versus Nachzeitigkeit übernehmen. Dies gelte als

(3c) ›$\exists x\ \forall y\ \forall z\ [t_3/t_0(t_0 - m_3), t_2/(t_0 - m_2).\ (K^{[+]}x \Rightarrow Iy) \Rightarrow B^{[+/-]}z, t_1/(t_0 - m_1)] \Leftrightarrow [t_1/t_0(t_0 + n_1).\ K^{[+]}x \Rightarrow B^{[+/-]}z, t_2/(t_0 + n_2), t_3/(t_0 + n_3).\ (K^{[+]}x \Rightarrow B^{[+/-]}z) \Rightarrow Iy]$‹

242 Es entfällt womöglich der Hinweis, ohne dies an dieser Stelle eigens nachweisen zu müssen, dass sie deshalb nicht in die Antinomien zurückfallen – der Brennpunkt und seine Distinktion bedingt die Hierarchisierung und Zuordnung, Bindung versus Trennung der Elemente: echte Polarität vertritt resp. hat übernommen.

t_3, t_2 und t_1 etc. sind hier fixe zählbare Einheiten auf der linearen Skala (Zeitabstände), sie sublimieren oder determinieren (im Zähler) die unterzeitige Phase, die an und für sich fluent. Die Determination ist echt, da entsprechend die Peripherien und die Negation in der Äquivalenz getilgt ist, als ob, im Verhältnis von Vor- versus Nachzeitigkeit (plus Implikation der Unter- ~ Überzeitigkeit), keine gegeben resp. wirksam. Hier stellen sich zwei Fragen – (a) ist das Bewusstsein damit in einen anderen Status übergegangen, hat es gar sein Wesen, Subsistenz, die Basisbedingung verwandelt; (b) welche Rolle kommt den immer noch symbolisierten Foki zu, obgleich in eine bloße Äquivalenz entlassen, die keine Negation mehr verbirgt? Frage (a) wird vermutlich Rationalisten, widerspruchsverpflichtete Logiker und womöglich auch andere Apologeten und Kulturbeflissene dazu veranlassen, eine Argumentation anzuheben, um die Subsistenz und Wesenhaftigkeit eines anderen Bewusstseins in Worten und Begriffen zu beteuern, und dies meine zugleich im Sinne des gegenteiligen Ausschlusses zu betreuen. Die Möglichkeit sei in Abrede gestellt, ohne dass die ganze Berufung auf das kritische Bewusstsein eintreten müsste, das, eventuell, bis zur Vornahme Ockhems reicht, Entitäten nicht ohne Notwendigkeit zu vermehren (und den Gedankengang und seine Komplexität zu beschweren): Gewiss meint die Neutralisierung der Polarität, welche die ursprünglichen dominanten Foki quasi rezessiv macht (durch Abstraktion entschärft), kein neues, andersartiges und damit eigentümliches Bewusstsein. Wie schon früher ist (3c) gegenüber (3b) und (3a) ebenso ambig wie (2) gegenüber (1): der Wegfall der Peripherien, welche Anzeige einer geschlossenen Polarität (oder in diesem Sinne ± Schleife) waren, ist überführbar (und bedient ggf. die Äquivalenzversusrelation, i.e. die Äquivalenz mit inliegender, fusionierter und fusionsträchtiger Negation): das Bewusstsein verliert also seine Identität nicht, wenn hiermit gemeint, es variiert oder entfaltet sich in der Krümmung oder nicht. Letzterer gebühre hiermit der Vorrang oder der Ausdruck der realen Bedingung (was, u.a., der Physik gleichzusetzen). (b) ist, als Restbestand gegenüber (a) (falls ein solcher noch besteht), etwas schwieriger. Fokale Begriffe sind in der historischen, der Schul- und der analytischen Philosophie noch immer ein Fehl- oder seltener Begriff – Anzeichen des großen Überhangs des Rationalismus, der sich offensichtlich seit Generationen wenn, dann nur auf Foki im Sinne von (3c) einlassen wollte, i.e. sie sind entschärft und nicht mehr darauf verpflichtet, mit jeder Position das Gegenteil zu verrechnen, weil alle Begriffe, insbesondere aber diese, in Relationen verankert, die die Negation eingeschmolzen besitzen. Freilich muss dies nicht bedeuten, dass Klarheit und Deutlichkeit vereitelt (sie ist aus bestimmten klassischen Schriften wohlbekannt, aus Texten des letzten Jahrhunderts, übrigens gilt letzteres als echte Antonyme auch für sie), wohl aber, dass das Bewusstsein auf seine exorbitante (theoretische und gemeinsinnige) Vereinzelung zurückfällt und aller Prädikation das resultierende Prinzip der Seitigkeit auflädt, i.e. es behandelt die Antonymien wie Prädikate, die gegen Verneinung und Bejahung aufgehen und, in der Substanz, stets nur die eine Stelle ›F*x*‹, ›G*y*‹, ›$p^{[\pm \to 0]}$‹ besitzen.[243] Somit sei, symptomatisch, der Fall (ii) aufgegriffen, dass die Foki in Unter- versus Überzeitigkeit differieren und sich – in der zeitlichen Überlagerung – verschieben, überdies in der Über- als Nachzeitigkeit. Dem Bruchstrich bleibe hierbei, wie zuvor, die Symbolisierung der gekrümmten versus linearen Auffassung.

(4) ›$\exists x\ \forall y\ \forall z\ \exists a_i\ [t_3/t_0(t_0 - m_3), t_2/(t_0 - m_2). (K^{[+]}x \Rightarrow Iy) \Rightarrow B^{[+/-]}z, t_1/(t_0 - m_1)]$
$\Leftrightarrow \|\ t_1/t_0(t_0 + n1). K^{[+]}x \Rightarrow B^{[+/-]}z, t_2/(t_0 + n_2). M^{[-]}a_i \Rightarrow Iy\ .\ K^{[+]}x\ \|, t_3/(t_0 + n_3).$
$[(K^{[+]}x \Rightarrow B^{[+/-]}z)\ .\ M^{[-]}a_i] \Rightarrow Iy$‹

Die Sachlage bzw. Aussage sei derart, dass sich in der Nachzeitigkeit, ›$t_2/(t_0 + n_2)$‹ nach ›$t_1/t_0(t_0 + n_1)$‹, die Meinungsumfrage ›$M^{[-]}a_i$‹ über das Versprechen des Kandidaten zur Integration der Immigranten, ›$K^{[+]}x \Rightarrow Iy$‹, überschiebt, welche Umfrage in der Bevölkerung eine überwiegend negative Haltung aufnimmt. Ohne jeden weiteren Kommentar zu dem geschichtlichen Geschehen bzw. seiner Substanz – Einstellungen spiegeln oder offenbaren die *geschichtliche* Erfahrung einer Nation, ihrer Generationen – polarisiert diese Tatsache mit jenem. Und es ergibt sich zumindest, insoweit der Kommentar, die aus der Geschichtsforschung bekannte »klassische« Situation, dass sich mit den heutigen Mitteln der konstanten Protokollierung zwar scheinbar leicht ein Stimmungsbild in der Bevölkerung aufnehmen lässt, selbiges aber für die vergangenen Jahrhunderte oft nur schwierig zu ermitteln oder gar vorauszusetzen ist – obgleich es ebenso gegeben war. In derartigen Lagen müsste der Historiker also Mutmaßungen anstellen (insb. den Marktplatz, die Schänken, die Stuben versus Säle kennen), jedenfalls *a minimo* eine Polarisation wahrnehmen, wie sie hier distinkt zum Ausdruck gebracht: die Äquivalenz (aus (3c)) gilt immer noch, da Vor- und Nachzeitigkeit dominant sind (bzw. Unter- versus Überzeitigkeit rezessiv); jedoch verlangt die Polarisation

243 Das Argument nimmt damit an der Kennnzeichnung der Neuen versus Alten Logik im Sinne R.Carnaps teil, auch wenn im besagten Aufsatz (in: *Erkenntnis*, Bd. 1, 1930) noch immer die Kennzeichnung der Negation aus der Polarität, und die gesamte anhängige Relationenlehre unbenannt bleibt: sie geht im ›größer‹ vs. ›kleiner als‹, im ›zwischen‹ noch nicht auf und müsste auch an Leibniz, im Verhältnis zur Relation, desssen bedingungslose Polaritätsabstinenz betonen. Es ist womöglich müßig, in der Abstinenz gegenüber der operativen Negation innerhalb der antonymen oder polaren Beziehung auf Literatur zu weisen (angelsächsisch vorrangig Quine, oder deutsch Essler, Hasenjäger, Kambartel/Kaulbach zu Frege, Kutschera).

von ›$K^{[+]}x$ versus $M^{[-]}a$‹ die Anzeige der manifesten Peripherien, welche hier mit ›$t_2/(t_0 + n_2)$‹ schließt, was bedeutet, dass das Bewusstsein der Immigranten in der Phase ›$t_3/(t_0 + n_3)$‹ nicht an der Polarisation teilnimmt oder dagegen quasi insular bleibt (was fraglich; in diesem Fall ist die Peripherie auf den Abschluss des Gesamtterms zu verlegen und das Bewusstsein der Immigranten nimmt an an der politischen Hauptpolarisation teil, was wiederum, höchstwahrscheinlich, zur Folge hat, dass es selbige rezipiert und in sich selbst eine Nachrangpolariation ausbildet (etwa: Heimkehr- versus hochgradig Anpassungswillige; Furcht und Bestürzung versus vornehmliche Freundlichkeit gegen den Kandidaten, seinen »Hof« in der Bevölkerung. Wie an dieser Stelle einleuchtet, die Anzeige der Begriffsfunktion als minus- oder plushaltig, eine hier beanspruchte Neuerung der symbolischen Logik, ist gegenüber der Anzeige der Peripherien nicht redundant, da sich zwar beide vom Begriff her implizieren, damit aber keineswegs auch die Extension gegeben ist. Auch das Wiederaufführen von ›$(K^{[+]}x \Rightarrow B^{[+/-]}z)$‹ im dritten Term ist erforderlich, da die lineare Zählung die Zeitenfolge beherrscht, i.e. Unter- und Überzeitigkeit gelten als sublimiert und, ausdrücklich, weder negiert noch gelöscht: dies müsste, wie durchgehend, den Verlust eines Stücks Bewusstsein einschließen bzw. als ob nicht (3a) und (3b) wahre Möglichkeit verkörpern; bzw. als ob nicht das *reale* Bewusstsein der Bevölkerung, das die Meinungsumfrage abzugreifen sucht, tatsächlich existiert und, da es im unmittelbaren, natürlichen Anschluss existiert, mit der Unterzeitigkeit einhergeht: was, an dieser Stelle, das Hauptthema zum Gruppenbewusstsein in seiner Diversität und historischen Subjekt durchhält). – Hiermit dürfte eine bestimmte Komplexität (wie unter Schritt (ii) angekündigt), erreicht sein. Sollte jetzt noch die Polarisation unter einer Gesamtbevölkerung eintreten, wie im Exemplum oben (1.3.), deren Erfassung Einstein offenbar keine Schwierigkeiten bereitete, eingedenk der Tatsache, dass er sich als sog. Pazifist (Verleugner des Ersten Weltkriegs) quasi insular verhielt, und zwar über einen längeren Zeitraum der Kriegsentwicklung hinweg, wenigstens aber von Anbeginn der Mobilmachung an (obgleich bereits quasi eingedeutscht), dann wären, schon a priori, offensichtlich verschiedene Peripherien in die ggf. Gesamtperipherie einzutragen, gesetzt es tritt tatsächlich eine Situation ein, in der die Hauptpolarität alle Funktionen beherrscht. (Historisch ist sie den Gesellschaften alles andere als abzusprechen, als ob die Neigung zu dieser Möglichkeit nicht bestünde, und so gesehen ist die antike Herde der Polis bei ihrer akuten Verherdung angekommen, die Totalitarisierungsversuche des neu- und nachneuzeitlichen Aggregats eingeschlossen).

(5) ›$t_4/t_0(t_0 - m_4)$, $t_3/(t_0 - m_3)$, $t_2/(t_0 - m_2)$, $t_1/(t_0 - m_1)$, $t_0/t_0(t_0) \Leftrightarrow t_1/t_0(t_0 + n_1)$, $t_2/(t_0 + n_2)$, $t_3/(t_0 + n_3)$, $t_4(t_0 + n_4)$‹

Mit diesem gewandelten Beispiel, das oben (iii), dem komplexen Satzgebilde, zuzuordnen ist, möge das Kapitel schließen, bevor eine Zusammenfassung zum Kalkül, [Kap. V], inklusive längerer Anmerkung zur Geschichte und Systematik der Logik mit einem kurzen Ausblick zum hiesiegen Thema und schließlich ein doppeltes Resümee, das Ganze beschließt. Wie zuvor ist der Symbolgehalt formal, ohne jegliche Parteinahme, dargestellt. Er bezeichnet einen jüngsten historischen Sachverhalt, der eindeutig genug ist, in dieser Form aufzutreten, abgesehen von der stets Bewusstseinslage der Latenz im hiesigen Sinne, insb. nach den effektiven (realen) Parteilichkeiten in der Bevölkerung.

t_0 = die Unabhängigkeitserklärung des katalischen Parlaments vom 27.10.2017.

(i) ›$t_0/t_0(t_0).\exists\gamma_i\ \forall y\ \exists z\ (P\gamma_i\ .\ (Dy \Rightarrow Uz))$‹[244]

$t_4/t_0(t_0\text{-}m_4)$ = Übernahme der Regionalregierung [$\_G\gamma_{i,ii,\ldots n}$] Kataloniens [$\gamma_i = C_i$ oder Katalonien] (durch *Junts pel Sí* und CUP) [$\Pi\beta_{i,ii}$ und $\Pi\beta_i$ = *Junts pel Si*, $\Pi\beta_{ii}$ = CUP] mit 72 (62/10) von 135 Sitzen oder 47,8% unter Ministerpräsident Carles Puigdemont [$\underline{M}\alpha_i$, und $\underline{M}\alpha_i$ = C.P.] am 6.1.2016.[245]

---

244 Wegen der großen Umfangs an Symbolen für Elemente und Funktionen werden im folgenden, wie schon früher, das lateinische und griechische Alphabet nebeneinander benutzt, das griechische bevorzugt bei Elementen, wenn über indizierte Elemente quantifiziert wird (i.e. in der Region der Kennzeichnungen). – Der logische Ausdruck impliziert, die Unabhängigkeit erfasst – kraft der Beziehung auf seine Deklarationen, darunter die der Unabhängigkeit – zuerst das Parlament und stellvertretend das katalanische Volk. In Kürze zur Interpretation der Verkettung: Wenn ›$(P\gamma_i \Rightarrow (Dy \Rightarrow Uz))$‹, könnte es die Deklarationen geben und nicht $P\gamma_i$, also etwa als historische Akte, infolgedessen aber gleichfalls nicht ›Uz‹ und nicht ›Dy‹; wenn ›. Uz‹, müssten alle Deklarationen stets auch ›Uz‹ sein; wenn ›$Dy \Leftarrow Uz$‹, könnte es immerhin ›Dy‹ und nicht ›Uz‹ geben, was ganz gegen die Intention (freilich zutreffend für alle Zeitpunkte vor t_0; wenn, i.Ü., $U\gamma_i$ gesetzt würde, fiele die Unabhängigkeit nicht unter seine Deklarationen; mit dem Ausdruck ›$t_0.\exists\gamma_i\ \exists y\ (P\gamma_i \Rightarrow (Dy\ .\ Uy))$‹ würde das Parlament nur eine Deklaration erlassen, zugleich als Unabhängigkeits- (auf derselben Ebene). Zur generellen Lesart: (i) ist genau dann falsch, wenn es ›$P\gamma_i$‹ gibt, und nicht ›Uz‹, wenn nicht auch ›Dy‹; zuvor genau dann wenn $P\gamma_i$ und selbiges nicht die Konjunktion der Funktion D und der Funktion U über y (weil es etwa nur Dy und nicht Uy, oder umgekehrt, oder beide nicht): ›Uz‹ fällt aber unter ›Dy‹, nimmt sich daher als eine Besonderheit aus. ›$P\gamma_i$‹ meint soviel wie: P nimmt als Argument die Region γ_i (wie eine Kennzeichnung), äquivalent mit ›$\exists x\ (Px\ .\ Kx)$‹, wenn K = Katalanisch oder Katalonien zugehörig, k = die Katalanen, vgl. (iv).

245 $\underline{M}\alpha_i$ besagt soviel wie »unter der Menge α der Regierungspersonen diejenigen mit Funktion Ministerpräsident (Unterstrich, ansonsten Minister, s.w.u.), hierunter α_i =

(ii) ›$t_4/t_0(t_0 - m_4).\forall\beta\,\exists\gamma_i\,\exists\alpha_i\,(\Pi\beta_{i,ii} \Rightarrow G\beta_{i,ii}\gamma_i) \Rightarrow (\underline{M}\alpha_i\,.\,(\Pi\beta_i \Rightarrow \underline{M}\alpha_i)); \Pi\beta_{i,ii} =$ *Junts pel Sí*, CUP, $\underline{M}\alpha_i$ = C.P.‹[246]

$t_3/t_0(t_0 - m_3)$ = Demonstration (20.9.2017) [$\Delta\lambda$] und Gegendemonstration (8.10.2017) zum (geplanten) Referendum [R_i] für die Unabhängigkeit gemäß Gesetz vom 6. September 2017 [$L\mu_i$].

(iii) ›$(t_3/t_0(t_0 - m_3).\exists\lambda\,\exists\mu_i\,(\Delta\lambda \Rightarrow U\gamma_i)\,.\,(>t_2/t_0(t_0 - m_2).\Delta\lambda \Rightarrow \neg U\gamma_i)) \Rightarrow (R_i\,.\,L\mu_i)$‹[247]

Alternativ (nach hiesiger Schreibweise):

›$\exists\lambda\,\exists\mu_i\,((t_3/t_0(t_0 - m_3).\|\,\Delta^{+}\lambda \cong\, >t_2/t_0(t_0 - m_2).\Delta^{-}\lambda\,\|) \Rightarrow U\gamma_i) \Rightarrow (R_i\,.\,L\mu_i)$‹[248]

$t_2/t_0(t_0 - m_2)$ = Abhaltung des Referendums [modellhaft: $\forall k\,\exists r_i\,Ek \Rightarrow Rr_i$][249] unter widrigen (reprimierten) Umständen [$\Omega\lambda \Rightarrow \neg Ek$][250] in 682 (von 726) Gemeinden [$C\gamma_i \Rightarrow (Ek\,.\,\neg Ek) \vee (682\,.\,44)$)],[251] mit offiziell (katalanisch) 42,5%

---

besagte Person C.P.«; $\Pi\beta_{i,ii}$ »unter den Parlamentsmitgliedern β die Parteien $\Pi\beta$i,ii, und wie oben«

246 (ii) zufolge gibt es immerhin die Möglichkeit, dass $\underline{M}\alpha_i$ und Mitglied seiner Partei, wie angegeben, jedoch nicht unter den Regierenden resp. Ministerpräsident (ab ›$t_1/t_0(t_0 + n_1)$‹).

247 ›$\Delta\lambda$‹ meint soviel wie: unter den verfassungsmäßig erlaubten Staatshandlungen λ die Demonstration Δ, die Handlung kann somit auch Regierungs- und/oder Partei- und Parlamentsmitglieder einschließen und meint nicht wie nachfolgend in Beziehung auf das Referendum schlicht k = Katalanen. Die Elemente sind gleichwohl austauschbar oder wenigstens ineinander überführbar.

248 In diesem Fall, wie der Vergleich offenbart, polarisieren die beiden Demonstrationen (sie waren nicht die einzigen) um die Unabhängigkeit Kataloniens (γ_i), was sich in der herkömmlichen Symbolisierung (»neuen Logik«) nicht ausdrücken lässt: die Implikation für oder gegen in (iii) nimmt nur die gewöhnliche Negation auf. Der Zeitausdruck ›$>t_2/t_0(t_0-m_2)$‹, er kombiniert wie erläutert die lineare (vor Bruchstrich) und die dimensionale Unterzeitigkeit, meint zwar das erwähnte Datum (nach dem 1. Oktober), aber dieser Zeitpunkt wurde hier nicht eigens klassifiziert bzw. aufgelistet. Wenn i.Ü. ›$R_i \Rightarrow L\mu_i$‹, könnte es das Gesetz geben und das Referendum nicht, die Konjunktion trifft daher den Sinn des Gesetzes (quasi seine ideelle Einheit).

249 Dies möge soviel heißen wie: für alle Katalanen (k) und es gibt ein r_i, für die gilt: alle Katalanen führen die gemeinsame Handlung E aus, welche sich auf die gemeinsamen Handlungen/Aktionen r erstreckt und das Referendum Rr_i bezeichnet.

250 Meint: λ sind die (nach spanischer Verfassung) erlaubten Staatshandlungen, hier Behinderungen oder repressive Maßnahmen Ω bzgl. der Handlung E aller Katalanen = Abhaltung des Referendums.

251 Meint: γ_i ist bekannt als die Region Katalonien, daher C (Kommune) die Funktion, welche sich selbige als Argument zuordnet und wie nachfolgend die Wahlhandlung

Wahlbeteiligung und 90,9% Zustimmung (Ja-Stimmen) [$\forall k$ (Wk . $\neg Wk$) $\vee$ (42,5 % . 57,5%) . ($Wk \Rightarrow$ ($U\gamma_i$. $\neg U\gamma_i$) $\vee$ (90,9% . 9,1%))] am 1. Oktober 2017.

(iv) ›$t_2/t_0(t_0 - m_2).\forall k\, \exists r_i\, \exists \lambda\, \exists \gamma_i\, ((Ek \Rightarrow Rr_i) . (\Omega\lambda . \neg Ek)) \Rightarrow (C\gamma_i \Rightarrow ((Ek . \neg Ek) \vee (682 . 44)) \Rightarrow ((Wk . \neg Wk) \vee (42{,}5\,\% . 57{,}5\%)) . (Wk \Rightarrow (U\gamma_i . \neg U\gamma_i) \vee (90{,}9\% . 9{,}1\%))$‹

$t_1/t_0(t_0 - m_1)$ = Ablehnung des Referendums durch die spanische Regierung, Aufforderung zur Klärung der rechtlichen Position an die Gegenseite.

(v) ›$t_1/t_0(t_0 - m_1).\forall \alpha\, \exists \gamma\, \exists \gamma_i\, \exists r_i\, \forall k\, (G\alpha\gamma . \neg(Ek \Rightarrow Rr_i)) \Rightarrow (G\beta_{i,ii}\gamma_i . \neg(R_i . L\mu_i))$‹[252]

$t_1/t_0(t_0 + n_1)$ = Beanspruchung von Art. 155 (der spanischen Verfassung Λ) durch den spanischen Ministerpräsidenten, Zwangsverwaltung.

(vi) ›$t_1/t_0(t_0 + n_1).\exists \alpha\, \exists \gamma,\gamma_i\, \forall k\, (\underline{M}\alpha . \underline{M}\gamma) \Rightarrow ((\Lambda\gamma . Ax_i) \Rightarrow (G\alpha\gamma_i \vee Ck) . \neg G\beta_{i,ii}\gamma_i)$; Ax_i = Art. 155‹[253]

$t_2/t_0(t_0 + n_2)$ = Kommentar:[254] „Dieses Referendum (Rr_i) kann nicht wirklich als ein geeignetes Instrument [›$\exists \lambda$ ($I\lambda$. $\neg Z\lambda$)‹] angesehen werden, um herauszufinden, was die katalanischen Bürger wollen [$Bk=\gamma_i \Rightarrow (\Lambda\gamma . (\neg U\gamma_i \vee U\gamma_i)$]. Es war ein

---

ausführt bzw. nicht ausführt. Freilich ist es jederzeit denkbar, ein ›$\forall k$ ($Ck \Rightarrow$ (Ek . $\neg Ek$) $\vee$ (682 . 44))‹ zu setzen.

252 ›$G\alpha\gamma$‹ versus ›γ_i‹ gemäß (i), Fn 181, die Aufzählung der Regierungen macht hier keinen Unterschied bezüglich der Hierarchie, die spanische Regierung steht also ohne Index, ›γ‹, gegenüber der katalanischen mit Index, ›γ_i‹, (und den anderen evtl. Regionalregierungen), gleichwohl ist ‚Regierung' kollektiv übersetzt. Der Sachverhalt wird logisch interpretiert in Einklang mit den bereits vorhandenen Termen, die Aufforderung meint also die Prüfung des Sachverhalts in der implizierten Klammer (Gesetz zur Abhaltung des Referendums). Letzeres meint als R_i das legale Faktum gegenüber der konkreten Auszählung ansonsten.

253 Die eventuelle Zweideutigkeit zwischen ›Ck‹ und, nicht gesetzt, ›$C\gamma_i$‹ sei als gleichwertig genommen: in jedem Fall meint ›Ck‹ alle katalanischen Kommunen, die mit ›γ_i‹ als Region bezeichnet werden. Entsprechend meint (vi) der spanische Ministerpräsident beansprucht die spanische Verfassung, gleichursprünglich den Art.155, und übernimmt die Regierung der katalanischen Region respektive aller Kommunen, ausdrücklich gegen die bisherige Regierung, vgl. ansonsten (ii) sowie Fn 194 zu ›γ‹.

254 Die Politikwissenschaftlerin Eva Anduiza, in: Der Tagesspiegel vom 13.10.2017. Der Kommentar wie der nächste liegt in der linearen Zeitmessung nach dem Referendum und noch vor der Unabhängigkeitserklärung, hier der Wendepunkt $t_0/t_0(t_0)$ – es möge gelten, er wirkt sich im Verhältnis Unter- versus Überzeitlichkeit aus, hier jedenfall als Zweitkommentar vor dem abschließenden, der Bruchstrich bleibe aber wie zuvor.

zusätzliches Ereignis der groß angelegten Mobilisierung [$\forall\lambda\ (E\lambda_{1,2,\ldots n} \Rightarrow Rr_i)$] zugunsten der Unabhängigkeit". – „[...] es sollte nicht ignoriert werden,[255] dass über 40% der katalanischen Bürger für die Unabhängigkeit von Spanien sind und dass etwa 80% der katalanischen Bürger für ein einvernehmliches Referendum sind, um zu entscheiden, ob Katalonien weiterhin Teil Spaniens sein soll".

(vii) ›$t_2/t_0(t_0 + n_2).\exists r_i\ \exists\lambda\forall k\ (Rr_i \Rightarrow (I\lambda\ .\ \neg Z\lambda)) \Leftrightarrow (Bk{=}\gamma_i \Rightarrow (\Lambda\gamma\ .\ (\neg U\gamma_i \vee U\gamma_i)))$. $(t_2/t_0(t_0\text{-}m_2).\forall\lambda\ (E\lambda_{1,2,\ldots n} \Rightarrow Rr_i)\ .\ U\gamma_i$‹[256]

(viii) ›$\forall k\ (Bk \Rightarrow (U\gamma_i \vee \neg U\gamma_i)\ .\ U\gamma_i \geq 40\%)\ .\ ((Bk \Rightarrow Rr_i) \approx 80\%) \Rightarrow (C\gamma_i \Rightarrow C\gamma)$‹

$t_3/t_0(t_0 + n_3)$ = Kommentar:[257] „15-20 % der Katalanen sind aus tiefen emotionalen Gründen [$X\chi$, $N\chi$] für die Unabhängigkeit, die restlichen (bis zur Hälfte, i.e. ca. 30%) unterliegen falschen Versprechen, bzw. Mythen und Lügen [$\Gamma\chi = f$, $H\chi$, $\Xi\chi$]",[258] (die sich aufklären lassen bzw. aufgeklärt werden sollten).

(ix) ›$t_3/t_0(t_0 + n_3).\forall\chi\ \exists k\ [((X\chi \Rightarrow N\chi)\ .\ Bk \approx 15\text{–}20\%)\ .\ (((\Gamma\chi = f) \vee H\chi \vee \Xi\chi).\ Bk \approx 30\%)] \Rightarrow U\gamma_i$‹

---

255 Einstweilen eine quasi rhetorische Floskel, die den nachfolgenden Sachverhalt unterstreicht.

256 Für (vii) möge gelten: die Konjunktion verklammert die beiden Sätze derart, dass beide wahr sein müssen im Sinne des zitierten Kommentars, darum gilt aber auch, dass der erste Satz zum eigenen den früheren Zeitpunkt einschließt; der Ausdruck ›$\forall\lambda\ (E\lambda_{1,2,\ldots n} \Rightarrow Rr_i)$‹ ist polaritätsfrei ausgedrückt, obgleich er sich unter Polarisierung ausdrücken ließe: die symbolisierte Reihe meint einen anhängigen Fokus, der mit der Unabhängigkeit, wie stets ›$U\gamma_i$‹, der Region Katalonien, konjungiert. Sodann: ›$||\ t_2/t_0(t_0\text{-}m_2).\forall\lambda\ (E^{+}\lambda_{1,2,\ldots n} \Rightarrow Rr_i) \cong \neg U\gamma_i\ ||$‹, den fokussierten Mobilisierungshandlungen inklusive des Ereignisses Referendum steht im Gegenpol die Nichtunabhängigkeit gegenüber. Der Ausdruck ›$(I\lambda\ .\ \neg Z\lambda)$‹ meint die Schnittmenge zwischen Instrumenten und solchen, die geeignet sind unter λ nicht (etwa) bzgl. ›$U\gamma_i$‹, der Unabhängigkeit schlechthin (±), sondern im Hinblick auf ihr Äquivalentsein mit der Implikation der spanischen Verfassung und der Unabhängigkeitsalternative unter den katalonischen Bürgern.

257 Der ehemalige Präsident des Europaparlaments (2004–2007) Josep Borrell, in: stern 45 vom 2.11.2017, 41–43.

258 Es möge gelten: N = Verankerung, insb. tief (miteinander verkettet oder n-gegenseitig fundiert), X = emotionale Gründe, χ bezeichnet die Menge der Elemente aller Beweggründe (für die Unabhängigkeit, im Prinzip daher eine Einteilung), f versus t = jeweils falsch/wahr (aus dem Englischen), und wenn etwa Θ die Funktion Absicht bezeichnet, dann ist die Menge unter der Funktion $\Xi\chi$, Lüge, überführbar in $\forall\chi\ (\neg T\chi \Rightarrow \Theta\chi)$, alle Lügen sind also absichtsvolle Unwahrheit.

$t_4/t_0(t_0 + n_4)$ = Der Regionalpräsident von Katalanien Carles Puigdemont stellt sich mit 4 Ministern den belgischen Behörden $[(\underline{M}a_i \,.\, Ma_{1\text{-}4}{=}\gamma_i) \Rightarrow (J\gamma_{EUi} \,.\, A\alpha_{i,\,1\text{-}4}{=}\gamma_i]$ (nach Europäischem Fahndungs- und Haftbefehl) $[>(\Sigma\lambda \,.\, \Lambda\lambda_{EU})]$,[259] und Anordnung von Neuwahlen $[(G\alpha\gamma \,.\, \underline{M}a) \Rightarrow ((\Lambda\gamma \,.\, Ax_{ii}) \Rightarrow (Wk \vee P\gamma_i))]$ am 21. Dezember durch die spanische Zentralregierung.

(x) ›$t_4/t_0(t_0 + n_4).\forall\alpha\ \exists\gamma_{EUi}\ \exists\lambda\ \forall k\ \exists\gamma_i\ (((\text{M}a_i \,.\, \text{M}a_{1\text{-}4}{=}\gamma_i) \Rightarrow (J\gamma_{EUi} \,.\, A\alpha_{i,\,1\text{-}4}{=}\gamma_i)) \Rightarrow >(\Sigma\lambda \,.\, \Lambda\lambda_{EU}))\ .\ ((G\alpha\gamma \,.\, \underline{M}a) \Rightarrow ((\Lambda\gamma \,.\, Ax_{ii}) \Rightarrow (Wk \vee P\gamma_i)))$‹

8. Kommentar

[1]. Wie nicht anders zu erwarten, hat die Geschichte inzwischen ihren Lauf genommen (u.a. Neuwahlen mit einer Bestätigung des Unabhängigkeitswillens). Das Exempel dient vielmehr (a) zur Veranschaulichung des schwebenden Verhältnisses zwischen unterzeitigem versus überzeitigem gegenüber dem vorversus nachzeitigen Geschehen, stets getragen durch ein differierendes, reales Gruppenbewusstsein. Übergeordnet also die Frage, wie sich nationales oder Gruppenbewusstsein – als ehemals historisches Subjekt – geschichtlich manifestiert und in jedem Fall eine maßgebliche Latenz besitzt, die mit Unter- und Überzeitigkeit einhergeht. Nicht dass es (erneut) die berüchtigte »Spitze eines Eisbergs« zu klassifizieren und zunächst zu kognoszieren gilt, sondern dass das Bewusstsein einen quasi *ozeanischen* – umfassenden oder in diesem Sinne dimensionalen – Charakter hat, der mit dem Behältergedanken (das *enveloppement* eines Leibniz, das er allerdings zeitgebunden nur beim Subjekt festmachte, wie es i.Ü. auch die analytische oder ihr angeschlossene Philosophie (Putnam) motivierte) ebenso zutreffend wie unzutreffend bezeichnet wird: das Bewusstsein besitzt weder diese definite Grenze noch den Ort, die distinkte Örtlichkeit, die es in dieser notwendig veräußerlichenden Vorstellung aufgehen ließe. Dem gilt es zunächst noch einmal in der (hiesigen) Symbolik Rechnung zu tragen, nunmehr in der Übertragung von (i) bis (x) nach (5), in welcher die offenkundige Polarisation Ausdruck finden muss.

---

259 J = Justizbehörde, A = Arretierung, die notwendige Reflexivität stellt hier kein typenlogisches Problem; $J\gamma_{EUi}$ bedeutet, es liegt ein Land vor, ›γ‹, es ist ein europäisches (mit indiziert) und zwar i = hier Belgien; gilt auch für den nächsten Term, hierbei meint › > ‹ gleichfalls ›zeitlich nach‹. Für ›$Ma_{1\text{-}4}{=}\gamma_i$‹ möge gelten, nicht benannt, daher beziffert, aber der Region Katalonien angehörig; nachfolgend Ax_{ii} möge bedeuten, der Artikel der spanischen Verfassung, welcher im Fall einer regionalen Zwangsverwaltung Neuwahlen auferlegt.

Es gelte, (i), die Unabhängigkeitserklärung, ist der Fokus der Entzweiung und damit Zentrum des Herds ($t_0(t_0)$) und geradezu Peripetie oder Umschlag, i.e. selbiger verlangt keine Setzung oder besondere Suche). In ihm kontrastieren (in der inwendig polarisierten Weise gemeint) das Referendum und sein Verbot bzw. die Zwangsverwaltung ((iv) versus (v), gespiegelt in Kommentar (vii)), sodann die beiden Regierungen (katalanisch versus spanisch) (insb. (ii) versus (vi)), schließlich offenkundig die Demonstrationen (bereits aufgenommen unter (iii)). Letztere sind evidentermaßen gleichwertig mit den Bürgern pro und kontra (unter insb. (viii), sowie einseitig (ix) an den Pro-Bürgern). Sodann setzt (x) eine neue Stufe, in ihm fokussiert sich aber gleichfalls die Beziehung (ii) versus (vi), also die beiden kontrahierenden Regierungen. – Die weitere Basisannahme sei: Polarität versus Kontrast und Widerspruch (als Hauptformen der Negation) sind keine Disjunkte, sondern bilden ein Negationsfeld, das sich in der einen oder anderen Form äußern kann, in jedem Fall verbirgt sich die Polarität ebenso wie der Widerspruch in der Basis (was vor der falschen, in den Medien oft suggerierten Annahme schützen soll, sie würde immer erst dann in Erscheinung treten resp. sei ontisch („existenziell") erst dann gewährt, wenn von Polarisierung(en) die Rede. Es bedarf zur Erhärtung womöglich keines Hinweises auf die Ungleichheit in der Gesellschaft, die ihr unmittelbar zuzurechnen.[260] Ansonsten

260 Bzgl. der letzten Abhandlung, die zu diesem Thema eine breite Rezeption gefunden hat, es sei *Das Kapital im 21. Jahrhundert* von Th.Piketty, der bereits gelegentlich zitiert wurde, sei angemerkt, dass sich eine leichte vorherrschende Tendenz zur Neutralisierung – trotz des Themas – bemerken lässt, die offensichtlich durch die Verabschiedung der marxistischen Gesellschaftstheorie samt Dialektik verantwortet ist (oder eine Methodik, die sich unbedingt auf die Datenlage zu stützen sucht). Hinzu kommt – in der gewissermaßen theoretischen Unterströmung – die maßgebliche Tendenz, das Verteilungsproblem auf der Basis des homogenen Kontinuums zu verstehen und zu erklären, obgleich sich hier häufiger, freilich wohlverständliche, Unstimmigkeiten finden: dass die Schichtendurchlässigkeit keineswegs unmittelbar und überall gegeben ist, dass die Lohnskala (als bereits Abbildung oder Untermenge im Ganzen) kein homogenes Kontinuum resp. „die Arbeitnehmerschaft nie den homogenen Block darstellt, als den man sie sich zuweilen vorstellt" (2014, 366); die ›strukturelle Ungleichheit‹ im Kontinuum wiederum beweist sich im selben Kontext (Kap.III.8) in der folgenden Beobachtung: „Das oberste Perzentil nimmt großen Raum in einer Gesellschaft ein, es prägt maßgeblich die ökonomische und politische Landschaft. Vom obersten Tausendstel gilt das sehr viel weniger. Der Unterschied ist gewiss graduell, aber er ist entscheidend. Es gibt Momente, in denen Quantität in Qualität umschlägt" (364–365). Hingenommen, ob das oberste Tausendstel tatsächlich „sehr viel weniger" an der ökonomisch-politischen Gestaltung teilnimmt, wenn der Kategorienwechsel attestiert wird, sollte, wenn keine Dialektik die Basis (denn

sind die Antonyme ihr Zentralgebiet in diesem Sinne, abzuheben von, in bedingtem Kontrast zu und ggf. Konkurrenz mit der Dialektik: die Polarität besitzt wie diese eine ideelle oder Wurzel aus Bewusstsein, geradezu ein echtes Apriori, sollte es gelten, dem Begriffsgegensatz von seiner Wurzel her, sodann in der Potenz, gerecht zu werden, aber anders als die Dialektik, der sich nicht – oder nur unter mehr oder weniger geschraubten reflexiven Voraussetzungen – nachsagen lässt, die Natur verhielte sich dialektisch, hat jene eine hochgradig natürliche, in der Energie veranlagte Basis).

(5) ›$t_4/t_0(t_0 - m_4)$, $t_3/(t_0 - m_3)$, $t_2/(t_0 - m_2)$, $t_1/(\mathrm{t}_0 - m_1)$, $\mathrm{t}_0/\mathrm{t}_0(\mathrm{t}_0) \Leftrightarrow t_1/t_0(t_0 + n_1)$, $t_2/(t_0 + n_2)$, $t_3/(t_0 + n_3)$, $t_4(t_0 + n_4)$‹

Das Schema hat in dieser Form (freilich) eine eklatant andere Bedeutung, als wenn es folgendermaßen gesetzt würde:

(6) ›$\|\, t_4/t_0(t_0 - m_4)$, $t_3/(t_0 - m_3)$, $t_2/(t_0 - m_2)$, $t_1/(\mathrm{t}_0 - m_1)$, $\mathrm{t}_0/\mathrm{t}_0(\mathrm{t}_0) \cong t_1/t_0(t_0 + n_1)$, $t_2/(t_0 + n_2)$, $t_3/(t_0 + n_3)$, $t_4(t_0 + n_4)\, \|$‹

Hier fokussieren – an und für sich – alle Unter- mit den Überzeitigkeiten und binden auch die lineare Zeitauffassung entsprechend (selbst wenn diese, wie angegeben, umgekehrt zählt, also den Vorrang beansprucht, in dem sie die Fluenten überragt). Die Hauptrelation um den Umschlagspunkt, gesetzt die Peripetie, ist die Äquivalenz mit inliegender Negation. Da alle Inhalte – (i) bis (x) – hier einzusetzen, besagt (6) deutlicher als (5) die berühmte Unumkehrbarkeit der Geschichte, dies allerdings nicht wegen der baren Vergangenheit (Überholtheit) des Geschehens, sondern weil eine primäre Negation im Umschlag die An- und letzliche Ausgleichung ausklammert (unmöglich macht) – die geschichtlichen Peripherien müssen divergieren. Nun sei aber (6) gleichermaßen Bedingung und Voraussetzung – Bedingung, da die Polarität das geschichtliche Geschehen, seine Peripherien erklären soll, Voraussetzung, da die Ereignisse sich tatsächlich nach diesem Schema entwickelt haben (i.e. von der Empirie her nicht notwendig der begriffliche Stempel aufzuerlegen ist, zumindest sollte hier stets eine Differenz und

---

nur diese kann ihn in der klassischen Lehre beanspruchen), im oberen Perzentil eine letzte, eklatante Polarität wirksam sein (die Kapitaleigner großflächiger Vermögen bleiben Basisdeterminanten) und der „gewiss graduelle Unterschied" (gegenüber den hochdotierten Managern) gilt nur scheinbar, gesetzt, hier soll das Kontinuum gelten. Andernfalls ein wiederum echtes Moment der Negation, die eine Hürde oder Klippe, i.e. nichteliminierbare echte, existenzielle Parteilichkeit, schafft resp. sich in dieser artikuliert, und jedenfalls ist die Basisannahme – „die Weise, auf die man Ungleichheiten zu messen sucht, ist niemals neutral" (356) – bestätigt oder gerechtfertigt.

Differenzierbarkeit gewahrt bleiben und mehr oder weniger durchscheinen, ohne dass ›Bedingung‹ versus ›Voraussetzung‹ jemals zur Gänze auseinanderfallen und die bekannten theoretischen Turbulenzen verursachen).

Nun bedingt (6), in dieser Nackheit, eine Aufnahme des *per aspera ad astra*, als ob linke versus rechte Spähre die Entgrenzung ›negativ‹ versus ›positiv‹ darstellen (oder umgekehrt[?]). Dies liegt (einstweilen) gewiss nicht vor (auch wenn der humane Basisimpuls, nicht zuletzt bestärkt durch eine langanhaltende Entwicklung in den Künsten, das *lieto fine* des Barock und die hochherrliche Symphonik, der Geschichte dieses Fundament angedeihen lassen will; er sei kein bloßer Optimismus). Es müssen also in den beteiligten Peripherien ›≅‹-Beziehungen wirksam sein, welche diese Bilanz, die keine Balance, verhindern.

(7) ›$||_1 t_2/t_0(t_0 - m_2).\forall k \exists r_i \exists \lambda \exists \gamma |_2((\mathrm{E}k \Rightarrow \mathrm{R}r_i) \cong (\Omega\lambda \Rightarrow \mathrm{E}k))|_2 \Rightarrow (\mathrm{C}\gamma_i \Rightarrow ((\mathrm{E}k . \neg\mathrm{E}k) \vee (682 . 44)) \Rightarrow ((\mathrm{W}k . \neg\mathrm{W}k) \vee (42{,}5\,\% . 57{,}5\%)) . (\mathrm{W}k \Rightarrow (\mathrm{U}\gamma_i . \neg\mathrm{U}\gamma_i) \vee (90{,}9\% . 9{,}1\%)) \cong t_1/t_0(t_0 - m_1).\forall \alpha \exists \gamma \exists \gamma_i \exists r_i \forall k (\mathrm{G}\alpha\gamma . \neg(\mathrm{E}k \Rightarrow \mathrm{R}r_i)) \Rightarrow |_3 (\mathrm{G}\beta_{i,ii}\gamma_i \cong (\mathrm{R}_i . \mathrm{L}\mu_i))|_3 ||_1$‹

(7) ist die Synthese aus (iv) und (v), wie bereits notiert. Die Polarisierung äußert sich in den beiden Fokussierungen – der Behinderungsmaßnahme gegen die Abhaltung des Referendums (›$|_2$‹) und den ausdrücklichen Fokus der Rückgabe der Rechtmäßigkeit des Referendums an die katalonische Regierung (›$|_3$‹) – und der Gesamtpolarität (›$||_1$‹). Wenn die Symbolisierung durchgehend zutrifft, muss dies bedeuten, die Relation ›≅‹ nimmt die Negation aus der vormaligen Klammer ›$(\Omega\lambda \Rightarrow \neg\mathrm{E}k)$‹ bzw. vor der Klammer ›$\neg(\mathrm{R}_i . \mathrm{L}\mu_i)$‹ auf. Sodann ergibt sich die exakte Stelle des Negationszeichens, gesetzt für die Rückverwandlung, aus der Semantik. Je vor der ersten Klammer, vor $\mathrm{R}r_i$ oder der zweiten ergäbe keinen Sinn, die zweite Fokussierung ebenso (unmöglich dass ›$(\neg\mathrm{G}\beta_{i,ii}\gamma_i . (\mathrm{R}_i . \mathrm{L}\mu_i))$‹, da in diesem Fall das Referendum mit seinem Erstauftritt in Widerspruch gerät). Eine dreimalige ›≅‹-Beziehung, schon an dieser Stelle, sollte erklären, wieso sich die Gesamtpolarisierung in (6) in den einzelnen bricht oder effektiv reflektiert (also insb. keine einfache Minus-Plus-Wendung im Sinne von (6) herauskommt).

(8) ›$||\, t_4/t_0(t_0 - m_4).\forall \beta \exists \gamma \exists \alpha_i (\Pi\beta_{i,ii} \Rightarrow \mathrm{G}\beta_{i,ii}\gamma_i) \Rightarrow (\underline{\mathrm{M}}\alpha_i . (\Pi\beta_i \Rightarrow \underline{\mathrm{M}}\alpha_i)) \cong t_1/t_0(t_0 + n_1).\exists \alpha \exists \gamma,\gamma_i \forall k (\underline{\mathrm{M}}\alpha . \underline{\mathrm{M}}\gamma) \Rightarrow ((\Lambda\gamma . \mathrm{A}x_i) \Rightarrow (\mathrm{G}\alpha\gamma_i \vee \mathrm{C}k) . \neg\mathrm{G}\beta_{i,ii}\gamma_i)\, ||$‹

In diesem Fall polarisieren die beiden Regierungen, wie vorausgenommen, und offensichtlich direkt; (wenn ›$(\Pi\beta_{i,ii} \Rightarrow \mathrm{G}\beta_{i,ii}\gamma_i)$‹ fokussieren sollte, müssten die anderen, nur legislativen Parteien im Kontext auftreten). Im rechtsseitigen Ausdruck kann ›$(\underline{\mathrm{M}}\alpha . \underline{\mathrm{M}}\gamma)$‹ nicht direkt mit ›$\neg\mathrm{G}\beta_{i,ii}\gamma_i$)‹ fokussieren (als ›$(\underline{\mathrm{M}}\alpha . \underline{\mathrm{M}}\gamma) \cong \mathrm{G}\beta_{i,ii}\gamma_i$‹), da letzterer Term durch einen Term im Kontrahenten (der Kontrahent im Sinne ›≅‹), ›$(\Lambda\gamma . \mathrm{A}x_i)$‹ samt anschließender Inklusion, gebunden ist (der Artikel der spanischen Verfassung zur Zwangsverwaltung – ›y‹ muss sich hier auch auf ›y_i‹ erstrecken – polarisiert nicht mit dessen Realisierung, zumindest nicht direkt, wenn auch, wie zuvor, mit der hierdurch abgesetzten katalanischen Regierung).

[2]. Das Kapitel sei hiermit abgeschlossen. Die letzten Exempel wurden vorgeführt, um (i) das Verhältnis von Individual- und Gruppenbewusstsein, das mit Vorliebe (wenn nicht *an sich*) polar zu bewerten ist, in das Historische Subjekt einzuführen. Der Zweck der Schematik bestand darin anzuzeigen, dass sich (ii) das Bewusstsein in Fluenten entwickelt und ehemalige Antriebe und Geschehnisse mit den über- und nachzeitigen verwickelt oder verknüpft sind. Der Begriff darf buchstäblich genommen werden und also auch die ›Verknotung‹ hervorrufen, allerdings hat dies logische Bewandtnis, die (noch) zu erläutern ist (u.a., wenn nicht bereits erfolgt, am Ende des nächsten Abschnitts zum Kalkül): *lineare* Zeitauffassungen bringen stets den Eindruck mit sich, als ob sie sich als Geschehnisse distinkt ablösten. Der Kern eines Ereignisses liegt im Mittelpunkt des Intervalls, in dem es sich ereignet, und da sie sich aufreihen, kommunizieren die vor- und nachzeitigen im Feld der Verursachung – und *Ablösung* per Prinzip, ggf. der Koinzidenz (historische Muster sind ›Regressus‹ und ›Progressus‹ bei Kant). Befindet sich der Zeitverlauf stattdessen in der Krümmung, i.e. er entwickelt sich in der (oder mehreren) Polarität(en), liegen die Verhältnisse völlig anders. Der quasi Schlagabtausch (im hiesigen) und die Verschiebung des über- versus nachzeitigen Bewusstseins im vorherigen Beispiel zeigen, dass das Bewusstsein – getragen von den Ereignissen – in einem Feld gelagert ist und daher alle Stationen, wenn auch nicht gleichrangig, miteinander resonieren. Die Bruchstriche bezeichnen infolgdessen nur Knoten, nicht etwa distinkte Marken (es sei denn per definitionem gesetzt, was hier freilich längst überhoben). Die natürliche, zwangsläufige – und gleichermaßen logische – Folge besteht darin, dass die Sphären polarisieren müssen, ausdrücklich mehr oder weniger, jedoch nicht endgültig fix derart, dass der Vorgrad den Nachgrad effektiv festlegt oder, in diesem Sinne, *determiniert* – wenn dem so wäre, wären alle Umschlags- oder Wendepunkte (Peripetien) der Weltgeschichte wohlbekannt (was sie gerade nicht sind und waren, bestenfalls stets nur in der näheren bis nahen Vorahnung).[261]

---

261 Das Muster des sog. Schwarzen Freitag, des Einbruchs der Börse in New York 1929, möge in aller Kürze anhand eines Artikels (http://www.manager-magazin.de/finanzen/artikel/schwarzer-freitag-der-boersencrash-1929-a-324425.html, 19.4.2019) aufgegriffen werden – exemplarisch war die Fed (Staatsbank) ab Februar wach geworden und hatte den Banken (wenigstens) die Kreditierung von Aktienkäufen untersagt. In dem Artikel findet sich auch der folgende Satz, der hier für das Gesamtthema in Beschlag genommen sei, da der Empirismus sich noch immer mit

Mithin entfaltet sich hier das erkenntnistheoretische Problem der Polarität *sui generis*, sobald sie nicht an materielle (in sich konstante) Substanz gebunden ist (das, etwa, orbitane Verhalten von Schwerkörpern, gebunden an die Bemessungsgrundlage der Dimensionalität), sondern in einer an sich fluenten Materie wie Gesellschaft, Historie, Person, Polis (oder Staat) verankert ist.

Nun sollte die Alternative ›linear‹ versus ›gekrümmt‹ mit einer Entscheidung verbunden sein. Denn es wäre Idealismus (außerdem im hohen Grade unhistorisch, an Mathematik- und wesentlicher Geschichte in den Naturwissenschaften, Physik und Chemie an erster Stelle, vorbei), an dieser Stelle noch (immer) an das Differenzial und die Homogenität (im Sinne von Leibniz und, im wesentlichen, Kant) zu glauben, mithin handelte es sich nur um ein Grenzphänomen des Übergangs oder der, in diesem Sinne definierten, ›Gleichheit‹. Es handelt sich, in aller Kürze, bei der Krümmung aber auch nicht um ein polares Verhältnis wie jenes zwischen relativem Wert und Äquivalentwert. Marx, der Urheber, der die Beziehung ausdrücklich polar terminiert und durchhält (und nicht etwa dialektisch!),[262] sei jenseits aller Polemik seiner Theorie im Ganzen und ihrer Absicht, auch der tatsächlich unzureichenden empirischen Basis (im Vergleich mit etwa Piketty), aufgegriffen,[263] um der bloßen Begrifflichkeit, die er ansetzt

---

weitem Überhang auf Seiten des Individualismus gebärdet und gezwungen sähe, das ‚Phänomen' vom Einzelbewusstsein her aufzuzählen: „Doch der Börsencrash im Herbst 1929 war nicht das Ergebnis eines einzigen Tages. Fast eine Woche lang herrschte an der New York Stock Exchange (Nyse) der Ausnahmezustand. Am Ende war nichts mehr wie zuvor – der kollektive Glaube an endlos steigende Aktienkurse war zerstört". Diesem kollektiven Glauben ist (a) ein entsprechendes Bewusstsein zu unterstellen, es sei ebenso kollektiv, (b) dass es (i) von Impetus und (ii) kommuniziertem Grad her einen, mindestens einen, Fokus birgt und daher auch (iii) der Polarität unterliegt oder selbige Eigenschaft am Bewusstsein beweist – womit sich die hiesige Auffassung und Methode zumindest von den bislang herkömmlichen Ansätzen im Gebiet (insb. Durkheim, aber auch etwa Searle, oder Wittgenstein) absetzt. Das Bewusstsein fusioniert und hier ist die Basis zu suchen.

262 Hier wankt offensichtlich die Rezeption, mag er selbst mit Schule und Vorwort auch die Trasse gelegt haben. Hinzu kommt, dass er das kontrastierende Begriffsfeld nicht eingeführt und definiert hat: die Negation muss, in der Polarität, prinzipiell fähig sein zu fusionieren (beginnend mit den ›um-‹ und ›nicht-‹-Morphemen). Jedenfalls ist, etwa, die Polariät an dieser Stelle nicht einfach und sofort dialektisch, ein Sprachgebrauch, den M. auch an keiner Stelle im Kontext verwischt (der Abschnitt 3, in: *Das Kapital. Kritik der politischen Ökonomie*. Nachdruck 1872, Berlin 1932, 60–83); zur Einschätzung der empirischen Basis insb. Pikettys 2014, 301–305.

263 Gewiss hätte es sich Marx, wie man sagt, nicht träumen lassen, dass die Französische Revolution tatsächlich an der Vermögensverteilung in der Gesellschaft keine

und entfaltet, gerecht zu werden. Wenn der Möglichkeit nach eine unendliche Anzahl von Waren mit der einen Äquivalentware fokussieren, wie es hier genannt sei (er führt den ›Fokus‹ zwar nicht ein, erläutert auch nicht seine tatsächliche ›Faszikel‹ im korrespondierenden Sinne der nichtklassischen Einteilung, sachlich aber ist genau er gewährt), und daher diese Äquivalentware objektiv – im Sinne der wirksamen Relation – von der Gegenseite „ausgeklammert" ist, dann setzt er mit dem Austausch und daran gebundenen Tauschwert die Beziehung in Fixität, obgleich sie *in nuce* und von Grund auf fluent sein müsste: die Komplementarität, an der er sich orientiert (resp. die er setzt), geht also in echte, allseitig bewegliche Polarität über und bezeichnet nunmehr – die Region des Bewusstseins.[264] Sie bezeichnet außerdem die Region aller echten Antonyme, in denen – wie zum direkten Beweis über seine Statur und ontische Geltung – die wichtigsten, maßgeblichen, nachhaltigsten und spannungsreichsten Gegensätze der Geschichte verankert sind (gleichgültig ob man sich an Moralität, Sitte, Staatswesen, die Erkenntnis und schließlich den Künsten orientiert). Negation ist also nicht daran gebunden, erst durch ein manifestes ›nicht‹ oder ›¬‹ manifest und erkannt werden zu müssen, sondern Fusionsfaktor, der sich in der gesamten logischen Materie behauptet und verdient, in diesem Sinne ›Negativität‹ genannt zu werden. Auf dieser Seite liegt sodann die Entscheidung. Nicht allein, dass der gekrümmte Raum unbedingt zu integrieren ist und die Relativität herbeiführt – *scil.*, das Bewusstsein ist darum nicht gezwungen, sich nur noch an den kommunizierenden Lichtkegel zu halten, um Raum resp. Raum- versus Zeitartigkeit zu begreifen –, sondern die Energiebasis wird zur ersten Tatsache der

---

wesentliche Änderung anzubringen vermochte, mag sich auch die Substanz des Eigentums resp. der Kapitalzusammensetzung geändert haben („So bleiben [im Fazit] namentlich die Auswirkungen der Französischen Revolution auf das Kapital-Einkommensverhältnis unerheblich" (Piketty 2014, 455) – ahnte man selbiges nicht bereits aus der gleichbleibenden Verallgemeinerung der *politeia* (des Aristoteles) resp. der historischen Unterweisung und Erfahrung seit der Gymnasialzeit.

264 Er liegt, die Komplementarität auch für die Polarität beansprucht, gewiss bis dato in seiner Analyse nicht falsch, aber man möchte – und muss – mindestens die ›Arbeit‹ in selbige Fluenz von Anbeginn auflösen: demnach begänne, die seinige auf Anhieb gegen den Leinweber, außerdem freilich alle verantwortlichen (hierarchischen) Stellen bemessen zu müssen – und der Schichten- oder Klassengegensatz (Polarität) wird sich – im Gesamthorizont – nicht lösen oder »aufheben« lassen (wenn jene echt). Hier ist dem Dialektiker außerdem stets und nicht nur einmal die Frage zu stellen, fusioniert die Negation und verschwindet. Die Fluenz kommt später mit dem möglichen Steigen und Fallen des Äquivalentwerts ins Spiel, sobald es sich um eine echte Drittware, also Geld handelt (103–111).

Philosophie, und das Bewusstsein ist ihr erster, direkter und nicht ablösbarer Träger, oder Beweis (Negativität bestimmt ihren Zirkuit). Das Bewusstsein – als nunmehr Dimension, wie sie ihm geradewegs zuerkannt sei – kommuniziert und zirkuliert naturgemäß in dieser Basis, infolgedessen entwickeln sich auf dieser Grundlage eigentümliche Verhältnisse der Räumlichkeit und Zeitlichkeit. Sie entfalten Knoten und Faszikel, und mit den Faszikeln ist notwendig ein je spezifisches Verhältnis von Individual- versus Gruppenbewusstsein verknüpft. Letzteres kennt demnach – an sich, existenziell, resp. der bloßen oder zugespitztesten Möglichkeit nach – die endgültige Katharsis oder andere Entscheidung nicht, nach der es *tatsächlich* ›individuell‹ – oder aber das gleichermaßen ganze Gegenteil, eben ›kollektiv‹ oder ›gemeinschaftlich‹ – würde, (hiermit verknüpft die klassisch-rationale Neutralität, an der die Philosophie bis heute weitgehend in ihren Verzweigungen festhält). Und so mag schon dies als der einfachste Beweis hingenommen werden, dass das Bewusstsein unmittelbar Energie ist und deren Wesen – der philosophische Belang *sui generis* – aufnimmt: Polarität, Kommunikation und Kommunikativität, die Extremitäten und deren Verfall, schließlich, ohne jeden Zwang etwa noch ein Fremdwort einzureihen, die Kommutativität oder nur Kommutation, die Vermittlung und, letzthin, das Geheimnis, das es vor dem endlichen Untergang bewahrt. Denn immerhin, es könnte ja sein, dass es wegen einer historischen Extremität im Ganzen oder einzelnen, tatsächlich platze.

*

[3]. Wenn, zum letzten Beispiel, eine Regierung zulässt, dass sich eine Motion gesellschaftlich ausbreitet, in deren Verzweigungen die unfreien Gedanken die freien in Beschlag nehmen (hiervon war oben, u.a. in Kap. I., Anmerkung 2 unter 2.3. und der Notiz zum Volkslied der Deutschen, *Die Gedanken sind frei*, die Rede) und die Gewohnheit die Gruppierungen vereinnahmt, zudem die Latenz des Gruppenbewusstseins soziale und politische Tatsache – und die Machtverhältnisse darauf reflektieren resp. Macht in der etablierten Latenz ausgeübt und erwartet wird, beginnt sich das Verhalten der Regierung zu scheren, ggf. zu spalten, i.e. es bleibt rechtmäßig im eklatanten, nachprüfbaren und herkömmlichen Prüfweg (der Verfassung, darauf beruhenden Gesetzen und Rechtssprechung), und bedingt eine Unrechtmäßigkeit in dem Ausmaß, in dem es die Latenz der Macht- und Subjektivitätsverhältnisse zulässt – oder sogar fordert(!) –, die auf den konträren (tatsächlich polaren) unterschobenen Beziehungen des Gruppenbewusstseins beruhen und, der Möglichkeit nach, selbstredend nicht ausschließen, mit einer Regionalregierung verknüpft zu sein (gleichgültig ob deren immanenten Ansprüche selbige Latenzforderung steigert oder nicht,

also durchaus an der erläuterten Scherung teilnimmt). Nun befindet sich eine solche Regierung, in aller Kürze, in doppelter Zwangslage. Sie wird nicht nur die (bedingte) Botmäßigkeit der Regionalregierung einfordern, soweit sich selbige aus der gemeinsamen Hauptverfassung ableiten lässt; sondern freilich auch die Rechtmäßigkeit der Gegenseite, sollte jene sich darauf verlegt haben, einen wesentlichen Anteil ihrer Macht aus der latenten Motion zu schöpfen – selbige hat demnach einen inzwischen gewachsenen Rückhalt in der Bevölkerung, die sich aus ihrer »Freiheit«, dem ungezügelten Ausleben in einem quasi Raum, der rechtsfrei ist resp. keine exakte Gesetzgebung kennt, erklärt (und angesichts der hier dargelegten allgemeinen Voraussetzung, wonach das Bewusstsein überall seinen Anschluss erleidet, sollte dieser Raum nicht verleugnet oder als nichtexistent angesehen werden – es ist der sog. topologische, nichteuklidische, jener, der in- und damit zugleich auswendig an der Entfaltung der Bewusstseinsenergie haftet). Wenn nun diese Bevölkerung eine Unabhängigkeit – im Wesentlichen aufgrund dieser Motion und Latenz, jedenfalls auf keinen Fall ohne sie – fordert und die eine *versus* die andere Regierung diese Forderung übernimmt, muss selbige, die sich verfassungsgemäß in der Oberposition befindet und von der Latenz weiß resp. selbige praktiziert und/oder sogar einfordert, i.e. ggf. und situationsweise forciert, anerkennen, dass sie sich in einer rechtmäßig-unrechtmäßigen Position befindet. Sollte sie scheren, wird sie versuchen, die verfassungsmäßige Oberhoheit für die Latenz zu beschlagnahmen (und entsprechende Botmäßigkeit einfordern). Sollte sie spalten – wird sie den Gegenpol, mehr oder weniger zur Gänze, herausfordern, i.e. der Impuls der Unabhängigkeit wird den (Haupt-)Anschluss des Bewusstseins rekrutieren und seine Regierung vereinnahmen. Die Drittelwege liegen, abgesehen von jeder Annäherung an die wirkliche Transparenz (und Abkehr von der schismatischen Verfassung des Bewusstseins, i.e. einer echten kommunizierten Lichtdurchlässigkeit seines doppelten Daseins und Bewandnis), welche die Koinzidenz des ›rechtmäßig-unrechtmäßig‹ bedingungsgemäß untergräbt oder rückführt (und abgesehen von allen Gewaltmaßnahmen, die nicht notwendig physischer Art sein müssen), im gegenseitigen Zugeständnis der erläuterten Motion, ihrer wenigstens Abhaltung von zunehmender Latenz (und Freigabe unkontrollierbarer Keime), verbunden mit bestimmten, womöglich auszuhandelnden »Trägerfunktionen«, i.e. finanziellen und budgetären Zugeständnissen, der Freihaltung des Bewusstseins von seiner ‚oberhoheitlichen' Vereinnahmung, gleichgültig ob regional oder nicht und, nicht zuletzt, einer bestimmten Kritik von hoheitlicher Seite überhaupt an der Motion, i.e. es darf sich das Bewusstsein nicht unkontrolliert, nach dem sog. Freiheitsimpuls, scheren; als ob sich ein bestimmtes Gruppenbewusstsein zu schaffen, das an den real beschriebenen und offiziell kommunizierten Beziehungen vorbeigeht und in welches dennoch und gleichwohl die wichtigsten sozialen Beizehungen mitsamt aller Hierarchien (und gekoppelten Gehälter, i.e. Einkommen bis in das höchste Dezil) einzulassen sind, schon und nur Freiheit wäre (wie sie in den Chartas, Grundrechtskatalogen und der Ideengeschichte niedergelegt ist oder sich abzeichnet). Mithin hat an der Verklammerung oder, *proprie*, Verschleifung des Gegensatzes, jenem, der alles trägt oder ausmacht, nicht zuletzt auch der ganze Bürger resp. Subjekt seines Staates teil, gleichgültig an welcher Stelle. – Nun ist diese Koinzidenz gegensätzlicher Terme, oder der bestimmten Fusion zwischen durch Negation gebundenen Termen, gewissermaßen die leidige Crux nicht etwa nur der Geistesgeschichte (gesetzt, sie spiegelt den Widerspruch, ohne ihm zu erliegen), sondern auch der jüngeren Entwicklung. Im Folgenden soll daher, durchaus im Sinne einer Zusammenfassung, da etliche Aspekte andernorts aufgegriffen wurden, das Kalkül (überwiegend in Prosa) erläutert werden, das die hiermit verknüpfte Abkehr von oder Neuerung der Geistesgeschichte bedingt.

V. Basisannahmen zum Kalkül

(1) „Eine absolute ontologische Priorität von *y* ist genau dann gegeben, wenn es kein *x* gibt, so dass *y* von *x* verschieden und *y* von *x* ontisch abhängig ist. Mit einer solchen Abhängigkeitsrelation könnte man z.B. zu begründen versuchen, dass Individuen gegenüber Mengen von Individuen ontologisch prioritär sind, weil Individuen zwar ohne Mengen, Mengen aber nicht ohne die Individuen, deren Menge sie sind, existieren können".

(2) „Ein Aggregat von Einzeldingen (z.B. ein Häufchen aus Reiskörnern) ist genau dann ein und dasselbe, wenn keines dieser Dinge weggenommen und keines neu hinzugefügt wird; also ist die Identität des Aggregats auf die Identität der Bestandteile zurückführbar".[265]

1. Distinktivität (Klassenteilung)

Oben (in IV. , Anmerkung 1, [B] zu Punkt 1.1) wurde der Beweis aus praktischer und theoretischer Hinsicht vorgetragen, der von den beiden Sätzen (1) und (2), welche immerhin eine uralte Tradition bedingen und tragen (gesetzt, tausend Jahre verdienen dieses Steigerung des Antonyms im Angesicht der Evolution und des Neandertalers, der dort angesprochen wurde), Abstand genommen. Das Individuum gilt demnach nicht als absolut distinkt, noch darf dem Aggregat seine eigentümliche Bindungskraft geraubt werden, insb. wenn Fusion (in verschiedenem Grad) und ein oder mehrere Foki, konstitutiv und/oder quasi ontisch, beteiligt. Sie vermag daher doppelt aufzutreten, da die angesprochene ontische Priorität gegenüber der Verursachung durch das Bewusstsein divergieren und nicht für koinzident erklärt werden darf. Dass das Bewusstsein seinen Eintrag, die eigentümliche Fokussierung, zu unterscheiden vermag, gelte bedingungslos (*scil.*, notfalls im Widerspruch gegen seinen Begriff, i.e. das Bewusstsein weiß und muss jederzeit wissen, wie und gegen was es sich konzentriert). Weitere Gründe in Zusammenhang mit der sog. neuen Logik (im Sinne Carnaps) seien sogleich angeschlossen. Da somit nichts wiederholt zu werden braucht, mögen (1) und (2) einander überschoben (oder sogar projiziert) werden (gesetzt der Vorstellung wird dies Vermögen zugesprochen, auch wenn nicht anschauliche,

265 Zitat (1) und (2) aus dem Beitrag: Christof Rapp. „Aristoteles – Das Problem der Substanz". In: Ansgar Beckermann und Dominik Perler (Hg.). *Klassiker der Philosophie heute.* Stuttgart 2010, 38–58, 41, 42.

sondern begriffliche Inhalte eintreten – historische Vorstellungen dürfen einstweilen als direkter Beweis gelten, gleichgültig ob in die $t_0/t_0(t_{0+n})$- oder $t_0/t_0(t_{0-n})$-Richtung, i.e. unter Zuhilfenahme der gegenwärtigen Vorstellung in die Zukunft versus Vergangenheit, die gleichfalls notwendigerweise nur durch Vorstellung zu vertreten bzw. zugänglich ist), und es möge die Forderung einkehren, es muss eine Menge – oder »Summe«, ein »Produkt« , vielleicht eine ursprüngliche (mit dem Wurzelziehen gepaarte) Potenz – geben, für die (1) und (2) falsch werden. Es sei nunmehr (und einstweilen) geschenkt, dass das Bewusstsein von Anbeginn in dieser Falschheit (diesem Falschwerden) interpretiert, i.e. direkt, nachhaltig und unumgänglich veranlagt wurde. Die geforderte Menge ist sodann die Fusions- oder fokale Menge (wozu gleich mehr). Schon Aristoteles, einer der wesentlichen Urheber der Prädestination des abendländischen Verstandes, äußert sich in der (schätzenswerten) *Politeia*, nachdem er die Herde eingeführt und reflektiert, derart, sie müsse dem Organ vorhergehen, gesetzt man setzt jene ins treffende Bild, (der Begriff der *polis* oder, modern, des Staates, geht also nunmehr dem Individuum vorher). Darum ist aber auch mit dem Ausweichen auf die Teil-Ganzes-Relation[266] nichts gewonnen, da die Prädikation – hier die ›Abhängigkeit‹ – erneut nur die einzige, und ausschließlich einzige Wurzel sucht (die P- versus S-Seite). Gewiss gehen die Zahlen, sollen sie überschneiden, mit Leichtigkeit (sog. Klarheit und Deutlichkeit) mit dem Verstand, gilt es die Klassifikation, oben und unten oder Erstes und Zweites, voranzutreiben. Worauf es, ggf., aber vielmehr ankommt, ist (i) zu wissen, warum treibt das Reiskorn in seine (und wohlgemerkt *seine*) Menge, das Individuum in die Herde (und selbiges, i.e. Masse, Kollektiv, Staat möge eintreten). Die letzten Klammern bedingen, mit der Berufung auf Identität ist der einfache und eindeutige Schlüssel nicht gewährt, auch wenn zuzugestehen ist, bei (a) dem gebundenen Körper (und Vielzeller), (b) der chemischen Verbindung, (c) einem synaptischen Ensemble, das sich per synchroner Gleichschaltung einem ‚höheren' Neuron zur Verarbeitung anbietet, (d) einem mechanischen Werkzeug, schließlich der Maschine mit integriertem Netzwerk und mehrfachen Kreisläufen (Zirkuits), liegen die Bindungsgrade verschieden;[267] (ii) ist das Häufchen oder ›Aggregat‹ Ursache eines Paradoxons, das

---

266 So auch Rapp im Kontext, 2010, 41. Es sei unerheblich, dass hier ein klassisches Akzidenz verhandelt wird.

267 Es ist i. Ü. nicht auszuschließen, das bereits bzw. u.a. Karl Marx im *Kapital* das Problem begriffen hat, als es ihm – im Fundament – darauf ankam, den relativen Wert vom Äquivalentwert zu unterscheiden und beide in eine (ausdrücklich und durchgehalten) polare (und offenbar nicht dialektische) Beziehung spannte, in der Achse die Arbeit: die Leinwand unter der Form (d) fungiert daher als Fokussubstanz oder

schon hier nicht (mehr) vernachlässigt werden darf. Das Treiben meint, man dürfe die einfache Reihe bilden, und was ursprünglich links, beim ersten Glied prädiziert wurde, bleibt gleich, da das bloße Hinzutreten eines ›*n*+1‹ die Sache, das Wesen, den Charakter, die Wurzel (ggf. die ›Substanz‹ im Sinne von (1) und (2)) nicht ändern kann. Schon der Gemeinverstand widerspricht (da unmöglich auf diese Weise der ›Kahlköpfige‹, der ein Haar mit dem nächsten aneinanderreiht, mit dem ›Beschopften‹ zu vermitteln ist).[268] Nun ist (2) quasi mathematisch (an der impliziten Anzahl orientiert) formuliert, i.e. man darf kein Element hinzufügen oder substrahieren, und also *fokussiert* dieses Element als einzelnes,

---

fokale Materie, welche der unendlichen Reihe relativer Werte gegenüberzustellen ist und diese ausmisst. Es liegt auf keinen Fall eine Typologie vor noch Klassifikation; denn sie ist nicht Oberbegriff oder Klasse. Nun entfaltet er, in Bezug auf (1) und (2), aber auch im Abschnitt zu den Robinsonaden der politischen Ökonomie die Vorstellung des Gegenteils (i.e. eines nicht allein lebenden und selbstständigen Menschen) innerhalb des Mittelalters, in der stete Dichotomien (und womöglich echte Antonymien) zusammengehen: Leibeigene und Grundherrn, Vasallen und Lehnsgeber, Laien und Pfaffen. „Persönliche Abhängigkeit" – statt des „unabhängigen Mannes" – „charakterisiert ebensosehr die gesellschaftlichen Verhältnisse der materiellen Produktion als die auf ihr aufgebauten Lebenskreise" (*Das Kapital. Kritik der politischen Ökonomie.* 2.Auflage 1872, Köln 2009, 88–89). Weiterhin erläutert er die Mitglieder der ländlich patriarchalischen Bauernfamilie dahingehend, die „individuellen Arbeitskräfte wirken von Haus aus nur als Organe der gemeinsamen Arbeitskraft der Familie" (91). Und, nicht zuletzt, geht man in der Alten Welt noch weiter zurück: „Jene alten gesellschaftlichen Produktionsorganismen sind außerordentlich viel einfacher und durchsichtiger als der bürgerliche, aber sie beruhen entweder auf der Unreife des individuellen Menschen, der sich von der Nabelschnur des natürlichen Gattungszusammenhangs mit andren noch nicht losgerissen hat, oder auf unmittelbaren Herrschafts- und Knechtsverhältnissen" (92). So ergibt sich wenigstens ein theoretischer Horizont, in dem die Negation von (1) und (2) zu finden ist, insoweit diese die Neutralisierung des fokalen Verhältnisses von Element und Menge oder Individuum und Kollektiv, Gemeinschaft bzw. Gruppe, wie hier durchgehend veranschlagt, darstellen. Es sei darauf verzichtet, dies an der Bedingung der politischen Ökonomie, noch mehr der damit verknüpften Polemik im Sinne von M., festzumachen. Gleichwohl enthebt dies nicht der Verpflichtung, sich an jeder Stelle die Funktionsweise der Polarität zu verdeutlichen, umso mehr in Kontexten, in denen sie a priori als neutralisiert (und damit nichtexistent) aufgefasst wird.

268 Neuerdings nachzulesen in Margaret Cuonzo. *Paradoxien*, deutsch Wiesbaden 2015 sowie die darin angeführte Literatur. Michael Dummett erläutert findigere Exempel in „Wang's Paradox". In: Synthese 30 (1975), 301–24. Von Fokus, operativer Polarität ist auch in diesem Aufsatz nicht die Rede, das Antonym bleibt unberücksichtigt; s.w.u.

welches die Sache entscheidet. Dabei, der ebenso alte (tausendjährige) Witz (des Schachbretts mit selbigen Reiskörnern und ihrer nunmehr geforderten Potenz), bleibt ein Merkmal (?), eine Eigenschaft (?) auf seiten der Menge (die ›?‹ im Sinne Freges), welche(s) sich *nicht* mit dem Verweis auf das Element und seine Abzählbarkeit zufriedengibt. Trieb, Hang oder ›Seiendes‹ (dessen Viel- oder Mehrdeutigkeit hier wiederum keine Erleichterung verschafft) verharrt auch/und bei der Menge, und zwar genau dann, wenn ihr (iii) ein begrifflicher, untilgbarer Kern zugesprochen wird, dem mitnichten irgend Nachrang gegenüber dem Element zu unterstellen oder, im Nachgang, erneut zugesprochen wird, (schon um die Petitio zu vermeiden). Diese Menge ist jene, deren Begriff dem Begriff des Elements aufliegt, und umgekehrt (erste Annäherung). Infolgedessen ist die endgültige (definite) Trennung versus (Selbst-)Bindung nicht gewährt, und man befindet sich unablässig in einem Feld der Verrechnung, hier eines (*a*) aus dem vielen (*b*), und sie schweben, verändern sich nur und stetig miteinander (die zweite). Geschenkt sei noch einmal, das Bewusstsein ist durchgehend hier, mit der Notwendigkeit seines Wesens, Artikulationsfähigkeit und Existenz aus der Energie, zu veranlagen, aber in der Sache beginnt mit dem Rechenstab, dem Begriff ›abhängig‹, anderwärts dem Begriff ›Aggregat‹ der ggf. Fehler oder die Unzulänglichkeit (gesetzt es kommt auf mehr an, als einen gewiss bis auf Untiefen eingefurchten Flusslauf der Geschichte zu kommentieren resp. in seinem Verlauf zu erklären): der Elementbegriff als Fokus fungiert notwendig in seiner Peripherie, und man verlöre ihn, müsste ihn preisgeben, ließe man diese Peripherie in absoluter Trennung und damit ggf. Nichtsein bestehen. Mithin ist es auch nicht gerechtfertigt, in jedem Fall geradewegs von einem Paradox zu sprechen, es sei denn, man geht von einer, zuletzt, endlos seitigen Logik aus, die sich nur, und insb. nur, am (echten) Widerspruch orientiert (was, etwa, für A. Tarskis an der formalen Logik orientierten Wahrheitsbegriff und die gesamte, insb. angelsächsische Rezeption bis dato gilt: der Relationsbegriff dringt demnach nicht so tief in die Logik ein, auch die Negation aus sich selbst zu erschließen). Wer zusätzliche Bedenken befriedigen will oder muss, möge hinter die *Reifizierung von Universalien* respektive einem *Universum von Klassen* ein Fragezeichen setzen, gesetzt die durch Quantifikation gebundene Variable F, G, H, die nunmehr (gemäß Quine) eine Klasse repräsentieren muss,[269] weicht in den hier angesprochenen

269 Gemeint ist der wohlbekannte Aufsatz von Quine in *Von einem logischen Standpunkt*, u.a. Frankfurt/Main 1979, §4 u.ö. Außerdem gilt es zu bedenken, wie er den Steinhaufen versus Klasse im hiesigen Sinne erläutert: „Die Tatsache, dass Klassen Universalien oder abstrakte Entitäten sind, wird manchmal dadurch verschleiert, dass von Klassen als blossen Anhäufungen oder Sammlungen gesprochen wird,

Bereich, ihr Prädikatbegriff ist nicht distinkt im Sinne der definiten w-/f-Trennung resp. es regiert ein oder mehrere verschachtelte Antonyme, die Polarität in der Basis und beansprucht das Element-Menge-Verhältnis (worüber sogleich in Verbindung mit der Abgeltung des Kontinuums mehr – es sei aus dem Eigengrund der Philosophie, nicht der Mathematik angesprochen, wohlbedacht, dass Zahlenentitäten und Begriffe, gar Vorstellungen nicht ohne weiteres identisch: in jedem Fall darf bereits resümiert werden, die Diskrimination von (1) versus (2) gelingt nicht, wenn Element und Menge als verschleift, notwendig miteinander verbunden oder direkt als Antonym begriffen werden, i.e. sie bilden einen einachsigen und basalen Gegensatz mit genau diesen Termini).[270]

2. Imprädikabilität und doppelte Verneinung

Der Begriff ›abhängig‹ funktioniert demnach ggf. ‚nur' wie sein Pendant ›prädikabel‹ versus ›imprädikabel‹. Letzterem hatte Russell, sodann Carnap nachgewiesen, dass seine (quasi) naive Verwendung in die Antinomie führt. Für beide Sätze aus [1.] gibt es demnach, wie vermerkt, ein unbedingtes Nein, und im einen Fall meint dies, es gibt einen (sehr wohl analytischen, unschließbaren) *Begriffs*kern der ›Menge‹, der außer, und zugleich nur mit dem des ›Elements‹ existiert; im anderen, die Identität ist fundiert und nicht rückfällig oder, in diesem Sinne, seitig, in welchem sich die Elementidentität fangen will resp. muss. Dies wiederum erhellt aus jenen (gewiss leidigen) Antinomien. Dass es nur die Selbstbezüglichkeit sei, welche die Kappe zieht, ist jedoch zu wenig. Dass wiederum das Prädikat (kraft einer Tendenz, die zugleich Logik, Interpretation und Tradition inklusive grammatischer Pflicht ist), auf die Seite will, dito. Dies

wodurch eine Klasse von Steinen, etwa einem Steinhaufen ähnlich, erscheint. Zwar ist der Haufen tatsächlich ein konkretes Objekt, ebenso konkret, wie die Steine in ihm; doch die Klasse der Steine, die zu dem Haufen gehören, darf nicht eigentlich mit dem Haufen identifiziert werden" (110). Dann wird man schließen müssen, hier waltet eine bedingte (konstitutive) Fusion, die sich im einen Fall, der Klasse, distinkt davon frei macht, ihren Kern von der Abzählung oder Aufrechnung der Steine, i.e. Elemente, abhängig zu machen: sie legt *ein* begriffliches Zentrum in die Klasse.

270 Um diese Möglichkeit zu prüfen, mag etwa die Darlegung der cantorianischen Paradoxe genügen, explizit Guido Kreis. *Negative Dialektik des Uendlichen*, Frankfurt/M. 2015, 375–376. Als Prüfcode reicht gewissermaßen hin, ob jemals ›Element‹ und ›Menge‹ oder ›Teilmenge‹ direkt synonym – einander ersetzend – in Interpretation oder Darlegung gebraucht werden (s.w.u.).

ist auch die Ansicht Carnaps,[271] mehr der Anlass seines Plädoyers für die neue Logik, i.e. die Erweiterung auf die Relation meint einen neuen Reichtum und eine größere Klarheit. Gleichwohl, er kennt nach wie vor nur ein ›nein‹ resp. Verneinung, an erster Stelle als ›nicht‹ aufgezählt[272] – dies gilt durchgehend für die logisch-mathematischen Abhandlungen über dasselbe Sujet, schlaglichtartig im Resümee[273] –, und so bereitet es (auch) ihm keine Mühe, den Begriff ›imprädikabel‹ kurzerhand mit ›nicht prädikabel‹ (im Sinne des Widerspruchs gleichzusetzen (resp. zu behandeln).[274] Dies grenzt an Torheit in der Nichttorheit (das Bewusstsein eines angeblich unanfechtbaren Besitzes des Sinnes und insb. Begriffs von Verneinung oder Negation, ja Negativität),[275] denn freilich arbeitet, ganz zu Beginn, dieses Wort ›imprädikabel‹ *nicht* mit der doppelten Verneinung (wie es müsste, es sei denn aus Setzung der Gleichheit dieser Form der Morphemisierung mit ›nicht‹, welche resultierende Komplementarität

---

271 „Die einzige Form der Sätze (Urteile) in der alten Logik war die prädikative Form: ‚Sokrates ist ein Mensch', ‚alle (oder: einige) Griechen sind Menschen'. Hier wird einem Subjektsbegriff ein Prädikatsbegriff, eine Eigenschaft beigelegt", um [ergänzt] bis zu Kant das wichtigste Beweisinstrument zu pflegen, den Syllogismus. (Rudolf Carnap. „Die alte und die neue Logik". In: Erkenntnis Bd. 1 (1930), ND in Skirbekk 1977, §4, 78.

272 Carnap (1930) 1977, §6, 82.

273 Vgl. das oben angeführte Kap.4 in Kutschera (1998).

274 Wie die knappe Vorführung des Widerspruchs bzw. der Antinomie verdeutlicht: „Betrachten wir das einfachste *Beispiel einer Antinomie* (nach *Russell*). Ein Begriff soll als prädikabel bezeichnet werden, wenn er sich selbst als Eigenschaft zukommt. Beispiel: der Begriff ›abstrakt‹ ist abstrakt. Ein Begriff soll als imprädikabel bezeichnet werden, wenn er sich selbst nicht zukommt. Beispiel: der Begriff ›tugendhaft‹ ist nicht tugendhaft. Nach dem Satz vom ausgeschlossenen Dritten [oder, ergänzt, der doppelten Verneinung] ist der *Begriff ›imprädikabel‹* entweder prädikabel oder imprädikabel. Angenommen, er ist prädikabel; dann kommt er, gemäß der Definition von ›prädikabel‹, sich selbst zu, ist also imprädikabel. Angenommen, der Begriff ›imprädikabel‹ ist imprädikabel; dann ist der Begriff sich selbst zugeschrieben; also ist er nach der Definition von ›prädikabel‹ prädikabel. Beide Annahmen sind also widerspruchsvoll [gemeint, dem direkten Widerspruch anhängig]. Es gibt eine ganze Reihe ähnlicher Antinomien" (Carnap 1977, § 5, 81), es wurde bereits oben bzgl. der Korrespondenz Frege-Russell darauf hingewiesen.

275 Letzteres sei angemerkt, da sich Carnap im Gebiet der Tautologien berechtigt sieht, die Dialektik als „logisierende Metaphysik" in ihrer Berechtigung abzuweisen (Carnap (1930), 1977, § 7, 85).

sodann immer noch Differenz bietet).[276] Vielmehr expliziert die Antinomie die exorbitante Schleife, welche als Antonymie in einer Vielzahl, und womöglich den wichtigsten Prädikaten der menschheitsgeschichtlichen Sprachen verankert ist (denn wohlbekannt sind die asiatischen – mit einer erheblichen Weisheit in diesem Gebiet – und afrikanischen Völker nicht auszuklammern). Der großgefasste, extensive Plural sei keine Prätention, viel weniger ein *Begriffspopanz*, als vielmehr ein wesentlicher Anteil der Gebirgszüge, von denen oben im Bild der letzten Klammer des letzten Absatzes die Rede war, (wiederum angesichts der über Generationen eingetriebenen Gewöhnung, wenn diese die Einschleifung meint). Nicht dass Untiefen das Gegenteil verlangen (und immerhin); auch nicht, um beim Text zu bleiben, dass es mit der logischen Bezugnahme auf die Beziehung deren (bloße) Konverse gibt (welche den Zugriff auf die Elemente oder Glieder gestattet), und also die Beweisbarkeit (i) ›*x* ist kleiner als *y*‹ die Konverse (ii) ›*y* ist größer als *x*‹ garantiert, dito noch und immerhin, (iii) „wenn es einen Sieger gibt, gibt es einen Besiegten" (und doch nur die Fußspitzen des sich hiermit abzeichnenden Zusammenhangs).[277] Sondern dass die Gesamtbehauptung, die Aufnahme der Relation, notwendig in die Antinomie zurückführen muss, sobald dem nunmehr antonymen Begriffspaar selbige Eigenschaft der Konverse beigelegt wird (explizit mit der Gleichartigkeit mit (iii)). Die angeführte Schleife der Antinomien – erläutert als bloße Widerspruchsfälligkeit – ist also eigentlich jene der Antonymien, und dies besagt, die operative Negation ist nicht, nicht notwendig nur, der Widerspruch (als einzig kardinale), sondern die polare.

3. Negation und Fusion in der Begriffsachse

Nun hülfe nicht, die aristotelische Klausel des ›Nicht zugleich‹ und ›nicht in derselben Hinsicht‹ (vgl. Kant im Hinblick auf das zugleich sein und nicht sein, nunmehr als Widerspruch am Prädikat und in der prinzipiellen Region der vorausgesetzten klassischen Neutralität) einzuführen,[278] um wieder zur alten

276 Was übrigens auch schon Frege, u.a. im späten Aufsatz „Verneinung" entgangen war (worauf Vf. schon einmal hingewiesen, vgl. „The Theory of Antonyms", Atiner 2014. In: *An Anthology of Philosophical Studies*, vol.9, ch.14, 147–157).

277 Wie sofort an soeben Fn 269 zu sehen.

278 KrV A152-3/B191-3. – Selbstredend zunächst auch nicht das Prädikat ›bestätigt‹ statt ›wahr‹, von dem wenigstens Carnap, erneut in der clear-cut-Denkweise, behauptet, ihm komme die zeitliche Charakterisierung zu, während ›wahr‹ neutral oder überzeitlich, manchmal gar ewig gelte (er sagt „zeitunabhängig", das Kriterium

gewohnheitsmäßigen Prädikation zurückzukehren: es muss ja ›unabhängig‹ eine echte Konverse (und nicht der sofortige, end- und restlose Komplementär) zu ›abhängig‹ sein, ergo wird sich die Substanz (im Horizont von (1)) einer bestimmten Einkehr, Allusion oder besser *Fusion* in der Achse erfreuen (die mit der Morphemisierung oder dem Affix nur ihre sprachliche Anzeige besitzt, i.e. den effektiven Index, dass ›nicht‹ und ›nicht-‹, ›un-‹, ›im-/in-‹ keineswegs stets dasselbe, die Möglichkeit noch nicht eingerechnet, dass die Sprache selbige Fusion auf die Spitze treibt – und ein eigenes einfaches Wort kürt, etwa ›gut ~ schlecht‹/›böse‹; ›heiß ~ kalt‹, mit der größten Wahrscheinlichkeit ›wahr versus falsch‹).[279] Selbiges nun möge für ›Element versus Menge‹ gelten (hier der Ursprung der Verwerfung Frege-Russell), und dieselbe basale, unhintergehbare Fusion bedingt, in den *kraft inliegender Negation* auseinanderstrebenden Enden bewahrheitet und schöpft sich ein Extrem, und Begriff, der sich kraft seines Kerns auf seine ‚Unabhängigkeit', sein Selbstsein und seine Identität, beruft, obgleich sein direkter, an dieselbe Achse gebundener Widersacher selbiges unternimmt (und darf), und somit der Ausgleich in der logischen Materie liegt. Sie ist keine bloße Konverse (beileibe), wenigstens aber bedingen beide Extreme, da sie (links- oder elementseitig) ein eventuell nur Nanoanteil (oder Zehntausendstel) ihres Gegenteils bergen (sich notwendig aus ihm als Segment konstituieren), sie sind, obgleich scheinbar Element hier, bereits Menge; resp. rechtsseitig die Häufung, umso mehr die glutinierte, qualifizierte Menge das Nano-, Zehntausendstel Element nicht völlig, bis auf die Nut oder absolute Homogenität absorbiert, erst recht, sollte der Gluo- oder ontisch wirksame Fusionsfaktor auf das Fokussieren zurückzuführen sein.[280] (Die gew. *trockene Menge* ist demnach eine mathematisch-logische Abstraktion, die sich strikt an die Neutralität hält, alle Rationalität hieran bindet *und* wähnt, dieserart alle $\{x|(x \in x)\}$ versus $\{x|\neg(x \in x)\}$

---

möge nach oben verweisen. R.Carnap. „Wahrheit und Bewährung" (1937), Nd. in: Skirbekk 1977, 89).

279 Wenn im Licht einer Wahrheitswertanalyse die Unerfüllbarkeit mit der Allgemeingültigkeit in toto auseinanderfällt, dazwischen aber ein ›erfüllbar‹ durchaus seine wertvollen Dienste übernimmt, dürfte zumindest auf Anhieb sichtbar sein, dass die Enden fokussieren oder eine genuin fokale Bedeutung annehmen – und den Begriffsursprung von wahr und falsch durchscheinen lassen (vgl. Quine in *Grundzüge*, insb. §§ 4–5, 6 zur Implikation mit Vorbehalt gegenüber der gelegentlich bloßen Erfüllbarkeit des behaupteten Schemas).

280 Letzteres etwa erkennt man mit einiger Leichtigkeit unter der tatsächlichen, operativen *Linse* der ökonomischen Ungleichheit, i.e. Verhältnissen eines Dezils, Perzentils, Zehntausendstel der Einkommens-Kapitalverhältnisse in einer Nation (Gesellschaft), die je die Projektion auf das Einzelindividuum gestatten und fordern.

regulieren zu können resp. erfasst zu haben). – Nun leidet der Begriff keinen Schaden, sobald er um selbigen Zusammenhang weiß, und sollte ein ›Individuum‹ den Anfang machen, so ist gewiss, es besitzt den Trieb, Impuls, das eventuell nur kleinstteilige Segment des Auswuchses oder Übergangs – der seinsmäßigen, ontisch prioritären Verzweigung – in die verstaatlichte oder zunächst gemein-, gesellschaftliche ›Menge‹ bzw. ›Gruppe‹ (›Herde‹ und ›Masse‹ seien zugelassen, und das Individuum in diesem Sinne ein verschleiftes Dipolwesen). Sollte aber diese den Anfang machen, so ist ihre qua arithmetischer Klarheit (ggf. Perzentile und Dezile) Reduzierbarkeit auf jenes zwar längst Tatsache und gew. antizipiert, jedoch ist es nicht diese, die analytische Klarheit resp. Zusammensetzung, sondern das Segment im Begriffskern, das nicht anders vermag, als sich in Gegenrichtung zu evolvieren – und der Gedanke, seine Gesetzmäßigkeit, bewegt sich in der Polarität, da er sich an erster Stelle aus dem Gegensatz entwickelt und dieser keineswegs a priori und überall in die Disjunktion oder Trennung des Widerspruchs fällt. Gleichwohl kommt ihm zu, dieses Gegenteil durch (a) Fusion in der Achse und (b) Bewegung in selbiger Bedingung zu ermitteln, mithin der Negation als *a priori* gebundene. Wem nun noch die Bestätigung im Dritten eine Anforderung auferlegt, zugleich derart, dass sie beweiskräftig an beiden Termini teilhat, findet sie, p.e., in Induktion und/oder Defeasibility. Wenn die Verallgemeinerung, die den Verstand unzählige, gleichwohl nur abzählbar viele Exemplare in ein getroffenes Prädikat resp. Urteil zusammenfassen (abstrahieren) macht, ‚nur' (resp. insb.!) den Pol trifft bzw. im Kern der Verallgemeinerung die Endstelle des Pols voraussetzt *und antizipativ* unterlegt, selbiger jedoch – mitsamt seinen Bewusstseinskräften – an keiner Stelle behaupten kann, (a) die zunehmende Schwärzung (aus Erfahrung und/oder Gewöhnung) habe die Endstelle im wirklichen Anschlag getroffen, der Begriff versus Erfahrung ohne inwendigen Rest zurückließe, noch (b) selbige Lücke zwischen Schwärzung, Verdickung und Gravitation (der Bestätigung) und diesem Terminus (im letzteren Sinne) sei jemals effektiv leer ({∅}), dann ist der Gesamtbegriff der Polarität zu subsumieren.[281] Die wissenschaftlich unerlässliche und produktive, ja Orientierung stiftende Verallgemeinerung liegt ihr auf (Popper ist hier zu nachlässig

281 Und Nelson Goodman hätte mit richtigem Gespür in den 50-ern die Projektion aufgebracht und Modelle formuliert, um der Induktion gerecht zu werden, ohne allerdings jemals auf die Polarität und alle anhängigen Begriffe Bezug zu nehmen. Schon die Linse, welche die Versteifung des Phänomens bedingt, bringt notwendig den begrifflichen Fokus auf, selbiger impliziert sein Gegenteil, dessen Segmentierung: die Komplementarität tritt auf den Plan und sträubt sich, nur nach Kontrast und Widerspruch gelesen zu werden.

oder setzt der spezifisch erforderlichen Intelligenz der Erkenntniskräfte, indem sie genau diese suchen, zu wenig Spielraum): – und es lässt sich *a priori* antizipieren(!), dass der Fall eintreten mag, das gebundene (der unbedingten Fusion unterliegende) Gegenteil macht sich bemerkbar und falsifiziert durchaus, jedoch aus anderem erstrangigen, keineswegs beiläufigen *noch nur empirischen* Grund, und selbige Prädikation schlägt um resp. weicht aus (je nach Gefällelage, Einsicht und basaler Spannung, der sich weigernden Stichprobe). Nicht also, dass (i) schwarze Schwäne begegnen müssen oder (ii) dem gerechten, freigebigen und handläufigen König die unlautere, ja ungerechte und grobschlächtige Menge, welche seinen Besitz,[282] Gebietsschlüssel oder unzumutbare Stadtrechte fordert, noch dass (iii) dem Gemälde einer brandenburgischen Adeligen aus dem 16. Jahrhundert von Lucas Cranach eine täuschend ähnliche Kopie aus dem 19. Jahrhundert begegnet, welche die stillschweigende Verallgemeinerung des Originalporträts untergräbt; sondern die Begriffsweise in ihrer Basis (Bedingung der Möglichkeit) unterliegt jener. Und schafft eine Spanne, i.e. durchaus ein Extensum, samt sich extrem entfaltender, stets inwendig kommunizierender (und niemals vollends aufeinander reduzierbarer) Kerne, denen es obliegen mag, im Antlitz des bloß scheinbar einfachen Dings mit dem Gegenteil zu verkehren – es jedenfalls auf keinen Fall *in toto*, wie der Widerspruch, negieren zu können. So liegt im Reiskorn die Menge, die sich nackt oder bar impliziert, anderwärts im (gewollt) unabhängigen (nicht abhängigen) *y* jener »dot«, Schlitz oder Stelle, die nicht leer heißen darf, noch nichtexistent oder gar unmöglich oder nur fallweise möglich, und für *x* freizuhalten. (Die Genetik ist hier nicht gemeint, obgleich sie, weiter unten, durchaus trächtig wird, sobald es der Frage nachzugehen gilt, ob das Diskontinuum in der Natur angelegt resp. ob sie in der Klassifikation ggf. den Sprung birgt und evoziert).

4. Koinzidenz von ›xy‹, die fokale Bindung

Bezüglich der Antinomie und ihrer Umgehung muss der Fall anerkannt und *durchaus gesucht werden*, in der sich *x* und *y* nicht durch ›∅‹ abgrenzen und unterscheiden. Vielmehr, wie schon im letzten Kapitel (Abschließender Kommentar. [3]) zu sehen war, kann es sein, dass ein, sogar mehrere Subjekte zugleich den direkt gegenteiligen Mengen angehören (›rechtmäßig‹ versus ›unrechtmäßig‹) und kein Widerspruch vorliegt, zumindest nicht im herkömmlichen Sinne, der

282 Mit handläufig ist durchaus das kurrente Wesen gemeint, so gesehen nicht darauf beschränkt, die Geldzirkulation zu bezeichnen (vgl. Marx, Kapital, „Der Umlauf des Geldes“).

verpflichtet, das Kalkül umzurücken resp. aufgrund von vermeintlichem Fehler und Endstelle die Argumentation aufzugeben. Anders besehen, jene fraglichen Terme bilden Faszikel, welchen differente Quantifikationen anhängen, die jeweils durch ihr Zentrum – er sei Pol oder Fokus – verlaufen oder dort finit ansässig sind. Nun gilt es sich abschließend (und noch einmal) zu vergegenwärtigen, was bedingt (i) die berüchtigte ›Klasse aller Klassen, die sich nicht selbst als Element enthalten‹; (ii) ›wenn *a* eine gegründete Menge – G(*a*) – genau dann ist, wenn es für alle Mengen *x*, deren Element *a* ist, ein Element *y* von *x* gibt, das kein Element von *x* enthält; die Schnittmenge $x \cap y$ soll also leer sein‹.[283] Und als Zusatz: ›*a* ist genau dann gegründet, wenn es keine Folge von (nicht notwendig verschiedenen) Klassen $y_1, y_2, \ldots$ gibt mit $y_{n+1} \in y_n$ und … und $y_1 \in a$‹.

Die beiden Bedingungen sind offenbar eng miteinander verklammert. Dies sei in einer von der üblichen Darstellungsweise abweichenden Form kommentiert. Wenn es überhaupt eine Reihe ›$y_1, y_2, \ldots$ gibt mit $y_{n+1} \in y_n$‹, dann verbirgt sich hierin der traditionelle S-P-Wechsel. Die klassische Lehre behauptete regelmäßig, weil auf Notwendigkeit gegründet, es könne jederzeit innerhalb der Gattungslehre (als Begriffslogik) ein Subjekt zum Prädikat werden und umgekehrt. (Wenn, ggf., die ›Puppe‹ ein ›Falter‹, und der ›Falter‹ oder ›Schmetterling‹ jeweils ein ›Insekt‹, so mag zwar die ›Puppe‹ evtl. auf ›Spielzeuge‹ ausweichen, wenn aber ›Puppe‹ gleich ›Raupe‹ gleich ›Larve‹ (synonym),[284] dann Element von ›Falter‹ versus ›Schmetterling‹, und dieser jeweils wiederum, notwendig gekehrt, Element der ›Insekten‹, ›Lebewesen‹, …). Jenes ›y_{n+1}‹ ist Element von y_n genau dann, wenn es P und y_n S verkörpert. (Diese Ableitung folgt der typenlogischen Restriktion, dass stets nur die höhere auf die niedrigere Stufe bezogen werden darf, allerdings sei angemerkt, in der $\in$-Schreibweise – Montague-Kutschera – müsste eigentlich rechts das Prädikat stehen; woraus schon jetzt ablesbar, dass der bekannte Widerspruch mit der Schreibweise ›$c \in c$‹, ›$\neg c \in c$‹ angesichts der gegründeten Menge nicht überwunden, s.w.u. Wenigstens aber gilt von *a*, dass es, abgesehen von der Distinktion *a* versus *y* und *y* versus *x*, keine unendlich absteigende Kette geben darf).[285] Nun läuft diese Reihe – mit gegenseitiger Verkehrung – über eine eventuell sehr große Spanne (und erübrigt den gesamten Begriffsstammbaum mit, es sei, Hunderten von Stellen,

283 In Anlehnung an Kutschera 1998, 162.

284 Die echte Fachterminologie weiß hier ggf. Unterschiede, sie seien im Augenblick vernachlässigt, da auch sie am Prinzip teilhat.

285 Vgl. Kutschera 1998, 169.

die akribischer Aufzeichnung bedürfen, wie angedeutet).[286] An zwei Stellen tritt sodann ein eigentümliches Problem auf, ganz unten, Letztstelle, und – nunmehr – ganz oben. Das traditionelle *subiectum infimum* gestattet nicht mehr, als Prädikat eine weitere Stufe zu eröffnen (und bedingt die Lehre der Kennzeichnungen): die Verknotung oder der Lauf über die stetigen Knoten terminiert (wie soeben). Russell verlangt, umgekehrt, nunmehr explizit genau jene Gegenstelle, an der das Letztprädikat nicht mehr Subjekt werden kann. In dieser Forderung liegt der Schlüssel der modernen Logik, i.e. die (angebliche) Fusionsfreiheit, die sich jedoch anders tituliert, als entweder Beseitigung der Ambiguität oder, schärfer, des Widerspruchs und Erhaltung der Konsistenz (versus Inkonsistenz). Nun gilt es (a) die Fusion aufgrund des Bisherigen symbolisch zu verdeutlichen, (b) für das Folgende, wieso die fundierte Menge ggf. nicht hält respektive der Fall eintreten kann, ›y‹ bildet mit ›a‹ unter ›x‹ keine Leermenge, sondern ganz im Gegenteil jene bestimmte Relation, die häufiger als ›$\cong$‹ angesprochen und symbolisiert wurde: gesetzt ›a‹ sind die Regierenden (wie in Schema (5) und (6), je (ii) und (vi)) und ›x‹ meint ›rechtmäßig‹, ›y‹ aber ›unrechtmäßig‹, dann weicht die gegründete Menge ›a‹ durch beide anderen; oder ›x‹ versus ›y‹ fokussieren in der Relation ›$\cong$‹. (Der Einwand, ›y‹ sei damit eigentlich ›$\neg x$‹, sei nicht zugelassen, da voraussetzungsgemäß bekannt, dass die Negation – entgegen der typenlogischen Voraussetzung, s.o.[287] – nicht nur mit ›$\neg$‹ operiert, außerdem jeder Term, gesetzt er ist Begriffs*fokus*, seine eigene Sphäre bedingt und folglich ›y‹ nicht auf ›$\neg x$‹ zurückfällt resp. damit endgültig koinzidiert). Außerdem gilt zuletzt, (c), dass die Forderung (i), da sie den Plural wählt und die Bedingung der Letztstelle oben verallgemeinert, in Verbindung mit dem Einwand eine ganze bestimmte Verortung der Logik impliziert, jene eingeführte ›$\cong$‹-Beziehung hier aber eine besondere Bewandtnis und Begehbarkeit sichert.

Um dies ein wenig ausführlicher zu erläutern, an der bereits zitierten und stets verwendeten Form ›$\{x|(x \in x)\}$‹ bzw. ›$\{x|\neg(x \in x)\}$‹ erkennt man nicht, dass ›x-links‹ ggf. in ›x-rechts‹ aufgeht, und ›x-rechts‹ sodann Element der

---

286 Derartige Matrizen sind nicht nur in der Botanik und Biologie zu suchen, sondern inzwischen auch in der Finanztechnik und Unternehmensprogrammierung.

287 Zu erinnern, imprädikabel meint nicht strikt und nur das Gegenteil von prädikabel im Sinne des Widerspruchs, selbige Tatsache erreicht aber den Kern des Verzweigungsproblems, i.e. gibt es andere Primärnegation als den Widerspruch. I.Ü. würde kein Logiker auf den Gedanken kommen, wenn es sich um ›böse‹ oder ›schlecht‹ handelte, einfach ›nicht gut‹ zu setzen: im ›unrechtmäßig‹ muss demnach ein Kern enthalten sein, der nicht in der Negation aufgeht oder dagegen Selbständigkeit behauptet.

nächsthöheren Klasse wird. Die Forderung des Nichtenthaltens rührt aber selbstredend daher, dass – ehemals über den S-P-Wechsel, nunmehr über die Möglichkeit, dass eine Klasse in der nächsthöheren aufgeht (oder ein Begriffsumfang in die Argumentstelle tritt) – die Alternanz von Element oder Menge grundsätzlich (und nicht nur an der Endstelle) nicht mehr freisteht; i.e. die Klassifikation soll bedingungslos (»auf Anhieb«) fusionsfrei erfolgen (falls dies überhaupt möglich). So gilt es beides zu erklären – worin liegt die Fusion und wieso bedingt sie den Widerspruch. Mit der Schreibweise ist eigentlich verknüpft, dass ›*x*-rechts‹ ›*x*-links‹ subsumiert (denn gesetzt, man versteht die Beziehung ›Element-Menge‹ als Antonymie, und selbige lässt sich wenigstens a priori nicht eliminieren, dann ist es unmöglich, dass beide in der Schleife nicht die Negation implizieren, ergo kann unmöglich ›*x* links‹ und ›*x*-rechts‹ auf unterscheidungslose Bedeutungsgleichheit hinauslaufen und, in diesem Sinne, die Subsumtion erübrigen, i.e. gleichgültig machen);[288] entsprechend ist es unmöglich, dass selbiges ›*x*‹ nicht einmal das Element, das andere Mal die Menge verlangen sollte, demnach derart einmal Element zu sein, das andere Mal nicht. Überdies ist, wie vermerkt, selbige Alternative mit der regelmäßigen Möglichkeit verknüpft, das ›*x*-links‹ in ›*x*-rechts‹ aufgeht, und als ›*x*-rechts‹ wieder Element der nächsten Klasse wird. Selbiger Übergang vollzieht sich aber notwendig durch Fusion, i.e. ›*x*‹ bildet einen Knoten. In seiner Auflösung fällt er zurück auf die einleitende Divergenz dieses Absatzes, die als $\{x|(x_l \in x_r)\}$ bzw. $\{x|\neg(x_r \in x_l)\}$ die Verwechslung – und Falschheit – zu erkennen gibt. Will man nun den Sachverhalt dadurch bereinigen, dass man anzeigt, ›*x*‹ fusioniert mit dem Begriff seiner Menge (dies liegt eigentlich dem Begriff und der Handhabung der Kennzeichnung im Rahmen des Def-Katalogs bei Quine in NF zugrunde, s. in Kürze unten), welcher als Element der nächstfolgenden Klasse dient, ohne den Widerspruch zu evozieren, müsste man entweder in ›$\in$‹, oder aber in der Stelle ›rechts‹ anzeigen, dass Fusion wartet, um selbigen Begriff in nächsthöherer (oder anderer Klasse) als Element aufgehen zu lassen. Es möge ›$\{x|(x_l \in x_r)\}$‹ als ›$\{x|(x \,{}_{fus}{\in}_r\, x)\}$‹ oder besser ›$\{x|(x \in_{-(\cdot)} x)\}$‹ anzeigen, dass sich rechtsseitig der Knotenpunkt bildet, der ggf. ›*x*‹ links absorbiert. Dann gilt für ›$\{x|\neg(x \,{}_{fus}{\in}_l\, x)\}$‹ oder eigentlich ›$\{x|\neg(x \,{}_{(\cdot)-}{\in}\, x)\}$‹, der Ausdruck ist nicht nur unregelmäßig, sondern unmöglich, da er

288 Quine schreibt in der Kommentierung Russells: „[...] wird die Regel aufgestellt, dass $(\alpha \in \beta)$ nur dann eine Formel ist, wenn die Werte von β vom nächsthöheren Typ sind als die von α; andernfalls [!] ist $(\alpha \in \beta)$ weder als wahr noch als falsch, sondern als sinnlos anzusehen" („Neue Grundlagen der mathematischen Logik", in: W.V.O.Quine. *Von einem logischen Standpunkt*. Frankfurt 1979, 90, s.a.w.u. (die englische Abk. NF wird gelegentlich im Haupttext verwendet).

subsumtionswidrig von der Mengenstelle verlangt, per Fusion im Element aufzugehen. (Dies wurde bei dem Ausdruck ›$y_{n+1} \in y_n$‹, welcher der typenlogischen Restriktion aufliegt, bereits vermerkt). Der Ausdruck wird daher überflüssig, die Antinomie sollte verschwinden. (Ein Mengenbegriff kann freilich per Fusion mit seinem Elementbegriff verknüpft werden, aber dies nur in einer anderen Beziehung, nicht explizit als ›$\{x|\neg(x\ _{(\cdot)\text{-}}\!\in x)\})$‹. Der vollgültige linksseitige Knoten ist demnach durch ›$\{x|\ (x\ _{(\cdot)\text{-}}\!\ni x)\}$‹ anzuzeigen, selbiger Ausdruck kommt für die Antinomie nicht in Betracht, gleichgültig ob mit oder ohne vorgestelltem Negationszeichen.

Nun ist ›$x \in_{\text{-}(\cdot)} x$‹ die eigentliche Neuerung, i.e. Anzeige eines rechtsseitigen Knotens per Fusion, die im Kerngebiet der Logik geltend zu machen ist, und nicht etwa herauszusetzen oder zu eliminieren. Wenn nun eine gegründete Menge bedingt, es liegt ›a‹ unter ›x‹ ($a \in x$), und ›y‹ gleichfalls, aber letzere bilden für sich eine direkte Leermenge, wie auch ›y‹ in ggf. Reihenbildung nicht unter ›a‹ fällt, dann lässt sich offensichtlich von ›y‹ aus kein Knoten mit ›x‹ bilden, sei es direkt oder über ›a‹; welches letztere freilich zu antizipieren, wenn ›a‹ Letztstelle unten verkörpern soll resp. per Postulat (Zusatz) die Kette nicht unendlich fortschreitet. Entsprechend muss, gesetzt, ›a‹ im Verhältnis zu ›x‹ über ›y‹ springen, es bildet sich unter keinen Umständen ein Übergang zu ›x‹ über ›y‹. Wenn nun bekannt resp. nachweislich, dass die Klasse aller gegründeten Klassen (als ›c: =$\{x$: G(x)$\}$‹) den Widerspruch (als ›$c \in c$‹ versus ›$\neg c \in c$‹) nicht ausschließt,[289] sobald sich an irgend Untermenge zeigt, dass sie einmal über die Links-, das andere Mal über die Rechtsstelle verläuft; zwischen ›y‹ versus ›x‹ galt aber, dass sie die Leermenge, also den Sprung erübrigen; dann beweist sich an dieser Untermenge eigentlich nur jene – per Forderung – resp. dieser gegen die Bedeutung des $\in$-Symbols: Es lässt sich, solange diesem bezüglich der Knotenbildung keine Konträrforderung auferlegt, nicht vermeiden, dass sich über jene Untermenge an ›y‹ zeigt, einmal gegen ›b‹ (es liegt über ›x‹) distinkt zu sein (›$y \cap b = \varnothing$‹), das andere Mal die Fusion (i.e. den Knoten) offenzuhalten (›$y \cap b \neq \varnothing$‹), also nicht. Wohlgemerkt, beweist diese Differenz nur die Bedeutung des ± Knotens, die überall vorausgesetzt oder *konstitutiv*. So dass ihm nunmehr, abgesehen von der Bereinigung des $\in$-Symbols, eine spezifische Bedeutung anzutragen ist, nämlich Achse zwischen insb. Mengen zu sein und damit den Widerspruch zu absorbieren. I.e., an ›$c \in c$‹ versus ›$\neg c \in c$‹ zeigt sich keineswegs und nur der Widerspruch (im echten Sinne), sondern die Unzulänglichkeit des Knotens in Verbindung mit der Fusion, Hierarchie oder Steigung und ihre Inversion vorausgesetzt, so dass

289 Vgl. Kutschera 1998, 162.

insbesondere diese, die Fusion, logisch konkrete und durchgehende Beachtung finden muss (wie, an und für sich, schon immer): ›Element‹ und ›Menge‹ sind, in diesem Sinne, Antonyme (Termini einer polaren Fraktur oder Spanne, falls dieser Begriff Vorzug verdienen sollte) und bedingen jedenfalls keine Antinomie. Der Antonymie möge der begriffliche Vorrang zugesprochen werden: dass, zum (überschlägigen) Beweis, selbiges zutrifft, erkennt man sofort an der Möglichkeit, die Binnensteigung in die Enden oder (in diesem Sinne) Termini aufzunehmen, freilich die Grundvorstellung oder das Apriori der Logik als Element-Mengenvorstellung überhaupt. Die Menge wächst demnach widerspruchsfrei in sich selbst, nicht durch empirischen Bedarf oder anderweitige Ableitung (an gegebener Klassifikation), wie selbige Eigenschaft notwendig der gekehrten, dieselbe Beziehung erleidenden Basis, dem Element, zukommt und, in der gehaltenen Beziehung, die ggf. nunmehr unendliche Diminution oder absteigende Monotonie erübrigt.

5. Einführung des Symbols ›≅‹

Das Exercitium schreitet nun fort wie bereits angedeutet. Es erübrigt sich, (i) die Fällung zu denunzieren, indem der aufgedeckte Widerspruch den Knoten aussetzt (exstirpiert), oder (ii) die Verschachtelung der Klassen geradewegs für fusionsneutral zu erklären, wie implizit in den Schriften Quines durchscheint (als ob, wenn eine Klasse aus niederen Elementen konstitutiert sei, wenn selbige als Element der höheren aufgefasst wird, keine Fusion wirksam sein müsse. Wenn nämlich gemäß D11 in NF, und nur p.e., die Abstraktion einzuführen ist, und ›$\hat{a}\phi$ für $(\iota\beta)(a)\ (a \in \beta) \equiv \phi)$‹ zu nehmen ist, wobei $(\iota\beta)$ eine Kennzeichnung bedeutet, dann ist leicht ersichtlich, dass diese Formel den Inbegriff der Fusion über eine Klasse als Element begreift oder voraussetzt. Wie sollten alle α, die zu abstrahieren sind, anders in einer Kennzeichnung aufgehen?). Die Aussetzung des Knotens, (i), dürfte demnach nicht nur unbequem, sondern unmöglich sein. (Und ›prädikabel‹ sollte, wie sich auch ansonsten erwiesen hat, neben ›imprädikabel‹ operabel oder wirksam sein und das Fundament der Logik nicht auf eine Seite zurückfallen müssen). Alsdenn bedient das Symbol ›≅‹, der Möglichkeit nach, alle Situationen, in denen ein Element, oder eine Klasse, unmittelbar an *direkten Gegenteilen* resp. einem entsprechenden Verhältnis partizipiert. Letzteres ist nicht irrational und keineswegs a priori zu eliminieren (oder zu perhorreszieren), sondern überaus fruchtbar, andernfalls logisch notwendig. Anstatt also das Kontinuum zu verlangen (oder gar im klassischen Sinne zu feiern, wofür gewiss kein Grund fortbesteht, die Logik ist bis heute in diesem

Punkt unentschieden oder undeutlich),[290] oder aber seine Auswärtigkeit zu setzen (was, wie vermerkt, in Russells Typentheorie angelegt und, an und für sich missdeutig, mit dem Begriff des Atomismus einhergeht),[291] sollte auch die gew. Mischform zugelassen (und logisch zugänglich) werden. (Sie ist kaum wirklich als ein Drittes oder das Tertium zu begreifen, wie sich noch zeigen möge, und ist ›Mischform‹ auf keinen Fall im schlechten, pejorativen und damit undeutlichen Sinne). Wenn aber Kontinuum und Nichtkontinuum in Konkurrenz treten, i.e. sie können sich zusammen auswirken, dann ist dies gleichbedeutend mit ± Polarität. Letztere wird, obgleich die Graduierung – oder ggf. Steigung (!) – die Annäherung der Pole derart ermöglicht, dass sie sich quasi berühren oder sogar koinzidieren, so verstanden, sie birgt wegen der inliegenden Negation, die sich an irgend Stelle beweisen muss (und außerdem ihre Diffusion bedingt, sei es in der Achse, sei es jenseitig), den Bruch, ›Hiatus‹ oder ›Sprung‹, während ihr Gegenteil geradewegs die klassische Homogenität verantwortet: Schließbarkeit eines Feldes durch kommunizierend-verkettete Knoten (kontinuierlicher Anschluss von Klasse an Klasse). Da selbige, wie erwiesen, die Fusion einschließen müssen, liegt die Polarität außerhalb oder *in der Basis*, damit in den Endstellen (die den herkömmlichen S-P-Wechsel als Fortlauf versagen, i.e. die traditionelle Auffassung des logischen Kontinuums bedingt immer noch das konstitutive, unvermeidliche Extrem: der Name des ›x_i‹, oder ›Ma_i = C.P.‹ (s.o.), der seine Verwendung als Prädikat oder Zusprechen von irgendetwas anderem verweigert, es sei denn die Identifikation mit einem anderen Namen oder Kennzeichnung, ist, an und für sich, Extrem oder Pol, welcher dem Universum, das ansonsten zu erschließen, gegenübersteht).[292] Der Standpunkt schließt ein, es gibt keine Reduktion, Einsartigkeit oder ggf. Rest- gleich Überseite, das gew. *Hyperlatium*

290 Hierbei spielt es keine Rolle, ob man selbiges Problem von der Wahrheitstheorie (insb. logischer Positivismus), vom Nominalismus oder von der eigentlichen Klassifikation her angeht, abgesehen von der Abgrenzung zur Dialektik (in der flexible und nicht normierbare oder nomothetische Grenzen der Klassifikation geradezu Vorbedingung).

291 In diesem Sinne darf für einen Augenblick zugestanden werden, dass er als „metaphysischer Gedankengang" oder Abkehr vom rigiden oder trockenen Empirismus „die Entwicklung der Wissenschaft förderte" (Popper (1934), u.a. Skirbekk 1977, 119) – wenn ihm zugestanden wir, das logische Kontinuum aufzuheben, dass die klassische Neuzeit, wenn nicht darüberhinaus, bewegte; gleichwohl ohne Anerkenntnis (oder auch nur Berücksichtigung) der nicht wenigen Seitenbedingungen.

292 Man wird bemerken, dass hier Vorbehalte gegen die Möglichkeit bestehen, eine Kennzeichnung einfach in die Prädikatstelle resp. rechts vom Elementzeichen zu setzen (NF. D 10 als Inversion von D10).

(im Sinne des Kleinschen Programms in der modellpflichtigen Geometrie oder seines Versuchs, per Axiomatik eine Vereinheitlichung und allseitige Übergehbarkeit zu erreichen resp. zu garantieren). Polarität besitzt eine Norm sui generis, die jede Reduktion auf klassische Position verweigert. Es mag sein, es gibt Äquivalenzen, aber selbige sind nicht mit Reduktion oder Einsartigkeit, wie soeben, zu verwechseln (i.e. eine scheinbare Schwerelosigkeit in der Klein(st)region, also unmittelbaren Nähe des Fallkörpers, versus einem Trägheitssystem, i.e. der inertia im Großen).

6. Prüfung der prädikativen Anlage

Nun gilt es abschließend die Seitigkeit zu prüfen und was sie auf dieser Basis besagt. In der beweglichen Strömung und bei direkter Annäherung kann sie, ggf., ungemein schwierig zu veranlagen sein, wie umgekehrt das ballartige Universum. Dies meint nicht die Abwägung von Quantenphysik versus gravitierender Singularität, sondern die Seite in der Veranlagung des Knotens (einfacher oder komplexer Term) ist bedingt durch Fusion mit einer oder mehreren anderen, und diese Anteile liegen im Segment verknotet und derart, dass sie sich überdecken. Nun wurde dies, an und für sich, bereits über eine lange Strecke vorausgesetzt, so dass an dieser Stelle die kleine Repetition gelegen: es hieß, das Bewusstsein ließe sich in der Menge binden, insb. der Gruppe, so dass die Teilhabe an deren Kern die Terme in Beschlag nimmt, die dessen (a) Charakterisierung zukommen, außerdem (b) seiner Hierarchisierung – gesetzt, Bewusstsein gibt es nicht ohne diese. Letzteres schließt ein, selbige ist nicht (beileibe!) an die Amtsfolge gebunden. Es hieß außerdem, nur als Schlaglicht, es sei unmöglich, ›Reiskorn‹ ohne den ›Haufen‹ oder das Aggregat, ja das ›Individuum‹ und ›Person‹ ohne seine ›Gesellschaft‹ (›Menge‹ oder insb. ›Gruppe‹), schließlich den ›Kahlköpfigen‹ ohne den ›Beschopften‹ zu beschlagen. Sodann ergibt sich, und selbiges leuchtet noch, das Feld der Moralität (und Gesinnung), das nicht umhin kann, dem Guten stets sein Gegenteil nach- und beizuhalten, nicht aber zu unterschieben, mithin mit jeder Prädikation einzuschließen. Diese Unbequemlichkeit ist ebenso kennzeichnend, i.e. kernhaft human (dies meine »menschlich« im Sinne des sozialen Kobens resp. seiner über Generationen verwalteten Zucht), wie sie, trotz zahlreichen Bemühens, bislang von keiner Entlassung weiß. (Direkter Hauptschluss und Veranlagung des Bisherigen: offenbar, wenn die logische, auf der Negation basierende Schleife bedingungslos einkehrt, regiert eine ›Lücke‹ oder bestimmtes, spezifisches Loch, der unschließbare locus moralis, wer dem klassischen Wort die eine Seite der Münze, jedoch ohne Harmonisierung oder gar Bonität auf der anderen schenken möchte). Im Gefolge erschließt sich das soziale Feld, die Gesellschaft, und schon oben wurde der Ungleichheit nachgesagt, sie verliefe oder ‚läge' nicht in einem – (a) theoretischen, oder (b) wirklichen – Kontinuum, noch ließe sie sich rechtens von ihrem Gegenteil sondern, i.e. klassifikatorisch im vorhergehenden Sinne trennen. Nunmehr beginnt sich die Frage zu kristallisieren – und sie gilt, (c), der Bedeutung und Verortung des Sprungs.

Diese Frage ist überaus delikat und sie möge die Erörterung zum Kalkül schließen. Von dem Verhältnis Unter- versus Überzeitigkeit wurde angenommen, es liegt in der Wahrnehmung und Ausbreitung des naturbedingten Energiefeldes, daher bindet es ebenso verschiedenes wie alles oder *jegliches* Bewusstsein, ohne an irgend Stelle auf die Bedingung des einzig individuellen zurückzufallen, i.e. zurückfallen zu können. Birgt es aber die Polarität und ist es durch diese bedingt, muss es jederzeit den Sprung, die evtl. kleinste Spanne beinhalten, in der die Unter- in die Überzeitigkeit ›übergeht‹: dieses Übergehen, es sei α, (und eigentlich stets ›|| α ||‹), vollzieht sich durch eine Lücke, i.e. den kleinstteiligen, gleichwohl intervallartigen, aber eben nicht kontinuierlichen ›Sprung‹ (manifester Repräsentant der konkreten Negation, welche die ± Schleife erzeugt), und es mag, klassifikatorisch, dem Gegenteil *β* überstellt werden, und eigentlich stets ›¬|| *β* ||‹, da ‚man', das Bewusstsein, der Geist, sein Verstand und die Anschauung, sich in der klassisch vorgegebenen homogenen, und nur homogenen Neutralität befinden), das damit die traditionell vorrangige Linearität und Stetigkeit verkörpert (in der alle Intervalle, ggf., keine Disparität aufweisen, i.e. sie bleiben finit im Sinne von schlüssig homogen): wenn nun in und über diesen Gegensatz die Fusion wirksam ist, tritt nicht nur (konstitutive) Doppeldeutigkeit auf den Plan, sondern es bildet sich in diesem Gegenteil *β* der Fokal des Übergangs, i.e. es erfolgt die Verschmelzung der ineinander übergehenden Teile: der Augenblick wird als kontinuierlich wahrgenommen *und gesetzt*; da nämlich die Fusion unvermeidlich (selbst in der Täuschung des abstrakt reinen, neutralisierenden Bewusstseins wird sie wieder auftreten), wurde nicht etwa ein neues Sein erworben (das hiermit vornehmlich ideal verwurzelte oder klassische), sondern die Differenz ineins gesetzt oder verstanden (und die Wahrnehmung von *β* ist gewiss kein Beweis, keine axiomatische Evidenz oder dergleichen gegen α, noch, insb., dass die Größe der verschmelzenden Intervalle hierbei ggf. keine Rolle mehr spielt; derart erwarb Leibniz das Verständnis des Differenzialkalküls resp. war er jederzeit paradigmatisch, für eine Fülle von Beziehungen, bereit anzuerkennen, die kleinstteilige ›Bewegung‹ sei, abgesehen von der durchaus möglichen ›Unruhe‹, der ›Ruhe‹ gleichzusetzen[293] … – an der Opposition ›gut‹ versus ›böse‹, ja ›wahr‹ versus ›falsch‹, hat er sich dieserart nicht begangen noch bemessen, noch an der exorbitanten Hitze, etwa auf der inzwischen kalkulierbaren Sonnenoberfläche oder im Erdmittelpunkt, versus der ggf. technischen Kryo-Kälte; noch, und noch einmal, am ›Reiskorn‹ versus der ›Menge‹. Hier dürfte sein Monadenkalkül nahezu von selbst Einspruch erheben, das Differenzial walten zu lassen. Dass Kant seiner basalen Homogenität oder der Vorherrschaft des Kontinuums noch immer anhängig, insb. auch im Bereich der Begriffslehre und Klassifikation, ist rechtens anzuschließen, sofern klassischer Rationalismus – ohne seine Beendigung in der Gegenwart – namhaft zu machen ist).[294] Der Sprung, er kann ungemein differieren, ist somit Anzeige, dass in der Achse der Bewegung – im (a) Fundament des Seienden oder (b) der Wurzel des Bewusstseins, und beides ist selbstredend nicht a priori oder anderweitig

---

293 Man vergleiche etwa die späten *Initia rerum mathematicarum metaphysica* (1715). – Was die Unruhe betrifft, ein der Dialektik verpflichteter Autor wie Marx sieht den Gegensatz darum zunächst (ohne jeden Bedarf der Anlehnung an Begriffe oder Ideen wie den Kommunismus) nicht bei der Bewegung, sondern hier: „[Im Arbeitsprozess bewirkt also die Tätigkeit des Menschen durch das Arbeitsmittel eine von vornherein bezweckte Veränderung des Arbeitsgegenstandes. Der Prozess erlischt im Produkt. Sein Produkt ist der Gebrauchswert, ein durch Formveränderung menschlichen Bedürfnissen angeeigneter Naturstoff. Die Arbeit hat sich mit ihrem Gegenstand verbunden. Sie ist vergegenständlicht und der Gegenstand ist verarbeitet.] Was auf seiten des Arbeiters in der Form der Unruhe erschien, erscheint nun als ruhende Eigenschaft, in der Form des Seins, auf seiten des Produkts. [Er hat gesponnen, und das Produkt ist ein Gespinst]". (Marx, Das Kapital.5.Kap., a), Köln 2009 182f). Es scheint geschenkt, hier nach alternativen Kontexten zu suchen, die jeweils herausfinden, dass ›Bewegung‹ versus ›Unruhe‹ keinen Widerspruch stiftet, sollten sie sich ersetzen – was allerdings einen nicht notwendigerweise dialektischen anstatt antonymen Zusammenhang im Begriff beweist. Übrigens sah Marx den Zusammenhang offenbar selbst, aber er kommentiert in keiner Weise: „Während des Arbeitsprozesses setzt sich die Arbeit beständig aus der Form der Unruhe in die des Seins, aus der Form der Bewegung in die der Gegenständlichkeit" (191). Wenn Hegels Seinslogik hier aushelfen soll, verdoppelt sich die Abhebung (gegenüber der Antonymie), immerhin besteht die Möglichkeit ›Bewegungslosigkeit‹, ›Ruhe‹, sodann ›Sein‹ und ›Gegenständlichkeit‹ hier durch Gleichsetzung oder (bedingte) Synonymie zu vereinnahmen, weiterhin (wie stets) vorausgesetzt, die Begriffe müssen Knoten bilden (vgl. außerdem 208, es erscheint halbwegs müßig, die Differenz weiter zu untersuchen, der Knoten zur Antonymie schlägt nicht heraus).

294 Es erübrigt sich womöglich die Bemerkung, hier ist nicht vom Einlass der Dialektik die Rede.

gleichzusetzen, (dem Bewusstsein ist aber schon vom Begriff her, ansonsten von den fälligen, wirklichen Leistungen her zu unterstellen, dass es die Eigenleistung bedingungslos distinkt zu machen imstande, von daher auch in der Differenz den Unterschied im Seienden) – eine erste, unschließbare Negation wirksam. Sie diffundiert und misst, trägt die Extreme. Sie lässt demnach auch Raum und Zeit nicht aus, und wenn es wahr ist, dass auch der *stetige* Augenblick in β auf das Moment seiner Fusion nicht verzichten kann, dann liegt diese Zeit und dieser Raum, jeweils α, tiefer oder erstrangiger, i.e. im Energiefeld, und selbiges bedingt seine echte Wahrnehmung und gültige Erhebung. Die Unter- versus Überzeitigkeit, das Inliegen des anderen in der Distanz zum eigenen Bewusstsein sind die Basisbedingungen, welche den natürlichen Anschluss, die Wahrheitsfähigkeit und das eigentliche (durchaus naturgemäße, ansonsten bis in die äußersten Spitzen sozialisierte oder, proprie, *vergesellschaftete*) Äußern von Bewusstsein nicht verfehlen, in dem es den definiten, endgültigen oder in diesem Sinne absoluten Endpunkt von Individual- versus Mengen- oder Gruppenbewusstsein nicht gibt. – Da es nun galt, (i) Fusion an den Termen in der Seitigkeit, mithin den wirksamen Knoten, und nunmehr auch (ii) den inliegenden Sprung zu prüfen und zu bewerten, wird die Exemplifikation einen guten, ja womöglich besten Dienst leisten. Der Modellsatz – er kehrt zurück in ein Gebiet, in dem Natur und Vergesellschaftung aus dem Median hervorgehen – laute:

(1) „Fast die Hälfte der Bevölkerung hat es zu einem Mindestmaß an Vermögen bringen können und besitzt kollektiv *zum ersten Mal* einen nicht unerheblichen Teil des nationalen Kapitals“.[295]

Der Konträrsatz laute:

(2) „Unsere Erbschaftsdaten belegen auch, dass die Verringerung des Anteils des obersten Dezils am Nationalvermögen, zu der es im 20. Jahrhundert kam, ausschließlich den 40% in der Mitte zugutegekommen ist. Am Anteil der ärmsten 50% hat sich fast nichts geändert (er lag stets bei unter 5%). Im gesamten 19. und 20. Jahrhundert besitzt die ärmere Hälfte der Bevölkerung praktisch kein Vermögen“.[296]

(1) wie (2) sind unvermeidlich im Kontext zu lesen (jene „fast die Hälfte“ meint die 40% in (2). Das obere Dezil, 10%, besitzt somit etwa 60-70% des nationalen Einkommens, jene 40% das Intervall bis zu den besagten kaum 5% für die andere Hälfte). Offensichtlich ergibt das Paar eine Achse und damit auch eine Knotenfolge: der Sachverhalt der Vermögenszunahme respektive seines

295 Hervorhebung hier, Piketty 2014, 464.
296 Piketty 2014, 456 und öfter.

dauerhaften Erwerbs scheint, bzw. ist, gebunden von der positiven versus negativen Einschätzung, und Lage, und selbige verteilt sich wie ein plus und minus über die Prädikate – oder Terme, gemessen am Hauptterminus ›Vermögen‹. Dies besagt ebenso viel wie: dem Paar ist zu unterstellen, dass das erwähnte Kontinuum – Abfluss der Vermögen des obersten Dezils in die *n*ächstfolgenden Stände resp. Schichten – nicht von der diskontinuierlichen Klassifikation freizustellen ist, i.e. es ist zu vermuten, unter der Decke der kontinuierlichen Abmessung der Vermögensfolge verbergen sich echte Brüche, Lücken, Distanzen: Grenzstellen, die eine Klasse nicht naht- und bedingungslos, i.e. homogen, in die andere übergehen lassen. (Man mag vorgreifend den knappen Abschnitt lesen,[297] in dem P. den Roman des 19. Jahrhunderts zuhilfe nimmt, um sich – anders als Marx – zu behelfen, die effektiven Brüche und das Sozialverhalten zu kognoszieren und zu beschreiben, das nunmehr die Rentiers – und nicht die sog. Kapitalisten – charakterisiert, mitsamt des offenbar schlüsselartigen und durchaus potent anzusetzenden Verhältnisses von sozialer Anziehung und Abstoßung. Die Evaluierung bleibt hier freilich im Gebiet der empirischen, datengebundenen Ökonomie). Es muss somit in bestimmter Lage und Stelle Prädikate geben, die, gesetzt, in ›K_{n+1}‹ gültig und anwendbar, auf ›K_n‹ bezogen jedoch nicht anwendbar oder wenn, dann nur mit einem bestimmten Negationszeichen resp. Negationsauffassung. Selbige ist erstrangig der Antonymie verpflichtet. Dies meint, die radikal, so skrupulös wie möglich an und für sich oder absichtmäßig homogen bemessene Gleichheit versus Ungleichheit entfaltet sich nicht im Kontinuum. Tatsächlich sollte, s.o., diese Klassifikation daher die Stelle erübrigen, in der ›*y*‹ unter ›*x*‹ sowohl gegen dieses als auch ›*a*‹ distinkt bleibt, demnach gegen ›*x*‹ die Leermenge erübrigt, selbst wenn, gesetzt, sich in ›$y_1, y_2, \dots y_n, y_{n+1}$‹ eine Annäherung an ›*a*‹ involviert, die ggf. die Auflösung gleich Fusion anstrebt (um so mehr, sollte hier echte Anziehung wirksam sein). Rechnet man dies nach, dann ist jedoch nicht der Widerspruch zwingend, sondern, wie schon oben, die Polarisation unter oder mit ›$\cong$‹. – Selbiges sollte sich zeigen lassen. Der Nachweis, der die empirische, strikt an die Datenlage gebundene ökonomische Untersuchung bewegt, gründet sich auf das *β*-Kontinuum (wie oben vorgeführt die Annahme, der Schichtendurchschnitt verlaufe quasi über die Reismenge, i.e. es ist an keiner Stelle von oben nach unten, oder umgekehrt (!), der Hiatus zu erwarten, die Sprungstelle, welche die Klassifikation diktiert – dies möge heißen

297 „Klassische Patrimonialgesellschaft. Die Welt von Balzac und Jane Austen“, Piketty 2014, 546–551.

bedingt – und Schicht oder Klasse diskriminiert).[298] Nun gilt aber durchgehend, (i) im oberen Dezil zieht das Perzentil stets einen größeren Teil des Vermögens an, mehr noch, (ii) *die Linse* bewegt sich ggf. in das Tausendstel. Anderwärts aber, erneut wenn auch andere Achse, lässt sich im linearen Zeitdurchschnitt beobachten, (iii) die oberen Stände geben stets an die nächstunteren ab, und zwar derart, dass die Mittelstände von oben herab profitieren (wie zitiert, (2). Die Möglichkeit, dass die untere Hälfte oder gar das unterste Terzil oder Dezil dauerhaft profitiert – ohne die anderen Stände –, scheint ahistorisch).[299] Wenn nun versus (iii) die Polarität aus (i) und (ii) (oder Basisantonymie) gilt, wo zeigt sich dann der Sprung resp. wo wird er wesentlich, fällig? So gesetzt, gilt die α-Annahme, i.e. die Klassifikation, welche Schichten und Gruppen der Gesellschaft zu hierarchisieren sucht und effektive Brüche beinhaltet, wird ggf. vom homogenen Kontinuum überschnitten;[300] (›ggf.‹ da es sein kann, das Kontinuum auf der Basis von ± Fusion der Negation in der Achse, also α- versus *β*-, verzweigt sich parallel resp. in der Überschneidung befindet sich kein Anlass für den negativen Sprung, die Bruchstelle).

7. Zwischenschritt und abschließende Schemata zur Periodik

Nun gilt es hier dreierlei im Zwischenschritt zu involvieren: dies betrifft (a) die Fusion, (b) den Begriff Linse,[301] (c) das bereits eingeführte (und in Fazetten

298 Dies wurde bereits oben zitiert, also Piketty 2014, 329–31 im Kern anhand der Berufung auf die Begriffe Ober-, Mittel-, Unterschicht, die er methodisch abweist.

299 Entspricht dem Resümee Piketty's (2014, 338–39: „Unseres Wissens hat es nie eine Gesellschaft mit einer Verteilung des Kapitaleigentums gegeben, deren Ungleichheit man sinnvollerweise als »schwach« bezeichnen könnte, das heißt eine, bei der die ärmste Hälfte der Gesellschaft einen bedeutenden Teil – z.B. ein Fünftel oder ein Viertel – des Gesamtvermögens besäße").

300 Es sei angemerkt, ohne dass diese Regelsituation das Modell okkupiert, das Verhältnis Perspektive oder projektiver Raum versus euklidischer beinhaltet bereits eine Form der Überschneidung – das eigentliche Problem beginnt mit der Annahme der Polarität in der ontischen Basis, i.e. möglichen Sprüngen in der Klassifikation, die außerdem durch das Denken verantwortet sein können.

301 Auch wenn jedermann begreift, dass – im Vergleich – die Aufgabe der Begriffsanalyse und -klärung dem Linsenwerk des Optikers gleicht, scheint es in der Auseinandersetzung mit den Neurowissenschaften um so mehr geboten zu klären, ob ihr Begriff echt ist, mithin die Vorstellung/-skraft ihre Bedingung *mit allen Konsequenzen* aufgreift, sodann auch fragen und sich ggf. erläutern lassen muss, wie demgegenüber die synaptische Leistung ausfällt (zum Beitrag Bennett & Hacker, in: Sturma 2006, 28: „Es wäre absurd, wenn man die Brillengläser, durch die wir die Welt sehen

mehrfach belangte) Wechselverhältnis ›theoretisch‹ versus ›wirklich‹. Es geht, zwangsläufig oder naturbedingt, mitten durch das Bewusstsein hindurch. Was (a) betrifft, gilt es sich erneut resp. auf Anhieb von der verkehrten Annahme zu befreien, sie gehöre nur zur polaren Bedingung, da die Extreme aus der Bindung an bzw. Fusion mit der Achse zu evolvieren sind und daher Terme im Zwischenbereich stets diese Fusion offenbaren – bis hin zur latenten Verbergung (Enthaltensein) des Gegenterms im positiven und umgekehrt. (Die Interpretation koinzidenter Gegenterme ist gewissermaßen eine historische Übung sondergleichen). Paradigmatisch möge ansonsten (und im unmittelbaren Kontext) gelten: ›Arbeitseinkommen‹ und ›Kapitaleinkommen‹ fusionieren und bilden als nicht synthetischer, sondern Fusionsbegriff den Anteil (als insbesondere Dezil) oder das ›Einkommen‹. Dies braucht (abgesehen vom Begriff ›Ungleichheit‹, sowie den soeben fusionierten Begriffen selbst, die ja regelrechte Klassifikation in der Verkettung ermöglichen) womöglich nicht eigens bewiesen zu werden: in den Kurven erscheinen beide Einkommen mit Vorliebe fusioniert (synthetisiert oder, in diesem Sinne, *verschmolzen*), obgleich sie dennoch, so Piketty, effektiv „zwei Welten" verkörpern[302] (das Hochgehaltseinkommen der derzeitigen Konzernlenker und leitenden Vorstände bedingt eine andere Analyse als der Rentier oder Bezieher von Kapitalrenditen. Ebenso ist das Wachstum in ›g‹ grundsätzlich ein Fusionsbegriff aus Produktions- und Bevölkerungswachstum).[303] Ergo ist die Fusion nicht notwendig Anzeige des einen oder anderen, aber die Logik ist zwingend von der Annahme zu befreien, selbige sei stets Fehler, Anzeichen von Ambiguität, eines außerlogischen oder Vagheitsbereichs. Nun ist (b) die Linse, gesetzt sie erübrigt einen anderen Kurvenverlauf, sobald sich das Dezil öffnet, und dies mit Vorliebe noch einmal versus dem Zehntausendstel innerhalb des

---

[durchgehend gemeint, die Begriffe resp. ihre Wörter], mit der Begründung abtäte, sie seinen ja bloß aus Glas und lediglich für Linsenschleifer interessant. […] Noch absurder wäre es, wenn man die Defekte der Brillengläser außer Acht ließe und sie deswegen für unwichtig hielte, weil man sich nicht für optische Gläser und deren Mängel interessierte, sondern nur für das, was man sehen kann". Die Linse möge, ggf., die ‚höhere Verarbeitungsebene' des Gehirnforschers erläutern.

302 Piketty 2014, III. Kap.8.

303 Weiterhin möge das Beispiel der Zerlegung des Erbvolumens in drei Kräfte dienen: ›$b_y = \mu \times m \cdot \beta$‹ (wobei β = Kapital-Einkommens-Verhältnis, oder der Gesamtsumme privaten Vermögens zum Nationaleinkommen, m = Mortalitätsrate und μ = das Verhältnis des Durchschnittsvermögens bei Ableben zum Durchschnittsvermögen der Lebenden; Piketty 2014, 509). Der Begriff dieses Erbvolumens ist ein distinkter Fusionsbegriff, seine Segmente fusionieren – paradigmatisch – in seinem Zentrum oder, in diesem Sinne, begrifflichen Brennpunkt.

Dezils, also der Bemessung der tatsächlich *Reichen* oder ›Hochvermögenden‹ (die nicht mehr auf Arbeitseinkommen angewiesen sind resp. auf selbiges a priori verzichten) bereits notwendig, vom Begriff her, α-pflichtig. Sie polarisiert und schafft einen eigentümlichen Fokus, daher sind 9/10 einmal Peripherie, zum anderen Gegenfokus im obersten Dezil. Sobald demnach die echte Linse, möglicherweise Linsen, in die Analyse und Klassifikation eingelassen werden, bedingt sie einen Bruch, da die andere Vorgehensweise gemäß *β* bedingt, es wird ‚nur' die kleinere Dimension geschaffen und alle kleineren bis kleinstteiligen Elemente gehen ggf. bruchlos in den höheren auf.[304] Dass Fusion hier – ohne Identität oder Vereinnahmung – eine gegenläufige Bedingung leistet, wurde bereits vermerkt und vorgeführt, (umso mehr gilt es ihr Werk zu bemessen). – Was nun schließlich (c) betrifft, ist das Prädikat ›delikat‹ zu Beginn dieses Absatzes erreicht: es ist selbstredend zu unterscheiden bzw. ist nach der exakten Verortung zu suchen, in der die Bruchstelle, gesetzt, sie ist der Anschlag der Negation innerhalb der Antonymie, *a priori* dem Denken, dem theoretischen Ansatz, folgt oder, ansonsten, effektiv erhoben und aus der Wirklichkeit abgenommen, mithin dort angetroffen wird. (Dies scheint eine kantische Vornahme und so hätte sich zu einem bestimmten Anteil der kritische Ansatz verschoben). Wenn nun eine Linse vererbt wird oder im Erbe wirksam ist, ist mit (b) und (c) zu rechnen, i.e. die genetische Klassifikation wird mit Bruchstellen zu rechnen haben resp.

304 Kants Veranschaulichung der Begriffslehre (KrV A658/B686 ff) durch den Horizont ist diesem Modell noch zur Gänze verpflichtet, so dass Homogenität, Spezifikation und Affinität eine systematische Einheit bilden. Sie rechnet (noch) nicht mit der Möglichkeit, in jener Vergleichung, welche als Vereinheitlichung den Gattungsbegriff schöpft, könne eine Achse wirksam sein, welche die Negation enthält und von daher die Bruchstelle, den Übergang, schöpfen – und entgegenhalten – muss. Es ist also durchaus *nicht* gewährt, dass sich zwischen zwei Spezifikationen stets und immer die dritte findet (oder in der Begriffserzeugung *an irgend Stelle*, wenn nicht zur Gänze, die Polarität durchdringt und die Bestimmung des Begriffs regiert). Auch, was die Enden betrifft, denkt er einmal das Individuum als den bloßen Punkt, der „über keinen Umfang verfügt" – jedoch ggf. ein echter Brennpunkt ist und insb. durch gegenteilig konstitutive Segmente und nicht nur Überschneidung zustandekommt (im Sinne eines transzendentalen Prinzips anderer Natur) –, zum anderen die „höchste Gattung als den allgemeinen und wahren Horizont, der aus dem Standpunkt des höchsten Begriffs bestimmt wird und alle Mannigfaltigkeit, als Gattungen, Arten und Unterarten unter sich befasst" (A659/B687). Hier wurzelt, da der S-P-Wechsel notwendig in die Kette wirkt, das Antinomienproblem, wie oben ausgeführt, i.e. es ist an sich anzugeben, warum auch an dieser Stelle der Wechsel nicht mehr möglich und was er, ggf., bewirkt.

das homogene Kontinuum außer Kraft setzen müssen (die logische Strenge ist also nicht derart, dass stets nur Ähnlichkeit mit Ähnlichkeit, von oben nach unten und zur Seite, ja nach vorne und hinten vermisst, um Klassifikation im Sinne der Homogenität – oder des β-Kontinuums – anzusprechen); wenn aber anderwärts eine menschengemachte Welt selbige zur Gänze, jedenfalls im Übermaß, verantwortet, liegt die andere Möglichkeit in Potenz auf der Waage, welche ihren Ursprung aus der (theoretischen) Vorstellung oder dem Denken erklärt, das, zuletzt, auch alle Pragmatik beherrscht. – Dies sollte nun, quasi grenzwertig, auch darstellbar sein. Voraussetzung sei, dass ›Vermögen‹ dissoziiert oder das Kontinuum bricht, i.e. im Minimum liegt zwischen den Hoch- bis Höchstvermögenden und der unteren Hälfte keine Vereinigungsmenge (strikt gelesen, i.e. die 5% unten gleich halber Kegel sind persönliche Wertsachen, sich auflösende Restbestände von Erbschaften, Lebensversicherungen etc.).[305] Außerdem muss aber auch im oberen Dezil immer noch, wegen der eklatanten ±Schleife, Fokalität herrschen, i.e. auch hier offenbart sich ggf. eine Bruchstelle. (Derjenige, der im obersten Dezil aufgrund von Erbschaften und liegendem Kapital hohe Einkünfte aus Renditen (Dividenden etc.) bezieht, steht selbst dem Bezieher höchster Arbeitseinkommen, und familiär bedingterweise zum ersten Mal, mithin aus sog. »Karriere« erworben – in den dargelegten echten Verhältnissen von Individual- versus Gruppenbewusstsein ein Ja-Nein-Verhältnis –, als Fokus gegenüber). Wenn nun, gesetzt, die Mittelklasse Vermögen aufnimmt, stellt sich die konsequente Frage seiner Zugehörigkeit resp. Klassifikation: unmöglich ist sie einförmig, wenn das erwähnte Minimum gilt, und es muss sich, erneut ggf., erweisen, da nicht behauptet sei, die Brüche lägen stets zutage oder als könne nicht das erscheinende Kontinuum ihre Stelle überdecken, dass das Vermögen, das sich von der Nicht-Vereinigungsmenge löst (ihr nicht mehr zuzurechnen ist), in der Polarisation beheimatet und einmal dem Links-, das andere Mal dem Rechtspol zuneigt. Dies möge heißen, es zeigt in der Anstieg- oder Falltendenz, dass es der Negation in dieser Spanne einen Ort zuweist.

In Kürze und zur Übersicht mag dies ebensoviel heißen, die ± Schleife operiert, stets ggf., in der Dimension von oben nach unten, sodann seitwärts – unter den Arten(!) –, schließlich auch im Verhältnis ›vorne ≅ hinten‹: – um der mehrdimensionalen Schichtung den Schlüssel zu übergeben, i.e. es besteht kein Grund anzunehmen, der euklidische oder dreidimensionale Raum wäre die Herrschaftsklausel über ihre gleichermaßen logische und reale Entfaltung. Vielmehr ist, insoweit, überaus damit zu rechnen, die Polaritäten überlagern und dominieren

305 Vgl. Piketty 2014, 508.

sich, ja, es mag ein Pol in die andere Spanne (oder konstitutive Scherung) einwirken und die gesuchte Bruchstelle, den Sprung, verantworten, die allesamt nicht bar auf der Hand liegen, definit wie die Bordsteinkante, der Straßenabzweig, das Umspannwerk oder der Windreaktor (im Schwarzwald oder zwischen Dünen auf Rügen), sondern eine bestimmte Flüssigkeit in der Realität beweisen, ohne diese resp. jene zu verkennen. Dieserart wäre die Frage zu beantworten, was bedeutet eine Klassifikation, in der die klassische Homogenität resp. das klassische Kontinuum nicht mehr gültig ist. – Es sei: ›Π‹ das Vermögen, ›*x*‹ alle Elemente, die ihm – als Funktion – zuzurechnen sind. Dann müsste ›¬Π‹ das Nichtvermögen bezeichnen, und ›*y*‹ die ihm zuzurechnenden Elemente. Es sei diese Zuordnung unbefriedigend, da – gemäß Voraussetzung – mit der Bruchstelle zu rechnen ist, derzufolge es (nicht wenige) Elemente gibt, die letzterer Menge resp. Funktion zuzuordnen sind und hierbei die andere Relation ›arm‹ versus ›reich‹ wiedergeben, (gleichbedeutend mit ›nichtvermögend ≅ vermögend‹, wobei offensichtlich, dass der Begriff ›arm‹ selbige Negation quasi verschluckt, aber nicht tilgt: ergo fusioniert im Sinne des echten Antonyms. Obgleich sehr alt, wurde sie, wie mehrfach erläutert, stets neutralisierend oder seitig vereinnahmt, i.e. es galt stets nur ein Prädikat entweder links oder rechts anzusetzen, und hierbei geht die andere, fällige Negation verloren resp. sie kommt – in β, dem unterstellten Kontinuum – gar nicht zum Vorschein und, ggf., Tragen. Die Interpretation sei fortan so gering wie möglich gehalten). Sodann ist die Vermögensrealität so zu verstehen, dass nicht Dezil für Dezil abwärts die -lage abmessen, sondern, selbst wenn sich überall Zahlen und Werte bzw. Daten ergeben, die keine Bruchstelle verlangen, es ist mit Sicherheit eine Diskontinuität dafür verantwortlich, dass sich im Dezil oben Vermögen ansammelt oder, proprie, *konzentriert – und* Armut im unteren Dezil. Somit liegt in der unteren Hälfte, die erhebungsbedingt tatsächlich nur 5% des nationalen Vermögens repräsentiert oder vereinnahmt, eine zweite Konzentration, die minushaltige. Der Ausdruck hierfür sei: ›$\|\ \Pi^{+}(x) \cong \Pi^{-}(y)\ \|$‹. Der Ausdruck besagt offensichtlich nach dem bisherigen: ›$\Pi^{+}(x)$‹ und ›$\Pi^{-}(y)$‹ stehen sich in einer Äquivalenzversusrelation gegenüber, selbige beinhaltet die Negation und bindet ihre beiden Termini, die damit als Pol und Gegenpol oder selbige Relation als Polarität charakterisieren. ›*y*‹ sollte infolgedessen ein anderes Element repräsentieren, womit gesagt, um zu steigen, gar erheblich, wie es gleichermaßen Illusion und, zugestanden, gelegentliche Realität (ein Mensch aus der Bronx, aus Sibirien oder einem schwäbischen Landdorf wird Medientycoon, Ölmagnat oder Konzernketten- und Möbelhausbesitzer), muss es eine Verwandlung durchlaufen respektive exakt den Sprung reflektieren, der in ›≅‹

angelegt und manifest.[306] Dieserart muss aber auch gelten, die Mittelschichten fungieren nicht einfach wie ›*xy*‹, sondern bedingen einen anderen Elementausdruck in Verbindung mit der ihnen zukommenden Scherung.

Es wurde weiterhin behauptet, es könne die Polarität als Seitenbeziehung auftreten, und das obere Dezil wurde in diesem Sinne interpretiert. Zwar sind stets die 9/10 der Anschluss zum oberen Perzentil (nach Datenlage und kontinuierlicher Bemessung), aber die historische Erhebung bedingt, die Realgesellschaften auf ihrer Basis beweisen eine deutliche Differenz: ob das Vermögen auf Hocharbeitseinkommen fällt oder im Wesentlichen aus der Rendite erwächst. (Letzteres das Hauptresümee Piketty's zur Situation um 1910–2010 in Europa, Frankreich, Großbritannien an der Spitze, Deutschland und Amerika gleichartig resp. tendenziell, und hier interpretiert als echter oder wesentlicher Fokus versus Gegenfokus – der Herd, Vermögen in der Konzentration, lässt sich nicht einfach neutralisieren, sondern bedingt Realität, Beziehung, Krisis, das mögliche »Verbrennen« oder »Verglühen«, gesetzt man muss ein wenig, aber immer noch reell, in den Begriff und seine Inhalte malen). Wenn nun das Vermögen sich im Dezil konzentriert, liegt es näher, die Polarität zu wenden, i.e. sie geht in die Seitenbeziehung über, zieht aber insgesamt in die oberste Position. Mithin wirken bereits zwei neben- und ineinander. (Gewiss kann das oberste Perzentil sich gegenüber den 9/10 wieder als quasi Oberschicht – oder in ›$\Pi^+ \cong \Pi^-$‹ gekehrt – behaupten, aber die Grundkonstellation oder Basisfeder liegt wie zuvor – Einwirkungen von Aktionärsversammlungen oder, ggf., Aufsichtsräten in die Entscheidungen der Vorstände oder Boards sind hier relativ einfaches Muster, welche Perzentildominanz durchscheinen lassen). Nun gilt es diese Lage noch zu bezeichnen, überdies gleichermaßen (i) die Mittelschicht, die Vermögen annimmt, zu erklären, (ii) wenigstens einmal auch die Vorder- versus Hintenlage zu erläutern, gesetzt auch hier benimmt sich ggf. eine Polarität im Ganzen. Streng kommt die Konstellation somit bereits auf die vierte, wenn gesetzt, die im 20. Jahrhundert berühmt gewordene Mittelschicht (durchaus im Sinne früherer Patrizierfamilien, wohlhabender Freiherren, Zunftober oder dergleichen) steigt und nimmt, jedenfalls verdickt sie sich in beiderlei Hinsicht von ›Π^+‹ und ›Π^-‹. Es bezeichne

306 Was die soziale Mobilität angeht, womit der soziale Aufstieg gemeint, kommt Piketty nur gelegentlich darauf zu sprechen – insgesamt scheint die Gesellschaft ein mehr oder wenig träger Block, in dem jedenfalls die Dynamis überwiegend nur die wenigen erfasst, mögen selbige nunmehr auch quer durch die Verzweigung verlaufen, anstatt nur den Knoten oben zu repräsentieren. Ein Merkmal oder Bedingungskontext ist die Erbschaft, die er gründlich untersucht (p.e. 2014, 534).

(1) ›$\| \Pi^+(x) \cong \Pi^-(y) \| \Rightarrow \| \Sigma^+(x) \cong \Sigma^-(x) \| \Rightarrow \| \Lambda^+(z) \cong \Lambda^-(z) \| \Rightarrow \| \Delta^+(y) \cong \Delta^-(y) \|$‹

die Hauptverkettung, wonach ›Π‹ bereits geklärt (Vermögen), ›Σ^+‹ die Rentiers oder Hocheinkommen aus Rendite, und ›Σ^-‹ Hocheinkommen als Arbeitseinkommen (Vorstände etc.), ›$\Lambda^+(z)$‹ den sich anschließenden Mittelstand, der aus Mittelabfluss von oben (Fällung) entsteht, versus ›$\Lambda^-(z)$‹ jenen Mittelstand, der sich aus ›$\Delta^+(y)$‹ = unvermögende Unterschicht (Lohnempfänger und Arbeitnehmer im umfassenden Sinne der verbleibenden Diskriminierung) (und Bestandteil der 50%) durch Steigung ergibt (und bereits Vermögensanteile besitzt); während schließlich ›$\Delta^-(y)$‹ die Unterschicht mit abhängigen Einkommen, also ohne Arbeitseinkommen bezeichnen möge (ehemals das nicht mehr existierende Lumpenproletariat, das wenigstens in der kumulativen Industrialisierung des 19. Jahrhunderts die basale Polarität offenlegte), das sich nurmehr auf staatliche Subvention abzustützen vermag (also ausdrücklich keine Pensionäre oder Rentner, Studenten und alleinerziehende Mütter mögen hier gleichfalls nicht zählen). Die Verkettung besitzt eine bestimmte Redundanz dahingehend, dass die Funktion ›$\Lambda^\pm$‹ eigentlich noch unter ›Vermögen‹ klassifiziert und damit die Variable ›x‹ verdient. Wenn nun, wie es freisteht, ›z‹ das Element zu ›Λ‹ (als Mittelklasse) charakterisieren soll, dann ausdrücklich nicht im Sinne der Unter- oder Teilmenge, da der Sprung oder die Negation unter- oder sogar innerhalb des β-Kontinuums Voraussetzung. Demnach gilt für die Klasse oder Funktion ›$\Sigma^\pm$‹ – es ist jene Funktion, welche ehemals den »Mehrwert« zu setzen und zu schöpfen (insb. links) oder zu regulieren wusste (und an der Vermögensakkumulation heute im Sinne der Rendite nicht unmaßgeblich teilnimmt, rechts)[307] –, sie reflektiert im basalen Sinne die Teilung zwischen ›x‹ und ›y‹ an der Funktion, mithin liegt in der logischen Sphäre ein Wechselverhältnis von Fokus und Peripherie (untilgbar, uneliminierbar oder irreduzibel, wie gewollt). Selbige Teilung – respektive Scherung oder ggf. Spaltung – bleibt manifest über den gesamten Stammbaum, und sie diskriminiert an den Plus- und Minuszeichen das Verhältnis Steigung versus Fällung. Selbige wiederum sind unmittelbar polaritätspflichtig und nicht neutral wie bloße β-Graduierung oder Monotonie in diesem Sinne zu verstehen. Wenn es nun heißt,

(2) Im 21. Jahrhundert wird man zugleich Bezieher hohen Einkommens und ‚mittlerer Rentier' sein können: die neue meritokratische Ordnung legt diese

---

307 Es braucht hier Piketty kaum referiert zu werden, da diese Erkenntnis geradezu den Tenor seiner Studie bildet (s. nachfolgende Fn und 393ff, 442ff u.ö.).

Verquickung im Übrigen nahe, zweifellos zum Nachteil des kleinen und mittleren Arbeiters, vor allem dann, wenn er selber kein oder fast kein Vermögen hat.[308]

dann sollte man (a) die obigen Glieder in der Verkettung mit Leichtigkeit wiedererkennen, (b) der Hauptnegation ihre bestimmte Rolle zuweisen können. Die Redeweise ‚Hauptnegation' wird selbstredend denjenigen aufwecken, der sich in Antonymen auskennt und sofort etliche Begriffe implizit so auffasst, dass sie ihr Gegenteil notwendig in sich tragen. Dies gelte unbenommen und möge einstweilen nicht stören – ‚kein oder fast kein Vermögen' sei die gesuchte, wiederum im gesuchten Hauptsinn, die Klassifikation im Kontinuum von der anderen zu unterscheiden, die nicht darin verläuft resp. selbiges voraussetzt (nach hiesiger Symbolik β versus α). – Da der historische Belang nicht ganz außer Acht bleiben kann, sei erinnert, dass Marx sein Kapitel zur – theoretischen – Herleitung des Mehrwerts mit der Einsicht schloss, er könne nicht aus der Zirkulation entspringen und müsse ihr zugleich entspringen.[309] In jedem Fall bedingt er einen Sprung, eine Diskontinuität, da sich die plausible Kapitalschöpfung (wenn nicht durch perpetuierte „Prellerei" des Verkaufspreises) nur erklären lässt, wenn der Kapitalist Arbeitskraft kauft und jene den Mehrwert erbringt (im Rahmen der Grundgleichung ›G – W – G‹ für Geld, Ware, Geld). Was hier interessieren möge, ist dieser Sprung (oder Hiatus).[310] Offensichtlich denkt Marx nicht dialektisch (auch wenn die maßgebliche Interperetation mit seiner Vorgabe im Vorwort ihn in diese Richtung auslegt), sondern aus der Polarität. Die gesamte Theorie bis dahin setzt sich gleichwohl nicht mit der Differenz auseinander, setzt aber eindeutig mehrfach Pol und Gegenpol. Der Sprung nun ist offensichtlich auch keine hegelsche Diremption oder Entzweiung, sondern tatsächlich die Koinzidenz des direkten Gegenteils, die *beide* wahr und darum nicht Widerspruch (entgegen der Überschrift). So möge dieser bloß logische oder analytische Befund ausreichen, um nun die Verwandtschaft der Formulierung „zweifellos zum Nachteil des

308 Beispielsatz Piketty 2014, 503. Im Original ‚Supermanager' anstatt Bezieher hoher Einkommen.

309 Marx. *Das Kapital*, Köln 2009, 167, dito 196.

310 „Hier ist Rhodus, hier springe!", fasst M. seine Erhebung zum (nach wie vor vorgeblichen) „Widerspruch" zusammen (entnommen einer des Fabeln des Aesop), später auch „der Überschuss des Produktenwerts" (208) im selbigen Sinn als ausschließlicher Vorteil des Kapitalisten (der den Kaufpreis der Arbeitskraft vorgeschossen hat) und erneut „kapitalistischer Widerspruch" (213). Der Sprung, ggf. Diremption, ist keine Hauptkategorie der Dialektik Hegelscher Prägung, zumindest sollte er sich nicht regelmäßig, gar notwendig bei Übergang zur Antithese zeigen, in der Aufhebung ist er nicht konstitutiv.

kleinen und mittleren Arbeiters" nicht zu übersehen. Wie schon bemerkt, denkt der Ökonom des 21. Jahrhunderts jenen Mehrwert völlig verwandelt in der Rendite. Diese ist die Basisspirale oder geradezu Motor der Kapitalakkumulation, der (öfters) *kumulativen Logik*, welche sich gegen Wachstumsschwankungen, historisch bedingte Erbminderungen und eingebüßte Sparquoten (als Reinvestition) durchsetzt und selbstredend auch die politischen Institutionen überragt, i.e. die Steuergesetzgebung schafft zwar eine Milderung (vielleicht 2% im ganzen), nicht aber die direkte Negation oder Abkehr von der fundamentalen Kapitaldynamik. So beugt sich nachweislich ein Jahrhundert, das letzte (ab 1900/1910), in einer U-Form (die mittige Belastung in der Folge der beiden Weltkriege). In jedem Fall bleibt es einstweilen bei der Einsicht, Kapital arbeitet, und indem es beginnt operativ zu werden, zieht es sich zusammen, es zirkuliert in der Spirale über die Stellen der Eingangsschleife (oder Periode) wider andere oder anderslagige und schafft daher Konzentration in den Händen weniger. Selbige gelten noch immer und insb. als die Spitze der Gesellschaft und bedienen, entscheiden, fluktuieren und nicht zuletzt aggregieren mittellängs in seiner Verwendung – die Präposition (resp. das Adverb) meine, in die eigene Achse aufwärts.

Um nicht abzuweichen, der Sprung gelte hier als Anzeichen einer Klassifikation, die nicht homogen aufgeht. Freilich liegt dies nicht unmittelbar im Marxschen Skopus, dem es um die Grundlagen einer Gesellschaftstheorie ging, welche diese, und zwar genau diese Diskrepanz am Ende überwinden will. Dies sollte, wie schon vermerkt, unmöglich sein, wenn tatsächlich die Ökonomie ohne Polarität undenkbar und Gesellschaft, indem sie sich in Schichten legt, bzw. notwendigerweise über- versus unterschichtet – beides muss nicht dasselbe bedeuten, wie die β-Orientierung impliziert, i.e. man gelangt notwendigerweise ebenso leicht von oben nach unten wie umgekehrt oder vom regressus in den progressus (in der Ausdruckweise Kants) –, obige Verkettung nicht umgehen kann. (Historisch frühere Schichtungen mögen im Augenblick nicht interessieren. Anderwärts, noch auf M. bezogen, liegt der Preis in einer mangelnden Einsicht und/oder Vorsicht, welche die dialektische Grundüberzeugung nicht an der Differenz zur Polarität und wiederum dem echten Widerspruch schärft, mithin die Logik entgegen den eigenen Absichten und der oft skrupulösen Gedankenführung gehen lässt). – Wenn nun, (a) versus (b), im Vordersatz deutlich die Periode ›$\Sigma^{\pm}$‹ angesprochen wird, und im Nachsatz vor allem ›$\Delta^{+}(y)$‹, ist dann im ›fast oder kein Vermögen‹ ein Sprung zu erwarten? Ja, und nein. Er ist bereits gesetzt, da in der Periode (gesetzt die Verkettung der basalen Relation mitsamt Peripherie bedingt eine Periode) ein ›y‹ begegnet, das allen ›x‹ gegenübersteht, und diese sind die Vermögenden. Für rechtsseitig ›$\Delta^{-}(y)$‹ gilt dies tatsächlich, so dass die Symboleinführung keine Künstlichkeit birgt. Wenn aber links ›$\Delta^{+}(y)$‹ ein kleines („fast kein") Vermögen aufnimmt, wie erklärt sich die vermeintliche Kontinuität? Denkt man zurück an oben die gegründete Menge, liegt ›$\Delta^{-}(y)$‹ gewiss unter ›$\Pi^{-}(y)$‹, aber liegt es auch unter ›$\Pi^{+}(x)$‹, wiederum und noch einmal insb. unter ›$\|\ \Sigma^{+}(x) \cong \Sigma^{-}(x)\ \|$‹, die direkt als Doppelfokal angesprochen seien. Gewiss nein, da sich, dem vielleicht Anschein der Verkettung zuwider, in den Perioden keine Teil- und Untermengen ablösen, die bruchlos ineinander aufgehen; obgleich sie es müssen, setzt man die Elle einer bloßen Vermögenszählung an (Verteilung im Numerus unter Dezilen unter Vorgabe der Orientierung an klassischer – oder begriffstechnischer – Ähnlichkeit (Einheitswertkonstitution), die bruchlose Homogenität, gleichgültig unter welchem Skopus resp. Auflösung ermöglicht). Also, (a) versus (b), ist die Negation des Nachsatzes in Verbindung mit dem „Nachteil" und der Steigerung („vor allem dann") Anzeichen einer anderen Negation als der Kontrast oder der Widerspruch (je nachdem wie man die Beziehung auflösen möchte). In der Differenz ›kein oder fast kein‹ beginnt sich ein Hiatus oder Sprung abzuzeichnen, umso mehr, wenn ›$\Delta^{\pm}(y)$‹ gegen ›$\Lambda^{\pm}(z)$‹ und wiederum ›$\Sigma^{\pm}(x)$‹ eine eigene Polarisation bilden muss respektive die beiden höheren Perioden je für sich eine eigentümliche Negation besitzen, welche sie an ihre eigene Peripherie klammert. Liegt also ›$\Delta^{-}(y)$‹ unter ›$\Pi^{-}(y)$‹ und, *gesetzt*, ›$\Lambda^{-}(z)$‹ gleichfalls, dann wird ›$\Delta^{+}(y)$‹ kein Element von ›$\Lambda^{-}(z)$‹, solange auch ›$\Delta^{-}(y)$‹ und ›$\Pi^{-}(y)$‹ keine Vereinigungsmenge bilden und alle Zwischenperioden erfüllt sein müssen. ›$\Delta^{+}(y)$‹ unterliegt zwar einer eigentümlichen Reihenbildung, welche es zur Aufnahme und Übergang in ›$\Lambda^{-}(z)$‹ anzieht (vergleichbare Fälle weiter oben in der Spirale), aber letzlich unterliegt dieser Übergang der durchgehenden Scherung und bedingt einen Hiatus – er diente vorab zur Differenz der Elementsymbolik, also hier ›z‹ versus ›y‹ – und verlegt die Kontinuität, die in dieser Reihenbildung scheinbar liegt, in die Seitenscherung unter ›Λ‹, ergo auch ›$\|\ \Delta^{+}(y) \cong \Delta^{-}(y)\|$‹. Mithin ist die Negation aufgelöst, *selbst ein Mitglied* oder Element unter ›$\Delta^{-}(y)$‹ hat ggf. (und an und für sich) damit zu kämpfen, Vermögen aufzunehmen; vielmehr nein, zunächst nur ein Arbeitseinkommen zu erwerben, und schon hier beginnt der Hiatus zu arbeiten. (Diese Sprünge oder eigentlich Fällungen, i.e. an bestimmter Stelle ergibt sich der Absprung, das gekrümmte Verhältnis zum angesetzten, ggf. für sich homogenisierten Vergleichsniveau, äußern sich in der Studie P.s in einer Rentiersgesellschaft – das 19. Jahrhundert – dahingehend, wie Dienstboten, anderwärts Einkommen gelten, die nahe am Durchschnitt anzusetzen sind, somit im Vergleich mit der Staffelung der Jahresrenten, die, wenigstens im Roman, ein einträgliches und genügsames Leben und

Dasein bieten.[311] Für, *gesetzt*, ›$\Lambda^{-}(z)$‹ unter ›$\Pi^{-}(y)$‹ möge gelten, dies ist Ausdruck der unvermeidlichen Doppeldeutigkeit der Mittelschicht, die, solange sie noch – und auch nur eine Ziffer – der Hälfte der Unvermögenden zuzurechnen ist, nur durch Steigung des Vermögens vermögensfällig wird, während der Kontrapart, eben ›$\Lambda^{+}(z)$‹, aus der Fällung oder dem Abschmelzen des Vermögens von oben aufnimmt. Es lässt sich, offensichtlich, die Klassifikation, die aus Scherung konstitutiert wird, nicht bruchlos – was nicht ›widerspruchsfrei‹ heißen möge – wie Teil-Ganze- oder $\subseteq$-Relationen aufbauen, *re-*, *kon-* oder *intra*stituieren, wie auch immer).

Da nun an der Negation die Klassifikation und das Ganze sinnfällig wird, nämlich genau dann, wenn sie die Ablösung der Klassen reguliert, jedoch nicht im Sinne von ›$\neg$‹, mögen drei weitere Beispiele Eindruck und Ergebnis abrunden. Zugestanden, es ist der Kontrast, der in der Umgangssprache – und dann noch einmal in der Wissenschaft – die ggf. schärfsten Gegensätze bedient:[312] – wenn selbige nebeneinander bestehen und keine Herausforderung an den Verstand darstellen oder dieser ihre Koexistenz als wahr attestieren muss. Gleichwohl spiegelt sich in dieser Prädominanz eine, womöglich Jahrhunderte alte, Einstellung des Verstandes, der sich mit dem Schein zufrieden gibt, Distinktivität durch eine vermeintliche Fusionsfreiheit zu erwerben, gleichgültig an welcher Stelle, das ›nicht‹ oder ›nein‹ eingerechnet, und Prädikate und Klassen stets auf die Seite oder ein unbedingtes Auseinander zieht. (Austin hatte demnach, womöglich mehr geahnt als gewusst, Recht, gegen die fregesche Forderung, Verneinung sei – durch Kontradiktion auf höherer Stufe – auf Bejahung bzw. zunächst jeder Ausdruck ›es ist falsch‹ auf den Komplementrär ›*x* ist nicht F‹ reduzibel, zu behaupten, dass sich beide, Bejahung und Verneinung, „gleich unmittelbar auf die Welt und nicht auf die Aussagen über die Welt beziehen";[313] wie diese Forderung unter seiner sprach- resp. sprechakttheoretischen Vorgabe überhaupt erfüllbar ist, sollte allerdings nicht übergangen werden). Warum nämlich, p.e., (i), sollte die Fusion auf Naturseite in die Erbschaft eindringen, besteht nicht eine

311 Piketty 2014, 546–554.

312 „[...] Der Kontrast der beiden Extreme der Gesellschaft tritt so von Anfang an in aller Schärfe hervor" (Piketty 2014, 548) und „Von den ersten Seiten an steht der Wohlstand XY in scharfem Kontrast zur relativen Armut seiner Halbschwestern ZX und ZY" (550), betroffen die Welt des 19. Jahrhunderts im Roman.

313 John Austin. „Wahrheit". U.a. in: Skirbekk 1977, 236. Dies meine nicht, dass seine an Konvention und Satztyp gebundene Auflösung des Wahrheitsbegriffs zu teilen ist. Übrigens gilt selbiger Vorbehalt, wie zu erwarten, da nur eine Negation verhandelt wird, auch D1 in Quine, NF (1979, 84).

Mittenregion, in der die Art an beiden Teil hat und es unsinnig oder eine beschränkte Pflege des Verstandes darstellt, hier bedingungslos nach der Distinktivität, dem endgültigen Auseinanderfallen, zu suchen. Dies klingt nach wissenschaftlicher Häresie und bezeichnet womöglich geradewegs das Gegenteil. Wenn nun, noch dazu, (ii) selbige Fusion *qua Gegensatz* auch in den Begriff bzw. die Begriffsweise eindringt und die eigentümliche (freilich relationale) Achse schöpft? Sodann aber, geradezu umgekehrt, die Natur – oder der Begriff – jene Stelle freilegt, an der nicht etwa die Art qua Ähnlichkeit, der quasi übergesetzliche Geltung zukommt, eine spezifische Distanz zur nächsten offenbart, sondern mindestens zwei, ggf. eine unregelmäßige Gruppe in einem Ast, in einer echten ± Reihe liegen und an bestimmter Stelle reißen, i.e. die Negation preisgeben. (Das Bewusstsein möge in seinen eigenen evolutionären Eigenschaften an dieser Möglichkeit teilhaben, die Formantenbildung in der Gehirnwelle eingeschlossen, i.e. es gibt stets Zeitgenossen, denen – trotz Bildung und Erfahrung – bestimmte Regungen der Gehirnenergie vollkommen unzugänglich oder nicht rezeptiv, selbst nicht durch spontane Bemühung erschließbar – dass man sich nicht versteht, nicht empfindet, und zwar basal, wäre eine umgangssprachliche Erklärung, dass das Bewusstsein Scheitel bietet, die der Verkehr vielleicht übertüncht oder kaschiert, eine zweite, dass es milieu- und professionell bedingte ‚Schweißnähte', den soz. Erfolgszirkuit, nicht preisgeben will, dagegen die dritte). Es wird in keinem Fall die Kontradiktion helfen, der Kontrast aber wird nur die Mittenregion verlangen resp. preisgeben, und an und für sich gleichfalls nicht weiter wissen. Im Übrigen liegt keine Vagheit im eigentlichen Sinne vor.[314] – Nun lebt das bedingungslose Auseinander bereits, wie erläutert, mit der Typenlehre bzw. modernen Klassifikation auf, insbesonderne in seiner Urform, wie sie Carnap zitiert:[315] die Stelle ›k_n‹ versus ›k_{n+1}‹ bezeichnet den Sprung oder vereitelt die homogene Klassifikation dann, wenn in den Stufen Polarität wirksam wird (gleichgültig ob als Eigenschaft oder Beziehung, wie man sofort sieht), und zwar derart, dass wie in (1) oben in den Perioden eine quasi Seitenklassifikation die Terme bindet, da ihre Extreme oder Extrembildung durch fusionierte, strikt gebundene und nicht eliminierbare Negation regiert wird. Die Terme sind mithin echte Brennpunkte (Foki) oder Knoten. (Man mag dies im Einzelnen definieren, in jedem Fall ist stets ein gegenteiliges Segment im andern enthalten bis hin zur, angezogen, Streuung in der Binnensphäre, i.e. die Negation gibt einen spezifischen Hiatus preis). Weiterhin ist die Negation nicht gezwungen, sich nur

---

314 S.w.u. in der Anmerkung.
315 Vgl. Quine. NF, 90.

in dieser Form zu äußern, sondern voll entfaltete Polarität – und die Ökonomie und ihre implizite Gesellschaftslehre sollte sie *exemplarisch* gewähren – vermag sich selbstredend auch ‚von oben nach unten', in der herkömmlichen Monotonie oder Steigung, ansonsten in der Ebene Hinter- versus Vordergrund (wofür kein Perspektivzwang eintreten muss), ja selbst in der Krümmung beweisen. In welchem Fall – stets logisch und quasi *Df* – mehrere Polaritäten ineinanderwirken, sich hierarchisieren und ein Pol auf einen anderen in anderer Ebene einwirkt. (*Anmerkung.* Die Krümmung wird in erster Linie logisch interpretiert und verstanden. Von daher braucht sich der Begriff einstweilen nicht damit zu beschweren, in welchem geometrischen Sinne selbige hyperbolisch – minuslastig – oder elliptisch – pluslastig – aufzufassen ist, eine womöglich lässliche Analogie, jedenfalls kein Zwang, der die logische auf die geometrisch-anschauliche Basis transferieren müsste. Wenn man die Binnensphäre, das nie nicht-datierbare oder nur durch den Exodus wegfallende Verhältnis zwischen Unter- und Überzeitigkeit, das jedes Bewusstsein miteinander teilt,[316] in die Minussphäre im Ganzen verlegt, liegt es intuitiv nahe, die beiden Krümmungen nicht auseinanderfallen zu lassen: die Binnensphäre, die gewiss nicht die hergebrachte Innerlichkeit bezeichnet, in welcher vielmehr das Subjekt sich auf sein Eigenzentrum zurückzieht – anstatt selbiges in der Binnensphäre sofort mit jedem anderen Bewustsein zu teilen –, versus der Außensphäre, die mit den Sinnesorganen beginnt, besitzt demnach ein stetiges Komplement in dieser. Es sei nicht behauptet, die Komplementarität bedinge strikte Dualität). – Um zusammenzufassen, wird jedenfalls die Negation von Periode zu Periode (wohlgemerkt nicht Klasse), wenn diese durch eine eigentümliche Polarität mit eigentümlicher Peripherie gebildet werden, von jener Negation zu unterscheiden sein, die sich, wie mehrfach bemüht, innerhalb der Periode vom Minus- zum Pluspol, oder umgekehrt bewegt; i.e. in der antonymen Binnenspanne, die im Kern durch ›$|| \cong ||$ reguliert wird, macht sich ggf. der Sprung von der Rechts- in die Linkssphäre bemerkbar, und umgekehrt, da hier unmöglich negationsfreie völlige Homogenität herrschen kann. Wenn also, gesetzt, ein bestimmter Sprung die Gruppe ›$|\Delta^{-}(y)|$‹ (fokal bezeichnet, i.e. der Gegenpol ist nicht manifest, jedoch zu erwarten) nicht

316 In diesem Sinne interpretiert – die signifikante Schädigung des Probanden und die Restbestände an Kernbewusstsein im Verhältnis zum normalen Bewusstsein (das gesamte Kap. IV, Damasio 2002, signifikativ im hiesigen Sinne: „Noch kann er ausdrücken, in welcher Beziehung dieses Objekt zu seiner antizipierten Zukunft steht, aus dem einfachen Grund, weil David im Gegensatz zu Ihnen und mir keine Erinnerung an eine geplante, potenzielle Zukunft hat" (147) – letzteres sollte die ± Schleife bedingen, freilich sodann über das Einzelbewusstsein hinaus.

nur gegen ihren eigenen Widerpart ›$|\Delta^{+}(y)|$‹ in der ersten Peripherie erwartet (in diesem Fall beidseitig gebunden ›||‹), sondern insbesondere auch gegen alle anderen Perioden, wohlbekannt insb. spürbar – gesellschaftliche Realität (seit quasi Urzeiten) – gegen ›$|| \Sigma^{+}(x) \cong \Sigma^{-}(x) ||$‹, dann muss nicht etwa ›$\neg$ ||‹ (was in die Neutralisierung überleitet), sondern ›$\cong$ ||‹ vor dem ersten Peripheriesymbol den letztgenannten Sprung oder Negation bezeichnen, wenn selbige innerhalb der geschlossenen Peripherie die antonyme Hauptnegation oder echte Polarität bezeichnet (welche die Möglichkeit der (i) echten Extremierung, i.e. im Kern liegt ein treibender, in sich gespannter ± Fokus, der (ii) Binnenannäherung und damit (iii) allseitigen Diffusion und/oder Steigerung einschließt. *Beweis.* Es war bereits vermerkt, dass die klassische Antinomie im Sinne Russells das Paar ›Element-Menge‹ notwendig als Antonym auffassen muss, da sie den Knoten im Elementbegriff bzw. -symbol nicht eliminiert und daher an selbigem das Differenzverhältnis zwischen Unterordnung versus Nichtunterordnung herausliest; s.a.u. zu Quine in der schließenden Anmerkung: wenn es, aus R3, freisteht, nach Freistellung des Theorems,[317] erster Ableitung, *x* in *y* einzusetzen, muss der Ausdruck kollabieren bzw. *x* notwendig einmal als im Ausdruck für das Mengensymbol enthalten, das andere Mal nicht, herauskommen – übrigens werten wir das Ergebnis nicht einfach als falsch, sondern selbstredend wahr, i.e. es sind beide Fälle zu erwarten, da ›Element ~ Menge‹ ein Antonym bilden bzw. dessen Geltung nicht ausdrücklich eliminiert wurde: beide müssen aneinander teilhaben, anstatt abstrakt oder widerspruchskonform im Sinne von ›$\sim\phi = (\phi|\phi)$‹ auseinanderzufallen: das logische Destillat. Die Forderung, dass ›ϕ‹ stratifiziert sein muss resp. ›*x*‹ nicht in ›ϕ‹ enthalten, R‘ versus R“, umgeht wiederum die Einsehbarkeit, wie sich Fusion und Subordination in Verbindung mit ›$\in$‹ auswirken). Wenn nun, in Gegenrichtung, gemäß R3 (s.Fn) sich ›*x*‹ und ›*y*‹ einander nähern, ggf. in mathematischer Reinheit, jedoch die Doppelbeziehung ›$\equiv$, $\neg$‹ nicht nur miteinander kooperiert, sondern tatsächlich fusioniert, da sich ›*x*‹ und ›*y*‹ auf einer gemeinsamen Achse bewegen (angelegt sind), muss dennoch ein Letzthiatus hervortreten, der ›*y*‹ niemals ›*x*‹ endgültig gleichmacht – und die Antonymie (oder Polarität) hat das Element-Menge-Verhältnis gegenüber der Antinomie

317 Um das Nachschlagen zu erleichtern, die Tilde ›~‹ gilt als gewöhnliche Negation (D1 über den Scheffer-Strich, was hier nicht zu interessieren braucht): „R3 Wenn ›*x*‹ nicht in ϕ auftritt, ist $(\exists x\ (y)\ ((y \in x) \equiv \phi)$ ein Theorem. [...] So ergibt sich aus R3 das Theorem $(\exists x)\ (y)\ ((y \in x) \equiv \sim (y \in y))$. Nun nehmen wir den Sonderfall an, *y* sei *x*. [Die Annahme gilt intuitiv einsehbar und aus R1, R2, R4 und R5 ableitbar]. Wir erhalten damit das widersprüchliche Theorem $(\exists x)\ (y)\ (x \in x) \equiv \sim (x \in x)$“. (Quine 1979, NF, 89).

abgelöst (das Stratifikationsproblem oder eigentlich die Kontinuität der Klassenbildung hat sich demnach logisch verlagert, ›*x*‹ ist nicht einfach in ›y‹ einsetzbar, ein Bruch, Sprung oder Hiatus, und nicht eigentlich eine Leerstelle, in der Binnen- oder zwischen Perioden sind somit ohne Weiteres tragbar, klassifikationsfähig im nichtklassischen Sinne).

(3) Wenn:

(i) der Tagelohn, im 19. Jahrhundert die Regel, zunehmend im 20. verschwunden ist und der Tariflohn die Regel wurde, welcher „der Arbeiterschaft eine weitgehend stabile und vorhersehbare Vergütung verschaffte",[318]
(ii) die Rentiersgesellschaft von der Managergesellschaft (ungefähr gleichzeitig infolge der beiden Weltkriege und im multinationalen Maßstab) abgelöst wurde,[319] i.e. im oberen Dezil artikulieren sich die hochdotiertesten Arbeitseinkommen, zugleich über die Lebenszeit, also nicht mehr im Sinne der vererbten Rendite (die hinzukommt, aber nicht muss),
(iii) im (geschätzten) globalen Maßstab ein bekanntes Verhältnis wiederkehrt, nämlich die Tatsache, dass (um 2010) das oberste Tausendstel fast 20%, das oberste Perzentil ungefähr 50%, das oberste Dezil zwischen 80 und 90% des Gesamtvermögens vereinnahmen, während die untere Hälfte (ähnlich den klassischen Wohlstandstaaten) „zweifellos weniger als 5% des Gesamtvermögens" besitzen,[320]

dann möge dies bedeuten: der Tagelohn bzw. die quasi verpfändete Auftragsarbeit befindet sich nicht unter ›$|| \Delta^+(y) \cong \Delta^-(y)||$‹ rechtsseitig, sondern sogar dagegen mit eigener Klassenbildung als ›$| \Gamma y_0 \cong || \Delta^+(y) \cong \Delta^-(y)||$‹, womit gemeint, die Gruppe der Tagelöhner löst sich, als eigener Fokus, ggf. in links- oder rechtsseitig ›$\Delta\pm (y)$‹ auf, wobei, wenn der Fokus durch eigene Peripherie sich abschließt, der effektiv Obdachlose, Nichtsesshafte, subsidiär Mittellose (keine Gesetzgebung verschafft Arbeitslosengeld o.ä.) den zuständigen Gegenpol und die unterste Periode formiert (sie ist im Weltmaßstab sicher nicht außer dieser): sie sei, mit eigenem Element, ›$|| \Gamma^+(u) \cong \Gamma^-(u) ||$‹. Hiermit sei der historische „Absatz" zwischen diesen beiden Perioden effektiv und manifest.[321]

---

318 Piketty 2014, 411.
319 Piketty 2014, 365.
320 Piketty 2014, 583.
321 Vgl. Piketty 2014, „[…] in der Konstitution der Arbeiterschaft als einer sozialen Gruppe, die sich durch eigene Rechtsstellung wie eine stabile und vorhersehbare Vergütung vom Volk der pro Auftrag bezahlten Tagelöhner und Handwerker absetzte".

Die Stellung ›| $\Gamma y_0 \cong$ ||‹ meine, hier liegt eine Krümmung vor, i.e. unmöglich – oder nur scheinbar durch abstrahierende Anpassung an ein Numeruskontinuum – gelangt ein Mitglied dieser Gruppe ohne Sprung in die Periode ›|| $\Delta^+(y) \cong \Delta^-(y)$ ||‹, d.h. bei Annäherung an ›$\Delta^-(y)$‹ bleibt eine Restdifferenz, die der (fokalen) Teilhabe von ›$\Delta^+(y)$‹ an ›$\Delta^-(y)$‹ anzurechnen ist und einen Hiatus von ›$\Delta^-(y)$‹ in Anlehnung an (fusionierter Diffusion mit) ›$\Delta^+(y)$‹ versus selbige mit ›Γy_0‹ bedingt. Umso mehr, und damit modellartig, bei Annäherung an irgend Peripherie höherer Stelle und Übergang, wobei und womit sich die Krümmung verschärft; i.e. in der fokalen Stelle (der wohlgemerkt Klassenbildung, Fokal vor Periode) ›| $\Gamma y_0 \cong$ ||‹ wirkt nicht nur die nächsthöhere Peripherie ein, sondern selbstrend alle höheren, und mit zunehmender Schärfe die höchste, welche quasi latent (oder in diesem Sinne sublatent) den Absatz verschärft. Nun ist dies alles andere als Idealismus, obgleich *a priori* davon auszugehen ist, in einer operativen Periodenbildung (oder Klassenformation im herkömmlichen Sinne) ist, gesetzt, die Bruchstelle, welche die Homogenität verneint (das typenlogische Kriterium, je nach Betrachtung, außer Kraft setzt resp. bekräftigt), keine Folge einfacher Krümmung, sondern der Krümmung im ganzen; ergo wirken die höheren in die tieferen und bedingen deren Substanzhaltigkeit *in puncto*.

Wenn nun:

(4) ›$\exists\varphi\ \forall x\ ||\ ((S\varphi\ .\ Mx) \Rightarrow\ \geq (S\varphi\ .\ Rx))\ ||\ \equiv [\forall x\ \exists\mu\ ((Mx\ .\ \neg Rx) \mid\ ||\ \Lambda^+(z) \cong \Lambda^-(z)\ ||\ \vee\ ||\ \Delta^+(y) \cong \Delta^-(y)\ ||\ ) \Rightarrow E\mu] \equiv (1/10 \mid 9/10)\ .\ (Mx \Rightarrow (Vx \vee\ \geq Hx))$‹

wobei: $S\varphi$ = Elemente der (globalen) Gesellschaften unter S oder ›Mx‹-Gesellschaft versus ›Rx‹-Gesellschaft; die übrigen Peripherien wurden insgesamt direkt aus (1) eingesetzt; ›$E\mu$‹ = Gruppe der Einkommen unter E, V = Vita oder Lebenszeit; H = Erbe; die Variablen wurden nicht mehr geklammert, um die Übersichtlichkeit nicht zu stören; das Symbol › | ‹ bezeichnet den echten Scheffer-Strich (vgl. Quine NF, Def. 1-3, 4), nicht mit dem (hier eingeführten, etwa tiefer gesetzten) Fokus- oder Peripheriesymbol zu verwechseln: › | ‹ oder Vollperiode › || ‹, Anzeige für geschlossene Polarität; (4) ist die Wiedergabe von (ii) oben. Sodann fällt weiterhin auf, an (1) gemessen dürfen ›Mx‹ und ›Rx‹ selbstredend wie ›$\Sigma^-(x)$‹(!) versus ›$\Sigma^+(x)$‹ gelesen werden, sie wurden in der herkömmlichen Schreib- resp. Denkweise ersetzt (übrigens dürfen ± mit dem Kontext kommutieren, ohne den Zirkuit preiszugeben, sie wurden hier gelassen, da dies dem Sinn von (ii) entspricht). Es fällt weiterhin auf, es wurde das ausdrückliche Antonym, die Maximierung des Einkommens als Klasse ›höchstdotiert‹ übertragen in die Beziehung Schefferstrich ›(1/10 | 9/10)‹, die eigentlich gegebene Polarität ist also aus den anderen Peripherien zu entnehmen. Es sollte (4) hoffentlich elegant genug verdeutlichen, dass exakt unter den 1/10 nur ›Mx‹ ›$E\mu$‹ vereinnahmt, selbiges zeigt sich demnach als das höchstdotierteste (sollte Einkommen auch für die anderen Perioden wirksam werden, wie tatsächlich, müsste der Ausdruck entsprechend umformuliert werden, i.e. die Polarität müsste am Einkommen bezeichnet werden). dann sollte sich, gesetzt, es ist ›$| \Gamma y_0 \cong ||$‹ resp. ›$|| \Gamma^+(u) \cong \Gamma^-(u) ||$‹ einzugliedern, die Implikation mitlesen lassen bzw. herausstellen. Es müsste also an ›$| \Gamma y_0 \cong$‹, gesetzt eine Gruppe von Handlangern, sporadisch Gewerbetreibenden (ohne entsprechende Anmeldung, eventuell Zeitarbeitern), an (1) bemessen die Implikation der vier anderen Perioden angezeigt werden, ergo

(5) ›$| \Gamma y_0 \cong ||_{1\text{-}4}$‹ oder ›$|_0 \Gamma^{+(}y) \Rightarrow ||_{1\text{-}4}$‹,

wobei ›Γ^+‹ anzeigt, dass Polarität involviert, mithin ›$\cong$‹ bei Umschreibung und Festlegung der Peripherie (wie zuvor (4)) in Erscheinung treten muss. Um den Blick nicht zu verlieren, dies sei die Dienstboten- versus Vorstandsrealität, des Fahr- oder Tankstellendienstes versus Minister- oder Kanzleramts, und die Implikation zeigt an, dass die Generalperspektive ›Ungleichheit‹, welche der Analyse und Feststellung der Einkommensrealität dient resp. selbige wiedergibt, nicht in die reine Seitigkeit einkehrt oder die ± Schleife überwindet und hinter sich lässt. ›Gleiche unter Gleichen‹ meint diese – auch in der umgangssprachlichen Ironie bekannte – Schattierung oder Auffächerung (um nicht unmittelbar die ›Faszikel‹ oder Ausdrücke wie ›Gleichere unter Gleichsten‹, etwa ›Ungleichere unter Gleich(st)en‹ etc. zu bemühen), welche eben zwingt, praktisch das Gleich*er*sein (bis hin) einzuführen; um zu erklären, wie die grundrechtlich-legislativ und vielleicht außerdem staatspolitisch und weltanschaulich geforderte Gleichheit Sprünge erübrigt, welche sich an den Periodengrenzen, dann noch einmal (leicht zu übersehen und semantisch bzw. unmittelbar logisch nicht identisch) innerhalb jeder Periode, stets an der Negation bemessen, niederschlagen: da *a priori* im Begriff, fließt die Realität über diese, oder umgekehrt – und erübrigt den Schein, die Grenze nicht wirklich zu kennen, als ob sie ein Kontinuum berge. Gewiss ist aber ein ›$| \Gamma y_0$‹ ungleicher, ja (wie wohlbekannt) prekär ungleicher gegen ein ›$\Sigma^-(x)$‹ als gegen ein ›$\Lambda^-(z)$‹, ja noch ein ›$\Delta^+(y)$‹; dies aber nicht, weil sich das Einkommen neutral und sog. ›objektiv‹ in wachsenden oder schwindenden Zahlen ausdrücken lässt – und noch ein gesetztes und tatsächlich überschaubares V als Universum birgt –, sondern weil an der Stelle ›$| \Gamma y_0 \cong ||_{1\text{-}4}$‹ rechts die Perioden fokussieren. Man möchte sagen, gelegentlich, in der gesellschaftlichen Realität, veranlasst dieses Einbrechen – Überschlagen – der Linsen ein Verdrehen des Kopfes (und ernste bis unernste Künste küren das erläuterte Prisma zum wohlbekannten Anlass ihres Sujets).

Nun möge zuletzt

(6) ›$\| \Pi^+(x) \cong \Pi^-(y) \| \Rightarrow (\| \Sigma^+(x) \cong \Sigma^-(x) \| \Rightarrow (1/1000 \,.\, 1/100 \,.\, 1/10 \equiv 20\% \,.\, 50\% \,.\, 80\text{-}90\%)) \Rightarrow (\| \Lambda^+(z) \cong \Lambda^-(z) \| + \| \Delta^+(y) \cong \Delta^-(y)\| + \| \Gamma^+(u) \cong \Gamma^-(u) \|) \equiv \leq 5\%$‹

das Bild abrunden. (6) bezeichnet (iii) und die Quantifikation weicht in die effektiven Zahlenverhältnisse. Die Verkettung demonstriert die Übersetzung von (1) in die konkrete - geschätzte - Situation der Globalität (um 2010) des Gesamteinkommens mitsamt der eklatanten Doppelpolarisierung in der ersten konkreten (nicht überschlägigen Gesamt-) Periode versus der (auch aus dem nationalen Kontext bekannten) Summe aller übrigen, hier die vierte unten mitgesetzt, da dies im Weltmaßstab sicher noch zutreffen sollte (der Tagelohn, Handlanger, vorrangige Zeitarbeit sind nicht überholt).[322] (Die erste Periode ›$\| \Pi^+(x) \cong \Pi^-(y) \|$‹ verdient eine Kennzeichnung der Absolutperipherie, denn der Weltmaßstab lässt sich nicht überschreiten, etwa durch erneuten Fokalstrich, i.e. ›$\|| \Pi^+(x) \cong \Pi^-(y) \||$‹).[323] Nun tritt, wiederum gegen den redundant (oder iterativ) nationalen Horizont, die merkwürdige Balance auf den Plan. Offenbar nimmt sich die Hälfte in der Polarität als die Basisstabilität aus, um das apikale Zentrum der verschärften Krümmung zu überlassen: nicht allein, dass aufgrund dieser Schätzung der Mittelstand (im Weltmaßstab bislang) kaum in das vermögende Dezil aufsteigt, und die Welt ihre Sonderbar- und Merkwürdigkeit nicht verliert (wofür das »soziale« Wesen des Menschen trotz aller gegenteiligen politischen Bekenntnisse überaus verantwortlich zeichnet), sondern es ist keineswegs nur die apikale Konzentration auszulesen, welche das obere Dezil kennzeichnet, als nicht vielmehr auch das Auslesen in den Minuspol im Ganzen; welcher Ausgezehrte, Bedürftige und vollkommen Mittellose preisgibt, und wenigstens in diesem Sinne der Krümmung auch eine faktische Bedeutung zuweist - sie ist übrigens mit der darstellenden »Glockenkurve« des Ökonomen nicht identisch, ein Reflex sollte sich aber auch hier nicht verneinen lassen –, i.e. die bestimmte,

---

322 Vgl. Piketty 2014, 667f zu den hier Geringqualifizierten im globalisierten Kontext der progressiven ESt.

323 Die Möglichkeit, dass die Differenz der Aktiva versus Passiva, bei Abrechnung aller zwischennationalen Statistiken, auf Seite der Wohlfahrtsstaaten (die reichen) auf einen versteckten Besitz des „Marses", einer explizit extraterritorialen Besitz- und Einkommensgemeinschaft zuzrückzuführen ist, wird von P. abgewiesen und vielmehr durch die verdeckte Steuerhintergehung erklärt - um das Bild abzurunden und das Welteinkommen tatsächlich auf die Globalität ›$\|| \Pi^+(x) \cong \Pi^-(y) \||$‹ zu beschränken (Piketty 2014, 623–624).

determinative Wölbung versus Höhlung oder *Inkavation*. (In diesem Minusapex oder Zentrum wird vermutlich nicht selten, und gleichgültig welcher Weltort getroffen, gar nicht erst der Gedanke aufkommen, überhaupt noch nach ›$\Pi^{\cdot}(y)$‹ oder einem Vermögen im Spiegel der 5% zu fragen). Hieraus folgt wiederum die Gegenfrage (die in die politische Ökonomie mündet und hier nicht mehr beantwortet werden soll resp. nur in diesem halbrhetorisch verbleibenden Sinne): liegt demnach das Heil der Menschheit, wenigstens ein Stück oder Bruchteil davon, darin, die realen Perioden als fokale Bewegung zu motivieren, anstatt stets nur die erste, ggf. noch die zweite, den aufbäumenden, halbwegs florierenden Mittelstand, zu begünstigen? Es müsste der Pluswert unten eine andere Bedeutung annehmen als oben (was in der Kontinuität oder angesetzten Homogenität unmöglich), dennoch ein Florieren der Periode beweisen, welche dem überhand nehmenden, beherrschenden Kapitalismus ein Stück weit entkommt (und, ggf., die Kommutation in die nächsthöher(n) Periode(n) nicht vereitelt).

*

Anmerkung

1. Herkunft des Bruchs oder Sprungs, Klassifikation ohne Kontinuum

Es wurde selbige (als Korrollar) in Bezug auf Quine angekündigt und möge Folgendes beinhalten. Wie vermutlich längst deutlich wurde, scheint im hiesigen Rahmen der Versuch oder die Absicht, Logik und Mathematik aufeinander abzustimmen, unbefriedigend. Zu einem Zeitpunkt, als sich die Mathematik von der klassischen löste, arbeitet die Logik auf ihre Vereinigung bzw. vereinte Basis hin. Wie daher absehbar, ist seit Russell der konkrete Bezug auf Fusion (›$\neg(\Delta xy \mid \Phi xy$‹), wenn ›$\Delta$‹ eine Funktion der Bindung und ›Φ‹ der entgegengesetzten Trennung bezeichnet) und Polarität, die andere Negation als die w/f-komplementäre (oder kontradiktorische) zu erwarten, um jedenfalls auch bedingungslos und einfach Verhältnisse einzusehen, in denen die Mathematik seitdem (und wenig später die Physik) in die Krümmung übergeht. Die daran anknüpfenden Reduktionsmaßnahmen seien an dieser Stelle von vornherein denunziert. Es kann nicht darauf ankommen, einen Umkreis zu kennen, in und von dem aus die Verhältnisse variant bzw. invariant werden – wenn die Krümmung, und wiederum nicht zuletzt die Polarität, ein eigenes Wesen einbringen; das, noch dazu, nicht durch primäre Entlehnung aus Mathematik oder Physik, sondern autochthon, i.e. orginär aus dem Begriff und der logischen Vorstellung, ihrer Gesetzmäßigkeit zu ermitteln ist. Nicht nur der Rückblick an dieser Stelle, aber dieser noch öfters sollten diesen Bedarf und seine Möglichkeit nicht bloß beiläufig evolviert, sondern gelegentlich auch gezeigt haben. Nun hätte die Klassifikation oder Typentheorie, an und für sich, zunächst klären müssen, (i) woher stammt der Bruch oder Sprung (wenn nicht einfach aus dem Widerspruch und damit – als späterhin unstratifiziert oder falsch vorkommend – nach auswärts gesetzt); und (ii) was bedeutet eine Klassifikation, die nicht das Kontinuum voraussetzt, (wobei nicht das phänomenale – als Standard – gemeint ist, bei dem *eklatant* mit Fusion und/oder Verschmelzungskräften zu rechnen ist – sie bedingen, abgesehen von Fokus und Linse, eine andere Redeweise über ›nicht-diskriminierbare‹ und zugleich ›nicht-transitive Unterschiede‹, zumindest nach Dummett, der hier die Vorreiterrolle spielte, und hängen eng mit dem sogleich unter (b) angeführten Problem zusammen, der Induktion in Verbindung mit Vagheit). Offensichtlich bestand der angedeutete, gegenteilige Weg in der unbedingten Rückkehr in selbiges, alle Bemühungen Quines suchen das Kontinuum zu restituieren(!). Anders formuliert, meint die Erhaltung des logischen Kontinuums (innerhalb der Klassifikationslehre oder dem Ansatz, Klassen auf der Basis der modernen Logik zu hierarchisieren, gleichwohl jegliche Voraussetzung bzgl. Gattung oder Art aufzugeben), an der klassischen Logik festzuhalten – eine, an und für sich, eklatante Neigung, die auch Tarskis Wahrheitsdefinition motiviert –, zumindest das Ziel der Untersuchung nahezu auswegslos, und dies meine, trotz aller nächst- oder fernliegenden begifflichen Lupen, nahezu horizontlos hierauf auszurichten. (Dies gilt erneut in Verbindung mit den erwähnten sog. ›Vagheits‹-Prädikaten, nachdem sich herausgestellt hat, dass das Konditional, die universale Generalisierung als Induktion, das Induktionsargument überhaupt in das Paradox führen, außerdem die Disjunktion zwar arbeitet, aber nicht derart, bei zwei Prädikaten einem der beiden das Prädikat ›definit wahr‹ zuerkennen zu können).[324] – An dieser Stelle möge die abkürzende Linse einkehren. Sie wird sich (a) der Kennzeichnung widmen und zeigen, dass sich der S-P-Wechsel darin spiegelt, überdies in Verbindung mit Abstraktion (gemäß NF) die Fusion im konstitutiven, i.e. distinkten Sinne beteiligt ist. Zuvor setzt (b) diesen etablierten, bedingt von Interpretation abhängigen Fokus voraus und überführt ihn in die

324 Ein knappes Resümee des ersten Drittels des bereits oben zitierten Aufsatzes „Wang's Paradox" von Michael Dummett, der diese Suche nach der Geltung und Wiederinkraftsetzung der klassischen Logik erneut verifiziert, jedoch, wie noch zu sehen, an der Polarität und Antonymie vollkommen vorbeisieht (und in diesem Sinne offenbar – vornehmlich angloamerikanische – Rezeption begründet hat; dessenungeachtet ist diese Art der Rationalität, Reflexivität und Argumentation – sie nennt sich analytisch – inzwischen kaum mehr kontinental im Sinne eines Anschlusses oder auch nur -möglichkeit an die Tradition der Philosophie).

erwähnte Vagheit und/oder vollständige Induktion; die beide notorisch im Sinne des Widerspruchs gelesen werden, als ob sie keinen Bezug zur Polarität unterhielten[325] – respektive der menschheitsalten und ihre Geschichte impulsierenden, i.e. stets neue Bedeutung schöpfenden Antonymie (die wie stets und somit auch hier ausdrücklich nicht mit der Antinomie zu verwechseln). Im Bereich der Logik sind keine außersachlichen Argumente erlaubt, gleichwohl dürfte, unter dieser Voraussetzung und um die Lesbarkeit des Kontextes und seines Gewichts zu erhalten, die Auffassung nicht fehlgehen, welche der Evolutionsgeschichte der Menschheit, der Entwicklung seines resp. ihres Geistes, mithin von Gesellschaft, Charakter, Moralität, der kriegs- und fallsüchtigen Geschichte, u.a. zwischen Staaten und Unternehmen,[326] wiederum Erkenntnis und nicht zuletzt der Wahrheit die wechselnde Interpretation der Antonymie zuweist, der Widerspruch hierbei sekundär und nicht etwa dominant. I.e., und keine Häresie, auch der Wahrheits- versus Falschheitsbegriff ist im strengen logischen Kontext – ggf. – so zu verstehen, dass ihre Basis der Antonymie entstammt.[327] Sie war und wird nachfolgend jene begriffliche Achse bleiben, ein Begriff, der noch zu schärfen, die instantan in ihre beiden Gegenteile oder besser Extreme zerfällt, selbige zu steigern vermag, und zwar insb. fokal, sodann nicht etwa nur ›klein‹ und ›groß‹ trennt, die mathematischen Theoreme sui generis, sondern eben auch ›gut‹ und ›böse‹ (oder ›schlecht‹), ›klug‹ versus ›dumm‹, ›verschlagen‹ versus ›ehrlich‹, ›grob‹ versus ›fein‹, ›einfach‹ versus ›verschachtelt‹ (verschlungen, verschroben; komplex) etc.,[328] wobei nichts am sprachlichen Term, sondern alles am Wesen

325 Oben (Kap. III zu Popper in [C], 227) wurde dieser Zusammenhang bereits behauptet, er möge im Folgenden noch deutlicher werden.

326 Hier zumindest setzt und sieht Piketty noch eine manifeste Polarität (2014, 644), wenn auch gemessen unter friedlichen Umständen. Man darf den Kontext der Einführung der Gesetze zur Arbeitszeit im 19. Jahrhundert einsetzen, um immerhin zu begreifen, wie sich diese Polarität tatsächlich entwickelte (vorausgesetzt, dass die Fabrikanten oder Kapitalbesitzer unablässig bemüht waren, die Arbeitskräfte inklusive Minderjährige über Gebühr auszuschöpfen und selbst die gesetztliche Regelung der Ruhezeiten nicht einzuhalten. Dies beträfe zugleich die empirische Basis – nicht zuletzt des sog. Mehrwerts – die Marx seiner Theorie unterstellte).

327 Bereits oben wurde anhand der Wahrheitswertanalyse, Differenz zwischen Allgmeingültigkeit und Unerfüllbarkeit versus Erfüllbarkeit, darauf hingewiesen, dass wenigstens w und f auf dieser Grundlage notwendig fokussieren müssen.

328 Dass nichts nur an der Materie der Logik liege, möge im kürzesten Schlaglicht, symptomatisch als gew. Index für Teile der älteren Literatur, das Gespräch zwischen Petrarca und Augustinus über die Beendigung der Besorgnisse der Seele bezeugen („Augustinus: Wir sprechen im Angesicht der Wahrheit, die jede Art der Einfachheit

liege (um wiederum anzudeuten, dass hier wie stets die analytische Grenze nicht an die bedingungslos sprachliche stößt): es ist das energetische, das, wie mehrfach vorgetragen, offenbar selbiges ausmacht und gelegentlich ziert. – Nun wird, um an dieser Stelle nichts zu überladen, in Bezug auf (a) und (b) notwendig sein, sich zu verdeutlichen, was ist (c) ein Knoten, an welcher Stelle kann er auftreten und wie, auf welche Weise beliebt es ihm zu kommunizieren. Daher wird auch an dieser Stelle, getragen von dem Plädoyer für eine nachklassische Logik, kein Weg daran vorbeiführen, einige wenige neue Begriffe einzuführen und im Ansatz zu definieren. – Wenn

D7 definiert ›$(\alpha \subset \beta)$ für $(\gamma)(\gamma \in \alpha) \supset (\gamma \in \beta)$‹

darf rechtens gefragt werden,[329] ob in der Formel jeweils rechts nach dem $\in$-Zeichen (wie schon oben) eine bestimmte Fusionskraft angezeigt ist. Wenn nämlich alle ›γ‹ in ›α‹ und noch einmal in ›β‹ aufgehen, dies aber, weil ersteres letzteres impliziert und ›α‹ somit Teilmenge von ›β‹ oder darin enthalten, dann verliert weder ›α‹ noch ›β‹ irgendein ›γ‹ und diese sind somit *per Fusion* darin verschwunden. Man darf folgern, jeder klassische Begriffsknoten entwickelt sich dieserart; (denn er absorbiert seine Elemente *auf genau diese Weise* und wird damit Element – Art oder Untergattung – des nächsthöheren oder späteren Begriffs, und zwar von Prinzip oder der logischen Möglichkeit her). Allerdings sieht man weder der Formel noch der Stelle an, wie sich die Fusion zu entwickeln vermag. Wenn nun

D8 definiert ›$(\alpha = \beta)$ für $(\gamma)(\alpha \in \gamma) \supset (\beta \in \gamma)$‹,

dann zeigt sich im Revers und glatten Spiegel genau diese Fusionskraft; denn ›α‹ könnte unmöglich jemals und zur Gänze ›β‹ sein – im Sinne definiter Identität –, wenn nicht beide gleichermaßen in nunmehr ›γ‹ an genau dieser Stelle, rechts vom $\in$-Zeichen, aufgingen. Nun beginnt ein nicht geringer »Trubel«, eine Turbulenz, die sich gelegentlich hervorkehrt. Denn keineswegs ist die Formel so eng oder schlüssig, dass sie keine Ausnahme jemals gestattete – oder Identität nicht ein bestimmtes Stück weit von Definition abhängen ließ. Es sei vorgemerkt, diese Fusionskraft ist logischer Natur, sie gebiert mit der genuinen Vorstellungskraft und ist keineswegs eine Ablese oder Abnahme aus Erfahrung, i.e. reine Rezeptivität im Sinne von wesentlich aufgenommen, gelernt und verinnerlicht. Und es mag sein,

---

liebt und alle Schlauheit [i.e. Verschlungen- oder Verschlagenheit] hasst". Francesco Petrarca. Über den geheimen Widerstreit meiner Sorgen. Frankfurt/Main 2004, erstes Buch, 37).

329 Zit. n. NF. In: W.V.O.Quine. *Von einem logischen Standpunkt*, Frankfurt/Main 1979, 85.

es gibt phänomenale Prädikate (es sind überaus geläufige, z.B. der Farbzuweisung) oder Messungen des zeitlichen Ablaufs an der räumlichen Repräsentation, mithin einer präzisen, die Millisekunde einbeziehenden Uhr, bei denen die (menschliche) Distinktion die Intervalle *verschleift*; i.e. nicht auf Anhieb und nicht von Stelle zu Stelle, sondern ganz im Gegenteil erst über eine Intervallstrecke erübrigt sich die Diskrimination oder – wie hier zu terminieren – der ›Umschlag‹. (Der Begriff wird noch genauer eingeführt und definiert). Der menschliche Geist müht sich sodann, entweder (i) durch Bezeichnung jener Intervalle und deren Vergleich, oder (ii) durch Erhebung bestimmter Mengenbegriffe, die ›schwach finit‹ oder ›schwach infinit‹ heißen und das eine Mal zwar ein n-tes Glied, nicht aber als das wievielte, im andern kein definit letztes Glied wissen, in konsistenter (und dies meine zunächst widerspruchsfreier) Weise zu klären, liegt das eine Intervall noch im Bereich des zuständigen Prädikats, ist die Uhrzeit bereits distinguiert; bzw. ist das nächstfolgende Glied, das nur die Reihe diktiert resp. nur dem Prinzip Affinität oder Nachbarschaft folgt, noch in der gesetzten Sphäre – oder schon darüber hinaus.[330] Hier möge auffallen, das besagter Knoten, die Stelle rechts vom ›$\in$‹, zu arbeiten beginnt, da sie offenbar zulässt, dass nicht nur (iii) die Spanne der Prädizierung ein *notwendig segmentiertes* Element (oder gefaltetes Blatt) aufnimmt, statt einfach nur Element und immer wieder nur selbiges zu sein, sondern (iv) unter dieser Segmentierung, die einmal dilutiert, das andere Mal nicht (die Uhr), oder, hiermit terminiert, unter dieser *Faszikel* einen bestimmten Zweig unterhält, der in die Negation mündet resp. selbige in sich birgt. (Nicht allein, dass ein Prädikat fällt und im Spektrum umschlägt (die Farben), die Uhrzeit im Doppel, unbedingt für sich *und* in der Leseebene, schlägt, sondern im einfachsten – und, wie sich sogleich zeigen wird, auch plumpesten – Fall einigt es Witz und Paradox). Mithin, die Sachlage komplizierend – und zugleich ungemein bereichernd –, sollte die anfangs eingeführte Fusion nicht ohne diese gedacht werden oder (v) selbige beweist sich mindestens einmal auch an der Negation. Und es wundert nicht, sondern ganz im Gegenteil, dass wenigstens die vielleicht strengste Linse gleich Lupe, der sog. Finitismus, die zitierte Antonymie als sogar Doppelinstrument einführt, wenn auch ohne eigentümliches Bewusstsein, i.e. die Terminierung, jedoch immerhin an selbiger die Koinzidenz gegenteiliger Prädikate als Möglichkeit nachweist, was ein signifikantes Merkmal der hiesig gesuchten und zu veranlagenden. (Es ist möglich,

330 Dies sind wohlgemerkt die Untersuchungslinsen Dummetts, die er nicht dieserart bezeichnet (1970 in „Wang's Paradox"). Die erwähnten Mengenbegriffe betreffen etwa ›die Herzschläge meiner Jugend‹, ›über meine Lebenszeit‹ und ›darüber hinaus‹; das Erwachsenendasein im Kontrast resp. die entsprechende Reife, die nicht von einem Tag auf den anderen fällt.

jener bestimmten Menge ein Zugleich der beiden Prädikate ›schwach finit‹ und ›schwach infinit‹ zuzusprechen;[331] dabei ganz unabhängig vom Differenzial und Einführung des ε-Intervalls, denn selbiges bedingt dieses an und für sich auch; noch dazu in strenger Form, da – bei Konvergenz – unendlich viele innerhalb, und endlich viele Glieder der Reihe außerhalb liegen): mithin nähert sich die Fusion, noch dazu mit Linse (oder gestellter Lupe) *und* der beteiligten Negation, gleichwohl stellvertretend für das natürliche, in der Vorstellungskraft oder den Begriffen veranlagte Fokal, der eigentlichen Basis, i.e. der Polarität – in selbiger wird die Negation, das Segment das sie führte, dominant, jedoch aus der eigenen Anlage, in der sich, an D7 und D8 bemessen, insb. ›β‹ verweigert (und in der an und für sich ungemäßen, ja plumpen, unreflektierten Form als ›$\neg\beta$‹ angezeigt wird). Ergo kann die Konsistenz gewiss, sogar *a priori*, sollte diese Entwicklung hier zu veranlagen sein, nicht am Widerspruch gemessen werden und es kann nicht behauptet sein, die Logik sog. vager Prädikate – selbige sind womöglich nicht mehr zu klären, es sind die polaren oder antonymen mit besonderer Präferenz – sei nicht konsistent bzw. es gibt keine konsistente Logik vager Prädikate.[332]

2. Vagheit und Paradox

Wenn also, um den angedeuteten Scherz resp. das (plump gesetzte) Paradox noch einmal anzuschreiben, folgendes gilt,

(1) 0 ist klein;
(2) Wenn n klein ist, dann ist auch $n+1$ klein;
(3) Deshalb, jede Zahl ist klein.

---

331 Etwa bei der gesuchten Menge der ›Herzschläge in meiner Kindheit‹ mit angesetzter, an und für sich überschlägiger Ziffer 25 x 10^{-8} und ohne Kenntnis des exakten Glieds, schwach finit; anderwärts schwach infinit, da, so Esenin-Volpin, der Urheber, gilt, „for every heartbeat in my childhood, I was still in my childhood when my next heartbeat occured" (Dummett 1970, 313). Die Auffassung dilutiert, wie bereits vermerkt, aber immerhin sei die Brennpunktbildung, der Fokal, nicht übersehen, erst recht wenn die Menge alterniert, sodann die vorherigen Grenzen inliegend angesetzt werden und „my lifetime" das Merkmal streng finit (hat letztes Glied), das „set of heartbeats of my descendants" jedoch das Merkmal streng infinit verdient. Es leuchtet auf Anhieb ein, dass, gesetzt die Vagheit soll anhand der Induktion geprüft werden, die Konklusion in bekannter Manier scheitert, allerdings aus Gründen die hier namhaft zu machen sind, i.e. der Gegensatz liegt, in seiner Fälligkeit, in der Polarität.

332 So Dummett im Hauptschluss, 1970, 320.

dann ist, trotz allem, diese Konklusion Nonsense, da sie unterstellt, ›klein‹ als Prädikat sei jemals nicht entworfen und gültig im Gegensatz zu ›groß‹. (Alle bekannte Literatur zu diesem Thema übergeht offensichtlich diese Tatsache, das Antonym, und es liegt infolgedessen zunächst nichts an der Erwägung der Plausibilität von irgend Affinität von Reihengliedern).[333] Wenn also, p.e., eine ungewisse überschlägige Anzahl zu messen ist und in einen Begriff gebunden wird, dessen Mengeninklusion selbst – wie oben nachgewiesen – der Antonymie unterliegt (das Paar ›Element-Menge‹ ist ihrer a priori nicht enthoben resp. polaritätsfrei, sodann ›der Herzschlag in der Kindheit‹, der mit seinem Fokalelement eine echt peripheriehaltige und nicht etwa abstrakte Menge stiftet), noch dazu mit doppelantonymen Begriffen gemessen wird (›schwach in-/finit‹), dann resultiert nicht etwa die Vagheit und die intellektuelle Mühe, dieser Ungemessenheit habhaft zu werden, sondern ein bestimmtes Linsenwesen in der Vorstellungskraft oder im Begriff, das der Polarität verpflichtet ist. Wenn nun (angeblich) unmöglich ein affines Segment in der direkten Sukzession, gesetzt ›ϕ‹ für ›klein‹, den Anschluss verlieren kann, anderwärts bei Erprobung genau dies eintrifft (und die Konklusion (3) regelmäßig fehlt), dann stellt sich die Frage, ob in folgender Formel, als Muster genommen und wenn ›x'‹ die affine Relation des unmittelbaren Nachfolgeglieds bezeichnet,

(4) ›$\neg\exists x\,(Fx \,\&\, \neg Fx')$‹

das ›$\neg$‹ in beiden Fällen identisch ist. Freilich hat die Notationsweise definitorisch (etwa NF, Carnap 1930) kein anderes Symbol zur Verfügung. Wenn aber (4) sachlich, vom (seit der Antike und in Reis- oder Haufenvarianten exponierten) überaus bekannten Problem her, die Bedingungen oben (iii) bis (v) reflektieren, i.e. in sich aufnehmen muss, dann kanzelliert die Sukzession und ihre eigentümliche Bedingung die Erwartung, es dürfe ein ›x‹ stets als Element und nur als Element gelesen werden, ohne jemals Einfluss auf die Funktion resp. ihren Begriff zu nehmen – *scil.*, eine eklatante, überaus angeregte Situation(!). Aber wenn sich das Element bedingungsgemäß in der Reihe befindet, und deren Achse, welche sich in der Funktion niederschlägt, nicht monadisch, einfach und bedingungslos aus nur einfacher Quelle erfolgt, i.e. das Element folgt mindestens einem vom

---

333 Vgl. etwa auch Richard Heck. „A note on the Logic of (Higher-Value) Vagueness." In: Analysis 53.4 (1998), 201–208. Prinzipiell auch Quine in NF, 1979, 97: "Das Prinzip der vollständigen Induktion besagt, dass eine beliebige Bedingung ϕ, die durch die 0 erfüllt wird, und wenn immer sie durch x erfüllt wird, auch durch x + 1 erfüllt wird, durch jede natürliche Zahl erfüllt wird". Sollte die beliebige Bedingung ϕ auf ein Antonym wie oben fallen, ist das Paradox gegenwärtig.

Ursprung resp. der Quelle her *gescherten Ansatz*, in dem die beiden Termini direkte Gegenteile bilden, (iii, iv); und die Fusion wiederum ist stets stärker als jeder Impuls, die Achse zu verlassen, dies meine aufzuheben, (iv), es muss also mindestens einmal auch der Umschlag erfolgen, der das affine Element auf den Gegenterm wirft resp. diesem zuordnet, (v), dann kann, wenn ›¬F*x*‘‹ genau diesen Sinn bewahren soll, der wiederum durch ›¬∃x‹ vorne verneint oder abgewendet wird, das eine ›¬‹ nicht dasselbe bezeichnen wie das andere. Das sog. Induktionsproblem resp. das Theorem vollständiger Induktion, noch dazu, wenn in der Hauptfunktion an ein Antonym gebunden, müsste also eigentlich in der folgenden Form gestellt werden:

(1) ›$\exists x \,||\, F^{-}x \cong F^{+}x \,||$‹

wobei ›F^{-}‹ und ›F^{+}‹ mutuelle Gegenterme im Sinne der Antonymie oder vollständigen Polarität darstellen. (Sollte ›F*x*‹ und ›G*x*‹ hierfür eintreten, müsste diese stringente Ersetzung bekannt sein oder ebenso stringent vorgehalten werden, s.w.u. (8)). Selbiger Sachverhalt liegt, in aller Kürze, nicht an der vermeintlichen Inkohärenz natürlicher Sprachen im Sinne von Frege, der hiermit Tradition resp. Rezeption gestiftet hat.[334] (Hierfür spricht, um einen quasi empirischen Grund anzuführen – das Sprachvermögen ist gleichwohl in einem hohen Maße angeboren –, die überaus verbreitete Vorstellungsweise der Antonymie unter den Weltsprachen, ob zugleich die Polarität verstanden oder nicht). Es muss also auch eine spezifische Exaktheit in der Binnenspanne, im Gesamttheorem und seiner Geltung wirksam werden – und niemand, der sich hergebrachter Rationalität verpflichtet fühlt, dürfte sie bei klarem Verstand verunglimpfen, mag auch ihre Einsicht etwas mehr Umsicht und geistige Gelassenheit erfordern, welche *den Intellekt, das Bewusstsein, in die eigentümliche Sektion führt*. Einstweilen ist nicht einmal ausgemacht, ob nicht, in der Wurzel, selbige den Begriffsursprung überhaupt verantwortet und daher den rationalen Zwang zum Monadismus oder Binarismus vereitelt, jedenfalls wesentlich in Frage stellt. Wenn nun jemand fragt oder wissen will

(2) ›$\exists x_0, \exists x_1, \exists x_n\, (F^{-}x_0 \supset F^{-}x_1)$‹; und er bejaht, um sofort anzuschließen
(3) ›$\exists x_0, \exists x_1, \exists x_n\, (F^{-}x_0 \supset F^{-}x_1) \supset F^{-}x_n$‹ ;

so begeht er eine eklatante Torheit nicht etwa, weil er sich im Rang der Implikation oder der Einführung eines affinen Glieds geirrt, sondern weil er ›$F^{-}x_0$‹

334 Vgl. Dummett 1970, 316f. Venn war, gew. kanonisch für den modernen Standpunkt, nicht weniger sensibel.

resp. ›($F^{-}x_0 \supset F^{-}x_1$)‹ über die gesamte (i) geforderte und (ii) mögliche Spanne so liest, als ob sich die Funktion hierbei nicht der Möglichkeit nach ändert. Nun heißt dies Innehalt, denn dies bedingt, in ›$F^{-}x_0$‹ verbirgt sich ein Knoten. Letzerer ist abschließend über (a), den quasi S-P-Wechsel in Verbindung mit der Kennzeichnung, zu klären und auf die hiesige Situation zu übertragen. Die letzten beiden Punkte sind noch dahingehend abzuklären, dass unmöglich (4) oben in die Modalisierung zu überführen ist. Wenn zunächst die Formel

(5) ›$Def(\neg Def(Fx')) \Rightarrow Def(\neg Def F(x))$‹, von (4) ausgehend über Zwischenschritte abgeleitet aus:
(6) ›$\neg\exists x\ [Def(Def F(x) \Rightarrow Def(\neg Def F(x')]$‹

die logische Tatsache wiedergeben soll, gesetzt ein Definitheitsfaktor muss das Auftreten (die sukzessive Unwandelbarkeit) von ›Fx'‹ klären,[335] dass das Vorderglied in (5) gemäß (6) und (4) nicht auftreten kann, gleichwohl modus tollens dann auch das Vorderglied in (4) resp. (6) in Frage stellt, dann liest hiermit (5) offensichtlich die Vagheit – und eigentlich Antonymie – von der vorausgesetzten, jedoch nicht etablierten Geltung des Gegenteils her und überträgt diese auf das Ausgangsglied – was den Querstand vermehrt oder steigert. Solange die Antonymie nicht präsent und manifest ist, sollte dies (wie ergeben) daher unfruchtbar bleiben. Wenn nun aber

(7) ›$\forall x\ (F(x) \Rightarrow \Diamond F(x'))$
(6) in einem modalisierten Kontext wiedergeben soll (der die unerlaubte Konfusion des DEF-Operators in Verbindung mit ›$P \Rightarrow Def(P)$‹ vermeidet), und selbiger Kontext gilt für alle Welten als wahr, dann ist ebenso diese wie die aus (6) (nicht schlüssig) abgeleitete Formel
(8) ›$\forall x\ (\Diamond F(x) \Rightarrow \Diamond F(x'))$[336]

unzureichend, um (1) wiederzugeben bzw. auf Anhieb gerecht zu werden. (7) bedient einen auch in der klassischen Modallehre wohlbekannten Sachverhalt zwischen notwendig und möglich (und daher immer wahr), aber sollte sich ›x'‹ in die Gegensphäre, ›$F^{+}x$‹, bewegen oder diese auch nur berühren, verliert › $F(x)$‹ resp. › $F(x')$‹ seine Geltung. Da die Polarität vorausgesetzt, müsste daher

335 Gemäß Heck 1998, 202, die Vorgabe von Wright, der offensichtlich eine oben aufgeführte Idee Dummetts (1970, 310, bei Farbprädikaten in Verbindung mit Disjunktion ohne Zuweisungsmöglichkeit ‚definit wahr') aufgreift (204); übrigens ergibt sich von hier der Einwand nicht nur gegen die Redundanz, sondern schon die einfache Behauptung ›$P \Rightarrow Def(P)$‹.

336 Sie müsste in Analogie zu (6) heißen: ›$\forall x\ (\Diamond F(x') \Rightarrow \Diamond F(x))$

gemäß (1) sogar ›$\Rightarrow \neg \mathrm{F}x_{n}$‹ gesetzt werden und, der bekannte Eklat, die Formel kollabiert. Die Notwendigkeit liegt in der geschlossenen Peripherie um eine voll gescherte Begriffsachse oder segmentierte Verschleifung, (iii), wird vollständige Schleife, (v), (der Negativwert im Eigenzentrum und zugehöriger Peripherie etabliert), und ›klein‹ gibt ›x‹ – an irgend Stelle – ab in das Gegenteil. Selbiges ist vorhersehbar und damit antizipatorisch gültig, und (8) braucht nicht auf Wahrheitskontexte abgezählt zu werden, da absehbar ist, dass die Implikation genau dann falsch wird, wenn ein ›x‘‹ in die Gegensphäre fällt und ›$\Diamond$ F(x‘)‹ sodann als ›$\forall x\ (\Diamond\ \mathrm{F}(x) \Rightarrow \neg \mathrm{F}x_{\mathrm{i,ii,\ldots n}}) \Rightarrow [(\ \mathrm{G}x_{\mathrm{i,\,ii,\ldots n}} \vee \mathrm{F}^{+}x_{\mathrm{i,\,ii,\ldots n}})\ .\ \Diamond\ \mathrm{F}(x) = \Diamond\ \mathrm{F}^{-}(x)]$‹ zu interpretieren ist: Das Gegenteil wartet mit Notwendigkeit und ist nicht nur möglich (wie sich der Binnenbereich entwickelt), folglich das Paradox (*ohne* Ansatz der Polarität): es spielt mit der Unterschlagung des Antonyms.

3. Knoten und S-P-Wechsel

Es verbleibt somit der Knoten zu klären, wenn Modalisierung und Def-Operator nicht helfen. Selbiger ist wiederum die »Mitte«, das Kernstück der beiläufigen Zusatzbemerkung ›an irgend Stelle‹ oder der logischen Verwerfung. Sie ist antizipierbar, mithin a priori gültig, aber nicht exakt lokal (darum jedoch auch nicht geradewegs in den Begriff der ›no sharpened boundaries‹, gleichgültig ob ›verstärkt‹ (strengthened) oder nicht, zu übersetzen): diese Charakterisierung geht von fixen Relationen als ob aus, obgleich die gesamte Materie der Steigerbarkeit und allseits abhängigen Extremierung folgt – eigentlich das Merkmal der Krümmung –, woraufhin diese das Grenzproblem zu interpretieren hat. Erfahrung gibt dieser Grenze, je nach dem welche gemeint (was noch zu klären), einen Annäherungsbereich, (die Welt schärft Waffen und Rüstung, den Kapitalstock, die Arbeitskräfte, das Investitionspotenzial, die Bereitschaft zu Erprobung und/oder Distanznahme in der Partnerschaft oder Gruppe), zudem ist sodann (wie bereits öfter) die Gestellsituation oder Simplifikation zu verlassen, welche stets nur das vereinzelte, *isolierte* Antonym in seiner Ausbreitung beobachtet – man nennt dies andernorts auch Idealisierung. Zunächst möge, wie angekündigt, die Definition der Kennzeichnung in NF von Quine, zugleich zusammenfassend, den unbehelligten Knoten vorführen (der quasi verschwindet).

D9. ›$((\mathrm{i}\alpha)\varphi \in \beta)$ für $(\exists\gamma)\ ((\gamma \in \beta)\ .\ (\alpha)\ (\alpha = \gamma) \equiv \varphi))$‹;
D10. ›$(\beta \in (\mathrm{i}\alpha)\varphi)$ für $(\exists\gamma)\ ((\beta \in \gamma)\ .\ (\alpha)\ (\alpha = \gamma) \equiv \varphi))$.

Mit Quine ist D9 folgendermaßen zu erläutern: ›Der (einzige) Gegenstand α, für den gilt ϕ, ist Element von β, wobei es ein γ gibt, das Element von β ist und für alle(s) α (Betreffende) gilt, sie (es) sind mit γ genau dann identisch, wenn sie die

Bedingung ϕ erfüllen; oder kürzer β hat ein Element, welches der einzige Gegenstand α ist, für den gilt ϕ‹.[337] (Die gekürzte Version umgeht die Interpretation der Allklausel am singulären Gegenstand resp. Element). Nun sagt D10 selbiges unter Voraussetzung des – quasi – S-P-Wechsels, es ist nur ›β‹ jeweils auf die Elementstelle zu setzen. Das paraphrasierte quasi bezeichnet sodann (i) den bezeichnenden Bruch oder die Veränderung, welche die moderne Denkweise der klassischen zufügt. Wenn nämlich die Bedingung ›ϕ‹ tatsächlich „von nur einem Gegenstand erfüllt wird", sodann die Kennzeichnung so zu verstehen ist, dass sie diesen Gegenstand denotiert (so Quine), dann befindet sich die Logik per Subsumtion an und für sich an der Stelle des *subiectum infimum*, i.e. selbiges kann unmöglich wieder ins Prädikat treten resp. der Regressus (als S-P-Wechsel) muss an seiner Stelle Halt machen (und mit Präferenz Namen auftreten lassen). Wie man sieht, kann sich die Elementauffassung und Schreibweise hiervon freimachen und die Kennzeichnung scheinbar folgenlos ‚ins Prädikat' oder die subsumierende Stelle setzen. ›β‹ muss also etwas sein, das diesem denotierten einzelnen Gegenstand noch zukommt, der sinnvollerweise nicht mehr als direkt mengenbildend aufgefasst wird oder, anders formuliert, dem stillschweigend eine bestimmte Singularität zu unterstellen ist. (Gesetzt, ein bestimmter Herzschlag in der x-Sekunde des Tages y, dem eine spezifische Impulsivität, Schmerzhaftigkeit oder tractus zukommt, er impulsiert die Hälfte des vorderlinksseitigen Lungengewebes). Lässt man die geklammerte Situation für beide Definitionen gelten, und ›ϕ‹ ist der tractus, ›β‹ die Intensitätsgrade (resp. -grad), ›γ‹ hingegen alle Herzschläge (und nicht etwa die Sekunden, oder aber das Lungengewebe resp. seine Zellen, dann ergibt sich ein konsistenter Knoten rechts im Definiendum, in dem signifikanterweise die Kennzeichnung (D10) mit der gewöhnlichen Mengenbezeichnung (D9) alterniert. Mit anderen Worten, diese Stelle muss – wegen der Reziprozität – eine Verdichtung oder Fokalität, eben den Knoten enthalten, der entweder tatsächlich nur einen einzelnen Gegenstand aufnimmt, anderfalls wie üblich eine Mehrheit in genau dieser Zusammenfassung oder Konzentration. Mit diesem Begriff wandelt sich die Interpretation in Polaritätsnähe – als ob es ein echtes Zentrum gäbe –, mithin auch Plusminuswertigkeit zu bezeichnen sei. Dies ist aber offensichtlich (und vielleicht glücklicherweise) nicht der Fall. (Ansonsten wäre der Widerspruch immer soweit zu zwingen, ihm seine Polaritätsnähe auszulesen resp. als ob eine neutrale Aussage nicht möglich sei). Denn zwar wird ›ϕ‹, der tractus, diese Nähe bedingen, aber für sich alternieren ›(iα)ϕ‹ und ›β‹ nur dahingehend, dass sie jeweils den Knoten aufgreifen

337 In letzterem Sinne Quine NF, 85f.

– er muss, wie bereits mehrfach erläutert, die Stelle nach ›∈‹ bezeichnen – und entweder nach ›*β*‹, wo seine Subsumtion eine pluralische Bedeutung besitzt, oder ›(iα)__‹ auslegen, in der sich die Subsumtion auf den Einzelgegenstand vereinzelt oder, erneut, *konzentriert*. Nun schreibt auch Quine die Kennzeichnung stets als jenes ›(i*α*)‹ mit der Bedingung ›---‹ (hier Unterstriche, also als Leerstelle für ›*ϕ*‹). Dies zeigt an, in der Stelle – ›$\in_{(\cdot)}$__‹ – äußert sich eine bestimmte Verbindungs- oder *Fusion*skraft, welche sie nämlich dafür prädestiniert, selbst wieder (wie sattsam bekannt) als Element der höheren Klasse aufzutreten. Wäre diese Kraft nicht gegeben, wohlgemerkt in der logischen Vorstellungskraft, nicht aus Abnahme der Empirie und ihrer Gemengelagen bis hin, dann besäße offenbar der Verstand, das Bewusstsein nicht die Kraft der Aufsteigung oder Konstitution des Begriffs- resp. der Klassenabfolge mit distinkter Unterordnung, i.e. Subsumtion und/oder Verschachtelung. An ›(i*α*)__‹ bleibt die Haftungs- oder Fusionskraft somit halboffen bestehen, resp. sie macht sich an dieser Letztstelle in der Hierarchie bemerkbar, welche an und für sich jene (wie oben erläutert) an der Grenzstelle ganz oben spiegelt (die unvorbereitet die Antinomie verursacht, solange Element und Menge nicht als Antonymie erkannt resp. die Bedeutung von ›$\in_{(\cdot)}$__‹ unbedacht bleibt) und im bloßen ›*β*‹ verschwindet.

So sei dies der Reinknoten oder jener, der quasi neutral nicht verlangt, seine Substanz nach plus und minus resp. die Fälligkeit der Sphären nicht insgesamt nach links und rechts auszulesen; nunmehr nicht im subsumtiven Sinne von ›$\in_{(\cdot)}$__‹, sondern im Sinne von (1) oben: ›$\exists x \,||\, F^{+}(x) \cong F^{-}(x) \,||$‹, und es sei zudem verlangt, jene Bedingung ›ϕ‹ meine im präzisen Sinne ›klein‹, es sind also Kontexte, eventuell mathematische auszulesen und die Induktion soll durchaus arbeiten. Es liegt als bloße Subsumtion aus dem vorigen und den vorhergehenden Absätzen auf der Hand, hier muss der Fokal an der durchaus brisanten Stelle einkehren, und was ihn als verschleiftes (verschleift segmentiertes) Element oder sogar dasjenige ausmacht, das seinen Gegenpol inkubiert oder trägt und die Sphäre umschlagen macht. Nun dürfte, mit einer kurzen Reflexion zum Begriff Segment – in Verbindung mit dem Knoten – diese Anmerkung abschließbar sein, zugleich mit Anführung der spezifischen Symbolik. Die Literatur zur vollständigen Induktion in Verbindung mit dem erwähnten Paradox hat sich darauf versteift, die natürlichen Zahlen für n+1 einzusetzen – an und für sich wäre aber viel eher zu erwarten, hier wandelt die Dimension (im Sinne der Periode), und die Zahlenklasssen schwinden in die Diminution an der, ggf., identischen Stelle. Sodann tauchen 0.01, 0.001, 10^{-4}, 10^{-5} auf, evtl. 10^{-25}, die wohlgemerkt der heutigen physikalischen Messung und Vorstellung zugänglich – und zunächst an der Bedeutung des Antonyms nichts ändern, sondern ganz im Gegenteil. Es operiert und beweist seine Steigerbarkeit resp. die Extremierung, und – die Konklusion würde stets halten (wenn auch der Scherz, die Verblüffung, einen anderen Charakter annimmt). Rechtens ist sodann aber auch anzunehmen, die Vorstellung, ihre Konsequenzen und Anlagen befinden sich nicht mehr im Bereich des neutralen (bzw. schlecht oder ungenau abstrahierenden) Gemeinplatzes, von dem aus die Versprachlichung ihre Zweige legt.

4. Knoten und Lage, Anwendung

Wohin nun wäre sich zu wenden, um nicht mehr den Gemeinplatz, sondern den Knoten zu erläutern. (a) gilt es sich zu fragen, welche Rolle spielen Begriffe wie Fazette, Aspekt, Perspektive, wenn auch das Segment konstitutiv zum Knoten, mithin seinem Fächer oder der Faszikel gehört; (b) gilt es sich zu entscheiden und die gew. Modellnegation nach rechts, links und in die Mitte zu legen, sie bezeichnen spezifische Knotenstellen. *Scilicet*, (a) ist gleichbedeutend damit, D9 und D10 in den Fächer resp. die Faszikel zu legen und zu fragen, wie verhält sich der Knoten – wenn die Kennzeichnung in ihn fällt; denn selbstredend sollte dies, wenn auch delikat, den Gipfel der Bemühung (oder Erkenntnis) darstellen zu wissen, wie er sein(e) Segmente ausliest und konstitutiert. Wohlgemerkt, selbige Fragestellung gelte seit oben für den Ansatz, die ggf. Entzweiung der Klassifikation, i.e. der Knoten wird mit Sicherheit an bestimmten Stellen das Kontinuum (unter-)brechen – als Faszikel lesen –, wenn seine Konstitution derart ist, dass er an eine echte Periodengrenze rührt. – Wenn nun – um wenigstens einmal seinen Herd, das Zentrum, im halbwegs Umgangssprachlichen zu erläutern – ein Trojaner böse ist, gleichwohl ein bürgerliches Gewand trägt, jedoch nicht davon ablassen kann, seinen Charakter vor den anderen zu verleugnen, und weiß, dass sein wahres Bewusstsein von nicht wenigen erfahren wurde, gelesen wird und verstanden wurde (und erneut wird), er jedoch mit anderen, die seine gesellschaftliche Stellung teilen, nicht unterlässt, diese Tatsache zu unterschlagen respektive ein Bewusstsein – als Form – auszutragen, dass diese Möglichkeit im Keim erstickt, somit eine Abkantung schafft und dieser Art eine beständige Parteiung in das Gemeinschaftsleben, den gemeinschaftlichen Verkehr (im buchstäblichen Sinne) hineinträgt, er sich schließlich des Abends noch immer mit gelegentlicher Vorliebe im Theater vergnügt und in der Mittagszeit die Gewohnheit pflegt, mit sog. Kollegen ein bestimmtes mailändisches Restaurant aufzusuchen, währenddessen er sicher sein kann, dass der allgemeine Scherz, sein Plaudern und stetiges Lästern niemals überhand nimmt, um ihm, oder irgend anderem, die ansatzweise erläuterte Maske zu rauben; welche sodann zu wissen gäbe, wer er ist, resp. dass er zwar die Grundrechtscharta kennt und somit weiß, es darf niemand, etwa, wegen seiner Gesinnung diskriminiert werden, ja es soll ein jeder jeden anderen mit der uneingeschlagenen Achtung begrüßen und ihm alle Vorteile und Entwicklungsmöglichkeit einräumen; es darf niemand wider, noch vor, noch wiederum in der Verstellung, den anderen ein falsch Zeugnis reden oder gar permanent ein Faktum verleugnen; noch darf man, um überschlagend zu schließen, mit seinesgleichen einen bürgerlichen Schwur tätigen, dergestallt, dass alle Stellungsinhaber oder Teilnehmer sich begünstigen und jeden ausschließen, der sich dem stillen Schwur nicht ergeben will, noch darf selbiger dazu dienen, etwa dem Eheband oder auch nur dem üblichen, oder gewöhnlichen, sexuellen Verkehr und seiner Ermöglichung zu frönen, dann bedient dieser Trojaner offensichtlich nicht nur ein bürgerliches Leben, sondern auch eine Doppelfaszikel, die am angezeigten Semikolon einen Umschlag offenhält, der, an und für sich, die Peripetie seines Lebens bezeichnet; denn wie ein jeder, ein jeder, der die bürgerliche Erziehung genossen hat und in die bürgerliche Gemeinschaft einkehrt, obliegt es auch ihm, ihm aber im bestimmten Sinne und aus besagtem Grunde zwangshaft, selbiges Leben in einem nunmehr nicht unbestimmten Ausmaß zum Theater gleich Schauspiel zu machen und nicht nur zu erklären. Dies nämlich, geradewegs, will und wird er – mit seinesgleichen stets oder in der Gruppe – nicht; oder vermeiden (und bedingt das bereits angezogene Schisma des Bewusstseins und, dies freilich auch, die Scheide des oder der anderen, die selbiges verneinen).

Es obliegt, zur Logik zurückzukehren, um zu begreifen (oder zu erläutern), dieser Trojaner bietet jeden Anlass, Segment, Fächer, Aspekt, Fazette, Perspektive und Faszikel wiederzuerkennen. Unmöglich haben sie alle dieselbe Bedeutung. Stehen sich Plus- und Minusfazette gegenüber, verdient der inliegende (notwendige) Knoten die entsprechende Kennzeichnung, und sie sei der Faszikel zugeordnet: sie birgt somit den Pol, die polare Instanz oder das Zentrum der Segmentierung, und alle verschleifte (wie sie, u.a., Dummett im spezifischen Farbspektrum, dann auch in der in-/finiten Menge, es war die Herzschlagsmenge in der un-/verblühten Kindheit, ausliest), ansonsten aus nunmehr besagten Gründen ist auch die antonyme dieser Kernfaszikel zuzurechnen (hier das Gruppenverhalten des Trojaners, der sich qua segmentierter Unterschleife mit seinesgleichen Vorteile und, nicht zuletzt, jene bestimmte bürgerliche Macht, ggf. Gewalt-, in jedem Fall aber auch Steuernahme verschafft, die er unter diesen und allen anderen auszuüben beabsichtigt; das Steuer sei im Sinne der Steuerung, Obligierung, Ausrichtung der Verhältnisse gemeint). Aspekt und Fächer wiederum seien Neutralbegriffe (bzw. Begriffe, die sich direkt auch in der Neutralität lesen und explizieren lassen, und das linguistische Gebiet des

Aspekts sei verzeihlicherweise übergangen), während die Perspektive, *nomine*, die Projektion in die Polarität hineinträgt und daher rechtens dem Linsenwesen (in seiner ganzen Allgemeinheit, mithin ohne Zwang der Verpflichtung auf die ursprüngliche Optik) eine spezifische Obacht zumisst (auch wenn die Wissenschaftssprache bislang in weitem Übermaß die Perspektive neutralisiert resp. so behandelt, als ob sie nur (den vorwiegend umgangssprachlichen) Aspekt oder Ansicht meine, die keine Anforderung an (i) die inliegende Polarität, (ii) die Projektion der Vorstellung – und Vorstellungskraft – auf andere Vorstellung impliziert, woraus Verhältnisse der (a) Verkürzung (in den projizierten), (b) Negation in der Segmentierung resultieren, die wiederum (c) Segment versus Segment, (d) Segment versus Ebene, (e) Segment versus Knoten betreffen (streng genommen unter (c) überdies Segmentimpuls n versus -impuls $n_{\pm 1}$, da sich beide in einer Sphäre bewegen, jedoch keineswegs miteinander identisch sind oder gar im herkömmlichen Element aufgehen): die Perspektive impliziert Negation und Affirmation zugleich, da im Segment die Weiche, im notwendigen Bezugspunkt oder Zentrum aber letztere (was, womöglich lässlich, öfters übersehen oder nur beanschlagt). Wie man nun sieht, unmöglich lässt sich diese Nomenklatur noch mit einem ›¬‹ abhandeln, evtl. erweitert um die verschiedenen Zugangsweisen bzw. Methoden infolge der Mathematik des letzten Jahrhunderts (i.e. es geriert die Negation subliminal, intuitionistisch usw., der direkte Vergleich zur Aufzeigung der Lücke sei erlassen, sie ist im Grunde bereits wie zuvor präsent. Die Negation in der Polarität wird stets der Möglichkeit nach verschleift und daher nicht wie die an der Quantenphysik explizierte komplementäre Galois gelesen). Es dürfte aber klar geworden sein, unter (a) bis (e) tritt, der Möglichkeit nach, ein Bruch oder Sprung des Kontinuums ein, wenn unter (a) von (b) aus (c), (d) oder (e) an eine Peripheriegrenze stoßen. Selbiger bedingt die Lesart – und Lage – seines Knotens.

Abschließend gilt es sich zu fragen, zunächst vorab, wohin gehört diese Kenntnis und ihre Anwendung (nach den Vorteilen sei im Augenblick nicht gefragt, es dürfte sich aber erübrigt haben, dass die Kenntnis des Kontinuums und wie es liegt, keine Nachsicht bereithält). Nun ist der Charakter bzw. das »mentale Verhalten eines Subjekts« gewiss ein Gebiet, in dem sich der Fächer, die Faszikel bzw. die Polarität im erläuterten Sinne auslesen lässt. Der Trojaner ist der Grieche, nunmehr der Mienenspieler im selbigen Spiegel und gewiss mehr als der bürgerliche »Zankapfel«, (ein womöglich zu klein geschriebenes Großding, um in gebotener Kürze die vernakulare Rede zuzulassen). Somit an und für sich der ›Herd‹, und dieser oder jener, alle zusammen, haben bekanntermaßen ihre Erbschaft in der insb. abendländischen, wenn nicht Weltgeschichte hinterlassen.

Diese war von seinen Ideen begeistert, aber die zugehörige Philosophie ist in der jüngsten Zeit – im Gefolge der Gehirnforschung – ins Abseits geraten bzw. auf den Nullwert gesetzt worden.[338] Auch hier verbirgt sich ein Herd, es sei jener des Leib-Seele- oder Körper-Geist-Verhältnisses, wenn Reduktionismus und/oder der Monismus keine schlüssige Antwort bieten können (und sich die Neurowissenschaften bislang durchaus versteigen, »mentale Phänomene«, den gesamten »Gedankenapparat«, das Begriffswesen bis hinein in die Logik auf den eigenkausal interpretierten synaptischen Verkehr zurückzuführen – die Forderung der Begleitung, ja Ent- oder Verschlüsselung möge gleichwohl mit Nachdruck bestehen). Wenn die Energie in der Basis sich auf beiden Seiten entfaltet und, als Basis, entfalten muss, dürfte ein hinreichender Grund anfallen, Phänomene, die selbigst aussehen, polar (wenigstens fokal) zu entziffern resp. einem Knoten zuzuordnen, der sich einmal im Geistig-Seelischen, das andere Mal im Körperlich-Physischen entfaltet. Dies meint, (i) die Lücke, der Sprung oder Bruch, ist wesentlich, unvermeidlich, jedenfalls keine echte Wissenslücke,[339] gesetzt diese liegt notwendig auf oder in der Homogenität, oder mangelnde Einsicht seitens des menschlichen Geistes, der dennoch bei Annäherung, ± instrumenteller Sublimierung, Abtastung, Ahnung erhebliche Kenntnisse aufweisen kann; (ii) die Koinzidenz der – in der vollständigen Schleife beheimateten – Faszikel ist unvermeidlich und besitzt ein spezifisches Umschlagswesen, das – immer noch! – durch den synaptischen Verkehr begleitet sein muss (der Ausdruck ‚geregelt' sei an dieser Stelle nicht verwendet, da er die offenbar falsche, deterministische Trasse legt). Nicht also, dass sich das Leibliche zuletzt auch stets geistig erleben und erfahren lässt, und umgekehrt – und selbiges bedingt kommutative Verwirrung –, sondern die Energiebasis zwingt zu diesem spezifischen Aufenthalt. (Sie bedingt offensichtlich auch, dass unter den Erklärungsmodellen der Naturwissenschaft die Teleologie einen steten Bruch verursacht oder nicht aufgeht).[340]

338 In aller Kürze Dieter Sturma (Hg.). *Philosophie und Neurowissenschaften*, Frankfurt/Main 2006, ausgehend von dem Beitrag Bennett & Hacker.

339 Der 2. Tenor des Beitrags von Brigitte Falkenburg in Sturma 2006, die Homogenität etwa ausdrücklich in Verbindung mit den Randbedingungen der Relativitätstheorie, 67.

340 1. Tenor des zuvor erwähnten Beitrags, Falkenburg 2006, 52. „Die Vereinheitlichung unserer Erklärungen klappt nämlich in zwei Hinsichten nicht. Einerseits bleibt der eingangs konstatierte Bruch zwischen teleologischen Erklärungen und allen anderen Erklärungstypen bestehen. Teleologische Erklärungen unterstellen Intentionen, und diese sind vom Standpunkt der wissenschaftlichen Erklärung aus irreduzibel. [...] Erklärungen sind entweder wissenschaftlich oder teleologisch, aber nicht beides;

(*Anmerkung*. Um der vorstehenden Behauptung ein wenig zusätzliche Anschaulichkeit zu vermitteln, mag in aller Kürze der Begriff des Kernbewusstseins und seine Entstehung – gemäß Neurologie (Damasio) – einkehren. Auf nur wenigen Seiten erhält der Leser die Kunde über die Entstehung des Kernbewusstseins, das sich auf die unwillkürliche Kartierung der Gehirnregionen stützt,[341] hierbei Objekt[342] und Selbst, also jene Einheit diskriminiert, die logisch notwendigerweise auf der Gegenseite zur ersten sensomotorischen Verarbeitung des Objekts simultan, *zugleich*, aktiv sein muss und die Identität des Organismus im wandelnden Panorama der Veränderung, und Veränderlichkeit, verbürgt. Es gilt, dass die fälligen Repräsentationsmechanismen, die beiden Seiten zuzurechnen sind, (i) einen unsprachlichen Bericht darstellen – die Rezeptivität arbeitet zwangsweise wie ein quasi Protokoll der Nerven, Neuronen und Synapsen –, (ii) sofort vorstellungshaltig oder Vorstellungen gleichzusetzen sind, (iii) der erwähnten Schleife unterliegen (hier notwendigerweise eingeführt, da unmöglich in der unwillkürlichen Impulsierung der Zirkuit ‚Objekt' mit dem gegenteiligen des identischen Subjekts oder ‚Selbst' identisch sein kann, selbige offensichtlich aber auch keinen konsummarischen Takt abarbeiten, in dem regel- oder unregelmäßig je ein Glied auf Teil oder Gegenteil fällt, so dass die energetische ± Schleife zwangsläufig), und (iv) eine kausale Beziehung (wegen der Bewirkung durch das Objekt) verbürgen, deren Ergebnis den „Ursprung des Selbst-Sinns im Erkenntnisakt" mit „der Verstärkung der Vorstellungen von einem Objekt" verkoppelt. Hier möge, im Ansatz und zum beanspruchten Kalkül, sofort die Frage einkehren, sind diese Vorstellungen resp. diese Basis tatsächlich *homogen* oder dem Kontinuum verpflichtet (wie das Modell wenigstens suggeriert). Was nun die Logik betrifft – die Frage ist an dieser Stelle nicht endgültig zu klären, wenngleich sich die Antwort ihrethalben auf die Gegenseite begeben wird –, so arbeitet sie (relativ naiv) mit „Ebenen", insb. „zweiter", jedoch ohne distinkten Klassenbegriff oder Klassifizierung (gar erwähnter Schleife, der Zirkuit aber ist selbstredend, wenn auch vornehmlich in der Dimension der synaptischen Verzweigung, mithin soz. Mikroebene gegeben). In diesem Sinne behauptet sie systematisch, (a) es können alle diese neuronalen Muster [im Rahmen der „Interaktion des Organsimus mit dem Objekt"] Vorstellungen werden [!]; (b) die

das eine schließt das andere aus. […] Umgekehrt sind aber unsere Intentionen paradoxerweise kausal relevant, aber es ist nicht klar, wie sie sich in der kausalen Modellierung empirischer Bedingungsgefüge als kausal relevante Faktoren erfassen lassen".

341 Damasio 2002, 204–208 (Einleitung zu Kap.VI).

342 Ein Füllbegriff für inner- versus außerweltliche Phänomene, links etwa körperlicher, lokaler Schmerz, rechts der Gegenstand bis hin zur Landschaft.

sensomotorischen Karten, die das Objekt betreffen, rufen Veränderungen in den »konträren« hervor,[343] die den Organismus betreffen; (c) die zuletzt beschriebenen Veränderungen lassen sich erneut in anderen Karten repräsentieren (2. Ordnung), welche (i) die eigentliche Beziehung (stete Verkoppelung oder, wie zuvor, Verschleifung) aufnehmen müssen, (ii) wiederum ursprüngliche Vorstellungen erzeugen oder erwecken und (iii) wegen ihrer vornehmlichen Körperbezogenheit mit „Gefühlen" einhergehen oder geradewegs darstellen. Ausdrücklich meint (c) nicht die Übersetzung oder den Überschlag, die Peripetie von neuronalen zu mentalen Mustern. Gleichwohl, wenn der Begriff ›Gefühl‹ manifest gegenüber der ›Vorstellung‹ eingeführt und beansprucht, selbiger – und eigentlich auch dem Gefühl als Statthalter des Proto-Selbst, das beständig beim gesunden Organismus wachgerufen ist und alle Prozesse begleitet[344] – eine quasi kontinuierliche oder Überallgeltung zugesprochen wird (durchgehend und im theoretischen Annex), stellt sich die Frage nach der Grenze oder Differenz, akut in der Verlängerung des Übergangs in die synaptische Tätigkeit, die ab bestimmter Stelle ihre bewusste Diskriminierung oder Marke verliert (mit den theoretischen Voraussetzungen des Modells). Nun soll die Negation, die dem bzw. den (nachfolgend erläuterten) Knoten gehorcht, nicht als Allheilmittel prognostiziert oder eingeführt sein; aber sollten Gefühl und Vorstellung in einem *scheinbaren* Kontinuum zu veranlagen sein und sich darstellen müssen, noch dazu einem koinzidenten, fällt Plausibilität und Logik auf den Grenzknoten, der die Gefälle diskriminiert und entscheidet. Auf dieser ‚Ebene' ist, zumindest dem Anscheine nach, noch nichts gegen den Determinismus, Materialismus resp. die Übergeltung der Kausalität entschieden. Selbiges beginnt sich aber abzuzeichnen, sobald insb. zwischen erster und zweiter Ordnung die Beziehung in die Abhebung gelangt und, ggf., Wissen oder Bewusstsein im expliziten Sinne ›B. von‹ (reflexiv und willentlich) ermöglicht, da die Verstärkung oder Abhebung, auf der die Erkenntnis des Objekts beruht, bereits überdeutlich (und wie nicht anders zu erwarten) fokal zu beanspruchen ist.[345] Wenn nämlich zwischen den Ebenen des Modells (1. versus 2. Ordnung) immer noch das Kontinuum zu veranlagen, die

343 Damasio 2002, 205; der Ausdruck konträr wurde hier gesetzt, selbstredend verkehrt bzw. unzutreffend resp. nicht vollnds gültig. Die Sachlage und der Gegensatz erschöpft sich gewiss nicht in einem Kontrast.

344 Ergebnis des vorhergehenden Kapitels.

345 „Die Aufmerksamkeit wird von einem Objekt angezogen, was zur Folge hat, dass die Vorstellungen von diesem Objekt in unserem Geist besonders hervorgehoben werden. Das Objekt wird gegenüber weniger glücklichen Objekten *abgesetzt* – [...]" (Damasio 2002, 208).

ursprüngliche oder unwillkürliche Fokalität aber nicht abweisbar ist, stellt sich ein mehrfacher Widerspruch in der Sache ein: (a) wo die Grenze tatsächlich liegt, abrufbar und wissenschaftlich sicher (datum), wenn nicht nur konstruiert oder probabel;[346] (b) wie sich Fokalität in ihr ausbreiten – manifestieren – kann, die notwendig eine Negation zwischen Zentrum und Peripherie (oder Nichtzentrum) bedingt, abgesehen von der Fokalität, die im Zirkuit das Proto-Selbst, den Statthalter des Organismus, von seinem manifesten und stets veränderlichen Gegenteil trennt, dem sog. Objekt (das selbigen Ansatz hervorruft); (c) wieso eine Diskriminierung zur höheren Ebene überhaupt stattfindet, wenn nicht durch einen vorauszusetzenden, gleichwohl in den synaptischen Prozessen nicht eigentlich manifesten Gegenpol. Dieser, erst dieser, müsste sodann dem sog. Geist gehören, und seine Existenz und endgültige (*definite*) nichtresultative, völlig verzehrende oder *absorbierende* Fusion mit der Kausalität des synaptischen Naturprozesses wird gewährleistet durch jenen Minimalsprung oder Absatz, den die Basisschleife zwischen ihm und dem Gegenpol bedingt, er sei Körper, Leib, Organismus in seiner gesamten Breite; abgesehen davon, dass das Modell von Anbeginn zu potenzieren, in seinem Ergebnis jedoch nicht zu ändern ist, indem die Basisenergie verlangt, auf Anhieb das andere Bewusstsein und den anderen Leib anzuerkennen, der die Grenze der Membran niemals völlig distinkt machen wird (eine absolute Subreption oder Idealisierung, die wohlbekannte Fällungen und Verfehlungen in Gang setzt), es sei denn durch den Knoten. Im Nachsatz möge die Fusion in ihrer umfänglichen Geltung und Faktorisierung nicht übergangen sein (sie unterliegt selbstredend auch dem Modell, jedoch ohne eigentümliche Ansprache und eingreifende Abklärung gegen den klassischen Begriff innerhalb derselben Region und ihrer unbedingt angesetzten Auswirkung). – Nun sei, statt der vorangehenden Gebiete, das Symbolische stattdessen an dem bereits eingeführten Herd expliziert, dem Wirtschaftswesen resp. der Vermögensverteilung, um, an (a) und (b) oben versus (c) bis (e) zu zeigen, wie verhält sich der Knoten in der Binnenlage versus links oder rechts im Extrem. Mithin liegt die Kennzeichnung auf einem Knoten resp. der Extremierung und ihrer Potenz (Perspektive und Projektion dürfen im Augenblick der Vorstellung vorbehalten bleiben, dort aber untilgbar), selbige konstituiert eine Faszikel und die anhängigen Negationen (die nicht mehr für eine genommen wird).

346 Die Möglichkeit, dass sie der Quantenrelation unterliegt, sie hier nicht erwogen (offensichtlich nicht).

5. ›$\exists x \mid\mid F^{+}(x) \cong F^{-}(x) \mid\mid$‹

Wenn nun, an und für sich, ›$\exists x \mid\mid F^{+}(x) \cong F^{-}(x) \mid\mid$‹ zu verhandeln ist und sich jeweils in ›$F^{+}(x)$‹ versus ›$F^{-}(x)$‹, wie bereits oben (in Verbindung mit der Modalisierung des Induktionsproblems) gezeigt, ein Knoten artikuliert – er ist offensichtlich jener, der die Modalisierung weckt –, dann müsste seine Kennzeichnung bedingen, er beweist nicht nur in ›β‹ die spezifische Wandlungsfähigkeit der Minushaltigkeit (wenn selbst positiv), sondern insb. auch, dass in der Binnenstrecke die Werte bei Annäherung der Kommutation unterliegen. Was nämlich ist ein Knoten – nicht von ohngefähr listet die Logik die Negation stets an erster Stelle, der erste Operator, denn es zu definieren gilt. Ihr Widerstand oder ihre umfassende operative Wirksamkeit verliert sich aber nicht in der diskriminativen Ausscheidung mit stets glatter Kante (um zu verbildlichen), sondern, völlig entgegengesetzt, darin, diese Kante zu absorbieren. Nennt man dies Achse, liegt die Negation fusioniert (unablösbar) in dieser und sie bewegt sich über die gesamten Orte. Da unmöglich, wenn sie den Ort verwandelt, selbiger, der war, dem Nichts anheimfällt oder einfach ausgeschlossen (i.e. vollkommen abgeschmolzen) ist – die Achse ist ja berührt oder logisch operativ –, bleiben, wenn nach der Distanz hin in die Seite oder Entfernung das eine Extrem wider das andere wächst, stets ein ursprünglicher gegenüber dem aktualen Wert erhalten. Sucht also die Negation sich zu purgieren – rein zu werden –, indem sie auf das Extrem zuläuft, nimmt der Gegenwert ab, er wird ggf. unendlich klein, aber kann unmöglich null werden. Im, gesetzt, Grenzwert verbirgt sich also ein Kern der Schleife nicht weniger als an jedem anderen Ort (und die Monade, zum Vergleich, ist zwar überall, aber nicht als das mit sich einige Zentrum, isoliert und nur für sich, quasi Substanz im klassischen Sinne, die ihres Anschlusses – der substanzielle, unaufhebbare – ledig geworden wäre: das Bewusstsein wurde von Anbeginn in dieser Form gelesen, ergo an dieser Stelle zur Bekräftigung; zudem kein Spinozismus, da ihr nichts Theistisches, insb. als Monozentrum, unterliegt. Der Geist ist ebenso dissipativ wie ursprünglich subjektiv, darum – erneut zum Vergleich – der Entropie verwandt, ihr inliegend, und infolgedessen ein direktes Produkt der Energieemanation, die sich ausliest, selbiges vernehmlich und ursprünglich in der polaren Form: man wird ihr an keiner Stelle anhalten dürfen, sie wird absolut rein, entweder hier oder als Stoff[lichkeit] und Materie, ‚rein stoffliches Bewusstsein', noch jemals jenseits der Gegenteiligkeit oder *bedingten* Ausschließung (s.w.u.)). Nun ist dies an und für sich nicht zum ersten Mal gesagt. ›Überall‹ meint, die Krümmung hat überhand oder das Regiment übernommen, daher liegt auch das Ausseits in ihr, notwendig als die gebundene Sphäre (die Achse ist also alles andere als notwendig gerade und nur gerade):

die Vorstellung, Raum und Zeit inbegriffen, besitzt demnach kein Recht, sich als eigenes (insb. ideales) Dasein zu begreifen – sie geht vielmehr, ohne endgültige Trennung (sie sei ›|‹, der Sheffer-Strich, oder ›¬‹), in der Schleife auf (›|| ≅ ||‹), welche der Wellenbaum gebiert, Bild oder Metapher für die Energie. – Somit besagt der Knoten die Widerständigkeit der Negation dann, wenn diese unter der Bedingung der Fusion gelesen wird und selbige unmöglich auf null oder nicht-existent weichen kann. Mithin sind nicht nur die Extremstellen von erhöhtem Interesse – selbige bedingen aus genau diesem Grund ihre Steigerbarkeit, ggf. endlos, da der Aktual- gegen seinen Negativwert immer mehr entfliehen will (die vollständige Induktion lässt dies auf keinen Fall zu, wenn selbige Verreihung ohne das Antonym oder in barer Neutralität gelesen wird, obgleich ϕ, das Prädikat bzw. die Messsole, selbiges ansetzt) –, sondern auch, und insb. die Binnenspanne. Was nämlich sollte dort geschehen, gesetzt, ein Wert von rechts nähert sich, wird zugleich kleiner und größer, seine Ladung aber stammt von jenen her, die kleiner sind? Auch hier – da Homogenität, ggf. die homogenisierte »Brücke« unmöglich, die Negation regiert in der Substanz – gerinnt demnach die Abstoßung, und zwar ggf. unendlich, wenn (i) in der Sole, die (ii) bei Lebenszeit niemals in der purgierten Reinheit als effektive Einzelheit sich gebärdet, auch wenn (iii) die Abstraktion selbige benötigt, ja zwingt, und es wirken stets eine multiple Anzahl dieser gleich ähnlicher Relationen in der Substanz (sie war jene Energiesole), (iv) der Herd seine Mitte oder jedenfalls Ort/Örter jenseits der Extreme anstrebt: – es entpuppt sich der (multiple, ggf. über mehrere Relationen verspannte) Binnenknoten. Er bezeichnet demnach eine volatile Stelle, unterläuft ggf. der Kommutation und wandert (oder konstituiert einen Zirkuit); und er ist Knoten, da sich in ihm die gegenteiligen Glieder verreihen, verreihen müssen, und in der Verdichtung, oder Häufung, die exakte geschichtliche Spur verwischen (dilutieren, verkrusten, verspannen). – Nun soll allenthalben zum Schluss die Symbolik geklärt sein, wobei für letztere Verhältnisse angenommen sei, sie sind logischer Natur, aus dem logischen Begriff zu erschließen (und keine Primärabnahme von Naturverhältnissen, die Verortung bleibe dessenungeachtet uneingeschränkt offen). Der Knoten ist in jedem Fall ein ‚Ding', das sich an der Plus-Minusgrenze reibt, selbiges als Herd ggf. endlos zu reflektieren vermag, da freie Energie aus affiner Relation einkehrt (impulsiert), und seinen Begriff (i) wegen der Unschließbarkeit, (ii) der inkludierten Lücke, Spanne oder Hiatus verdient. (Die Morallehre zwischen ›gut‹ und ›böse‹, als echtes unschließbares Antonym angesetzt, so dass stets Niederträchtigkeit, Bissbilligkeit, effektive Bosheit, Verleugnung mitzuverhandeln sind, ist vielleicht den exemplarischen Hinweis wert, um wenigstens auch zu zeigen, als logische Relation resp. Begriff muss sie sich keineswegs notwendig der Physis oder Materie zuwenden). Wenn ›$F^{-}(x)$‹ in (1) oben tatsächlich ein Extrem bezeichnet, es liegt einer in diesem Sinne dynamischen oder volatilen Sole auf, dann bezeichnet ›$F^{-}(x)$‹ zunächst nur die Sphäre oder Spanne, um ›$^{+}F^{--}(x)$‹ das Extrem zu überlassen (das Minuszeichen verdoppelt oder einfach potenziert und hochgesetzt, umgekehrt entsprechend ›$^{-}F^{++}(x)$‹). Wenn nun, gesetzt (denn Logik muss konkretisieren), eine Kapitalsteuer ein Hochvermögen, es stammt oben aus dem Bereich ›$| \Pi^{+}(x) |$‹ oder ›$|| \Sigma^{+}(x) \cong \Sigma^{-}(x) ||$‹, mit 0,1 % besteuert, dann neutralisiert sie es selbstredend unter keinen Umständen, sondern legt eine Abgabe im Bereich der Geringspanne in seinen Umfang oder Existenz. Bekanntermaßen lässt P. diese Überlegung fallen, obgleich seine Basisüberlegungen in die Möglichkeit der Neutralisierung der Vermögenspolarität (in der Gegenwart und erwartbaren Zukunft) ausgerichtet sind.[347] Wenn er nun dafür plädiert, nicht die Eigentumssteuer – bei diesen vorhandenen, jedoch unzureichend deklarierten Vermögen –, sondern geradewegs eine Kapitalsteuer auf diese Vermögen (als neue Steuerklasse) einzuführen, die sich (ab 1 Mio. Vermögen) auf bis zu 1-5% beläuft, dann sieht man, dass Basis und Prädizierung sich immer noch in der fälligen Extremierung bewegen. In jedem Fall aber sollte nicht verkannt sein, die berührte, ggf. »gleichgemachte«, *homogenisierte* Periode ist ein Eingriff in die Substanz, das Wirtschaftstreiben, seine an und für sich polare Verteilung (wie bereits oben) und erklärt offenbar die bislang zu beobachtende Vorsicht bei testenden nationalen Regierungen. Die Verleugnung einer realen und echten Peripherie bedeutet demnach u.U. einen Eklat, anderer Art, wenn auch verwandt, als die Erkenntnis oder Wahrnehmung einer Extremität.

6. Bezeichnung der 3 Knotenlagen: je Extrem – Binnenlage

Es verbleibt zum Abschluss die Bezeichnung der drei Knotenformen, je im Extrem versus Binnenlage, in Verbindung mit den Peripherien. Wenn nun

347 Er formuliert etwa: „Um eine fortschreitende Divergenz der Verteilung, also einen tendenziellen Anstieg des Anteils der höchsten Vermögen am Gesamtvermögen zu vermeiden […]" (Piketty 2014, 720); quasi Def: „Eine progressive Steuer auf individuelles Vermögen ist eine Einrichtung, die es dem Allgemeininteresse erlaubt, Kontrolle über den Kapitalismus zurückzugewinnen, ohne die Kräfte des Privateigentums und des Wettbewerbs preiszugeben" (723–24). Noch deutlicher die Fn 2, 724: „Der optimale Satz der Kapitalsteuer zielt in der Tat darauf ab, die Kluft zwischen der Kapitalrendite *r* und der Wachstumsrate *g* zu schließen – oder zumindest einige ihrer Effekte zu begrenzen".

(1) ›$\exists x \, \forall y \, \exists a_i \, \forall z \, \exists b_i \, \exists \delta \, [(Mx \,.\, Ix) \Rightarrow \neg(Ky \,.\, (\neg(Gz_1 \,.\, Pz_2) \Rightarrow a_i)) \,.\, b_i \Rightarrow (\Sigma \geq 1$ Mrd. $\Rightarrow T\delta \Leftrightarrow 5\%)] \Leftrightarrow || \, \Sigma^{++} \cong (T\delta \vee \Sigma^{-}) \, ||$‹

Wobei: M = Milliardär x, I = Investor x, K = Kaufakte y, a_i = City; r (generell) = Kapitalrendite, G = Grund und Boden z_1, P = Immobilien z_2; b_i = nationale Regierung, T = Kapitalsteuer δ; Σ = Vermögen.

bedeutet, ein oder zwei Milliardäre kooperieren und investieren in den Aufkauf einer mondialen City, i.e. sie verlegen die Rendite ihres Kapitals zu nahezu 90 % oder mehr in den Erwerb von Grund und Boden plus Immobilien aller Art,[348] und die nationale Regierung erhebt eine Kapitalsteuer (pro Jahr) von 5% auf alle Vermögen über 1 Mrd. (im hiesigen Exempel wäre also ein Betrag von 4 Mrd. zu versteuern, ein sicherlich noch zu hoher Betrag angesichts der Art der Rendite, die bei Immobilien dauerhaft zu erwarten), dann neutralisiert diese Steuer nicht etwa ein Σ^{+}-Vermögen, sondern sie legt ein eklatantes Minus- oder Negativsegment in den Bereich der (logischen Gültigkeit) der Extremität, um selbige hierdurch anzuzeigen (hier ›Σ^{++}‹). – Das erste Negativsegment wäre selbstredend logisch gesehen die Armut. Selbige reicht aber bei weitem nicht mehr direkt in die Sphäre (und bedingt das klassische Missverständnis der konstant einfachen, unverschleiften Prädikation, gekoppelt an das »Stellzeichen« ›¬‹ oder ›n‹). Daher ist die staatliche Maßnahme so zu werten, dass sie deren Vertretung übernimmt und, am Extrem, die stete Diskrepanz oder Lücke (den ›Hiatus‹) inkubiert; womit gemeint, wie nachfolgend unter (3) an der Binnenextremierung erläutert, die Extremitäten bewegen sich *notwendig* auseinander, und zwar lückenlos, bedingen die inliegende Spannung und den, ggf., auftretenden Sprung. Selbiger ist aber ebenso notwendig an jeder Stelle der Extremität in Beziehung auf den direkten Repräsentanten der Gegenextremität logisch impliziert oder, in diesem Sinne, vorhanden und bedingt, zusammengefasst, die Faszikel, die ihren Knoten einlegt. Gesetzt nun, selbige City verzichtet in der Anlegung der Viertel auf eine Armutslage, ja selbst auf Einrichtungen der Sozialfürsorge (weil ohne Bedarf), dann wäre die Kapitalsteuer (in der erläuterten Interpretation) geradewegs so zu verstehen, sie impliziert die Bewerkstelligung des entsprechenden Anschlusses der Versorgung an anderem Ort, nun seitens des staatlichen Trägers (der dies

348 Um sich die Verhältnisse zu vergegenwärtigen: ein Milliardär verfügt über 80 Mrd. Vermögen, in Ziffern 80.000.000.000, und der Durchschnitt der Immobilie liegt bei 300.000 (inkl. Grundbesitz), dann beträgt die Anzahl der Einheiten 266667,6667, also bei weitem zu viel! Respektive es bleibt großer Spielraum für hochwertigen Immobilienbesitz im Mio.-Bereich inkl. hochwertiger Verwaltungskosten (vgl. je x2 zu ½).

womöglich nicht erreicht). Es ergeben sich eine Vielfalt an Interpretationen, auf die hier verzichtet sei. Der Knoten jedenfalls liegt, exemplarisch, auf dem Pluswert, bedingt (wie stets) eine Binnensteigerung (jenseits klassischer und moderner Logik, i.e. dem Stellenwert der Prädikation kommt eine spezifische Beweglichkeit zu – die nunmehr nicht dialektisch heiße) und genießt eine determinierende Folie oder Beleuchtung aus dem Gegenwert resp. Gegenpol. Die (negativ wirksame oder ‚in der Negation liegende') Kapitalsteuer ›Tδ‹ ist aber im strengen Sinne nicht mit der Peripherie zu verwechseln, vielmehr der inschwellige Gegenwert im Pluspol resp. Plusfokus (der ja stets ein Herd, also niemals im klassischen Sinne begrifflich rein).

Sodann

(2) ›$\exists x_i a_i\ \forall u\ \forall y\ \exists z\ \forall \rho,\sigma,\tau\ \forall v\ \exists \alpha\ (\mathrm{E}x_i a_i \Leftrightarrow [(((\Gamma^{\pm}(u_{1,2\ldots n}) \,.\, \Delta^{-}(y_{1,2\ldots n})) \Rightarrow (\mathrm{D}(\rho_{1,2\ldots n}) \,.\, \mathrm{W}(\sigma_{1,2\ldots n}) \,.\, \mathrm{L}(\tau_{1,2\ldots n})) \Leftarrow (\mathrm{S}(v_{1,2\ldots n}) \,.\, \mathrm{W}\alpha))) \Leftarrow (\Delta^{+}(y_{1,2\ldots n}) \geq \Lambda^{\pm}(z_{1,2\ldots n}))] \,.\, (Zu\rho z \vee Zu\sigma z \vee Zu\tau z) \vee (Zu\rho y \vee Zu\sigma y \vee Zu\tau y) \vee (Zy\rho z \vee Zy\sigma z \vee Zy\tau z) \vee (Zy\rho u \vee Zy\sigma u \vee Zy\tau u) \vee (Zy^{+}\alpha u \vee Zy^{+}\alpha y^{-}) \vee (Zz^{\pm}\alpha u \vee Zz^{\pm}\alpha y^{-}) \Leftrightarrow \|\ \mathrm{S}(v_{1,2\ldots n}) \Leftrightarrow \Pi(y^{-}, u^{\pm}) \cong \Delta^{-}(y) \mid \Gamma^{\pm}(u_{1,2\ldots n})\ \|$‹[349]

Wobei: E = die Enklave x_i; a_i = Bezirk der Stadt X; $\Gamma^{\pm}(u_{1,2\ldots n})$ $\Delta^{-}(y_{1,2\ldots n})$ = die Teilnehmer der Enklave (und Erbringer/Nutzer von Dienstleistung, Ware, landwirtschaftlicher Arbeit); $\Delta^{+}(y_{1,2\ldots n}) \geq \Lambda^{\pm}(z_{1,2\ldots n})$ (fak. Kleinbestand) = Besitzer oder Eigentümer (innerhalb der Enklave) von Wohnung, Land/Grundstück, Werkzeug/-statt, Fahrzeug, Tier, etc.); Z = Bezahlung (und zwar, ex., $Zu\rho y \vee Zu\sigma y \vee Zu\tau y, \ldots$); $\mathrm{D}(\rho_{1,2\ldots n})$ = Dienstleistung; $\mathrm{W}(\sigma_{1,2\ldots n})$ = Ware; $\mathrm{L}(\tau_{1,2\ldots n})$ = Landwirtschaftliche Arbeit; $\mathrm{S}(v_{1,2\ldots n})$ = (staatl.) Zuschuss-, Subventionsleistungen in Wα; Wα = Währung; es besteht die Möglichkeit, dass $(\Lambda^{+}(z_{1,2\ldots n}) \,.\, \mathrm{D}(\rho_{1,2\ldots n})) \Rightarrow Zu\rho z \vee Zu\sigma z \vee Zu\tau z, \ldots$, im Übrigen auch $Zz\alpha u \vee Zz\alpha y$ im umgekehrten Fall; zur Erinnerung nachfolgend oben (1) ›$\|\ \Pi^{+}(x) \cong \Pi^{-}(y)\ \| \Rightarrow \|\ \Sigma^{+}(x) \cong \Sigma^{-}(x)\ \| \Rightarrow \|\ \Lambda^{+}(z) \cong \Lambda^{-}(z)\ \| \Rightarrow \|\ \Delta^{+}(y) \cong \Delta^{-}(y)\ \| \Rightarrow \|\ \Gamma^{+}(u) \cong \Gamma^{-}(u)\ \|$‹ mit Erweiterung in die unterste Periode.

das Gegenextrem (die Gegenextremlage) darstellt. Hier böten sich die historischen Beziehungen zwischen Junker/Bauer-Grundbesitzer und Knecht, Patrizier und (Leicht)bote, Ritter und Knappe, ja Senator und Sklave, heute zwischen Kammer-/Parlamentspräsident und Saaldiener. Im hiesigen Sinne kolportieren sie eine Relation, in der ein Fokus die Potenz annimmt (Voraussetzung). Es möge daher – im Revers zu (1) – die Kleinstadt oder ein Bezirk eintreten, welcher, exemplarisch, in der Provinz oder Großstadt aufgrund nachbarschaftlicher Beziehungen und Vereinbarungen bzw. Abmachung den erfolgreichen Versuch unternimmt, das offizielle Preisniveau kollabieren zu lassen resp. ein eigenes zu

349 Kleiner Kommentar: es gelte in ›$\forall \rho,\sigma,\tau$‹ der Quantor für jede Variable.

gründen und durchzuhalten, um somit den Markt zu spalten oder zu scheren. In diesem Sinne sei die Enklave unter (2) verstanden. Sie bezeichnet eine Region der Überschneidung von Eigeninitiative und Subvention, da die Beteiligten vom Staat einen Zuschuss erhalten, um Leistungen jenseits des Binnenkleinmarktes erwerben zu können, anderwärts als Ersatz für nichtbeanspruchte Leistungen, die – bei Lebens- und Vermögensstand – zu erwarten wären. Es möge sich also handeln um: (ehemals) Kleinstunternehmer mit geringfügigster Auftragsspanne, quasi Kleinstfreiberufler auf Provisionsbasis o.ä., Migranten mit spezifischer Mindestausbildung (handwerklich, einfaches IT etc.), Außenseiter und nahezu Obdach- oder Mittellose (ohne Familienanschluss, Partnerschaftsbeziehung); Langfristarbeitslose; die Gegenpartei bilden, bei Beanspruchung entsprechender Dienst-/Bau-/Reparaturleistungen/Waren, Eigentümer von Wohnungen, Waren (Kfz inklusive), Grund und Boden für die landwirtschaftlche Nutzung bis hin zum, ggf., Bau von Wohnungen, also erschlossen (wiederum gesetzt, bei Pflege dieser Form von Enklave und ökonomischem Sozialstatus über die Generation hinweg). Die normale Bezahlung erfolge demnach nicht durch Währung, außerdem seien auch Freiberufler, Ärzte, Architekten, Rechtsanwälte sporadisch zur Teilnahme bzw. Stützung der Enklave bereit. Hier besteht zugleich die Option des Zuflusses von Währung. (Der Schulbesuch bis zur Universität gilt als staatlicherseits unentgeltlich gewährt, die Höhe der Ersatzsubvention bleibe offen, eventuell sogar auf Gleichhöhe).

Dann sollte (3), die Binnenextremierung, das exakte Revers, i.e. die beiden Extreme nähern sich an, müssen sich aber wegen der operativen Negation letztlich abstoßen (oder nicht schließen, nicht ineinander aufgehen oder einfach inachsig fusionieren), eine Verschränkung der Peripherien bezeichnen. Selbiges dürfte, historisch, etwa die Situation charakterisieren, die Marx in der Mitte des Kapitals zitiert: die Kinderarbeit wird bereits staatlicherseits nachgesucht, und ein Fabrikbesitzer setzt den Schichtdienst als nicht gesundheitsschädlich an, ein zweiter geradeswegs umgekehrt. Das Hauptextrem liegt (eklatant) in der Ausschöpfung der Arbeitskraft (wohlbekannt die Expropriation, welche dem Mehrwert nach M. gleichzusetzen), und es begegnen sich, „weil die Männer nicht unaufhörlich Nachtarbeit verrichten können, es würde ihre Gesundheit ruinieren",[350] die

350 Marx, *Das Kapital*, 8.Kap. (§) 4, der offizielle Bericht des „Herrn J.Ellis". Es heißt im Kontext: „Die Jungen, die in der Tagesschicht arbeiten, müssen abwechselnd auch in der Nachtschicht arbeiten, weil [s.o.]. Wir glauben jedoch, dass Nachtarbeit, wenn die Woche dafür wechselt, keinen Schaden tut. (Die Herren Naylor und Vickers glaubten, übereinstimmend mit den Besten ihres Geschäfts, umgekehrt, dass statt der fortwährenden, grade die periodisch wechselnde Nachtarbeit möglicherweise

gesundheitsschädliche versus nicht schädliche Nachtarbeit (als Schicht). Hier sollte deutlich werden, verkoppelt man die beiden relevanten Sphären (und nur diese), dann bildet die Überausschöpfung der Arbeitskraft versus ihres Gegenteils (der Arbeiter würde den gesamten Wert seiner Arbeit erhalten, was freilich unmöglich, da dem Fabrikanten als Besitzer der Arbeitsmittel nichts übrigbleibt) die Hauptperipherie. (Selbige kann nicht verschwinden, solange sich in ihr Arbeiter und Fabrikant als Gegenfoki begegnen müssen). Sodann liegt die Gesundheitsschädlichkeit versus Gegenteil in der Binnen- und Untersphäre, jedoch derart, dass sie sich offenbar in der Mitte des Herdes im Gering(st)abstand treffen oder bilanzieren. (Es ist erneut unmöglich, die Sphäre auf 1/1 zu setzen, so dass die gesamte Hauptspanne zuvor keine Differenzen in der Untersphäre erübrigt). Dies mag anders bezeichnet und signalisiert sein: wenn bereits oben der Fall eingeführt wurde (V.7, (5)), dass sich ein Element einer Hauptperipheriegrenze nähert – ›$| \Gamma y_0 \cong ||_{1\text{-}4}$‹ oder ›$|_0\, \Gamma^{+(}y) \Rightarrow ||_{1\text{-}4}$‹ –, dann muss vorliegende Situation offensichtlich den Konträrfall bedingen, ein Element nähert sich in der Binnenspanne der Gegenperipherie:

(3) ›$| S^{-}z \cong | S^{+}z$‹

(wobei ›S^-‹ versus ›S^+‹ ›gesundheitsschädlich‹ oder ›-zuträglich‹ (›nicht gesundheitsschädlich‹) im antonymen Sinne bezeichnen (der logische hat Vorrang vor dem Sprachdatum), ›*z*‹ ein Element dieser Menge). Die Kristallisation in der Linse meint, ›*z*‹ durchläuft nicht einfach eine Reihe (im obigen induktiven Sinne) derart, dass auf ›z_n‹ ›z_{n+1}‹ folgt, sondern wegen der polarisierenden (i.e. antonymen) Basis derart, dass je ›$^{-}z_n$‹ dazu tendiert, sich in das historisch nachstanliegende ›$^{+}z_{n+m}$‹ aufzulösen. Dies wurde stets Kommutation genannt und bezeichnet das manifest zirkulierende Verhalten der Negation vor der Peripheriegrenze. (Wenn *n* und *m* natürliche Zahlen bezeichnen und das hochgestellte je ± an *z* die zugehörige Sphäre bezeichnet, können die Glieder niemals abschließen resp. die Fusion ist nie beendet, und der Grenzwert bezeichnet die absolute Differenz, ggf. sehr klein). Wenn

(4) ›$({}^{-}z_{n} \Rightarrow {}^{+}z_{n+m0}) \,.\, ({}^{+}z_{n+m0} \Leftrightarrow {}^{-}z_{n+m1}) \Rightarrow {}^{+}z_{n+m2} \,.\, ({}^{+}z_{n+m2} \Leftrightarrow {}^{-}z_{n+m3}) \Rightarrow {}^{+}z_{n+m4} \,.\, ({}^{+}z_{n+m4} \Leftrightarrow {}^{-}z_{n+m5})$ usw.‹,

dann bezeichnet – mit quasi *Onset* oder Abschlag ›$^{-}z_n$‹ – die Klammerung mit Äquivalenzzeichen die konstitutive Verschleifung oder Fusion zwischen je

Schaden anrichtet). Wir finden [hingegen] die Leute, die abwechselnd Nachtarbeit verrichten, grade so gesund als die, die nur am Tage arbeiten" (Köln 2009, 255).

Plusglied und vorhergehendem Minusglied. Dieser Vorgang sei distinkt, der begriffliche Anlass für den Knoten bzw. die Knotenbildung. Es sei daher (versus vorhergehende Klammer) weiterhin zugestanden, dass die Reihe nicht als regelmäßig vorgegeben, es können mithin die Abstände in ›m_x‹ variieren, auch wenn sie durch natürliche Zahlen abzählbar sind: maßgeblich ist die zirkulierende (oder einen quasi Zirkuit bildende, in diesem Sinne *zirkuitierende*) Substanz. Wenn nun diese Reihenbildung in (3) anzusetzen ist, würde die bloße Verwendung von ›$\Rightarrow$‹ und ›$\Leftrightarrow$‹ offenbar die gesamte Sphäre ›S^+z‹ erschließen – was sie nicht darf, denn wenn auch die Gliedgröße oder -mensur variabel (mithin keine Reihe der natürlichen Zahlen den Fortgang diktiert), die Mensurgrenzen insgesamt sind dergestalt vorgegeben, dass sie sich negativ ausschließen (letztlich nicht ineinander aufgehen), jedoch durchaus die Annäherung gestatten, mithin *in diesem Sinne* miteinander kompatibel, komplementär und koordiniert sind.[351] (Hier zeigt sich gewiss die logische Mehrdeutigkeit der Polarität resp. warum sie traditionell in Konträrbegriffen verschwindet, ohne darin aufzugehen). Da nun aber für die Reihe (4) anzunehmen ist, die Plusglieder bedienen (oder implizieren) eine eigene Peripheriegrenze, welche im vorherigen Sinne die Minusperipherie ausschließt, muss das Symbol ›$\cong$‹, das die Äquivalenz zugleich an die inliegende Negation bindet, Vorsorge treffen, dass die Reihe (4) nicht etwa die gegenteilige Sphäre erschließt, sondern um den gesetzten Anschlag, das quasi Zentrum resp. die Linse ›$({}^-z_n \Rightarrow {}^+z_{n+m})$‹, eine Kulmination stiftet. Ersetzt man in den Klammern je ›$\Leftrightarrow$‹ durch ›$\cong$‹,

(4‘) ›$({}^-z_n \Rightarrow {}^+z_{n+m0}) \,.\, ({}^+z_{n+m0} \cong {}^-z_{n+m1}) \Rightarrow {}^+z_{n+m2} \,.\, ({}^+z_{n+m2} \cong {}^-z_{n+m3}) \Rightarrow {}^+z_{n+m4} \,.\, ({}^+z_{n+m4} \cong {}^-z_{n+m5})$ usw.‹,

dann ergibt sich, dass die Reihe um diese Linse, das erste Glied, kulminiert. Die Folgeglieder fallen je auf dieses Anfangsglied zurück, um es gew. auszuhöhlen resp. zu inkubieren, i.e. beides zugleich, und (4‘) bezeichnet eine in diesem Sinne logische Krümmungsformel (wie stets vorausgesetzt). Nun darf das Peripheriezeichen › | ‹ in (3) diese Kulmination bezeichnen und ist nicht einfach redundant.

351 Letztere Begriffe seien erinnert, da – in dem bereits einschlägig für die Polarität beanspruchten Bereich des Leib-Seele-Problems resp. der Neurophysis versus, gesetzt, der Neuropsyche – der Beiträger Janich zu dem Schluss kommt, es gelte eine wissenschaftliche Beziehung zu formulieren, die obige Bedingungen erfüllt: zugleich komplementär und koordiniert, unter Umgehung des baren Ausschließungsverhältnisses, das in die Disjunktion oder den Widerspruch fällt, resp. der naturalistischen Reduktion (Peter Janich. „Der Streit der Welt- und Menschenbilder in der Hirnforschung“. In: Sturma 2006, 75–96, 93, 95).

Es verkürzt die Reihe (4‘) dahingehend anzuzeigen, an welcher Stelle die Peripherie fühlbar wird resp. sich realisiert. (Anm., (3) versus (4) dient der Anzeige der Binnengrenze innerhalb der operativen Antonymie, nicht der Anzeige des sog. Induktionsproblems, das mit dieser stets latent verwechselt wurde). Gesetzt also

(5) › $\exists a \, \exists b \, \forall x \, \exists c \, \exists d \, \forall z \, [(\mathrm{F}a \, . \, \mathrm{X}c) \vee (\mathrm{F}b \, . \, \Delta d)] \, . \, \mathrm{A}x \, (| \, \mathrm{S}^{-}z_{n+m5} \cong | \, \mathrm{S}^{+}z_{n+m6}) \Rightarrow || \, \mathrm{X}c \cong \Delta d \, ||$‹

Es sei: F = Fabrikant a/b; A = Arbeiter; X = Parallelschichtdienst; Δ = Alternativschichtdienst, die je eigene Elemente (nach Gestaltung) bedingen; ± S = Gesundheitszuträglichkeit/-schädlichkeit.

Das Schema besagt, es gibt zwei Fabrikanten *a* versus *b*, die je Parallel- versus Alternativschichtdienst einsetzen, und für alle Arbeiter gilt, es zeigt sich in Glied z_{n+m5} die Peripheriegrenze der Gesundheitsschädlichkeit versus -zuträglichkeit, wenn überhaupt der Parallel- versus Alternativschichtdient miteinander polarisieren. Mit anderen Worten, aufgrund von Erfahrung (eventuell empirischer Nachprüfung im Sinne der Studie) zeigt sich, dass bei Annäherung der beiden fraglichen Sphären, mithin Minderung und schließlich Aufhebung der Schädlichkeit, die Peripherie dann sichtbar wird, wenn in einer Staffelung der Gesundheitszustände das Glied ›z_{n+m6}‹ angestrebt wird (darüber bleiben alle Glieder zuträglich, darunter schädlich), und dieses Glied besagt, etwa (hier angenommen), bei Parallelschichtdienst muss nach zwei Monaten voll gewechselt werden, wenn auch die Arbeitzeit nicht mehr als zehn Stunden beträgt. (Dies sei für die Kinder- oder Jugendlichenpsyche und -körper geradewegs abgelehnt. Die Urlaubszeit ist für die Erwachsenen hierbei auf vier Wochen anzusetzen, und zwar für jede Partei so, dass sie die Nachtschicht im Ganzjahresrhythmus abzieht). Wesentlich an (5) ist die logische Schwelle in ›$(| \, \mathrm{S}^{-}z_{n+m5} \cong | \, \mathrm{S}^{+}z_{n+m6})$‹, sie ist (i) diskontinuierlich, beinhaltet demnach wesentliche Negation (die den Sprung verursacht), wenn (ii) auch in ›$|| \, \mathrm{X}c \cong \Delta d \, ||$‹ eine Negation wirksam ist, die strikte Komplementarität beinhaltet (im Sinne exhaustiver Polarität, i.e. die beiden Kontrahenten fallen irreflexiv auf ihre jeweilige Stelle und kein mögliches Binnenglied in Annäherung wie zuvor).[352] Mithin kulminieren an und für sich Peripherien und selbige dürfen auf (das Problem der) Klassifikation und/oder Typenlehre übertragen werden. Es zeigt sich in (4‘) resp. (5) in nuce ein (logischer) Knoten, der eine spezifische Grenze bedient, sie jedoch nicht rein

352 Es dürfte klar sein, dass für diese Interpretation die Gesundheit vorrangig ist oder die Verkettung dominiert (insoweit der logische Grund für die strikte Komplementarität fraglich).

distinkt macht. Man könnte nicht nach fixen Elementen vorgehen und die Menge entsprechend umreißen, da die Fusion Fokus ›^{-}z‹ versus ›^{+}z‹ in der Eigenachse niemals endgültig rein bindet-versus-trennt, i.e. an definiter Stelle, und nur dieser, auseinanderfallen lässt, so dass Fokus ›^{-}z‹ seine Bindung an ›^{+}z‹, und umgekehrt, verlöre, *zudem* unter natürlichen Bedingungen stets gegenteilige Polaritäten in die Faszikel einwirken und ebenfalls fusionieren (zum Vergleich, selbst in der *gestellten* Quantensituation fällt die Trennung des Fokus quasi mit der Peripherie zusammen, i.e. der Ort, der Peripherie zur Korspuskel wäre, lässt sich versus Wellenimpuls nicht distinkt machen). – So sei selbiges Phänomen zum Abschluss noch einmal in der Hauptmaterie gezeigt, der ökonomischen Gesellschaftsschichtung, verbunden mit dem Theorem, sie sei effektiv Schichtung oder Klassifikation derart, dass an Grenzen Lücken oder die Notwendigkeit des Sprungs in Erscheinung treten; genauer, im Bereich des Gegensatzes oder der Opposition, die allenthalben nicht als Kontrast zu werten, ergibt sich eine Binnenextremierung dann, wenn die Grenzen polar gegliedert sind oder (mindestens) ein (basales) Antonym reflektieren. In Bezug auf (1) oben

[(1)] ›$|| \Pi^{+}(x) \cong \Pi^{-}(y) || \Rightarrow || \Sigma^{+}(x) \cong \Sigma^{-}(x) || \Rightarrow || \Lambda^{+}(z) \cong \Lambda^{-}(z) || \Rightarrow || \Delta^{+}(y) \cong \Delta^{-}(y) ||$‹

wurde behauptet, dass in der Periode ›$|| \Delta^{+}(y) \cong \Delta^{-}(y) ||$‹ unterhalb des Mittelstands (in jedem Fall Unvermögende) alleinerziehende Mütter und Rentner nicht schlichtweg nach rechts gerechnet werden, wenn dort vor allem die Sozialempfänger unterzubringen sind. (Studenten aus wohlhabenden oder wenigstens situierten Familien sind selbstredend gleichfalls links zuzuordnen). Nun zeigt sich hier gewiss eine sozial empfindliche Marge, wenn man bedenkt, dass gegenwärtige Parteien in einigen europäischen Ländern dazu übergehen, ein Grundeinkommen oder die Grundrente zu reflektieren bzw. einzuführen. Auch Überlegungen, den öffentlichen Nahverkehr unentgeltlich zu machen, spiegeln dasselbe Bestreben, den sensiblen Bereich in obiger Periode zu vergleichgültigen oder einzuebnen, wie anderwärts die gesamte noch folgende Periode (Tagelöhner, Kleinstfreiberufliche auf Provisionsbasis, mehr oder weniger Mittellose, Obdachlose, Almosenempfänger)[353] derselben ‚Entschärfung' zuzuführen. Die demokratische Gesellschaft gefällt sich mit ggf. Harmonisierungsmitteln, um die enorme Spanne nach ›$|| \Sigma^{+}(x) \cong \Sigma^{-}(x) ||$‹ bzw. ›$\Pi^{+}(x)$‹ zu überwinden (die manchmal, oder tatsächlich, eine andere Welt birgt). Liegt die Kanonik ansonsten in

353 Einen anschaulichen und aufschlussreichen knappen Artikel zu dieser Gruppe resp. der heutigen „Elendsgrenze" (28) vermittelt das Magazin *stern*. 11 (8.3.2018), 26–32.

der Steuerprogression (die – in Verbindung mit einer Kapital- und nicht nur Einkommenssteuer – ihre Umsicht gegenüber der Spitzenkappung ggf. obsolet macht), so liegt sie hier offenbar in einer bestimmten kochbuchartigen Aufbereitung des Sozialbudgets (vielleicht etwas mehr, gewiss aber nicht im Sinne des Kulinarischen).

(6) ›$\forall y\ \exists\lambda\ \exists\pi_i\ [(Sy\ .\ \neg(Hy \vee Cy)) \Rightarrow U\lambda]\ .\ [((My\ .\ \neg Fy) \vee \neg(My\ .\ By)) \Rightarrow (K\lambda\ .\ W\lambda\ .\ V\lambda\ .\ R\lambda)]\ .\ [((Ry\ .\ \neg(Hy \vee Cy) \Rightarrow \leq |\ L^{-}\pi_{n+m(x)} \cong |\ L^{+}\pi_{n+m(x+1)}) \vee \neg Pz) \Rightarrow (Ph\lambda\ .\ W\lambda)] \Leftrightarrow |\ L^{-}\pi_{n+m(x)} \cong |\ L^{+}\pi_{n+m(x+1)}$‹, und ›$x+1 = U\lambda \vee (K\lambda\ .\ W\lambda\ .\ V\lambda\ .\ R\lambda) \vee (Ph\lambda\ .\ W\lambda)$‹

Es gilt: S = Student; H = haushaltsanhängig; C = vollbürgerlich;[354] U = Universitätsausbildungsbeihilfe unter allen Beihilfen und Subventionen λ;[355] M = Mutter, F = Familie, das Merkmal ›alleinerziehend‹ daher in diesem Sinne durch Negation an Gruppe resp. Merkmal F unter allen *y* (siehe nachfolgend); andere Möglichkeit wäre ›P^{-}‹ als nicht in Partnerschaft; B = berufstätig; K, W, V, R bezeichnen die staatlichen Subventions- bzw. Sozialleistungen unter λ, je die anteiligen Mengen nach Kindergeld, Wohngeld, Versicherung und Rentenanrechnung; R*y* = Rentner oder unter den Personen, die auf ihre Vermögenslage hin beurteilt werden (alle Elemente *y*), Rentenbezieher; ›$\neg(Hy \vee Cy)$‹ wie zuvor, nunmehr spezifiziert im Hinblick auf die Lebensunterhaltssunterschwelle L, die hier direkt als Binnenextremierung notiert wird. P = Wohnungseigentümer, *z* wegen (1) oder der Tatsache, dass dieser Rentner in die nächste Periode aufsteigt; Ph = Pharmazeutika oder Arzneimittelbeihilfe;

Wenn ein Student Ausbildungsförderung gegenüber einem aus vollbürgerlichem Haushalt, eine alleinerziehende Mutter (mit zwei Kindern) mehrfache Unterstützung (Kinder und Wohngeld, Krankenversicherung, bedingte Rentenanrechnung) gegenüber einer berufstätigen, ein Rentner mit Lebensunterhaltunterschwelle Arzneimittelbeihilfe und anteiliges Wohngeld gegenüber einem gut ausgestatteten mit Wohn- oder Doppelwohneigentum (Ferienheim) empfängt, dann möge die inliegende Schwelle wie oben ›$(|\ S^{-}z_{n+m(x)} \cong |\ S^{+}z_{n+m(x+1)})$‹ aufgefasst werden, i.e. es reflektiert sich die Periodengrenze rechts nach links – als reale Peripherie – und markiert eine gesellschaftliche Schwellengrenze. Mit anderen Worten,

354 Die Alternative setzt ausdrücklich die Möglichkeit, der Student ist als C bereits selbständig oder unabhängig, z.B. aufgrund Erbschaft; haushaltsanhängig bezeichne die materielle Abhängigkeit, für H ist definitionsgemäß vorausgesetzt über der Lebensunterhaltsschwelle (vgl. R*y*).

355 Es mag außerdem nichtstaatliche Subventionen geben, etwa seitens privater Stiftungen, Alumni etc., daher die Klassifikation in diesem Sinne.

es sind je die Elemente ›y‹ und ›λ‹ fokal oder faszikulär angesetzt worden, i.e. sie fächern sich mit inliegendem Knoten nach den je betroffenen Personen resp. Leistungen. Sodann sind auch die Zustände ›π‹ bifokal anzusetzen, da sie in der Messspanne die wichtige oder entscheidende Lebensunterhaltsgrenze (und nicht bloße Klassifikation oder Gruppierung) darstellen, und zwar dergestalt, dass in der seriellen Aufeinanderfolge von minus nach plus das gesetzte Glied ›x+1‹ (an ›n+m‹, denn es wird vorausgesetzt, dass sich die Glieder gegenläufig fokal überlappen oder auseinander entwickeln) den Ausgleich der (politisch verantworteten bzw. verabredeten) Angemessenheitsschwelle des Lebensunterhalts bezeichnet. Wenn man so will, aber auch nur wenn man weiß, dass (i) ›$L^{+}\pi_{n+m(x+1)}$‹ mit einer Peripherie kooperiert, bezeichnet (ii) dieser Wert im Sinne der Kennzeichnung und D10 die Stelle ›(ια)ϕ‹, wenn (iii) alle Terme rechts nach ›x+1‹ unter ›β‹ zu begreifen sind und (iv) ›y‹ mit der Sphäre Lebensunterhalt fungiert. Der Anschein der Neutralität sollte wegen (i) getilgt sein oder von vornherein annulliert – der Sachverhalt ist hochgradig fokal (selbst wenn keine Extreme im Kern zu verhandeln).

7. Abschluss zu Kapitel und Anmerkung

Hiermit möge Kalkül und Anmerkung abgeschlossen sein. Die bezeichneten Knoten oder Extremitäten verdienen eine zusätzliche Charakterisierung in Verbindung mit dem Thema des Kapitels. Wenn jemand der Ansicht ist, reine Kausalzusammenhänge seien wissenschaftlich nicht zu beweisen resp. es sei nicht aus dem Auge zu verlieren, dass die Geschichte unsere wichtigste Erkenntnisquelle bleibt (der öfters zitierte P.), dann liegen selbige Knoten auf dieser Elle und zugleich nicht. Alle Verneinungsverhältnisse – die Ungleichheit besitzt dieses Charakteristikum manifest im Begriff –, die nicht auf der distinkten Komplementarität oder einfachen und nur einfachen Peripetie beruhen, eine Welt K_1 in Affirmation von einer anderen K_2 zu unterscheiden, in der alle ›Fx‹, ›Gxy‹, ›Hxyz‹, ›Ixyz,…, n‹[356] auf einem direkten Nichtbestehen und nur einem solchen

356 Das abschließende ›n‹ möge die Erweiterung der Beziehung, wie sie gewöhnlich in den Logikbüchern gefordert wird, symbolisieren, obgleich sie höchst selten beansprucht wird, so auch in nahezu allen Schemata hier, welche die Relation, insb. die polare, in einfachere Relationen auflösen (ohne die Seitigkeit zu verletzen). Die Überlegung zu K_1 und K_2 in Verbindung mit der Einführung der Negation oder ›¬‹ folgt Hasenjäger 1962, 35ff. Es erübrigt sich die Bemerkung, dass auch die W-Wertanalyse und das normale Schema versus Unerfüllbarkeit selbige einfache Peripetie oder die bedingungslos einfache Operativität des Negators voraussetzen (um überall die Übersetzungen von Alternation, Konjunktion und Konditional, abgesehen von der doppelten Negation, zu gewährleisten).

beruhen, müssen die Verneinung binden oder im Begriff aufnehmen. Sie wird Fusionsfaktor und durchzieht die Begriffsache (wie öfters nachzuweisen gesucht). Wenn sich darum Extreme, ja sogar Blüten bilden, bedeutet dies aber nicht, der Geschichte ihr bloßes Vorwort oder den unbedingten Ursprung der Erkenntnis zu lassen. Ganz im Gegenteil, einmal erkannt, dass sie »emanieren« oder aufkeimen, ist zwar die Geschichte der Nährboden und damit „von unschätzbarer Bedeutung“,[357] sie zeigt Vektorisierung, Umfeld und Spannung, aber es ist darüber nicht zu verkennen, ihre Bedingung ist nicht reinempirisch oder nur historisch. Gewiss hat die klassische Philosophie bis hinein in die moderne Logik davon abgesehen, die Negation in den Herd zu legen oder als effektiven Schmelztiegel anzusehen, der tatsächlich zu schmelzen oder überhaupt *distinkt und operativ* zu fusionieren vermag. Viele in dieser Vorlesung und Abhandlung verwendete und/oder eingeführte Begriffe sind daher keine geläufigen resp. sie befinden sich zur gängigen Philosophie in einem bestimmten Querstand. Er ist öfters aber nur die bestimmte Folge dieser Vornahme oder Einsicht. Der erste Schritt, der in die andere Welt führt, tappt nicht über einen Abgrund oder die, gesetzt, leere Marke, um anderwärts genau diesen Abgrund oder Sprung in sich zu bergen, ist einmal zugelassen, dass die Verneinung, Negation, der Negator, sich an den Begriff bindet und diesen von innen her, aus dem Kern, konstituiert: Sphäre, Umfang und distinkte Fusionsfähigkeit mit anderen bedingt. Der Abgrund oder Hiatus ist also ein bestimmtes Erbe, das einmal aus besagtem Schritt stammt, anderwärts aber – und Grund vielfacher Verwicklung, Unklarheit und erneuter Verwirrung – auch und insbesondere dem begrifflichen Procedere, der Wurzel seiner Vorgehensweise entstammt, hat diese einmal den Herd betreten respektive in sich aufgenommen und aus zunehmender Einsicht erschlossen. Das Böse, Falsche, Verdorbene, Ungerechte, Ungleiche – hier zeigt sich die »sprachliche Sichel«, gew. der Halbmond seiner lebhaften Ägide – ist darum begriffseits in mindestens einem Gegenteil verankert und verwurzelt (ohne Verpflichtung stets ›nicht gut, wahr, gesund, gerecht, gleich‹ sagen zu müssen), und infolgedessen nähert sich die Polarität der Welt nicht leer und bloß aufnahmebereit, sondern in Schuh und Ziffer einer definiten Relationslehre. Sie ist an keiner Stelle Dialektik, auch wenn sie für deren Ursprungsimpuls volles Verständnis aufbringt, eben die Negation in ihr Eigenrecht zu versetzten und eine echte Bedingung der Begriffsbildung zuzugestehen, anstatt immer nur dessen vermeintlich klare und eindeutige, an definiten, quasi vorbestimmten Ort gebundene Absonderung zu emanieren resp. zu klassifizieren. So gerinnt im Knoten, der Muster und Vehikel

357 Piketty 2014, 790.

dieser Relationslehre, da er unmöglich vereinzelt aufzutreten imstande, und zugleich ein bedingter Spiegel seines Kerns, welcher sich in der zugehörigen Achse auflöst (stets vorausgesetzt, dass sich diese einzeln verhält respektive nicht selbst aufgrund Berührung mit anderen in einem mehrfachen Auflösungsverhältnis befindet – die ideale Gestellposition, die gleichwohl nicht verkannt sei oder zu unterminieren ist), eine Erkenntnis, die sich am eigenen Begriff beobachtet und evolviert, und zugleich weiß, dass selbiger auch in der Wirklichkeit – und Geschichte – beheimatet: um die Sphären abzunehmen und zu wissen, dass Umschlagspunkte, Ereignisse, spezifische Federstellungen warten, die Verästelung das gegebenenfalls mehrfach Negative aufnimmt und selbige zeitigt. Sie bewegt sich damit nicht mehr in der (gesetzt ≡ vorausgenommen) planen Fläche des Überblicks, den Wanderer, Planer oder ehemals Feldherr(en) anstreben, der bedingungslosen Veräußerlichung, welche der stets stolze, zumindest selbstgewisse Verstand gebiert, der alle Erkenntniskräfte in diesem Sinne vereinnahmt, als vielmehr in einer bestimmten Abrundung. Sie wurde die Krümmung terminiert und meint, der Verstand mitsamt aller Erkenntniskräfte verlässt die krude Entgegensetzung der ± Veräußerlichung, welche das herkömmliche Subjekt in seiner plötzlichen Isolation, zumindest scheinbar wirklichen Vereinzelung, zurücklässt. Um sich stattdessen in seinem Stammsitz – es gelte, durchaus nach klassischem Verständnis (Kant), sobald die Polarität effektiv eingebracht, und nach modernem neurologischen Befund aufzufassen (in diesem Fall muss das Stammhirn seine energetische Basis dingfest machen) – niederzulassen und durchgehend einzusehen, dass die Veräußerlichung resp. Äußerlichkeit und Innerlichkeit miteinander (im guten Sinne) kontaminieren, im großen, endgültigen Maßstab kollaborieren und also eine wirkliche, bruchlose Schleife bilden. Sie erfasst, wie mehrfach nachzuweisen gesucht, die erste Vorstellung von Räumlichkeit und Zeitlichkeit und versagt, das ± noch anzuhalten wie erste, sog. klassische Verneinung, und gibt außerdem zu erkennen, was sie eigentlich ermöglicht und leistet: unbestreitbar, zum einen, ein Geschenk der Schöpfung und bedingungslosen Evolution (die nicht nur wegen des minutiösen Orts, an dem selbige stattfand, unbedingt Staunen erweckt, obgleich sie einstweilen gewiss nicht das Prädikat geradlinig verdient), zum anderen aber auch ein ungemein scharfsinniges Instrument, Schlüssel und Medium der Selbstvergewisserung, das Bewusstsein heißt und hier (zugestanden nicht zum ersten Mal) in seine vollgültigen Rechte gesetzt werden sollte.

8. Ausblick *(und historische Schlusslinse, i.e. Projektionsfläche zum Ganzen und vorhergehenden Kapitel)*

> "Many of the Boston Tea Party participants fled Boston immediately after the destruction of the tea to avoid arrest. George Hewes remembered, "*We then quietly retired to our several places of residence, without having any conversation with each other, or taking any measures to discover who were our associates... There appeared to be an understanding that each individual should volunteer his services, keep his own secret, and risk the consequence for himself. No disorder took place during that transaction, and it was observed at that time that the stillest night ensued that Boston had enjoyed for many months.*" Only one member of the 'Sons of Liberty', Francis Akeley, was caught and imprisoned for his participation. He was the only person ever to be arrested for the Boston Tea Party. No one died during the Boston Tea Party. There was no violence and no confrontation between the Patriots, the Tories and the British soldiers garrisoned in Boston. None of the members of the crews of the *Beaver*, *Dartmouth*, or *Eleanor* were harmed. This was the first organized act of rebellion against British rule and the Sons of Liberty were very careful about how the Boston Tea Party was planned and executed."

Der Zeuge, George Hewes, ist ein verehrter amerikanischer Nationalheld, der an der Boston Tea Party und allen Nachfolgeereignissen teilnahm.[358] Er war ein Schuhmacher und darf nicht zu den Gebildeten gezählt werden. Umso mehr diene der Wortlaut der Frage, die Rückkehr der Rebellen nach der Tat (das gemeinsame Schütten des Tees der *Britisch East India Company* in den Hafen von Boston), ohne Konversation, sondern ruhig, und ohne offene, kommunizierte Erkundigung, um in Erfahrung zu bringen, wer die Verbündeten *jeweils* sind, meint dies (i) ein dezidiertes Gruppenbewusstsein, (ii) ein geteiltes in der Form, dass die Mitglieder nicht miteinander zu kommunizieren brauchten, (iii) ein stilles Einverständnis (im Sinne der asquiescence), dass die Mitglieder sich zwar freiwillig zur Verfügung stellen, jeder seine Teilnahme für sich (oder ausdrücklich „geheim") (be)hält und das Risiko allein trägt, darum aber keineswegs ihr gemeinsames Bewusstsein sie verpflichtet, nicht genau zu wissen, wer sich entsprechend verhält (und dazu gehört); (iv) sind, und nunmehr geschwenkt, für die beschriebene Situation das unter- versus vor-, und das über- versus nachzeitige Verhältnis ausnahmsweise identisch bzw. (*recte*) koinzident oder nahezu

358 Die Quelle ist ein offizielles Geschichtsportal: https://www.bostonteapartyship.com/the-aftermath. (23.04.2019)

koinzident? Wenn die Frage (iv) zu bejahen, dann rücken auch (i) bis (iii) in dieselbe Richtung ein, und das hier beschriebene Bewusstsein, welches die verschiedenen Mitglieder eint, bildet die Basis für ihre Entscheidung, sich jeweils nur für sich zu stellen und hierdurch freilich zu schützen, als ob sie nur Einzelpersonen wären und (für Denunzianten, Offiziere und Ämter, die sonstigen Bewohner Bostons und der Welt) kein Komplott unterwegs oder bereits geschehen. Es bleibe zunächst dahingestellt (und bis dato überaus fraglich), ob sie tatsächlich (im historischen Sinne) nicht erwartet und vorhergesehen wurden, in jedem Fall handelt es sich um eine Verhaltensweise und Einstellung des Bewusstseins (sie darf explizit als *kollektive Intentionalität* bezeichnet und vereinnahmt werden, sodann nicht unter den bislang geläufigen Einschränkungen, welche ihr die durchgehend belangte Basis rauben, i.e. privatisieren), die ausdrücklich die unterzeitige Verbindung, den Konnex oder Anschluss von Bewusstsein zu Bewusstsein, nicht negiert, sondern geradewegs nutzt, im Zentrum des Handlungsgeschehens durchhält und zur Gegenwart tradiert, um auch mit dem beschriebenen Zerstreuen der gehandelt habenden Personen diesen Zusammenhang nicht preiszugeben oder, *proprie*, platzen und implodieren zu lassen. So sei eine natürliche Möglichkeit beschrieben und auf den Plan gerufen, welche dem Bewusstsein als basales Vermögen (freilich nicht wie eine Fakultät im herkömmlichen Sinne) innewohnt, und die Teilnehmer beweisen in ihrer Handlungsweise zugleich ein eminent historisches Geschick (in Einklang mit dem Schlusssatz des Autors der Historie). Das Verschütten des Tees, der sich im Hafenbecken ausbreitet (und tagelang an der Oberfläche schwimmt), ist damit nicht nur Fanal und Pamphlet wider die Hegemonie (und unliebsame erhebliche Teesteuerzahlung), sondern auch gewollt-ungewollt (oder umgekehrt) Ausdruck des Bewusstseins: menschlich, gemeinschaftlich, gruppenmäßig und politisch. – Entsprechend seine Erläuterung: Es kommuniziert unter- und überzeitig, die Gegenwart ist ihm stets ein Fokus oder spezifischer Brennpunkt, die sich darin notwendig auswirkende Schmelzkraft sei ihm nicht (mehr) im denunzierenden Sinne unterstellt, und die Energie, welche es trägt, diffusiert mit naturgesetzlicher Einfachheit und/oder Komplexität, welche ihm niemals gestattet, auch nur eine Nanosekunde, die es persönlich nicht wird verifizieren können, diese Diffusion nur für sich zu vereinnahmen. Wenn es nun nicht diffusiert, kann aber unmöglich das Zentrum der Konzentration, das sich infolgedessen realisieren und manifestieren muss, derselben Bedingung nicht erliegen, so dass das ehemals diffusierte Umfeld immer noch teilnimmt und teilhat, und ggf. mit derselben Konzentration (und Intensität). Selbige wird, nicht zuletzt und mit wiederum natürlicher Gesetzmäßigkeit, das Gegenzentrum oder den Gegenpol beziehen, und es erklärt sich nicht nur ein

Stück Weltgeschichte, ein bestimmter Zugriff auf, der ihre Verkettung bedingt, sondern auch das Problem der Substanz (die kein Einzelnes oder Monade) und der Vorstellung (da hier ein Buch der Philosophie das Bekleiden mit Worten, die Verbegrifflichung und überhaupt das Reflektieren in Rechnung stellt). Selbige gehört keineswegs nur in das strebende Verhältnis von Vor- und Nachzeitigkeit, als welche sie mit den verschiedenen Sprachen die Quellen und Paradigmen füllt, sondern in das gegenteilige fundierende Verhältnis, das unmittelbar mit der basalen Energie Einzug hält und dem Bewusstsein, das nicht anders vermag als Vorstellungen zu entfalten, keine Wahl lässt, selbige etwa nur für sich zu besitzen. Ergo erklärt sich ein anderes Stück Weltgeschichte, welches, in derselben, wenn auch nicht gleichartigen (oder gar identischen) Verkettung die Verleugnung, Aberkenntnis, Vertuschung, Verirrung und Verwechslung, oder schlechthin und insb. die Schismatik – das Schisma – bezeugt, die das menschliche Bewusstsein angesichts des ursprünglichen Teilhabens und Nichtteilhabens seiner Vorstellungen auf sich geladen hat.

VI. Resümee I versus II

I. Überschlägige Einschätzung zur Lage der Menschheit

Die Gegenwart ist nicht arm an Einschätzungen zur Lage der Menschheit. Alles bedarf der Quantifizierung, die ›große‹ und die ›kleine Menschheit‹ zählt hierbei nicht zu den Hauptsubjekten. Dennoch möge der Gesichtspunkt in seinem Umkreis nicht aus den Augen verloren werden. Obgleich die Einschätzung je nach Sachlage und Temperament des Wissenschaftlers changiert – sie haben hier gegenüber den Philosophen eine gewichtige Marge übernommen oder sind gewissermaßen nachgerückt, freilich um den nicht geringen Preis von deren Vernachlässigung oder Vergleichgültigung, Hawking etwa resümiert durchaus optimistisch und luzide in einem knappen Kapitel die Errungenschaften der Evolutionstheorie, die Potenzen des angewachsenen Wissens über die in der genetischen Abfolge gewonnenen Speicher, auch wenn die genetische Anlage im Fundament wesentlich gleich geblieben ist, und schließlich die Ausblicke der technologischen Intelligenz kraft Computertechnologie und rechnerischen Eingriff in die biologische Substanz –, ist der Tenor durchgehend beschieden, dass (in der Begriffsweise der Musik) die ehemals »Pfundnoten«, welche den obligaten Kanon oder die Polyphonie zu tragen hatten, erloschen sind oder der Vergänglichkeit anheim fielen. Die Menschheit bekehrt sich in einer fundamentalen Ratlosigkeit, sollte es gelten, die letzten Terrains oder das letzte Grundstück anzupeilen, dem sich ihre Gesellschaften zubewegen und in dem sie heimisch werden. Dass sich die Genetik inzwischen an die Vorstellung der Diversifikation der Arten (immerhin das Schulbeispiel der herkömmlichen Begriffslehre) durch eher ein Maschenwerk als die darwinsche Vorstellung des Baumgebildes gewöhnt, spiegelt den wesentlichen oder Hauptvorgang der Diffusion, der es offenbar nicht gestattet, wenigstens (mit dem oder den Stämmen) den Ursprung zu halten (und müssten die Teilungsvorgänge nicht wenigstens mit der Polarität Schritt halten, selbiges übrigens auch an Kants Vorstellung des Bewusstseins gerichtet? Woraus sollte der Ursprung der Verzweigung, im Kern, abgeleitet werden, wenn nicht). Wenn eine bestimmte Begrifflichkeit (es ist nicht die der klassischen Philosophie) offenbar imstande ist, zwischen den Wissenschaften zu vermitteln oder sogar einen Schnitt zu halten, dann darf entsprechend auch die Urbanisation, dieser gleichermaßen gewaltige wie gewaltsame Generationenprozess der Denaturalisierung des Menschen, zum Anlass genommen werden, ihr die Diffusion des Gruppenbewusstseins fast schon als Synonym beizuordnen, i.e. die Auffassung des Idealismus, der wollte, es sei (womöglich mit einigem

Grund) die Antike ein Bewusstsein eines in der Basis kollektiven Verstandes gewesen, dem sich allmählich die Neuzeit mit der Umkehrung des Hauptgewichts auf dem Individuum zuordnete, ist in die gleichnamige Diffusion übergegangen, und eigentlich war sie der Motor (oder das sog. Movens) des Geschehens. Es meint nicht etwa das oder ein Motiv, sondern eine bestimmte Kraft oder besser Energieentfaltung, der sich kein Wesen zu entziehen vermochte (noch vermag).

Dass also Mythos und religiöse Orientierung vergangen – für das Allgemeinbewusstsein und insbesondere für den wissenschaftlichen Verstand nicht mehr das sichere Kapitel darstellen, das nicht übergangen werden darf bzw. auf die (stets auch aus der Empirie vorhandene) Spitze und (je nach Sachlage daher mehr oder weniger komplizierte) Hierarchie der Begriffe unbedingt einwirkt –, ist fast schon obsolet. Und öfters mischt sich ein Bedauern in den Unter- oder Hauptton, dass hierbei die bessere, gar durchdringende Einsicht in die Natur und/oder Wesen des Menschen nicht gewonnen, welche ihm zuvor diese Anlage zur höheren Spiritualität, zur Einsicht in den Gedächtnisbaum, ja zur unmittelbaren Teilhabe an der göttlichen Vernunft bescherte, seit eh die Zug- und Zielmarge dieser Überlegung. Wenn von »Grundstück« und »groß und klein« die Rede war (und eigentlich immer nur ›groß‹ versus ›klein‹, überdies im Zwang der Dimensionen, die eine seit der Neuzeit geradezu platzartige Wissenschaftlichkeit, vieles erst im letzten Jahrhundert, bezwungen haben), dann mit gutem Grund – die Verortung der Menschheit, die ein vielleicht immenses, jedoch immer noch art- und zwar ausdrücklich artgemäßes Wissen über das Universum und seine Entstehung gewonnen hat, ist, wie es überaus scheint, an genau diese Kenntnis der Verortung und sein Bewusstsein gebunden, und ‚man' (jeder, der sich an der Philosophie orientieren will, ihr ein Beiwort gönnt oder selbiges sogar verlangt) geht recht in der Annahme, hier Wissen und Wissenschaft einzusetzen. Allerdings ist dies an Voraussetzungen gebunden, die, wie es überaus scheint, auch in der Wissenschaft noch nicht überall heimisch geworden sind, welche den zuvor angesprochenen Ton pflegen oder dieses Resümee zur Menschheitsgeschichte unterhalten. Der Philosophie kommt daher, wie stets, ein Stück Nachweispflicht zu, insbesondere unter den Begriffen.

Grundstück wäre – dem ersten Anschein nach – ein unzulänglicher Begriff, sollte es tatsächlich die gesamte Menschheit aufnehmen, noch dazu jene, welche erst im Entstehen begriffen und die erste Dekade in Milliarden zu überschreiten sich anstimmt, *und* jene, welche bereits untergegangen oder verstorben, der gleichwohl der immer noch maßgebliche, häufig vernachlässigte, jedenfalls allzuoft schlecht durchschaute oder einfach unverstandene historische Weg zukommt (selbiger, umso mehr in der Einzahl, eine gewiss fast unmäßige

Vereinfachung, sofern es den menschlichen Geist, Erkenntnis und Selbstverständnis ohne seine Geschichte nicht gibt; denn es sollte gelten, die Beobachtung ist niemals die äußerliche gewesen, als welche sie Begriff, Verständigung und das probate Sprachmittel festlegte, i.e. einer übergenerationspflichtigen Konvention, mithin Erziehung und stetiger Abmachung, unterwarf). Dass die »große Menschheit« die Gegenwart und, aufgrund Vererbung oder Erziehung, Zukunft bestimmt, ist eine Täuschung (deren Vorhalt, gleichgültig ob als Trost oder Ermahnung aufgefasst, die Erinnerung an die gelegentlich unter Historikern verbreitete Erkenntnis kaum zu mildern vermag, nachfolgende Generationen, die *auf den Schultern ihrer Vorfahren stehen*, seien imstande, je (Eigen-)geltung und Status zu verwechseln: freilich regiert die *vanitas* den menschlichen Charakter und, mehr oder weniger stetig, auch die soziale Hierarchie, überdies ist es, je nach Sachlage, Tücke oder großer Fehler der Natur, den Menschen eine nur peripherische Lebens- und/oder Seinserfahrung zu schenken, welche ihn daran hindert, *un*mittelbar die Kompetenz, Leistungsfähigkeit, Vorstellungsgabe, den Charakter eines vergangenen Menschen einzuschätzen, gleichgültig sein Ressort. Dass die in diesem Band, seinen Seiten und soeben mehrfach postulierte, erläuterte und nachgewiesene Teilhabe des gegenwärtigen Bewusstseins über die Subjekte hinweg und durch diese hindurch die Kenntnis des Bewusstseins zwar erheblich umfangreicher und tiefgreifender erfasst, als die, in Kürze, Konvention will und für sich vereinnahmt, ändert dennoch nichts am Vorhergehenden, denn offensichtlich ist die Energieentfaltung, ihr Dasein, entscheidend). – Die große Menschheit ist, womöglich, höchstwahrscheinlich (verissimilitudine maxime approbata, um einen vergangenen Ton zu bemühen), bereits vergangen, und ihre Enzyklopädie, ja Historie, tatsächlich überholt, wie es auch der Antarktis, ihre gewaltigen Eiskristalle preiszugeben und, trotz Naturparks und Schutzgehegen, dem Jahrhunderte alten Urwald droht, seine naturwüchsige Herkunft und Gestalt zu verlieren, um mit dem drastischen Vergleich aufzuwarten. Gemeint, das Beiwort der effektiven Natur in ›Größe‹ (und Charakter) ist gerodet, einer gegenstrebigen Kausalität erlegen und nicht mehr existent oder im Untergehen begriffen: langsam und gleichmäßig implodiert oder, um mit Begriff aufzuwarten, seiner Entropie unterlegen und in diesem Sinne Subjekt. In der Gegenprobe, es ist genau diese Differenz zu wissen und namhaft zu machen, wenn es gilt, das selbst konventionelle – zeitgemäße und polyadisch sozialisierte – Wesen mit einem Protoplasma, biotechnisch entwickelten Wesen zu vergleichen: offensichtlich waltet, in der Differenz, eine (quasi) synaptische Subjektivität, ein Aufstreben und Sich Äußern uralter, *sich selbst belassener*, resonierender Impulse, gleichgültig ob zum Vergleich in das Plankton, die Papyrushaine oder die

Blätter der Urwaldbäume getragen, welche auf keinen Fall mit der Regularität zwischen belasteten, am Entladungsprozess beteiligten und absterbenden neuronalen Verbindungen zu begleichen sind. Die Wissenschaft steht also, symptomatisch und, man möchte sagen, wenngleich ohne Häme oder Herablassung, nachhaltig im nicht nur sog. ‚Dorf', sondern im Debet. Der Plural bzgl. des Wesens aber ist Pflicht, da nicht nur die Phylo- und Ontogenese in steter Verschränkung zu halten sind (was, an und für sich, die größten Schwierigkeiten des Begriffs auferlegt, gesetzt er muss wissen, wo jene bzw. er fusioniert und wo nicht, seine Zahlen respektive der ›Binder-Trenner‹, die womöglich erste Funktion des Bewusstseins, dürfen demnach nicht weichen; welche Funktion, zugestanden, nur die spezifisch menschliche Großmündigkeit unmittelbar zu beherrschen vorgibt, kaum dass sie ihren stets kleineren, in diesem Sinne beschränkten Erfahrungskreis oder orbis erschließt bzw. erschlossen hat: es gibt also stetig, und doch nur manchmal distinkt, overt oder offenkundig, den unbedingten versus bedingungslosen ‚Anti-', das klare, distinkte Gegenteil ohne Unterbindung im anderen, Seitigen, der Vorform; und dabei nicht einmal nicht aus, in, oder notwendig *mit* der Anschauung, die ein eigenes Procedere besitzt), sondern tatsächlich die Höhen ihrer geistigen und politischen Geschichte stets in der Pluralität – unter mehreren und vielen, den Wenigen in der Abzweigung – absolviert hat (es demnach – beim Namen – nicht darauf ankommt, die Helden, Heroen Hegels (in der Geschichtsphilosophie) oder herausragenden Geister allein aufzuzählen, deren Werke gleichwohl das Wissen, den Kenntnisstand und die Vermögen des Menschheit ein Stück weit tatsächlich und verdienstvoll progrediert haben).[359] Mit anderen Worten, die große und die kleine Menschheit ist Kontrapost zum Individualismus, der ansonsten das Feld beherrscht und noch immer mit Nachdruck die Anziehung der Modelle der Wissenschaften in den Bann schlägt, respektive den notwendigen Zirkuit der Begriffe und Umschläge auf seine Bedingung zu verpflichten versucht. Im Universum freilich, und weder Nachtrag noch Nachrang, mag das Grundstück seine überaus (und Staunen bis grundständiges Erstaunen weckende) Berechtigung haben; denn aus dieser Perspektive, dieser Veranlagung des Horizonts, hat es überaus den Anschein, als ob es sich um ein derart kapriziöses Arbitrium handelt. Eine Lichtung, die dem über Jahrmillionen herangewachsenen Menschen erlaubte heimisch zu werden, die Herrschaft über das Lebewesen zu übernehmen, schließlich die Kenntnisse

359 Dass Franz Overbeck, der evangelische Theologe, die insgeheim per Zettel geführte Biografie seines lebenslangen Freundes Friedrich Nietzsche mit dem Satz beginnen lässt, er sei eigentlich kein großer Mensch gewesen, liegt auf dieser Linie und soll hier nicht kommentiert werden.

zu erwerben, welche ihm auch die annähernde Herrschaft über den Planeten gestatten (dessen Grundfläche, selbst wenn sie sich in künstliche, orbitane Räume ausdehnte, angesichts der vorhandenen, in Lichtjahren zu messenden noch immer weitaus weniger als einen Staub-, ja Nanofleck darstellen).

Es gilt also, in Dimensionen zu denken und nicht nur, dass zwangläufig, wenn auch nicht notwendig, die Vorstellungskraft herausgefordert ist. Der Begriff ›Dimension‹ weckt die Verwechslung, ein bestimmtes Amalgam, da die inzwischen wissenschaftlich erzielte Auffächerung der rechnerischen Maßskala, i.e. der Zahlendimensionen, für den gewöhnlichen Sitz des Bewusstseins den Anschein erweckt, als sei der Nanobereich oder das Rechnen mit Bruchzahlen in einem MM (Millimeter) zu hunderttausend Milliarden Milliarden Milliarden eine andere Dimension.[360] (Diese Dimensionen sind immerhin durch das Auffinden und Evaluieren bzw. bis auf die Grenze messbarer Teilchen gedeckt). Freilich handelt es sich aber nur darum, dass ein gesetztes oder gegebenes Kontinuum in der Analyse – Zerteilung und Erforschung – der Natur ein weiteres Intervall preisgibt oder dass, mit den Worten des Physikers, die Abstände diminuieren oder „kürzer" werden. Nun ergibt sich mit dieser Skalierung, noch dazu der angesetzten Bedingung der Extremitäten, aber eine andere Bedingung, nachdrücklich diejenige der Polarität. Selbige weckt erneute hochgradige Verwechslungen, da ihr Gegebensein in der Natur, im Naturprozess oder den Naturdeterminanten auf keinen Fall mit den begrifflichen Voraussetzungen oder schlechthin der begrifflichen Bedingung, der Artikulation der Vorstellungskraft oder -kräfte, zu verwechseln ist (sie wurde soeben ›Binder-Trenner‹ genannt, zumindest hat sie auf selbige direkten Zugriff, obgleich, nur zum Beispiel, Kants lapidare Bemerkung zum Wahrheitsbegriff, „es muss, wenn Wahrheit in der Übereinstimmung einer Erkenntnis mit ihrem Gegenstand besteht, dieser Gegenstand von anderen unterschieden werden" (A58/B83),[361] die Funktion fordert und stillschweigend unterstellt, selbige Beziehung gehorcht überall und von Anbeginn nur dem Widerspruch und unmöglich könnte es sein, die Gegensätze ziehen sich an und sind, auf eine Unendlichkeit – oder eben jene Wahrheit –, nicht letztgültig zu trennen oder völlig distinkt: weder in der Materie noch in der Vorstellungskraft gibt es eine absolute Gesetzmäßigkeit, welche den betroffenen Elementen

360 Hawking 2001, deutsch 2003, 184–186. Eine andere Exemplifizierung ist die beliebte Rechenleistung von Computerchips pro Sekunde in der Menge an bzw. operationalen Amplitude: 1972 bei 3500, inzwischen (2007) 400 000 000 (Hawking 2001, 174).

361 […] denn eine Erkenntnis ist falsch, wenn sie mit dem Gegenstande, worauf sie bezogen wird, nicht übereinstimmt, ob sie gleich etwas enthält, was wohl von anderen Gegenständen gelten könnte" (die Fortsetzung).

auferlegt, sie tilgen bis auf die (ggf. Unter-) Nullstelle jede Fusion, diese aber ist, welche wider die Distinktion den Gegensatz resp. die Gegensätze regiert; wie sollte, im Übrigen, das »dimensionale Kontinuum« (gesetzt) zu entfalten sein, wenn nicht dieserart? Es herrscht vielmehr, neben der Trennung, eine spezifische Bindekraft, i.e. bestimmte Fusion, welche die Möglichkeit des neuen Intervalls, der neuen »Dimension« gewährt).

›Groß und klein‹ ist die erste Polarität der Naturmessung und als Quantität die maßgebliche Antonymie in der Kategorie. Hieran ändert nichts, dass die herkömmliche Philosophie, Geistesgeschichte, nicht aber Naturwissenschaft an der Polarität vorbeigegangen ist respektive wissenschaftliche Leistung, ihre Rationalität, (die sich gelegentlich inzwischen wie eine Droge ausnimmt, die trotzdem zu rezipieren, hauszuhalten und zu veranlagen ist), daran bemessen hat, selbige bedingungslos und unbedingt zu neutralisieren (die sog. Wechselwirkung hat hieran teil, solange der Negation nichts anderes zukommt, als maßgeblich Widerspruch zu sein – sein zu müssen – und alles Unfalsche, Unwahre, Halbwahre, zu übersehen, das kardinal an die Achse des/der Gegenteile rührt: gewissermaßen bewegt sich der Rationalismus, seine Evolution, in der bedingungslosen Schwerelosigkeit, also ob es gelte, alles an dieser Zwischenspanne oder Schnitt auszumessen – und nicht etwa daran, in der Kleindimension das Moment der Schwerkraft auf der Grenze zur Neutralität zu vergessen, i.e. vergessen zu dürfen).[362] Wer Exemplifikation (bzgl. der Neutralisation) benötigt, möge zu den Schriften von Carnap oder Quine greifen (gew. das Komplement zur ‚modernen' Wahrheitstheorie). Carnap etwa bemisst die Neue Logik im Gegenzug zur alten daran, die Relationen auf den Plan zu heben, misst dies aber

362 Wenn sie, verdienstvollerweise, einmal nicht neutralisiert und für die wesentliche „Orientierungslücke" argumentiert – nach obigem Maßstab liegt der betreffende Knoten in der Mitte oder im Binnenbereich –, sodann die Grundlage das eingeführte und konstante Schwanken zwischen Gründen darstellt, selbige aber offensichtlich der Antonymie oder Polarität gehorchen – wahr/falsch ist hier eingereiht(!) – muss, wenn der „Widerstreit" namhaft wird, noch einmal geklärt werden, ob er sich endgültig mit „logischer Konsistenz und Widersprüchlichkeit" (250) begleichen lässt (gesetzt diese liegt bei der Neutralität). Bezeichnenderweise tritt das Problem in der Beziehung zu den Neurowissenschaften in Erscheinung. Das endogene, organische „Hin und Her", das auch eine neuronale Repräsentation besitzen muss, ist daher, und insb. hier, ebenso polar zu werten, damit bleibt aber umso mehr offen, wieso sich das „semantische", vorstellungsgemäße oder begriffliche Schwanken hiervon freimachen kann resp. Eigenständigkeit beweist, wenn der Argumentation zu folgen ist bzw. selbige in der Annahme des grundständigen, generellen Absatzes zutrifft (Lutz Wingert. „Grenzen der Selbstobjektivierung". In: Sturma 2006, 240–60).

nur exemparisch am ›größer‹ oder ›kleiner als‹, dem jeweils in der Negation ein ausschließlich manifestes, einziges nicht (›¬‹ oder ›~‹) zukommt (wie Frege im Kontext); nicht aber selbiges geschmolzen, fusioniert in der Relation selbst: gewiss ein definiter, intellektueller Eklat, auf den hier nicht weiter – bzw. nur im anderen Skopus – eingegangen sei, und jedenfalls weder der *diabolus in machina* noch *in motu*, welcher dem Mechanismus unterstellt, seine Konstruktion sei der divinen Allvernunft zuwider; dass, anderwärts, unter selbiger Voraussetzung in der Physis der Markstein (ggf. die Katrastrophe) der Kernspaltung wartet, die erst spät, ein wenig seitig in einem Kaiser-Wilhelm-Institut unter Beteiligung einer intelligenten und einfühlsamen Frau (Lise Meitner) entdeckt wurde, ist aber durchaus symptomatisch und daher nicht zu übergehen).[363] Da ›groß und klein‹ eine gemeinsame Begriffsachse teilen, müssen sich ihre Ein- und Entfaltungen stets verschleifen. Dies bedeutet, u.a., dass ein Quark als Manifestation einer immensen Kleinheit nicht einfach nur ein winzig-hoch-winziges Staubkorn verkörpert, sondern selbstredend mit einer eigenen Welt, einer bestimmten Region aufwartet, in die sich die gewöhnliche Physik der Materie auflöst. Es kommuniziert oder ist damit Bestandteil einer zugleich notwendigen Größe, gesetzt hier kommt die Menge zum Vorschein oder eben die Sphäre, in die das (gesetzt, ermittelte) Element hineinzutragen und einzuleben ist. Auch der Gehirnforschung, um sich der angestrebten Achse des Resümees zu nähern – sie sei begrifflich sofortig *und* Spiegelachse –, eignet (von der Interpretation her) diese charakteristische Verwechslung von Dimension und Kleinheit (oder Größe; überdies *das* Residuum der begrifflichen und historischen Verwerfung, das bzw. die sich immer wieder in das Verstehen – bzw. Missverstehen – einmengt, denn zu welchem Zeitpunkt, welcher eklatanten Schwelle hätte die Menschheit dieses wirklich, jemals oder grundständig, erreicht, wenn nicht der Druck, und Zwang, der Sozialisierung der Wissenschaften herhalten muss). – Zunächst ist die Untersuchungssphäre ‚nur' eine immense, zumindest beträchtliche Kleinheit – vom gewöhnlichen Verstand aus gesehen – und nicht schon und insbesondere Dimension. Diese nämlich würde verlangen, mit ihr tritt eine tatsächlich neue Ebene oder ein neuer Parameter auf den Plan, der mit den anderen, bisher geläufigen gemeinsam verrechnet, jedenfalls unmittelbar wie Koordinate oder Seinsbedingung berücksichtigt werden muss. Das sogenannte »Feuern« bzw. die elektrische Entladung einer oder der Synapsen, einer neuronalen Zelle, ist damit erst dann dimensional, wenn es tatsächlich in einen topologischen Raum übertragen wird, i.e. die Zeit ist mit selbigem durchgehend verschweißt – und,

363 Vgl. Rennert & Traxler 2018 (Fn 222).

wie an dieser Stelle mehrfach, Bewusstsein bildet *selbst* eine Dimension, i.e. die synaptische Entladung hat teil an einem Energiefeld, das nicht auf ihre einzige Person, das Szenarium der Mitte als spezifischer Fokus, eingeschränkt werden kann. Unter- und Überzeitigkeit sind die erlebten und, in diesem Sinne, konditionalen Folgen.

Die Synchronizität ist eklatant ein Kriterium für die Messung von Gruppenverhalten unter Neuronen. Sie bedingt die Architektur der Verschaltung (der neutralisierende Begriff ist Usus und sei hier übernommen), und ermöglicht etwa die sichere Entscheidung (Messung und Beobachtung) von Leitungsbahnen des sinnlichen Nervs bis zum eingeschalteten Neuron und den Kontroll- und Rückkopplungsorganen, noch dazu mit erhöhter Intensität, wenn gleichartige Bewegung involviert oder selbige in Gegenrichtung erfolgt.[364] Diese scheinbar sicheren Ergebnisse, die zugleich eine Bekräftigung der Mustererkennung bzw. des Gestaltphänomens in der Wahrnehmungspsychologie erübrigen – und die Mutmaßung Kants, es ließe sich der gleichgemeinte, nur etwas umfänglicher und gleichmäßiger gedachte Schematismus der Einbildungskraft „in den Tiefen der Seele", i.e. nach seiner Natur, womöglich niemals ermitteln, dem Gegenteil überantworten, immerhin seine Ahnung und wesentliche Veranlagung aber als ingeniös bekräftigen –, sind (a) von hochgradig logischen Problemen betroffen, (b) vom Problem oder der Ergänzung der Mehrdimensionalität.

Die logischen Probleme mögen an dieser Stelle nur insoweit (noch einmal) berücksichtigt werden, als bekannt sein muss, dass die Negation keine manifeste Ziffer oder ein Operator, der stets in der sicheren Verkleidung seines Selbstseins in Erscheinung tritt. Als ob er sich nicht zu maskieren wüsste, respektive als ob er nicht die Kunst oder den Mechanismus beherrschte, zwischen zweien oder mehreren Begriffen, i.e. *Vorstellungen*, in der Mitte (gleich Unmitte) zu verschmelzen, um sie derart auseinanderzuhalten. Sodann ist diese Stelle aber (wie bereits in der Klammer angesetzt) nicht fix und vorbestimmt, gar a priori – diese Eigenschaft jedoch allemal –, sondern überaus flexibel, beweglich, ja eventuell geradezu ‚schlüpfrig'. Letzteres, weil einmal in der Mitte oder Balance, das andere Mal bei Annäherung an die äußersten Extreme die Negation einseitig abnehmen muss und den Schein des Nichtseins annimmt, wenn auch unter verschiedenem Vorzeichen respektive immanentem Wesen. Selbiges, selbige Regel- oder Gesetzmäßigkeit, ist, wie es angesichts der Forschungsberichte überaus den Anschein hat, aus dem neuronalen Prozess, der Gruppenbildung,

364 Singer 2002, u.a. der Titelbeitrag („Der Beobachter im Gehirn"), vgl. auch Damasio 2002, u.a. Abschlusskapitel.

dem Unterliegen oder Herausbilden fokaler, und insb. fokaler Instanzen, nicht herauszurechnen. (Selbst dem sog. Handlungsbaum und seiner Erklärung, nicht auf die zeitliche Kausalität und ihre notwendige Abfolge verpflichtet werden zu können, ist diese Hypothese anzumessen, i.e. er folgt der Fokalität; dann allerdings ist an der wichtigen Stelle, ob an dem zerebralen Ereignis unterhalb der direkten Wahrnehmungsschwelle – sie ist gemeinhin zu deutlich gesetzt, als ob sich die Gehirnaktivität und die insb. Lenkung und Vermischung, Fusion der Energie nicht auch empfinden ließe – auszuschließen ist, dass es stattfindet, indem H_1 oder H_9, wesentliche Handlungen des Baums, stattfinden,[365] vielmehr die Schleife einzusetzen und zu fordern ist – der Ausschluss kann demnach nicht sein, und ein wesentliches Moment für die Handlungsfreiheit wäre erworben, da in der Polarität und echten Fokalität unbezeifelbar, dass der Ursprung in zwei Enden oder *Termini* übergeht. Die Schleife sei, notwendig, existenziell und logisch zugleich, mithin ist nur und vor allem der reine, absolut *individuelle* Zirkuit oder Kreislauf ausgeschlossen). An dieser Stelle ist das andere Problem der Mehrdimensionalität anzuschließen, mindestens ebenso vordringlich wie maßgeblich, und verantwortlich für die wichtigsten Schlüsse und Antizpitationen, zu denen beide Seiten, Naturwissenschaft inklusive der Gehirnforschung, und anderwärts die Philosophie berufen sind.

Unter Voraussetzung der Mehrdimensionalität – die eigentlich nicht mehr zu erläutern – ist es nicht gerechtfertigt, den Untersuchungsgegenstand auf den Skopus (in der immanenten, angesetzten und unvermeidlichen Linse) des Einzelgehirns zu beschränken und jenem – in der Frage nach Evolution und Fortentwicklung der Menschheit – den ‚kulturhistorischen Horizont' oder seine ‚Entwicklung' entgegenzustellen. Die Abstraktion mag eingängig sein, und sie ist es immer noch, außerdem auch eine Folge der Skordatur oder des Bedingungsgestells der Forschung selbst, tatsächlich aber ist (einstweilen) zu fordern,

- die Trennung der Energie vom Einzelnen auf das Kollektiv oder die gemeinschaftliche Basis ist obsolet.

Dies muss und soll nicht bedeuten, es müssten einem Kollektiv zwecks Durchgehbarkeit der Population oder Phratrie die einzelnen Neuronen durch Elektroden gleichzeitig vernetzt werden, um zu sehen wie sie kollabieren oder (gewollt-ungewollt) buntartig, i.e. *faszikulär*, agieren. Dies scheint an und für sich unnötig und vielleicht sogar grotesk (als Evaluierung im Einzelfall aber

365 Abschnitt 4 des Beitrags von Carl-Friedrich Gethmann; in: Sturma 2006, 237, die originale Formulierung bzgl. ‚indem'.

dennoch nicht ausgeschlossen). Vielmehr ist zunächst die andere Frage zu klären beziehungsweise Hypothese aufzustellen, ob die Gehirnenergie tatsächlich in jedem ihrer Impulse nur (wissenschaftlich rein) auf die Sphäre ihres Einzelorganismus eingeschränkt ist: die Synapse also nur deshalb ‚feuert' bzw. sich entlädt, weil sie eine Ladung von einem Sinnesorgan empfangen hat, das selbigen und nur selbigem Organismus anzurechnen ist. Anstatt eines anderen, der an selbigem Energiefeld teilnimmt, darin gesättigt ist und imstande, seine Energie zur Aussendung derart zu konzentrieren, dass der angestrebte, seine Bewusstseinsmembran, ihre Vorstellungsenergie empfängt (einstweilen der Eklat der Abrede, aber dennoch die eigentliche Lücke, welche in der Nische der Gehirnforschung wartet). Zudem aber auch die Möglichkeit nicht auszuklammern ist (eine einstweilen selten zu verifizierende Beobachtung), dass ein oder mehrere Neurone von einer vorstellungshaltigen, also ausdrücklich nicht einer sensualen Nervenzelle impulsiert werden, um eine elektrische Entladung zu zeitigen: – womit sich die effektive Polarität, welche an und für sich in der Energiebasis – und damit motivierend oder geradezu kausal für die gesamte Vorstellungssphäre – verankert ist, realisierte bzw. verifizierte (und die Reflexion der »Architektur« veranlassen muss, sich auf diese zu verpflichten).[366] Bevor die Antwort und Behauptung zur Mehrdimensionalität aufgestellt – und damit Haupthypothese, wie bereits angedeutet –, sei der folgende Zwischengedanke eingeschaltet, da er an obiges anknüpft und zugleich Erklärungsgehalt bietet: „Noch nie zuvor hat die Menschheit so viel gewusst und so viel gekonnt wie jetzt, und nie zuvor war sie so ratlos oder versöhnlicher formuliert, sich ihrer Ratlosigkeit und Geworfenheit so bewusst".[367] Der Satz bedingt ausdrücklich eine Graduierung, die im Fortlauf der wissenschaftlichen Entwicklung das Maximum in der Jetztzeit annimmt, die »große Menschheit« also ist derzeitig, kontemporär, (außerdem der wohlbekannten Gegenelle aufliegt). Was die Künste angeht, muss man unverzüglich intervenieren und das Maximum rundheraus absprechen, die große Menschheit ist vergangen.[368] Was die politischen Künste

---

366 Den Thesen zur „höheren Verarbeitungsebene" wäre entsprechend die Verschleifung anzurechnen, jedenfalls stellt sich die bedingte Frage, ob der Druck des Vorstellungskerns auf andere, basale Vorstellung nicht auf die Peripetiestelle in der ± Schleife zurückzuführen ist, da jedenfalls mit ›höher‹ oder ›tiefer‹, ›niederer Ebene‹ keineswegs auf Anhieb und nur eine klassische Einteilung (Klassifikation) getroffen sein kann.

367 Singer 2002, 198.

368 Der Beitrag zu den Künsten ist – vom eingestandenen Definitionsversuch her gesehen – womöglich zu wenig an den effektiven Größen orientiert (s.w.u.), gesetzt auch, im Extrem zeigt sich eine Wurzel der Maßes (Singer 2002, 211–234).

oder die politische und Regierungskompetenz angeht, mit einer erheblichen Vermutung gleichfalls, jedenfalls besteht ein sicherer und nachhaltiger Zweifel, ob heutige Politiker jemals den Rang früherer Oberhäupter erreichen – wer sich ‚nur' vernetzt und selbiges Verhalten unterschlägt oder zu verbergen sucht, sollte übrigens rasch und leicht hinsichtlich dieses Zerfalls der Kompetenz zu ermessen sein: das »Großsubjekt« (seine fast terminologische Bewandtnis in der Philosophie, seitdem der absolute Geist mehrfach – trotz gegenteiliger Vorausnahme seitens Hegel – in diese Richtung fehlinterpretiert wurde, trifft nicht das hier Gemeinte), das sich mit dem gewählten, anvertrauten und vereidigten Amt vermischt, im geteilten Horizont aufscheint und eine geradezu reale Projektion annimmt, ist sicher nicht mit effektiver Größe, nunmehr auf Basis einer historischen Reihe, zu verwechseln (als ob es ehemalige Königshäupter, eventuelle Kaiser, Minister oder selbst Diplomaten, Fürsten, Herzöge, Kardinäle und Äbte notwendig überragte: in jedem Fall ist die Spange nach wie vor in die Gegenrichtung, das Bürgerliche, ja dezidiert Kleinbürgerliche oder sog. »Normale«, den entropie-unterlegenen, aggregierten Normalbürger, zu öffnen, was insgesamt, gleichgültig ob passiv oder aktiv, dem Gesamtkalkül des modernen, neuzeitlichen Subjekts anzurechnen ist: die Beherrschung von Unter- versus Vor-, und Über- versus Nachzeitigkeit ist, bei aller geschichtlichen Kraft der ursprünglich in und mit der Energie wirksamen Diffusion, das generelle Hauptproblem des Bewusstseins, wofür das beamtete, mit Verantwortung bekleidete, die vorgeordnete, exemplarische Demonstration übernimmt). Dessenungeachtet trifft die zit. Behauptung auf die Wissenschaften und Kenntnisse gewiss zu, und es darf noch einmal entgegengehalten, zumindest abgemessen werden, dass der Einschätzer oder Gutachter der (kultur-)historischen Entwicklung selbst attestiert, „die Menschheit, als sie sich ihrer Geworfenheit gewahr wurde, zunächst den Göttern anvertraut und dann versucht hat, ihr durch Erkenntnis zu entfliehen, muss jetzt, wo sie das Ziel zum Greifen nahe wähnt, erkennen, dass ihr hierzu die Weisheit fehlt".[369]

Ob nun ja oder nein, die Weisheitslehrer, wie sie sich einmal vorübergehend nannten, sollten, wenn auch dies zutrifft, wissen, woran diese Lage und ihre Schlussfolgerung liegt. Nun werden sich einstweilen nicht wenige, da sie sich entweder dem Individualismus zurechnen oder der Energiebasis – als Begriff oder Tatsache – zuwenig Beherrschbarkeit kraft ihrer Eigenmittel zutrauen, dieser Folgerung entziehen, sie vielleicht sogar nach wie vor verneinen: dass die Energie von ihrer Natur oder ihrem Wesenskern her notwendig kommuniziert,

369 Singer 2002, 198.

mithin beständig einen Kreislauf zwischen Plus und Minus entfaltet, der, in dieser Abstraktheit, sich bei dem Verkehr der geist-, bewusstseins-, empfindungsträchtigen Einzelindividuen stets dahingehend manifestiert, die (mindestens) beiden Zentren (des Gehirns, der Person, der seelischen Verankerung) miteinander zu verkoppeln oder, im Terminus, zu verschalten bzw. vernetzen: womit über die Naturtatsache und anhängige Notwendigkeit des Energiekreislaufs hinaus, gleichgültig ob Körper- oder Gehirnmembran, hier unus et alter (a minimo), auch der Zirkuit oder Schaltkreis gewährt; denn es ist alles andere als zu erwarten, dies geschieht nur in einer Schwellstufe der bloßen Ausbreitung,[370] wenn auch mit stets beginnender gegenseitiger Reflexion oder *ursprünglichen Teilhabe*, und nicht in gezielten, gelenkten Bahnen der Energieausbreitung und Verknotung, Knotenbildung. Dies erfordert Illustration oder Exemplifikation, wozu, an und für sich, die ganze Vorlesung bzw. wesentliche Anteile ihrer Abhandlung zum Gruppenbewusstsein dienten. Das Sozialbewusstsein ist mit dem theoretischen eng verzahnt – es teilt dieselben Bedingungen – und bewegt sich daher in einer disziplinären Klammer. In jedem Fall kann das Bewusstsein, als unmittelbarer Niederschlag der Energiefluktuation und -kreisläufe, nicht dahingehend angesetzt und verstanden werden, es entfalte und besäße seine Vorstellungen, gleichgültig welcher Art, nur und *jemals nur* für sich (freilich eine Vorausnahme und Ziehwinkel des sog. Cartesischen Theaters, dem Unrecht insofern widerfährt, als auch die nachfolgenden Generationen mitsamt ihrer Geistesgrößen bis hin zu Kant und Hegel an der zentralen Dramaturgie nichts zu ändern vermochten oder wollten: das Individuum ist, scheinbar, in seiner geistigen Kammer gefangen, zumindest ist dies der, wenn eingefordert, stetige Fluchtpunkt, die kardinale Trennung der Leibmembran eingeschlossen, der Behaviorismus und Positivismus die scheinbar endgültige Verankerung im zweiten Dezennium des 20. Jahrhunderts). Um es lehrsatzmäßiger (unter logischer Beipflicht) auszudrücken (ohne jedoch auf das kursorische, gewissermaßen tonsatzmäßige, jedoch überaus doppeldeutige ‚wir' auszuweichen, das durchgehend auch den Ton Singers bestimmt), wenn die Abstraktion zwischen dem Impuls des Individualbewusstseins und anderwärts der phylogenetischen und kulturhistorischen Entwicklung der Menschheit – die sich gleichfalls, prinzipiell, in selbigen Energieimpulsen äußern muss – eine Trennung bedingt derart, dass erst

370 In Anlehnung an sog. Systeme vor der Entwicklung einer Verarbeitungsarchitektur: „Sie verhalten sich wie eine Nomadenpopulation oder, wenn sie sich verdichten, wie die Ansammlung kleiner, zentralisierter Einheiten, die untereinander nur lose gekoppelt sind" (Singer 2002, 208); der Schaltkreis, obgleich nicht immer präsent, etwa 191f sowie erneut 208.

durch sie das Kollektiv ansprechbar und wissenschaftlich zugänglich wird, dann kann sie nur den (strikten) Komplementär der simultanen Verbindung darstellen, was bedeutet, die gemeinschaftliche Energie ist nicht disjunktiv, und nur disjunktiv, anzusetzen, als ob sie stets unter gegenseitigem Ausschluss erfolgte, sondern geradezu anti-disjunktiv oder polar: insbesondere der Möglichkeit nach überaus koinzident, koinzident im äußersten, steigerbaren Extrem, das wiederum, nicht zuletzt, die Fusion bedient. (Die anhängige Reihe ist keine klassische Homogenität, und der anhängige Begriff gewiss ein Problem, da er sich von der lokalen Fixierung, der »reinen« Taxonomie, befreien muss: die Elemente können und müssen verschleifen, ihre Anteile liegen infolgedessen in der Krümmung, aber nicht nur die Vorstellung beim Einzelnen, sondern insbesondere über die einzelnen hinweg genießt eine ggf. immense Bindungskraft, ihren Impuls). Ergo besteht zwischen Individuum und Kollektiv – oder ›Gruppe‹ – eine Äquivalenz-Versus-Beziehung (sie schließen sich gegenseitig ein oder es gibt die eine Seite nicht ohne die andere, jedoch zugleich mit darin wirksamer schmelzfähiger, i.e. operativer Negation, welche den unschließbaren Unterschied bewirkt, wie oben angenommen; der Gegensatz gilt also, ist überaus virulent, nicht aber wie (i) rohe, (ii) verstandesmäßige oder (iii) reinrechnerische Disjunktion, i.e. ein letztes Verhältnis von ›*p*¬*p*‹ versus Erfüllbarkeit im Normalschema), und

- die Energie behauptet als Vorstellungsfundament eine ständige Koordinate oder Ebene, die allen Vorstellungen, jeder Vorstellungskomponente, jedem Vorstellungsimpuls, jedem Vorstellungskern, er sei aktiv oder nicht (also rezeptiv angelegt aber nicht augenblicklich belegt), zugrundeliegt.

Ergo durchzieht die strikt komplementäre oder polare Energie – nunmehr als zwischen dem individuellen versus gemeinschaftlichem oder kollektivem Pol – alle Vorstellungen bis hin in ihre *absolute Basis*. Womit (a) die (primär der Phänomenologie zuzurechnende) Behauptung, Bewusstsein müsse stets »Bewusstsein von etwas« sein, widerlegt oder aufgehoben ist, denn Bewusstsein kann in sich ruhen, ohne seinen Impuls preiszugeben, (b) der Untersuchungsgegenstand der Gehirnforschung erreicht ist, i.e. die Neurone und ihre synaptischen Verschaltungen, Entkernungen und Gruppierungen, fokalen Anbindungen, Vernetzungen und hierarchisch erneuten Re-Gruppierungen. Die Energie – als Gehirnenergie – bezeichnet eine echte Dimension, sie ist demnach wie jede Koordinate der Raumzeit niemals abzurechnen oder nicht wirksam, seiend oder operativ, und infolgedessen sind alle Vorstellungen (die weder auf nur sinnlicher oder Anschauungs- noch nur auf begrifflicher Seite zu vereinnahmen sind, und ohne ihnen bereits eine Distinktion oder nicht beizurechnen) neben ihrer Beziehung auf Raum und Zeit auch auf dieser Dimension zu veranschlagen.

Die Weisheit macht also zunächst bei dem Statut halt, dass der Lagebericht zur Menschheit, wie mit dem Exzerpt angedeutet, (immer noch) einer Abstraktion anhängig ist, welche einen wesentlichen wenn nicht den Hauptpreis der Gesamtbilanz zu tragen hat: dass der Individualismus oder die Abstraktion der Energie auf der Grundlage einer definiten Trennung zwischen Individuum, und nur Individuum, versus gruppenartigem oder kulturhistorischem Verhalten in der Menge oder Mehr- bis Vielzahl ein wesentliches Manko bedingt, das die Schlussfolgerungen (oder unmittelbar die Molltonart zum Status der Menschheit) kreiert. Freilich kann es nicht darum gehen, den neuen gregorianischen, gemeint vorwiegend pastoralen Kanon zu kreieren, der, wie ehemals, die Last aller Ableitungen, ja bestimmten Andachtshaltungen zu stützen erlaubt oder verlangt. Die Basis des Orientierungsvermögens freigelegt, kann nicht die erneut gesuchte reine (oder unter den Individuen und Sachlagen abgefächerte) Schmelzfähigkeit den Schlüssel bilden (die übrigens auch allen Kanoni voranzusetzen waren; dabei aber stets beiläufig blieb, erste Kürzung des Jahrhunderte langen Rationalismus, der in der Schmelzfähigkeit durchgehend nur ein Negativgestell zu erblicken vermochte, dasjenige, das es mit dem reinen Verstand zu diskriminieren und zu eliminieren gilt, als ob sie nichts Positives, nichts Notwendiges, nichts Distinktes und Distinktives einbrächte, letzteres von der Potenz her). Gewiss aber lässt sich erkennen, dass die – wissenschaftlich überaus zementierte – Abstraktion, die es der Energie (noch immer) nicht gestattet, einen Impuls von einem in das andere Bewusstsein, die Schaltzentrale des Empfängers, zu versenden bzw. dort anzulagern und zu *inkubieren*, der daraufhin eine Vorstellung, vielleicht sogar Vorstellungswelt, und ein Verhalten entwickelt, das nur unter Preisgabe der logischen Grundgesetze ihm selbst, als Individuum oder Person, zuzuschreiben ist, an der mangelnden Zukunftsfähigkeit oder Vorhersagbarkeit der wissenschaftlichen Ergebnisse maßgeblich teilhat. Wohlgemerkt ist die »intersubjektive« – interpolierte und tatsächlich (wie soeben eingeführt) intradimensionale – Teilhabe des Bewusstseins nurmehr eine natürliche Tatsache und zunächst keine Folge eines Willens- oder gar intentionalen Kommunikationsaktes. Und nicht vorhersagen oder auch nur abmessen zu können, wie sich, eventuell, ein „komplexes nicht-lineares System“ entwickelt, dabei vorausgesetzt, auch „Lebewesen und die von ihnen gebildeten Gemeinschaften sind Systeme dieser Art“,[371] setzt überdies voraus, diese Lebewesen nehmen einander nicht erst durch den angerissenen sinnlichen Reiz und seine Gehirnprozedur, die eventuelle Anlagerung oder Berührung (in diesem distinkten Sinne), auf, sondern das Zusammensein und die

371 Singer 2002, 198.

Teilhabe ist grundsätzlich von Anbeginn gegeben, *naturgemäß*, geradewegs vererbt (mit der zugehörigen artmäßigen Potenz), und nur durch die Anziehung, Fokus-, ja soziale, persönlichkeitsbedingte Formantenbildung mitsamt aller anhängigen Negation(en) (graduellen Abfächerungen der Nichtzugehörigkeit oder des definiten Ausschlusses) bilden sich die Gruppen oder Populationen im engeren Sinne – so dass durchaus, stetig und widerspruchsfrei, damit zu rechnen ist, die Anriss- oder Anreiz-, die Impulsphase kommt nicht aus, und nur aus, dem internen Kommunikations- bzw. Vernetzungsfeld des einzelnen Individuums, sondern, ganz im Gegenteil und nunmehr sozusagen, denn die Dimension hat sich effektiv geändert, von außen, durch einen anderen Organismus, ein anderes Wesen, insb. der zugehörigen Gruppe (oder „Sozialverbands", in der hier evolutionären Verklammerung oder Schiene, quasi Anlernphase).[372] Selbiger Vorgang beziehungsweise Vornahme ist sodann im hohen Maße sozialisierbar, also nicht nur gesellschaftsfähig, die tierische Herde überragend und steigernd, sondern effektiv gesellschaftsbildung und *organisierend*: durch alle kulturellen Steigerungen und Schwankungen, ja Entgleisungen hindurch, und das ›Selbst-‹, wenn es soll (logisch nicht unzureichend oder falsch vereinnahmt wird), geht gegebenenfalls, wenn nicht stetig in und durch die Schleife (freilich jene, die auf der Negation und Polarität beruht, nicht jene der Redundanz).

Die „Trajektorien dieser Systeme" dürfen also auf keinen Fall, selbst bzw. insb. wenn die Topologie als „mehrdimensionaler Raum in einem niedrigdimensionalen, durch cartesische Koordinaten definierten Raum abgebildet werden muss" (dem zweidimendionalen der Großhirnrinde),[373] auf das traditionelle, gewissermaßen klassische Gestell- oder Objektivationsmodell verpflichtet werden, für das diese Zweidimensionalität – oder Dimensionalität an sich – gleichbedeutend damit ist, ›außen‹ meint stets und nur einen effektiven Ort außerhalb des Erlebnisumkreises des Erfahrungszentrums (eines Subjekts oder Probanden), ›innen‹ einen Ort im Ursprung der eigenen (zugehörigen) Körper- oder Vorstellungsgleich Gehirnmembran (der weiterhin berechtigt, die gesamte Vorstellungssphäre auf den – eigenen – *inneren Sinn* mit zugehöriger numerischer Subjektivität festzuschreiben). Freilich bedingt die Annahme oder Hypothese, Energie als Dimension anzusetzen, die mit Raum und Zeit stets gleichzeitig zu verrechnen

372 Singer 2002, 220: „Bei Tieren, die im Sozialverband leben, bestimmt das Leittier durch zielgerichtetes Verhalten u.a. die Marschrichtung der Herde bei der Futtersuche und verweist auf diese, zur direkten Nachahmung auffordernden Art auf die in seinem Gehirn gespeicherten Daten über den Ort geeigneter Nahrungsquellen"; s. a. nachfolgend zum Begriff Simulation.

373 Singer 2002, 206–207.

ist oder notwendig in das Bezugssystem einkehrt, dass ›innen‹ und ›außen‹ ihre Bedeutung systematisch verändern, mithin, wegen der Polarität, zusammengehen können oder *regelmäßig koinzidieren* (die systematische Bedingung): ergo verändert sich auch die so überaus wichtige, für die Orientierung maßgebliche Verortung oder Distanzberechnung, da (a) eine Körpermembran oder, davon abhängig, ein Vorstellungsimpuls, mehr (b), ein ursprünglicher Vorstellungsimpuls einer *alternativen Gehirnmembran*, der besagtes Subjekt (über ein geschlossen anzunehmendes Energiefeld) erreicht und vereinnahmt, mithin einen elektrischen Impuls in der synaptischen Vernetzung auslöst und die neuronalen Populationen faszikulär in Beschlag nimmt,[374] um wiederum Vorstellungen auszulösen, im Erleben das ›innen‹ und ›außen‹ nicht kollabieren lässt, sondern mit völlig *spezifischer Distanz* zusammenbringt, ohne die Gewärtigung des Urspungs zu diffundieren, i.e. vollends einzuschmelzen: es bleibt also im Erkenntnisakt diese rezeptive Gehirnmembran überaus an die Verinnerlichung gebunden, dass jene auslösende Körpermembran oder der Ursprung der anderen Vorstellungsmembran, welche für den Impuls verantwortlich ist, im euklidischen, nicht aber mehrdimensionalen Raum außen ist und mit bestimmter klassischer Länge (in m, cm und mm, ja eventuell durchaus weiteren Längen, sobald die physikalische Erfahrung hinzutritt) zu messen ist. Energie als Dimension bedingt demnach nicht nur die andere Messskala samt der möglichen Koinzidenz der unterschiedlichen Matrix, sondern freilich auch die wirksame, naturgemäße Projektion mitsamt der ihr anhängigen gesetzmäßigen Fokussierung (Linsenskala, der eine phylogenetische Herkunft einstweilen nachzuweisen bleibt, die Hypothese demnach beigerechnet). Wie es scheint, hat die Vertaktung der Simultanität oder Synchronizität der neuronalen Populationen noch den Charakter der klassischen Linearität,[375] was sie, im Rahmen der Raumzeit, nicht müsste.

Wenn es aber zunächst (anstatt möglicher Zahlen und/oder effektiver geometrischer Vorstellungen) noch Begriffe zu klären gilt, (i) die Schmelzfähigkeit ist Grund- oder Naturgesetz unter den Vorstellungen, und sie lässt sich willentlich – und unwillentlich – betreiben (die Annahme der menschlichen Vernunft als unmittelbar mit der göttlichen einig oder eins, kann infolgedessen nur durch stillschweigende Fusion erfolgen, eine Geistesgröße wie Leibniz war ihr zeitlebens und nachhaltig erlegen oder Muster, i.e. die gew. Stimmfigur im Kanon der Gezeiten); (ii) das Orientierungsvermögen meint die Fähigkeit des Bewusstseins,

---

374 Faszikulär ist Ausdruck hier, aber die mehrfache Beschreibung und Schlussbildung zum Bindungsproblem und die Beschreibung der insb. parallelen Verarbeitung weist ausdrücklich in diese Richtung, wie nachfolgend.

375 Singer 2002, 206.

seine Eigenenergie mitsamt aller Vorstellungen zu lenken und in diesem Sinne fundamental zu orientieren, in Verbindung mit (i) ergibt sich zwangsläufig, sie vermag mit ihrem Eigen- *oder* einem gemeinschaftlichen (Kollektiv-)Zentrum zu fusionieren und entwickelt sodann ihre spezifische Gruppenintelligenz; letztere ist apriori *nicht* als höher oder leistungsfähiger als die Individualintelligenz zu werten und sozial oft überaus fragwürdig, zumindest entspricht diese Einschätzung der obigen zur Folge der zunehmenden Aggregation und Verstädterung der Menschheit; (iii) die erwähnte Schaltzentrale des Bewusstseins ist nicht mit einem quasi materiellen, in den neuronalen Vernetzungen selbst angelegten Konvergenzzentrum zu verwechseln – die Schaltzentrale als Apex der Konzentration, Aufmerksamkeit und Willensfähigkeit existiert vollkommen unabhängig von dieser materiellen Vorausnahme; das sogenannte Bindungsproblem (es bezeichnet die Frage, wie die Nervenzellen zusammenwirken, um einzelne oder eine Gruppe von Neuronen in Funktion zu nehmen und ob dies insbesondere auf eine konvergente neuronale Zuspitzung bzw. Vereinzelung hinausläuft) ist demnach (in Verbindung mit (i) und (ii)) in jedem Fall dahingehend anzusetzen wenn nicht zu lösen, dass der neuronalen Quelle in der energetischen Substanz die Vorstellungs- oder wie ehemals auch vegetative bis animalische *Perzeptionsfähigkeit* zuzusprechen ist, und in dieser, nicht in der materialen Architektur resp. in dieser zugleich, sodann aber nachgeordnet, liegt sodann das polare – multiple, aufgefächerte und ungemein leistungsfähige – Konzentrationsvermögen (das nicht Konvergenz genannt sei, die Konzentration aber nachhaltig und ungemein verbürgt); (iv), zur Historie, berechtigt die polare Schalt- und überaus vielgliedrige, leistungsfähige und fokalgefächerte (faszikulär geordnete oder angelegte) Schmelzfähigkeit der Energie, die keineswegs auf den materiellen *oder* immateriellen Ursprung (notwendigen Fokus) festzulegen ist, mithin auf keinen Fall – als die erlebbare und lebendige, weiterhin mehrfach messbare Gehirn- (und nicht Körper- oder sonstige Organ-)energie – tatsächlich nur materiell wäre, eine bedingte Bekräftigung des alten Influxus, insoweit das Zusammenspiel – als echte polare, polaritätskumulative Schleife – zwischen Leib und Seele zu beantworten ist, das nunmehr um die wesentliche Komponente, das andere Bewusstsein bis hin in seine Eigenkonzentration, *sowie* die andere Körpermembran, zu erweitern ist. Jedenfalls bedingt keine Voraussetzung, von imaginären *species* (welche den Import des Dings in die beeindruckte Gehirnmembran oder den Verstand verantworten), anderwärts einem göttlichen Eingriff oder aber der prästabilierten Harmonie auszugehen, da die Polarität *und* ihre Lenkbarkeit das Verhältnis regelt. Außerdem erübrigt sich womöglich der Hinweis, dass – freilich mit der sog. Fernwirkung der Gravitation ohnehin längst fragwürdig geworden

– der axiomatische, im Umkreis der Identität anzusiedelnde Satz der älteren Logik und/oder Metaphysik, es könne ein Körper nicht zugleich an ein- und einer anderen Stelle sein, resp. es könnten nicht zwei Körper(membranen, wie es hier bereits heißen möge) an ein- und demselben Ort, derselben Stelle sein, aufzuheben ist, sobald die Mannigfaltigkeit der Energie einkehrt bzw. sobald die Energie in die Membran getragen wird und dort ihre Existenzbedingung erhält, so dass wiederum auch die Geistmembran, das Bewusstsein, unmittelbar (wie dargelegt im Wechselverhältnis von ›innen ≅ außen‹) an der Aufhebung teilhat. (Leibniz' Geschick, hier nicht unwahr zu reden oder anderwärts einen Freiraum offenzulassen, bestand in der zumindest lehrsatzmäßigen Vorausnahme, dem Selbst oder Kern der Monade, selbst wenn ein sog. »metaphysischer Punkt«, keine Räum- und Zeitlichkeit zuzusprechen: dem Selbst als Fokus, durchaus mit derselben zwingenden Seinshaftigkeit ausgestattet, sollte diese Vornahme nicht eingeräumt werden, andernfalls zeigt sich die metaphyische Instanz, welche Raumzeitlichkeit als Gesetzmäßigkeit vom Kern freizuhalten sucht, in diesem Sinne idealisiert und die Basis der Energie verliert).

Da mithin (bei Generalwiderspruch) die Membran kommuniziert und sich überall anschließt – den natürlichen Kreislauf der Energie bedingt –, ist ihre Energie und der Energieaustausch als Dimension anzusetzen, womit gemeint bzw. was notwendig einschließt, dass die Vorstellung(en) des einzelnen sich niemals endgültig (seinsmäßig) von diesem Energieaustausch ablösen können bzw. notwendig darin eingebettet sind ([a] ›$\neg\ [(\exists xy\ (x \neq y\ .\ \forall z\ (\mathrm{A}z \Leftrightarrow z = x \vee z = y)) \Leftrightarrow \exists xy\ (x \neq y\ .\ \mathrm{A}x\ .\ \mathrm{A}y)\ .\ \exists xy\ \forall z\ (\mathrm{A}z \Rightarrow z = x \vee z = y) \Leftrightarrow \exists xy\ (x \neq y.\ (\mathrm{A}x \vee \mathrm{A}y \vee \mathrm{A}z)) \Rightarrow ({}_{\mathrm{I}}\mathrm{B}\ |\ {}_{\mathrm{Gr}}\mathrm{B})]$‹; stattdessen [b] ›$|||\ {}_{\mathrm{I}}\mathrm{B}^{+} \cong {}_{\mathrm{Gr}}\mathrm{B}^{-}\ |||$‹ für das letzte Glied, ± selbstredend kommutierbar).[376] Ergo ist auch die sinnliche Wahrnehmung oder die Erregung eines Sinnesorgans und seine Übertragung in die neuronale Postretina-Verschaltung nicht Ursprung oder wirkliche Grenze des Bewusstseins, sondern

376 Die herkömmliche Formulierung (a) (in Anlehnung an Hasenjäger 1962, 101, sie beruht auf den Identitätsaxiomen) besagt, wenn A*x*, A*y* oder A*z* eine A-Vorstellung bezeichnet, dass sie entweder nur einem Individual- oder Gruppenbewusstsein zukommt, und zwar dann, wenn es genau *n* A-Vorstellungen, wenn zugleich wenigstens *n* und höchstens *n* A-Vorstellungen gibt; vorgenannte Einschränkung bzgl. der angesetzten NUND-Beziehung (Sheffer-Strich) zwischen ${}_{\mathrm{I}}\mathrm{B}$ und ${}_{\mathrm{Gr}}\mathrm{B}$, stets und nur diskret ohne direkten Austausch. (b) besagt hingegen, selbige Beschränkung findet statt im Herd der Differenz zwischen ${}_{\mathrm{I}}\mathrm{B}$ und ${}_{\mathrm{Gr}}\mathrm{B}$, mithin kann unmöglich irgend A*x*, A*y* oder A*z*, wenn ${}_{\mathrm{I}}\mathrm{B}$, nicht auch ${}_{\mathrm{Gr}}\mathrm{B}$ zukommen, obgleich beide durch Negation in der Äquivalenz verschieden (und ausdrücklich nicht getrennt); die Peripherie ist als absolut bezeichnet.

geradezu umgekehrt (ii) unterhält die Bewusstseinsenergie einen gemeinsamen Ursprung – den dimensionalen, welcher wie Raum und Zeit anzusetzen ist –, in den jede individuelle Äußerung (Erregung und Entfaltung) einzulassen und zu integrieren ist (wie eingangs und mehrfach dargelegt, u.a. am Modell des Straßenverkehrs und seiner Bedingung, die verpflichtet, Unter- und Überzeitigkeit einzuführen, da hergebrachte Simultanität versus Linearität nicht ausreichen, die tatsächliche Wahrnehmungs- oder eigentliche Bewusstseinsspanne abzumessen).[377] – An dieser Stelle ergeben sich die großangelegten Einschätzungen und Abrechnungen, insbesondere zum Massen- und Mengenphänomen in seinen ± aggressiven Schattierungen, die hier nur angedeutet bleiben mögen (und mehrfach angesprochen wurden). Anderwärts, im Gegen-›Horizont‹ – und der Begriff ist wegen der polaren Substanz überaus berechtigt – erscheint das musterhafte Eltern- und insbesondere Mutter-Kind-Verhältnis, da nunmehr als wesentlicher Beleg der Spracherwerb nicht mehr nur durch die sinnliche Wahrnehmung zu erklären ist – das Kleinkind muss die akustischen Laute vernehmen, und zwar ausdrücklich vernehmen, um alle Regelmäßigkeiten, Phonetik, Phonologie und Semantik nur an der Eigenmembran zu prüfen und prüfen zu können –, sondern selbstredend auch durch die Möglichkeit, dass das Mutterhirn in das Hirn des Kleinkinds spricht respektive diesem willentlich durch Lenkung der Bewusstseinsenergie einwohnt, und umgekehrt (womöglich seit der Geburt und darüber hinaus, wohlgemerkt nicht aber im Sinne der bloßen Imagination oder ihrer affektiven Steigerung), und auf dessen synaptischen Kreisläufe einwirkt (womit sich, Seitenbemerkung, freilich andere Kriterien der Ausbildung einer synaptischen Vernetzung bilden als ›Versuch und Irrtum‹ bzw. trial and error).

*

Es dürfte – vom Genetischen her – inzwischen relativ klar sein, die Welt wird keinen J.S.Bach oder L.V.Beethoven, W.A.Mozart oder J.Haydn, vielleicht auch keinen Kant, Hegel oder Leibniz respektive Newton mehr hervorbringen. Mit Einstein, zugestanden, beginnen die Zweifel (und Richard Wagner blieb, unberechtigterweise, unerwähnt, der gleichwohl der politischen Welt, mithin der globalen Epiphanie des 20. Jahrhunderts, den Herrschaftsmythos des Rings vermachte, welcher, wie mehrfach angedeutet, in der schismatischen Doppelung der Person und ihrer Übernahme von Amt und Öffentlichkeit in die rezenten sog. Demokratien einkehrte). Jedenfalls ist die Wahrscheinlichkeit um ein Vielfaches höher als zu Lebzeiten dieser Genien, und die Gründe liegen – in Parallele zum Prozess der Durchsetzung der instrumentellen Vernunft (i.S. Horkheimers) – in

377 Oben S. 62

der Aggregation der Menschheit, wiederum zusätzlich nicht in der „Interaktion der komplexen Komponenten“ (um einen geläufigen Terminus Singers aufzugreifen),[378] sondern an der gegenseitigen Belagerung, dem Eindringen der fremd-, kollektiv- oder gruppengebundenen Gehirn- oder Bewusstseins- und damit Persönlichkeitssubstanz in den Einzelnen. Die Aggregation bedingt eine zunehmende Durchmischung, Vermengung und Diffusion, um die naturwissenschaftlichen Termini zu bemühen, und dem Vorgang ist die Gesetzmäßigkeit zuzusprechen: die ›große‹, sich groß wähnende Menschheit, verurteilt nur in der eigenen Erfahrung zu hausen und den Grund der Geschichte, wenn überhaupt, nur über mitunter schwierige Überlegung zu erreichen, weiterhin gesetzt, sie ist für die Ausbildung des Eigenbewusstseins stets auf dem Rücken der Vorgänger anzusetzen, kann nicht anders, als sich dem Schmelzvorgang der gewichtigen (gew. schwerkräftigen, jedenfalls in der energetischen Naturbedingung verankerten) zunehmenden Aggregation hinzugeben, der Diffusion nachzugeben und den einzelnen in seiner Einzigkeit, Farbigkeit und Unvorhersehbarkeit auf die Grenze der Peripherie zu treiben – wo er belanglos (›$B^{[-]}(x)$‹), geringerwertig (›$W^{[-](n_1 \ldots nm)}(x)$‹, unfähiger (›$F^{[-](n_1 \ldots nm)}(x)$‹) erscheint. (Das hochgestellte minus ›-$^{[-]}$‹ bezeichne den negativen Polar, die Sphäre des ansprechenden Antonyms, nicht (nur) den Kontrast. Sodann meine ›-$^{[-](n_1 \ldots nm)}$‹ die angesetzte Minussphäre, die steiger- bzw. logosgemäß auf der Achse graduierbar ist und ggf. das Extrem, den Grenzpunkt ›-$^{[-]nm}$‹ trifft. Wegen der Mehrdimensionalität müssten hier freilich dinstinktere Werte erscheinen, indem sich die Sphären teilen respektive koinzidieren (›binden-trennen‹ auf der Basis der Äquivalenz-Versus-Relation, sie sei ›$\cong$‹): ›$B^{[-]}(x)$‹ wird sodann ›$B^{[-]}(x_i)$ / $B^{[+](n_1 \ldots nm)}(x_i y_{nm})$‹, wobei der Bruchstrich die dimensionale Trennung der Eigenachse bezeichnet, so dass die (Gegen- oder Antonym-) Menge ›$B^{[+](n1 \ldots nm)}(x_i y_{nm})$‹ die in ihrer Extremität hinsichtlich des Positivwerts steigerbare Gruppe bezeichnet, und der Index ›-$_i$‹ versus ›-$_{nm}$‹ ausdrücklich den Einzelnen ›x_i‹ der aggregierbaren Menge ›y_{nm}‹ zuordnet *und* ihr gegenüber vereinzelt, die beiden übrigen entsprechend). Umso mehr, die konzertierte Aktion und Intelligenz – als Organisation, gestaffelter Konzern, Institut (hier beginnt im Wissenschaftlichen die Gegengrenze deutlicher wieder aufzutauchen), staatliches Amt oder ggf. Ministerium – besetzt die Termini, Vermögen und Leistungsfähigkeit (als ob die kollektive den Einzelnen notwendig um ein Vielfaches überragen müsste). Um noch eine klärende Analogie anzusetzen: so wenig der Einzelne jemals beobachten wird, dass seine Energie, sobald eine Phase der Tätigkeit, insb. der Konzentration, begonnen, nicht an Frische, Stärke und zentraler Prägnanz

378 Insb. der nachfolgende Beitrag in Singer 2002, 200ff.

nachlässt, insbesondere wiederum auch in Gemeinschaft, für den Augenblick, obgleich geistig stets hochbrisant, gleichgültig welcher Art und/oder Natur, so wenig ist selbiges von der Energie in der ‚Masse' zu erwarten, i.e. in der genetischen Weitergabe und Vermehrung – die somit eine gesetzmäßige Diffusion einschließt. Dieser Faktor oder, um ein Kunstwort zu prägen, diese ›Frakturelle‹ (gesetzt, die Gehirntopologie ähnelt dieser Mathematik),[379] ist demnach, rechnerisch oder nicht (im ersten Fall müsste der Bruchwert bekannt sein respektive sich annähernd ermitteln lassen), der anderen Tatsache entgegenzuhalten, dass bereits die Mollusken eine Gehirnarchitektur zeigen, welche der Organisation des menschlichen Gehirns (nach den bisherigen Erkenntnissen) zur Voraussetzung zu machen ist. Im Schnitt ergibt sich: der Einzelne, obgleich vom Genetischen her, also unentrinnbar, ein bedingungsloses Gesellschaftswesen, darf oder dürfte nicht von der Gemeinschaft, der gemeinschaftlichen (unabdingbar mehr oder weniger mediokren) Substanz vollends durchtränkt werden, sein Bewusstsein also nicht bis auf den Kern seines Eigenfokus preisgeben müssen, soll ihm gewährt bleiben, im Median nicht bis zum Äquator, sondern Pol aufzusteigen, ja, eventuell zu beiden (was freilich im Moralischen und Politischen der größten Vorkehrung bedarf, da er sich selbiges auch wiederum in (der) Gemeinschaft vornehmen kann).

**

II. Widerlegung des Psychologismus oder Aufhebung seiner Schranken

1927 verfasste Ernst Cassirer seine Abhandlung „Erkenntnistheorie nebst den Grundfragen der Logik und Denkpsychologie".[380] Das Resümee beginnt mit einer Auseinandersetzung mit dem damaligen Psychologismus, der auch hier in die Rubrik – Lupe *und* Abscheidung – treten darf, um den eventuellen zeitlichen Fortschritt bzw. die spezifischen Defizite zu markieren. Zum einen bezeichnet jener Psychologismus überdeutlich eine Überantwortung der Methode an nicht nur den Herd – gesetzt, er ist (fortan und seit eh) der echte oder Inbegriff für das Bewusstsein (und birgt eine charakteristische Nähe zu ›Kälte-Hitze‹, jedenfalls ›Temperatur‹ und ggf. Siede bzw. Doppelsiede auf den Extremen, das Unbewusstsein und das ideale sind seit eh Kandidaten für diese Schwellen) –, sondern seinen geradezu Schwamm (selbiges in der Nähe zur – physiologisch ohnehin

379 Singer 2002, zum Vergleich zwischen realer (städtischer) und Gehirnarchitektur (200ff.).

380 Erschienen in *Jahrbücher der Philosophie*, 1927, 3, 31–92 (Hamburg 1993, 77–153).

gewärtigen – ›Feuchtigkeit‹. Das ›trockene Bewusstsein‹ meint seit einiger Zeit das nüchterne, neutrale, das nicht stillschweigend von den simultanen Vorstellungen anderen Bewusstseins zehrt, obgleich es dies sehr wohl könnte). Zum anderen markiert er den Exodus der traditionellen oder klassischen Philosophie (der freilich auch aus anderen Richtungen, insbesondere dem Logischen Positivismus beschieden wurde), welcher hier, etwa, die Logik auf empirische Fundamente rückführen will und sich, wie die aufkeimende Phänomenologie, auf eine detaillierte Beschreibung des Innenlebens des Bewusstseins einlässt. Der Schwamm bzw. das geradezu Blasenmodul muss an beiden Stellen zitiert werden:

„[0] Wir jagen auf unseren Vorstellungen und Empfindungen dahin", (es ist die *Psychophysiologische Erkenntnistheorie* von Theodor Ziehen, 1898, die hier Modell steht). „[1]Weder können wir ihnen in die Zügel fallen, noch aus dem Wagen, in dem wir vorwärts fliegen, herausspringen, um den Zuschauer zu spielen. [2] Jeder Gedanke über unsere Vorstellungen ist eine neue Vorstellung. Indem wir den Augenblick *a* erhascht zu haben glauben, sind wir eine Beute des Augenblicks *b*. Die erkennende Vorstellung erheischt eine neue Vorstellung, durch welche wir auch sie wiederum erkennen müssten. [3] Nichts kann uns diesem Progressus ad infinitum entreißen. Wir können auf die Schildkröte den Elefanten, den Elefanten auf die [4] Lotosblume türmen, wir können [5] Apperzeption auf Apperzeption häufen: das letzte Ich, welches als beharrende höchste [und ggf. ideale, s.o.] Instanz das definitive Erkennen leisten könnte, erreichen wir nicht. Wir können uns nicht an unserem eigenen Zopf aus dem Sumpf herausziehen…".[381]

Wie sollte man einen derartigen Schwamm widerlegen bzw. sich seiner entledigen? Es erscheint das Beste, sich nicht mehr nur an die Antinomien zu erinnern, sondern am Gegenmodell zu orientieren und satzweise die wesentlichen Gegenannahmen respektive Defizite einzubringen: gewiss möchte man das wissenschaftliche Verdienst nicht völlig missen, zuweilen die Beschreibung der diffusiv-diffundierenden Mitte (die es nicht gibt, gesetzt es müsste selbige wie im Universum dingfest gemacht werden) zu vernehmen, aber die Verallgemeinerung, die in jener Beschreibung des Bewusstseins liegt, ist gewiss nicht getroffen (und Cassirer dieser Tatsache gegenüber zu kulant: wahre Erkenntnistheorie oder Beschreibung des Bewusstseins nach seinen Dimensionen, möglichen Extremitäten und Anlagen scheint hier nicht getroffen, überdies eine falsche

381 Cassirer 1927/1993, 83.

Vorstufe markiert, das Bewusstsein nach seiner Existenz ganz zu streichen, wie es im Pragmatismus verschiedener Couleur geschieht).[382]

Mit Satz [0] sei nur das ›Wir‹ angesprochen (dem oben als Ausdruck von Gruppenbewusstsein in seinen verschiedenen Fazetten eine eigene Vorlesung gewidmet wurde). Es bedingt in seiner mangelnden Präzision – wider [5] und das tatsächlich aufgeführte ›Ich‹ – die Unmöglichkeit der exakten Verortung. Sollte es das dimensionale ›Wir‹ meinen – die Möglichkeit, dass das Bewusstsein einen instantanen lokalen Wir-Fokus bildet, in dem sich das Bewusstsein gemeinsam vollzieht (quasi Hörsaal und ansonsten in der Verallgemeinerung der Leseakte, weiterhin der bestimmte Vorstellungsakt, der sich dieser Möglichkeit – als *Bedingung an sich* – anschließt, gesetzt somit, das Bewusstsein ist nicht notwendig zu vereinzeln), kommt ihm eine bestimmte Apperzeption zu, die gegen die materielle Flucht, den *baren* energetischen Fluxus der Vorstellungen, festzuhalten ist (welcher freilich nicht zu leugnen und, etwa, nachhaltig von Leibniz vertreten wurde). Mithin kann im Ansatz [1] nicht zutreffen, es sei nicht möglich, diesem steten Fluss von Empfindungen und Vorstellungen in die Zügel zu fallen – und, termino, Gruppenvorstellungen und insb. ein Gruppenbewusstsein zu bilden. Handelt es sich um den Energiefluss, der hiermit konkretisiert wird, muss es zumindest möglich sein, sein Zentrum vom Plural in den Singular zu verlegen oder zu lenken – der echte Gesichtspunkt alterniert –, und die Lenkungsfähigkeit einmal benannt, ist der Stapel der Vorstellungen (Schildkröte, Elefant, Lotosblume) eine Pflicht der Verortung (bzw. Vernetzung und Verschaltung). Diese Pflicht aber, in ihrem Ursprung, kann unmöglich gleichermaßen wie die Sätze vom Widerspruch, der Identität und des ausgeschlossenen Dritten (und freilich nur ein Rubrum der tatsächlichen logischen Bewandtnis, ihres Kalküls und in der Energie vorhandenen Potenzials) die „Verallgemeinerung empirischer Tatsachen" darstellen,[383] da – um Selbstwiderspruch – sich diese Akte, als logische Handlungen der Ordnung innerhalb des angesetzt übergreifenden Fluxus, unwillkürlich und zwangshaft aus dem Energiefluss ergeben müssten, anstatt ihn durch sein ungegenständliches (immaterielles) Zentrum zu lenken, wenigstens versuchsweise zu durchschauen respektive zu überblicken. Nun liegt hier, wie gleichermaßen zwischen »Abbild und Urbild«, »Darstellendem und Dargestelltem«, »Präsentation und Repräsentation« (worauf C.

382 Freilich etwa Habermas, hier William James, Cassirer 1927/1993, 97f.

383 Cassirer 1927/1993, 86. Die entsprechende Historie seit insb. Locke versus Leibniz sei hier geschenkt – Locke besitzt das Antonym und seinen Gegensatz jenseits und vor aller Erfahrung, Leibniz gewährt ihm geradehin die ideale Gesetzmäßigkeit.

im Sinne des entgegenzuhaltenden *symbolischen Grundverhältnisses* abhebt)[384] eine ungegenständliche Achse, die zutreffend unauslöschlich oder notwendig ist (angenommen [3]) und (hier) die antonyme Basis oder polare Verankerung des Bewusstseins bezeichnet. Sodann meint der Fluxus überhaupt nur (noch) die Fusionsfähigkeit der Vorstellungen (durchgehend die Basis in [2]) oder notwendige Folge des Herdes, demzufolge wenigstens zwei Pole – oder, gesetzt, zwei immerhin polaritätshaltige Blasen im gemeinsamen Modul – um ihre Konkretisierung wetteifern, die – anstatt [0][5], ›Wir‹ versus ›Ich‹, oder Gruppen- versus Individualbewusstsein, wie jederzeit möglich – mit ›Empfindung‹ versus ›Vorstellung‹ annähernd den überlieferten Terminus des Konflikts oder Verhältnisses tragen, den die Erkenntnistheorie zu bearbeiten und zu lösen hat (ihr Zusammenkommen oder -stimmen in der Erkenntnis): das Präsente freilich im Empfindungsimpuls, das Repräsentierte in der Vorstellung oder Begriff, und wenn diese Trennung (genauer Trennung-Verbindung, da sich hierin die polare Energie äußert) die synaptische Verschaltung der Nervenzellen in bzw. unmittelbar nach den Sinnesorganen wiedergibt, darf ihr offensichtlich das stringente, distinkte, wiederum nicht notwendig nur homogene Bewusstsein (denn Gruppen- versus Individualbewusstsein ist es keineswegs) nicht geraubt werden: das die vorstellungshaltigen Anteile dieses Weges und dieses Verhältnisses sehr, überaus genau, und nicht zuletzt in der gegenseitigen Kommunikation zuzuordnen weiß. Wenn es nun überdies die Verschaltung – im Sinne der logischen Inklusion oder Klassenbildung (sie darf offensichtlich mit der nachhaltig verlangten „Bildung von Invarianten aus Merkmalskomponenten" in Parallele gesetzt werden)[385] – lenken (formieren) kann, einmal aufgrund von wirksamen Foki, das andere Mal nicht (neutralisiert gemäß der klassischen Mengenvorstellung), dann ist (bzw. sollte) die Schaltzentrale, das Zentrum der Konzentration (und anhängigen -fähigkeit) freigesetzt bzw. davon befreit werden, es müsste stets den Weg der Bestimmung des Impulses durch die gebildete Vorstellung beschreiten und könnte sie nicht auch umgekehrt, unmittelbar konvers verschalten (womit die Konvertibilität, die mehrfach andernorts vertreten wurde,[386] eine Erklärung im Energieumfeld erhält).

Schließlich, [1][2], ist das fehlende Bewusstsein zum polaren Sprung – die situative (quasi) Schnelle von Plus nach Minus oder umgekehrt infolge kurzschlussartiger Berührung – oder die (quasi geschmolzene) alleinige Verankerung

384 Cassirer 1927/1993, 90.

385 Singer 2002, 212 und öfter.

386 U.a. *Die Konvertibilität des Bewusstseins* (Würzburg 2002); *Metaphysik und die Ordination des Bewusstseins* (Frankfurt/Main-New York 2014).

im – scheinbar – weder plus- noch minushaltigen Kontinuum (welche dieser Beschreibung und philosophischen Verallgemeinerung zugrundeliegt) Ursache, auch den „Zuschauer“ zu kristallisieren (ungemäß in der bloßen Imagination zu fixieren), anstatt ihm wenigstens die Möglichkeit einzuräumen, den Augenblick *a* zu beherrschen, wahrer, echter oder real-energetischer Impuls zu sein, so dass die Vorstellung in Augenblick *b* beim Zugeschauten (oder Rezeptivsubjekt, und Subjekt in diesem nunmehr buchstäblichen Sinne des Subjizierens) die effektive „Beute“ seiner Einwirkung darstellt. Ergo ist die Achse des Bewusstseins, gesetzt sie muss sich wenigstens dahingehend entfalten, die Körpermembran von der Gehirnmembran zu unterscheiden, welche letztere die gesamte Vorstellungswelt impliziert, für und mit dem Zuschauer in einen echten (realen) Gruppenfokus zu verlegen, und Bewusstsein kommuniziert mit Bewusstsein. (Es erübrigt sich womöglich, nunmehr Beispiele aus der politischen, der Wirtschaft- und der Kunstgeschichte herbeizuziehen, in denen diese Entfaltung geprüft und verifiziert werden kann, die Menge als distinktes Agens oder nicht).

Die Defizite dieser vielleicht etwas bequemen (halbwissenschaftlichen) Beschreibung, welche das Bewusstsein und seine Energie in den quasi Schaum oder Schwamm legt, liegen also in: dem mangelnden Hinweis (i) auf den Sprung der Energie (des inchoativen energetischen Impulses) von einem in das andere Subjekt oder Bewusstsein, denn die Dimension ist angelegt und unbedingt wirksam (andernfalls wäre das klassische Subjekt verdammt, mit seinem Bewusstsein der alleinige Weltbürger zu sein respektive das andere nur und erst über Reflexion zu erleben und zu erschließen); (ii) die Simulation (und nicht nur Assoziation, Assimilation und/oder Verähnlichung), mittels der das Bewusstsein seine synaptischen Verschaltungen gelernt haben wird (einstweilen Behauptung, welche den entsprechenden Bericht zur Historie der Phylogenese des Gehirns reflektiert),[387] i.e. (a), und Wurzelintelligenz,[388] das Schimpansenbaby simuliert den Gehirnzustand seiner Mutter und erlernt (ahmt, erfühlt und geradewegs simuliert mit dem Entgegenkommen des Muttertiers) die energetische Verschaltung, derer es zur Lebensbewältigung bedarf, (b) der geborene und sozialisierte, enkulturierte,

387 Singer 2002, 212ff.

388 In Anlehnung an die Frage Singer 2002, 165, wie es das Nervensystem (gegenüber dem elektrischen Signal) zustande bringt, trotz langsamer Wechselwirkung Synchronizität im Millisekundenbereich zu erzielen. Auch wenn die „aktivitätsabhängigen ontogenetischen Prozesse“ (offenbar) den Überschuss leitungsfähiger Verbindungen bilanzieren – und scheinbar nur den Einzelorganismus betreffen –, ist mit hiesiger Hypothese und generell die Hilfe oder die synaptische Assistenz der Mutterzelle, des neuronalen Mutterimpulses einzusetzen, mindestens in das Kalkül einzubeziehen.

weiterhin phylogenetisch präformierte Mensch simuliert gleichermaßen und insb. den Gehirnzustand seines Gegenüber, um der gemeinsamen Gehirnenergie die Möglichkeit zu verschaffen, *eine* Schleife zu werden, abgesehen von der anhängigen, impliziten und/oder intentionalen Aufnahme (Rezeptivität) gemeinsamer Vorstellungen (die anhängige Fusion oder Verschmelzung sei als spezifische Spannung und Temperatur (in einem leicht metaphorischen Sinne) fühlbar); (iii) die mögliche Involution der energetischen Knoten, womit gemeint, die Frequenzlänge bzw. die Gefällstrecke der synaptischen Verschaltung (vor Übergang in den Speicher) ergibt virtuelle Knoten – die freilich, wie alle Energie, unbedingt vorstellungshaltig sind oder eine vorstellungshaltige (immaterielle) Komponente enthalten –, welche sich sozial, im Gruppenfokus niederschlagen bzw. selbigen orientieren. Sie können gewiss minushaltig (oder moralisch bösartig) sein, denn über (i) bis (ii) ergibt sich ein Verkehr der Energie – des Bewusstseins –, der in seinem gesamten Spektrum alles andere als daran gebunden ist, stets Gesten, Sprache und bestimmte Kommunikationsmittel benutzen zu müssen. (*Anmerkung*: der Begriff Involution sei tatsächlich wie im Sinne des Satzes von Desargues gemeint, d.h. die Schnittpunkte der Geraden durch die Eckpunkte zweier projektiver Dreiecke liegen auf einer gemeinsamen Ebene bzw. Geraden (affin) bzw. bilden ein gemeinsames Zentrum (projektiv), letzteres freilich wegen der manifesten Polarität im hiesigen Sinne operativ); (iv) das Gruppenbewusstsein überhaupt, das wohlgemerkt nicht erst als Vorstellung, Idealisation oder abstrakter Begriff, sondern *präsent* gemeint und zu erschließen ist, mithin begrifflich parallel zum inchoativen, auslösenden, bindenden und schaltoperativen Impuls. Das Gruppenbewusstsein wird daher notwendig ein Kapitel zur Phylogenese der kognitiven Fähigkeiten des Gehirns bestreiten, es ist sodann gewiss – mit dem stets betonten intellektuellen Instinkt bzw. Motiv Darwins – auch ein Kapitel der Evolutionsbiologie und -soziologie (der nicht der Art, dem genus, sondern dem Stamm, der Gruppe oder Herde (*tribus*) den Hauptakzent verlieh), schließlich das Desiderat der Philosophie, sobald sie an die Tradition der Vermittlerin der Wissenschaften anzuschließen sucht, jedenfalls die Wissenschaft verkörpert, welche das Zentrum der Begriffe vermittelt. – Es mag übrigens sein, wenn auch sehr selten zu erleben und, nicht zuletzt, durch den Zwang des Gruppenbewusstseins, seiner spezifischen Energie, verstellt und behindert, dass sich der angesprochene Lotus (der ja eigentlich ein religiöses Motiv) beim Einzelnen einstellt, derart, dass sein Bewusstsein die Involution tatsächlich als Konzentration der Energie über aller übrigen zusammenfasst und unterhält. Woraufhin selbiges Bewusstsein zwar (nach wie vor und notwendig) ein Selbst-, aber kein eigentliches Ichbewusstsein darstellt. Die anhängigen Prädikate und Eigenschaften, die an und für sich (wenn auch zumeist unterschlagen oder nicht eingesehen) eine bestimmte fusionsanhängige Schleife (mit einem Eigenzentrum) bezeugen müssen, sind hinfällig, um so mehr, als sich dieses Selbst rational nicht auf sein eigenes beschränken kann oder darf (denn wie sollte es selbiges, als ein bloßes Werk seiner Konzentration unter allen, verleugnen). Als dieserart Lotus wird es unter keinen Umständen Ich sagen, sich auch nicht derart fixieren oder behaupten, und immerhin mag es sein, es kommuniziert nunmehr in einer nicht überheblichen, aber doch spezifisch enthobenen Weise mit dem jeweiligen Gegenüber oder anderen, freilich insbesondere mit dem stets gegenwärtigen Gruppenbewusstsein, das (wie noch einmal nachzuweisen) seiner dimensionalen Bedingung niemals entweichen oder entfliehen kann.

Sachregister

Falls nicht eigens vermerkt, in der Regel mit dem zugehörigen Adjektiv.

Personenregister

www.ingramcontent.com/pod-product-compliance
Ingram Content Group UK Ltd.
Pitfield, Milton Keynes, MK11 3LW, UK
UKHW041828290926
8980IPUK00002B/129

9 783631 792698